KB126196

예기천견록 4

권근의 『예기』 풀이
예기천견록禮記淺見錄 **4**

초판 1쇄 인쇄 2021년 12월 25일
초판 1쇄 발행 2021년 12월 30일

지은이| 권근
옮긴이| 박례경
펴낸이| 이요성
펴낸곳| 청계출판사
출판등록| 1999년 4월 1일 제1-19호
주   소| 경기도 파주시 교하읍 문발리 560번지 301-501
전   화| 031-922-5880   팩 스| 031-922-5881
이메일| sophicus@empal.com

ISBN 978-89-6127-087-8 94150
ISBN 978-89-6127-083-0 (세트)

권근의 《예기》풀이

예기
천견록
禮 記 淺 見 錄

권근權近
지음

박례경
역주

청명국역총서 3

4

청계

　『예기천견록』의 역주는 2001년에 시작되었다. 청명문화재단의 후한 지원을 받아 김용천, 이봉규, 이원택, 장동우 박사 등 네 연구자가 공동 강독을 함께해 나가면서 처음에는 3년 계획으로 진행하였다. 『예기천견록』은 진호陳澔의 『예기집설禮記集說』을 저본으로 일부 항목의 배치를 재조정하고 주석을 부가한 체제이다. 따라서 『예기천견록』을 역주하기 위해서는 먼저 『예기집설』의 완역이 필요하였다. 역주팀에서는 먼저 『예기집설』 49편을 역주하면서, 한 편을 마칠 때마다 『예기천견록』의 해당 편을 역주하는 형태로 진행하였다. 중간에 박례경 박사가 공동연구원으로 역주에 합류하였다. 여러 사정이 있었지만, 역주 책임자였던 필자의 운영 미숙과 역량 부족으로 역주의 과정이 계속 더뎌졌다. 역주의 초고는 2008년에 가서야 겨우 완성되었다. 그리고 다시 교정과 보충, 교열 작업을 장동우 박사와 필자가 맡아서 진행하였다. 시간을 내지 못하다가 2012년 가을부터 2013년 봄까지 연구년 기간을 이용하여 교정과 교열 작업에 집중하였지만, 완결하지 못하고 이후 더디게 진행되다가 이제 와서 완료하였다. 역주 내용 가운데 보완해야 할 점이 아직 많지만, 재단과 상의하여 일단 출판하기로 하였다. 크고 작은 여러 오류들은 이후 계속해서 보완해나가겠다.

　『예기천견록』의 역주와 관련하여 청명문화재단에서는 역주자들의 의견을 매번 아무 조건 없이 들어주면서, 격려만 계속해주었다. 역주팀에서는 한편으로 고마웠지만, 한편으로 내내 마음이 무거웠다. 청명문화재단에서는 초고가 완성된 뒤에도 기초 교정비와 출판시 전문 교정과 편집비까지 지원해주었다. 융성한 지원에 감사드리면서, 너무 오랜 기간 지체시킨 것에 대하여 재단과 학계에 깊이 사과드린다. 이는 오로지 역주 책임자의 미숙한 역량으로 인해 일어난 일이다. 다만 재단에서 오래 참아주신 덕에 필자를 비롯하여 역주에 참여하였던 연구자들은 예학에 조금 더 전문적인 안목을 갖춘 연구자로 성장할 수 있었고, 우리 역주팀을 바탕으로 학계에 예학을 연구하는 연구자들이 협력하면서 관련 분야의 학문적 역량을 축적해갈 수 있었다. 이 모두 청명문화재단이 우리 역주자뿐 아니라 학계에 기여한 숨은 큰 공로로 후일 기억되리라 생각한다.

『예기천견록』과『예기집설』을 역주하는 동안, 많은 선후배 동료 학자로부터 도움을 받았다. 김유철 교수와 함께 이십오사의『예악지』를 연구하고 정리, 역주하였던 김선민, 문정희, 방향숙, 최진묵, 홍승현 박사 등 여러 선생님들로부터 배운 바가 많았다. 또한 복식과 관련하여 최연우 교수의 설명은 「심의深衣」의 역주 과정뿐 아니라 기타 복식과 관련해서 큰 도움이 되었다. 아울러 예학 연구에 줄곧 동행해온 한재훈, 전성건, 김윤정, 정현정, 박윤미, 차서연 박사와 남경한 동학 등『가례대전』연구팀에게도 항상 힘이 되어준 것에 감사드린다. 전 권을 시종 치밀하게 교정해주신 송경아 선생에게 깊이 감사드리고, 또한 어려운 여건 속에서도 선뜻 출간을 맡아준 이요성 청계출판사 사장님께 진심으로 감사드린다. 이 외에도 많은 분들의 도움이 있었지만 일일이 기억하지 못하여 다 적지 못한다. 이분들에게도 부끄럽지만 또한 감사드린다.

2021년 봄 역자를 대표해서 이봉규 삼가 적는다.

차례

예기천견록 3

예기禮器___교특생郊特牲___내칙內則___옥조玉藻___명당위明堂位___상복소기喪服小記___대전大傳___소의少儀___학기學記

예기천견록 5

방기坊記___중용中庸___표기表記___치의緇衣___분상奔喪___문상問喪___복문服問___간전間傳___삼년문三年問___심의深衣___투호投壺___유행儒行___대학大學___관의冠義___혼의昏義___향음주의鄕飮酒義___사의射義___연의燕義___빙의聘義___상복사제喪服四制

───────────● 일러두기

○ 번역 대본은 규장각소장본(奎5128-v.1-11)의 영인본(경문사, 1982) 『예기천
견록禮記淺見錄』(상·하 2책)이다. 규장각본은 1706년 제주판관 송정宋廷
奎가 향교에 보존되어 있던 1418년 간본을 복각한 것이다.

○ 『예기집설禮記集說』에 대하여 1390년 무렵 김자수金子粹(1350~1405)와 민
안인閔安仁(1343~1398)의 건의에 따라 상주목사尙州牧使인 이복시李復始가
중간重刊하였다는 기록이 있지만 전하지 않는다. 『사서오경대전四書五經
大全』이 영락永樂 13년(1415)에 간행되고 세종 1년(1419) 조선에 수입되어
간행되면서 『예기집설대전』이 조선에서 『예기집설』의 주요 판본이 되
었다. 본 번역에서 교감과 조목 구분의 저본으로 삼은 것은 『예기집설대
전』 영인본(보경문화사, 1984)이다.

○ 『예기집설대전』은 본문 절節 아래 진호의 집설을 단행으로 기록하고, 집
설 아래 쌍행으로 세주를 부가하였다. 『예기천견록』은 진호의 『예기집
설』에서 49편의 체제는 유지하면서 각 편 내에서 조목을 주제별로 재배
치하였다. 『예기천견록』 체제를 시각적으로 보여주기 위하여 본 번역에
서는 다음과 같은 원칙에 따라 장과 절을 구분하였다.

　첫째, 분장分章에 관한 권근의 언급이 있거나(① 안설按說을 통해 확인
할 수 있는 경우(②), 장의 첫머리에 '1', '2', '3' 등의 숫자를 붙이고 ①과
②를 구분하는 주석을 달았다. 특히 권근이 본문을 경문經文과 전문傳文
으로 나눈 곡례, 예운, 악기 등편의 경우 '경經 1', '전傳 2'라고 표시하였다.

둘째, 『예기집설대전』의 분절分節 방식에 따라 『예기집설』의 주석이 있거나 권근의 안설인 '근안近按'이 기록된 곳에서 절節을 나누고 장章을 단위로 일련번호를 '1-1', '1-2' 등으로 표시하였다.

셋째, 『예기집설대전』의 편차編次에 따라 일련번호를 붙이고 이를 번역문의 위쪽에 기록하였다.

사례 1) '전1-1[곡례상 2]'는 『예기천견록』「곡례상」편 전傳 1장章의 첫 번째 절이자, 『예기집설대전』「곡례상」의 두 번째 절을 뜻한다.

사례 2) '1-2[단궁상 3]'은 『예기천견록』「단궁상」편 1장의 두 번째 절이자, 『예기집설대전』의 세 번째 절을 뜻한다.

○ 번역에서 경전이나 제자서 등을 인용한 경우에는 인용문을 번역하고 괄호 안에 원문을 수록하였다.

○ 각주에 수록된 도상 자료는 송宋 섭숭의聶崇義의 『삼례도三禮圖』, 청淸 『흠정의례의소欽定儀禮義疏』「예기도禮器圖」, 청淸 황이주黃以周의 『예서통고禮書通考』, 전현錢玄의 『삼례사전三禮辭典』(江蘇古籍, 1998)에서 해당 도상을 찾아 수록하였다.

○ 용어의 번역은 가독성을 높이기 위해 가능한 우리말로 번역하고 괄호 안에 원문 용어를 병기하는 것을 원칙으로 하였다.

예기천견록 제15권

악기상
樂記上

양촌에 사는 후학 권근 지음

살피건대, 이 편은 악樂의 이치를 논하면서 예禮를 함께 말하였는데, 두 가지는 서로 섞일 수 없다. 그 논한 것이 정미精微한 것이 많아서 『역易』의 「계사繫辭」와 서로 비슷하고 「예운禮運」이나 「학기學記」편 등이 거짓되고 허탄한 것과는 다르다. 이 편은 결코 기록한 자의 손에서 나온 것이 아니니, 아마도 공자의 문하에서 지어졌을 것이다.

近按, 此篇論樂之理而兼言禮, 二者不可以相雜也. 其論精微多, 與『易』「繫辭」相類, 而視「禮運」·「學記」等篇之誣誕者不同. 此必非出於記者之手, 疑亦作於孔門也歟.

경經 1.[1]

경-1-1[악기 1]

무릇 음音의 시작은 사람의 마음으로 말미암아 생겨난다. 마음이 움직임은 외물이 그렇게 하도록 하는 것이다. 마음이 외물에 감발되면 움직이기 때문에, 그 움직임이 성聲(소리)에서 나타난다. 성聲

은 서로 호응하므로 변화를 낳는다. 변화는 곡조(方)를 이루는데, 그것을 음音(음률)이라고 한다. 음을 안배하고 합하여 악기로 연주하며, 방패(干), 도끼(戚), 꿩의 깃(羽), 소의 꼬리(旄)를 잡고 춤을 추게 되면, 그것을 악樂이라고 한다.

凡音之起, 由人心生也. 人心之動, 物使之然也. 感於物而動, 故形於聲. 聲相應, 故生變. 變成方, 謂之音. 比音而樂之, 及干·戚·羽·旄, 謂之樂.

集說 무릇 악樂에서 음音이 처음 일어나는 것은 모두 사람의 마음이 외물에 감발됨으로 말미암아 생긴다. 인심은 비어 있으면서도 영활하고(虛靈) 어둡지 않아서 외물에 감발되면 이어 통하게 된다. 감발되면 정情이 속에서 움직이는 까닭에 말로 나타나고 성聲(소리)이 된다. 성聲에 실린 말과 뜻은 서로 응하여 자연히 맑고 탁하며 높고 낮은 변화를 낳는다. 변화하여 시詩를 노래하는 방식을 이루는데, 그것을 음音이라고 한다. '방方을 이룬다'는 것은 '곡조曲調를 이룬다'고 말하는 것과 같다. 그 음을 안배하고 합하여 악기로 연주하고, 방패(干), 도끼(戚), 깃(羽), 소의 꼬리(旄)를 잡고 춤을 추게 되면, 그것을 악樂이라고 한다. 방패와 도끼를 잡고 추는 춤은 무무武舞이고, 깃과 소의 꼬리를 잡고 추는 춤은 문무文舞이다. 凡樂, 音之初起, 皆由人心之感於物而生. 人心虛靈不昧, 感而遂通. 情動於中, 故形於言而爲聲. 聲之辭意相應, 自然生淸濁·高下之變. 變而成歌詩之方法, 則謂之音矣. '成方', 猶言'成曲調'也. 比合其音而播之樂器, 及舞之干·戚·羽·旄, 則謂之樂焉. 干·戚, 武舞也, 羽·旄, 文舞也.

權近 살피건대, 이 장은 악의 근본과 말단을 갖추어 거론하였으니, 인심으로 말미암아 생겨나는 것이 근본이고, 방패(干)·도끼(戚)·깃털(羽)·깃

대장식(旄: 소의 꼬리)에 미치는 것은 말단임을 말했다. '변화를 낳는다'는 것은 그 응함이 무궁한 것을 말하고, '곡조를 이룬다'는 것은 음에 일정함이 있음을 말한다. 近按, 此章備擧樂之本末, 而言由人心生者本也, 及干·戚·羽·旄者末也. '生變', 謂其應之無窮, '成方', 謂其音之有定也.

경-1-2[악기 2]

악이란 음音이 말미암아 생겨나는 것으로, 그 시작은 사람의 마음이 외물에 감발되는 것에 있다. 그러므로 그 슬픈 마음이 감발되면 그 성聲(소리)은 메마르고 줄어든다. 그 즐거운 마음이 감발되면 그 성은 넉넉하고 느긋하다. 그 기쁜 마음이 감발되면 그 성은 올라가고 흩어진다. 그 노여운 마음이 감발되면 그 성은 거칠고 사납다. 그 경외하는 마음이 감발되면 그 성은 곧고 날카롭다. 그 사랑스러운 마음이 감발되면 그 성은 온화하고 부드럽다. 여섯 가지 성聲은 성性이 아니라 외물에 감발된 이후에 움직인 것이다.

樂者, 音之所由生也, 其本在人心之感於物也. 是故其哀心感者, 其聲噍以殺. 其樂心感者, 其聲嘽以緩. 其喜心感者, 其聲發以散. 其怒心感者, 其聲粗以厲. 其敬心感者, 其聲直以廉. 其愛心感者, 其聲和以柔. 六者非性也, 感於物而后動.

集說 방씨方氏(방각方慤)는 말한다. "사람의 정情은 하고자 하는 바를 얻으면 즐겁고, 하고자 하는 바를 잃으면 슬프다. 자신의 마음에 따르면 기쁘고, 자신의 마음에 거슬리면 노여워진다. 두려운 것에 대해서는 삼가고, 기뻐하는 것에 대해서는 사랑한다. 메마르면(噍) 갈진하여 윤택함이 없고, 줄

어들면(殺) 쇠미해져 풍성하지 못하다. 대개 마음이 하고자 하는 바를 잃었기 때문에 성聲(소리)에서 나타나는 것이 이와 같다. 넉넉하면(嘽) 한껏 펼쳐져 여한이 없고, 느긋하면(緩) 완곡하여 급박하지 않다. 대개 마음이 하고자 하는 바를 얻었기 때문에 성聲에서 나타나는 것이 이와 같다. 올라가면(發) 나와 막힘이 없고, 흩어지면(散) 베풀고 쌓아둠이 없다. 대개 자신의 마음에 따르기 때문에 성에서 나타나는 것이 이와 같다. 곧으면(直) 굽힘이 없고, 날카로우면(廉) 분별함이 있다. 대개 마음에 삼가는 바가 있기 때문에 성聲에서 나타나는 것이 이와 같다. 온화하면(和) 어긋나지 않고, 부드러우면(柔) 순조로움을 이룬다. 대개 마음에 기뻐하는 바가 있기 때문에 성聲에서 나타나는 것이 이와 같다." ○ 진씨는 말한다. "'거칠고 사납다'(粗以厲)는 것은 높고 급하여 매섭고 사나움에 가까운 것이다. 여섯 가지 성聲은 마음이 사물에 감발되어 움직인 것이니 곧 정情이지 성性이 아니다. 성性은 기뻐하고 성내고 슬퍼하고 즐거워하는 것이 아직 발하기 이전의 것이다."

方氏曰: "人之情, 得所欲則樂, 喪所欲則哀. 順其心則喜, 逆其心則怒. 於所畏則敬, 於所悅則愛. 噍則竭而無澤, 殺則減而不隆. 蓋心喪其所欲, 故形於聲者如此. 嘽則闡而無餘, 緩則紆而不迫. 蓋心得其所欲, 故形於聲者如此. 發則生而不窮, 散則施而無積. 蓋順其心, 故形於聲者如此. 直則無委曲, 廉則有分際. 蓋心有所畏, 故形於聲者如此. 和則不乖, 柔則致順. 蓋心有所悅, 故形於聲者如此." ○ 陳氏曰:[2] "'粗以厲'者, 高急而近於猛暴也. 六者心感物而動, 乃情也, 非性也. 性則喜怒哀樂未發者也."

權近 살피건대, '악이란 음이 말미암아 생겨나는 바이다'라는 말은 음이 악으로부터 생김을 말한다.[3] 첫 장에서는 음으로부터 말미암은 뒤에 악이 있음을 말하였다. 이것은 그 악이 아직 지어지지 않았을 때를 궁구해 들어가서 말한 것이다. 이 장에서는 악으로부터 말미암아 음이 있는 것을 조절함을 말하였다. 이것은 악이 이미 지어진 것으로부터 말한 것이다. 아직 지

어지지 않은 처음에는 음으로 인해서 악을 제정하고, 이미 지어진 뒤에는 악으로 인해서 음을 조절한다. 그러므로 서로 번갈아 말한 것이다. '그 시작은 인심이 외물에 감발되는 것에 있다'는 것은 또 그 아직 지어지기 전을 탐색해서 말한 것이다. '그 슬픈 마음이 감발된다' 이하의 여섯 가지는 위 장의 '변화를 낳고' '곡조를 이루는' 등의 뜻을 밝힌 것이다. '슬퍼하고' '즐거워하고' '기뻐하고' '성내는' 등의 부류는 마음이 생겨나 변함이 끝이 없는 것이다. '메마르고 줄어듦', '넉넉하고 느긋함' 등의 부류는 음이 곡조를 이루어서 일정함이 있는 것이다. 近按, '樂者音之所由生'者, 言音由樂而生也. 蓋首章言由音而後有樂. 是原其樂之未作而言也. 此章言由樂而制有音. 是自其既作而言也. 未作之初, 因音而制樂, 既作之後, 因樂而節音. 故交互而言之也. 其本在人心之感物者, 又探其未作之前而言也. '其哀心感'以下六者, 是明上章'生變'·'成方'之意. '哀'·'樂'·'喜'·'怒'之類是心之生變而無窮者也. '噍殺'·'嘽緩'之類, 是音之成方而有定者也.

그런 까닭에 선왕은 인심을 감발시키는 바에 대하여 신중하였다. 그러므로 예禮로써 백성의 뜻(志)이 지향하는 바를 인도하고, 악樂으로써 그 성聲을 조화롭게 하고, 정政(정교)으로써 그 행위를 통일시키고, 형刑(형벌)으로써 그 간악함을 방지하였다. 예·악·형·정은 그 이르는 바가 하나이니 민심을 같게 하여 치도治道(다스림의 방도)를 산출하는 것이다.

是故先王愼所以感之者. 故禮以道其志, 樂以和其聲, 政以一其行, 刑以防其姦. 禮·樂·刑·政, 其極一也, 所以同民心而出治道也.

集說 유씨劉氏는 말한다. "정치가 인심을 감발시키는 바에 대해 신중히 하기 때문에, 예禮로써 백성의 뜻이 지향하는 바를 인도하여 반드시 절도에 맞게 하고, 악樂으로써 그 성聲으로 말하는 바를 조화시켜 어그러짐이 없게 하고, 정政(정교)으로써 잘하지 못하는 자를 가르쳐 그 행위를 통일시키고, 형刑으로써 따르지 않는 자를 벌하여 그 간악함을 방지한다. 예·악·형·정의 네 가지의 역할이 다르지만 그 귀결처는 하나같이 인심을 감발시키는 바에 대하여 신중히 하는 것으로 돌아가니, 민심을 같게 하여 치도治道(다스림의 방도)를 산출하는 것이다." 劉氏曰: "愼其政之所以感人心者, 故以禮而道其志之所行, 使必中節, 以樂而和其聲之所言, 使無乖戾, 政以敎不能而一其行, 刑以罰不率而防其姦. 禮·樂·刑·政四者之事雖殊, 而其致則一歸於愼其所以感之者, 所以同民心而出治道也."

權近 살피건대, 위 경문의 두 절에서는 인심이 외물에 감발되어 악이 있게 됨을 말하였고, 이 절에서는 또 성인이 예악을 제정하여 인심을 감발시키는 것을 말하였다. 외물이 사람을 감발시킬 때 삿되기도 하고 바르기도 하므로, 악樂으로 사람을 감발시킬 때 신중히 행하여 삿됨이 없게 하는 것이다. 近按, 上文兩節, 是言人心感物而有樂, 此節又言聖人制禮樂以感人心也. 物之感人, 有邪有正, 樂之感人, 所以愼之而無其邪也.

경-1-4**[악기 4]**

음音이란 인심에서 생기는 것이다. 정情이 속에서 움직이므로 성聲에서 나타난다. 성이 곡조(文)를 이룬 것을 음音이라고 한다. 이러한 까닭에 잘 다스려는 시대의 음音은 편안하고 즐거우니 그 정치

가 조화롭기 때문이다. 어지러운 세상의 음은 원망하고 노여워하
니 그 정치가 어그러졌기 때문이다. 망하는 나라의 음은 슬프고
근심하니 그 백성들이 괴롭기 때문이다. 성음聲音의 도道는 정치와
통한다.

凡音者, 生人心者也. 情動於中, 故形於聲. 聲成文, 謂之音. 是
故治世之音, 安以樂, 其政和. 亂世之音, 怨以怒, 其政乖. 亡國
之音, 哀以思, 其民困. 聲音之道, 與政通矣.

集說 이 경문은 음音이 인심의 감발됨에서 생겨나는데, 인심이 슬퍼하고
즐거워함이 감발되는 것은 정치의 득실에서 비롯함을 말한 것이다. 이것이
감발시키는 바에 대하여 신중히 하는 이유이다. 잘 다스려진 시대[治世]에
는 정사가 조화롭고 화평하다. 그러므로 성음聲音에 나타나는 것이 편안하
고 즐겁다. 어지러운 시대에는 정사가 조화롭지 못하고 어그러진다. 그러
므로 성음에 나타나는 것이 원망하고 노여워한다. 장차 망하는 나라는 그
백성이 괴롭고 고통스럽다. 그러므로 성음에 나타나는 것이 슬프고 근심한
다. 이것이 성음이 정치와 통하는 이유이다. ○『시詩』의 소疏4)에서 말한
다. "섞여서 안배된 것을 음音이라고 하고, 하나의 소리만 나오는 것을 성
聲이라 한다.'5) 슬퍼하고 즐거워하는 정情은 말하는 소리에서 발현된다. 이
때 비록 슬퍼하고 즐거워하는 일을 말하면서도 궁宮·상商의 곡조가 아직
없으니 이것은 성聲일 뿐이다. 시詩를 지을 때에 이르러 맑고 탁함을 안배
하고 높고 낮음을 조절하여 오성五聲이 곡조를 이루게 하면 오색이 무늬를
이루는 것과 비슷하니 곧 이것이 음이다." 이 음이 현악기와 관악기로 드
러나야 악樂이 된다. 此言音生於人心之感, 而人心哀樂之感, 由於政治之得失. 此所
以慎其所以感之者也. 治世政事和諧, 故形於聲音者安以樂. 亂世政事乖戾, 故形於聲音

者怨以怒. 將亡之國其民困苦, 故形於聲音者哀以思. 此聲音所以與政通也. ○『詩』疏
曰: "雜比曰音, 單出曰聲. 哀樂之情, 發見於言語之聲, 於時雖言哀樂之事, 未有宮商之
調, 惟是聲耳. 至於作詩之時, 則次序清濁, 節奏高下, 使五聲爲曲, 似五色成文, 卽是爲
音." 此音被諸絃管, 乃名爲樂.

權近 살피건대, 이 장은 위 장의 형정으로 다스림의 방도를 산출하는 뜻
을 이어서 성음이 정치의 도와 통함을 밝혔다. 앞에서는 '메마르고 줄어듦'
등의 부류에 대해 말하였다. 그것은 그 변화가 한 몸에서 드러남을 말한
것이다. 여기서는 '편안하고 즐거움' 등의 부류에 대해 말하였다. 그것은
그 효과가 한 시대에 징험됨을 말한 것이다. 近按, 此承上章刑政出治之意, 以明
其聲音通於政治之道也. 前言'噍以殺'之類 是言其變之著於一身者也. 此言'安以樂'之類
是言其效之驗於一世者也.

경-1-5**[악기 5]**

궁宮은 임금이 되고, 상商은 신하가 되고, 각角은 백성이 되고, 치徵
는 일이 되고, 우羽는 물건이 된다. 다섯 가지가 어지럽지 않으면,
조화롭지 않은 음이 없게 된다.

宮爲君, 商爲臣, 角爲民, 徵爲事, 羽爲物. 五者不亂, 則無怗懘之
音矣.

集說 유씨劉氏는 말한다. "오성五聲의 근본은 황종黃鐘의 율에서 나온다.
그 길이가 9촌인데 매 촌마다 9등분을 한다. 9등분한 것이 아홉으로 81이
되는데, 이것이 궁성宮聲의 수가 된다. 81을 3등분 하고 그 하나를 덜어 아
래로 치徵를 낳으니 27을 제거하여 54를 얻는다. 치를 3등분하고 그 하나

를 더하여 위로 상商을 낳으니 18을 더하여 72를 얻는다. 상을 3등분하고 그 하나를 덜어 아래로 우羽를 낳으니 24를 제거하여 48을 얻는다. 우를 3등분하고 그 하나를 더하여 위로 각角을 낳으니 16을 더하여 64를 얻는다. 각성角聲의 수는 3등분하면 완전히 나누어지지 않으므로 그 수는 사용되지 않는다. 그러므로 성聲은 다섯에 그친다. 이것이 그 상생의 순서이다. 궁宮은 토土에 속하고, 현絃은 81줄을 사용하여 가장 많고 성이 가장 탁하다. 오성 가운데 홀로 존귀하므로 임금의 상象이 된다. 상商은 금金에 속하고, 현은 72줄을 써서 성이 궁 다음으로 탁하다. 그러므로 임금의 다음으로서 신하의 상象이 된다. 각角은 목木에 속하고, 현은 64줄을 사용하여 성이 반은 맑고 반은 탁하다. 오성의 가운데에 자리하므로 신하의 다음으로서 백성의 상象이 된다. 치徵는 화에 속하고, 현은 54줄을 사용하여 성이 맑다. 백성이 있은 뒤에 일이 있으므로 일의 상象이 된다. 우羽는 수數에 속하고, 현은 48줄을 사용하여 가장 적어서 성이 지극히 맑다. 일이 있은 뒤에 물건을 쓴다. 그러므로 물건의 상象이 된다. 이것은 크고 작음의 차례이다. 오성은 본래 황종黃鐘이 궁宮이 되는 것을 근본으로 한다. 그러나 돌아가며 서로 궁이 되니 그 나머지 11율도 모두 궁이 될 수 있다. 궁은 반드시 임금이 되므로 신하보다 아래가 될 수 없고, 상은 반드시 신하가 되므로 임금보다 위가 될 수 없다. 각은 백성, 치는 일, 우는 물건이 되는 것은 모두 차서를 따라서 강쇄降殺하는 것이다. 신하가 임금을 넘어서고, 백성이 신하를 넘어서고, 일이 백성을 넘어서고, 물건이 일을 넘어서는 등의 경우가 생기면 정성正聲을 사용하지 않고 반성半聲으로 응한다. 이것이 팔음이 잘 어울려서 서로 윤서倫序를 빼앗는 일이 없는 방법이다. 그러나 성음의 도는 정치와 서로 통하니 반드시 임금·신하·백성·일·물건의 다섯 가지가 각자 자기의 이치를 얻어서 어지럽지 않으면 성음이 화합하여 조화롭지 않음이 없다. '조화롭지 않음'(怗懘)은 질서가 무너진 것이다." 劉氏曰: "五

聲之本, 生於黃鍾之律. 其長九寸, 每寸九分. 九九八十一, 是爲宮聲之數. 三分損一以下生徵, 則去二十七, 得五十四也. 徵三分益一以上生商, 則加十八, 得七十二也. 商三分損一以下生羽, 則去二十四, 得四十八也. 羽三分益一以上生角, 則加十六, 得六十四也. 角聲之數, 三分之不盡一算, 其數不行. 故聲止於五. 此其相生之次也. 宮屬土, 絃用八十一絲爲最多, 而聲至濁. 於五聲獨尊, 故爲君象. 商屬金, 絃用七十二絲, 聲次濁. 故次於君而爲臣象. 角屬木, 絃用六十四絲, 聲半淸半濁. 居五聲之中, 故次於臣而爲民象. 徵屬火, 絃用五十四絲, 其聲淸. 有民而後有事, 故爲事象. 羽屬水, 絃用四十八絲, 爲最少, 而聲至淸. 有事而後用物. 故爲物象. 此其大小之次也. 五聲固本於黃鍾爲宮. 然還[6]相爲宮, 則其餘十一律皆可爲宮. 宮必爲君而不可下於臣, 商必爲臣而不可上於君. 角民徵事羽物, 皆以次降殺. 其有臣過君, 民過臣, 事過民, 物過事者, 則不用正聲, 而以半聲應之. 此八音所以克諧而無相奪倫也. 然聲音之道與政相通, 必君臣民事物五者, 各得其理而不亂, 則聲音和諧而無怗懘也. '怗懘'者, 敝敗也."

궁宮이 어지러우면 악樂의 소리가 흩어지니, 그 임금이 교만한 것이다. 상商이 어지러우면 악樂의 소리가 기울어지니, 그 관리들이 부정부패한 것이다. 각角이 어지러우면 악樂의 소리가 근심스러우니, 그 백성이 원망하는 것이다. 치徵가 어지러우면 악樂의 소리가 슬프니, 그 일이 고달픈 것이다. 우羽가 어지러우면 악樂의 소리가 위태로우니, 그 재화가 궁핍한 것이다. 다섯 가지가 모두 어지러워서 번갈아가며 서로 넘어서는 것을 '교만하다'(慢)라고 한다. 이와 같으면 나라가 멸망할 날이 얼마 남지 않은 것이다.

宮亂則荒, 其君驕. 商亂則陂, 其官[7]壞. 角亂則憂, 其民怨. 徵亂則哀, 其事勤. 羽亂則危, 其財匱. 五者皆亂, 迭相陵, 謂之慢. 如此, 則國之滅亡無日矣.

[集說] 이 경문은 "악을 살펴서 정치를 안다"[8]는 것에 대해 말하였다. 만약 궁宮이 어지러우면 악의 소리가 무질서하게 흩어진다. 이것으로 그 임금이 교만하고 방자한 것이 그렇게 만들었기 때문임을 안다. 나머지 네 가지 경우도 같은 방식으로 유추하였다. ○ 진씨陳氏는 말한다. "오성은 임금·신하·백성·일·물건의 상象을 포함하니 반드시 그 이치를 얻어야 비로소 곡조가 율려를 얻는다. 그렇지 않으면 신하가 임금을 무시하고 백성이 신하를 넘어서는 일이 생기니 그것을 윤서倫序를 빼앗음(奪倫)이라고 한다. 이것은 한유漢儒가 본으로 삼는 데 억지로 끌어다 붙이던 말과는 같지 않으니, 이러한 일이 갖추어지면 그 결과는 털끝만큼도 어긋나지 않는다. 혹시라도 악樂의 소리가 윤서를 잃으면, 그 나라의 임금과 신하, 백성과 물건에 반드시 자신의 본분을 다하지 않은 일이 있는 것이다. 주구州鳩[9]와 사광師曠[10] 같은 이들은 모두 이것으로 저것을 알 수 있었으니, 바로 악樂과 정치는 서로 통하는 것이다." 此言"審樂以知政." 若宮亂則樂聲荒散. 是知由其君之驕恣使然也. 餘四者例推. ○ 陳氏曰: "五聲含君·臣·民·事·物之象, 必得其理, 方調得律呂. 否則有臣陵君·民過臣, 而謂之奪倫矣. 此却不比漢儒附會效法之言, 具有此事, 毫髮不可差. 設或樂聲奪倫, 卽其國君臣民物必有不盡分之事. 如州鳩師曠皆能以此知彼, 正[11]是樂與政通."

[權近] 살피건대, 이 장은 '악을 살펴서 정치를 아는' 방법이 오성이 조화를 얻었는지의 여부를 통해 그 정치의 잘되고 못됨을 아는 것임을 말하였다. 近按, 此言"審樂以知政"之道, 由五聲之得失以知其政之美惡也.

경-1-7 **[악기 7]**

정鄭나라와 위衛나라의 음音은 난세의 음으로, '교만하다'는 것에 가
깝다. 복수濮水의 상림桑林 부근 음音은 망국亡國의 음으로, 정치는
흩어지고 백성은 떠돌아, 윗사람을 속이고 사욕을 행하는데도 금
지시킬 수가 없다.

鄭・衛之音, 亂世之音也, 比於'慢矣. 桑間濮上之音, 亡國之音
也, 其政散, 其民流, 誣上行私而不可止也.

集說 이 '만慢'이라는 글자는 윗글에서 '교만하다고 한다'고 했던 것을 이
어서 말하였다. '비比'는 가깝다는 뜻이다. '상간桑間'과 '복상濮上'은 위衛나
라 지역의 복수濮水에 있는 상림桑林 부근이다. 『사기史記』에서는 말한다.
위나라 영공靈公이 진晉나라에 가면서 복수濮水에서 머물렀는데, 밤에 금琴
소리를 듣고는 사연師涓을 불러서 듣고 옮겨 적게 하였다. 진나라에 이르
러 사연에게 명하여 평공平公을 위해 연주하도록 하자, 사광師曠이 말하기
를 "이것은 사연師延의 퇴폐스러운 음악입니다. 무왕武王이 걸桀을 치자 사
연이 복수에 몸을 던져 죽었습니다. 그러므로 이 소리를 들은 것은 반드시
복수에서 입니다"라고 하였다. 정치가 흩어지므로 백성들이 윗사람을 속이
고, 백성들이 떠돌므로 방탕하고 지나친 사욕을 행하는 것이다.12) ○ 장씨
(張子)는 말한다. "정鄭나라와 위衛나라는 지역이 황하 주변으로서 모래땅으
로 토양이 척박하므로 그 사람들의 기풍이 경박하다. 그 지세는 평지가
낮아 기질이 유약하고, 그 땅이 비옥하여 밭 갈고 김매는데 힘을 쓰지 않
으므로 그 인심이 나태하다. 그 사람들의 성정이 이와 같으니 그 성음 또
한 그러하다. 그러므로 그 악을 들으면 사람으로 하여금 그와 같이 나태하
게 만든다." ○ 주자는 말한다. "정나라 음악이 문란한 것은 위나라보다 심

하다. 공자께서 나라를 다스리는 것에 관해 말씀할 때 유독 정성鄭聲으로 경계를 삼은 것은 대개 심각한 것을 들어 말씀하신 것이다." 此'慢'字, 承上文謂之慢'而言. '比', 近也. '桑間'·'濮上', 衛地濮水之上桑林之間也. 『史記』言, 衛靈公適晉, 舍濮上, 夜聞琴聲, 召師涓聽而寫之. 至晉, 命涓爲平公奏之, 師曠曰: "此師延靡靡之樂. 武王伐紂, 師延投濮水死. 故聞此聲必於濮水之上也." 政散故民罔其上, 民流故行其淫蕩之私也. ○ 張氏[13]曰: "鄭·衛地濱大河, 沙地土薄, 故其人氣輕浮. 其地平下, 故其質柔弱, 其地肥饒, 不費耕耨, 故其人心怠惰. 其人情性如此, 其聲音亦然. 故聞其樂使人如此懈慢也." ○ 朱子曰: "鄭聲之淫, 甚於衛. 夫子論爲邦, 獨以鄭聲爲戒, 蓋擧重而言也."

權近 살펴건대, 이 장에서는 정나라와 위나라를 인용하여 정치가 잘되고 못된 것의 효과를 예증한 것이다. '상간'과 '복상'은 위나라 지역이다. 위나라가 오랑캐에게 멸망당했으므로 '망국의 음'이라고 한 것이다. 공자가 나라를 다스리는 것에 관해 논할 때 정나라 음악을 내쳤던 것은 위나라는 이미 멸망하여 사람들이 모두 망국의 음이라는 것을 알았기 때문이요, 정나라는 아직 멸망하기 전으로 그 음악의 음란함이 위나라보다 더 심하였는데도, 사람들이 경계하는 바 없이 즐기고 쉽게 빠져들면서 자신들도 모르는 사이에 나태해져 망하는데 이르고 있었기 때문이다. 그러므로 특별히 거론하여 경계로 삼은 것이다. 자세한 것은 『시설詩說』[14] 국풍國風에 보인다. 近按, 此引鄭衛以訂政治美惡之效也. '桑間'·'濮上', 衛地. 衛爲狄所滅, 故爲'亡國之音'也. 孔子論爲邦, 放鄭聲者, 衛已嘗滅, 人皆知其爲亡國之音也, 鄭猶未滅, 而其聲之淫又甚於衛, 則人無所懲創, 樂而易流, 不自知其懈慢而至於亡也. 故特擧以爲戒. 詳見詩說國風.

무릇 음音이란 인심에서 생겨나는 것이다. 악樂이란 무리(倫)마다의
조리條理에 통하는 것이다. 이러한 까닭에 성聲을 알지만 음音을 모
르는 존재는 금수가 이 부류이다. 음音을 알지만 악樂을 모르는 존
재는 중서衆庶(대중)가 이 부류이다. 오직 군자만 악樂을 알 수 있다.
이러한 까닭에 성聲을 살펴서 음音을 알고, 음音을 살펴서 악樂을
알며, 악樂을 살펴서 정치를 알면 다스리는 도가 갖추어진다. 이러
한 까닭에 성聲을 모르는 자는 그와 더불어 음音에 대해 말할 수
없다. 음音을 모르는 자는 그와 더불어 악樂에 대해 말할 수 없다.
악樂을 알면 예禮에 거의 가깝다. 예와 악을 모두 얻으면, 그것을
일러 덕德이 있다고 한다. 덕이란 얻음이다.

凡音者, 生於人心者也. 樂者, 通倫理者也. 是故知聲而不知音者,
禽獸是也. 知音而不知樂者, 衆庶是也. 唯君子爲能知樂. 是故審
聲以知音, 審音以知樂, 審樂以知政, 而治道備矣. 是故不知聲者,
不可與言音. 不知音者, 不可與言樂. 知樂, 則幾於禮矣. 禮樂皆
得, 謂之有德. 德者得也.

集說 윤리倫理는 사물의 무리가 각각 그 리理를 가지고 있는 것이다. ○ 방
씨方氏(방각方慤)는 말한다. "무릇 귀는 듣는 것을 가지고 있으면 모두 성聲
를 알 수 있고, 마음은 아는 것을 가지고 있으면 음音을 알 수 있고, 도는
통하는 것을 가지고 있으면 이에 악樂을 알 수 있다. 호파瓠巴[15]가 슬瑟을
타자 헤엄치던 물고기가 나와서 듣고, 백아伯牙[16]가 금琴을 타자 여섯 마리
말이 머리를 들고 먹이를 먹은 것[17]과 같은 것은 짐승이 성聲을 아는 것이

다. 위魏나라 문후文侯가 정나라와 위나라의 음음을 좋아하고, 제齊나라 선왕宣王이 세속의 악樂을 좋아하였으니 이것은 중서衆庶가 음음을 아는 것이다. 공자가 제나라에서 들은 것[18]과 계찰季札이 노魯나라에 빙문聘問을 가서 본 것[19]과 같은 것은 군자가 악樂을 아는 것이다." ○ 응씨應氏(응용應鏞)는 말한다. "윤리 안에는 모두 예가 깃들어 있으니 악을 알면 예에 통한다. '통한다'고 하지 않고 '가깝다'고 한 것은 정미한 차이를 변석함이 지극한 것이다." 倫理, 事物之倫類, 各有其理也. ○ 方氏曰: "凡耳有所聞者, 皆能知聲, 心有所識者, 則能知音, 道有所通者, 乃能知樂. 若瓠巴鼓瑟, 流魚出聽, 伯牙鼓琴, 六馬仰秣, 此禽獸之知聲者也. 魏文侯好鄭・衛之音, 齊宣王好世俗之樂, 此衆庶之知音者也. 若孔子在齊之所聞, 季札聘魯之所觀, 此君子之知樂者也." ○ 應氏曰: "倫理之中, 皆禮之所寓, 知樂則通於禮矣. 不曰'通'而曰'幾'者, 辨析精微之極也."

權近 살펴건대, 이 장 앞에서는 이미 악의 본말과 득실의 효험이 갖추어졌음을 말했으므로, 이 장에서는 전부 군자가 악을 몰라서는 안 된다는 것을 말했다. '예에 가깝다'는 것에 대해 응씨는 "지극히 정미한 부분까지 분석하여 변별한 것이다"라고 하였다. 내 생각으로 '기幾'는 응당 '가깝다'는 뜻이어야 할 것 같다. 대개 악을 비로소 알았지만, 아직 실행에는 미치지 못했으므로 '예에 가깝다'라고 한 것이니, 「대학大學」(3)에서 "먼저 할 것과 나중에 할 것을 알면 도에 가깝다"라고 할 때의 뜻과 같다. 그러므로 아래 경문에서 또 '예와 악을 모두 얻으면 그것을 일러 덕이 있다고 한다'라고 하였는데, '얻었다'는 말도 「대학」(2)에서 "능히 얻는다"고 할 때의 '얻는다'는 뜻과 같으니, 그 실행함을 말하는 것이다. 알았으면 이미 예에 가깝고, 실행한 뒤에 모두 얻은 것이 된다. 近按, 此以上旣言樂之本末與其得失之效備矣, 此章全言君子不可以不知樂也. '幾於禮'者, 應氏謂: "辨析精微之極." 愚恐'幾'當訓'近'. 蓋方知樂而未及於行, 故曰'幾於禮', 猶「大學」"知所先後, 則近道矣"之意. 故下文又曰'禮

樂皆得謂之有德', ‘得'亦猶「大學」“能得”之‘得', 是乃言其行也. 旣知則已近於禮, 旣行然後爲皆得也.

경-1-9**[악기 9]**

이러한 까닭에 악樂의 성대함은 음音을 다 발휘하는 것이 아니다. 사례食禮와 향례饗禮 등의 예禮는 음식의 맛을 다 갖추는 것이 아니다. 「청묘淸廟」를 연주하는 슬瑟은 (누인) 붉은색 실로 현을 매고 바닥의 구멍으로 소리가 소통케 하여, 한사람이 노래를 부르면 세 사람만 화답하여 부르는데, (그 가운데) 남아서 울리는 음音이 있다. 대향大饗의 예는 현주玄酒를 높이고 날 생선을 조俎에 담으며, 대갱大羹은 조미를 가하지 않는데, (그 가운데) 남아서 나는 맛이 있다. 이러한 까닭에 선왕이 예악禮樂을 제정한 것은 입과 배, 귀와 눈의 욕구를 다하려는 것이 아니요, 백성들이 좋아하고 싫어함을 균평히 하도록 가르쳐서 인도人道의 올바른 상태로 되돌아가게 하려는 것이다.

是故樂之隆, 非極音也. 食饗之禮, 非致味也. 「淸廟」之瑟, 朱絃而疏越, 壹倡而三歎, 有遺音者矣. 大饗之禮, 尙玄酒而俎腥魚, 大羹不和, 有遺味者矣. 是故先王之制禮樂也, 非以極口腹耳目之欲也, 將以敎民平好惡, 而反人道之正也.

集說 악樂의 융성함은 성음의 아름다움을 다 발휘하기 위함이 아니다. 사례食禮와 향례饗禮,[20] 체제禘祭와 협제祫祭[21] 등의 융숭한 예는 진미의

아름다움을 다 갖추기 위함이 아니다. 대개 악樂은 풍속을 옮기고 바꾸는 것에 주안점이 있고, 제사는 근본에 보답하고 시원으로 돌아가는 것에 주안점이 있다. 「청묘」의 시를 연주하는 슬瑟은 붉은 실을 누여서 현을 만든다. 실은 누이지 않으면 소리가 맑고 누이면 소리가 탁하다. '소疏'는 통한다는 뜻이다. '월越'은 슬瑟 바닥의 구멍이다. 소리를 소통시켜서 그 소리가 느리고 늘어지게 하는 것이다. 슬瑟의 소리가 탁하고 느린 것, 이것은 질박하고 소박한 소리요, 아름답고 미묘한 음이 아니다. 이 소리를 처음 한사람이 선창할 때 겨우 세 사람만이 따라서 화답하니, 화답하는 사람이 적음을 말한다. 성음의 아름다움을 다 발휘하지 않기 때문에 듣기 좋은 것은 적지만, 그 가운데 다 소멸하지 않은 남은 음이 울리는 바가 있다. 그러므로 '남아서 울리는 음이 있다'고 한 것이다. 준尊은 현주玄酒(물)를 높은 것으로 치고, 조俎는 날 생선을 귀신에게 올리는 것으로 삼는다. 대갱大羹은 맛을 조미함이 없으니 이것은 질박하고 소박한 음식으로 사람이 즐기고 좋아하는 맛이 아니다. 그러나 그 가운데 다 없어지지 않은 남은 맛이 나는 바가 있다. 그러므로 '남아서 나는 맛이 있다'고 한 것이다. 이런 점으로 보면, 예악 이것은 입과 배, 귀와 눈의 욕구를 다하려는 것이 아니다. '백성들이 좋아하고 싫어함을 균평히 하도록 가르친다'는 것은 그 좋아하고 싫어함이 치우치고 사사롭게 됨을 원치 않음을 말한다. 인도人道가 올바르지 않은 것은 반드시 좋아하고 싫어함이 균평하지 못함에서 시작되니, 좋아하고 싫어함이 균평함을 얻으면, 인도의 올바른 상태로 되돌아가 기풍과 습속이 변화되고 바뀌게 될 수 있다. ○ 주자는 말한다. "'일창이삼탄一倡而三歎'은 한사람이 노래를 부르면 세 사람만 화답하여 부르는 것을 말한다. 오늘날 해석하는 사람들은 세 번 감탄하는 것이라고 하는데 잘못이다." 樂之隆盛, 不是爲極聲音之美. 食·饗·禘·祫之重禮, 不是爲極滋味之美. 蓋樂主於移風易俗, 而

祭主於報本反始也. 鼓「淸廟」之詩之瑟, 練朱絲以爲絃. 絲不練則聲淸, 練之則聲濁. '疏', 通也. '越', 瑟底之孔也. 疏而通之, 使其聲遲緩. 瑟聲濁而遲, 是質素之聲, 非要妙之音也. 此聲, 初發一倡之時, 僅有三人從而和之, 言和者少也. 以其非極聲音之美, 故好者少, 然而其中則有不盡之餘音存焉. 故曰'有遺音者矣'. 尊以玄酒爲尙, 俎以生魚爲薦. 大羹無滋味之調和, 是質素之食, 非人所嗜悅之味也. 然而其中則有不盡之餘味存焉. 故曰'有遺味者矣'. 由此觀之, 是非以極口腹耳目之欲也. '敎民平好惡', 謂不欲其好惡之偏私也. 人道不正, 必自好惡不平始, 好惡得其平, 則可以復乎人道之正, 而風移俗易矣. ○ 朱子曰: "'一倡而三歎', 謂一人倡而三人和. 今解者, 以爲三歎息, 非也."

權近 살피건대, 이 장은 앞 장의 끝부분에서 '예와 악을 모두 얻었다'고 한 말을 이어서 예악의 일을 밝혔다. 위 글의 여러 장들이 모두 그 이치를 가지고 말했는데 여기서는 그 일을 가지고 말했다. 近按, 此承前章之末禮樂皆得'之言, 以明禮樂之事. 蓋上文諸章皆以其理言, 而此則以其事言也.

인간이 처음 태어나서 고요한 것은 하늘의 성性이다. 외물에 감발되어 움직임은 성性이 하고자 하는 것이다. 외물이 이르면 지각知覺이 작동한다.

人生而靜, 天之性也. 感於物而動, 性之欲也. 物至知知.

集說 주자는 말한다. "위의 '지知'는 체體이고 아래의 '지知'는 용用이다." 朱子曰: "上'知'字是體, 下'知'字是用."

28 | 예기천견록 4

그런 뒤에 좋아하고 싫어함이 나타난다. 좋아하고 싫어함에 내면에서 절도가 없으면 지각이 외부에 의해 유도당하고, (그런데도) 자신을 돌아보지 못하면 천리天理가 없어진다. 대저 외물이 사람을 감발시킴은 끝이 없는데 사람이 좋아하고 싫어함에 절도가 없으면 이것은 외물이 다가옴에 사람이 외물에 의해 변화되는 것이다. 사람이 사물에 의해 변화된다는 것은 천리를 없애고 인욕人欲을 다 행하는 것이다. 이에 어그러지고 거짓된 마음이 있게 되고, 지나치게 방탕하고 분란을 일으키는 일이 있게 된다. 그런 까닭에 강한 자가 약한 자를 협박하고, 다수가 소수를 함부로 하고, 지혜로운 자가 어리석은 자를 속이고, 용맹한 자가 겁약한 자를 괴롭히며, 병든 자는 요양을 받지 못하고, 늙은이와 어린이, 고아와 자식 없는 늙은이가 제 자리를 차지하지 못하니, 이것이 큰 쟁란의 도이다.

然後好惡形焉. 好惡無節於內, 知誘於外, 不能反躬, 天理滅矣. 夫物之感人無窮, 而人之好惡無節, 則是物至而人化物也. 人化物也者, 滅天理而窮人欲者也. 於是有悖逆詐僞之心, 有淫泆作亂之事. 是故强者脅弱, 衆者暴寡, 知者詐愚, 勇者苦怯, 疾病不養, 老幼孤獨不得其所, 此大亂之道也.

集說 유씨劉氏(유창劉敞)는 말한다. "'사람이 처음 태어나서 고요하다'는 것은 희노애락이 아직 발동하지 않은 중中의 상태로, 하늘이 명한 성性이다. 외물에 감발되어 움직이게 되면 성性이 발하여 정情이 된다. 인심은 허령虛靈하여 지각知覺하는 것이니 사태가 이르고 외물이 다가오면 반드시 그것

을 지각하며, 좋아하고 싫어함이 나타난다. 선함을 좋아하고 악함을 싫어하는 것은 도심道心이 지각하는 것이니 의리義理에 근원한 것이다. 예쁜 것을 좋아하고 미운 것을 싫어하는 것은 인심이 지각하는 것이니, 형기形氣에서 발한 것이다. 좋아하고 싫어함에 내면에서 절도가 없어 지각이 외부에 의해 이끌리게 되면, 도심은 어두워져 주재하지 못하고, 인심은 위태로워져서 외물이 인심과 사귀어 이끌게 되는 것이다. 그런데도 자신을 돌아보아 그 리理의 옳고 그름을 생각하지 못하면, 인욕은 거세지고 천리는 없어진다. 더구나 절도 없는 좋아하고 싫어함으로 무궁무진한 외물에 접촉하여 감발하게 되면 마음은 외물에게 부림을 당하게 되어 금수와의 차이가 거의 없게 된다. 금수와의 차이가 거의 없게 되면 손발톱이 강한 자는 결단내고, 힘센 자는 빼앗으니, 이것이 큰 분란의 도가 되는 이유이다." 劉氏曰: "人生而靜'者, 喜怒哀樂未發之中, 天命之性也. 感於物而動, 則性發而爲情也. 人心虛靈知覺, 事至物來, 則必知之, 而好惡形焉. 好善惡惡, 則道心之知覺, 原於義理者也. 好姸惡醜, 則人心之知覺, 發於形氣者也. 好惡無節於內, 而知誘於外, 則是道心昧而不能爲主宰, 人心危而物交物則引之矣. 不能反躬以思其理之是非, 則人欲熾而天理滅矣. 況以無節之好惡, 而接乎無窮之物, 感則心爲物役, 而違禽獸不遠矣. 違禽獸不遠, 則爪剛者決, 力强者奪, 此所以爲大亂之道也."

權近 살피건대, 편의 첫 머리 여러 절에서는 모두 심心을 가지고 말하였고 이 상에서 비로소 성性을 언급하였다. 성은 인심이 받은 천리天理이다. '인간이 처음 태어나서 고요함'이란 미발未發의 중中으로 심의 본체이다. '외물에 감발되어 움직임'은 이발已發의 정情으로 심의 발용이다. 그러므로 경전에서 심心을 언급한 것은 「우서虞書」에서 시작되고22) 성性 언급한 것은 「탕고湯誥」에서 시작되며23) 욕欲을 언급한 것은 「중훼仲虺」로부터 시작되지만24), 심을 언급하고 성을 언급하고 다시 천리와 인욕으로 상대해서

말한 것은 오직 이 편이다. 「우서」에서 인심과 도심을 말한 것이 바로 천리와 인욕이지만 천리라고 하지 않고 도심이라고 하였으니 학자들은 여전히 내 마음의 도가 곧 천리임을 알지 못한다. 「탕고」에서 "상제께서 백성들에게 치우침 없는 덕을 내려주어 그 떳떳한 성품을 따르게 하였다"고 하였으니 천天과 인人은 여전히 따로 있는 것이다. 「중훼」에서의 언급은 사람은 욕이 있음을 알 뿐 리理가 있음을 알지 못한다. 이 장에서 '인간이 처음 태어나서 고요한 것은 하늘의 성性이다'라고 한 것은 내 마음의 리가 바로 하늘의 성이라는 것이니 이는 천과 인을 하나로 합치시킨 것이다. 그 아래에서 천리와 인욕을 나누어 언급하고 자신에게 돌이켜 살피도록 하였으니 「우서」와 「탕고」의 의미를 발명하고 후학에게 열어 보여준 것이 친절하고 분명하다고 할 만하다. 다만 천리를 보존하고 인욕을 막는 공부의 방법을 말하지 않고 욕을 따르는 일을 범범하게 말한 것은 이 편이 악樂을 논하지 학學을 논하는 것이 아니기 때문이다. 그러나 악樂을 통해 삿되고 더러운 것을 깨끗하게 씻어 버리고 찌꺼기들을 녹여버리며, 자신에게 돌이켜 살펴 천리를 따를 수 있고 물에 동화되어 인욕을 다하는데 이르지 않는다면, 그 힘을 쓰는 공부 또한 「우서」의 '정밀하게 살피고 전일하게 함'(精一)에 가까울 것이다. 중화中和의 덕을 양성하여 자연스럽게 도리에 맞는 영역에 이른다면 성聲은 율律이 되고 몸은 도度가 되고 학문의 극진한 공효와 성인의 능숙한 처사(能事)를 얻게 될 것이다. 그러므로 공자는 학을 논하면서 "악에서 완성된다"고 하여 끝맺었던 것이다.[25] 近按, 篇首諸節皆以心言, 而此章始言性. 性者, 人心所受之天理也. '人生而靜'者, 未發之中, 心之體也. '感物而動'者, 已發之情, 心之用也. 故經言心自「虞書」而始, 言性自「湯誥」而始, 言欲自「仲虺」而始, 言心言性, 又並擧天理人欲而對言之者, 唯此篇而已矣. 「虞書」之言人心道心, 卽是天理人欲, 然不曰天理而曰道心, 則學者猶未知吾心之道卽天之理也. 「湯誥」之言"上帝降衷, 若有恒

性", 則天與人猶有二也. 「仲虺」之言, 則人但見其有欲而未知其有理也. 此章曰'人生而靜
天之性也', 則吾心之理卽天之性, 是合天人而一之也. 其下分言天理人欲, 而要反躬, 其
所以發明「虞書」·「湯誥」之意而開示後學者, 可謂親切而著明矣. 但不言其所以存天理遏
人欲之工夫, 而泛言其從欲之事者, 是論樂而不論學故也. 然因樂而蕩滌其邪穢, 消融其查
滓, 能反躬而循天理, 不化物而窮人欲, 則其用力之功亦庶幾於「虞書」之'精一'矣. 及其養
成中和之德, 以至立於從容中道之域, 則聲爲律而身爲度, 學問之極功, 聖人之能事得矣.
故孔子論學而以"成於樂"終之也.

경-1-12[악기 12]

이러한 까닭에 선왕이 예악을 제정할 때 사람들을 위해 절도節度를
마련하였다. 최복衰服과 마질麻絰, 곡哭과 읍泣의 제도는 상사喪事에
절도를 세우기 위한 것이다. 종鐘과 고鼓, 간干과 척戚의 제도는 편
안하고 즐거워함을 조화롭게 하기 위한 것이다. 혼례昏禮와 관례冠
禮, 계례笄禮는 남녀를 구별하기 위한 것이다. 사례射禮와 향음주례
鄕飮酒禮, 사례食禮와 향례饗禮는 교류하고 접대하는 일을 바르게 하
기 위한 것이다. 예禮로 백성의 마음을 절도 있게 하고, 악樂으로
백성들의 소리를 조화롭게 하며, 정政(정령)으로 시행하고 형刑(형벌)
으로 방지한다. 예禮·악樂·형刑·정政이 사방에 통용되어 어그러
지지 않으면 왕도王道가 갖추어진다.

是故先王之制禮樂, 人爲之節. 衰麻·哭泣, 所以節喪紀也. 鍾
鼓·干戚, 所以和安樂也. 昏姻·冠笄, 所以別男女也. 射·鄕·
食饗, 所以正交接也. 禮節民心, 樂和民聲, 政以行之, 刑以防之.

集說 유씨劉氏는 말한다. "선왕이 예악을 제정할 때는 인정에 따르면서 거기에 절도와 문식을 가하였다. 죽음을 슬퍼하는 인정을 따르면서도 상을 치르는 기간에 한도가 없기 때문에 상복과 곡하고 읍하는 한도를 정하여서 인정을 절제시켰다. 편안하고 즐거운 것을 좋아하는 인정을 따르면서도 사람들이 의리에 화순和順하지 못하기 때문에 종鐘과 고鼓, 간干과 척戚의 악樂을 만들어서 인정을 조화시켰다. 이성에 대한 욕구가 있는 것에 따르면서도 사람들이 그 구별을 알지 못하기 때문에 혼례昏禮·관례冠禮·계례笄禮를 제정하여 구별하게 하였다. 교류하고 접대하는 일을 따르면서도 사람들이 더러 그 바름을 잃기 때문에 사례射禮·향음주례鄕飮酒禮·사례食禮·향례饗禮 등을 제정하여 바로잡았다. 그 마음을 절제시키는 것은 행동함에 지나치거나 모자람이 없게 하기 위함이요, 그 소리를 조화롭게 하는 것은 말함에 어그러짐이 없게 하기 위함이다. 정령(政)을 제정하여 행함은 나태해지는 것을 통솔해서 예악의 가르침이 행해지지 않음이 없게 하는 것이요, 형벌을 제정하여 행함은 거리낌 없이 제멋대로 하는 것을 방비하여 예악의 도가 감히 폐해지지 않도록 하는 것이다. 예·악·형·정의 네 가지가 천하에 모두 시행되어 백성들에 어기고 어긋나는 자가 없으면 왕도를 행하는 자의 다스리는 도가 갖추어진다." 劉氏曰: "先王之制禮樂, 因人情而爲之節文. 因其哀死而喪期無數, 故爲衰麻哭泣之數, 以節之. 因其好逸樂而不能和順於義理, 故爲鍾鼓·干戚之樂以和之. 因其有男女之欲而不知別, 故爲昏姻·冠笄之禮以別之. 因其有交接之事而或失其正, 故爲射鄕食饗之禮以正之. 節其心, 所以使之行而無過不及, 和其聲, 所以使之言而無所乖戾. 爲之政, 以率其怠倦, 而使禮樂之敎無不行, 爲之刑, 以防其恣肆, 而使禮樂之道無敢廢. 禮·樂·刑·政, 四者通行於天下, 而民無悖違之者,

則王者之治道備矣."

權近　살피건대, 위 장에서는 성性의 연원을 살펴 그 욕이 절도가 없음을 말하고, 이 장에서는 욕을 절제하는 일을 말하였다. 그 때문에 예를 가지고 겸하여 말한 것이다. 예의 절도, 악의 조화, 정령의 시행, 형의 방지 이 네 가지는 인욕을 금지시키고 천리로 돌아가게 하는 방법으로서 또한 지극한 것이다. 이 편에서 네 가지를 갖추어 들어서 말한 것이 두 장인데, 앞에서 ([악기 경-1-3]) '다스림의 방도를 산출한다'라고 말한 것은 시작하는 것으로부터 말한 것이고, 뒤에서([악기 경-1-12]) '왕도가 갖추어진다'라고 한 말한 것은 완성한 결과를 총괄해서 말한 것이다. 近按, 上章原性言其欲之無節, 此章是言所以節之之事. 故兼以禮言之. 禮節・樂和・政行・刑防, 此四者, 其所以禁人欲而反天理者, 亦至矣. 此篇備舉四者而言者二章, 前言'出治道', 是自其始而言也, 後言'王道備', 是要其成而言也.

경-1-13 [악기 13]

악樂은 같음을 추구하고 예禮는 차이를 추구한다. 같으면 서로 친애하고 차이를 두면 서로 공경한다. 악이 지나치면 방탕해지고26) 예가 지나치면 멀어진다. 정情을 함께하고 외모를 수식하는 것은 예와 악이 하는 일이다. 예에서 의義가 확립되면 귀천貴賤에 등급이 선다. 악樂에서 문식(文)이 하나가 되면 윗사람과 아랫사람이 화합한다. 좋아하고 싫어하는 것이 명확히 드러나면 현능한 사람과 부족한 사람이 구별된다. 형벌로 포악함을 금지하고 작위로 현능한 사람을 등용하면 정치가 균평해진다. 인仁으로 사랑하고 의義로 바르게 한다. 이와 같이 하면 백성을 잘 다스리는 것이 실행된다.

樂者爲同, 禮者爲異. 同則相親, 異則相敬. 樂勝則流, 禮勝則離. 合情飾貌者, 禮樂之事也. 禮義立, 則貴賤等矣. 樂文同, 則上下和矣. 好惡著, 則賢不肖別矣. 刑禁暴, 爵擧賢, 則政均矣. 仁以愛之, 義以正之. 如此, 則民治行矣.

集說 화합을 통해 같음으로 통일하고, 차서次序를 통해 차이를 구별한다. '악이 지나치면 방탕해진다'(樂勝則流)는 것은 같음으로 통일하는 것에 지나친 것이다. '예가 지나치면 멀어진다'(禮勝則離)는 것은 차이를 구별함에 지나친 것이다. '정을 함께한다'(合情)는 것은 악樂을 통해 마음에서 화합하는 것으로 멀어지는 잘못에서 구하는 것이다. '외모를 수식한다'(飾貌)는 것은 예禮를 통해 행동에서 단속하는 것으로 설만하는 잘못에서 구하는 것이다. 이것이 예의 의義이고 악의 문식(文)이니, 서로 의지하여 쓰임이 되는 것이다. '인仁으로 사랑한다'(仁以愛之)면 서로 공경하면서도 멀어지는 지경에 이르지 않고 '의義로 바르게 한다'(義以正之)면 서로 친애하면서도 방탕한 지경에 이르지 않는다. 이것은 또한 인과 의을 가지고 예와 악을 돕는 것으로 삼는 것이다. 귀천의 등급을 세우는 것, 윗사람과 아랫사람을 화합시키는 것, 현능한 사람과 부족한 사람을 구별하는 것, 정치를 균평하게 하는 것, 이 네 가지는 모두 백성을 다스리는 것을 실행하는 방법이다. 그러므로 '백성을 잘 다스리는 것이 실행된다'고 하였다. ○ 응씨應氏(응용應鏞)는 말한다. "위에서는 '왕도가 갖추어진다'고 했으니 정치의 도구가 됨을 말한 것이다. 여기서는 '백성을 잘 다스리는 것이 실행된다'(民治行)고 했으니 정치의 효과가 됨을 말한 것이다." 和以統同, 序以辨異. '樂勝則流', 過於同也. '禮勝則離', 過於異也. '合情'者, 樂之和於內, 所以救其離之失. '飾貌'者, 禮之檢於外, 所以救其

流之失. 此禮之義樂之文, 所以相資爲用者也. '仁以愛之', 則相敬而不至於離, '義以正之', 則相親而不至於流. 此又以仁義爲禮樂之輔者也. 等貴賤, 和上下, 別賢不肖, 均政, 此四者皆所以行民之治. 故曰'民治行矣'. ○ 應氏曰: "上言'王道備', 言其爲治之具也. 此言'民治行', 言其爲治之效."

權近 살펴건대, 이 장은 위 장의 예·악·정·형을 이어서 그 다스리고 실행함의 효과를 미루어 말한 것이다. 위 장에서는 정政과 형刑을 둘로 나누었고, 여기서는 하나로 합하고 다시 인의仁義를 겸하여 말하였다. '인으로 사랑한다'는 것은 바로 악이 같음을 추구하여 예로 멀어지는 것을 구제하는 방법이다. '의로 바르게 한다'는 것은 바로 예로 차이를 추구하는 것이고 악이 방탕에 빠지는 것을 구제하는 방법이다. 이 두 가지는 서로 의지하여 치우침을 구제하는 것이다. 왕도가 갖추어지면 정치가 위에서 융성하고, 백성을 다스리는 것이 실행되면 풍속이 아래에서 아름다워져, 예와 악의 공용이 지극해진다. 近按, 此承上章禮·樂·刑·政, 而推言其治行之效. 上章以政刑爲二, 此合爲一, 而又兼言仁義. '仁以愛之', 卽樂之同者, 而所以救禮之離. '義以正之', 卽禮之異者, 而所以救樂之流. 此二者相資而救其偏者也. 王道備, 則治隆於上, 民治行, 則俗美於下, 禮樂之功用極矣.

경-1-14[악기 14]

악樂은 마음에서 나오고 예禮는 밖으로 나타내는 것으로 시작한다. 악은 마음에서 나오므로 고요하고 예는 밖으로 나타내는 것으로 시작하므로 문식함이 있다. 대악大樂은 반드시 평이하고 대례大禮는 반드시 간소하다. 악이 두루 통용되면 원망함이 없고 예가 두루 통용되면 다투지 않는다. 읍양揖讓할 뿐이었는데 천하를 다스렸다는 것은 예와 악을 가리킨다. 흉포한 백성들이 일어나지 않고, 제후들은 화합하여 순종하고, 무기가 있어도 사용하지 않고, 다섯 가지 형벌이 있어도 쓰지 않으며, 백성들은 근심이 없고 천자는 성낼 만한 일이 없으니, 이와 같으면 악樂이 두루 통용된다. 부자父子의 친애하는 정에 화합하고 장유長幼의 윤서를 밝혀 사해 안을 공경하게 하니, 천자가 이와 같이 하면 예禮가 행해진다.

樂由中出, 禮自外作. 樂由中出, 故靜, 禮自外作, 故文. 大樂必易, 大禮必簡. 樂至則無怨, 禮至則不爭. 揖讓而治天下者, 禮樂之謂也. 暴民不作, 諸侯賓服, 兵革不試, 五刑不用, 百姓無患, 天子不怒, 如此, 則樂達矣. 合父子之親, 明長幼之序, 以敬四海之內, 天子如此, 則禮行矣.

集說 응씨應氏는 "'사해지내四海之內' 네 글자는 아마도 '합合' 자 위에 있어야 할 것 같다"[27]라고 하였는데, 그러하면 문리文理가 순조롭게 된다. ○ 유씨劉氏는 말한다. "기뻐하고 사랑하는 화합의 정은 마음에서 나오고, 나아가고 물러가며 두루 움직이는 질서는 밖으로 나타난다. 화합하면 정의情意가 편안하고 펴지므로 고요하다. 질서가 있으면 위의威儀가 상호간에 펼쳐지므로 문식함이 있다. 대악大樂은 천지와 더불어 화합(和)을 같이 하니, 건乾이 평이함으로 주관하는 것과 같아 수고롭지 않다. 대례大禮는 천지와 더불어 절도(節)를 같이 하니, 곤坤이 간소함으로 잘 이루는 것과 같아 번거롭지 않다.[28] 악이 통용되면 사람들이 모두 자신이 있을 곳을 얻어서 원망함이 없고, 예가 통용되면 사람들이 각자 자신의 분수를 편안하게 여겨서 다투지 않는다. 예컨대 제왕帝王의 시대에 읍양揖讓하였을 뿐인데 천하가 다

스려진 것은 예와 악이 통용된 것이다. '달達'이란 상대편에 통하는 것을 말한다. '행行'이란 이쪽에서 나오는 것을 말한다. 이쪽에서 나옴은 상대편에 통하는 것의 근본이요, 상대편에 통함은 이쪽에서 나온 것의 효험이다. 천자가 스스로 부자父子의 친애의 정에 화합하고 장유長幼의 윤서를 밝히면, 집마다 질서가 잡히고 종족마다 화목해진다. 또 나의 부모를 친애하여 남의 부모에게 미치고, 나의 어른을 어른으로 대접하여 남의 어른에게 미칠 수 있으면, 이것이 '사해 안을 공경하게 한다'는 것이니, 곧 예의 근본이 확립되고 그 쓰임이 행해지는 것이다. 예를 쓰는 것이 행해진 뒤에 악의 효험이 관철된다. 그러므로 악에 대해서는 단지 '천자가 성낼 만한 것이 없음'을 말하였고, 예에 대해서는 '천자와 이와 같이 하면'이라고 말했으니, 악이 통용되는 것은 천자가 예를 행한 효험인 것이다. 주자周子(주돈이周敦頤)가 '만물은 각자 자기의 이치를 얻은 뒤에 화합한다. 그러므로 예가 먼저이고 악이 나중이다[29]라고 한 것이 이것이다." 應氏謂, "'四海之內'四字, 恐在 '合'字上", 如此則文理爲順. ○ 劉氏曰: "欣喜歡愛之和, 出於中, 進退周旋之序, 著於外. 和則情意安舒, 故靜. 序則威儀交錯, 故文. 大樂與天地同和, 如乾以易知而不勞. 大禮與 天地同節, 如坤以簡能而不煩. 樂至則人皆得其所而無怨, 禮至則人各安其分而不爭. 如 帝世揖讓而天下治者, 禮樂之至也. '達'者, 徹於彼之謂. '行'者, 出於此之謂. 行者達之 本, 達者行之效. 天子自能合其父子之親, 明其長幼之序, 則家齊族睦矣. 又能親吾親以及 人之親, 長吾長以及人之長, 是謂以敬四海之內', 則禮之本立而用行矣. 禮之用行, 而後 樂之效達. 故於樂但言'天子無可怒'者, 而於禮則言'天子如此', 是樂之達, 乃天子行禮之 效也. 周子曰: '萬物各得其理而後和. 故禮先而樂後', 是也."

權近 살피건대, '예는 밖으로 나타내는 것으로 시작한다'는 것은 이른바 "의는 밖으로 드러나지만 밖에 있는 것이 아니다[30]"라고 하는 말과 뜻이 같다. 위 장에서 예악으로 다스리고 예악이 행해지는 것의 효과를 말하였

지만 여전히 형정으로 정치를 하는 흔적이 남아 있다. 이 장의 경우는 '대례大禮'와 '대악大樂'과 '읍양揖讓할 뿐이었는데 천하를 다스렸다'는 등의 일을 말하였는데, 이른바 '작위함이 없이 다스리고, 움직이지 않고 변화시킨다'는 것이다. 그러므로 특별히 '대大'(크다)라 하고 '지至'(지극하다)라 한 것이다. '흉포한 백성들이 일어나지 않는다'라고 한 이하는 천하를 다스리는 것의 지극한 공효를 형용한 것이다. 위에서는 '천자는 성낼 만한 일이 없으니, 이와 같으면 악樂이 두루 통용된다'라고 말하고 아래에서는 '천자가 이와 같이 하면 예禮가 행해진다'라고 하였는데, 아래 구절의 '천자' 다음에 빠진 글자가 있는 듯하다. 近按, '禮自外作'猶所謂"義形於外, 非在外"也. 上章言禮樂治行之效, 然猶有刑政爲治之迹也. 此章則言'大禮'·'大樂'·'揖讓而治天下'之事, 所謂無爲而治, 不動而化'者也. 故特謂之'大', 又謂之'至'也. '暴民不作'以下, 形容其治天下之極效也. 上言'天子不怒, 如此則樂達', 下言'天子如此, 則禮行', 下節'天子'之下恐有脫字.

경-1-15[악기 15]

대악大樂은 천지와 화합함(和)을 함께하고 대례大禮는 천지와 절도(節)를 함께한다. 화합하므로 만물이 성性을 잃지 않고 절도가 있으므로 천지天地에 제사를 지낸다. 밝은 곳에는 예악이 있고 어두운 곳에는 귀신이 있다. 이와 같이 하면 사해의 안이 공경함에 화합하고 친애함을 같이 한다. 예란 일을 다르게 하면서 공경함에 화합하는 것이다. 악이란 문식을 다르게 하면서 친애함을 같이 하는 것이다. 예와 악에서 정情은 같으므로 성명聖明한 왕은 서로 이어받아

계승하였다. 그러므로 일은 시대와 더불어 함께하고 명칭은 공功과
더불어 함께하였다.

大樂與天地同和, 大禮與天地同節. 和, 故百物不失, 節, 故祀天
祭地. 明則有禮樂, 幽則有鬼神. 如此, 則四海之內, 合敬同愛矣.
禮者, 殊事合敬者也. 樂者, 異文合愛者也. 禮樂之情同, 故明王
以相沿也. 故事與時並, 名與功偕.

集說 '백물불실百物不失'은 각자 자신의 성性을 이루는 것을 말한다. ○ 주
자朱子는 말한다. "예는 덜어내는 것을 주로 하고 악은 채우는 것을 주로
한다. 귀신도 단지 굽히고 펴는 뜻일 뿐이다. 예악과 귀신은 하나의 이치
다."31) 주자는 또 말한다. "성인이 제작하는 부분이 예악이고, 조화가 작용
하는(功用) 부분이 귀신이다. 예에서 경례經禮와 곡례曲禮의 일이 다르지만
공경하는 것은 같고, 악에서 오성五聲과 육률六律의 문식이 다르지만 친애
하는 것은 같다. 사해의 안이 공경함에 화합하고 친애함을 같이하게 할 수
있는 것은 모두 대악大樂과 대례大禮로 감화한 것이다. 예악의 제정은 성명
聖明한 왕에 이르러 비록 덜어내거나 보태어 개정함이 있지만, 정情이 같은
것은 서로 이어받아 조술한다. 오직 이와 같기 때문에, 왕도를 행하는 자가
나와 흥기하면, 일이 시대와 함께한다. 예를 들면, 당唐우虞 시대에는 선양
禪讓으로 제위를 양위한 일이 있었고, 하夏은殷의 시대에는 방벌放伐(추방과
정벌)로 교체한 일이 있었다. '명칭은 공功과 더불어 함께하였다'는 것은 공
로가 이루어지면 악樂을 제작하기 때문이다. 따라서 역대의 악명樂名은 모
두 세운 공에 따라서 이름을 지은 것이다."32) ○ 채씨蔡氏는 말한다. "예와
악은 본래 뚜렷이 구분되는 두 가지 별개의 것이 아니다. 사람들은 악이
양으로부터 나오고 예가 음으로부터 시작되는 것만 보고, 곧바로 예는 음

에 속하고 악은 양에 속하여 완전히 다른 일이라고 여기는데, 음과 양이 같은 기임을 전혀 이해하지 못한 것이다. 음기陰氣가 유행하는 것이 곧 양이고 양기陽氣가 응취凝聚된 것이 곧 음일 뿐, 정말로 두 가지 사물이 있는 것이 아니다. 예와 악도 단지 하나의 이치일 뿐이니, 예가 화합하는 것이 곧 악이고, 악이 절도에 맞는 것이 곧 예로서, 또한 두 가지 사물이 아니다. 잘 살피는 자가 음과 양, 예와 악이 서로 구별되는 이유를 알면서, 동시에 음과 양, 예와 악이 하나인 이유도 이해하면 예악의 체와 용에 통달할 것이다." '百物不失', 言各遂其性也. ○ 朱子曰: "禮主減, 樂主盈. 鬼神亦止是屈伸之義. 禮樂鬼神一理." 又曰: "在聖人制作處, 便是禮樂, 在造化處[33], 便是鬼神. 禮有經禮曲禮之事殊而敬一, 樂有五聲六律之文異而愛一. 所以能使四海之內, 合敬同愛者, 皆大樂大禮之所感化也. 禮樂之制, 在明王, 雖有損益, 而情之同者, 則相因述也. 惟其如此, 是以王者作興, 事與時並. 如唐虞之時, 則有揖讓之事, 夏殷之時, 則有放伐之事. '名與功偕'者, 功成作樂. 故歷代樂名, 皆因所立之功而名之也." ○ 蔡氏曰, "禮樂本非判然二物也. 人徒見樂由陽來, 禮由陰作, 卽以爲禮屬陰, 樂屬陽, 判然爲二, 殊不知陰陽一氣也. 陰氣流行, 卽爲陽, 陽氣凝聚, 卽爲陰, 非眞有二物也. 禮樂亦止是一理, 禮之和卽是樂, 樂之節卽是禮, 亦非二物也. 善觀者旣知陰陽禮樂之所以爲二, 又知陰陽禮樂之所以爲一, 則達禮樂之體用矣."

權近 살피건대, 이 장은 위 장을 이어서 예악은 천하를 평치平治하는 도구일 뿐만 아니라 실로 천지와 그 위대함을 함께 하는 것임을 말하였다. 『주역』「계사」에 "건은 평이함으로 주관하고 곤은 간소함으로 능히 한다"라고 하였는데, 위 장에서 '대악大樂은 반드시 평이하다'라고 한 것은 바로 건의 평이함이고, '대례大禮는 반드시 간소하다'라고 한 것은 바로 곤의 간소함이니, 이미 예악을 천지에 분배하였다. 이 장에서 다시 '대악大樂은 천지와 화합함(和)을 함께 하고 대례大禮는 천지와 절도(節)를 함께한다'라고

한 것은 예와 악은 각각 천지의 덕을 구비한다는 것이다. '밝은 곳에는 예악이 있고 어두운 곳에는 귀신이 있다'는 것은 천지에는 조화와 굴신의 리理가 있고 사람에게는 예악禮樂과 애경愛敬의 정情이 있어 그 리는 본디 하나이고 둘로 나뉘지 않음을 말한 것이다. '일은 시대와 더불어 함께하고, 명칭은 공과 더불어 함께한다'는 말은 위 문장의 '일을 다르게 하고' '문식을 다르게 함'을 이어받아, 제왕들이 제작한 것이 비록 다르기는 하지만 그 실제 내용에서 보면 서로 계승하여 조술하고 있음을 말한 것이다. 그러므로 읍양하는 것과 정벌하는 것이 그 일은 다르지만 시대 사정에 따른 대의는 서로 같고, 역대 악樂의 이름이 그 문식에서 다르지만 세상을 다스리는 공효는 서로 함께 하는 것이다. 앞에서 '읍양揖讓할 뿐이었는데 천하를 다스렸다'라고 말한 것은 예악이 한 시대에 시행되는 것으로 말한 것이요, 여기에서는 만세에 시행되는 것으로 말한 것이다. 近按, 此承上章以言禮樂非特爲平治天下之具而實與天地同其大者也. 『易』「繫辭」曰: "乾以易知, 坤以簡能", 上章所謂'大樂必易', 卽乾之易也, '大禮必簡', 卽坤之簡也, 旣以禮樂分配天地. 此章又言其'大樂與天地同其和, 大禮與天地同其節', 是禮樂各具天地之德也. '明則有禮樂, 幽則有鬼神', 是言在天地則有造化屈伸之理, 在人道則有禮樂愛敬之情, 其理本一而非二致也. '事與時並, 名與功偕'者, 是承上文'殊事異文'而言帝王制作雖有不同, 而其情實則相沿述. 故揖讓征伐, 其事雖殊, 而隨時之義則相並, 歷代樂名, 其文雖異, 而治世之功則相偕也. 前言'揖讓而治天下'者, 以禮樂行於一世者而言, 此則以行於萬世者言也.

경-1-16 [악기 16]

그러므로 종鐘·고鼓·관管·경磬과 우羽·약籥·간干·척戚은 악의 도구이다. 굽히고 펴며, 구부리고 우러러보며, 춤추는 위치 배열과 춤동작의 범위, 동작의 느리고 빠름은 악의 문식이다. 보簠·궤簋·조俎·두豆와 제도制度·문장文章은 예의 도구이다. 위아래로 오르고 내리며, 둥글게 돌아서 방향을 전환하고 옷을 드러내거나 감추어 입는 것은 예의 문식이다. 그러므로 예악의 정情을 아는 자라야 제작할 수 있고, 예악의 문식(文)을 아는 자라야 이어받아 조술할 수 있다. 제작하는 자를 성스럽다(聖)고 하고, 이어가는 자를 밝다(明)고 한다. 밝다는 것, 성스럽다는 것은 이어받아 조술하는 것, 제작하는 것을 말한다.

故鐘·鼓·管·磬, 羽·籥·干·戚, 樂之器也. 屈·伸·俯·仰, 綴·兆·舒·疾, 樂之文也. 簠·簋·俎·豆, 制度·文章, 禮之器也. 升降上下, 周還·裼襲, 禮之文也. 故知禮樂之情者能作, 識禮樂之文者能述. 作者之謂聖, 述者之謂明. 明聖者, 述作之謂也.

集說 '철綴'은 춤추는 자의 줄과 위치가 서로 이어져 있는 것이다. '조兆'는 한 위치에서 (춤 동작을 펼칠 때) 밖으로 차지하는 영역이다. '석裼'과 '습襲'은 「곡례曲禮」편에 설명이 보인다. '정情'은 깊이 속에 담긴 이치와 지향을 말한다. 그것을 앎이 주밀하기 때문에 제작할 수 있다. '문文'은 절주節奏가 펼쳐져 드러나는 것을 말한다. 그것을 앎이 상세하기 때문에 이어서 조술할 수가 있다. 황제黃帝·요堯·순舜이 각기 율려律呂를 만들고 의상衣裳을 제정한 것과 우禹·탕湯·문왕과 무왕이 서로 계승하여 사용하지 않은 것은, 모두 성스런 이(聖者)가 예악을 제작한 경우이다. 주공周公이 예악의 제도를 경영할 때는 모두 선대의 예악에서 가져와 참고하고 사용하였

으니, 성스런 이가 제작하고 밝은 이가 조술하는 것을 겸하여 행한 것이다. 계찰季札이 악樂을 관찰하고 각기 논한 바가 있으니, 이것은 밝은 이(明者)가 조술한 것이다. 공자가 성인이었음에도 조술하기만 하고 제작하지 않았던 것은 성인의 덕은 있었으나 천자의 지위가 없었기 때문이다. '綴', 舞者行位相連綴也. 兆[34], 位外之營兆也. '裼襲', 說見「曲禮」. '情', 謂理趣之深奧者. 知之悉, 故能作. '文', 謂節奏之宣著者. 識之詳, 故能述. 若黃帝·堯·舜之造律呂垂衣裳, 禹·湯·文武之不相沿襲, 皆聖者之作也. 周公經制, 盡取先代之禮樂而參用之, 兼聖明之作述也. 季札觀樂, 而各有所論, 此明者之述也. 夫子之聖, 乃述而不作者, 有其德無其位故耳.

권근近 살피건대, 앞에서는 예악이 후세에 전해지는 뜻을 말하고, 여기서는 예악이 담겨지는 기물을 말하면서 아울러 조술하고 제작하는 일을 함께 언급하였다. 성인이 예악을 제작할 때는 반드시 이러한 기물에 담아낸 뒤에 전할 수 있다. 예악에 밝은 이가 계승하여 조술할 때는 반드시 그 문식한 것을 안 뒤에야 사용할 수 있다. 앞에서 제작하고 뒤에서 조술하니 이것이 만세에 행해질 수 있는 것이다. 近按, 上言禮樂傳世之意, 而此言其所寓之器, 又兼及其述作之事. 蓋聖人制作, 必寓是器, 而後可傳. 明者繼述, 必識其文, 而後可擧. 作之於前, 述之於後, 此可行於萬世者也.

경-1-17[악기 17]

악이란 천지의 화합이고 예란 천지의 질서이다. 화합하므로 만물이 모두 화생化生하고, 질서가 있으므로 모든 사물들이 모두 구별된다. 악은 하늘을 본받아 제작되고 예는 땅을 본받아 제정된다.

예의 제정을 잘못하면 어지러워지고, 악의 제작을 잘못하면 횡포 해진다. 천지의 조화와 질서에 밝은 뒤에야 예와 악을 일으킬 수 있다.

樂者, 天地之和也, 禮者, 天地之序也. 和故百物皆化, 序故群物 皆別. 樂由天作, 禮以地制. 過制則亂, 過作則暴. 明於天地, 然 後能興禮樂也.

集說 주자朱子는 말한다. "'악은 하늘을 본받아 제작하여' 양陽에 속하기 때문에 움직인다는 뜻이 있다. '예는 땅을 본받아 제정하여' 땅으로부터 나 오기 때문에 옮겨서 바꿀 수 없다."[35] ○ 유씨劉氏는 말한다. "앞에서 '대악 大樂은 천지와 화합함을 함께하고, 대례大禮는 천지와 절도를 함께한다'고 하였는데, 공을 이룸에 부합하는 바를 가지고 말한 것이다. 여기서는 '악이 란 천지의 화합이고, 예란 천지의 질서이다'라고 하였으니, 본받을 때 근본 하는 바를 가지고 말한 것이다. 대개 성인의 예악은 천지의 음양과 더불어 서로 유행하며 통한다. 그러므로 처음에는 음양을 본받아서 예악을 만들 고, 나중에는 예악으로써 음양을 돕는 것이다. '천지의 조화'은 양이 움직 여서 만물을 낳는 것이다. 기가 유행하여 어그러지지 않음으로 만물이 다 화생한다. '천지의 질서'는 음이 고요하여서 만물을 이루는 것이다. 바탕이 갖추어지고 질서가 있음으로 모든 사물이 다 구별된다. '악은 하늘을 본받 아 제작된다'는 것은 기가 하늘에서 유행하는 것을 본받아서 제작하는 것 이다. 그러므로 움직여서 양에 속한다. 성음聲音은 기에 의해 만들어진다. '예는 땅을 본받아 제정된다'는 것은 바탕이 땅에서 갖추어진 것을 본받아 제작하는 것이다. 그러므로 고요하여 음에 속한다. 의칙儀則은 질質에 의해 만들어진다. 예의 제정을 잘못하면 그 질서를 잃어버리니, 음이 지나쳐서

엄혹하면 만물이 이루어졌던 것이 다시 무너지는 것과 같다. 그러므로 어지러워진다. 악의 제작을 잘못하면 그 조화를 잃어버리니, 양이 지나쳐서 너무 높아지면 만물이 생장하던 것이 도리어 상하는 것과 같다. 그러므로 횡포해진다. 천지의 조화와 질서에 밝은 뒤에야 예악을 일으켜서 화육을 도울 수 있다." 朱子曰: "樂由天作', 屬陽, 故有運動底意. '禮以地制', 如由地出, 不可移易." ○ 劉氏曰: "前言'大樂與天地同和, 大禮與天地同節', 以成功之所合而言也. 此言'樂者, 天地之和, 禮者, 天地之序', 以效法之所本而言也. 蓋聖人之禮樂, 與天地之陰陽, 相爲流通. 故始也法陰陽以爲禮樂, 終也以禮樂而贊陰陽. '天地之和', 陽之動而生物者也. 氣行而不乖, 故百物皆化. '天地之序', 陰之靜而成物者也. 質具而有秩, 故群物皆別. '樂由天作'者, 法乎氣之行於天者而作. 故動而屬陽. 聲音, 氣之爲也. '禮以地制'者, 法乎質之具於地者而制. 故靜而屬陰. 儀則, 質之爲也. 過制則失其序, 如陰過而肅, 則物之成者復壞矣. 故亂. 過作則失其和, 如陽過而亢, 則物之生者反傷矣. 故暴. 明乎天地之和與序, 然後能興禮樂以贊化育也."

權近 살피건대, 앞에서 '화합함을 함께하고', '절도를 함께한다'고 하였으니, 이는 예악과 천지가 여전히 둘이다. 이 장에서 '악이란 천지의 화합이고, 예란 천지의 질서이다'라고 하였으니, 이것은 예악과 천지가 하나가 된 것이다. 앞에서 '만물이 성性을 잃지 않는다'고 하였으니 이는 각각 제 자리를 얻는 것이다. 이 장에서 '모두 화생化生한다'고 하였으니, 기운이 온축되어 함께 양육되고 합하고 같아지며 변화하는 오묘함이 있는 것이다. 천지가 바로 하나의 예악이고, 예악이 바로 하나의 천지이다. 그러므로 천지의 도에 밝은 뒤에야 예악을 제작하고 일으킬 수 있다. 近按, 前言'同和'·'同節', 是禮樂與天地猶二也. 此言'樂者天地之和, 禮者天地之序', 是禮樂與天地爲一也. 前言'百物不失', 是各得其所而已. 此言'皆化', 則絪縕並育而有合同而化之妙矣. 天地卽一禮樂, 禮樂卽一天地. 故明於天地之道, 然後可以制禮樂而興之也.

경-2-1**[악기 18]**

가사가 논할 만하고 음에 윤서倫序가 있어서 해침을 근심함이 없는
것이 악樂의 정情이고, 기뻐하고 좋아하는 것이 악의 직분(官)이다.
절도에 맞고 올바름으로써 치우침이 없는 것이 예의 바탕(質)이고,
위엄 있고 삼가면서도 공손하고 순종하는 것이 예의 제도(制)이다.
예와 악에서 금석金石으로 연주하고 성음聲音에 실어 퍼뜨려서, 종
묘와 사직에 사용하고 산천의 신과 여러 귀신에게 제사지내는 등
과 같은 일은 백성들과 함께하는 것이다.

論倫無患, 樂之情也, 欣喜歡愛, 樂之官也. 中正無邪, 禮之質也,
莊敬恭順, 禮之制也. 若夫禮樂之施於金石, 越於聲音, 用於宗廟
社稷, 事乎山川鬼神, 則此所與民同也.

集說 방씨方氏(방각方愨)는 말한다. "금석金石과 성음聲音은 악樂일 뿐인데
또한 예와 통합해서 말한 것은, 일반적으로 예를 거행한 뒤에 악을 사용하
고, 악을 사용함으로써 예를 완성하는 것이어서 악을 사용하고도 예를 거
행하지 않는 경우는 없기 때문이다. 정情·직분(官)·바탕(質)·제도(制)는
예악의 뜻(義)이고, 금석金石과 성음聲音은 예악의 수數이다. 그 수數는 진설
하여 보일 수 있으므로 백성들이 함께하는 바이다. 그 뜻(義)은 알기 어렵
기 때문에 임금이 전유專有하는 바이다. 그러므로 금석과 성음에 대해서
'이는 백성들과 함께하는 것이다'라고 하였다." ○ 유씨劉氏는 말한다. "'논
한다'는 것은 아雅와 송頌의 가사이다. '윤서'란 율려律呂의 음이다. 가사가
논할 만하고 음에 윤서가 있으므로, 그 화합함을 지극하게 하여 해침을 근
심함이 없다. 이것이 악의 본 정情인데, 사람에게 있어서는 '기뻐하고 좋아
하는 것'을 가지고 악을 제작하는 주안점으로 삼는다. '중中'이란 행하는 것

이 지나치거나 모자람이 없는 것이다. '정正'이란 서는 것이 치우치거나 기울어짐이 없는 것이다. 서는 것이 바르고 행하는 것이 절도에 맞기 때문에 그 윤서를 얻어서 치우침이 없다. 이것이 예의 본바탕(質)인데, 사람에게 있어서는 '위엄 있고 삼가면서도 공손하고 순종하는 것'을 가지고 예를 행하는 제도로 삼는다. 이러한 것은 성스럽고 현명한 군자가 홀로 아는 바이다. 악기로 연주하고 소리로 실어 퍼뜨려 귀신에게 제사지내는 것과 같은 것은 일반 사람들이 다 함께 아는 것이다." 方氏曰: "金石·聲音, 特樂而已, 亦統以禮爲言者, 凡行禮然後用樂, 用樂以成禮, 未有用樂而不爲行禮者也. 情·官·質·制者, 禮樂之義也, 金石·聲音者, 禮樂之數也. 其數可陳, 則民之所同. 其義難知, 則君之所獨. 故於金石·聲音, 曰'此所與民同也'." ○ 劉氏曰: "論'者, 雅頌之辭. '倫'者, 律呂之音. 惟其辭足論, 而音有倫, 故極其和而無患害. 此樂之本情也, 而在人者, 則以'欣喜歡愛'爲作樂之主焉. '中'者, 行之無過不及. '正'者, 立之不偏不倚. 惟其立之正而行之中, 故得其序而無邪僻. 此禮之本質也, 而在人者, 則以'莊敬恭順'爲行禮之制焉. 此聖賢君子之所獨知也. 若夫施之器而播之聲, 以事乎鬼神者, 則衆人之所共知者也."

權近 살피건대, 위 장에서는 예악의 심대함이 천지에서 다함을 말하였고, 이 장에서는 다시 사람에게 있는 것들로부터 거듭 말하여 예악의 세세한 측면을 밝혔다. 절도에 맞고 올바름으로 치우침이 없는 것이 예의 바탕이 된다. 따라서 예가 비록 밖에서 나타내는 것으로 시작하지만 밖에 있는 것이 아님이 분명하다. 크게는 천지와 귀신의 도리로부터 작게는 성음과 도수의 말단과 유사가 담당하는 변두의 일까지 예악 아닌 것이 없다. 近按, 上旣言禮樂之大, 極於天地, 此又自在人者而申言之, 以明其小者也. 中正無邪爲禮之質, 則禮雖外作, 而非在外明矣. 大則天地鬼神之道, 小則聲音度數之末·籩豆有司之事, 無非禮樂也.

경-2-2[악기 19]

왕이 된 자는 공이 이루어지면 악樂을 제작하고 다스림이 안정되면 예禮를 제정한다. 그 공이 큰 자는 악이 완비되고, 그 다스림이 두루 미치는 자는 예가 갖추어진다. 간干과 척戚의 춤을 춘다고 해서 악을 갖춘 것이 아니며, 익힌 고기로 제사를 지낸다고 해서 예를 갖춘 것이 아니다. 오제五帝는 처한 때가 달랐으므로 악을 서로 습용하지 않았고, 삼왕三王은 처한 시대가 달랐으므로 예를 서로 습용하지 않았다. 악이 극한까지 가면 근심하고, 예가 소략하면 치우친다. 악을 돈독하게 하여도 근심함이 없게 하고, 예를 완비하여 치우치지 않게 함에 이르러서는 오직 위대한 성인成人이 그렇게 할 뿐이다!

王者功成作樂, 治定制禮. 其功大者其樂備, 其治辯者其禮具. 干戚之舞, 非備樂也, 孰亨而祀, 非達禮也. 五帝殊時, 不相沿樂. 三王異世, 不相襲禮. 樂極則憂, 禮粗則偏矣. 及夫敦樂而無憂, 禮備而不偏者, 其唯大聖乎!

集說 간干과 척戚을 잡고 추는 춤은 무무武舞이다. 소昭 악이 지극히 선하고 지극히 아름다운 것만 같지 못하므로 '악을 갖춘 것이 아니다'라고 하였다. 희생을 익혀서 제사를 지내는 것이 옛날에 희생의 피와 날고기로 제사를 지내면서도 예禮의 뜻을 얻었던 것만 같지 못하므로 '예를 갖춘 것이 아니다'라고 하였다. 악을 연주하는데 그 성음의 즐거움을 끝까지 다하려고 하면, 즐거움이 다하고 슬픔이 온다. 그러므로 '악樂이 극한까지 가면 근심한다'고 하였다. 예를 행하는 것이 거칠고 소략하여 자세히 살피지 못

하면, 절제하고 문식하는 의절에 반드시 치우치고 빠져서 갖추지 못한 것이 생긴다. 그러므로 '예가 소략하면 치우친다'고 하였다. 오직 위대한 성인이라야 도가 완전하고 덕이 갖추어져서, 비록 악에 대해 돈독하게 하여도 즐거움이 극도에 이르러 슬픔이 오는 걱정이 없고, 그 예의가 완비되어 치우치고 소략하게 되는 잘못이 없다. 干戚之舞, 武舞也. 不如韶樂之盡善盡美, 故云'非備樂也'. 熟烹牲體而薦, 不如古者血腥之祭爲得禮意, 故云'非達禮也'. 若奏樂而欲極其聲音之娛樂, 則樂極悲來. 故云'樂極則憂'. 行禮粗略而不能詳審, 則節文之儀, 必有偏失而不擧者. 故云'禮粗則偏矣'. 惟大聖人則道全德備, 雖敦厚於樂, 而無樂極悲來之憂, 其禮儀備具, 而無偏粗之失也.

權近 살피건대, 이 장은 위 장의 사람에게 있는 일을 이어서 다시 성인이 제작하는 일을 거듭해서 말한 것이다. 위 장은 세세한 것을 가지고 말하였고 이 장에서는 그 큰 것을 가지고 말하였다. 近按, 此承上章在人之事而又申言聖人制作之事. 上章以其小者而言, 此以其大者而言也.

경-2-3[악기 20]

하늘은 높고 땅은 낮으며 만물은 흩어져 각기 다르니 예의 재제裁制가 시행된다. 유행하여 쉬지 않으며 화합하여 하나가 되어 화생하니 악이 일어난다. 봄은 낳고 여름은 기르니 인仁이다. 가을은 거두어들이고 겨울은 저장하니 의義이다. 인은 악樂에 가깝고 의는 예禮에 가깝다. 악이란 화합을 돈독히 하니 신神을 따르고 하늘에 순종한다 예란 마땅한 바를 구별하니 귀鬼에 거처하여 땅에 순종한다. 그러므로 성인은 악을 제작하여 하늘에 응하고 예를 제정하여 땅에 짝한다. 예와 악이 명확해지고 완비되면 하늘과 땅이 직분을 다한다.

天高地下, 萬物散殊, 而禮制行矣. 流而不息, 合同而化, 而樂興焉. 春作夏長, 仁也. 秋斂冬藏, 義也. 仁近於樂, 義近於禮. 樂者敦和, 率神而從天. 禮者別宜, 居鬼而從地. 故聖人作樂以應天, 制禮以配地. 禮樂明備, 天地官矣.

集說 만물은 각자 사물됨을 부여받고 있어 억지로 같게 할 수 없다. 이것이 조화造化가 인간에게 저절로 그렇게 되는 예의 제도로서 보여주는 것이다. 기운이 서로 감응하여 화생하고 있어 홀로 다를 수가 없다. 이것이 조화가 인간에게 저절로 그러한 악樂의 정情으로서 보여주는 것이다. '화합하여 하나가 된다'는 것은 봄과 여름의 인仁이다. 그러므로 '인은 악에 가깝다'고 하였다. '흩어져 천차만별이다'라는 것은 가을과 겨울의 의義이다. 그러므로 '의는 예에 가깝다'고 하였다. '화합을 돈독히 한다'는 것은 기氣가 같은 것을 도탑게 하는 것이다. '마땅한 바를 구별한다'는 것은 사물이 다른 것을 분변하는 것이다. '신神을 따른다'는 것은 기의 펼침에 따른다는 것이다. '귀鬼에 거처한다'는 것은 기의 굽힘을 거두어들이는 것이다. 양을 펼쳐서 하늘을 따르고 음을 굽혀서 땅을 따른다. 이것으로 말하면, 성인의 예와 악에 대한 정미한 뜻이 제작하는 가운데 깃들어 있어, 이미 명확하고도 또 완벽하므로 얻어서 알 수가 있다. '관官'은 주관한다는 뜻과 같다. 하늘이 만물을 낳고 땅이 만물을 이루는 것이 각자 그 직분을 얻은 것임을 말하는 것이다. ○ 유씨劉氏는 말한다. "이 경문에서는 예란 천지의 질서이고 악이란 천지의 조화임을 거듭하여 밝혔다. 높고 낮으며 흩어져 천차만별임은 질質이 갖추어진 것이요, 천지자연의 질서이니, 성인이 이를 본받

으면 예의 제도가 실행된다. 두루 유행하여 화합하여 화생함은 기가 유행
流行하는 것이요, 천지자연의 조화이니, 성인이 이를 본받으면 악樂이 일어
난다. 봄은 낳고 여름은 기르니 천지가 만물을 낳는 인仁이다. 기가 유행하
여 화합함을 같이하므로 악에 가깝다. 가을은 거두어들이고 겨울은 거두니
천지가 만물을 이루는 의義이다. 질質이 갖추어지고 윤서倫序를 구별하므
로 예에 가깝다. 이것은 본받는 것이 근본하는 바를 말한 것이다. '화합을
돈독히 한다'는 것은 기氣가 같은 것을 돈독히 하는 것이다. '마땅한 바를
구별한다'는 것은 그 질質이 다른 것을 분변하는 것이다. '신神'이란 양의
영靈이다. '귀鬼'는 음의 영靈이다. '신神을 따라 하늘에 순종한다'는 것은 그
기의 펼침을 창달시켜 하늘에서 행하는 것이고, '귀鬼에 거처하여 땅에 순
종한다'는 것은 그 기의 굽힘을 거두어들여서 땅에 갖추는 것이다. 대개
악은 천지의 화합함을 도탑게 하여 양이 낳는 바를 창달하게 할 수 있다.
예는 천지의 마땅한 바를 분별하여 음이 이루는 바를 안정시킬 수 있다.
그러므로 성인은 악을 제작하여 하늘이 만물을 낳는 것에 호응해 돕고, 예
를 제정하여 땅이 만물을 이루는 것에 짝하여 부합한다. 예와 악의 제작이
이미 명확해지고 또 갖추어지면, 그 도를 재단하여 완성하고 그 마땅함을
도와 하늘이 낳고 땅이 이루는 것이 각기 그 역할을 얻을 수 있다. 이것은
공을 이루는 것이 부합하는 바를 말한 것이다." 物各賦物而不可以强同. 此造化
示人以自然之禮制也. 絪縕化醇而不容以獨異. 此造化示人以自然之樂情也. '合同'者, 春
夏之仁. 故曰'仁近於樂'. '散殊'者, 秋冬之義. 故曰'義近於禮'. '敦和', 厚其氣之同者.
'別宜', 辨其物之異者. '率神', 所以循其氣之伸. '居鬼', 所以斂其氣之屈. 伸陽而從天,
屈陰而從地也. 由是言之, 則聖人禮樂之精微寓於制作者, 旣明且備, 可得而知矣. '官',
猶主也. 言天之生物, 地之成物, 各得其職也. ○ 劉氏曰: "此申明禮者天地之序, 樂者天
地之和. 高下散殊者, 質之具, 天地自然之序也, 而聖人法之, 則禮制行矣. 周流同化者,

氣之行, 天地自然之和也, 而聖人法之, 則樂興焉. 春作夏長, 天地生物之仁也. 氣行而同

和, 故近於樂. 秋斂冬藏, 天地成物之義也, 質具而異序, 故近於禮. 此言效法之所本也.

'敦化36)'者, 厚其氣之同. '別宜'者, 辨其質之異. '神'者, 陽之靈. '鬼'者, 陰之靈. '率神

以從天'者, 達其氣之伸而行於天, '居鬼而從地'者, 斂其氣之屈而具於地. 蓋樂可以敦厚天

地之和, 而發達乎陽之所生. 禮可以辨別天地之宜, 而安定乎陰之所成. 故聖人作樂以應

助天之生物, 制禮以配合地之成物. 禮樂之制作, 旣明且備, 則足以裁成其道, 輔相其宜,

而天之生地之成, 各得其職矣. 此言成功之所合也."

權近 살피건대, 이 장은 예악이 천지와 하나가 되는 뜻을 거듭 말하였다.
'성인은 악을 제작하여 하늘에 호응하고, 예를 제정하여 땅에 짝한다'는 말
은 또한 천지와 성인과 예악을 합하여 하나로 삼는 것이다. 앞 장의 끝에
서 '천지의 조화와 질서에 밝은 뒤에야 예와 악을 일으킬 수 있다'라고 하
였으니 이는 본받는 시초에서 말한 것이다. 이 장의 끝에서 '예와 악이 명
확해지고 완비되면 하늘과 땅이 직분을 다한다'라고 하였으니 이는 공을
이룬 결과를 요약해서 말한 것이다. 처음에는 천지로 인해서 예악을 제정
하고 뒤에는 예악을 통해 천지를 자리 잡게 하니 성인의 공로가 지극하다.

近按, 此又申言禮樂所以與天地爲一之義. '聖人作樂以應天, 制禮以配地'者, 又以合天地

聖人禮樂而爲一也. 前章之末言'明於天地, 然後能興禮樂', 是自其效法之初而言也. 此章

之終言'禮樂明備, 天地官矣', 是要其成功之終而言也. 初因天地而制禮樂, 後由禮樂而位

天地, 聖神之功極矣.

樂3-1[악기 21]
하늘은 높고 땅은 낮으니 임금과 신하가 정해진다. 낮고 높음으로

써 펼쳐지니 귀하고 천함이 자리 잡는다. 움직임과 고요함이 일정함이 있으니 작고 큼이 달라진다. 도리(方)는 부류에 따라 처신하고 일은 유형에 따라 구분하니, 성명性命이 다르기 때문이다. 하늘에서는 상象象을 이루고 땅에서는 형形을 이룬다. 이와 같으므로 예는 천지의 구별이다.

天尊地卑, 君臣定矣. 卑高以陳, 貴賤位矣. 動靜有常, 小大殊矣. 方以類聚, 物以群分, 則性命不同矣. 在天成象, 在地成形. 如此, 則禮者, 天地之別也.

集說 이것은 『역易』 「계사繫辭」와 대략 같다. 기록한 자가 인용한 것으로, 성인이 예를 제정함에 천지자연의 이치에 근본을 둔 것이 이와 같음을 말한 것이다. 임금과 신하의 예를 정하는 것은 하늘과 땅이 높고 낮은 형세에서 취한 것이요, 귀하고 천한 지위를 배치하는 것은 산과 못이 낮고 높은 형세에서 취한 것이다. 작은 것은 커질 수 없고 큰 것은 작아질 수 없으므로 작고 큰 것이 다른 것은 음양의 움직이고 고요함이 일정한 것에서 취하였다. 여기서의 작고 큼은 『논어』의 "작은 일이나 큰일이나 모두 그것을 따랐다"[37)는 뜻과 같으니 작은 일과 큰일을 말한다. '방方'은 도道와 같다. '취聚'는 처하는 것이다. 군신·부자·부부·장유·붕우 관계에는 각각 그 도가 있으므로 각각 그 부류에 따라서 처신하는 것을 '방이유취方以類聚'라고 한다. '물物'은 일이다. 예를 실행하는 일은 바로 천리天理의 절도와 문식이고 인사人事의 마땅함과 준칙이다. 실행하는 것이 일단에 그치지 않으므로 구분하는 것은 반드시 각자 그 일에 따르는 것을 '물이군분物以群分'이라고 한다. 그러한 이유는 하늘이 부여한 명命과 사람이 받은 성性에는 자연히 이 삼강三綱 오상五常의 윤리가 있어서 그 사이의 높고 낮으며 후하고

박한 등급을 뒤섞어서 하나로 만드는 것이 용납되지 않기 때문이다. 그러므로 '성명性命 다르기 때문이다'라고 한 것이다. '하늘에서는 상象을 이룬다'는 것은 의복과 깃발의 문장에 해·달·별의 상을 드러낸 것과 같다. '땅에서는 형形을 이룬다'는 것은 궁실과 기구에 각각 높고 낮으며 크고 작은 제도가 있는 것과 같으니 이것은 땅에서 법을 취한 것이다. 이로부터 말하면 예에 구별이 있는 것은 천지자연의 이치가 아니겠는가? ○ 응씨應氏는 말한다. "이것이 바로 '하늘은 높고 땅은 낮으며 만물은 흩어져 각기 다르니 예의 재제裁制가 시행된다'38)는 것이다." ○ 유씨劉氏는 말한다. "여기서 또 예가 천지의 질서임을 거듭 말하였다. 천지만물은 움직임과 고요함의 일정함을 각기 갖추고 있다. 큰 것에는 크게 움직임과 고요함이 있고, 작은 것에는 작게 움직임과 고요함이 있다. 따라서 크고 작은 일에 그것을 본받아 행하는데 오래 걸리고 짧게 걸리는 기간이 달라진다. '방이유취方以類聚'는 중국中國과 만蠻·이夷·융戎·적狄의 백성이 각각 부류에 따라 모이는 것을 말하고, '물이군분物以群分'은 새와 물고기, 동물과 식물이 각각 무리에 따라 나뉘는 것을 말하니, 저마다 성명을 바르게 하는 것이 같지 않기 때문이다. 그러므로 성인이 그것에 따라서 그 예를 다르게 하였다. '재천성상在天成象'은 해·달·별의 역수歷數가 각각 그 순서가 있는 것이고, '재지성형在地成形'은 산천과 인물의 등급과 윤서에 각각 그 마땅함이 있는 것이다. 이로부터 말하건대, 예라는 것이 어찌 천지의 구별이 아니겠는가?"

此與『易』「繫辭」略同. 記者引之, 言聖人制禮, 其本於天地自然之理者如此. 定君臣之禮者, 取於天地尊卑之勢也, 列貴賤之位者, 取於山澤卑高之勢也. 小者不可爲大, 大者不可爲小, 故小大之殊, 取於陰陽動靜之常也. 此小大如『論語』"小大由之之義", 謂小事大事也. '方', 猶道也. '聚', 猶處也. 君臣·父子·夫婦·長幼·朋友, 各有其道, 則各以其類而處之, 所謂'方以類聚'也. '物', 事也. 行禮之事, 卽謂天理之節文, 人事之儀則. 行之不止一端, 分之必各從其事, 所謂'物以群分'也. 所以然者, 以天所賦之命人所受之性, 自然有此三綱五常之倫, 其間尊卑厚薄之等, 不容混而一之也. 故曰'性命不同矣'. '在天成象', 如衣與旗常之章, 著爲日月星辰之象也. '在地成形', 如宮室器具, 各有高卑小大39)之制, 是取法於地也. 由此言之, 禮之有別, 非天地自然之理乎? ○ 應氏曰: "此卽所謂天高地下, 萬物散殊, 而禮制行矣.'" ○ 劉氏曰: "此又申言禮者天地之序也. 天地萬物, 各有動靜之常. 大者有大動靜, 小者有小動靜. 則小大之事法之, 而久近之期殊矣. '方以類聚', 言中國·蠻·夷·戎·狄之民, 各以類而聚, '物以群分', 言飛潛動植之物, 各以群而分, 則以其各正性命之不同也. 故聖人亦因之而異其禮矣. '在天成象', 則日月星辰之曆數, 各有其序, '在地成形', 則山川人物之等倫, 各有其儀. 由此言之, 則禮者豈非天地之別乎?"

權近　　살피건대, 편의 처음부터 '악이란 천지의 화합이다'에 이르는 구절들은 사람에게 있는 악樂으로부터 미루고 넓혀 천지의 큼에까지 이른 것이고, '가사가 논할 만하고 음에 윤서倫序가 있어서 해침을 근심함이 없는 것'에서부터 '하늘은 높고 땅은 낮다'는 세 구절은 다시 사람에게 있는 것으로부터 거듭 말하여 천지와 성인과 예악이 하나가 됨에 이르렀다. 이 장 이하에서는 다시 천지에 있는 것으로부터 거듭 밝힌 것이다. 近按, 自篇首至'樂者天地之和'諸節, 是由樂之在人者, 推廣而極於天地之大, 自'論倫無患'至'天高地下'三節, 又自在人者申言而極於天地聖人禮樂之爲一. 此章以下又自其在天地者而申明之也.

경-3-2[악기 22]

　　땅의 기운은 위로 올라가고 하늘의 기운은 아래로 내려간다. 음과 양이 서로 갈마들고 하늘과 땅이 서로 밀어 옮긴다. 우레와 번개로 울리고 바람과 비로 떨친다. 사시로 움직이고 해와 달로 따뜻하게 하니 만물이 화생하여 일어난다. 이와 같으므로 악은 천지의 조화이다.

地氣上齊, 天氣下降. 陰陽相摩, 天地相蕩. 鼓之以雷霆, 奮之以風雨. 動之以四時, 煖之以日月, 而百化興焉. 如此, 則樂者, 天地之和也.

集說 응씨應氏는 말한다. "이 경문은 바로 '유행하여 쉬지 않으며 화합하여 하나가 되어 화생하니 악이 일어난다'[40]는 것이다." ○ 유씨劉氏는 말한다. "이 경문은 악이 천지의 조화라는 것을 거듭 말하였다. '제齊'는 '제躋'로 읽는다. '천지상탕天地相蕩'은 또한 기가 퍼져서 움직이는 것을 말한다. '백화흥언百化興焉'은 이른바 '하늘과 땅의 기운이 서로 감응하여 만물이 응취한다'[41]는 것이다. 이상은 본받는 것이 근본한 바를 말하였다." 應氏曰: "此卽所謂流而不息, 合同而化, 而樂興焉." ○ 劉氏曰: "此申言樂者, 天地之和也. '齊', 讀爲'躋'. '天地相蕩', 亦言其氣之播蕩也. '百化興焉', 所謂天地絪縕而萬物化醇也. 以上言效法之所本."

權近 살피건대, 이 장에서 위 두 구절은 「계사繫辭」와 대체로 동일하다. 선유先儒(진호陳澔)는 "기록한 자가 인용한 것이다"라고 하였다. 나는 생각건대, 이 편의 글은 가장 정밀하여 다른 편들과 다르니 기록자의 손에서 나온 것이 아닌 듯하고 어쩌면 또한 성인의 붓에 의해 지어진 것인 듯하다. 앞에서 '밝은 곳에는 예악이 있고 어두운 곳에는 귀신이 있다'라고 하였는데, 『주역』은 굴신 소장하는 이치를 말한 것으로 실제 예악과 서로 표리가 되는 것이다. 그 때문에 성인이 이것을 『주역』의 「계사」에 붙이고 다시 이것으로 예악을 논하여 그 이치가 하나임을 밝혔으니 후학에게 무궁한 의리를 보여준 것이다. 近按, 此上兩節與「繫辭」畧同. 先儒謂: "記者引之." 愚竊恐此篇之文最精與諸篇不類, 似非出於記者之手, 疑亦作於聖筆也. 前言'明則有禮樂, 幽則有鬼神', 『易』是言屈伸消長之理, 實與禮樂相爲表裏者也. 故聖人旣以此繫『易』辭, 而又以此論禮

樂, 以明其一理, 而示後學於無窮也歟.

경-3-3 [악기 23]

화육함이 때에 맞지 않으면 만물을 낳지 못하고, 남녀가 분별이 없으면 어지러움이 일어나니, 이것이 천지의 정情이다.

化不時則不生, 男女無辨則亂升, 天地之情也.

集說 이 경문은 예악이 잘되고 잘못되는 것은 천지와 서로 관련이 있음을 말하였다. 이른바 "조화로운 기운은 상서를 불러오고 어그러진 기운은 재이를 불러온다"[42]는 것으로, 위 경문 두 절節[43]의 뜻을 총결하였다. 此言禮樂之得失, 與天地相關. 所謂"和氣致祥, 乖氣致異"也, 總結上文兩節之意.

權近 살피건대, 이 경문은 천지에 있는 것을 이어받아서 사람에게 있는 일을 밝힌 것이다. 문장에 빠진 부분이 있는 듯하다. 近按, 此又因其在天地者, 以明其在人之事. 其文疑有缺失也.

경-3-4 [악기 24]

예禮와 악樂이 하늘에 이르고 땅에 위탁하여, 음양에 행해지고 귀신에 통하며, 높고 먼 것을 다하여 깊고 두터운 것을 헤아리게 되면, 악은 태초의 시작에 머무르고 예는 만물을 이루는 것에 거처한다. 쉬지 않고 행힘을 드러내는 깃은 하늘이요, 움직이지 않음을 드러내는 것은 땅이요, 한 번 움직이고 한 번 고요한 것은 하늘과 땅의 사이다. 그러므로 성인은 '예악'이라고 하신 것이다.

及夫禮樂之極乎天而蟠乎地, 行乎陰陽而通乎鬼神, 窮高極遠而測深厚, 樂著太始, 而禮居成物. 著不息者, 天也, 著不動者, 地也, 一動一靜者, 天地之間也. 故聖人曰禮樂云.

集説 주자朱子는 말한다. "'하늘은 태초의 시작을 주관하고, 땅은 만들어 만물을 이룬다'44)는 말에서 '지知'는 주관한다는 뜻이다. 하늘이 주관하는 것은 태초의 시작이고, 태초의 시작은 곧 만물이 생겨나는 처음이다. 건乾은 만물을 처음 낳고 곤坤을 그것을 이루어준다."45) ○ 응씨應氏는 말한다. "'급及'은 이른다는 뜻이다. 이 경문은 다음과 같은 뜻이다. 악樂이 저절로 이루어지는 조화에서 나오고 예禮가 저절로 이루지는 질서에서 나와 두 가지의 작용이 충만하게 유행하여, 드러난 곳에 도달하지 않음이 없고 어두운 곳에 이르지 않음이 없으며 높은 곳에 도달하지 않음이 없고 깊은 곳에 들어가지 않음이 없게 되면, 악은 건乾이 태초의 시작을 주관하는 처음에 머무르고 예는 곤坤이 만들어 만물을 이루어주는 자리에 머무르게 되는데, 쉬지 않음을 밝게 드러내는 것은 하늘이 하늘 된 까닭이고, 움직이지 않음을 밝게 드러내는 것은 땅이 땅 된 이유이다. 움직이지 않음을 드러내는 것은 작용 가운데 숨기는 것이요, 쉬지 않음을 드러내는 것은 인 가운데 드러내는 것이다. 하늘과 땅 사이는 한 번 움직이고 한 번 고요함에 불과할 뿐이다. 그러므로 성인聖人이 그것을 밝게 드러내 사람에게 보이고 예와 악이라고 이름하였다."46) 어떤 이는 말한다. "쉬지 않는 것과 움직이지 않는 것은 하늘과 땅으로 나누어 드러나지만, 한 번 움직이고 한 번 고요하여 끝없이 순환하는 것은 하늘과 땅의 사이다. 움직이고 고요한 것이 서로

떨어질 수 없으니, 예와 악은 혹이라도 나뉘는 것을 용납하지 않는다. 그러므로 성인이 예악을 말할 때는 반드시 합해서 말하였고, 나누어 분리해서 말한 적이 없다. 이상은 공功을 이룸이 부합하는 바를 말하였다." ○ 유씨劉氏는 말한다. "일양一陽이 자子에서 생기는 것에서부터 육양六陽이 사巳에서 지극해져서 건乾이 되기까지 이 과정은 건乾이 태초의 시작을 주관하는 것이다. 일음一陰이 오午에서 생기는 것에서부터 육음六陰이 해亥에서 지극해져서 곤坤이 되기까지 이 과정은 곤이 만들어 만물을 이루는 것이다. 또 건과 곤이 태泰와 비否에서 교대하는데, 한 해에서는 정월 태泰, 이월 대장大壯, 삼월 쾌夬, 사월 건乾, 오월 구姤, 유월 둔遯에는 모두 건괘를 가지고 있어 이로써 음을 통섭하니 이것이 건이 봄과 여름을 주관하는 것이다. 칠월 비否, 팔월 관觀, 9월 박剝, 시월 곤坤, 자월인 십일월 복復, 축월인 십이월 임臨은 모두 곤괘를 가지고 있어 이로써 양을 통섭하니 이것이 곤이 가을과 겨울을 주관하는 것이다." 朱子曰: "乾知太始, 坤作成物, '知'者, 管也. 乾管却大始, 太始卽物生之始. 乾始物而坤成之也." ○ 應氏曰: "'及', 至也. 言樂出於自然之和, 禮出於自然之序, 二者之用, 充塞流行, 無顯不至, 無幽不格, 無高不屆, 無深不入, 則樂著乎乾知太始之初, 禮居乎坤作成物之位, 而昭著不息者, 天之所以爲天, 昭著不動者, 地之所以爲地. 著不動者, 藏諸用也, 著不息者, 顯諸仁也. 天地之間, 不過一動一靜而已. 故聖人昭揭以示人, 而名之曰禮樂也." 或曰: "不息不動, 分著於天地, 而一動一靜, 循環無端者, 天地之間也. 動靜不可相離, 則禮樂不容或分. 故聖人言禮樂, 必合而言之, 未嘗析而言之也. 以上言成功之所合." ○ 劉氏曰: "自一陽生于子, 至六陽極於巳而爲乾, 此乾知太始也. 自一陰生於午, 至六陰極於亥而爲坤, 此坤作成物也. 又乾坤交於否泰, 一歲, 則正月泰·二壯·三夬·四乾·五姤·六遯, 皆有乾以統陰, 是乾主春夏也. 七月否·八觀·九剝·十坤·子復·丑臨, 皆有坤以統陽, 是坤主秋冬也."

權近 살피건대, 이 경문은 예악의 심대함은 상하에 가득 차 없는 곳이

없다는 뜻을 다시 말하고 끝에서 성인의 일을 아울러 언급하였다. '한번 움직이고 한번 고요한 것은 하늘과 땅의 사이이다'라는 것은 바로 복괘復卦에서 나오고 구괘姤卦에서 들어가는 기미로서 역도易道의 정미한 뜻이다. 이 편의 '인간이 처음 태어나서 고요하다'라고 한 말부터 여기까지 그 말이 「계사」와 표리가 되는 것이 많다. '인간이 처음 태어나서 고요하다'는 말은 바로 '고요하여 움직이지 않는다'는 말이다. '외물에 감발되어 움직인다'는 말은 바로 '감응하여 마침내 통한다'는 말이다. 다만 『역』에서 말하는 감感은 리의 작용을 위주로 말한 것이고 여기서 말하는 감은 정의 욕구를 위주로 말한 것이어서 또한 서로 의미를 밝혀준다. '하늘의 성'이라는 것은 '그것을 완성하는 것이 성'이라는 말이고, 예악이 평이하고 간소한 것은 바로 건과 곤의 덕이다. '밝은 곳에는 예악이 있고 어두운 곳에는 귀신이 있다'는 것은 바로 '유명幽明의 일'이다. '하늘은 높고 땅은 낮으며 만물은 흩어져 각기 다르니 유행하여 쉬지 않으며 화합하여 하나가 되어 화생한다'는 말은 '천지의 기운이 교감하여 만물이 순조롭게 생겨난다'는 뜻이다. '봄은 낳고 여름은 기르니 인仁이다'라는 말은 '인에 드러난다'는 것을 뜻한다. '가을은 거두어들이고 겨울은 저장하니 의義이다'라는 말은 '쓰임에 감추어진다'는 것을 말한다. '태초의 시작에 머무른다'는 말은 건이 주관하는 것이고, '만물을 이루는 것에 거처한다'는 말은 곤이 만드는 것이다. 동정動靜으로 천지를 말하고 예악을 밝힌 것에 이르러서는 더욱 정밀하고 절실하니 한 편의 깊은 뜻이 합치되지 않는 것이 없다. 어찌 '하늘은 높고 땅은 낮다'는 두 구절만 대략 동일한 것이겠는가? 이는 기록한 자가 끌어대고 견강부회한 말이 아님이 분명하다. 나는 생각건대, 이상은 「악기」의 경문經文이고 이하는 그 전문傳文이다. 近按, 此又言禮樂之大, 充塞上下, 無乎不在之意, 而末兼及聖人之事也. '一動一靜, 天地之間'者, 卽復姤出入之機, 而易道精微之蘊也. 此篇自'人

生而静'以下至此, 其言多與「繫辭」相表裏. '人生而静', 卽'寂然不動'者也. '感物而動', 卽
'感而遂通'者也. 但『易』所謂感, 主理之用而言, 此所謂感, 主情之欲而言, 亦所以互相發
明也. '天之性'者, '成之者性'也, 禮樂之易簡, 卽乾坤之德也. '明則有禮樂, 幽則有鬼神',
卽'幽明之故'也. '天高地下, 萬物散殊, 流而不息, 合同而化'者, 卽'天地絪縕, 萬物化醇'
之意也. '春作夏長仁也'者, '顯諸仁'之謂也. '秋斂冬藏義也'者, '藏諸用'之謂也. '著大始'
者乾之所知, '居成物'者, 坤之所作. 至以動靜言天地而明禮樂者, 尤爲精切, 一篇奧旨,
無不吻合. 豈特'天尊地卑'二節爲略同哉? 是非記者援引附會之辭, 明矣. 愚恐此上是爲
「樂記」之經, 而此下卽其傳文也.

權近 이상은 「악기」의 경문이다. 그 문장이 절차가 서로 이어지고 혈맥
이 관통하며 깊고 얕음, 끝과 처음이 각각 조리가 있다. 편의 첫머
리에서 심心을 말하고 다음으로 성性을 말하였다. 심은 악이 말미
암아 생겨나는 것이고 성은 예가 말미암아 제정되는 것으로서 성
의 이치로 심의 욕망을 절제할 수 있은 뒤에야 예악이 모두 제자리
를 얻고 참찬參贊의 공효 또한 이룰 수 있다. 이 심과 성 두 글자는
한 편의 요체이고, '밝은 곳에는 예악이 있고 어두운 곳에는 귀신이
있다.'는 것은 또한 한 편의 깊은 뜻이다. 사람의 심과 신은 천지
음양과 서로 소통하므로 심이 감발함에 사특하고 바른 것이 있고,
음이 발현됨에 아름답고 추악함이 있고, 몸이 행동함에 득실이 있
고, 기가 음함에 휴구休咎가 있으니 천과 인은 하나의 이치이고 유
명은 일치하며 그 감하고 부르는 기미는 내 마음속에 있을 뿐이니
삼가지 않을 수 있겠는가! 공경하지 않을 수 있겠는가! ○ 右蓋「樂記」

之經. 其文節次相承, 血脈相貫, 深淺始終各有條理. 篇首言心, 次言性, 心者樂之所由生, 性者禮之所由制, 能以性之理而節其心之欲, 然後禮樂皆得其道而參贊之功亦可馴致之矣. 是心性二字, 一篇之體要, 而明有禮樂, 幽有鬼神者, 又一篇之蘊奧也. 夫人之心神, 與天地陰陽相爲疏通, 故心之所感有邪正, 而音之所發有美惡, 身之所行有得失, 而氣之所應有休咎, 天人一理, 幽明一致, 而其感召之機, 只在吾方寸之間, 可不愼哉, 可不敬哉.

1 【분장】: 본 편의 章 표시는 권근 按說의 분명한 언급에 따라 붙인 것이다.

2 陳氏曰 : 『예기집설대전』에는 '愚謂'로 되어 있다.

3 "악이란 음이 ~ 말한다 : 공영달의 소에 "音을 합하고 나서 樂이 이루어지는 것, 이것
은 樂이 음을 안배하여 결합하는 과정으로부터 생겨나기 때문이다. 그러므로 '音이 말
미암아 생겨나는 것이다'라고 한 것이다"(合音乃成樂, 是樂由比音而生. 故云"音之所由生
也)라고 하였다. 『禮記正義』에는 '比'가 '此'로 되어 있다. 그러나 衛湜의 『예기집설』에
인용된 공영달 소에는 '比'로 되어 있고, 「樂記」(1) 경문에 "比音而樂之, 及干·戚·羽·
旄, 謂之樂"라고 하였기 때문에 '比'로 보고 번역하였다.

4 『시』의 소 : 『詩』「大序」의 공영달 소를 가리킨다.

5 섞여서 ~ 한다 : 이 말은 『예기정의』 정현의 주에 나온다.

6 還 : 『예기천견록』에는 '正'으로 되어 있으나 『예기집설대전』에 따라 바꾼다.

7 官 : 閩·監·毛本·石經·岳本·嘉靖本·衛湜의 『集說』에는 '官'으로 되어 있다. 陳澔
의 『集說』, 考文이 인용한 足利本에서는 '臣'으로 되어 있다. 『石經考文提要』에 "宋大字
本과 劉叔剛本 모두 '其官'으로 되어 있다"(宋大字本·劉叔剛本, 並作'其官')라고 하였다.
이학근 교감기는 '臣'은 오자라고 본다. 『十三經注疏整理本』 제14책, 256쪽 주 2) 참조.
본 번역에서는 이학근 교감기에 따른다.

8 악을 ~ 안다 : 이 말은 「樂記」(경-1-8)에서 인용한 말이다.

9 주구 : 東周 景王 때 音律을 관장하는 樂官이었던 州鳩를 가리킨다.

10 사광 : BC 572~BC 532. 字는 子野, 樂을 주관하는 大師를 지냈다. 대략 春秋 말기인
晉悼公, 晉平公이 집권한 시기에 활동하였으며, 음의 파악을 잘하였다고 한다.

11 正 : 『예기천견록』에는 '此'로 되어 있으나 『예기집설대전』에 따라 바꾼다.

12 위나라 영공이 ~ 것이다 : 이상 내용은 『사기』 권24, 「樂書」 2에 나오는 것을 요약한
것이다.

13 氏 : 『예기집설대전』에는 '子'로 되어 있다.

14 『시설』: 권근의 저서 『詩淺見錄』에 '詩說'이라는 제목이 부가되어 있다. 곧 이 『시천견
록』을 가리킨다.

15 호파 : 瓠巴는 春秋 시기 楚나라의 악사로 琴 연주에 뛰어났다고 한다. 『열자』, 『순자』
등에 언급되어 있다.

16 백아 : 伯牙는 春秋 시기 晉나라의 上大夫를 지냈고, 琴의 연주에 뛰어났다고 전해진다.
『열자』, 『순자』 등에 언급되어 있다.

17 호파가 슬을 ~ 먹은 것 : 이 말은 『순자』 「勸學」에 나온다.

18 공자가 ~ 들은 것 : 관련 내용은 『논어』 「述而」에 보인다. 공자가 제나라에서 舜 임금

의 음악인 韶를 듣고 석 달 동안 고기 맛을 알지 못하였다고 하는 내용을 가리킨다.

19 계찰이 노나라에 ~ 본 것 : 관련 내용은 『춘추좌씨전』, 襄公 29년 조에 보인다. 吳나라 공자 季札이 魯나라에 가서 周의 樂을 들으며 비평한 것을 가리킨다.

20 사례와 향례 : 공영달의 소에 "食饗은 宗廟의 祫祭를 가리킨다. 이 예의 성대함은 효도함과 공경함을 나타내는 것에 있지, 그 아름다운 맛을 다 갖추는 것에 있지 않다"(食饗謂宗廟祫祭. 此禮之隆重, 在於孝敬也, 非在於致其美味而已)라고 하였다. 곧 食饗을 하나의 예로 이해하였다. 그러나 楊天宇의 해석에 따르면, 食禮와 饗禮는 종묘제사와 빈객에 대한 접대에서 행하는 예로서, 둘 다 소·양·돼지를 희생으로 사용하는 太牢로 행한다. 또한 食禮는 밥을 위주로 하여 犧牲은 쓰지만 술을 쓰지 않는 데 반해, 饗禮는 희생과 술을 모두 쓰는 점에서 서로 다르다. 『의례』「公食大夫禮」는 고대의 食禮의 의절을 담고 있어 그 내용을 대체로 알 수 있지만, 饗禮는 그 의절이 망실되어 전해지지 않는다. 『禮記譯注』(下), 631쪽, 주 1) 참조.

21 협제 : 祫은 합한다(合)는 뜻으로, 時祭를 지낼 때 훼철된 神主를 제외하고 나머지 신주들만을 太廟에 함께 모셔놓고 지내는 제사이다. 이때의 협제는 대부와 사의 경우도 지낼 수 있다. 이와는 달리 3년에 한 번 훼철된 묘의 신주까지도 함께 모셔놓고 지내는 경우를 大祫이라 하는데, 이곳에서의 협제는 대협을 의미한다.

22 심을 언급한 ~ 시작되고 : 虞書'는 『書』의 二典과 三謨를 실은 편인 「堯典」·「舜典」과 「大禹謨」·「益稷」·「皐陶謨」를 가리킨다. 구체적으로는 『서』「大禹謨」에 "순임금이 말하였다. '人心은 오직 위태롭고 道心은 오직 은미하니, 오직 정밀하게 살피고 오직 한결같이 지켜야 진실로 그 中을 잡을 것이다'"(帝曰, '人心惟危, 道心惟微, 惟精惟一, 允執厥中)라고 한 것을 가리킨다.

23 성을 언급한 ~ 시작되며 : 『서』「湯誥」에서 "위대한 상제께서 백성들에게 치우침 없는 덕을 내려주어 그 떳떳한 성품을 따르게 하였다"(惟皇上帝, 降衷于下民, 若有恒性)라고 한 것을 가리킨다.

24 욕을 언급한 ~ 시작되지만 : 『서』「仲虺之誥」에 "아, 하늘이 낸 백성이 욕심이 있으니, 군주가 없으면 혼란하게 된다. 하늘이 총명한 사람을 내어 이 어지러움을 다스리게 하셨다"(嗚呼! 惟天生民有欲, 無主乃亂. 惟天生聰明, 時乂)라고 한 것을 가리킨다.

25 공자는 학을 ~ 것이다 : 『논어』「泰伯」에서 공자는 "시로 흥기하고 예로 서며 악으로 완성한다"(興於詩, 立於禮, 成於樂)라고 하였다.

26 방탕해지고 : 원문은 '流'이다. 정현은 "함께 다니면서 공경하지 않는 것"(合行不敬)을 뜻한다고 풀이하였다. 공영달의 소에는 "만일 樂이 화합하고 같아지는 것을 과도하게 행하여 禮가 결여되면, 流慢하여 더 이상 높고 낮은 사이에 공경하는 것이 없게 된다"(若樂過和同而無禮, 則流慢無復尊卑之敬)라고 하였다. 여기서 流의 字義는 지나치고 과도하다(淫)는 뜻을 의미하는 것으로 보인다. 『주역』「繫辭上」의 "널리 다녀도 방탕하지 않고, 하늘을 즐거워하고 명을 알기에 근심하지 않는다"(旁行而不流, 樂天知命, 故不

憂)에 대하여 王弼은 '流'가 '淫'을 뜻한다고 하였다. 곧 방종하여 절제가 없는 태도를 뜻한다. 樂이 지나치면 情을 함께하여 친애하는 데 지나치게 되고, 그러면 절제함이 없고 공경하지 않게 된다. '流'는 곧 친애함에 지나쳐 가깝게 여기고 공경하지 않는 태도를 의미한다. 본 번역에서는 '流'를 절제가 없고 공경하지 않는다는 뜻에서 '방탕하다'로 번역하였다.

27 '사해지내' ~ 같다 : 衛湜의 『예기집설』에 인용된 應氏의 말은 여기까지다.

28 건이 평이함으로 ~ 않다 : 『주역』「繫辭上」에 "乾은 평이함으로 주관하고, 坤은 간소함으로 잘 이룬다"(乾以易知, 坤以簡能)라고 하였다.

29 만물은 ~ 나중이다 : 이 말은 周敦頤의 『通書』「禮樂」에 나온다.

30 의는 ~ 아니다 : 이 말은 程頤의 『易傳』「坤卦 文言」"敬以直內, 義以方外"의 주석에 나온다.

31 예는 ~ 이치다 : 이 말은 『주자어류』권87, 「小戴禮」에 나온다.

32 성인이 제작하는 ~ 것이다 : 이 말은 『주자어류』권87, 「小戴禮」에 나온다.

33 在造化處 : 『예기집설대전』에는 '在造化功用處'로 되어 있다.

34 兆 : 『예기천견록』에는 '非'로 되어 있으나 오자인 것으로 보인다.

35 악은 하늘을 ~ 없다 : 이 말은 『주자어류』권87, 「小戴禮」에 나온다.

36 化 : 『예기집설대전』에는 '和'로 되어 있다.

37 작은 ~ 따랐다 : 『논어』「學而」에 "예를 쓰는 데에는 화목함이 귀하다. 선왕의 도는 이 점이 훌륭하여, 작은 일이나 큰일이나 화목함을 따랐다. 행하지 못하는 바가 있으니 화목함만 알아 화목함을 위주로 하고 예로 절제하지 않는다면 또한 실행할 수 없다"(禮之用, 和爲貴. 先王之道, 斯爲美, 小大由之. 有所不行, 知和而和, 不以禮節之, 亦不可行也)라고 하였다.

38 하늘은 ~ 시행된다 : 이 말은 「樂記」(경-2-3)에 나온다.

39 小大 : 『예기집설대전』에는 '大小'로 되어 있다.

40 유행하여 ~ 일어난다 : 이 말은 「樂記」(경-2-3)에 나온다.

41 하늘과 ~ 응취한다 : 이 말은 『주역』「繫辭下」에 나온다.

42 조화로운 ~ 불러온다 : 이 말은 『前漢書』권36, 「楚元王傳」에 나온다.

43 두 절 : 「樂記」(경-2-3, 경-2-4)을 가리킨다.

44 하늘은 ~ 이룬다 : 이 말은 『주역』「繫辭上」에 나온다.

45 하늘은 태초의 ~ 이루어준다 : 이 말은 『주자어류』74-21에 나온다.

46 웅씨는 말한다. ~ 이름하였다 : 衛湜의 『예기집설』에 인용된 웅씨의 말은 여기까지다. 따라서 이하 "或曰 ~ " 부분은 다른 사람이 한 말로 간주하여 번역하였다.

악기하
樂記下

양촌에 사는 후학 권근 지음

전傳 1.[1)]

전-1-1[악기 25]

옛날에 순舜이 오현금을 제작하여 「남풍南風」을 노래하였는데, 기夔
가 처음으로 악樂을 제작하여 제후들에게 상을 주었다. 그러므로
천자가 악을 제작하는 것은 덕이 있는 제후에게 상으로 주는 것이
다. 덕이 성대하고 교화가 존숭되며 오곡이 때에 맞게 익은 뒤에
악으로써 상을 내린다. 그러므로 그 정치가 백성이 힘들고 피로한
경우는 그 춤의 행렬에서 춤추는 위치 사이의 거리가 서로 멀고,
그 정치가 백성들이 편안하고 즐거운 경우는 그 춤의 행렬에서 춤
추는 위치 사이의 거리가 짧다. 그러므로 그 춤을 보면 그 덕을
알고 그 시호를 들으면 그 행적을 안다.

昔者, 舜作五絃之琴以歌「南風」, 夔始制樂以賞諸侯. 故天子之
爲樂也, 以賞諸侯之有德者也. 德盛而敎尊, 五穀時熟, 然後賞之

以樂. 故其治民勞者, 其舞行綴遠, 其治民逸者, 其舞行綴短. 故
觀其舞, 知其德, 聞其謚, 知其行也.

集說 응씨應氏(응용·應鏞)는 말한다. "백성을 다스리는데 부지런하면 덕이
성대하여 악樂이 융성하다. 그러므로 춤추는 대열이 멀고 길다. 백성을 다
스리는데 게으르면 덕이 엷어지고 악樂도 줄어든다. 그러므로 춤추는 대열
이 가깝고 짧다." ○ 석량왕씨石梁王氏는 말한다. "기虁가 악을 제작할 때
어찌 오로지 제후들에게 상을 주는 것을 위해서 하였겠는가? 이 부분은 모
두 의리義理(합당한 이치)가 없다." 應氏曰: "勤於治民, 則德盛而樂隆. 故舞列遠而
長. 怠於治民, 則德薄而樂殺. 故舞列近而短." ○ 石梁王氏曰: "虁制樂, 豈專爲賞諸侯?
此處皆無義理."

權近 살펴건대, 이 구절은 거짓이 많으니 기록자가 견강부회한 것이다.
율려律呂의 제도는 헌원씨軒轅氏로부터 유래하였고 이 편의 위 문장에서도
'오제五帝는 악樂을 습용襲用하지 않았다'고 하였는데 여기서는 '기虁가 처음
으로 악을 제작하였다'고 하였다. 기가 전악典樂이 된 것은 주자冑子들을 가
르쳐 그 덕을 이루려는 것이고 그 효과는 '사람과 신을 악으로 화합하게
하고'[2] '봉황이 와서 춤을 춘다'[3]는 것인데 여기서 '악을 제작하여 제후들
에게 상을 주었다'라고 하였다. 이는 모두 잘못이다. 이 이하에서 옛말을
인용하거나 기록자의 설을 붙인 것은 「악기」의 전문傳文으로 보아야 한다.
近按, 此節多誣, 乃是記者之附會也. 律呂之制肇自軒轅, 此篇上文亦言'五帝不相沿樂',
而此乃謂虁始制樂'. 虁之典樂是敎冑子以成其德, 其效至於'神人以和', '鳳凰來儀', 而此
乃謂以賞諸侯'. 皆非也. 自此以下或引古語或附記者之說, 當以爲「樂記」之傳文也.

전-1-2**[악기 26]**

「대장大章」은 요堯의 덕이 밝게 드러났음을 기린 것이다. 「함지咸池」

는 황제黃帝에게 덕행이 갖추어짐을 기린 것이다. 「소韶」는 순舜이

요의 덕을 계승하였음을 기린 것이다. 「하夏」는 우禹가 요와 순의

덕을 크게 발전시켰음을 기린 것이다. 은殷과 주周의 악은 인사人事

에 극진히 하였음을 기린 것이다.

「大章」, 章之也. 「咸池」, 備矣. 「韶」, 繼也. 「夏」, 大也. 殷·周

之樂盡矣.

集說 소疏에서 말한다. "요의 악을 「대장大章」이라고 부른 것은 요의 덕
이 천하에 밝게 드러났음을 말하는 것이다. '함咸'은 모두를 뜻한다. '지池'
는 베풂을 뜻한다. 「함지咸池」는 황제黃帝의 악 이름으로 덕이 모두 천하에
베풀어져 혜택을 줌에 두루 미치지 않음이 없음을 뜻한다. 이것이 갖추어
졌다는 것이다. '소韶는 계승하였음을 말한다'는 말은 순의 도道와 덕德이
요로부터 계승한 것임을 말한다. '하夏'는 크다는 뜻으로 우禹의 악 이름이
다. 「하夏」는 요와 순의 덕을 빛내고 크게 발전시켰음을 말한다. '은과 주
의 악'(殷周之樂)이라고 한 말은 탕湯의 「대호大濩」와 무왕武王의 「대무大武」
를 가리킨다. '다하였다'(盡矣)는 말은 인사人事에 극진히 하였음을 뜻한다."

疏曰: "堯樂謂之「大章」者, 言堯德章明於天下也. '咸', 皆也. '池', 施也. 「咸池」, 「咸
池」, 黃帝樂名,[4) 言德皆施被於天下, 無不周徧. 是爲備具矣. '韶, 繼也'者, 言舜之道德,
繼紹於堯也. '夏', 大也, 禹樂名. 「夏」者, 言能光大堯舜之德也. '殷周之樂', 謂湯之「大
濩」·武王之「大武」也. '盡矣', 言於人事盡極矣."

權近 살펴건대, 구설舊說(공영달의 소)에 「대장」은 요의 악이고 「함지」는

황제의 악이라고 하였다. 그렇다면 위 장에서 '순 때 기夔가 처음으로 악을 제작하였다'고 한 말과 그 설이 서로 충돌한다. 近按, 舊說「大章」堯樂, 「咸池」黃帝樂. 然則上章'舜時, 夔始制樂', 其說自相牴牾矣.

전-1-3[악기 27]

천지의 도는 춥고 더운 것이 때에 맞지 않으면 질병이 생기고, 바람과 비가 절도에 맞지 않으면 기근이 든다. 교화란 백성들에게 춥고 더운 것과 같다. 교화가 때에 맞지 않으면 세상 풍속을 해친다. 일이란 백성들에게 바람과 비와 같다. 일이 절도에 맞지 않으면 공을 이루지 못한다. 그러므로 선왕이 악을 제정하는 것은 그것으로 다스림의 법도를 삼기 위한 것이니, 교화가 잘되면 백성들의 행실이 임금의 덕을 닮는다.

天地之道, 寒暑不時則疾, 風雨不節則饑. 教者, 民之寒暑也. 教不時則傷世. 事者, 民之風雨也. 事不節則無功. 然則先王之爲樂也, 以法治也, 善則行象德矣.

集說 '춥고 더운 것'은 한 해의 변화이고 '바람과 비'는 하루의 기후이다. 교화는 중하고 일은 가볍다. 그러므로 춥고 더운 것으로 교화에 비유하고 바람과 비로 일에 비유하였다. 따라서 선왕이 예악을 제정할 때 일에 모두 교화를 담았으니 이것이 천지의 도를 본받아 천하에서 다스림을 삼는 것이다. 정치에 베풀어서 선하지 않음이 없으면, 백성들의 행실이 군주의 덕을 닮는다. '寒暑'者, 一歲之分劑, '風雨'者, 一旦之氣候. 教重而事輕. 故以寒暑喩教, 而以風雨喩事也. 然則先王之制禮樂, 事皆有教, 是法天地之道以爲治於天下也. 施於政治

而無不善, 則民之行象君之德矣.

[權近] 살피건대, 이 장은 천지가 때를 잃은 것으로 인해 예악이 절도를 잃게 됨을 밝힌 것으로, 천지에 있는 것을 가지고 말하였다. 近按, 此因天地之失時, 以明禮樂之失節, 以在天地者言也.

전-1-4 **[악기 28]**

곡물을 먹여 가축을 키우고 술을 빚는 것은 화란을 야기하려 함이 아니지만 송사가 더욱 빈번해지는 것은 음주가 지나쳐서 화란을 낳았기 때문이다. 그러므로 선왕은 그러한 일을 계기로 음주의 예를 만들었다. 일헌壹獻(한 번 술을 따라 올리는 의절)의 예에서 빈객과 주인은 수없이 배례를 하여 종일토록 술을 마셔도 취할 수가 없으니, 이것이 음주로 인해 발생하는 화란을 방비하기 위한 선왕의 방법이다. 그러므로 술 마시고 밥 먹는 것은 기쁨을 함께 나누기 위한 것이다. 악樂은 덕을 본받기 위한 것이다. 예禮는 과도함을 막기 위한 것이다. 이러한 까닭에 선왕은 상사喪事를 당하면 반드시 예를 두어서 그를 슬퍼하고, 경사慶事가 생기면 반드시 예를 두어서 그것을 기뻐하였으니, 슬픔과 기쁨이 나뉨에 모두 예로써 마쳤다. 악樂이란 성인이 즐거워하였던 바로서, 백성의 마음을 착하게 할 수 있고, 사람의 마음을 감동시킴이 깊어 풍속을 옮기고 바꾸게 하므로 선왕이 그 가르침을 세웠던 것이다.

夫豢豕爲酒, 非以爲禍也, 而獄訟益繁, 則酒之流生禍也. 是故先

王因爲酒禮. 壹獻之禮, 賓主百拜, 終日飮酒而不得醉焉, 此先王
之所以備酒禍也. 故酒食者, 所以合歡也. 樂者, 所以象德也. 禮
者, 所以綴淫也. 是故先王有大事, 必有禮以哀之, 有大福, 必有
禮以樂之, 哀樂之分, 皆以禮終. 樂也者, 聖人之所樂也, 而可以
善民心, 其感人深, 其移風易俗, 故先王著其敎焉.

集說 '일헌一獻의 예'는 사士의 향례饗禮로 술을 따라 올리는 예를 한 번만
한다. '철綴'은 금지한다는 뜻이다. '큰일'(大事)은 죽어서 상을 치르는 일이
다. '큰 복'(大福)은 경사스러운 일이다. '큰 복'으로 '큰일'에 대비하여 말했
으니 '큰일'(大事)은 불행한 일이다. 슬픈 일이나 즐거운 일이나 모두 예로써
마친다면 슬퍼하고 즐거워함을 과도하게 하는 데 이르지 않는다. 이 장은
예를 말한 곳이 많은데, 끝에서 또한 악樂을 말한 것은 예와 악이 별개의
용도가 아님을 밝힌 것이다. 응씨應氏는 『한지漢志』에 근거하여 '속俗' 아래
에 '역易'을 덧붙였는데 음은 이以와 시豉의 반절이다. ○ 소疏에서 말한다.
"살펴보건대, 오늘날 향음주鄕飮酒의 예는 일헌만 하고, 백배百拜를 하는 것
은 없다. 여기서 '백배'라고 한 것은 많음을 비유한 것이다." '一獻之禮', 士之
饗禮, 惟一獻也. '綴', 止也. '大事', 死喪之事也. '大福', 吉慶之事也. 以'大福'對'大事'
而言, 則'大事'爲禍矣. 哀樂皆以禮終, 則不至於過哀過樂矣. 此章言禮處多, 而末亦云樂
者, 明禮樂非二用也. 應氏本『漢志』, '俗'下增'易'字, 音以豉反. ○ 疏曰: "按今鄕飮酒之
禮, 是一獻, 無百拜. 此云'百拜', 喻多也."

權近 살피건대, 이 장은 음주의 예에서 일헌一獻을 하는 작은 사례를 이
어받아 예악의 가르침에 따른 공효가 큼을 미루어 밝힌 것으로, 사람에게
있는 것을 가지고 말한 것이다. ○ 이상은 전傳의 제1절이다. 近按, 此因飮酒
之禮一獻之小, 而推明其禮樂之敎功效之大, 以在人者言也. ○ 右傳之第一節.

전傳 2.

전-2-1[악기 29]

대개 백성은 혈기血氣와 심지心知의 성性이 있으나, 슬퍼하고 즐거
워하며 기뻐하고 분노함(哀樂喜怒)은 일정함이 없으며, 사물에 의해
감발되는 것에 응하여 움직이고, 그런 뒤에 마음 씀(心術)이 나타
난다.
夫民有血氣心知之性, 而無哀樂喜怒之常, 應感起物而動, 然後
心術形焉.

集說 유씨劉氏는 말한다. "여기서는 이 편의 처음에 '음이 생겨나는 것이
본래 인심이 사물에 느끼는 것에 달려 있다'고 한 부분의 뜻을 거듭 드러내
말하였다. 백성의 마음은 일정함이 없어 희노애락의 정이 사물에 의해 감
발되는 것에 응하여 움직이고, 그런 뒤에 그 마음 씀(心術)이 성음聲音으로
나타난다. 그러므로 시詩를 채집하면 백성들의 풍속을 관찰할 수 있고, 악
을 살피면 나라의 정치를 알 수 있다. 劉氏曰: "此申言篇首'音之生, 本在人心之感
於物也'一條之義. 民心無常, 而喜怒哀樂之情, 應其感起於物者而動, 然後其心術形於聲
音矣. 故采詩, 可以觀民風; 審樂, 可以知國政也."

權近 살펴건대, 이 경문은 심心과 성性을 합하여 하나로 보았다. 앞 장에
서 성을 말할 때는 리理를 가리키는 것으로 말하였는데, 여기서는 기氣로
말하였다. 近按, 此合心性而爲一. 前章言性, 是指理而言, 此則以氣而言也.

전-2-2[악기 29]

그러므로 촉급하고 가늘며 메마르고 줄어드는 음이 제작되면, 백성이 근심하는 것이다.

是故志微·噍殺之音作, 而民思憂.

集說 '지志'는 '급急'으로 되어야 한다. '급急'은 촉급하다는 뜻이다. '미微'는 가늘다는 뜻이다. '초噍'는 메마르다는 뜻이다. '쇄殺'는 줄어든다는 뜻이다. 그 슬픈 마음이 감발된 사람은 그 소리(聲)가 메마르고 줄어든다. 그러므로 악樂을 제작함에 촉급하고 가늘며, 메마르고 줄어드는 음이 나오면 그 백성의 마음이 슬프고 근심함을 알 수 있다." '志, 疑當作急'. '急', 促. '微, 細. '噍', 枯. '殺', 減也. 其哀心感者, 其聲噍以殺. 故作樂而有急微·噍殺之音, 則其民心之哀思憂愁可知矣."

전-2-3[악기 30]

너그럽고 화합하며, 느리고 평탄하며, 문리가 풍부하고 절주가 간소한 음이 제작되면, 백성이 편안하고 즐거운 것이다.

嘽諧·慢易·繁文簡節之音作, 而民康樂.

集說 '탄嘽'은 너그럽다는 뜻이다. '해諧'는 화합한다는 뜻이다. '만慢'은 느리다는 뜻이다. '이易'는 평탄하다는 뜻이다. '번문간절繁文簡節'은 문리는 풍부하게 하고 절주를 간소하게 하는 것이다. 즐거운 마음이 감발되는 사람은 그 소리가 너그럽고 느리다. 그러므로 이와 같은 음이 제작되면 백성의 마음이 편안하고 즐거움을 알 수 있다. '嘽', 寬. '諧', 和. '慢', 緩. '易', 平也.

'繁文簡節', 多文理而略節奏也. 其樂心感者, 其聲嘽以緩. 故此等音作, 則其民心之安樂
可知矣.

전-2-4 [악기 31]

거칠고 사나우며, 맹렬하게 시작되어 빠르게 끝나며, 크게 떨치는
음이 제작되면, 백성들이 굳센 것이다.
粗厲・猛起・奮末・廣賁之音作, 而民剛毅.

集說 '조려粗厲'는 거칠고 소략하며 엄하고 사나운 것이다. '맹猛'은 위세가
성대한 모양이다. '분奮'은 떨치고 빠른 모양이다. '기起'는 처음의 뜻이다.
'말末'은 끝의 뜻이다. '맹기분말猛起奮末'이란 처음 일어날 때 맹렬함이 가득
하고 끝에 마칠 때 떨치고 빠른 것이다. '광廣'은 크다는 뜻이다. '분賁'은
떨친다는 뜻이다. '광분廣賁'은 중간에 사絲・죽竹・포匏・토土・혁革・목木
등의 악기 음이 다 포효하는 것을 말한다. 성내는 마음이 감발된 사람은 그
소리가 거칠고 사납다. 그러므로 그와 같은 음이 제작되면 백성들이 굳셈
을 알 수 있다. '粗厲', 粗疏嚴厲也. '猛', 威盛貌. '奮', 振迅貌. '起', 初. '末', 終也.
'猛起奮末'者, 猛盛於初起, 而奮振於終末也. '廣', 大. '賁', 憤也. '廣賁', 言中間絲・竹・
匏・土・革・木之音皆怒也. 其怒心感者, 其聲粗以厲. 故此等音作, 則可知其民之剛毅.

전-2-5 [악기 32]

방정하고 곧으며, 견실하고 바르며, 장중하고 진실한 음이 제작되

면, 백성이 정중하고 공경하는 것이다.
廉直 · 勁正5) · 莊誠之音作, 而民肅敬.

^集^說 '렴廉'은 방정함(稜隅)6)이 있는 것이다. '경勁'은 견실하고 강하다는
뜻이다. 공경하는 마음이 감발된 사람은 그 소리가 곧고 방정하다. 그러므
로 그와 같은 음이 제작되면 백성이 정중하고 공경함을 알 수 있다. '廉',
有稜隅也. '勁', 堅强也. 其敬心感者, 其聲直以廉. 故此等音作, 則可知其民之肅敬.

전-2-6[악기 33]

너그럽고 여유 있으며, 원만하고 유려하며, 순조롭게 이루며, 조화
롭게 움직이는 음이 제작되면, 백성들이 인자하고 소중히 여기는
것이다.
寬裕 · 肉7)好 · 順成 · 和動之音作, 而民慈愛.

^集^說 『주례』「고공기考工記 · 옥인玉人」의 정현 주에서 "호好는 벽璧의 가
운데 구멍이다. 주변 옥의 넓이(肉)가 가운데 구멍보다 크기가 1배 더 크면
벽璧이라 하고, 가운데 구멍의 크기가 주변 옥의 넓이보다 1대 더 크면 원
瑗이라 하며, 주변 옥의 넓이와 가운데 구멍의 크기가 같으면 환環이라 한
다"고 하였다. 이와 같다면 우肉는 바로 벽의 주변 공간이다. 여기서 '우호
肉好'라고 말한 것은 벽璧을 가지고 악樂의 음이 원만하고 유려함을 비유한
것이다. 소중히 여기는 마음이 감발된 사람은 그 소리가 조화롭고 부드럽
다. 그러므로 그와 같은 음이 제작되면 백성들이 인자하고 소중히 여김을
안다. 「考工記」註云: "好, 璧孔也. 肉倍好曰璧, 好倍肉曰瑗, 肉好均曰環." 如此則肉乃

璧之肉地也. 此言'肉好', 則以璧喻樂音之圓瑩通滑耳. 其愛心感者, 其聲和以柔. 故此等
音作, 則知其民之慈愛.

휩쓸려 치우치고, 삿되고 흩어지며, 한 곡이 끝나기까지 지나치게
길고, 넘쳐 참람하게 침범하는 음이 제작되면, 백성들이 참람하고
어지러운 것이다.
流辟·邪散·狄成·滌濫之音作, 而民淫亂.

集說 '적狄'은 '적逖(아득함)'과 같으니 멀다는 뜻이다. '성成'이란 악樂이 한
곡 끝나는 것이다. '적성狄成'은 한 곡이 끝나기까지 지나치게 긴 것을 말하
니, 넘치고 지나치다는 뜻이다. '척滌'은 씻는다는 뜻이다. '남濫'은 참람하
게 침범한다는 뜻이다. 음音이 넘쳐흘러 참람하게 침범하는 것이 물로 물
건을 씻는데 가라앉혀 잠기게 하고 참람하게 침범하여 구분함이 없는 것과
같음을 말한다. 이것은 기뻐하는 마음이 감발된 사람으로 그 소리가 그러
한 것이다. 그러므로 이 음이 제작된 것을 들으면, 백성들이 참람하고 어지
러움을 알 수 있다. '狄', 與逖同, 遠也. '成'者, 樂之一終. '狄成', 言其一終甚長,
淫泆之意也. '滌', 洗也. '濫', 侵僭也. 言其音之泛濫侵僭, 如以水洗物, 而浸漬侵濫, 無
分際也. 此是其喜心感者, 而其聲然也. 故聞此音之作, 則其民之淫亂可知矣.

權近 살피건대, '지미志微·초쇄噍殺' 등은 「악기」편 처음(2장)의 '메마르고
줄어든다' 이하 여섯 가지의 의미를 해석한 것이다. 다섯 가지의 순서는
모두 같지만 '올라가고 흩어진다'는 부분을 풀이한 말을 뒤에 둔 이유는 앞
에서는 기쁨과 노여움을 대립해서 말하였고 여기서는 선악을 차례로 삼았

기 때문이다. 기쁨은 본래 악한 것은 아니지만 기뻐하되 절도가 없으면 반드시 음란에 이르게 된다. 그러므로 다섯 가지의 감발은 모두 선으로 귀결되지만, 기쁜 마음의 감발은 유독 악에 이르게 된다. ○ 이상은 전의 제2절이다. 近按, '志微·噍殺之類, 是釋篇首噍以殺以下六者之意. 五者之序皆同而釋發以散之言居後者, 前以喜怒對言, 此以善惡爲次. 喜本非惡, 喜而無節, 必至淫亂. 故五者之發皆歸於善, 而喜心之發獨至於惡也. ○ 右傳之第二節.

전傳 3.

^{전-3-1}[악기 35]

그러므로 선왕은 (악樂을 제작할 때) 정情과 성性에 근본을 두고 도 수度數로 상고하며 예의禮義로 재단함으로써, 생기生氣의 융화에 부 합하고 오상五常의 유행에 따르게 하여, 양은 흩어지지 않고 음은 막히지 않게 하고, 강한 기는 성내지 않고 부드러운 기는 겁내지 않게 하여, 이 네 가지가 안에서 서로 통창通暢하고 밖으로 드러나 서 모습을 이룸에, 모두 자기의 자리를 편안히 여겨 서로 침탈하지 않게 하였다. 그런 뒤에 학學(교육)에 등급에 따라 설치하여 그 절주 를 더욱 많이 익히고 그 문채를 살핌으로써 선함을 검속하여 돈후 한 덕을 이루게 하였고, 율律의 방식으로 음의 대소를 알맞게 하고 비比의 방식으로 오성이 시작하고 끝남을 차서가 있게 하여 일이 행해지는 바를 본떠 표현하였다. 그렇게 하여 친소·귀천·장유· 남녀의 도리가 모두 악樂에서 모습이 드러나게 하였다. 그러므로 (옛말에) "악樂에서 관찰하는 바가 깊다"고 하였다.

是故先王本之情性, 稽之度數, 制之禮義, 合生氣之和, 道五常之 行, 使之陽而不散, 陰而不密, 剛氣不怒, 柔氣不懾, 四暢交於中, 而發作於外, 皆安其位, 而不相奪也. 然後立之學等, 廣其節奏, 省其文采, 以繩德厚, 律小大之稱, 比終始之序, 以象事行. 使親 疏·貴賤·長幼·男女之理, 皆形見於樂. 故曰: "樂觀其深矣."

集說 여기서는 윗글(전-2-1)의 성음이 감발됨에 응하여 나타난다고 한 내

용을 이어서 말하였다. '정과 성에 근본을 둔다'(本之情性)는 것은 바로 백성이 혈기血氣와 심지心知의 성性, 기뻐하고 분노하며 슬퍼하고 즐거워하는 정을 가지고 있기 때문이다.[8] '도수度數'는 십이율의 위로 낳고 아래로 낳으며 더하고 줄이는 수數(비율)이다. '예의禮義'는 귀하고 천함, 풍성하고 간략함, 맑고 탁함, 높고 낮음이 각각 그 의리를 갖추는 것이다. '생기의 융화'(生氣之和)는 조화造化가 낳고 양육하는 신묘함이다. '오상의 유행'(五常之行)은 인仁・의義・예禮・지知・신信의 덕이다. 이 부분의 취지는 다음과 같다. 성인이 악樂을 제작할 때는 인심人心과 칠정이 느끼는 음에 근본을 두고, 오성五聲과 십이율十二律의 도수를 헤아려서, 맑고 탁함, 높고 낮음, 귀하고 천함, 높이고 줄임 등의 절도로써 조정하여 각각 그 적절함을 얻게 한다. 그런 뒤에 그것을 사용하여 천지의 생기가 융화融和함에 부합하게 하여 그 양기는 움직임이 흩어짐에 이르지 않고 음기는 고요함이 막히는데 이르지 않게 하며, 인심의 오상이 유행流行함에 따르게 하여 강한 자의 기는 성냄에 이르지 않고 부드러운 자의 기는 겁냄에 이르지 않게 한다. 천지의 음양과 인심의 강하고 부드러움 등, 네 가지가 각자 그 중도를 얻어서 조화롭게 펼쳐지면, 안에서 서로 통하여 펴고 밖으로 드러나서 모습을 이룬다. 이에 궁宮의 임금과 상商의 신하와 각角의 백성과 치徵의 일과 우羽의 물건이 각각 자기의 자리를 편안히 여기고 서로 윤서倫序를 침탈하지 않는다. 이것은 성인聖人이 처음에 인정人情에 따라 악을 제작할 때 도수와 예의禮義를 상세하게 갖추어 천지의 기가 융화하고 천하의 정情이 균평하게 하여서, 천지의 기와 인정이 감발하여 크게 융화함에 이르러 악樂에 막혀 조화롭지 못한 음이 없고, 그런 뒤에 악의 교화를 미루어 사용하여 백성을 변화시키고 풍속을 이루었음을 말한다. '학學(교육)에 설치한다'는 것은 악사樂師가 국학國學의 정무를 맡고, 대서大胥가 학사學士의 판版을 관장함[9]이 그 경우이다. '등급에 따라 설치한다'는 것은 13세에 작勺으로 가락을 맞추어 춤을 추고, 성동成童10)은 상상으로 가락을 맞추어 춤을 추는 것11)이 그 경우이다. '광기절주廣其節奏'는 배우는 자가 익히는 것을 증대시킨다는 뜻이다. '성기문채省其文采'는 그 음곡의 가사를 잘 살펴서 오성五聲이 서로 화합하고 호응함이 오색五色이 섞여서 문채를 이루는 것과 같게 하는 것이다. '돈후함'(厚)은 『서書』에서 "백성들은 나면서 돈후하다"12)고 할 때의 돈후함이다. '이승덕후以繩德厚'는 본디 가지고 있는 선함을 단속하여 덕을 이루도록 하는 것이다. '율律'은 법도로써 가지런하게 정돈하는 것이다. '비比'는 차서로써 연결하여 합하는 것이다. 궁宮음이 가장 크고 우羽음이 가장 작은데, 율律의 방식으로 가지런히 정돈하여 각 음이 알맞음을 얻게 한다. 황종黃鐘의 초구初九에서 시작하여 중려仲呂의 상륙上六에서 마치는데, 비比의 방식으로 연결하여 합하여 각자 그 차서를 얻게 한다. 이것을 가지고 본떠 표현하여 그 일이 행해지는 바를 담아 나타내는데 "궁宮은 임금이 되니, 궁이 어지러우면 악樂의 소리가 흩어진다"13)는 부류와 같은 것이다. 그러므로 '이것으로 일이 행해지는 바를 본떠 표현한다'(以象事行也)라고 말한 것이다. 인륜의 도리는 그 득실을 모두 악에서 볼 수 있다. 이것이 '악에서 관찰하는 바 그 뜻이 깊다'는 것이다. 이 경문은 옛날부터 이런 말이 있었는데, 기록한 자가 인용하여 증거로 삼은 것이다. 此承上文聲音之應感而言. '本之情性', 卽民有血氣心知之性·喜怒哀樂之情也. '度數', 十二律上生下生損益之數也. '禮義', 貴賤·隆殺·淸濁·高下, 各有其義也. '生氣之和', 造化發育之妙也. '五常之行, 仁·義·禮·知·信之德也. 言聖人之作樂, 本於人心七情所感之音, 而稽考於五聲十二律之度數, 而制之以淸濁·高下·尊卑·隆殺之節, 而各得其宜. 然後用之以合天地生氣之和, 而使其陽之動而不至於散, 陰之靜而不至於密, 道人心五常之行, 而使剛者之氣不至於怒, 柔者之氣不至於懾. 天地之陰陽·人心之剛柔, 四者各得其中而和暢焉, 則交暢於中而發形於外. 於是宮君·商臣·角民·徵事·羽物, 皆安其位而不相奪倫也. 此言聖人始因人情而作樂, 有度數禮義之詳, 而以之和天地之氣, 平天下之情, 及天氣人情

感而大和焉, 則樂無怗懘之音矣, 然後推樂之教, 以化民成俗也. '立之學', 若樂師掌國學之政, 大胥掌學士之版是也. '立之等', 若十三舞勺, 成童舞象之類是也. '廣其節奏', 增益學者之所習也. '省其文采', 省察其音曲之辭, 使五聲之相和相應, 若五色之雜以成文采也. '厚', 如『書』"惟民生厚"之厚. '以繩德厚', 謂檢約其固有之善, 而使之成德也. '律', 以法度整齊之也. '比', 以次序聯合之也. 宮音至大, 羽音至小, 律之使各得其稱. 始於黃鍾之初九, 終於仲呂之上六, 比之使各得其序. 以此法象而寓其事之所行, 如'宮爲君, 宮亂則荒'之類. 故曰'以象事行也'. 人倫之理, 其得失皆可於樂而見之. 是'樂之所觀, 其義深奧矣'. 此古有是言, 記者引以爲證.

權近 살피건대, 이 경문은 성인이 악을 제작하는 원리를 통론하고 그 체가 심대함을 밝힌 것이다. 近按, 此統論聖人作樂之理, 而明其體之大.

전-3-2[악기 36]

지력이 고갈되면 초목이 자라지 못하고, 어장에 정해진 때가 없이 수시로 드나들면 어류(魚鼈)가 성장하지 못하고, 기가 쇠약하면 태어난 개체들이 성숙하지 못하고, 세상이 어지러우면 예禮가 사특하고 악樂이 지나치다. 그러므로 그 소리(聲)가 슬프지만 장중하지 않고, 즐겁지만 편안하지 않다. 소홀히 경시하여 절도를 해치고, 멋대로 방종하여 근본을 잊어버린다. 크게는 간사한 짓을 하는 것을 용인하고, 작게는 탐욕스런 짓을 할 것을 생각한다. 통창한 기운을 손상시키고, 평안하고 화합하는 덕을 훼멸한다. 그러므로 군자가 그러한 예와 악을 천하게 여긴다.

土敝則草木不長, 水煩則魚鱉不大, 氣衰則生物不遂, 世亂則禮慝而樂淫. 是故其聲哀而不莊, 樂而不安. 慢易以犯節, 流湎以忘本. 廣則容姦, 狹則思欲. 感條暢之氣, 滅平和之德. 是以君子賤之也.

集說 '토폐土敝'는 지력이 고갈된 것이다. 그러므로 초목이 자라지 못한다. '수번水煩'은 못과 어량에 들어가 물고기를 잡는 것이 정해진 때가 없음을 말한다. 어장에 들어가 물고기를 잡는 것이 빈번하고 무질서해서 물고기와 자라가 편안할 수 없으므로 성장하지 못한다. 만물이 생겨나는 것은 반드시 음양의 기를 바탕으로 한다. 기가 쇠약하고 고갈하였기 때문에 태어난 개체들이 성숙할 수가 없다. 이 세 구절은 모두 세상의 도가 어지러워진 것을 비유하였다. 위와 아래 사이에 일정함이 없으므로 예禮가 사특하고, 남녀 간에 절도가 없으므로 악樂이 지나치다. 악이 지나치므로 슬프지만 장중하지 못하고, 즐겁지만 편안하지 않다. 「관저關雎」와 같은 경우는 즐겁지만 지나치지 않고 슬프지만 마음을 해치지 않는다. 예가 사특하므로 소홀히 경시하여 절도를 어기고, 멋대로 방종하여 근본을 잊는다. 올바른 예라면, 엄숙하고 공경하면서 절도가 있고, 돌아갈 줄 알며 근본에 보답한다. '광廣'은 크다는 뜻과 같다. '협狹'은 작다는 뜻과 같다. 악이 지나치고 예가 사특하면, 크게는 간사한 짓을 행하는 것을 사람들이 용인하게 하고, 작게는 탐욕한 짓을 행할 것을 사람들이 생각하도록 이끌어, 천지의 통창通暢한 기를 손상시키고 인심의 화평한 덕을 훼멸시킨다. 따라서 군자는 이러한 예와 악을 천하게 여겨서 사용하지 않는다. '감感'은 어떤 본에는 '축蹙'으로 되어 있다. 통창한 기를 위축시킴은 곧 "생기의 융화融和에 부합함"[14]과 상반된다. '평안하고 화합하는 덕을 훼멸한다'는 것은 곧 '오상五常

의 유행에 따름'과 다르다. '土敝', 地力竭也. 故草木不長. '水煩', 謂澤梁之入無時. 水煩擾而魚鼈不得自如, 故不大也. 物類之生, 必資陰陽之氣. 氣衰耗, 故生物不得成遂 也. 此三句, 皆以喩世道衰亂. 上下無常, 故禮慝. 男女無節, 故樂淫也. 樂淫, 故哀而不 莊, 樂而不安. 若「關雎」則樂而不淫, 哀而不傷. 禮慝, 故慢易以犯節, 流湎以忘本. 若正 禮, 則莊敬而有節, 知反而報本也. '廣', 猶大也. '狹', 猶小也. 言淫樂慝禮, 大則使人容 爲[15]姦宄, 小則使人思爲貪欲, 感傷天地條暢之氣, 滅敗人心和平之德. 是以君子賤之而 不用也. '感', 或作'蹙'. 感條暢之氣, 則與'合生氣之和'者反矣. '滅和平[16]之德', 則與'道 五常之行者'異矣.

권근 살피건대, 이 경문은 악이 절도를 잃었을 때 나타나는 반대되는 효
과를 들어 악의 용用이 넓음을 밝힌 것이다. ○ 이상은 전의 제3절이다.
近按, 此擧其失之反效, 而明其用之廣. ○ 右傳之第三節.

전-4-1[악기 37]

무릇 간사한 소리(聲)가 사람을 감발시키면 거스르는 기운이 응한다. 거스르는 기운이 형상(象)을 이루면 지나친 악(樂)이 일어난다. 바른 소리(聲)가 사람을 감발시키면 순조로운 기운이 응한다. 순조로운 기운이 형상(象)을 이루면 조화로운 악이 일어난다. 선창하고 화답하는 것에는 응함이 있어, 어긋남과 치우침, 굽음과 곧음이 각각 자기의 경계로 돌아가고, 만물의 이치도 각기 부류에 따라 서로 감발하여 움직인다.

凡姦聲感人, 而逆氣應之. 逆氣成象, 而淫樂興焉. 正聲感人, 而順氣應之. 順氣成象, 而和樂興焉. 倡和有應, 回邪曲直, 各歸其分, 而萬物之理, 各以類相動也.

集說 소疏에서 말한다. "'창화유응倡和有應'이란 간성姦聲이나 정성正聲이 사람들에게 감발시키는 것이 '창倡'(선창함)이요, 역기逆氣나 순기順氣가 그것에 상응하는 것이 '화和'(화답함)이다. '회回'는 어긋나고 거스르는 것이다. '사邪'는 삿되고 치우침을 말한다. 굽음과 곧음이 각기 그 선함과 악함의 경계로 돌아가는 것에 이르면, 선함은 선함의 경계로 돌아가고 악함은 악함의 경계로 돌아가는데, 만물의 정리情理도 또한 각자 선하고 악한 부류에 따라서 서로 감발하여 움직인다." ○ 응씨應氏는 말한다. "소리(聲)는 미세한 곳에서 감발시키지만, 기氣가 응하는 것은 매우 빠르다. 기는 미세한 곳에서 응하지만 형상(象)이 이루어지는 것은 매우 뚜렷하다. 형상(象)을 이루면 형체(形)가 있어서 볼 수가 있으니, '나타나면 그것을 상象이라고 한

다'17)는 것이다. '각귀기분各歸其分'이란 이른바 '악樂의 도가 여기에 돌아간
다'18)는 것이다." 疏曰: "倡和有應者, 姦聲·正聲感人, 是'倡'也, 而逆氣·順氣應
之, 是'和'也. '回', 謂乖違. '邪', 謂邪僻. 及曲之與直, 各歸其善惡之分限, 善歸善分, 惡
歸惡分, 而萬物之情理, 亦各以善惡之類自相感動也." ○ 應氏曰: "聲感於微, 而氣之所
應者甚速. 氣應於微, 而象之所成者甚著. 成象則有形而可見, '見乃謂之象'也. '各歸其分'
者, 所謂樂之道歸焉耳."

살피건대, 이 장은 심의 감발에 삿되고 바름이 있고 기의 응함에
거스르고 따르는 것이 있음을 말하였다. 이것은 위 장의 반대되는 효과의
작용을 이어받으면서 득실의 효과와 그 응함이 매우 빠른 것을 아울러 말
한 것이다. 近按, 此言心之所感有邪正, 而氣之所應有逆順. 是承上文反效之用, 而幷言
其得失之效, 其應甚速者也.

전4-2**[악기 38]**

그러므로 군자는 정성情性의 올바름으로 돌아가 의지(志)를 조화롭
게 하고, 선악의 부류를 구별하여 덕행을 이룬다. 간사한 소리(聲)
와 어지러운 미색(色)을 듣고 보는 데 남겨두지 않고, 지나친 악과
사특한 예를 마음 씀에 접촉시키지 않고, 게으르고 소홀하며 삿되
고 치우친 기운을 몸에 베풀지 않아서, 귀·눈·코·입·심지心知
(마음의 지각)·온몸이 모두 순조롭고 올바름을 따라서 그 의義(의로
움)를 행하게 한다.
是故君子反情以和其志, 比類以成其行. 姦聲亂色, 不留聰明, 淫
樂慝禮, 不接心術, 惰慢邪僻之氣, 不設於身體, 使耳·目·鼻·

口·心知·百體, 皆由順正, 以行其義

集說 '반정反情'은 그 정성情性의 올바름으로 되돌아가는 것이다. 정情이 그 바름을 잃지 않으면 뜻(志)은 화순하지 않음이 없다. '비류比類'는 선악의 부류를 구별하는 것이다. 악의 부류에 들어가지 않으면 덕행이 이루어지지 않음이 없다. '불류不留'·'부접不接'·'불설不設'이라고 한 것은『논어』에서 '네 가지 하지 말 것'(四勿)[19]을 말한 것과 같으니, 모두 정성의 올바름으로 돌아가고 선악의 부류를 구분하여 차이를 두는 일이다. 이와 같이 하면 온몸이 명령을 따라서 의義(의로움)와 함께하게 된다. 이 한 구절은 배우는 자가 자기 몸을 수양하는 요체이다. '反情', 復其情性之正也. 情不失其正, 則志無不和. '比類', 分次善惡之類也. 不入於惡類, 則行無不成. 曰'不留'·'不接'·'不設', 如『論語』'四勿'之謂, 皆反情比類之事. 如此則百體從令而義之與比矣. 此一節, 乃學者脩身之要法.

權近 살피건대, 이 장 또한 위 장의 삿되고 바름에 감발하는 효과를 이어서 군자가 삿됨을 제거하고 바름을 따르는 도리를 말하였다. 이 두 구절은 문장의 의미가 매우 정밀하다. 이 구절의 '간사한 소리와 어지러운 미색을 듣고 보는 데 남겨두지 않는다' 이하는 수신의 요체를 언급한 것이 가장 깊고 절실하니 학자들이 마음에 새겨야 한다. 近按, 此亦承上文邪正所感之效, 而言其君子去邪從正之道. 此兩節文義甚精. 至此節'姦聲亂色, 不留聰明'以下, 其言修身之要最爲深切, 學者所當體念者也.

전-4-3**[악기 39]**

그런 뒤에 성음聲音으로 드러내고, 금슬琴瑟[20]로 문식하고, 간척干

戚21)으로 움직이게 하고, 우모羽旄22)로 꾸미고, 소관簫管23)으로 따른다. 지극한 덕의 광채를 빛나게 하고, 사계절 조화로운 기를 고동鼓動시켜서 만물의 이치를 드러낸다. 이러한 까닭에 맑고 분명함(淸明)으로 하늘을 형상하고, 넓고 큼(廣大)으로 땅을 형상하고, 마침과 시작함(終始)으로 사계절을 형상하고, 원 모양으로 둥글게 방향을 전환하는 것(周還24))으로 바람과 비를 형상한다. 오색五色은 문채를 이루어 어지럽지 않고, 팔풍八風은 율律을 따라서 간특하지 않아, 백도百度(모든 도수)가 수를 얻어 일정함이 있다. 음의 작고 큼은 서로를 이루고, 마침과 시작함은 서로를 낳으면서, 선창과 화답, 청음과 탁음이 번갈아가며 서로 일정한 규율이 된다. 그러므로 악樂이 시행되어 윤서가 분명해지고, 보고 듣는 것이 밝아지며, 혈기가 화평해져, 기풍을 변화하고 습속을 바꾸니 천하가 모두 평안하다. 然後發以聲音, 而文以琴瑟, 動以干戚, 飾以羽旄, 從以簫管. 奮至德之光, 動四氣之和, 以著萬物之理. 是故淸明象天, 廣大象地, 終始象四時, 周還象風雨. 五色成文而不亂, 八風從律而不姦, 百度得數而有常. 小大相成, 終始相生, 倡和淸濁, 迭相爲經. 故樂行而倫淸, 耳目聰明, 血氣和平, 移風易俗, 天下皆寧.

集說 「대장大章」이 요堯의 덕이 밝게 드러남을 기린 것과, 「함지咸池」가 황제黃帝의 덕행이 갖추어짐을 기린 것과, 「소韶」가 순舜이 요의 덕을 이음을 기린 것은 모두 성인의 지극한 덕이 악樂에 발현된 것으로 그 빛남이 마치 볼 수 있을 듯하다. 『서書』에서 "빛이 사방을 비춘다"고 하고 "천하에 빛난다"고 한 것이 모두 이른바 '지극한 덕의 빛냄'이다. '사기지화四氣之和'

는 사계절의 조화로운 기다. '소대小大'와 '종시終始'는 앞 장(35)의 '음의 대소를 알맞게 하는 것'과 '오성의 시작하고 끝남을 차서가 있게 하는 것'이다. '질상위경迭相爲經'은 앞 편의 "번갈아 서로 궁성宮聲이 된다"는 설이다.

○ 소疏에서 말한다. "'팔풍八風'은 팔방의 바람이다. '율律'은 열두 달의 율이다. 동지에서 45일이 지나면 조풍條風(동북풍)이 불어온다. '조條'란 낳는다는 뜻이다. 45일이 지나면 명서풍明庶風(동풍)이 불어온다. '명서明庶'란 여러 무리를 맞이한다는 뜻이다. 45일이 지나면 청명풍淸明風(동남풍)이 불어온다. '청명淸明'이란 싹이 난다는 뜻이다. 45일이 지나면 경풍景風(남풍)이 불어온다. '경景'은 크다는 뜻이다. 양기陽氣가 장대함을 말한다. 45일이 지나면 양풍涼風(남서풍)이 불어온다. '양涼'은 차가움이니 음기가 운행하는 것이다. 45일이 지나면 창합풍閶闔風이 불어온다. '창합閶闔'이란 모두 거두어 저장한다는 뜻이다. 45일이 지나면 부조풍不周風이 불어온다. '부조不周'란 교접하지 않는다는 뜻이다. 음기가 아직 합하여 화생하지 않는 것을 말한다. 45일이 지나면 광막풍廣莫風이 불어온다. '광막廣莫'이란 광활함이니 양기를 여는 것이다." ○ 방씨方氏(방각方慤)는 말한다. "'맑고 분명하다'(淸明)는 것은 악의 성聲이다. 그러므로 하늘을 형상한다. '넓고 크다'(廣大)는 것은 악의 체體이다. 그러므로 땅을 형상한다. '오성이 시작하고 끝남'은 악의 차서이다. 그러므로 사계절을 형상한다. '원 모양으로 둥글게 방향을 전환한다'(周還)는 것은 악무樂舞의 절도이다. 그러므로 바람과 비를 형상한다."

○ 응씨應氏(응용應鏞)는 말한다. "오성五聲은 오행五行의 색에 짝을 이룬다. 그러므로 각기 문채를 이루어서 어지럽지 않다. 팔음八音은 팔괘八卦의 바람과 짝을 이룬다. 그러므로 각기 율律을 따라서 간사하지 않다. 일도一度에서부터 펼쳐져서 백도百度(모든 도수)에 이르면 백도百度가 각기 그 수를 얻는데, 팔괘에서 육십사괘에 이르러 그 변화가 무궁한 것과 같다. 크게는 해·달·별의 도수에서, 작게는 백공百工의 기물의 도수에 이르기까지 각

기 수가 있으니, 단지 낮과 밤의 백각百刻(모든 시각)에 그치지 않는다. '어지럽지 않고'(不亂) '간사하지 않아'(不姦) 그로써 '일정함이 있다'(有常)고 한 것은 일정해서 문란하지 않음을 말한 것이다. '서로 이루고'(相成) '서로 낳으면서'(相生) '번갈아 서로 일정한 규율이 된다'(迭相爲經)고 한 것은 그 변화가 무궁함을 말한 것이다. 일정함을 따르면 그 변화를 다할 수 있다."「大章」之章·「咸池」之備·「韶」之繼, 皆聖人極至之德發於樂者, 其光輝[25]猶若可見也. 『書』云[26], "光被四表", "光天之下", 皆所謂至德之光也. '四氣之和', 四時之和氣也. '小大'·'終始', 卽前章'小大之稱'·'終始之序'也. '迭相爲經', 卽前篇"還相爲宮"之說也. ○ 疏曰: "'八風', 八方之風也. '律', 十二月之律也. 距冬至四十五日, 條風至. '條'者, 生也. 四十五日, 明庶風至. '明庶'者, 迎衆也. 四十五日, 淸明風至. '淸明'者, 芒也. 四十五日, 景風至. '景'者, 大也. 言陽氣長養也. 四十五日, 涼風至. '涼', 寒也, 陰氣行也. 四十五日, 閶闔風至. '閶闔'者, 咸收藏也. 四十五日, 不周風至. '不周'者, 不交也. 言陰氣[27]未合化也. 四十五日, 廣莫風至. '廣莫'者, 大莫也, 開陽氣也." ○ 方氏曰: "淸明者, 樂之聲. 故象天. '廣大'者, 樂之體. 故象地. '終始'者, 樂之序. 故象四時. '周還'者, 樂之節. 故象風雨." ○ 應氏曰: "五聲配乎五行之色. 故各成文而不亂. 八音配乎八卦之風. 故各從律而不姦. 自一度衍之而至於百, 則百度各得其數, 猶八卦至於六十四, 而其變無窮也. 大而日月星辰之度, 小而百工器物之度, 各有數焉, 不止晝夜之百刻也. 曰'不亂'·'不姦', 以至'有常', 言其常而不紊也. 曰'相成'·'相生', 以至'迭相爲經', 言其變而不窮也. 順其常, 則能極其變矣."

權近 살피건대, 이 장은 다시 기수器數의 말단을 거론하고 그 공용의 큼을 미루어 언급한 것이다. 위 장에서 말한 수신의 공효가 있은 뒤에 이 장의 공효를 극진하게 하는 성대함이 있게 된다. 近按, 此又擧器數之末, 而推及其功用之大. 蓋有上章修身之功, 然後有此章致效之盛也.

그러므로 "악이란 즐거운 것이다"라고 하였다. 군자는 그 도를 얻음을 즐거워하고 소인은 그 욕구를 채움을 즐거워한다. 도로써 욕구를 절제하면 즐거우면서도 문란하지 않는다. 욕구 때문에 도를 잊으면 미혹되어서 즐겁지 못하다.

故曰: "樂者, 樂也." 君子樂得其道, 小人樂得其欲. 以道制欲, 則樂而不亂. 以欲忘道, 則惑而不樂.

集說 군자가 도를 즐거워하는 것은 소인이 욕구를 즐거워하는 것과 같다. 군자는 도로써 욕구를 절제한다. 그러므로 "평탄하여 여유 있다." 소인은 욕구를 좇아 도를 잊는다. 그러므로 "오래도록 근심한다."28) 君子之樂道, 猶小人之樂欲. 君子以道制欲. 故"坦蕩蕩." 小人徇欲忘道. 故"長戚戚."

이러한 까닭에 군자는 정情으로 돌아가 그 뜻(志)을 조화롭게 하고, 악樂을 널리 확산하여 교화를 이루니, 악樂이 시행되어 백성들이 도道로 향함에 (이르러 군자의) 덕을 볼 수 있다.

是故君子反情以和其志, 廣樂以成其敎, 樂行而民鄕方, 可以觀德矣.

集說 윗글을 이어서 군자는 정情으로 돌아가 지志를 조화롭게 함으로써 자신을 수양하고, 악을 널리 시행하여 교화를 이룸으로써 백성을 다스리

니, 악의 교화가 시행되어 백성들이 도道로 나아갈 줄 아는데 이르면, 군자의 덕을 볼 수 있음을 말하였다. 承上文而言, 所以君子復情和志以脩其身, 廣樂成教以治乎民, 及樂之敎行而民知向道, 則可以觀君子之德矣.

權近 살피건대, 이 장은 군자와 소인이 즐거워하는 것이 다름을 말하고, 다시 군자가 정으로 돌아가는 일을 언급하여 위 문장의 뜻을 매듭지었다. ○ 이상은 전傳의 제4절이다. 近按, 此言君子小人所樂不同, 而又言君子反情之事, 以結上文之意. ○ 右傳之第四節.

전傳 5.

전5-1 [악기 42]

덕德은 성性의 단서요, 악樂은 덕의 화려함이요, 금金·석石·사絲·
죽竹은 악의 기구이다. 시詩로는 뜻(志)을 말하고, 노래(歌)로는 그
소리(聲)를 영탄하고, 춤(舞)으로는 그 용모를 움직여 표현한다. 세
가지가 마음에 근본을 둔 뒤에 악기가 뒤따른다. 이러한 까닭에
정이 깊어 문채가 밝게 드러나고, 기는 성대하여 변화됨이 신묘하
다. 화순和順함이 마음에 쌓여 그 화사한 아름다움이 밖으로 드러
나니, 악樂은 거짓으로 할 수 없다.

德者, 性之端也, 樂者, 德之華也, 金石絲竹, 樂之器也. 詩, 言其
志也, 歌, 咏其聲也, 舞, 動其容也. 三者本於心, 然後樂器從之.
是故情深而文明, 氣盛而化神. 和順積中, 而英華發外, 惟樂不可
以爲僞.

集說 석량왕씨石梁王氏는 말한다. "주註에서 지志·성聲·용容 세 가지를
본으로 삼은 것은 잘못이다. 덕은 마음이 있어 근본이 되고, 성性 또한 덕
德의 근본이 되니, 그런 뒤에 시詩·노래(歌)·춤(舞) 세 가지가 나온다."
○ 유씨劉氏는 말한다. "'성의 단서'(性之端)는 '화순함이 마음속에 쌓인다'는
것이다. '덕의 화려함'(德之華)은 '화사한 아름다움이 밖으로 드러난 것'이다.
'삼자三者'는 뜻(志)·소리(聲)·용모(容)를 말한다. 뜻(志)은 단서가 처음 발한
것이요, 소리(聲)와 용모(容)는 아름다움이 이미 드러난 것이다. 뜻이 감발
되면 시詩로 나타난다. 시가 이루어지면 그 소리를 노래로 영탄하게 되고,
노래 부르는 것으로 부족하면 자기도 모르게 손과 발이 춤추어 용모를 움

직이게 된다. 세 가지는 모두 마음이 사물에 감발되어 움직이는 것에 근본을 두고 있다. 그런 뒤에 팔음八音의 악기에 실리고, 방패(干), 도끼(戚), 꿩의 깃(羽), 소의 꼬리(旄) 등을 들고 추는 악무樂舞에 이른다. 정이 마음속에 느껴지는 것이 깊으면 문채가 밖으로 드러남이 밝아, 천지의 기가 안에 가득하면 변화가 사물에 미치는 것이 신묘하여 헤아릴 수 없음과 같이 된다. 그러므로 '화순함이 마음에 쌓여 그 화사한 아름다움이 밖으로 드러난다'라고 하였다. 이것으로 볼 때, 악이 진정한 악이 됨을 거짓으로 할 수 있겠는가?" 石梁王氏曰: "註以'志'·'聲'·'容'三者爲本, 非也. 德有心爲本, 性又德之本, 然後詩·歌·舞三者出焉." ○ 劉氏曰: "'性之端', '和順積中'者也. '德之華', '英華發外'者也. '三者', 謂志也, '聲也, '容也. 志則端之初發者, 聲·容則華之旣見者. 志動而形於詩. 詩成而咏歌其聲, 咏歌之不足, 則不知手舞足蹈而動其容焉. 三者皆本於心之感物而動. 然後被之八音之器, 以及干·戚·羽·旄也. 情之感於中者深, 則文之著於外者明, 如天地之氣盛於內, 則化之及於物者神妙不測也. 故曰'和順積中, 而英華發外也'. 由是觀之, 則樂之爲樂, 可以矯僞爲之乎?"

權近 살피건대, 이 경문은 덕성에 근본하여 악樂의 실정과 문식을 논한 것이다. 기가 변화하고 서로 감응하는 도리에는 마음에 쌓이면 밖으로 드러나는 자연스런 오묘함이 있어 꾸미고 거짓됨을 용납하지 않는다. '덕德'자는 위 문장의 '덕'자를 이어서 말한 것이다. 近按, 此本德性以論樂之情文. 氣化相感之道有積中形外自然之妙, 而非可容其巧僞者也. '德'字是桉上文德'字而言.

전-5-2[악기 43]

악樂이란 마음이 감농하는 것이다. 성聲이란 악의 형상이다. 문채와 절주는 성聲을 수식하는 것이다. 군자는 그 본심(本)을 움직이고 그 형상을 즐거워한 뒤에 그 수식하는 것을 다스린다. 그러므로 먼저 북을 울려서 경계시키고, 세 번 발을 떼어서 춤추는 방법을 보이고, (한 곡이 끝나고) 다시 시작하여 나아감을 드러내고, 다시 징을 울려 물러남을 삼가 행한다. 신속하고 빠르지만 지나칠 정도로 빠르지 않고, 지극히 은미하지만 숨기지 않고, 홀로 그 뜻(志)을 즐겨 그 도리에 싫증내지 않고, 그 도리를 갖추어 행하여 그 원하는 것을 사적으로 차지하지 않는다. 그러므로 정이 드러나면서 의가 서고, 악이 끝나면서 덕이 높아지니, 군자는 그럼으로써 선을 좋아하게 되고 소인은 그럼으로써 잘못을 인정하게 된다. 그러므로 "백성을 생육하는 도에 악樂이 중요하다"고 하였다.

樂者, 心之動也. 聲者, 樂之象也. 文采節奏, 聲之飾也. 君子動其本, 樂其象, 然後治其飾. 是故先鼓以警戒, 三步以見方, 再始以著往, 復亂以飭歸. 奮疾而不拔, 極幽而不隱, 獨樂其志, 不厭其道, 備擧其道, 不私其欲. 是故情見而義立, 樂終而德尊, 君子以好善, 小人以聽過. 故曰: "生民之道, 樂爲大焉."

集說 '동動'은 본심이 감동하는 것이다. 마음이 감동하면 소리(聲)가 나오게 된다. 소리가 나오면 문채와 절주가 있게 되니, 곧 악樂의 문식이다. 악이 연주될 때에는 반드시 먼저 고鼓를 울려서 사람들이 듣도록 고무시킨다. 그러므로 '먼저 북을 울려서 경계시킨다'고 하였다. 춤이 시작될 때 반드시 먼저 세 번 발을 떼어서 그 춤추는 방법을 보인다. 그러므로 '세 번 발을 떼어서 춤추는 방법을 보인다'라고 하였다. '재시再始'는 한 절이 끝나고 다시 시작하는 것을 말한다. '왕往'은 나아간다는 뜻이다. '난亂'은 마친

다는 뜻이다. "「관저關雎」의 마치는 장"29)이라고 말하는 것과 같다. '귀歸'는 춤이 끝나고 물러나 제자리로 나아감을 뜻한다. '다시 시작하여 나아감을 드러낸다'(再始以著往)는 것은 다시 북을 울려 나아감을 밝히는 것을 가리킨다. '다시 마치고 물러남을 삼가 행한다'(復亂以飭歸)는 것은 다시 징을 울려서 물러남을 삼가 행하는 것을 가리킨다. 이 두 구절은 춤을 추는 사람들이 동작에 맞추어 나아가고 물러나오는 일을 말한 것이다. '발拔'은 "빨리 달려오고, 빨리 달려간다"30)고 할 때의 '빠르다'는 뜻과 같다. 춤추는 동작이 비록 떨치며 빠르더라도 지나칠 정도로 빠르게 하지 않음을 말한다. 악의 도道는 비록 "은미하여 알기 어렵다"고 하더라도 사람에게 숨기지 않는다. 그러므로 군자가 악樂으로 자신을 위해 힘쓰면 화순하고 평안한지라 '홀로 그 뜻을 즐겨 그 도리에 싫증내지 않는 것'이니 이는 "배움에 싫증내지 않음"을 말하는 것이다. 군자가 악樂으로 남을 위해 힘쓰면 소중히 여기고 공정한지라 '도리를 갖추어 행하고 욕구를 사적으로 행하지 않는 것'이니 이는 "남을 가르침에 게을리하지 않음"31)을 말하는 것이다. 정情은 악이 처음 시작하면서 나타나는데 그 의義가 확립됨을 본다. 교화는 악을 마치면서 이루어지는데 그 덕이 높아짐을 안다. 군자는 악을 듣고 선함을 좋아하니 악樂이 그 양심良心을 감발시킨 것이다. 소인은 악을 듣고 허물을 아니 악樂이 그 삿되고 더러움을 씻어낸 것이다. '고왈故曰' 이하는 또한 옛말을 인용해서 말을 맺은 것이다. 이 장은 여러 학자들이 모두 「대무大武」의 악을 논하여 주紂를 정벌한 일을 밝힌 것으로 여겼고, 또 '다시 시작한다'(再始)는 것을 무왕 11년에 병력으로 시위하고, 13년에 주紂를 정벌한 것으로 여겼으니, 이러한 오독은 오래된 것이다. 생각하건대, 이 장은 다만 악樂과 춤(舞)의 이치가 이와 같다는 것을 통론한 것일 뿐이다. 그러므로 '백성을 생육하는 도에, 악이 중요하다'고 한 것이니, 어떻게 백성을 생육하는 도를 가지고 싸워서 정벌하는 일에 가장 중요하다고 할 수 있겠는가?

'動', 其本心之動也. 心動而有聲. 聲出而有文采節奏, 則樂飾矣. 樂之將作, 必先擊鼓, 以
聳動衆聽. 故曰'先鼓以警戒'. 舞之將作, 必先三擧足, 以示其舞之方法. 故曰'三步以見
方'. '再始', 謂一節終而再作也. '往', 進也. '亂', 終也. 如云: "「關雎」之亂." '歸', 舞畢
而退就位也. '再始以著往'者, 再擊鼓以明其進也. '復亂以飭歸'者, 復擊鐃以謹其退也. 此
兩句, 言舞者周旋進退之事. '拔', 如'拔來赴往'之'拔'. 言舞之容, 雖若奮迅疾速, 而不過
於疾也. 樂之道, 雖曰, "幽微難知", 而不隱於人也. 是故君子以之爲己, 則和而平, 故獨
樂其志, 不厭其道, 言"學而不厭"也. 以之爲人則愛而公, 故'備擧其道, 不私其欲', 言"誨
人不倦"也. 情見於樂之初, 而見其義之立. 化成於樂之終, 而知其德之尊. 君子聽之而好
善, 感發其良心也. 小人聽之而知過, 蕩滌其邪穢也. '故曰'以下, 亦引古語結之. 此章諸
家皆以爲論「大武」之樂以明伐紂之事, 且以'再始'爲十一年觀兵, 十三年伐紂, 此誤久矣.
愚謂此32)特通論樂與舞之理如此耳. 故曰'生民之道, 樂爲大焉', 豈可以生民之道, 莫大於
戰伐哉?

권근 살펴건대, 이 장은 위 장에서 성性을 말하고 다시 심心으로 말한 것
을 이어서 악樂의 절도와 무舞의 의용儀容의 원리를 통론한 것이다. ○ 이
상은 전의 제5절이다. 近按, 此承上章言性, 又以心言, 而通論樂節與舞容之理也.
○ 右傳之第五節.

전傳 6.

전6-1[악기 44]

악이란 베푸는 것이다. 예란 보답하는 것이다. 악은 그 말미암아
나온 바를 즐거워하고, 예는 그 말미암아 시작된 바로 돌아간다.
악은 덕을 표창하고, 예는 정에 보답하며 시작으로 돌아간다.
樂也者, 施也. 禮也者, 報也. 樂, 樂其所自生, 禮, 反其所自始.
樂章德, 禮報情反始也.

集說 문위文蔚가 "어떻게 하는 것이 '덕을 표창하는 것'(章德)입니까?"라고
물었다. 주자朱子가 "화순和順함이 마음속에 쌓여, 화사한 아름다움이 밖으
로 발현되는 것 이것이 내면의 덕을 표창하여 드러내는 것이다"라고 대답
하였다.[33] ○ 마씨馬氏(마희맹馬晞孟)는 말한다. "악樂은 양陽으로부터 나오는데,
양은 그 문채를 퍼트려서 낳고 기름을 일로 삼는다. 그러므로 악은 베푸는
것을 위주로 한다. 예禮는 음陰으로부터 나오는데, 음은 그 바탕을 수렴하
여 질박함으로 돌아가는 것을 일로 삼는다. 그러므로 예는 보답하는 것을
위주로 한다. 순舜은 요堯를 계승하는 것을 위주로 하였지만 베푸는 것이
천하에 미쳤다. 따라서 「대소大韶」를 지었다. 무왕武王은 무력으로 공업을
이루는 것에 주안점을 두었지만 베푸는 것이 천하에 미쳤다. 따라서 「대무
大武」를 지었다. 이것이 '그 말미암아 나온 바를 즐거워하는 것'이다. 만물
은 하늘에 근본한다. 그러므로 선왕이 교제郊祭로써 하늘의 도를 밝혔다.
사람은 조상에 근본한다. 그러므로 왕이 된 자는 자기 조상이 말미암아
나온 바에 체제禘祭를 지낸다. 이것이 그 시작된 바로 돌아가는 것이다."
○ 응씨應氏(응용應鏞)는 말한다. "악은 발출하여 전함에 움직여 고무시키는

조화로움이 있어서 펼쳐져서 밖으로 나오는데, 한 번 나오면 돌아갈 수가 없다. 그러므로 '베푼다'고 한다. 예는 교제하여 사귐에 주고받는 문식이 있어서 돌이켜 안으로 돌아간다. 그러므로 '보답한다'고 한다. 「소소」·「호호濩」·「하하夏」·「무무武」의 악은 모두 덕을 표창하여 화합으로 인도하고, 제향祭享과 조빙朝聘의 예는 모두 정에 보답하여 처음으로 돌아간다. 이른바 '반反'이라는 것은 거두어들이는 절도가 있는 것이다." 文蔚問: "如何是'章德'?" 朱子曰: "和順積諸中, 英華發於外, 便是章著其內之德." ○ 馬氏曰: "樂由陽來, 陽散其文而以生育爲功. 故樂主於施. 禮由陰作, 陰斂其質而以反朴爲事. 故禮主於報. 舜生[34)]於紹堯而施及於天下. 故作「大韶」. 武王生於武功而施及於天下. 故作「大武」. 此樂其所自生也'. 萬物本乎天. 故先王以郊明天之道. 人本乎祖. 故王者禘其祖之所自出. 此反其所自始也." ○ 應氏曰: "樂有發達動盪之和, 宣播而出於外, 一出而不可反. 故曰'施'. 禮有交際酬答之文, 反復而還於內. 故曰'報'. 「韶」·「濩」·「夏」·「武」, 皆章德而導和, 祭享·朝聘, 皆報情而反始. 所謂'反'者, 有收斂之節也."

권근權近 살펴건대, 이 장 이전은 모두 악만을 논하였으나, 이 장 이하는 또한 예를 겸하여 말하였다. 近按, 此以上皆專論樂, 而此下又兼言禮也.

전-6-2 [악기 46]

악樂이란 정情 가운데 변할 수 없는 것이다. 예禮란 리理 가운데 바뀔 수 없는 것이다. 악은 같음을 통섭하고 예는 다름을 변별한다. 예와 악의 설은 인정에 포섭包攝된다. 【구본에는 '所以贈諸侯也' 아래 배치되어 있다】

樂也者, 情之不可變者也. 禮也者, 理之不可易者也. 樂統同, 禮

集說 유씨劉氏는 말한다. "사람의 정은 사물에 감발됨이 일정하지 않아 본래 변화가 많다. 그러나 이미 성聲과 음音으로 발하여 악樂이 되면 그 슬퍼하고 즐거워함이 일정해져 변할 수가 없다. 사리事理는 상황에 따라 다름이 있어 본시 바뀜이 많다. 그러나 이미 절도와 문식으로 드러내서 예가 되면 그 위의威儀(위용과 의절)가 일정해져 바뀔 수가 없다. 악樂은 변할 수 없기 때문에 사람으로 하여금 '편안해도 잘 처음을 생각하고, 안일해도 잘 시작하였을 때를 생각하여'35) '도와 덕에 화순하고'36) 순수하여 간격이 없게 하니, 이른바 '같음을 통섭한다'는 것이다. 예禮는 바뀔 수 없기 때문에 사람으로 하여금 '친소親疎에 차례가 있고 귀천貴賤에 등급이 있게 하여'37) 절도와 문식을 삼가 살펴서 분명하여 어지럽지 않게 하니, 이른바 '다름을 구별한다'는 것이다. 이것이 예와 악의 설이 인정에 포섭되는 이유이다."

劉氏曰: "人情感物無常, 固多變. 然既發於聲音而爲樂, 則其哀樂一定而不可變矣. 事理隨時有異, 固多易也. 然既著之節文而爲禮, 則其威儀一定而不可易矣. 惟其不可變, 故使人'佚能思初, 安能惟始', '和順道德'而純然罔間, 所謂'統同'也. 惟其不可易, 故使人'親疎有序, 貴賤有等', 謹審節文而截然不亂, 所謂'辨異'也. 此禮樂之說, 所以管攝乎人情也."

전6-3[악기 47]

근본을 궁구하여 변화를 아는 것은 악樂의 정情이다. 참됨을 드러내어 거짓을 없애는 것은 예禮의 원칙(經)이다. 예악은 천지天地의 정을 본받고 신명神明의 덕에 통달하여, 천지의 신들을 내려오고 나오게 하고, 크고 작은 형체들을 이루어주고 바르게 하며, 부자와 군신 간의 절도를 다스린다.[구본에는 위 문장과 연결되어 있다]

窮本知變, 樂之情也. 著誠去僞, 禮之經也. 禮樂偩天地之情, 達神明之德, 降興上下之神, 而凝是精粗之體, 領父子君臣之節.[此下舊聯上文]

集說 주자朱子가 "부偩는 의거하여 형상形象한다는 뜻이다"라고 하였다. ○ 유씨劉氏는 말한다. "인정은 리理는 같으나 기氣는 다르다. 같으니 근본이 하나이고, 다르니 변화가 많다. 악樂으로써 같은 것을 통섭하므로, 사람으로 하여금 그 근본이 같음을 궁구하여 그 변화가 다름을 알게 할 수 있다. 인정은 리理는 은미하고 욕심은 위태롭다. 은미하니 참됨이 숨고, 위태로우니 거짓이 생긴다. 예禮로써 다른 것을 변별하므로, 사람으로 하여금 그 욕심의 거짓됨을 제거하여 리理의 참됨을 드러나게 할 수 있다. '근본을 궁구하여 변화를 안다'는 것은 감발하여 통함이 저절로 그렇게 하는 것이다. 그러므로 '정情'이라고 하였다. '참됨을 드러내어 거짓을 없애는 것'은 수신하여 행함에 합당하게 그렇게 하는 것이다. 그러므로 '경經'이라고 하였다. ○ 생각건대, 예악의 제작에 도道와 기器가 처음부터 서로 떨어지지 않은 것이므로 '이 크고 작은 형체들을 이루어주고 바르게 한다'고 한 것이다."

朱子曰: "偩, 依象也." ○ 劉氏曰: "人情, 理同而氣異. 同則本一, 異則變多. 樂以統同, 故可使人窮其本之同而知其變之異. 人情, 理微而欲危. 微則誠隱, 危則僞生. 禮以辨異, 故可使人去其欲之僞而著其理之誠也. '窮本知變'者, 感通之自然. 故曰'情'. '著誠去僞'者, 脩爲之當然. 故曰'經'. ○ 愚謂38), 禮樂之作, 道與器未始相離, 故曰'凝是精粗之體'也."

權近 살피건대, 이 두 구절은 또 사람에게 있는 것을 이어받아 천지, 신명의 덕을 미루어 언급하고 끝에서는 다시 인도로 귀착시켰다. 近按, 此兩節

又因在人者, 而推及天地神明之德, 末又歸之人道也.

전-6-4[악기 48]

그러므로 대인大人이 예와 악을 시행하면 천지가 장차 그로 인해 밝아진다. 천지의 기운이 화합하고 음양이 서로 이루어, 기로써 따뜻하게 해주고(煦) 몸으로써 따뜻하게 해주며(嫗) 만물을 덮어주고 길러준다. 그런 뒤에 초목이 무성하고 구불구불한 싹들이 나오며, 새들이 날고 짐승들이 번식하며, 동면하던 벌레가 (깨어나) 밝은 데로 나와 소생한다. 새들은 알을 품어 낳고 짐승들은 새끼를 배 태중에서 길러 낳는데, 새끼들은 태중에서 손상되지 않고 알들은 깨지지 않는다. 그러므로 악樂의 도가 여기에 돌아간다.

是故大人舉禮樂, 則天地將爲昭焉. 天地訢合, 陰陽相得, 煦嫗覆育萬物. 然後草木茂, 區萌達, 羽翼奮, 角觡生, 蟄蟲昭蘇. 羽者嫗伏, 毛者孕鬻, 胎生者不殰, 而卵生者不殈. 則樂之道歸焉耳.

集說 '대인이 예악을 시행한다'(大人舉禮樂)는 것은 성인이 천자의 지위에 있으면서 예악을 제정함을 말한다. '천지가 장차 그로 인해 밝아진다'(天地將爲昭焉)는 것은 장차 예와 악을 행하여 천지의 화생하고 양육하는 도를 밝게 드러낼 것임을 말한다. '흔訢'은 '흔欣'(화기애애함)과 같은 뜻으로, '흔합訢合'은 조화로운 기운이 교감하는 것, 곧 음양이 서로를 이루는 신묘한 작용을 뜻한다. 하늘은 기氣(기운)로써 따뜻하게 하고, 땅은 몸(形 체온)으로 따뜻하게 해준다. 하늘이 따뜻하게 덮어주고 땅이 따뜻하게 길러주는 것, 이것이 '기로써 따뜻하게 해주고 몸으로 따뜻하게 해주어 만물을 덮어주고 길

러준다'(煦嫗覆育萬物)는 것이다. (정현鄭玄의 주注에서) '구부러져 나오는 것을 구區라고 한다'(屈生曰勾)고 한 말은 구부러진 모양으로 생장하는 것을 말하고, 각角에 '새鰓가 없는 것을 격觡이라 한다'고 한 말에서 '새鰓'는 뿔의 겉껍질이 윤기 나는 것을 말한다. 칩거하던 벌레가 처음 나오면, 어두웠다가 햇빛을 보게 되는 것이 죽었다가 다시 살아나는 것과 같으므로 '밝은 곳으로 나와 소생한다'(昭蘇)라고 하였다. '어미가 엎드린다'(嫗伏)는 것은 몸으로 엎드려 감싸서 새끼를 낳는 것을 말한다. '잉육孕鬻'은 새끼를 태중에 배서 기른다는 뜻이다. '독殰'은 아직 태어나기 전에 태중에서 손상된다는 뜻이다. '혁殈'은 깨진다는 뜻이다. 만물이 모두 스스로 낳아 스스로 기를 수 있고 해침을 당하는 일이 없는 것은 모두 성인聖人이 예와 악으로 천지의 화육에 참여하고 돕는 도道에 돌아간 것이다. '大人擧禮樂', 言聖人在天子之位而制禮作樂也. '天地將爲昭焉', 言將以禮樂而昭宣天地化育之道也. '訴', 與欣同, '訴合', 和氣之交感, 卽陰陽相得之妙也. 天以氣煦之, 地以形嫗之. 天煦覆而地嫗育, 是'煦嫗覆育萬物'也. '屈生曰勾', 謂勾曲而生者也, 角之'無鰓者曰觡', '鰓', 謂角外皮之滑澤者. 蟄藏之蟲初出, 如暗而得明, 如死而更生, 故曰'昭蘇'也. '嫗伏', 體伏而生子也. '孕鬻', 妊孕而育子也. '殰', 未及生而胎敗也. '殈', 裂也. 凡物皆得自生自育而無所害者, 是皆歸於聖人禮樂參贊之道耳.

權近 살피건대, 이 경문은 다시 예악의 공용功用이 큼을 거듭해서 언급한 것이다. 近按, 此又申言禮樂功用之大也.

전-6-5] **[악기 49]**

악樂이란 황종黃鐘·대려大呂의 음율, 연주하며 노래하는 것, 방패나 도끼를 들고 춤추는 것을 말하는 것이 아니니, 이것들은 악의 말단 의절이기 때문이다. 그러므로 어린 아이가 춤을 춘다. 연筵과 석席을 펴고, 준尊과 조俎를 진설하고, 변籩과 두豆를 진열하며, 오르고 내리는 것을 예로 여기는 것은 예의 말단 의절이다. 그러므로 유사有司가 담당한다. 악사樂師는 성聲과 시詩를 변별하므로 북향하여 연주한다. 종축宗祝은 종묘의 예를 변별하므로 시尸의 뒤에 있다. 상축商祝은 상례喪禮를 변별하므로 주인의 뒤에 있다. 이러한 까닭에 덕德이 갖추어지면 위에 자리하고 기예가 갖추어지면 아래에 자리한다. 행실(行)이 갖추어지면 앞에 자리하고 일이 갖추어지면 뒤에 자리한다. 그러므로 선왕은 위와 아래, 앞과 뒤를 둔 뒤에 천하에 예악을 제정하는 것을 할 수 있었다.

樂者, 非謂黃鍾·大呂·弦歌·干揚也, 樂之末節也. 故童者舞之. 鋪筵席, 陳尊俎, 列籩豆, 以升降爲禮者, 禮之末節也. 故有司掌之. 樂師辨乎聲詩, 故北面而弦. 宗祝辨乎宗廟之禮, 故後尸. 商祝辨乎喪禮, 故後主人. 是故德成而上, 藝成而下. 行成而先, 事成而後. 是故先王有上有下, 有先有後, 然後可以有制於天下也.

集說 예악의 일에는 도道가 있고 기器가 있다. 앞의 경문에서는 모두 예악의 도를 말했고 여기서는 기器로서 말했으니, 도의 정수는 기예를 익히고 일을 익히는 이들이 알 수 있는 것이 아님을 말한다. '방패'(干)와 '도끼'(揚)는 모두 춤추는 사람이 잡는 것이다. '상축商祝'은 은례殷禮를 익숙하게 아는 자이다. 은殷나라는 질質을 숭상하였는데, 상례喪禮는 질을 위주로 하므로 은殷나라의 예를 함께 사용한다. '북면北面'은 지위가 낮은 것이다. 종묘제사에서 공경하는 것은 시尸에게 있고, 상례에서 슬퍼하는 것은 주인에

게 있다. 시尸와 주인의 뒤에 있으니 그 비중이 가벼움을 알 수 있다. '덕德'과 '행行'은 임금과 시尸와 주인에게 있다. '동자童子'와 '유사有司'는 기예에 익숙하고, '종축宗祝'과 '상축商祝'은 일에 익숙하다. 그러므로 위와 아래, 앞과 뒤의 순서가 이와 같다. ○ 석량왕씨石梁王氏는 말한다. "'덕이 이루어지면 위에 자리한다'에 대한 정현의 주註에서 '덕은 삼덕三德[39]이다'라고 하였다. 한漢나라 때 유학자들이 훈해할 때는 매번 삼덕三德으로 덕을 해석하였다." 禮樂之事, 有道有器. 前經皆言禮樂之道, 此以器言, 謂道之精者, 非習藝習事者所能知也. '干'·'揚', 皆舞者所執. '商祝', 習知殷禮者. 殷尙質, 喪禮以質爲主, 故兼用殷禮也. '北面', 位之卑也. 宗廟之敬在尸, 喪禮之哀在主人. 在尸與主人之後, 其輕可知也. '德'·'行在君·尸·主人. '童子'·'有司習於藝, '宗祝'·'商祝'習於事. 故上下先後之序如此. ○ 石梁王氏曰: "'德成而上', 註云: '德, 三德也.' 漢儒訓解, 每以三德爲德."

權近 살펴건대, 이 경문은 예악의 본말, 선후를 갖추어 거론하면서 총결한 것이다. ○ 이상은 전의 제6절이다. 近按, 此備擧禮樂本末先後而總結之也. ○ 右傳之第六節.

^{전-7-1}[악기 75]

군자는 말한다. "예禮와 악樂은 잠시라도 몸에서 떨어질 수 없는 것이다. 악의 이치를 깊이 파악하여 마음을 다스리면, 화평하고, 곧고, 자애롭고, 신실한 마음이 새롭게 생겨난다. 화평하고 곧고 자애롭고 신실한 마음이 생기면 즐겁고, 즐거우면 편안하고, 편안하면 오래가고, 오래가면 하늘과 같고, 하늘과 같으면 신과 같게 된다. 하늘과 같으면 말하지 않아도 믿고, 신과 같으면 성내지 않아도 위엄이 있다. 악樂을 깊이 궁구하여 그로써 마음을 다스리는 것이다."【구본에는 賓牟賈와의 문답 아래 배치되어 있다. 이제 그 문장의 뜻이 이상 경전의 장들과 유사하므로 이곳에 옮겨 배치한다】

君子曰: "禮樂不可斯須去身. 致樂以治心, 則易·直·子·諒之心油然生矣. 易·直·子諒之心生則樂, 樂則安, 安則久, 久則天, 天則神. 天則不言而信, 神則不怒而威. 致樂以治心者也."
【舊在賓牟賈問答之後, 今以其文義與此以上經傳諸章相類, 故移付于此】

集說 치致는 그 이치를 궁구하는 것을 말한다. 악은 속에서 나온다. 그러므로 마음을 다스리는 것으로 말하였다. '자량子諒'은 주자朱子의 설에 따르면 '자량慈良'으로 읽는다. 악樂이 인심을 감화시켜 하늘에 이르고 또 신의 경지에 이르니, 근본을 궁구하여 변화를 파악하는 신묘한 이치를 알 수 있다. ○ 주자朱子는 말한다. "'이직자량지심易直子諒之心'의 한 구절은 이제까지 설명이 이치에 닿지 않았는데, 문득 『한시외전韓詩外傳』에서 '자량子諒'

이 '자량慈良' 자로 되어 있는 것을 보고서 의심스러운 것이 없어졌다." '致', 謂硏窮其理也. 樂由中出. 故以治心言之. '子諒', 從朱子說, 讀爲'慈良'. 樂之感化人心, 至於天而且神, 可以識窮本知變之妙矣. ○ 朱子曰: "'易直子諒之心'一句, 從來說得無理 會, 却因見『韓詩外傳』'子諒'作'慈良'字, 則無可疑矣."

전-7-2[악기 76]

(군자는 말한다.) "예를 깊이 알아서 몸을 다스리면 장중하고 공경하다. 장중하고 공경하면 엄숙하고 위엄 있다. 마음속이 잠시라도 화평하지 못하고 즐겁지 않으면 비루하고 거짓된 마음이 들어온다. 밖으로 나타나는 모습이 잠깐이라도 장중하고 공경하지 않으면 경솔하고 소홀히 하는 마음이 들어온다."[구본에는 위 문장과 연결되어 있다]

"致禮以治躬, 則莊敬. 莊敬則嚴威. 心中斯須不和不樂, 而鄙詐之心入之矣. 外貌斯須不莊不敬, 而易慢之心入之矣."[此下舊聯上文]

集說 예禮는 밖으로 나타내는 것으로 시작하므로 자신의 몸을 다스리는 것으로 말하였다. 이것은 성실함을 견지하고 거짓을 버리는 마음이 잠시라도 끊어짐이 있어서는 안 됨을 말한 것이다. 禮自外作, 故以治躬言之. 此言著誠去僞之心, 不可少有間斷也⁴⁰).

權近 살피건대, 이 장은 예악이 자기를 다스리고 심을 다스리는 방법임을 말한 것으로 또한 학자가 마음에 새겨야 할 것이다. 이하의 몇 구절은 문의가 모두 정밀하여 편 머리의 경문과 유사하니 아마도 공자의 문하에서

나온 것을 기록자가 분류하여 덧붙인 것인 듯하다. 近按, 此言禮樂所以治己治心之道, 亦學者所當體念者也. 此下數節, 文義皆精, 與篇首經文相類, 疑亦出於孔門, 而記者以類而付之也歟.

전-7-3[악기 77]

(군자는 말한다.) "그러므로 악이란 마음속에서 감발하는 것이고, 예란 밖으로 나타난 모습에서 감발하는 것이다. 악은 화평함을 지극하게 하고, 예는 공순함을 지극하게 한다. 마음속이 화평하고 바깥 모습이 공순하면 백성들은 그 얼굴빛만 보고도 더불어 다투지 않고, 그 몸가짐만 보고도 백성들은 경솔하고 소홀히 하는 마음을 내지 않는다. 그러므로 덕의 윤택함이 마음속에서 감발되면 백성들이 받들어서 듣지 않음이 없고, 몸가짐의 정연함이 밖으로 드러나면 백성들이 받들어서 따르지 않음이 없다. 그러므로 '예와 악의 도를 깊이 파악하여 천하에 들어서 시행하면 어려울 일이 없다'라고 하였다."

"故樂也者, 動於內者也, 禮也者, 動於外者也. 樂極和, 禮極順. 內和而外順, 則民瞻其顔色而弗與爭也, 望其容貌而民不生易慢焉. 故德煇動於內, 而民莫不承聽, 理發諸外, 而民莫不承順. 故曰: '致禮樂之道, 擧而錯之天下, 無難矣.'"

集說 마음속에서 감발되면 마음을 다스릴 수 있다. 밖으로 나타난 모습에서 감발되면 몸을 다스릴 수 있다. '화평함을 지극하게 하고' '공순함을 지극하게 하면' 잠깐이라도 화평하지 못하거나 공순하지 않음이 없게 되

니, 사람을 감동시키고 사물을 감동시키는 것에 그 효험이 이와 같다. 덕을 '윤택함'(煇)으로 말하는 것은 (화순함이 안에 쌓여) 영화로움이 밖으로 드러난 징험이다. '몸가짐의 정연함이 밖으로 드러남'(理發諸外)은 용모와 동작이 두루 예에 맞는 것이다. 군자가 예악의 도를 깊이 알면, 천하를 다스림에 무슨 어려움이 있겠는가? 動於內則能治心矣. 動於外則能治躬矣. '極和'極順', 則無斯須之不和不順矣, 所以感人動物, 其效如此. 德以'煇'言, 乃英華發外之驗. '理發諸外', 是動容周旋之中禮. 君子極致禮樂之道, 其於治天下乎何有?

權近 살피건대, 이 장은 예악으로 마음을 다스린 극치를 언급하고 그 공효가 천하에 미침을 말한 것이다. 近按, 此言禮樂治心之極致, 其效及於天下也.

전-7-4[악기 78]

악樂이란 속에서 감발하는 것이다. 예禮란 밖으로 나타난 모습에서 감발하는 것이다. 그러므로 예는 줄이는 것을 위주로 하고 악은 채우는 것을 위주로 한다. 예는 줄이면서 나아가니, 나아가는 것으로 문식(文)을 삼는다. 악은 채우면서 돌아가니, 돌아가는 것으로 문식을 삼는다. 예가 줄이고 나아가지 않으면 쇠퇴하고, 악이 채우고 돌아가지 않으면 방탕해진다. 그러므로 예에는 보답함이 있고 악에는 돌아감이 있다. 예가 보답하는 것을 얻으면 즐겁고, 악이 되돌아기는 것을 얻으면 편안하다. 예의 보답하는 것과 악의 돌아감은 그 뜻이 같다.

樂也者, 動於內者也. 禮也者, 動於外者也. 故禮主其減, 樂主其

盈. 禮減而進, 以進爲文. 樂盈而反, 以反爲文. 禮減而不進則銷,
樂盈而不反則放. 故禮有報而樂有反. 禮得其報則樂, 樂得其反
則安. 禮之報, 樂之反, 其義一也.

集說 마씨馬氏는 말한다. "체體로 말하면 예는 줄이고 악은 채운다. 용用
으로 말하면 예는 나아가고 악은 돌아온다. 악은 마음속에서 감발되므로
그 체가 채우는 것을 위주로 한다. 대개 악은 마음속으로부터 나오기에 사
람의 마음이 기뻐하는 것이 된다. 예는 밖으로 나타난 모습에서 감발되므
로 그 체가 줄이는 것을 위주로 한다. 대개 예는 밖으로 나타내는 것으로
시작하므로 아마도 선왕이 그것으로 세상을 강제할 수 있었을 것이다. 예
는 줄임을 위주로 하므로 힘써서 진작시키고 나아가는 것을 아름답고 훌륭
하게 여긴다. 악은 채움을 위주로 하므로 돌아와 억제하여서, 돌아오는 것
을 아름답고 훌륭하게 여긴다. 그러므로 일곱 명의 개介를 두어 서로 만나
니 그렇지 않으면 너무 질박하게 되고, 세 번 사양하고 세 번 양보하면서
이르니 그렇지 않으면 너무 급박하게 된다. '일헌一獻의 예에서 빈객과 주
인은 수없이 배례를 하고'[41], '날이 저물어 사람들이 피곤해도 여전히 장중
하고 반듯한 것'[42], 이것이 힘써서 나아가는 것이다. '함께 나아가고 함께
물러남으로써 화합함을 보이는 것, 현弦·포匏·생笙·황簧이 부拊·고鼓가
울릴 때를 지켜서 합주함으로써 동일됨을 보이는 것, 연주를 정돈할 때 부
拊를 울리고, 지나치게 빠르게 춤출 때 아雅로써 절제시키는 것'[43], 축柷으
로 연주를 시작하고 어敔로 연주를 멈추는 것, 이것은 모두 돌아와서 억제
하는 것이다. 줄이기만 하고 나아가지 않으면 그쳐버리는 데에 가까워지므
로 '쇠퇴하고', 채우기만 하고 돌아오지 않으면 빠져버리는 데에 이르게 되
므로 '방탕해진다.' 선왕이 그 쉽게 치우침을 알았으므로 예에는 보답함이

있게 하였고, 악은 돌아옴이 있게 하였다. 예에 보답함이 있는 것은 악에 자뢰資賴하는 것이요, 악에 돌아옴이 있는 것은 예에 자뢰하는 것이다."

○ 유씨劉氏는 말한다. "예禮의 의용儀容은 밖으로 나타난 모습에서 감발하여, 반드시 겸손하게 낮추고 물러나며 양보하는 것으로 자신을 기른다. 그러므로 예는 줄이는 것을 위주로 한다. 악樂의 덕德은 속에서 감발하여, 반드시 화평하고 공순함이 속에 채워지고 쌓인 뒤에 밖으로 나타난다. 그러므로 악樂은 채우는 것을 위주로 한다. 대개 악은 양에서 오기 때문에 차고, 예는 음에서 나오기 때문에 준다. 그러나 예의 체體에서는 비록 물러나고 양보하는 것을 위주로 삼는다고 해도 그 용用에서는 화평함으로 행하는 것을 소중하게 여긴다. 따라서 나아가는 것으로 문식(文)을 삼는다. 악樂의 체體에서는 비록 충분하게 하고 채우는 것을 위주로 삼지만 그 용用에서는 절도로 억제하는 것을 소중하게 여긴다. 따라서 돌아오는 것으로 문식(文)을 삼는다. 예가 물러나고 양보하는 것에 지나쳐서 나아가지 못하면, 위의가 쇠퇴하고 막혀 반드시 '예가 지나치면 멀어진다'는 잘못이 생긴다. 악樂이 채우고 만족시키는 것에 지나쳐 돌아오지 않으면 의기意氣가 풀어지고 방자해져 반드시 '악이 지나치면 방탕해진다'는 폐단이 생긴다. 그러므로 예는 반드시 화평하게 하는 것을 두어서 줄이는 것을 보답하는(報) 바로 삼으니, 보답한다(報)는 것은 서로 구제해준다는 뜻이다. 악은 반드시 절도에 맞게 하는 것을 두어서 채우는 것에서 돌아오는(反) 바로 삼으니, 돌아온다(反)는 것은 그칠 줄 아는 것을 말한다. 예에서 줄이면서도 그 화평함을 얻어 서로 구제해주면 여유롭게 흔쾌히 소중히 여기며 즐거워한다. 이것이 악樂으로써 예를 화평하게 하는 것이다. 악이 채우면서도 그 절도를 얻어 그칠 줄 안다면 넉넉하게 화평하고 적절하면서도 편안하다. 이것이 예로 악을 절도 있게 하는 것이다. 예와 악이 서로 의지하여 함께 사용됨으로써

한결같이 지나치지도 모자라지도 않는 적절한 상태로 돌아가고 사리상 합당한 바에 부합하게 된다. 그러므로 '예의 보답하는 것과 악의 돌아옴은 그 뜻이 같다'라고 하였다." 馬氏曰: "以體言之, 禮減樂盈. 以用言之, 禮進樂反. 樂動於內, 故其體主盈. 蓋樂由中出而爲人心之所喜. 禮動於外, 故其體主減. 蓋禮自外作而疑先王有以强世也. 禮主減, 故勉而作之而以進爲文. 樂主盈, 故反而抑之而以反爲文. 故七介以相見, 不然則已慤, 三辭三讓而至, 不然則已蹙. '一獻之禮而賓主百拜', '日莫人倦而齊莊正齊', 此皆勉而進之者也. '進旅退旅, 以示其和, 弦匏笙簧, 會守拊鼓, 以示其統, 治亂則以相, 訊疾則以雅', 作之以柷, 止之以敔, 此皆反而抑之者也. 減而不進則幾於息矣, 故'銷', 盈而不反則至於流矣, 故'放'. 先王知其易偏, 故禮則有報, 樂則有反. 禮有報者, 資於樂也, 樂有反者, 資於禮也." ○ 劉氏曰: "禮之儀, 動於外, 必謙卑退讓以自牧. 故主於減殺. 樂之德, 動于中, 必和順充積而後形. 故主於盈盛. 蓋樂由陽來故盈, 禮自陰作故減也. 然禮之體, 雖主於退讓, 而其用則貴乎行之以和. 故以進爲文也. 樂之體, 雖主於充盛, 而其用則貴乎抑之以節. 故以反爲文也. 禮若過於退讓而不進, 則威儀銷沮, 必有'禮勝則離'之失. 樂過於盛滿而不反, 則意氣放肆, 必有'樂勝則流'之弊. 故禮必有和以爲減之報, 報者, 相濟之意也. 樂必有節以爲盈之反, 反者, 知止之謂也. 禮減而得其和以相濟, 則從容欣愛而樂矣. 此樂以和禮也. 樂盈而得其節以知止, 則優柔平中而安矣. 此禮以節樂也. 禮樂相須並用, 而一歸於無過無不及之中, 而合其事理之宜. 故曰'禮之報, 樂之反, 其義一也'."

權近 살피건대, 이 상은 예와 악이 서로 의지하여 공용이 되는 의리를 언급한 것이다. 반복하여 논변한 것이 매우 정밀하고 절실하다. ○ 이상은 전의 제7절이다. 近按, 此言禮樂相資爲用之義. 反復論辨至爲精切也. ○ 右傳之第七節.

전-8-1[악기 79]

악이란 즐거운 것이니 인정人情이 그만둘 수 없는 것이다. 즐거움은 반드시 성음聲音으로 발출하여 동정動靜으로 나타내는 것이 인지상정(人道)이다. 성음으로 발출하고 동정으로 나타내면, 성性에서 나온 술術의 변화는 여기에서 다한다. 그러므로 사람은 즐거움이 없을 수 없고, 즐거움은 나타내지 않을 수 없다. 나타내면서 도리를 따르지 않으면 문란함이 없을 수 없다. 선왕이 그 문란함을 수치스럽게 생각하여 「아雅」와 「송頌」의 소리로 제작하여 유도해서 그 소리가 충분히 즐거우면서도 방탕하지 않고, 그 말(文)이 충분히 의리를 논하면서도 쇠퇴하지 않고, 그 완곡하고 곧은 것, 뒤섞이고 순수한 것, 맑고 탁한 것, 절제하고 합주하는 것이 사람의 착한 마음을 감통시키기에 충분할 뿐, 방종하는 마음과 삿된 기운은 범접할 수 없게 하였다. 이것이 선왕이 악을 세운 방법이다.

夫樂者, 樂也, 人情之所不能免也. 樂必發於聲音, 形於動靜, 人之道也. 聲音動靜, 性術之變, 盡於此矣. 故人不耐無樂, 樂不耐無形. 形而不爲道, 不耐無亂. 先王恥其亂, 故制「雅」·「頌」之聲以道之, 使其聲足樂而不流, 使其文足論而不息, 使其曲直·繁瘠·廉肉·節奏, 足以感動人之善心而已矣, 不使放心邪氣得接焉. 是先王立樂之方也.

集說 방씨方氏는 말한다. "소리가 즐겁기에 충분하다'(聲足樂)란 그 도를

즐거워함이다. '말은 논하기에 충분하다'(文足論)란 그 이치를 논하는 것이다. 도는 용用을 제어하여 절도가 있게 하는 것이다. 그러므로 비록 즐거워하더라도 방탕함에 이르지 않는다. 리理는 의리를 밝혀 막힘이 없게 하는 것이다. 그러므로 논하더라도 쇠퇴함에 이르지 않을 수 있다. '곡曲'은 소리가 부드러운 것이니 가령 현악기(絲)의 소리가 그것이다. '직直'은 소리가 딱딱한 것이니 금석으로 된 악기(金)의 소리가 그것이다. '번繁'은 소리가 섞인 것이니 가령 생笙의 소리가 그것이다. '척瘠'은 소리가 순수한 것이니 가령 경磬의 소리가 이것이다. '염廉'은 소리가 맑은 것이니 가령 우羽의 소리가 그것이다. '육肉'은 소리가 탁한 것이니 가령 궁宮의 소리가 그것이다. '절節'은 소리가 절제된 것이니 가령 치徵의 소리가 그것이다. '주奏'는 소리가 진작되는 것이니 가령 합주되는 소리(合)가 그것이다." ○ 유씨劉氏는 말한다. "인정人情이란 즐거운 바가 있으면 읊고 노래하는 것으로 발출된다. 읊고 노래하는 것으로 부족하면 어느덧 손을 휘젓고 발을 구른다. 성정의 변화는 여기에서 다하는 것이다. 그러므로 인정에 즐거움이 없을 수 없다. 속에서 즐거운 것은 밖으로 나타나서 노래하고 춤을 추지 않을 수 없다. 노래와 춤으로 구체화되었는데, 문사文辭를 넣어 예의禮義가 있는 곳으로 이끌지 않는다면 반드시 문란한 데로 빠질 것이다. 선왕은 그렇게 되는 것이 수치스러웠기 때문에 「아雅」와 「송頌」의 소리로 제작하여 『시詩』로써 유도하고 이끌어, 그 성음聲音은 즐거우면서도 방탕한 지경에 빠지지 않게 하였고, 그 문사의 질서정연함은 밝게 강구되면서도 권태롭고 쇠퇴한 지경에 이르지 않게 하였고, 그 악률樂律의 청탁과 높낮이는 때로는 애둘러서 완곡하고, 때로는 단도직입으로 곧고, 때로는 풍부하여 뒤섞이고, 때로는 줄여서 순수하고, 때로는 각이 분명하여 맑고, 때로는 원만하게 매끄러워 탁하고, 때로는 그쳐서 절제하고, 때로는 진작하여 합주하게 하는 등, 모두가 사람의 착한 마음을 감발시켜 방탕 방종한 마음과 삿되고 치우친 기가 내 몸에 범접하지 못하게 하기에 충분하였다. 이것이 곧 선왕이 악樂을 제정한 방법이다." 方氏曰: "'聲足樂'者, 樂其道. '文足論'者, 論其理也. 道所以制用而有節. 故雖樂而不至於流. 理所以明義而無窮. 故可論而不至於息. '曲'者, 聲之柔, 若絲是也. '直'者, 聲之剛, 若金是也. '繁'者, 聲之雜, 若笙是也. '瘠'者, 聲之純, 若磬是也. '廉'者, 聲之淸, 若羽是也. '肉'者, 聲之濁, 若宮是也. '節'者, 聲之制, 若徵是也. '奏'者, 聲之作, 若合是也." ○ 劉氏曰: "人情有所樂而發於詠歌. 詠歌之不足而不知手舞足蹈, 則性情之變盡於此矣. 故人情不能無樂. 樂於中者, 不能不形於外而爲歌舞. 形於歌舞而不爲文辭以道之於禮義, 則必流於荒亂矣. 先王耻其然, 故制爲雅頌之聲, 詩以道迪之, 使其聲音足以爲娛樂而不至於流放, 使其文理足以爲講明而不至於怠息, 使其樂律之淸濁高下, 或宛轉而曲, 或徑出而直, 或豊而繁, 或殺而瘠, 或稜隅而廉, 或圓滑而肉, 或止而節, 或作而奏, 皆足以感發人之善心, 而不使放肆之心·邪辟之氣得接於吾身焉. 是乃先王立樂之方法也."

살피건대, 이하에서는 다시 악樂만을 말하였는데 이는 자신를 다스리는 도로 말한 것이다. 近按, 此下又專言樂, 是以治己之道言也.

전-8-2[악기 80]

그러한 까닭에 악이 종묘 안에서 연주되어 군주와 신하 위와 아래가 함께 그것을 들으면, 누구도 화합하고 공경하지 않음이 없다. 족장과 향리 안에서 연주되어 어른과 젊은이가 함께 그것을 들으면, 누구도 화합하고 순종하지 않음이 없다. 집안에서 연주되어 부자 형제가 함께 그것을 들으면, 누구도 화합하고 친애하지 않음이 없다. 그러므로 악樂이란 하나를 살펴 알아서 조화로움을 정하고, 악기를 섞어 배합해서 곡절曲節을 문식하고, 연주를 조절하여 화합게 해서 문채를 이루니, 부자와 군신을 화합하게 하며 만민을 귀부시키고 친애하게 하는 것이다. 이것이 선왕이 악을 세운 방법이다.

是故樂在宗廟之中, 君臣上下同聽之, 則莫不和敬. 在族長鄕里之中, 長幼同聽之, 則莫不和順. 在閨門之內, 父子兄弟同聽之, 則莫不和親. 故樂者, 審一以定和, 比物以飾節, 節奏合以成文, 所以合和父子君臣, 附親萬民[44]也. 是先王立樂之方也.

集說 응씨應氏(응용應鏞)는 말한다. "'하나'(一)란 마음이다. 마음은 하나지만 응하는 것은 하나가 아니다. 하나를 지켜서 그 조화로움을 안정시키고, 섞어서 배합함으로써 그 곡절을 수식하여 문채를 이루게 되면, 지극히 친하고 지극히 엄한 윤서를 화합시키고, 지극히 소원하고 지극히 많은 자들을 귀부하게 하여 친애하게 할 수 있다. 대개 악은 내 마음에서 나와 남의 마음에 감발됨에 두 가지 다른 이치가 없다." ○ 유씨劉氏는 말한다. "악을 제작하는 도는 먼저 사람의 소리에 나타난 바를 살펴서 때로는 풍風으로, 때로는 아雅로, 때로는 송頌으로, 그리고 때로는 기뻐하는 것으로, 때로는 공경함으로, 때로는 친애함으로 각자 하나의 체體를 따라 그 조정한 조화로움을 정한 뒤에, 악기로 섞어 배합하여 그 절주를 수식하는 것이다. 이 한 조목은 악으로써 예를 조화롭게 함을 말하였다." 應氏曰: "'一'者, 心也. 心一而所應者不一. 守一以凝定其和, 雜比以顯飾其節, 及其成文, 可以合和至親至嚴之倫, 附親其至疎至衆者. 蓋樂發於吾心, 而感於人心, 無二理也." ○ 劉氏曰: "作樂之道, 先審人聲之所形, 或風或雅或頌, 或喜或敬或愛, 各從一體, 以定其調度之和, 然後比之樂器之物, 以飾其節奏. 此一條言樂以和禮也."

살피건대, 이 장은 사람을 다스리는 도리를 말한 것이다. 자기를 다스리는 것과 사람을 다스리는 것은 모두 악에 말미암는다. 그 때문에 모두 '선왕이 악을 세우는 것'으로 맺었다. 近按, 此言治人之道. 治己治人皆由於樂. 故皆以'先王立樂'結之也.

전-8-3 **[악기 81]**

그러므로 「아雅」, 「송頌」의 소리를 들으면 뜻과 생각(志意)이 넓어질 수 있다. 방패(干)와 도끼(戚)를 잡고 구부리고 우러르며 굽히고 펴는 춤사위를 익히면 용모가 장중해질 수 있다. 춤추는 행렬의 표지와 춤추는 영역을 따라 행하여 그 곡절曲節과 동작動作을 부합하게 하면 대오가 바를 수 있고 나아가고 물러가는 것이 가지런할 수 있다. 그러므로 악이란 천지天地가 명하는 것이요 중화中和로 기율하는 것이니, 인정人情이 피할 수 없는 것이다.

故聽其「雅」·「頌」聲, 志意得廣焉. 執其干·戚, 習其俯仰詘伸, 容貌得莊焉. 行其綴兆, 要其節奏, 行列得正焉, 進退得齊焉. 故樂者, 天地之命, 中和之紀, 人情之所不能免也.

集說 (악은) 천지가 가르쳐 명하는 것이요, 중화中和로 통할하여 기율하는 것이니, 인심을 예방하고 법도에 따르게 하는 것이 여기에 있다. 장중하다고 하고, 바르다고 하고, 가지런하다고 하고, 기강이라고 하는 것은 모두 예로써 악을 절제하는 바를 말한다. 天地之敎命, 中和之統紀, 所以防範人心者在是. 曰莊曰正, 曰齊曰紀, 皆言禮之節樂.

전-8-4[악기 82]

악樂이란 선왕이 기쁨을 문식하는 것이고, 군대(軍旅)[45]와 병기(鈇鉞)
는 선왕이 분노함을 문식하는 것이다. 그러므로 선왕이 기뻐하고
분노함은 모두 그 부류에 부합하여, 기뻐하면 천하 사람들이 그것
에 화락하고, 분노하면 포악하고 어지러운 자가 그것을 두려워한
다. 선왕의 도에서 예악禮樂은 성대하다고 할 만하다.

夫樂者, 先王之所以飾喜也, 軍·旅·鈇·鉞者, 先王之所以飾怒
也. 故先王之喜怒, 皆得其儕焉, 喜則天下和之, 怒則暴亂者畏
之. 先王之道, 禮樂可謂盛矣.

集說 '개득기제皆得其儕'는 각자 그 해당하는 류를 따라 기쁨이 사사로운
기쁨이 아니고 성냄이 사사로운 성냄이 아님을 말한다. '皆得其儕', 言各從其
類, 喜非私喜, 怒非私怒也.

權近 살펴건대, 이 장은 다시 자기를 다스리고 사람을 다스리는 도리를
거듭해서 말한 것이다. 끝에서 또 예악을 아울러 언급하여 총결하였다.
○ 이상은 전의 제8절이다. 近按, 此又申言治己治人之道. 末又兼禮樂而言, 以總結
之也. ○ 右傳之第八節.

전傳 9.

전-9-1[악기 50]

위魏의 문후文侯가 자하子夏에게 물었다. "내가 현단복에 면관을 갖춰 입고 고악古樂을 들으면 눕게 될까 두려운데, 정鄭과 위衛의 음을 들으면 피곤한 줄을 모르겠습니다. 고악이 그와 같은 것은 무엇 때문이고 신악新樂이 이와 같은 것은 무엇 때문입니까?"【구본에는 可以有制於天下也' 아래 배치되어 있다】

魏文侯問於子夏曰: "吾端冕而聽古樂, 則唯恐臥. 聽鄭衛之音, 則不知倦. 敢問古樂之如彼, 何也, 新樂之如此, 何也?"【舊在'可以有制於天下也'之下】

權近 살피건대, 이 장 이하는 고인이 악에 대해 질문한 일을 가져와 덧붙인 것이다. 문후文侯는 군주이므로 먼저 기록하였다. 近按, 此下引古人問樂之事以付之. 文侯人君, 故先之也.

전-9-2[악기 50]

자하가 대답하였다. "이제 저 고악은 춤이 일정한 무리를 지어 가지런히 함께 나아가고 함께 물러나니 음이 조화롭고 바르며 여유가 있고, 현弦·포匏·생笙·황簧이 모두 부拊와 고鼓가 울릴 때까지 지켜서 기다렸다가 합주합니다. 북(鼓)을 울리는 것으로 연주를 시작하고, 징(鐃)을 울리는 것으로 다시 악무樂舞를 마칩니다. 상相으로 무질서한 것을 다스리고, 아雅로써 빠름을 조절합니다. 군자가 이에 악을 이야기하고, 이에 고악의 도를 말하니, 일신一身을 수양하여 집안에 미치고 천하를 균평하게 합니다. 이것이 고악이 하는 일입니다."46)

子夏對曰: "今夫古樂, 進旅退旅, 和正以廣, 弦·匏·笙·簧, 會守拊鼓. 始奏以文, 復亂以武. 治亂以相, 訊疾以雅. 君子於是語, 於是道古, 脩身及家, 平均天下. 此古樂之發也."

集説 싫증이 나므로 '눕게 될까 두렵고', 좋아하므로 '피곤한 줄을 모르는 것'이다. '여피如彼'는 멀리하는 것이고, '여차如此'는 가까이 하는 것이다. '여旅'는 무리다. '혹은 나아가기도 하고 혹은 물러나기도 한다'(或進或退)는 것은 무리가 모두 하나로 가지런하여 들쑥날쑥함이 없는 것이다. '화정이광和正以廣'은 간성姦聲(간사한 소리)이 없는 것이다. '현弦, 포匏, 생笙, 황簧'의 악기는 비록 많지만 반드시 함께 화합하여 서로 지켜서 부拊와 고鼓가 울리기를 기다린 뒤에 연주를 시작한다. '문文'은 북(鼓)을 말한다. '무武'는 징(金鐃)을 말한다. 악이 연주를 시작할 때 먼저 북을 울린다. 그러므로 '북이 울리는 것으로 연주를 시작한다'(始奏以文)라고 하였다. '난亂'이란 마치는 장의 의절이다. 물러나고자 할 때 징을 울려서 마친다. 그러므로 '징을 울리는 것으로 다시 악무를 마친다'(復亂以武)라고 하였다. '상相'은 바로 부拊이다. 악에서 연주를 돕기 위한 것으로, 무질서한 것을 다스려 질서정연하게 하므로 '상相으로 무질서한 것을 다스린다'(治亂以相)라고 하였다. '신訊'도 다스리는 것이다. '아雅'도 악기樂器이다. 지나쳐서 절도를 잃는 것을 '질疾'이라고 한다. 이 아雅를 연주하여 춤추는 자가 지나치게 빠른 것을 조절한다.

그러므로 '아雅로써 빠름을 조절한다'(訊疾以雅)라고 하였다. 여기에서 악을 '말한다'(語)는 것은 고악古樂의 바름을 말하는 것이다. 고악을 알아서 수신修身의 도를 밝히면 집안이 가지런해지고 나라가 다스려져서 천하가 평안하다. ○ 방씨方氏(방각方慤)는 말한다. "북(鼓)의 소리는 양이 되므로 문文이라고 하였다. 징(鐃)의 소리는 음이 되므로 무武라고 하였다. '평平'은 위와 아래 사이에 치우침이 없음을 말한다. '균均'은 멀고 가까운 사이에 차이를 둠이 없음을 말한다." 厭之故'惟恐卧', 好之故'不知倦'. '如彼', 外之也, '如此', 內之也. '旅', 衆也. 或進或退, 衆皆齊一, 無參差也. '和正以廣', 無姦聲也. '弦·匏·笙·簧'之器雖多, 必會合相守待擊拊·鼓, 然後作也. '文', 謂鼓也. '武', 謂金鐃也. 樂之始奏, 先擊鼓. 故云'始奏以文'. '亂'者, 卒章之節. 欲退之時, 擊金鐃而終. 故云'復亂以武'. '相', 卽拊也. 所以輔相於樂, 治亂而使之理, 故云'治亂以相也'. '訊', 亦治也. '雅', 亦樂器也. 過而失節, 謂之'疾'. 奏此雅器, 以治舞者之疾. 故云'訊疾以雅也'. 於此而'語'樂, 是道古樂之正也. 知古樂而明脩身之道, 則家齊國治而天下平矣. ○ 方氏曰: "鼓聲爲陽, 故謂之文. 鐃聲爲陰, 故謂之武. '平', 言無上下之偏. '均', 言無遠近之異."

전-9-3 **[악기 51]**

(자하가 대답하였다.) "오늘날의 저 신악은 춤추는 이들이 무질서하게 나아가고 무질서하게 물러나오니 간사한 소리(聲)가 참람하게 절도를 넘어서고, 음란하여 그치지 않으며, 광대와 난쟁이가 원숭이 모양을 흉내 내며 남녀 사이에 뒤섞여 부자의 예도 알지 못합니다. 악이 끝나도 악을 이야기할 수 없고 고악의 도를 말할 수 없으니, 이것이 신악이 하는 일입니다."

> "今夫新樂, 進俯退俯, 姦聲以濫, 溺而不止, 及優 · 侏儒, 獶雜子
> 女, 不知父子. 樂終, 不可以語, 不可以道古, 此新樂之發也."

集說 '무질서하게 나아가고 무질서하게 물러나온다'(進俯退俯)는 것은 굽고
꺾여서 춤추는 이들의 행렬이 무질서하고 어지러운 것이다. '간성이람姦聲
以濫'은 바로 앞 장에서 말한 '참람하게 침범하는 음'(滌濫之音)[47]이니, 간사
한 소리(聲)가 법도를 침범하고 넘어서 바르지 않은 것이다. '익이부지溺而
不止'는 바로 앞 장에서 말한 '한 곡이 끝나기까지 지나치게 긴 음'(狄成之
音)[48]이니, 그 소리가 과도함에 빠진 것이 오래됨을 말한다. 배우들이 잡희
雜戱를 하는데 이르러서는, 난장이로 키가 작고 왜소한 사람들이 원숭이의
모양을 흉내 내며 남자와 부인들 속에 간간히 뒤섞여, 부자와 존비의 차이
를 알지 못한다. 악을 연주하는 것이 끝났다 해도 말할 만한 것이 없는데,
하물며 더불어 옛 도道를 말할 수 있겠는가? '우獶'는 '원숭이'(猱)와 같다.

'進俯退俯', 謂俯僂曲折, 行列雜亂也. '姦聲以濫', 卽前章所謂滌濫之音', 謂姦邪之聲,
侵濫不正也. '溺而不止', 卽前章所謂狄成之音', 謂其聲沈淫之久也. 及俳優雜戱, 侏儒短
小之人, 如獼猴之狀, 間雜於男子婦人之中, 不復知有父子尊卑之等. 作樂雖終, 無可言者,
況可與之言古道乎? '獶', 與'猱'同.

전-9-4[악기 52]

(자하가 대답하였다.) "이제 임금께서 물으시는 것은 악이나, 좋아
하시는 것은 음입니다. 악이란 음과 서로 비슷하지만 같지 않습니
다." 문후가 물었다. "어찌하여 그렇습니까?" 자하가 대답하였다.

"옛날에는 천지가 화순하고 사계절이 적당하여, 백성들은 덕이 있고 오곡이 풍성하였으며, 질병이 일어나지 않고 재이도 없었으니 이것을 '크게 합당하다'(大當)라고 합니다. 그런 뒤에 성인聖人이 나와 부자와 군신의 관계를 세우고 기강으로 삼았습니다. 기강이 바르게 되면 천하가 크게 안정됩니다. 천하가 안정된 뒤에 육률六律을 바르게 하고, 오성五聲을 조화롭게 하며, 『시詩 · 송頌』을 연주하며 노래하니, 이것을 '덕음德音'이라 합니다. 덕음 이것을 악樂이라고 하는 것입니다. 『시詩』에서 '그 명예(德音) 조용히 안정시켰고, 그 덕 잘 밝혔네. 잘 밝혔으며 무리마다 잘 통하였고, 어른 노릇을 잘하고 임금 노릇을 잘하였네. 큰 나라에 왕정을 베푸니, 잘 화순하고 서로 잘 친애하였네. 문왕에 이르러 그 덕 후회할 곳이 없어, 상제의 복을 받고 자손에게 벋어 미쳤네'라고 한 것은 이것을 말한 것입니다."

"今君之所問者樂也, 所好者音也. 夫樂者, 與音相近而不同." 文侯曰: "敢問何如?" 子夏對曰: "夫古者天地順而四時當, 民有德而五穀昌, 疾疢不作而無妖祥, 此之謂大當. 然後聖人作爲父子君臣, 以爲紀綱. 紀綱旣正, 天下大定. 天下大定, 然後正六律, 和五聲, 弦歌『詩 · 頌』, 此之謂德音. 德音之謂樂. 『詩』云: '莫其德音, 其德克明. 克明克類, 克長克君. 王此大邦, 克順克俾. 俾于文王, 其德靡悔, 旣受帝祉, 施于孫子', 此之謂也."

集說 '사시가 합당하다'(四時當)는 것은 절기의 차서를 잃지 않음을 말한다. '요상妖祥'에서 '상祥'도 또한 '요妖'(재이)의 의미다. 『서書』에서 "박亳 땅에 재이가 있다"[49]고 하였다. '크게 합당하다'(大當)는 것은 만물을 화육함

(大化)이 고르고 조화로운 것이다. '작위부자군신이위기강作爲父子君臣以爲紀綱'은 한 구절로 읽는다. 성인聖人이 부자와 군신의 예를 세우고, 삼강三綱과 육기六紀의 절목을 만든 것을 말한다. '강綱'은 그물에서 벼리가 되는 큰 줄이고, '기紀'는 강綱에 붙은 작은 줄이고, 강목綱目은 기紀에 붙은 줄이다. 삼강三綱은 임금은 신하의 벼리가 되고, 아버지는 아들의 벼리가 되고, 남편은 아내의 벼리가 됨을 말한다. 육기六紀는 백부와 숙부 사이에 선함이 있고, 외삼촌들 사이에 의가 있고, 족인族人들 사이에 윤서倫敍가 있고, 형과 아우 사이에 친함이 있고, 스승과 어른에 대해 존중함이 있고, 붕우 사이에 오랜 정이 있는 것이다. 먼저 예로써 질서 있게 해야, 악으로써 화합할 수 있다. 그러므로 그런 뒤에 '육률을 바로잡는다'(正六律) 이하의 일을 행한다. 주자周子는 말한다. "옛날에 성왕聖王이 예법을 제정하여 교화를 닦아서, 삼강이 바르게 되고, 구주九疇50)가 차례로 펼쳐지며, 백성이 크게 화합하고, 만물이 모두 순응하면 이에 악을 제작하여 팔풍八風의 기氣를 펼치고 천하의 정情을 화평하게 했으니, 대개 뜻이 여기에 근본한 것이다. 『시詩』는 「대아大雅 · 황의皇矣」의 편이다. '막莫'은 조용하다는 뜻이다. '덕음德音'은 명예이다. '비俾'는 『시詩』에 의거하여 '비比'로 써야 한다. 자하子夏가 『시』를 인용하여 덕음德音의 설을 증명하였다. ○ 엄씨嚴氏는 말한다. "왕계王季가 비록 명예를 구하는 것에 마음이 없었으나 그 덕이 천하를 밝혀서 무리마다 통하였고, 윗사람 노릇을 하고 임금 노릇을 하였으며, 화순하고 선을 따랐으니, 자연히 그 명예를 가릴 수 없었다. '무리마다 통하였다'(類)는 것은 덕을 밝힘이 충실한 것이다. '임금 노릇을 함'은 '윗사람 노릇을 함'(長)을 미루어 하는 것이다. '비比'란 화순함이 쌓인 것이다. '밝히기를 잘하였다'(克明)는 것은 이 이치를 아는 것을 말하고, '무리마다 잘 통하였다'(克類)는 것은 어느 무리와 접촉해도 통하는 것을 말하니, 하나의 이치가 혼융하여 위와 아래로 관통한 것이다. 임금은 어른보다 더 높으니, 「학기學

記」(3-7)에서 '장長이 될 수 있어야 뒤에 임금이 될 수 있다'고 한 말이 그것이다. 그렇게 하여 큰 나라에 임금이 되면 순응함을 잘하여(克順) 그 백성들을 화합시킬 수 있고, 함께 친애함을 잘하여(克比) 그 백성들을 친애하게 할 수 있다. '순응함'(順)은 어지럽히지 않음을 말한다. '함께 친애함'(比)은 즐겁게 서로 친애하는 것이다. 문왕文王에 이르러 그 덕에 후회할 만한 것이 없고 이리저리 도에 맞아서 털끝만큼의 혐의도 없었다고 하였으니, 왕계王季의 덕이 문왕에게 전해져 더욱 성대해졌으므로 능히 하늘의 복을 받고 자손에게까지 길이 벋어 미칠 수 있었음을 뜻한다." '四時當', 謂不失其序也. '妖祥', '祥亦妖也. 『書』言, "毫有祥." '大當', 大化之均調也. '作爲父子君臣以爲紀綱', 是一句讀. 言聖人立父子·君臣之禮, 爲三綱·六紀之目也. '綱', 維網大繩, '紀', 附綱小繩, 綱目則附於紀也. 三綱謂君爲臣綱, 父爲子綱, 夫爲妻綱也. 六紀謂諸父有善, 諸舅有義, 族人有敍, 昆弟有親, 師長有尊, 朋友有舊也. 先序之以禮, 乃可和之以樂. 故然後有正六律'以下之事. 周子曰: "古者聖王制禮法, 脩敎化, 三綱正, 九疇敍, 百姓大和, 萬物咸若, 乃作樂, 以宣八風之氣, 以平天下之情, 意蓋本此. '『詩』,「大雅·皇矣」之篇. '莫', 靜也. '德音', 名譽也. '俾', 當依『詩』作比. 子夏引『詩』, 以證德音之說." ○ 嚴氏曰: "王季雖無心於干譽, 然其德明而類, 長而君, 順而比, 自不可掩. '類者, 明之充. '君'者, '長'之推. '比者, 順之積. '克明', 謂知此理, '克類', 謂觸類而通, 一理混融, 徹上徹下也. 君又尊於長, 「學記」言, '能爲長, 然後能爲君', 是也. 以之君臨大邦, 則克順而能和其民, 克比而能親其民. '順', 言不擾. '比', 則驩然相愛矣. 比及文王, 其德無有可悔, 從容中道, 無毫髮之慊也. 言王季之德, 傳於文王而益盛, 故能受天之福, 而延于子孫也."

전-9-5[악기 53]

(자하가 말하였다.) "지금 임금께서 좋아하시는 것은 탐닉하는 음

(溺音)일 것입니다." 문후가 말하였다. "탐닉하는 음은 어디서 생겨 나옵니까?" 자하가 대답하였다. "정鄭나라 음은 절도를 넘는 것을 좋아하여 뜻(志)을 과도하게 이끌고, 송宋나라 음은 색色을 즐겁게 여겨서 뜻(志)을 탐닉하게 하고, 위衛나라 음은 최촉하여 뜻(志)을 수고롭게 하고, 제齊나라 음은 거만하고 치우쳐서 뜻(志)을 교만하게 합니다. 이 네 가지는 모두 색色에 과도하여 덕에 해롭습니다. 그래서 제사에서 쓰지 않는 것입니다."

"今君之所好者, 其溺音乎." 文侯曰: "敢問溺音何從出也?" 子夏對曰: "鄭音好濫淫志, 宋音燕女溺志, 衛音趨數煩志, 齊音敖辟喬志. 此四者, 皆淫於色而害於德. 是以祭祀弗用也."

集說 '익음溺音'은 과도하게 탐닉하는 음音이다. '남濫'이란 넘쳐흐른다는 뜻이니, 법도를 넘어 자신에 속하지 않은 색色까지 미침을 말한다. '연燕'이란 편안하다는 뜻이니 즐기고 장난하는 것에 빠져 되돌아오지 않음을 말한다. '촉삭趨數'은 최촉하고 급한 것이다. '오벽敖辟'은 거만하여 제멋대로 하고 치우쳐서 삿된 것이다. 네 가지는 모두 지志로써 말했으니 (그 해로움이) 과도하고 탐닉하는 것은 비교적 심각한 것이고, 번거롭게 하고 교만하게 하는 것은 비교적 가벼운 것이다. 그러나 모두 덕을 해치기 때문에 종묘에 사용해서는 안 된다. '溺音', 淫溺之音也. '濫者, 泛濫之義, 謂泛及非己之色也. '燕者, 晏安之義51), 謂耽於娛樂而不反也. '趨數', 迫促而疾速也. '敖辟', 倨肆而偏邪也. 四者皆以志言, 淫溺較深, 煩驕較淺. 然皆以害德, 故不可用之宗廟.

전-9-6**[악기 54]**

(자하가 말하였다.) "『시詩』에서 '(악樂이) 경건하고 또 화순하게 울리니, 선조께서 이를 들으시네'라고 하였다. 숙肅은 경건한 것이고 옹雝은 화순한 것입니다. 공경하면서 화순하니 어떤 일엔들 쓰이지 않겠습니까?"

"『詩』云: '肅雝[52)和鳴, 先祖是聽.' 夫肅, 肅敬也, 雝, 雝和也. 夫敬以和, 何事不行?'"

集說 『시』는 「주송周頌 · 유고有瞽」이다. 윗글에서 탐닉하는 음(溺音)이 덕을 해치기 때문에 제사에서 쓰지 않는다고 말한 것을 기회로 이 시를 인용하였다. 『詩』, 「周頌 · 有瞽」之篇. 因上文言溺音害德, 祭祀弗用, 故引之.

전-9-7**[악기 55]**

(자하가 말하였다.) "임금이 된 자는 그 좋아하고 싫어하는 바를 조심할 뿐입니다. 임금이 좋아하면 신하가 좋아하고 위에서 시행하면 백성들이 따릅니다. 『시詩』에서 '백성을 이끄는 것이 매우 쉽네'라고 하였으니, 이것을 말하는 것입니다."

"爲人君者, 謹其所好惡而已矣. 君好之, 則臣爲之, 上行之, 則民從之. 『詩』云: '誘民孔易', 此之謂也.'"

集說 덕음德音의 올바름과 탐닉하는 음(溺音)의 사사로움은 모두 사람을 감발시키기 쉽다. 그러므로 임금은 좋아하고 싫어하는 바를 조심하지 않을

수 없다. 『시』는 「대아大雅·판板」이다. '유誘'는 『시詩』에서 '유牖'로 되어 있다. 德音之正·溺音之邪, 皆易以感人. 故人君不可不謹所好惡也. 『詩』,「大雅·板」之篇. '誘', 『詩』作牖.

전-9-8 [악기 56]

(자하가 말하였다.) "그런 뒤에 성인聖人이 도鞀·고鼓·강椌·갈楬·훈壎·지篪[53]를 만들었으니, 이 여섯 가지는 덕음德音의 음입니다. 그런 뒤에 종鐘·경磬·우竽·슬瑟을 연주하여 조화시키고, 간干·척戚·모旄·적狄을 들고 춤을 춥니다. 이것은 선왕의 묘廟에 제사지내는 데 쓰는 것이고, 술을 올리고(獻)·술을 돌리며(酬)·술로 입가심하고(酳)·술을 되돌리는(酢) 데 쓰는 것이며, 관직 서열의 귀천이 각자 그 마땅함을 얻게 하는 데 쓰는 것이고, 후세 사람들에게 존비와 장유의 순서를 보이는 데 쓰는 것입니다."

"然後聖人作爲鞀·鼓·椌·楬·壎·篪, 此六者, 德音之音也. 然後鍾·磬·竽·瑟以和之, 干·戚·旄·狄以舞之. 此所以祭先王之廟也, 所以獻·酬·酳·酢也, 所以官序貴賤各得其宜也, 所以示後世有尊卑長幼之序也."

集說 '도鞀'는 고鼓(북)와 같으나 작으며, 손잡이를 잡고 흔들면 옆에 달린 귀가 스스로 친다. '강椌'과 '갈楬'은 축柷과 어敔이다. '훈壎'은 여섯 개의 구멍이 있으며, 흙을 구워서 만들었다. '지篪'는 큰 것은 길이가 1척 4촌이고 작은 것은 1척 2촌인데, 대나무로 만든다. 여섯 가지 악기는 모두 질박한 소리를 낸다. 그러므로 '덕음德音'이라고 하였다. 이미 질박한 것으로 근본

을 삼은 뒤에, 종鐘·경磬·우竽·슬瑟 네 가지의 화려하고 아름다운 음音으로 그 조화로움을 돕는다. '간干'은 방패(楯)이다. '척戚'은 도끼(斧)이다. 무무武舞를 출 때 잡고 추는 것이다. '모旄'는 모우旄牛(소의 일종)의 꼬리다. '적狄'은 적치翟雉(꿩)의 깃털이다. 문무文舞를 출 때 잡고 추는 것이다. 이들은 종묘의 악이다. '윤醞'은 설명이 앞 편에 보인다.[54] 종묘에서 제사가 있으면 술을 따라 올리는 것(獻), 술을 따라 돌리는 것(酬), 술로 입가심하는 것(醋), 술을 따라 되돌리는 것(酢)의 예가 있다. 종묘와 조정에서는 예악을 쓰지 않는 일이 없기 때문에 귀한 자와 천한 자의 관직 서열과 어른과 젊은 이의 높고 낮음이 현재로부터 후세에까지 드리워지는 것이다. '鼗', 如鼓而小, 持柄搖之, 旁耳自擊. '控'·'楬', 柷·敔也. '塤', 六孔, 燒土爲之. '篪', 大者長尺四寸, 小者尺二寸, 竹也. 六者皆質素之聲. 故云'德音'. 旣用質素爲本, 然後用鍾·磬·竽·瑟四者華美之音, 以贊其和. '干', 楯也. '戚', 斧也. 武舞所執. '旄', 旄牛尾也. '狄', 翟雉羽也. 文舞所執. 此則宗廟之樂也. '醞', 說見前篇. 有事於宗廟, 則有獻·酬·醋·酢之禮也. 宗廟·朝廷無非禮樂之用, 所以貴賤之官序·長幼之尊卑, 自今日而垂之後世也.

전-9-9[악기 57]

(자하가 말하였다.) "종鐘의 소리는 캉캉 울리니, 캉캉하는 소리로 호령을 세우고, 호령으로 기의 충만함을 세우고, 기의 충만함으로 무위武威를 세웁니다. 군자는 종의 소리를 들으면 무신武臣을 생각합니다."

"鍾聲鏗, 鏗以立號, 號以立橫, 橫以立武. 君子聽鍾聲, 則思武臣."

集說 캉캉 소리가 나는 것은 호령하는 형상이다. 호령號令은 위엄 있게 하려는 것이다. '횡橫'은 성대한 기가 충만한 것이다. 호령이 엄하고 기가 씩씩한 것은 무武를 세우는 도이므로, 군자는 그것을 듣고 무신武臣을 생각한다. 鏗然有聲, 號令之象也. 號令欲其威嚴. '橫'則盛氣之充滿也. 令嚴氣壯, 立武之道, 故君子聽之而思武臣.

전-9-10[악기 58]

(자하가 말하였다.) "석경石磬의 소리 칭칭 울리니, 칭칭 울리는 소리로 절의를 분명히 하고, 절의를 분명히 하여 목숨을 바칩니다. 군자는 석경의 소리를 들으면 목숨을 바쳐 나라를 지키는 신하(封疆之臣)를 생각합니다."

"石聲磬, 磬以立辨, 辨以致死. 君子聽磬聲, 則思死封疆之臣."

集說 구설에서 '경磬'은 '경罄'으로 읽는다고 하였다. 상성上聲이다. 그 소리가 칭칭 울리는 것을 말하니, 그것으로 변별하는 뜻을 삼는 것이다. 생사의 경계에서는 의義에 대해 분명하게 판단하고 절개를 돌같이 군건히 하는 자가 아니라면 결단을 잘할 수가 없다. '목숨을 바쳐 나라를 지키는 신하'(封疆之臣)[55]는 저것과 이것의 분한에서 의리를 끝까지 지켜내기 때문에 환난 속에서도 목숨을 바칠 수 있다. 그러므로 군자는 소리를 듣고 생각할 바를 안다. 舊說, '磬讀爲罄'. 上聲. 謂其聲音罄罄然, 所以爲辨別之意. 死生之際, 非明辨於義而剛介如石者, 不能決. '封疆之臣', 致守於彼此之限, 而能致死於患難之中. 故君子聞聲而知所思也.

전-9-11[악기 59]

(자하가 말하였다.) "현악기의 소리(絲聲)는 슬프니, 슬픔으로써 방정함을 세우고 방정함으로 뜻(志)을 세웁니다. 군자는 금슬琴瑟의 소리를 들으면 뜻이 의로운 신하를 생각합니다."

"絲聲哀, 哀以立廉, 廉以立志. 君子聽琴瑟之聲, 則思志義之臣."

集說 사람의 마음 씀은 비록 편안히 긴장이 없는 때에도 문득 슬프고 원망하는 소리를 들으면 또한 반드시 그를 위해 슬퍼하면서 마음을 검속한다. 이것이 슬퍼함으로 방정함을 세울 수 있는 것이다. 사성絲聲은 처량하고 절실하여 방정하게 가르고 재단하는 뜻이 있다. 사람에게 방정함이 있으면 뜻(志)이 욕심에 유혹되지 않는다. 선비가 특별한 사유 없이 금슬琴瑟을 치우지 않는 것은 이유가 있는 것이다. 人之處心, 雖當放逸之時, 而忽聞哀怨之聲, 亦必爲之惻然而收斂. 是哀能立廉也. 絲聲凄切, 有廉劌裁割之義. 人有廉隅, 則志不誘於欲. 士無故不去琴瑟, 有以也夫.

전-9-12[악기 60]

(자하가 말하였다.) "대나무 악기의 소리(竹聲)는 거두어 모읍니다. 거두어 모음으로써 회합하는 바를 세우고 회합함으로써 대중을 모읍니다. 군사는 우竽·생笙·소簫·관管56)의 소리를 들으면 백성을 포용하고 거두어 모으는 신하를 생각합니다."

"竹聲濫. 濫以立會, 會以聚衆. 君子聽竽·笙·簫·管之聲, 則思畜聚之臣."

集說　구설舊說에 의하면, '남濫'은 거두어 모은다는 뜻이다. 그러므로 모일 수 있고, 많을 수 있다. '축취지신畜聚之臣'은 재정을 절약하고 사람을 아껴 백성들을 포용하고 대중을 거두어 모으는 이를 가리키며, 세금을 가혹하게 거둬들여 모으는 신하를 가리키는 것이 아니다. ○ 유씨劉氏는 말한다. "대나무 악기의 소리(竹聲)는 넘쳐 퍼진다. 넘쳐 퍼지면 널리 대중들에게 미치고, 대중들이 반드시 귀부한다. 그러므로 회합하는 바를 수립하여 대중을 모으니, 군자는 대나무 악기의 소리(竹聲)를 들으면 백성들을 포용하고 대중을 모으는 신하를 생각한다." 舊說, '濫'爲摩聚之義. 故可以會, 可以衆. '畜聚之臣', 謂節用愛人, 容民畜衆者, 非謂聚斂之臣也. ○ 劉氏曰: "竹聲汎濫. 汎則廣及於衆, 而衆必歸之. 故以立會聚, 而君子聞竹聲, 則思容民畜衆之臣也."

전-9-13[악기 61]

(자하가 말하였다.) "북(鼓)과 작은북(鼙) 소리는 떠들썩합니다. 떠들썩함으로 감발시켜 움직이는 바를 세우고, 감발시켜 움직이게 하는 것으로 대중들을 나아가게 합니다. 군자는 북(鼓)과 작은북(鼙) 소리를 들으면 군사를 지휘하는 장수를 생각합니다. 군자가 음音을 듣는 것은 그 캉캉 울리는 소리를 들을 뿐이 아닙니다. 저 악樂의 소리에는 또한 마음에 부합하는 것이 있습니다."

"鼓·鼙之聲讙. 讙以立動, 動以進衆. 君子聽鼓·鼙之聲, 則思將帥之臣. 君子之聽音, 非聽其鏗鏘[57]而已也. 彼亦有所合之也."

集說 '환환讙'은 떠들썩한 것을 말한다. 그 소리가 떠들썩하고 뒤섞여서 사람의 마음과 생각을 감발시켜 움직인다. 그러므로 대중을 분발시킬 수 있다. 앞 장(전-9-9)에서 무신武臣을 말한 것은 포괄적으로 넓게 말한 것이다. 이 장에서는 장수將帥만을 가리켜 말하였다. 그 이유는 대개 군사들은 북(鼓) 소리로 전진하는데, 전진시키는 권한은 장수(主將)에게 있기 때문이다. '피彼'는 악樂의 소리다. '합지合之'는 마음에 부합하는 것이다. ○ 응씨應氏는 말한다. "팔음八音에서 다섯 음만을 들고 포匏·토土·목木을 말하지 않은 것은 박으로 된 악기의 소리(匏聲)는 짧고 막히고, 흙으로 된 악기의 소리(土聲)는 무겁고 탁하고, 나무로 된 악기의 소리(木聲)는 질박해서 가볍고 맑게 멀리 날리는 운韻이 없기 때문이다. 그러나 나무(木)로 북(鼓)을 치고, 박으로 된 악기(匏)도 또한 우竽와 생笙 가운데 있다." 讙, 謂讙嚻也. 其聲諠雜, 使人心意動作. 故能進發其衆. 前言武臣, 泛言之也. 此專指將帥而言. 蓋師以鼓進, 而進之權在主將也. '彼', 謂樂聲也. '合之', 契合於心也. ○ 應氏曰: "八音舉其五, 而不言匏·土·木者, 匏聲短滯, 土聲重濁, 木聲樸質而無輕清悠颺之韻. 然木以擊鼓, 而匏亦在竽·笙之中矣."

權近 살피건대, 이 이상은 고금 악의 음이 다른 것과 군주가 악을 듣는 도리에 대하여 상세하게 논의한 것이다. ○ 이상은 전의 제9절이다. 近按, 此以上詳論古今樂音之異與夫人君聽樂之道也. ○ 右傳之第九節.

전傳 10.

전-10-1[악기 62]

빈무가賓牟賈가 공자를 모시고 앉아 있었다. 공자께서 그와 더불어 이야기 하면서, 악에 대해 미치자 말씀하였다. "「무武」에서 (악이 시작되기 전에) 북(鼓)을 울려 대중을 경계하기를 오랫동안 하는 것은 무엇 때문인가?"(빈무가가) 대답하였다. "무왕武王께서 대중들의 마음을 얻지 못함을 근심하였기 때문입니다."

賓牟賈侍坐於孔子. 孔子與之言及樂曰: "夫「武」之備戒之已久, 何也?" 對曰: "病不得其衆也."

集説 '빈무賓牟'는 성이고 '가賈'는 이름이다. 공자가 "「대무大武」의 악은 먼저 고鼓를 울려서 대중을 경계시키기를 오랫동안 한 뒤에야 춤추기를 시작한다. 왜 그런가?"라고 묻자, 빈무가가 "무왕武王께서 주紂를 방벌할 때에 병사들의 마음을 얻지 못함을 걱정하였습니다. 그러므로 먼저 북(鼓)을 울려서 대중을 경계시키기를 오래한 뒤에야 전쟁에 나섰습니다. 이제 이것을 형상하고자 하였으므로 춤추는 자들로 하여금 오래 머문 뒤에 나아가게 한 것입니다"라고 대답하였다. '賓牟', 姓, '賈', 名. 孔子問「大武」之樂, 先擊鼓, 備戒已久, 乃始作舞. 何也?" 賈答言, "武王伐紂之時, 憂病不得士衆之心. 故先鳴鼓以戒衆, 久乃出戰. 今欲象此, 故令舞者久而後出也."

權近 살피건대, 이 장 이하의 문답은 「대무大武」의 악을 전적으로 논한 것으로 공자가 묻고 빈무가賓牟賈가 대답한 것이다. 그에게 질문하여 그 뜻을 살펴보고 바로잡고자 한 것이다. '대중들의 마음을 얻지 못함을 근심하였다'는 말은 내가 생각건대, '「무武」악에서 느리고 오래 끄는 것'([악기] 74)

이니, 이것은 '도를 따라 힘을 길러 때때로 감추어 온축하면서'[58] '하늘의 아름다운 명을 기다리는'[59] 뜻이다. 당시에 800명의 제후가 기약하지 않았는데도 모였으니, 어찌 대중들의 마음을 얻지 못함을 근심하여 그들이 이르기를 기다리는 것이 있었겠는가? 정말로 근심을 하였다면 이것은 무왕에게 천하를 차지하겠다는 마음이 있었다는 것이다. 빈무가의 대답은 잘못된 것이다. 近按, 此下問答專論「大武」之樂, 孔子問而賓牟賈答也. 蓋欲問之以觀其志而正之也. '病不得其衆'者, 愚恐, '「武」之遲久', 是必'遵養時晦''俟天休命'之意. 當是時八百諸侯不期而會, 寧有病不得衆, 以待其至者乎? 苟以爲病, 則是武王有心於取天下也. 賓牟賈之答蓋失之矣.

전-10-2 **[악기 63]**

(공자께서 말씀하였다.) "(춤이 시작되기 전에) 길게 노래하고 끊어지지 않게 하는 것은 무엇 때문인가?" (빈무가賓牟賈가) 대답하였다. "제후들이 전쟁의 일에 미치지 못할까 염려하였기 때문입니다."
"咏歎之, 淫液之, 何也?" 對曰: "恐不逮事也."

集說 이것도 공자가 묻고 빈무가가 답한 것이다. '영탄咏歎'은 길게 소리내어서 노래하는 것이다. '음액淫液'은 성음聲音의 이어짐이 물이 흐르듯 끊어지지 않은 모양이다. '태逮'는 미친다는 뜻이다. 무왕이 뒤에 도달한 제후들이 전쟁에 미치지 못할까 염려하였으므로, 길게 노래하여서 그 기다리고 사모하는 심정을 나타낸 것이다. 此亦孔子問而賈答也. '咏歎', 長聲而歎也. '淫液', 聲音之連延, 流液不絶之貌. '逮', 及也. 言武王恐諸侯後至者, 不及戰事, 故長歌以致其望慕之情也.

權近 살피건대, 이 대답 또한 잘못이다. '길게 노래하고', '끊어지지 않게 하는 것'은 조용하고 박절하지 않은 뜻을 말한 것으로, 정벌하는 중이기는 하지만 요순의 공손하고 사양하는 기상은 그대로 의연하게 있었다. 近按, 此答亦非. '咏歎'·'淫液'是言其從容不迫之意, 雖於征伐之中, 而唐虞揖讓氣象依然若存者也.

전-10-3[악기 64]
"(춤이 시작되면) 일찍부터 맹렬하게 춤을 추는 것은 무엇 때문인가?"(빈무가가) 대답하였다. "때에 이르러 주紂를 방벌하는 전쟁을 행하는 것이기 때문입니다."

"發揚蹈厲之已蚤, 何也?" 對曰: "及時事也."

集說 공자가 '처음 춤을 출 때 바로 손발을 펴서 올리고 땅을 딛고 맹렬하게 움직이는데, 왜 그렇게 급히 서두르는가?'하고 물었는데, 빈무가賓牟賈는 '무왕이 때에 이르러 주紂를 방벌하는 일을 형상하므로 느슨하게 할 수 없습니다'라고 답하였다. 그러나 아래 경문(전-10-6)에서 공자가 "이것은 태공의 뜻(志)이다"라고 하였으니, 이 빈무가의 대답은 틀린 것이다. 問初舞時, 卽手足發揚, 蹈地而猛厲, 何其太蚤乎?', 賈言'象武王及時伐紂之事, 故不可緩. 然下文孔子言, "是太公之志", 則此答非也.

(공자께서 말씀하였다.) "「무武」에서 무릎을 꿇을 때, 오른쪽 무릎을 지면에 대고 왼쪽 발을 들어 올리는 것은 무엇 때문인가?" (빈무가賓牟賈가) 대답하였다. "「무武」를 춤추는 사람이 무릎을 꿇는 것이 아닙니다."

"「武」坐, 致右憲左, 何也?" 對曰: "非「武」坐也."

集說 '좌坐'는 무릎을 땅에 대는 것(跪)이다. '「무武」악을 춤추는 사람들은 무슨 이유에서인지 갑자기 때로 무릎을 꿇는데, 오른쪽 무릎은 땅에 대고 왼쪽 발은 든다. 왜 그런 것인가?'라고 물은 것이다. '헌憲'은 '헌지軒輊'60)의 '헌軒'(뒤로 쳐든 듯한 모습)으로 읽는다. 빈무가는 "「무」를 춤추는 사람이 무릎을 꿇는 것이 아닙니다. 춤추는 법도에 무릎을 꿇는 것이 없습니다"고 말하였다. 그러나 아랫글(전-10-6)에서 공자는 "「무武」에서 춤이 끝났을 때 모두 꿇어앉는 것은 주공周公과 소공召公의 다스림을 형상한 것이다"라고 하였으니, 무무武舞에 꿇어앉는 것이 있다. 빈무가의 이 답 역시 그른 것이다. '坐', 跪也. 問舞「武」樂之人, 何故忽有時而跪, 以右膝至地, 而左足仰之. 何也?' '憲', 讀爲'軒輊'之'軒'. 賈言'非「武」人坐. 舞法無坐也.' 然下文孔子言, "「武」亂皆坐, 是周召之治", 則武舞有坐. 此答亦非也.

(공자가 말씀하였다.) "소리(聲)에 상商을 탐내는 뜻이 있는 것은 무엇 때문인가?" (빈무가가) 대답하였다. "「무武」의 음音이 아닙니다."

선생님께서 말씀하셨다. "만약 「무武」의 음音이 아니라면 무슨 음인가?" (빈무가가) 대답하였다. "유사有司가 전해지는 이야기를 잃어버린 것입니다. 만약 유사가 전해지는 이야기를 잃어버린 것이 아니라면 무왕武王의 뜻(志)이 노망한 것입니다." 선생님께서 말씀하셨다. "그렇다. 내가 장홍萇弘에게서 들은 것도 또한 너의 말과 같았으니 이러하였다."

"聲淫及商, 何也?" 對曰: "非「武」音也." 子曰: "若非「武」音, 則何音也?" 對曰: "有司失其傳也. 若非有司失其傳, 則武王之志荒矣." 子曰: "唯. 丘之聞諸萇弘, 亦若吾子之言是也."

集說 '음淫'은 탐욕을 부린다는 뜻이다. 「무武」악의 안에 상商나라를 탐내는 소리(聲)가 있다면, 이것은 무왕이 주紂의 천하를 탐냈기 때문에 취하였던 것이다. 빈무가賓牟賈가 '「무武」악의 성聲이 아닙니다'라고 말하자 공자가 또 묻기를 '이미 「무武」악의 소리가 아니라면 이것은 어떤 악의 소리인가?'라고 물었다. 빈무가가 또 '이것은 악을 담당한 관리가 그 서로 전해져 온 설을 잃어버린 것입니다. 만약 그 전해진 진실을 잃어버린 것이 아니고 무왕이 참으로 상나라를 취하는데 마음이 있었다고 한다면, 이것은 무왕의 뜻이 노망한 것입니다. 어찌 정미한 밝음과 신명한 무위武威를 갖추고, 하늘에 응하며 사람들에 따르는 뜻이겠습니까?'라고 하였다. 공자가 이에 그 말을 옳다고 여기고 그 말이 장홍萇弘의 말과 서로 유사하다고 일러준 것이다. 일설에 의하면, 상성商聲은 죽이고 정벌하는 소리요, '음淫'은 상성이 길게 소리나는 것이다. 만약 이것이 「무武」악의 음音이라면 이것은 무왕에게 살육을 좋아하는 마음이 있는 것이다. 그러므로 '뜻이 노망하였다'고 한 것이다. '淫', 貪欲之意也. 「武」樂之中有貪商之聲, 則是武王貪欲紂之天下, 故取之也. 賈

言'非「武」樂之聲也', 孔子又問既非「武」樂之聲, 則是何樂聲乎?' 賈又言'此典樂之官, 失
其相傳之說也. 若非失其所傳之眞, 而謂武王實有心於取商, 則是武王之志有荒繆矣. 豈
精明神武, 應天順人之志哉?' 孔子於是, 然其言, 而謂其言與萇弘相似也. 一說, 商聲爲殺
伐之聲, '淫', 謂商聲之長也. 若是「武」樂之音, 則是武王有嗜殺之心矣. 故云'志荒也'.

전-10-6[악기 67]

빈무가賓牟賈가 일어나서 자리를 벗어나 가르침을 청하면서 말하였
다. "「무武」에서 북(鼓)을 울려서 대중을 경계시키기를 오랫동안 하
는 것에 대해서는 가르침을 들어 알겠습니다. 감히 여쭙건대, 악이
느리고 느리며 또한 오래 지속하는 것은 무엇 때문인지요?" 선생님
께서 말씀하였다. "앉아라. 내가 너에게 말해주겠다. 악이란 이미
성취한 공업을 형상하는 것이다. 방패를 잡고 산처럼 우뚝 서 있는
것은 무왕의 일을 형상한 것이다. 발분하여 뛰어오르고 땅을 딛고
맹렬하게 추는 것은 태공大公의 뜻을 형상한 것이다. 「무武」에서 춤
을 마칠 때 모두 꿇어앉는 것은 주공周公과 소공召公의 다스림을 형
상한 것이다."

賓牟賈起, 免席而請曰: "夫「武」之備戒之已久, 則旣聞命矣. 敢
問遲之遲而又久, 何也?" 子曰: "居. 吾語汝. 夫樂者, 象成者也.
總干而山立, 武王之事也. 發揚蹈厲, 大公之志也. 「武」亂皆坐,
周·召之治也."

集說 '면석免席'은 자리를 피하는 것이다. 대중을 경계하기를 오랫동안 하
는 것이 '지지遲之'라는 것이다. 춤추는 자리에 오래 서 있는 것이 '지이우구遲而

又久'이다. 공자는 말한다. "악을 제작하는 것은 그 공을 이룬 것을 본떠 형상하는 것이다. 그러므로 춤을 추려할 때 춤추는 사람이 방패를 쥐고 산처럼 서서 우뚝하게 움직이지 않는 것은 무왕이 방패를 잡고 제후들이 이르기를 기다린 것을 형상한 것이다. 따라서 '무왕의 일이다'라고 하였다. 발분하여 뛰어 오르고 땅을 딛고 맹렬하게 추는 것은 태공太公이 위무威武를 갖추어 용맹스럽게 펼치는 뜻을 형상하는 것이다." '난亂'은 악樂의 마치는 장章이다. 앞 장(50)에서는 "징(鐃)을 울리는 것으로 다시 악무樂舞를 마친다"(復亂以武)라고 하였다. 「무武」의 춤이 끝나려 할 때 꿇어앉는 것은 주공周公과 소공召公이 문덕文德으로 다스림을 형상한다고 말한 것은 문文으로써 무武를 그치게 하는 것이다. 免席', 避席也. '備戒已久', 所謂遲也. 久立於綴, 是'遲而又久'也. 孔子言, "作樂者, 倣象其成功. 故將舞之時, 舞人總持干盾, 如山之立, 巍然不動, 此象武王持盾, 以待諸侯之至. 故曰'武王之事'也. 所以發揚蹈厲, 象太公威武鷹揚之志也." '亂', 樂之卒章也. 上章言, "復亂以武." 言「武」舞將終而坐, 象周公·召公文德之治, 蓋以文而止武也.

權近 살피건대, '감히 여쭙니다' 이하는 빈무가 묻고 공자가 답한 것이다. '방패를 잡고 산처럼 우뚝 서 있는 것은 무왕의 일을 형상한 것이다. 발분하여 뛰어오르고 땅을 딛고 맹렬하게 추는 것은 태공大公의 뜻을 형상한 것이다'라는 것은 무왕은 오랫동안 머물면서 차마 갑작스레 군사를 움직이지 않았고 태공은 발분하여 뛰어오르면서 하늘에 응하는 일에 급하게 도왔음을 말한다. 『시』에서 말한 "상제께서 그대를 내려다보고 계시리니 그대들 두 마음을 품지 말라"61)는 것이 그것이다. '「무武」에서 춤을 마칠 때 모두 꿇어앉는 것은 주공周公과 소공召公의 다스림을 형상한 것이다'라는 것은 무武는 음陰으로 오른쪽에 속하므로 '무릎을 지면에 대는 것'은 무력를 그치는 것이 되고 '왼쪽 발을 들어 올리는 것'은 문덕을 닦는 것이

되기 때문이다. 近按, 自'敢問'以下, 賓牟賈問而孔子答也. '總干而山立, 武王之事. 發揚蹈厲, 太公之志'者, 是言武王遲久, 不忍遽於動兵, 太公奮揚, 以贊急於應天. 『詩』所謂 "上帝臨汝, 毋貳爾心"是也. '「武」亂皆坐, 周召之治', 言武陰屬右, 故'致右'所以偃武也, 文陽屬左, 故'軒左'所以修文也.

전-10-7[악기 68]

(공자가 말씀하였다.) "또한 저 「무武」는, 일성一成에서 무왕이 북쪽으로 나아가 병력으로 시위함을 형상하고, 재성再成에서 상商을 멸망시키는 것을 형상한다. 삼성三成에서 남쪽으로 돌아옴을 형상하고, 사성四成에서는 남만南蠻이 이들에 대하여 강역을 확정함을 형상한다. 오성五成에서 주공周公은 왼쪽으로, 소공召公은 오른쪽으로 나누어 다스리게 하였음을 형상하고, 육성六成에서 군사의 일을 완결하고 다시 돌아옴에 사해四海에서 무왕을 천자로 숭앙함을 형상한다."

"且夫「武」, 始而北出, 再成而滅商. 三成而南, 四成而南國是疆. 五成而分周公左 · 召公右, 六成復綴以崇天子62)."

'성成'이란 곡曲이 한 번 끝나는 것이다. 『서書』에서 "「소소簫韶」가 아홉 번 연주되었다"63)라고 하였다. 공자가 또 「무武」의 춤에 대해 말하였다. 처음에는 남쪽의 제일 첫 번째 자리에서부터 이어서 북쪽의 두 번째 자리에 이른다. 그러므로 '시작하면 북쪽으로 나아간다'(始而北出)리고 하였다. 이것이 1성成이다. 재성再成은 춤추는 자가 두 번째 자리에서부터 세 번째 자리에 이르는 것으로 상商을 멸하는 것을 형상한다. 3성은 춤추는 자가 세 번째 자리에서부터 네 번째 자리에 이르는 것으로, 북에 끝까지 이르러 남으로 돌아오는 것이니 은殷을 이기고 남으로 돌아오는 것을 형상한다. 4성은 춤추는 자가 북쪽 끝 첫 번째 자리에서부터 도로 두 번째 자리에 이르는 것으로 주紂를 정벌한 뒤에 남쪽의 나라들에 대하여 국경을 확정하는 것을 형상한다. 5성은 춤추는 자가 두 번째 자리에서 세 번째 자리에 이르러서 좌우로 나뉘는 것으로 주공이 왼쪽에 거처하고 소공이 오른쪽에 거처하는 것을 형상한다. '철綴'은 남쪽 끝의 최초 자리를 말한다. 6성은 춤추는 자가 세 번째 자리에서 남쪽의 처음 자리로 돌아오는 것이다. 악이 6성에 이르러 최초 자리로 돌아오는 것이니 군사의 일이 완결되어 호경鎬京으로 돌아오고, 사해四海가 모두 무왕을 존숭하여 천자로 삼는 것을 형상한다. ○ 진씨陳氏는 말한다. "악이 끝나면 덕이 높아진다." '成'者, 曲之一終. 『書』云: "『簫韶』九成." 孔子又言「武」之舞也. 初自南第一位而北至第二位. 故云'始而北出'也. 此是一成. 再成則舞者從第二位, 至第三位, 象滅商也. 三成則舞者從第三位, 至第四位, 極於北而反乎南, 象克殷而南還也. 四成則舞者從北頭第一位, 却至第二位, 象伐紂之後, 疆理南方之國也. 五成則舞者從第二位, 至第三位, 乃分爲左右, 象周公居左, 召公居右也. '綴', 謂南頭之初位也. 六成則舞者從第三位而復於南之初位. 樂至六成而復初位, 象武功成而歸鎬京, 四海皆崇武王爲天子矣. ○ 陳氏曰: "樂終而德尊也."

(공자가 말씀하였다.) "춤추는 자들을 끼고 탁鐸을 울려서 절주를 삼아 네 번씩을 치니, 나라에 무위武威를 성대하게 보이는 것이다."

"夾振之而駟伐, 盛威於中國也."

集說 여기서는 또 「무武」에서 '1성에서 북쪽으로 나아가 무위로 시위함을 상형한다'(始而北出) 이하의 일을 거듭 말하였다. 두 사람이 춤추는 자들을 끼고 탁鐸을 울려서 절주를 하면, 춤추는 자가 창(戈矛)으로 네 번 치고 찌르는데, 주紂를 방벌하는 것을 형상한 것이다. '사駟'는 '사四'로 읽는다. '친다'(伐)는 「태서泰誓」의 "네 번 치고 다섯 번 친다"(四伐五伐)[64]의 친다(伐)와 같다. 이것은 무왕의 군대를 형상한 것으로 나라에 무위武威를 성대하게 보이기 위함이다. 일설에는 "군주는 방패와 도끼를 잡고 춤추는 자리로 나아간다"[65]는 말을 논거로 '천자天子'를 아래 구절에 이어서 읽는다. 그러나 구주舊註에서 '숭崇'을 극尤의 뜻으로 풀이하였는데, 통할 수 없다. '사벌四伐'은 혹 사방으로 정벌하는 것을 형상하는 것일 수 있다. 무왕이 은殷을 이기고 "나라를 멸망시킨 것이 오십 개 나라였으니"[66], 동쪽으로 정벌하고 서쪽으로 토벌하며, 남쪽으로 정벌하고 북쪽으로 정벌한 일이 있는 것이다. 此又申言「武」'始北出'以下事. 二人夾舞者而振鐸以爲節, 則舞者以戈矛, 四次擊刺, 象伐紂也. '駟', 讀爲'四'. '伐', 如「泰誓」"四伐五伐"之伐. 此象武王之兵, 所以盛威於中國也. 一說, 引"君執干戚就舞位", 讀'天子'連下句. 但舊註以'崇'訓克, 則未可通耳. '四伐', 或象四方征伐. 武勝殷而"滅國者五十", 則亦有東征西討, 南征北伐之事矣.

전-10-9[악기 70]

(공자가 말씀하였다.) "춤추는 자들을 나누어 끼고 탁鐸을 울리며 전진하여, 일이 일찍 완결되었음을 형상한다. 춤이 시작되기 전 오래도록 대오의 자리에 서 있음으로써, 무왕武王이 제후들이 이르기를 기다린 것을 형상한다."

"分夾而進, 事蚤濟也. 久立於綴, 以待諸侯之至也."

集說 '분分'은 부분이다. 춤추는 자들에게 각각 소속된 대열이 있으며, 탁鐸을 울리는 자가 그들을 끼고 나아간다. '제濟'는 이룬다는 뜻과 같다. 이 것은 무왕의 일에서 일찍 완결된 것이다. 춤추는 자가 춤추는 대오의 자리에 오랫동안 서 있는 것은 무왕이 제후들이 모이기를 기다린 것을 형상하였다. '分', 部分也. 舞者各有部分, 而振鐸者夾之而進也. '濟', 猶成也. 此於武王之事爲早成也. 舞者久立於行綴之位, 象武王待諸侯之集也.

權近 살피건대, 이 장에서 '제후들이 이르기를 기다린다'라고 한 말은 반드시 기록자의 잘못이다. '미리 약속하지 않고 모인 자가 800명의 제후였는데'[67] 어찌 기다린 뒤에야 이르겠는가! 『서』「무성」편을 가지고 살펴보면, "하늘의 아름다운 명을 기다린다"라고 하였는데 이는 목야牧野에 진을 친 채 급하게 가서 공격하지 않고 주紂의 군사가 이르기를 기다린 뒤에 전투를 하였으므로 사신史臣이 '하늘의 아름다운 명을 기다린다'라고 하여 일시의 느리고 여유로운 기상을 형용한 것이다. '오래도록 대오의 자리에 서 있다'는 말이 응당 이와 같은 뜻이다. 위 장에서 빈무가의 대답은 이미 올바른 뜻을 잃었고, 이 장은 기록자의 설로 또한 잘못이다. 近按, 此章言'待諸侯之至'者, 必是記者之誤. '不期而會者八百諸侯', 豈待而後至哉! 以『書』「武成」考之, 則曰'俟天休命', 是陳牧野不急往攻, 以待紂師之至而後戰, 故史臣以爲'俟天休命'以形容其一時雍容之氣象. '久立於綴', 當是此意. 上文賓牟賈之答, 旣失其意, 而此章記者之說亦誤也.

(공자가 말씀하였다.) "그리고 너는 유독 목야牧野에 관한 말을 듣지
못했느냐? 무왕이 은殷을 방벌하고 상도商都에 이르러 수레에서 내
리기도 전에 황제黃帝의 후손을 계薊에 봉하고, 요의 후손을 축祝에
봉하고, 순의 후손을 진陳에 봉하였다. 수레에서 내려서는 하후夏后
의 후손을 기杞에 봉하고, 은殷의 후손을 송宋으로 보내고, 왕자 비
간比干의 무덤을 쌓아 주고, 기자箕子를 감옥에서 풀어주고 그에게
상용商容을 살펴보게 하고 그 지위를 회복해주고, 서민들에겐 학정
虐政을 해소하여 제거해주고, 서사庶士들은 녹을 배로 늘려주었다."

"且女獨未聞牧野之語乎? 武王克殷反商, 未及下車而封黃帝之後
於薊, 封帝堯之後於祝, 封帝舜之後於陳. 下車而封夏后氏之後
於杞, 投殷之後於宋, 封王子比干之墓, 釋箕子之囚, 使之行商容
而復其位, 庶民弛政, 庶士倍祿."

集說　'반反'은 '급及'으로 읽는다. 목야牧野에서 은殷의 군대를 이긴 뒤에
바로 주紂의 도성에 이른 것을 말한다. 은의 후손에 대해서는 '분봉하였다'
(封)라고 하지 않고 '보냈다'(投)라고 한 것은 그들을 모두 이주시켰다는 말
이다. 그러나 미자微子를 송宋에 봉한 일은 성왕成王 때에 있었다. 여기서는
다만 황제黃帝·요堯·순舜·우禹·탕湯의 순서로 차례대로 말했을 따름이
다. '수레에서 내리기도 전에 분봉하였다'고 한 것과 '수레에서 내려서 분봉
하였다'고 한 것은 앞뒤의 시간을 두고 한 말로, 읽는 이는 말 때문에 뜻을
오해하지 않는 것이 좋다. '행상용行商容'은 바로 『서書』에서 "상용商容의 마
을에서 식式의 예를 하였다"고 한 것이다. '이정弛政'은 주紂의 학정虐政을
해소하여 제거한 것이다. 일설에는 그 부세와 요역을 혁파한 것이라고 한

다. '배록倍祿'은 녹祿이 적은 자에게 배로 늘려준 것이다. '反', 讀爲'及'. 言牧野克殷師之後, 卽至紂都也. 殷後, 不曰'封'而曰'投'者, 擧而徙置之辭也. 然封微子於宋, 在成王時. 此特歷敍黃帝‧堯‧舜‧禹‧湯之次而言之耳. 其曰'未及下車而封'與'下車而封', 先後之辭, 讀者不以辭害意, 可也. '行商容', 卽『書』所謂'式商容閭'也. '弛政', 解散紂之虐政也. 一說謂罷其征役也[68]. '倍祿', 祿薄者倍增之也.

權近 살피건대, 무왕이 주를 토벌한 뒤에 처음으로 주의 아들인 무경武庚을 봉하여 은나라의 제사를 받들도록 하였고, 무왕이 붕어하고 무경과 삼숙三叔이 반란을 일으키자 주공이 동쪽을 정벌하고 왕을 세운 뒤에 성왕이 이어 미자微子를 송에 봉하였다. 이 장에서 무왕이 은의 군대를 이긴 뒤 수레에서 내리자마자 곧바로 은나라의 후예를 송에 봉한 것으로 본 것 역시 기록자의 잘못이니, 공자의 말이 아님은 분명하다. 近按, 武王伐紂之後, 初封紂子武庚以奉殷祀, 及武王崩, 武庚與三叔叛, 周公東征致辟, 而後成王乃封微子於宋. 此章以爲武王克殷下車之初, 卽封殷後於宋, 亦是記者之誤, 非孔子之言明矣.

전-10-11[악기 72]

(공자가 말씀하였다.) "황하를 건너 서쪽으로 가서 화산華山의 남쪽에 말을 풀어놓고 다시는 타지 않았고, 도림桃林의 들에 소를 풀어놓고 다시는 부리지 않았다. 수레와 갑옷에 피를 발라서 곳간에 보관하고는 다시는 사용하지 않았고, 방패와 창을 거꾸로 싣고 와서 호랑이 가죽으로 싸놓았으며, 군대의 장수를 제후로 삼고서, '전대에 넣어 잠근다'(建櫜)라고 명명하였다. 그런 뒤에야 천하 사람들이 무왕이 다시는 무력을 사용하지 않을 것을 알았다."

> "濟河而西, 馬散之華山之陽而弗復乘, 牛散之桃林之野而弗復服. 車甲釁而藏之府庫而弗復用. 倒載干戈, 包之以虎皮, 將帥之士使爲諸侯, 名之曰'建櫜'. 然後天下知武王之不復用兵也."

集說 '흔釁'은 '흔釁'과 같으니, 피를 바르는 것이다. 일반적으로 병기를 실을 때, 나갈 때는 칼날이 앞을 향하고 들어올 때는 칼날이 뒤를 향한다. 이제 호경鎬京으로 싣고 돌아오는데 칼날이 뒤를 향하여 거꾸로 된 것과 유사하였다. 그러므로 '거꾸로 향하게 실었다'(倒載)라고 한 것이다. '건建'은 '건鍵'의 뜻으로 읽으니 잠근다는 뜻이다. '전대'(櫜)는 병기兵器를 담아두는 도구이다. 병기는 모두 전대(櫜)에 넣어 잠가 닫아 보관하여서 사용하지 않을 것임을 보인 것이다. 장수를 분봉하여 제후로 삼은 것은 그 공로를 포상한 것이다. 이제 문맥을 자세히 살펴볼 때, '전대에 넣어 잠근다'라고 명명하였다'(名之曰建櫜)는 구절은 마땅히 '호랑이 가죽'(虎皮)의 아래, '장수將帥'의 위에 있어야 한다. '釁', 與'釁'同, 以血塗之也. 凡兵器之載, 出則刃向前, 入則刃向後. 今載還鎬京而刃向後, 有似於倒. 故云'倒載'也. '建', 讀爲'鍵', 鎖也. '櫜', 韜兵器之具. 兵器皆以鍵櫜, 閉藏之, 示不用也. 封將帥爲諸侯, 賞其功也. 今詳文理, '名之曰建櫜'一句, 當在'虎皮'之下, '將帥'之上.

權近 살펴건대, 이 경문은 「무성武成」의 글을 사용하여 풀어 설명한 것이다. '군대의 장수를 제후로 삼는다'는 말은 바로 덕을 높이고 공로에 보답하고 작위를 베풀고 토지를 나누는 것을 가리킨다. 그러나 '백성들과 오상의 가르침을 중시하고' '신의를 두텁게 하고 충의를 밝힌 것'[69]은 무성의 덕업 가운데 가장 중대한 것인데도 이제 모두 언급하지 않았다. 이는 조악한 것은 풀어 설명하고 정밀한 것은 빠뜨린 것이니 어찌 공자의 말이겠는가? 近按, 此用「武成」之文而演之. '將帥之士使爲諸侯', 即崇德報功列爵分士之謂. 然

'重民五敎'·'惇信明義'等事，最武王德業之大者，今皆不及. 是演其粗而遺其精者也，豈
孔子之言哉?

전-10-12 [악기 73]

(공자가 말씀하였다.) "군대를 해산하고 교郊의 사궁射宮에서 활쏘
기를 하는데, 왼쪽 서학西學에서는 「이수貍首」를 절주로 삼아 활을
쏘고 오른쪽 동학東學에서는 「추우騶虞」를 절주로 삼아 활을 쏘니,
갑옷을 뚫는 활쏘기는 그치게 되었다. 비의裨衣와 면관冕冠을 갖추
고 홀笏을 꽂으니 날랜 선비들이 칼을 풀어 벗었다. 명당明堂에서
제사를 지내니 백성들이 효孝를 알게 되었다. 조근朝覲의 예를 행한
뒤에 제후들이 신하된 도리를 알게 되었다. 천자가 적전籍田을 경
작한 뒤에 제후들이 공경할 줄을 알게 되었다. 다섯 가지는 천하의
커다란 가르침이다."

"散軍而郊射, 左射「貍首」, 右射「騶虞」, 而貫革之射息也. 裨冕
搢笏, 而虎賁之士說劍也. 祀乎明堂, 而民知孝. 朝覲, 然後諸侯
知所以臣. 耕藉, 然後諸侯知所以敬. 五者, 天下之大敎也."

集說 '산군散軍'은 군대를 해산한다는 뜻이다. '교사郊射'는 교학郊學 안에
서 활쏘기를 익히는 것이다. '좌左'는 동학東學으로, 동교東郊에 있다. 동학
의 활쏘기는 「이수貍首」의 시詩를 노래함으로써 절주를 삼는다. '우右'는 서
학西學으로 서교西郊에 있다. 서교의 활쏘기는 「추우騶虞」의 시를 노래함으
로써 절주를 삼는다. '관貫'은 뚫는다는 뜻이다. '혁革'은 갑옷이다. 군대에
서는 예를 익히지 않는 것이어서, 그 활쏘기는 단지 갑옷 조각을 꿰뚫는

것을 위주로 한다. 이제 예를 행하는 것으로 활을 쏘기 때문에 이러한 활쏘기는 그쳐서 하지 않는 것이다. '비면神冕'은 「증자문」(1-1)에 보인다. '진搢'은 꽂는다는 뜻이다. '탈검說劍'은 그 차고 있던 검을 풀어서 벗는 것이다. '散軍', 放散軍伍也. '郊射', 習射於郊學之中也. '左', 東學也, 在東郊. 東學之射, 歌「貍首」之詩以爲節. '右', 西學, 在西郊. 西學之射, 則歌「騶虞」之詩以爲節也. '貫', 穿也. '革', 甲鎧也. 軍中不習禮, 其射但主於穿札. 今旣行禮射, 則此射止而不爲矣. '神冕', 見「曾子問」. '搢', 揷也. '說劍', 解去其佩劍也.

權近 살피건대, '조근朝覲의 예를 행한 뒤에 제후들이 신하된 도리를 알게 되었다'는 말은 천하가 크게 안정된 뒤에 조근과 회동의 예를 제정하였다는 말이다. 그러나 그 말 역시 잘못이 있는 듯하니, 군대를 해산하고 교郊의 사궁射宮에서 활쏘기를 하는 것 뒤에 있기 때문이다. 제후가 처음에는 주周를 섬기지 않다가 이때서야 신하가 되었다는 것은 또한 '기약하지 않았는데도 모였다'는 뜻을 알지 못한 것이다. 경문을 볼 때는 글 때문에 의미를 해쳐서는 안 된다. '다섯 가지는 천하의 커다란 가르침이다'라는 것도 「무성」에서 말한 오교五敎의 의미를 오해한 것이다. 近按, '朝覲, 然後諸侯知所以臣'者, 是言天下大定之後, 制爲朝覲會同之禮也. 然其言亦似有病, 蓋以其在散軍郊射之後故也. 若諸侯初不臣周而及此始臣, 亦未見有'不期而會'之意. 觀者不以辭害意可也. '五者, 天下之大敎', 是或誤解「武成」五敎之意也欤.

전-10-13[악기 74]

(공자가 말씀하였다.) "태학大學에서 삼로三老와 오경五更에게 사례食禮를 베푸는데, 천자가 단袒을 하고 희생을 가르며, 친히 장醬을

집어서 권하고, 식사가 끝나면 친히 술잔(爵)을 집어 따라 올려서 입을 가시게 하며, 면관冕冠을 쓰고 방패(干)를 잡고 친히 춤을 추는 것 등은 제후들이 공경하도록 교화하기 위한 것이다. 이와 같으므로 주周나라의 도가 사방에 통용되고 예악이 서로 통하였던 것이니, 저 「무武」악에서 느리고 오래 끄는 것이 또한 마땅하지 않은가!"

"食三老·五更於大學, 天子袒而割牲, 執醬而饋, 執爵而酳, 冕而總干, 所以教諸侯之弟也. 若此, 則周道四達, 禮樂交通, 則夫「武」之遲久, 不亦宜乎!"

集說 '면관을 쓰고 방패를 잡는다'(冕而總干)는 것은 머리에 면관(冕)을 쓰고 손에 방패를 잡은 것이다. 나머지 설명은 각각 앞 편에 보인다. 공자가 빈무가에게 「무武」악에 대해 말한 것이 자세하여, 말이 여기에서 그친 것이다. '冕而總干', 謂首戴冕而手執干盾也. 餘說, 各見前篇. 孔子語賓牟賈「武」樂之詳, 其言止此.

權近 살피건대, '주周나라의 도가 사방에 통용되고 예악이 서로 통하였다'는 말은 성인은 성대한 덕과 지극한 정치의 극치이니 어찌 「무武」악에서 느리고 오래 끄는 것'에 그치겠는가! ○ 이상 빈무가와의 문답 한 장에서 「대무大武」의 악을 논한 것은 거짓에 가까운 말이 많은데도 선유의 설은 고식적으로 그 말을 따라서 해석하였다. 내가 이제 억설로 감히 그 시비를 변석하니 망령되고 참람한 죄는 피할 수 없는 것이다. 그러나 성인의 시대가 천년을 떨어져 있더라도 그 천지에 있고 인심에 갖추어진 리理는 애초에 고금의 차이가 없어 내 마음의 리에 나아가 구하기만 한다면 성인의 마음을 얻을 수 있을 것이다. 이 장의 설은 억견에서 나왔지만, 모두 『시』와 『서』의 본문에 근본을 두었고 함부로 사사로운 의견으로 엿보는 것을

용납하지 않았다. 무왕과 태공이 혁명한 의리와 성왕과 주공이 예악을 제
작한 마음에 대해 반드시 적중하지는 않았더라도 만에 하나는 맞을 것이
다. ○ 이상은 전의 10절이다. 近按, '周道四達, 禮樂交通'者, 是聖人盛德至治之極
致, 豈特「武」之遲久'而己哉! ○ 右賓牟賈問答一章, 其論「大武」之樂, 言多近誣, 先儒
之說姑順其辭而釋之爾. 愚今敢以臆說而辨其非是, 狂僭之罪所不得辭. 然聖人之世, 雖
隔千載而其理之在天地而具人心者, 初無古今之異, 苟卽吾心之理而求之, 則聖人之心庶
可得矣. 此章之說, 雖出臆見, 然皆本乎『詩』・『書』之正文, 而不敢容私意以窺之. 則於
武王・太公革命之義, 成王・周公制作之心, 雖未必中, 亦或庶幾於萬一矣. ○ 右傳之
第十節.

전傳 11.

전-11-1[악기 83]

자공子貢이 악사樂師인 을乙을 만나보고 물었다. "소리(聲)와 노래(歌)에는 각각 적당한 바가 있다고 사賜는 들었습니다. 저와 같은 사람은 어떤 노래가 적당합니까?" 악사樂師 을乙이 대답하였다. "저는 천한 악공樂工인데, 어찌 적당한 바를 물으실 만 하겠습니까? 제가 들은 바를 진술하겠으니 선생께서 스스로 대처하십시오. 덕이 관대하고 안정되며 유화柔和하고 정직한 자는 「송頌」을 노래하는 것이 적당합니다. 뜻이 광대하고 안정되어 통달하고 신실한 자는 「대아大雅」를 노래하는 것이 적당합니다. 삼가고 검약하여 예를 좋아하는 자는 「소아小雅」를 노래하는 것이 적당합니다. 정직하고 안정되어 방정하고 겸양한 자는 「풍風」을 노래하는 것이 적당합니다. 솔직하고 자애로워 사랑하는 자는 「상商」을 노래하는 것이 적당합니다. 온화하고 선량하며 시비를 결단할 수 있는 자는 「제齊」를 노래하는 것이 적당합니다. 노래(歌)란 자기를 곧게 해서 덕을 펼치는 것입니다. 자기 본성에서 감발하지만, 천지가 응하고 사계절이 조화롭고 별의 운행이 질서정연하고 만물이 화육됩니다."

子貢見師乙而問焉曰: "賜聞聲歌各有宜也. 如賜者宜何歌也?" 師乙曰: "乙, 賤工也, 何足以問所宜? 請誦其所聞, 而吾子自執焉. 寬而靜, 柔而正者, 宜歌「頌」. 廣大而靜, 疏達而信者, 宜歌「大雅」. 恭儉而好禮者, 宜歌「小雅」. 正直而靜, 廉而謙者, 宜歌「風」.

肆直而慈, 愛者宜歌「商」. 溫良而能斷者宜歌「齊」. 夫歌者, 直己
而陳德也. 動己而天地應焉, 四時和焉, 星辰理焉, 萬物育焉."[70]

集説 '자공子贛'은 공자 제자 단목사端木賜이다. 악사樂師의 이름이 '을乙'
이다. '제각기 합당함이 있다'(各有宜)는 것은 시詩의 흥취興趣를 취하여 자기
성정性情을 다스려서 마땅함에 부합하도록 함을 말한다. 이러한 덕이 있으
면 마땅히 이러한 노래(歌)가 있으니, 이는 자기를 바르고 곧게 해서 그 덕
을 펼치는 것이다. 그러므로 '자신을 바르고 곧게 하여 덕을 펼친다'(直己而
陳德)라고 하였다. '동기動己'는 하늘의 유행함을 본성으로 삼는 것이다. 천
지를 움직이고 귀신을 감동시키는 것으로 시詩보다 좋은 것이 없다. 그러
므로 네 가지의 응함이 있는 것이다. ○ 방씨方氏는 말한다. "'사肆'는 관대
하고 느긋한 것이다. 「상商」의 음音은 강건하고 결단력이 있다. 그러므로
본성이 부드럽고 느긋한 자가 노래하여서 부드러움을 강건하고 결단력 있
게 변화시키기에 적당하다. 「제齊」의 음은 부드럽고 느긋하다. 그러므로
본성이 강하고 결단력 있는 자가 노래하여서 마침내 부드럽고 겸손함에 이
르기에 적당하다. 각자 치우친 바를 고쳐서 평안하고 화합하는 경지에서
융회시킨다." '子贛', 孔子弟子, 端木賜也. 樂師名, '乙'. '各有宜', 言取詩之興趣, 以
理其情性, 使合於宜也. 有此德而宜此歌, 是正直己身而敷陳其德也. 故曰'直己而陳德'.
'動己', 性[71]天之流行也. 動天地, 感鬼神, 莫近於詩. 故有四者之應. ○ 方氏曰: "肆',
寬大而舒緩也. 「商」音剛決. 故性之柔緩者, 宜歌之而變其柔爲剛斷. 「齊」音柔緩. 故性
剛決者, 宜歌之而終至於柔遜. 蓋各濟其所偏, 而融會之於平和之地也.

전-11-2**[악기 84]**

(악사樂師 을乙이 대답하였다.) "그러므로 「상商」이란 오제五帝의 남은 소리(聲)인데, 상나라 사람들이 그것을 알기 때문에 「상」이라고 합니다. 「제齊」란 삼대三代의 남은 소리(聲)인데, 제나라 사람들이 그것을 알기 때문에 「제」라고 합니다. 「상」의 음音에 밝은 자는 일에 임해서 자주 시비를 결단하고, 「제」의 음에 밝은 자는 이익을 보고도 양보합니다. 일에 임해서 자주 시비를 결단하는 것은 용기이고, 이익을 보고도 양보하는 것은 의義입니다. 용기가 있고 의가 있음은 노래(歌)가 아니면, 누가 이것을 편안하게 여기겠습니까?"

"故「商」者, 五帝之遺聲也, 商人識之, 故謂之「商」. 「齊」者, 三代之遺聲也, 齊人識之, 故謂之「齊」. 明乎「商」之音者, 臨事而屢斷, 明乎「齊」之音者, 見利而讓. 臨事而屢斷, 勇也, 見利而讓, 義也. 有勇有義, 非歌, 孰能保此?"72)

集說 '보保'는 편안함과 같다. 용기를 편안하게 여기고 의를 편안하게 여겨 옮기지 않음을 말한다. ○ 소疏에서 말한다. "송宋은 상商의 후손이다. 여기서의 상인商人은 송인宋人을 말한다.73) '保', 猶安也. 言安於勇安於義而不移也. ○ 疏曰: "宋是商後. 此商人, 謂宋人也."

전-11-3**[악기 85]**

(악사樂師 을乙이 대답하였다.) "그러므로 노래(歌)란 높이 올라가면 들어 올리는 듯하고, 낮게 내려가면 추락하는 듯하고, 꺾이면 끊어

지는 듯하고, 그치면 마른 나무와 같으며, 약간 굽으면 곱자에 맞고, 많이 굽으면 갈고리에 맞고, 소리가 층층이 이어져 단정함은 구슬을 꿰어놓은 듯합니다. 그러므로 노래(歌)라는 것은 말을 길게 읊는 것입니다. 기뻐하므로 말을 하고, 말로 부족하므로 길게 읊고, 길게 읊는 것으로 부족하므로 감탄하고 탄식하고, 감탄하고 탄식하는 것으로 부족하므로 자기도 모르게 손이 춤추고 발이 뛰는 것입니다." 자공子貢이 예를 물은 것이다.

"故歌者上如抗, 下如隊, 曲如折, 止如槀木, 倨中矩, 句中鉤, 纍纍乎端如貫珠. 故歌之爲言也, 長言之也. 說之, 故言之, 言之不足, 故長言之, 長言之不足, 故嗟嘆之, 嗟嘆之不足, 故不知手之舞之, 足之蹈之也." 子貢問樂.

集說 '높이 올라가면 들어 올리는 듯하고, 낮게 내려가면 추락하는 듯하다'(上如抗, 下如隊)는 것은 노랫소리가 높이 올라가는 것이 마치 들어 올리는 것 같고, 낮게 내려가는 것이 추락하는 것과 같음을 말한다. '고목槀木'은 마른 나무이다. '거倨'는 약간 굽은 것이다. '구句'는 많이 굽은 것이다. '단端'은 바른 것이다. '장언지長言之'는 이른바 "노래는 말을 길게 읊는다"는 것이다. ○ 주자朱子는 말한다.[74] "「악기樂記」를 보니, 악樂의 기상을 많이 형용하였다. 당시에는 수많은 명물名物 도수度數에 대하여 사람마다 잘 알고 있어서 설명할 필요가 없었으므로, 단지 악의 리理가 이처럼 오묘하다는 것만 말한 것이다. 이제 수많은 도수度數는 모두 없어졌고, 단지 수많은 악의 의미들만 잘 남아 있지만, 다만 어디에 인착시킬 곳이 없다." 또 말한다. "이제 예악에 관한 책이 모두 없어져서, 배우는 자들은 단지 그 의미만을 말하고, 악기樂器와 도수度數에 이르러서는 다시 알지 못하니, 대개 그

근본을 잃은 것이다.” ‘上如抗, 下如隊’, 言歌聲之高者如抗擧, 其下者如墜墮也. ‘槀
朮, 枯木也. ‘倨’, 微曲也. ‘句’, 甚曲也. ‘端’, 正也. ‘長言之’, 所謂“歌永言”也. ○ 朱子
曰: “看「樂記」, 大段形容得樂之氣象. 當時許多名物度數, 人人曉得, 不須說出, 故止說
樂之理如此其妙. 今許多度數都沒了, 只有許多樂之意思是好, 只是沒頓放處.” 又曰: “今
禮樂之書皆亡, 學者但言其義, 至於器數, 則不復曉, 蓋失其本矣.”

權近 살피건대, ‘자공문악子貢問樂’ 네 글자에 대해 옛날에는 끝맺는 말로
삼았지만, 지금은 연문으로 보아야 한다. 사을의 대답에서 아雅와 송頌을
논한 것 역시 정밀하지만, 국풍을 총결하여 말하면서 별도로 이남二南(「周南」
과 「召南」)을 진술하지 않은 것은 아쉽다. 그렇지만 이른바 ‘정직하고 안정
되다’는 것이 바로 이남의 뜻이다. 13개의 나라 가운데 제齊만 언급한 것은
「계명雞鳴」과 「여왈女曰」 등 편이 이남의 유풍이 있어 정풍과 위풍 이하와
비교하면 차이가 있기 때문이다. 그러므로 특별히 말한 것이다. 아니면 혹
시 사을이 제나라 사람이기 때문일 것이다. ○ 이상은 전의 제11절이다.

近按, ‘子貢問樂’四字, 古以爲結語, 今當爲衍文. 師乙之答, 其論雅頌者, 亦爲精密, 但總
言風而不別陳二南者爲可恨爾. 然所謂‘正直而靜’者, 卽是二南之意也. 十三國獨言齊者,
「鷄鳴」「女曰」等篇庶幾有二南之遺風, 其視鄭衛以下則有閒. 故特言之. 抑或師乙是齊人
也歟. ○ 右傳之第十一節.

전傳 12.

^{전-12-1}[악기 45]

이른바 대로大輅라는 것은 천자의 수레이다. 용이 그려진 기旂에 아홉 개의 류旒가 달린 것은 천자의 깃발이다. 청색과 흑색으로 가선을 두른 것은 천자의 보귀갑寶龜甲이다. 여기에 소와 양 여러 마리를 더하는 것은 제후에게 내리기 위한 예물이기 때문이다.

所謂大輅者, 天子之車也. 龍旂九旒, 天子之旌也. 靑黑緣者, 天子之寶龜也. 從之以牛羊之群, 則所以贈諸侯也.

集說 천자가 수레를 하사할 때 상공上公과 동성同姓의 후侯와 백伯에게는 금로金輅를, 이성異姓에게는 상로象輅를, 사위四衛75)에게는 혁로革輅를, 번국藩國에게는 목로木輅를 주는데, 천자에게 받은 것은 모두 '대로大輅'라고 한다. '용기龍旂76)'의 구류九旒도 상공과 후와 백에게는 칠류七旒를, 자子와 남男에게는 오류五旒를 준다. 보귀寶龜는 청색과 흑색으로 가선을 둘러 장식한다. 소와 양이 한 마리가 아니므로 '군群(여러 마리)'이라고 하였다. 이것은 보답하는 예禮의 일을 밝힌 것이다. ○ 석량왕씨石梁王氏는 말한다. "이 여덟 구절은 예禮에 관해서만 말하고 있어, 위아래의 글들과 서로 이어지지 않는다. 틀림없이 다른 편이 잘못 끼어들어온 것이다." 天子賜車, 則上公及同姓侯伯金輅, 異姓則象輅, 四衛則革輅, 蕃國則木輅, 受於天子則總謂之'大輅'也. '龍旂九旒', 亦上公侯伯則七旒, 子男則五旒也. 寶龜則以靑黑爲之緣飾. 牛羊非一, 故稱群. 此明報禮之事. ○ 石梁王氏曰: "此八句專言禮, 與上下文不相承, 當是他篇之錯簡."

權近 살펴건대, 이 여덟 구절이 구본에는 '禮報情反始也' 아래에 배치되

어 있다. 선유는 타른 편에서 잘못 끼어든 것으로 여겼다. 이제 임시로 이 편의 끝에 붙인다. 이상은 대개 「악기」의 전문이다. 近按, 此八句舊在'禮報情反始也'之下. 先儒以爲他篇之錯簡. 今姑付于此篇之末. 右蓋「樂記」之傳文.

1 【분장】: 본 편의 章 표시는 권근 按說의 분명한 언급에 따라 붙인 것이다. 다만 안설에는 '章'이 아니라 '節'로 기록하고 있다.

2 사람과 ~ 하고 : 『서』「舜典」에 나오는 말이다. 순이 夔를 典樂으로 삼아 악으로 胄子를 가르치기를 명하면서 "팔음이 잘 어울려 서로 차례를 뺏음이 없어야 신과 사람이 화합할 것이다"(八音克諧, 無相奪倫, 神人以和)라고 하였다

3 봉황이 ~ 춘다 : 『서』「益稷」에 나오는 말이다. "순 임금이 창작한 음악인 소소 음악 아홉 악장을 연주하자, 봉황이 듣고 찾아와서 춤을 추었다"(簫韶九成, 鳳凰來儀)라고 하였다.

4 「咸池」, 黃帝樂名 : 『예기집설대전』에는 '黃帝樂名「咸池」'로 되어 있으나 『예기정의』 공영달의 소에 따라 '「咸池」, 黃帝樂名'으로 고친다.

5 正 : 『예기천견록』에는 '井'으로 되어 있으나 『예기집설대전』에 따라 바꾼다.

6 방정함 : 사물의 모서리가 분명하게 각이 지어 방정한 것을 말한다. 품행이 절개가 있고 청렴한 것을 뜻한다.

7 肉 : 정현은 '肉'의 음에 대하여 "'而'와 '救'의 反切"(而救反)라고 하였다. 곧 음은 '우'이다. 『禮記正義』 해당 부분 정현의 주 참조.

8 백성이 혈기와 ~ 때문이다 : 전-2-1의 경문에 근거하여 말한 것이다.

9 악사가 국학의 ~ 관장함 : 관련 내용은 『주례』「春官·樂官」과 「大胥」에 나온다. 정현의 주에 鄭司農의 말을 인용하여 "'學士'는 卿大夫의 여러 자제로 樂舞를 배우는 이들을 가리킨다. '版'은 호적이다. 오늘날 鄕의 戶籍을 세상에서는 '戶版'이라고 부른다. 大胥는 이 호적을 주관하여 악무를 배울 자로 경대부의 자제를 소집해야 할 때를 대비하였다가, 이 호적을 살펴 소집한다"('學士', 謂卿大夫諸子學舞者. '版', 籍也. 今時鄕戶籍, 世謂之戶版. 大胥主此籍, 以待當召聚學舞者卿大夫之諸子, 則按此籍以召之)라고 하였다.

10 성동 : 「內則」(7-27)의 정현 주에 따르면 成童은 15세 이상의 청소년을 가리킨다.

11 13세에 작으로 ~ 추는 것 : 관련 내용은 「內則」(7-27)에 나온다.

12 백성들은 나면서 돈후하다 : 이 말은 『書』「君陳」에 나온다.

13 궁은 ~ 흩어진다 : 관련 내용은 「樂記」(경-1-5, 경-1-6)에 나온다.

14 생기의 융화에 부합함 : 이 말은 「樂記」(전-3-1)에 나온다.

15 爲 : 『예기천견록』에는 '其'로 되어 있으나 『예기집설대전』에 따라 바꾼다.

16 和平 : 『예기집설대전』에는 '平和'로 되어 있다.

17 나타나면 ~ 한다 : 『주역』「繫辭」에 "그러므로 문을 닫는 것을 坤이라고 하고, 문을 여는 것을 乾이라고 한다. 한 번은 닫고 한 번은 여는 것을 變이라고 하고, 가고 옴이 끊어지지 않는 것을 通이라고 한다. 나타남을 象이라고 하고, 형체가 있음을 器라고

한다. 제정하여 사용하는 것을 法이라고 하고, 실용을 편리하게 하여 안에서나 밖에서
나 백성들이 모두 이용하는 것을 神이라고 한다"(是故闔戶謂之坤, 闢戶謂之乾. 一闔一
闢謂之變, 往來不窮謂之通. 見乃謂之象, 形乃謂之器. 制而用之謂之法, 利用出入民咸用
之謂之神)라고 하였다. 象은 경험할 수 있는 구체적인 현상으로 나타남을 말한다.

18 악의 ~ 돌아간다 : 이 말은 「樂記」(전-6-4)에 나온다.

19 네 가지 하지 말 것 : 관련 내용은 『논어』「顏淵」에 나온다. 顏淵이 공자에게 仁을
구체적인 방법을 묻자 "예가 아니면 보지 말고, 예가 아니면 듣지 말고, 예가 아니면
말하지 말고, 예가 아니면 행동하지 말라"(非禮勿視, 非禮勿聽, 非禮勿言, 非禮勿動)라
고 하였다.

20 금슬 : 현악기를 뜻한다.

21 간척 : 武舞를 출 때 들고 추는 도구이다. 干은 방패, 戚은 도끼다.

22 우모 : 文舞를 출 때 들고 추는 도구이다. 羽는 꿩의 깃, 旄는 소의 꼬리다.

23 소관 : 피리 등 관악기를 뜻한다.

24 周還 : 의식을 수행하거나 춤 동작에서 방향을 전환할 때 원 모양을 그리면서 둥글게
방향을 전환하는 동작을 가리킨다. 관련 내용은 「玉藻」(12-4) 및 「樂記」(3-2) 등에 보인다.

25 光輝 : 『예기집설대전』에는 '輝光'으로 되어 있다.

26 云 : 『예기집설대전』에는 '言'으로 되어 있다.

27 陰氣 : 『예기천견록』에는 '陰陽'으로 되어 있으나 『예기집설대전』에 따라 바꾼다.

28 "평탄하여 여유 있다." ~ 근심한다 : 이 말들은 『논어』「述而」에 나온다.

29 「관저」의 마치는 장 : 이 말은 『논어』「泰伯」에 나온다.

30 빨리 달려오고, 빨리 달려간다 : 「少儀」(7-3)에 "빨리 달려오지 말고, 빨리 달려가지
말라"(毋拔來, 毋報往)라고 하였다.

31 배움에 싫증내지 ~ 않음 : 이 말들은 『논어』「述而」에서 인용한 것이다.

32 愚謂此 : 『예기천견록』에는 '陳氏曰'로 되어 있으나 『예기집설대전』에 따라 바꾼다.

33 문위가 "어떻게 ~ 대답하였다 : 이 말은 『주자어류』 권87, 「小戴禮」에 나온다.

34 生 : '舜生'과 '武生'의 '生'은 『예기집설대전』에 '生'으로 되어 있고, 衛湜의 『예기집설』에
'主'로 되어 있다. 본 번역에서는 衛湜의 『예기집설』에 따랐다.

35 편안해도 ~ 생각하여 : 이 말은 『사기』 권24, 「樂書」 2에 나온다.

36 도와 덕에 화순하고 : 이 말은 『주역』「序卦」에 나온다.

37 친소에 ~ 하여 : 이 말은 『大戴禮記』「保傳」에 나온다.

38 愚謂 : 『예기천견록』에는 '陳氏曰'로 되어 있으나 『예기집설대전』에 따라 바꾼다.

39 삼덕 : 지극함(至)·민달함(敏)·孝 등 세 가지 덕을 말한다. 『주례』「地官·師氏」에
"(師氏가) 세 가지 德을 國子에게 가르친다. 첫째 지극함의 덕(至德)으로 道의 근본을
삼게 하고, 둘째 민달함의 덕(敏德)으로 행실(行)의 근본을 삼게 하고, 셋째 효의 덕(孝

德)으로 거스르는 것의 악함을 알게 한다"(以三德敎國子, 一曰至德, 以爲道本, 二曰敏德, 以爲行本, 三曰孝德, 以知逆惡)라고 하였다.

40 也 : 『예기집설대전』에는 '也'가 없다.

41 일헌의 ~ 하고 : 이 말은 「樂記」(전-1-4)에 나온다.

42 날이 ~ 반듯한 것 : 이 말은 「聘義」(9)에 나온다.

43 함께 나아가고 ~ 절제시키는 것 : 관련 내용은 「樂記」(전-9-1)에 보인다.

44 民 : 『예기천견록』에는 '物'로 되어 있으나 『예기집설대전』에 따라 바꾼다.

45 군대 : 『주례』「地官·小司徒」에서 "다섯 사람이 伍가 되고, 다섯 伍가 兩이 되고, 네 兩이 卒이 되고, 다섯 卒이 旅가 되고, 다섯 旅가 師가 되고, 다섯 師가 軍이 되어 군대를 일으키고, 사냥의 사역을 일으킨다"(五人爲伍, 五伍爲兩, 四兩爲卒, 五卒爲旅, 五旅爲師, 五師爲軍, 以起軍旅, 以作田役)라고 하였다. 곧 군대를 가리킨다.

46 생·부·고·상·아 :

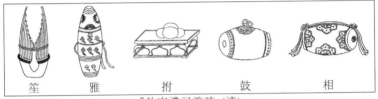

笙　　雅　　拊　　鼓　　相

『欽定禮記義疏』(淸)

47 참람하게 침범하는 음 : 이 말은 「樂記」(전-2-7)에 나온다.

48 한 곡이 ~ 긴 음 : 이 말은 「樂記」(전-2-7)에 나온다.

49 박 땅에 재이가 있다 : 이 인용은 『書經』「咸有一德」에 나온다.

50 구주 : 『書經』「洪範」에 "첫 번째는 五行이다. 두 번째는 공경하되 五事로 하는 것이다. 세 번째는 농사에 八政을 쓰는 것이다. 네 번째는 합함을 五紀로 하는 것이다. 다섯 번째는 세움을 皇極으로 하는 것이다. 여섯 번째는 다스림을 三德으로 하는 것이다. 일곱 번째는 밝힘을 稽疑로 하는 것이다. 여덟 번째는 상고함을 庶徵으로 하는 것이다. 마지막 아홉 번째는 향함을 五福으로 하고, 위엄을 보임을 六極으로 하는 것이다"(初一日五行. 次二日敬用五事. 次三日農用八政. 次四日協用五紀. 次五日建用皇極. 次六日乂用三德. 次七日明用稽疑. 次八日念用庶徵. 次九日嚮用五福·威用六極)라고 하였다. 첫째 오행은 水·火·木·金·土이다. 둘째 오사는 모양(貌)·말(言)·보는 것(視)·듣는 것(聽)·생각힘(思)이다. 셋째 팔정은 먹는 것을 다스리는 것(食), 재물을 다스리는 것(貨), 제사를 다스리는 것(祀), 땅을 다스리는 것(司空), 백성을 다스리는 것(司徒), 죄를 나스리는 것(司寇), 손님을 접대하는 것(賓), 군대를 다스리는 것(師)이다. 넷째 오기는 해(歲)·달(月)·날(日)·星辰·曆數이다. 다섯째 황극은 임금이 極을 세우는 것이다. 여섯째 삼덕은 정직·剛克·柔克이다. 일곱째 계의는 그대도 찬성하고 거북점도 찬성하지만, 시초점이 반대하고 경사가 반대하며 서민도 반대할 경우가 있다. 이런 때에는

안의 일을 하는 것은 길하지만 밖의 일을 하는 것은 흉하다는 것이다. 여덟째 서징은 비(雨)·볕(暘)·더위(燠)·추위(寒)·바람(風)이 때(時)에 따라 이르는 것이다. 아홉째 오복은 장수, 부(富), 건강하고 안녕함(康寧), 덕을 좋아하는 성품(攸好德), 천수를 누리고 죽음(考終命)이다. 육극은 횡사와 일찍 죽는 것(凶短折), 병드는 것(疾), 근심스러운 것(憂), 가난한 것(貧), 악한 것(惡), 몸이 약한 것(弱)이다.

51 義:『예기집설대전』에는 '意'로 되어 있다.

52 讗:閩·監·毛本·石經·岳本·嘉靖本은 다 같이 雍으로 되어 있고, 衛氏『集說』과 陳澔『集說』은 讗으로 되어 있다.『石經考文提要』에서는 "『詩考』가 詩에서 異字 異義를 열거한 것 가운데, 宋大字本·宋本九經·南宋巾箱本·余仁仲本·劉叔剛本이 모두 雍이라 하였다"고 한다.

53 도, 강, 갈, 훈, 지 :

『欽定禮記義疏』(淸)

『欽定禮記義疏』(淸)

54 '윤'은 ~ 보인다 :「曾子問」(3-4, 3-6)에 보인다.

55 목숨을 ~ 신하 : 원래는 땅을 분봉받은 신하로 제후에 해당한다. 후대에는 節度使와 같이 변방을 지키거나, 국난을 당하여 목숨을 바쳐 나라를 지키는 신하를 지칭하는 말로 사용되었다.『漢語大詞典』해당항목 설명 참조.

56 우·생·소·관 :

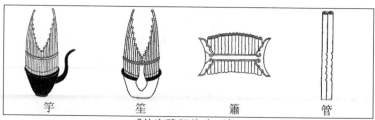

『欽定禮記義疏』(淸)

57 鏘 : 閩·監本·嘉靖本·衛氏『예기집설』은 '鏘'으로 되어 있다. 『爾雅』「釋文」에는 '鎗' 으로 되어 있다. 『예기정의』, 14책 1309쪽 주 1) 참조.

58 도를 ~ 온축하면서 : 인용은『시』「酌」에 나오는 말이다.

59 하늘의 ~ 기다린다 : 인용은『서』「武成」에 나오는 말이다.

60 헌지 : 軒은 위로 쳐든 모양을 輊은 아래로 숙인 모양을 가리킨다. 『詩』「小雅·六月」에 "전차가 이미 안정되어 있으니, 앞으로 숙인 듯하고 뒤로 쳐든 듯하다"(戎車旣安, 如輊 如軒)라고 하였다. 정현은 箋에서 "전차의 안정된 균형은 뒤에서 볼 때 앞으로 숙인 듯하고, 앞에서 볼 때 뒤로 쳐든 듯한 뒤에 적절한 것이다"(戎車之安, 從後視之如輊, 從前視之如軒, 然後適調也)"라고 하였다.

61 상제께서 ~ 말라 : 이 말은『시』「대아·大明」에 나오는 말이다.

62 天子 : 정현의 주는 이 '天子'를 아래 경문으로 붙여 풀이하였다. 곧 "六成復綴以崇"으로 구절을 이루고, 아래 경문을 "天子夾振之而駟伐, 盛威於中國也"로 구절이 되게 하였다. 정현의 주에 따르면 "六成復綴以崇"은 "6성에서 춤추는 이들이 다시 제 자리로 돌아와 멈추고, 「武」樂을 충만케 한다"는 뜻이 된다. 진호의 이러한 絕句는 王肅의 설을 따른 것이다. 왕숙의 설은 공영달의 소에 나와 있다.

63 「소소」가 아홉 번 연주되었다 : 이 말은『書』「益稷」에 나온다. 「簫韶」는 舜임금의 樂이다. 아홉 번 연주되었다는 것은 곡이 아홉 장으로 구성되어 아홉 번 연주됨으로써 끝남을 말한다.

64 네 번 ~ 친다 : 이 말은『書』「牧誓」에 나온다.

65 군주는 ~ 나아간다 : 이 말은「祭統」(1-9)에 나온다.

66 나라를 ~ 나렸으니 : 이 말은『맹자』「滕文公下」에 나온다.

67 미리 ~ 제후였는데 :『사기』「齊太公世家」에 "마침내 盟津에 이르니, 약속하지 않았는 데도 모인 제후가 팔백 명이었다"라고 하였다.

68 也 :『예기집설대전』에는 '也'가 없다.

69 "백성들과 ~ 밝힌 것" :『서』「武成」에 나오는 말들이다.

70 子贛見師乙而問焉曰: ~ 萬物育焉 : 十三經注疏本『禮記正義』에는 이 경문이 "子贛見師 乙而問焉曰: '賜聞聲歌各有宜也. 如賜者宜何歌也?' 師乙曰: '乙, 賤工也, 何足以問所宜? 請誦其所聞, 而吾子自執焉. 愛者宜歌「商」. 溫良而能斷者宜歌「齊」. 夫歌者, 直已而陳德 也, 動己而天地應焉, 四時和焉, 星辰理焉, 萬物育焉, 故「商」者五帝之遺聲也. 寬而靜, 柔 而正者, 宜歌「頌」. 廣大而靜, 疏達而信者, 宜歌「大雅」. 恭儉而好禮者, 宜歌「小雅」. 正直 而靜, 廉而謙者, 宜歌「風」. 肆直而慈愛"로 되어 있다. 陳澔가 정현이 주에서 착간이라 고 지적한 것에 따라 경문의 순서를 바꾸어 놓았다.

71 性:『예기천견록』에는 '法'으로 되어 있으나『예기집설대전』에 따라 바로잡는다.

72 故「商」者 ~ 孰能保此? : 十三經注疏本『禮記正義』에는 이 경문이 "商之遺聲也, 商人識 之, 故謂之「商」. 「齊」者, 三代之遺聲也, 齊人識之, 故謂之「齊」. 明乎「商」之音者, 臨事而

厥斷. 明乎「齊」之音者, 見利而讓. 臨事而厥斷, 勇也. 見利而讓, 義也. 有勇有義, 非歌, 孰能保此?'로 되어 있다. 陳澔가 정현이 주에서 착간이라고 지적한 것에 따라 경문의 순서를 바꾸어 놓았다.

73 여기서의 ~ 말한다 : 이 부분은 현행본 疏에는 보이지 않는다. 진호 자신의 해석일 수 있다.

74 주자는 말한다 : 이하의 인용은 『주자어류』권87, 「小戴禮」에 나온다.

75 사위 :『주례』「春官·巾車」의 정현 주에 따르면 사방을 지키는 제후들로서 蠻服 이내를 가리킨다.

76 용기 :

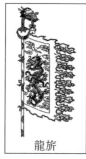

龍旂　　　『欽定儀禮義疏』(淸)

잡기상

雜記上

양촌에 사는 후학 권근 지음

살피건대, 이 편은 제후의 상례를 기록하면서 대부 이하의 일을 함께 섞어 기록하였다.

近按, 此篇記諸侯之喪禮, 而雜記大夫以下之事也.

1.¹⁾

¹⁻¹[잡기상 1]

제후가 외국에 행차하는 도중에 공관에서 사망하면, 그 복復(초혼)의 예는 자신의 나라에서처럼 한다. 만일 도로에서 사망하면, 수레의 왼쪽 수레바퀴통에 올라가 깃대 끝에 드리운 장식(緌)으로 복復을 한다.

諸侯行而死於館, 則其復如於其國. 如於道, 則升其乘車之左轂, 以其緌復.

 '공관'(館)은 주국主國에서 제공한 숙소이다. '복復'은 혼魂을 불러 백

魄으로 되돌아오게 하는 것이다. '자신의 나라에서처럼 한다'(如於其國)는 것은 복復의 예를 본국에서처럼 한다는 것이다. '도道'는 도로이다. '타고 있는 수레'(乘車)는 자신이 타고 있는 수레를 말한다. 집에서라면 지붕의 동쪽 처마에 오른다. 수레가 남쪽을 향했을 때 왼쪽이 동쪽에 있게 된다. '유綏'는 '유緌(깃대 끝에 드리운 장식)로 읽어야 한다. 유緌는 깃발의 깃대 끝에 드리운 장식을 말한다. 깃발에서 드리운 장식을 벗겨서 복復에 사용하는 것이다. 5등급 제후의 복復에서 복하는 사람의 수는 명命(작위)의 수에 맞게 한다. 이제 수레바퀴통 위는 좁기 때문에 단지 한 사람만 가능하다. '館', 謂主國有司所授館舍也. '復', 招魂復魄也. '如於其國', 其禮如在本國也. '道', 路也. '乘車', 其所自乘之車也. 在家則升屋之東榮, 車向南則左在東也. '綏', 讀爲'緌'. 旌旗之旄也, 去其旒而用之耳. 凡五等諸侯之復, 人數視命數. 今轂上狹, 止容一人.

1-2[잡기상 2]
상여의 덮개휘장(輤)에는 가장자리 장식(裧)을 한다. 검은 베로 상여 휘장을 치고, (누이지 않은) 흰 비단으로 지붕을 만들어 놓은 뒤에 출발한다.[2]
其輤有裧. 緇布裳帷, 素錦以爲屋而行.

集說 '천輤'은 널을 실은 상여의 덮개휘장이다. 천은 집을 본뜬 것이다. 구설舊說에 의하면, 천輤은 붉은색으로 물들여 사용하기 때문에 꼭두서니 (蒨 붉은색으로 물들이는 염료)에서 이름을 취하였다. '첨裧'(상여 덮개휘장의 가장자리 장식)은 천輤의 사면에 아래로 드리운 장식이다. '검은 베로 상여의 휘장을 친다'(緇布裳帷)는 것은 천輤 아래 관 사방 주위로 검은색의 베를 사용

하여 휘장을 쳐서 관을 에워싸는 것이다. '흰 비단으로 지붕을 만들어 놓는 다'(素錦以爲屋)는 것은 흰 비단을 써서 작은 휘장을 지붕처럼 쳐 관 위를 덮 는 것이다. 이러한 장식을 설치한 다음 출발한다. '輤, 載柩之車上覆飾也. 輤 象宮室. 舊說, 輤用染赤色, 以蒨而名. '袂'者, 輤之四旁所垂下者. '緇布裳帷'者, 輤下棺 外, 用緇色之布爲裳帷, 以圍繞棺也. '素錦以爲屋'者, 用素錦爲小帳如屋, 以覆棺之上. 設此飾乃行也.

반궁이 있는 곳의 문(廟門)에 이르러 관을 에워싼 휘장을 벗기지 않고 빈殯을 할 곳으로 나아간다. 다만 상여의 덮개휘장은 문 밖에서 벗긴다. 至於廟門, 不毀牆, 逐入適所殯. 唯輤爲說於廟門外.

集說 '묘문廟門'은 반궁이 있는 곳의 문이다. '불훼장不毀牆'은 관을 에워싼 상여의 휘장을 제거하지 않음을 말한다. 빈을 하는 곳은 양쪽 기둥(楹) 사 이에 있는데, 문 밖에서 상여의 덮개휘장(輤)을 벗기는 것은 집(宮室)에 들어 오게 되면 곧 집을 본뜬 덮개휘장이 필요 없기 때문에 벗기는 것이다. '廟 門', 殯宮之門也. '不毀牆'謂不折去裳帷也. 所殯在兩楹間, 脫輤於門外者, 既入宮室, 則 不必象宮室之輤也, 故脫之.

權近 살피건대, 「증자문曾子問」(1-5)에서 국경을 나가 사망하였을 때 귀국 하는 예에 대하여 "빈궁殯宮의 허문 곳으로 들어온다"라고 하였고, 진호陳 澔의 주註에 "빈궁의 서쪽 담장을 히물고 들어온다"라고 하였다. 그러므로 여기에서 '담장을 허물지 않는다'라고 한 것은 상여의 휘장을 제거하지 않 는 것이요, 빈궁의 담장을 허물지 않는 것을 말하는 것이 아니다. 近按, 「曾

子問」出彊君薨其入之禮云: "入自闕", 註謂: "毁殯宮門西邊墻而入." 故此云'不毁墻', 是 不去裳帷, 非不毁宮墻也.

1-4**[잡기상 4]**

대부大夫와 사士가 길에서 사망하면 타고 있는 수레의 왼쪽 바퀴통에 올라 깃대 끝에 드리운 장식(緌)으로 복復을 한다. 만일 타국의 공관에서 사명하였으면 그 복復의 예를 자신의 집에서와 같이 한다. 대부는 흰 베로 상여의 덮개휘장(輤)을 치고 출발하고, 집에 이르면 덮개휘장을 벗기며 전거輇車로 시신을 싣는다. 시신은 문으로 들어와 동쪽 계단 아래에 이르러 수레에서 내리고 동쪽 계단으로 들어 올려 빈殯을 할 곳으로 나아간다.

大夫士死於道, 則升其乘車之左轂, 以其緌復. 如於館死, 則其復如於家. 大夫以布爲輤而行, 至於家而說輤, 載以輇車. 入自門, 至於阼階下而說車, 擧自阼階, 升適所殯.

集說 상여의 덮개휘장을 베로 한다는 것은 흰 베로 덮개휘장을 만든다는 것이다. '천輇'은 전輇으로 읽는다. 음은 선船과 같다. 『설문해자說文解字』에 "바퀴살이 있는 수레바퀴를 륜輪이라 하고 바퀴살이 없는 것을 전輇이라 한다"고 하였다. 바퀴살이 있는 것은 따로 나무를 사용하여 바퀴살을 만든다. 바퀴살이 없는 것은 큰 나무를 합해서 만든다. 대부大夫가 (외지에서) 사망하였을 때 그리고 집에 이를 때 모두 관을 전거輇車에 싣는다. 이제 집에 이르면 상여의 덮개휘장(輤)을 벗기니 오직 시신이 전거 위에 있게 된다. 그러므로 '전거輇車로 싣는다'고 한 것이다. 무릇 외지에서 사망한 경우

시신은 문으로 들어와 동쪽 계단으로 오르고, 관은 허문 곳으로 들어와 서쪽 계단으로 오른다. 주나라 예에서 빈은 서쪽 계단 위에 한다. 오직 외지에서 사망하였을 경우 빈을 양쪽 기둥(楹) 사이에서 하는데 대개 차마 멀리하지 못하기 때문이다. 布輴, 以白布爲輴也. '輴'讀爲輇. 音與船同. 『說文』"有輻曰輪, 無輻曰輇." 有輻者別用木以爲輻也. 無輻者合大木爲之也. 大夫初死, 及至家, 皆用輇車載之. 今至家而脫去輴, 則惟尸在輇車上耳. 故云'載以輇車'. 凡死於外者, 尸入自門, 升自阼階, 柩則入自闕, 升自西階. 周禮殯則於西階之上. 惟死於外者, 殯當兩楹之中, 蓋不忍遠之也.

사士의 상여 덮개휘장(輴)은 갈대자리로 지붕을 만들고, 부들자리로 관을 에워싸는 휘장(裳帷)을 만든다.

士輴, 葦席以爲屋, 蒲席以爲裳帷.

集說 사士는 지위가 낮기 때문에 질박하고 간략함이 이와 같다. 士卑故質略如此.

權近 살피건대, 이 장 이상은 밖에서 사망한 경우 그 예가 신분의 고하에 따라 다름이 있음을 말하였다. 近按, 此以上言凡死於外者, 其禮有上下之不同也.

군주의 사신으로 외국에 가서 사망한 경우 공관公館에서 사망하였으면 복復을 하고, 사관私館에서 사망하였으면 복을 하지 않는다. 공관公館은 공公의 궁궐과 공이 지은 별도의 처소이다. 사관私館은 경卿과 대부大夫 이하의 집이다.【구본에는 '不襲婦服' 아래 배치되어 있다】

爲君使而死, 公館復, 私館不復. 公館者, 公宮與公所爲也. 私館者, 自卿·大夫以下之家也.【舊在'不襲婦服'之下】

集說 설명은 「증자문」(5-8)에 보인다. 說見「曾子問」.

權近 살피건대, 이 장은 「증자문」(5-8)에 보이는데 상세한 정도가 서로 다르다. 위 장(잡기상 1-4)에서 대부와 사가 길에서 사망한 경우라고 한 것은 사적인 여행을 겸하여 말한 것이다. 그러므로 이 장에서 특별히 사신이 된 것을 들어 말하였다. 공관에 대하여 「증자문」(5-8)에서는 "공가에 마련된 숙소와 공이 손님에게 머물도록 한 곳을 공관이라고 부른다"라고 하였고, 이 장에서는 '공의 궁궐과 공이 지은 별도의 처소'라고 하였는데, 아마도 이 장이 잘못일 것이다. '사관私館에서 사망하였으면 복을 하지 않는다'는 것은 남의 집에 머무르고 있는데 주인의 상으로 오해받을 혐의가 있기 때문이다. 그러므로 복復을 하지 않는다. 경과 대부 이하의 집에 머물 때에도 복을 해서는 안 되는데 하물며 공의 궁궐에 머물 때 할 수 있겠는가? 近按, 此章見「曾子問」而詳略不同. 上章言大夫·士死於道, 是兼私行者而言. 故此特擧爲使者而言也. 公館者, 「曾子問」云"公館與公所爲曰公館也", 此云'公宮與公所爲也', 此章蓋誤. 夫'私館不復'者, 以其館於人家嫌於主人之喪. 故不復也. 卿·大夫以下之家猶不可, 復況公宮乎?

1-7[잡기상 6]

자신의 군주에게 부고할 때는 "군주의 신하 아무개가 사망하였습니다"라고 말한다. 아버지·어머니·아내·자식 등이 사망하였을 때는 "군주의 신하 아무개의 아무개가 사망하였습니다"라고 말한다.【구본에는 '蒲席以爲裳帷3)' 아래 배치되어 있다】

凡訃於其君曰: "君之臣某死." 父·母·妻·長子曰: "君之臣某之某死."【舊在'蒲席以爲裳帷'之下】

【權近】 살펴건대, 이 장은 위에서 말한 대부와 사가 외지에서 죽었을 때의 일을 이어서 부고하는 예를 말한 것이다. 그러므로 '자신의 군주에게 부고한다'고 하였다. '부모와 처 그리고 장자'는 대부와 사가 사신으로 도정 중에 있을 때 상이 났음을 들으면 이들 중에서 또한 반드시 임금께 알리고 통보를 기다린 뒤에 돌아옴을 말한다. 그러므로 그 부고하는 예를 함께 말한 것이다. 近按, 此因上文大夫·士死於外之事, 以言其訃告之禮. 故曰: '訃於其君也.' '父·母·妻·長子'者, 亦謂大夫·士爲使在道, 而聞有是喪, 則亦必告之, 待報而後反. 故幷言其訃禮.

1-8[잡기상 6]

군주가 사망하여 타국의 군주에게 부고할 때는 "과군寡君께서 녹명祿命을 다 마치지 못하셨기에(不祿) 삼가 집사執事께 부고합니다"라고 말한다. 군주의 부인이 사망한 경우는 "과소군寡小君께서 녹명을

다 마치지 못하였습니다"라고 말한다. 태자太子의 상喪에는 "과군寡
君의 적자 아무개가 사망하였습니다"라고 말한다.

君訃於他國之君曰: "寡君不祿, 敢告於執事." 夫人曰: "寡小君不
祿." 大子之喪曰: "寡君之適子某死."

集說 군주와 부인夫人의 경우 부고에서 흥薨(사망함)이라고 말하지 않고
불록不祿(그 녹명祿命을 다 마치지 못함)이라고 말하는 것은 타국의 군주에게
부고할 때 겸양하는 방식이다. '삼가 집사執事께 부고한다'고 한 것은 흉사
는 군주 자신을 감히 직접 거론하지 못하기 때문이다. 君與夫人, 訃, 不曰薨而
曰不祿, 告他國謙辭也. '敢告於執事'者, 凶事不敢直指君身也.

1-9[잡기상 7]

대부가 같은 나라의 대등한 이(適者)에게 부고할 때는 "아무개가 녹
명을 다 마치지 못하였습니다"라고 한다. 사士에게 부고할 때도 역
시 "아무개가 녹명을 다 마치지 못하였습니다"라고 한다. 타국의
군주에게 부고할 때는 "군주의 외신外臣 과대부寡大夫 아무개가 사
망하였습니다"라고 말한다. 타국의 대등한 이에게 부고할 때는 "오
자吾子의 외사外私 과대부寡大夫 아무개가 녹명을 다 마치지 못하였
기에 아무개를 시켜 이르게 하였습니다"라고 말한다. 사士에게 부
고할 때에도 마찬가지로 "오자吾子4)의 외사外私 과대부寡大夫 아무
개가 녹명을 다 마치지 못하였기에 아무개를 시켜 이르게 하였습

니다"라고 말한다.

大夫訃於同國適者, 曰: "某不祿." 訃於士, 亦曰: "某不祿." 訃於
他國之君, 曰: "君之外臣寡大夫某死." 訃於適者, 曰: "吾子之外
私寡大夫某不祿, 使某實." 訃於士, 亦曰: "吾子之外私寡大夫某
不祿, 使某實."

集說 '대등한 이'(適者)는 같은 나라의 대부로 지위와 작명爵命이 서로 대
등한 이를 가리킨다. '외사外私'는 타국에서 사적으로 은혜를 입은 이를 말
한다. '실實'은 지至로 읽는다. 부고를 위해 이곳에 이른 것을 말한다. '適者'
謂同國大夫位命相敵者. '外私', 在他國而私有恩好者也. '實'讀爲至. 言爲訃而至此也.

1-10[잡기상 8]

사士가 같은 나라의 대부에게 부고할 때는 "아무개가 사망하였습니
다"라고 말한다. 사士에게 부고할 때에도 또한 "아무개가 사망하였
습니다"라고 말한다. 타국의 군주에게 부고할 때는 "군주의 외신外
臣 아무개가 사망하였습니다"라고 말한다. 대부에게 부고할 때는
"오자吾子의 외사外私 아무개가 사망하였습니다"라고 말한다. 사士
에게 부고할 때에도 마찬가지로 "오자吾子의 외사外私 아무개가 사
망하였습니다"라고 말한다.

士訃於同國大夫, 曰: "某死." 訃於士, 亦曰: "某死." 訃於他國之
君, 曰: "君之外臣某死." 訃於大夫, 曰: "吾子之外私某死." 訃於
士, 亦曰: "吾子之外私某死."

士는 지위가 낮기 때문에 그 부고하는 말을 대부보다 낮춘다. 士
卑, 故其辭降於大夫.

살피건대, 군주 이하 사에 이르기까지 부고하는 예가 다름을 미루
어 말하였다. 近按, 推言君以下至於士計禮之不同也.

1-11[잡기상 67]

조문하러 온 사자使者는 대문의 서쪽에 서서 동쪽을 향한다. 그 개
介(부관)들은 동남쪽에서 북쪽을 향해 있는데 서쪽 윗자리가 되고
문에서 서쪽에 선다.(西於門) 주국主國의 고孤(상주)는 서쪽을 향한다.
상사喪事를 돕는 자(相)가 상주의 명령을 받아 "고자孤子 아무개는
아무개를 시켜 무슨 일로 오셨는지 여쭙게 하였습니다"라고 한다.
조문하러 온 사자는 "과군寡君께서 아무개를 시켜 조문하게 하였습
니다. 어쩌다가 좋지 않은 일을 당하셨습니까!"라고 한다. 상을 돕
는 자가 들어와 아뢰고, 다시 나가서 "고자孤子 아무개가 기다립니
다"라고 말한다. 조문하러 온 사자가 대문을 들어오면 주인은 당으
로 올라 서쪽을 향한다. 사자는 서쪽 계단으로 당堂에 올라 동쪽을
향하고 군주의 명령을 전하여 "과군寡君께서 군주의 상사를 들으시
고 과군寡君께서 아무개를 시켜 조문하게 하였습니다. 어쩌다가 좋
지 않은 일을 당하셨습니까!"라고 말한다. 상주는 이마를 지면에
찧으면서 배례拜禮를 하며, 사자는 계단을 내려가 (대문 밖의) 자리
로 돌아간다. 【구본에는 '廣尺長終幅' 아래 배치되어 있다】

弔者卽位于門西, 東面. 其介在其東南, 北面, 西上, 西於門. 主孤西面. 相者受命曰: "孤某使某請事." 客曰: "寡君使某. 如何不淑!" 相者入告, 出曰: "孤某須矣." 弔者入, 主人升堂, 西面. 弔者升自西階, 東面, 致命曰: "寡君聞君之喪, 寡君使某. 如何不淑!" 子拜稽顙, 弔者降反位. 【舊在'廣尺5)長終幅'之下】

集說 이 부분은 제후국에서 사신을 파견하여 상사喪事에 조문하는 예를 말한다. '조문하러 온 이'는 군주가 파견하여 온 사자이다. '개介'는 부관이다. '대문의 서쪽'은 주국主國(사신의 조문을 받는 나라)의 대문 서쪽을 말한다. '서쪽이 위가 된다'는 것은 개介가 1명이 아니기 때문에 윗사람이 서쪽에 서서 정사正使 가까이 있는 것이다. '문에서 서쪽에 선다'(西於門)는 것은 문의 중앙에 감히 있지 못하는 것이다. '주국主國의 고孤(상주)는 서쪽을 향한다'(主孤西面)는 것은 동쪽 계단 아래에 서 있는 것을 말한다. '돕는 자(相)가 명령을 받는다'(相者受命)는 것은 예를 돕는 자가 상주의 명령을 받는 것이다. '어쩌다가 좋지 않은 일을 당하셨습니까?'(如何不善)라는 말은 위로하는 말로서 '어쩌다가 이런 흉한 화를 당하였냐?'고 말하는 것이다. '수須'는 기다린다는 뜻이다. 흉례凶禮에서는 손님을 나가서 맞이하지 않는다. 그러므로 '기다립니다'고 한 것이다. '주인은 당으로 오른다'는 것은 동쪽 계단으로 오르는 것이다. '내려가 자리로 돌아간다'는 것은 계단을 내려와 나가서 문 밖의 자리로 돌아감을 말한다. 「곡례상曲禮上」(3-11)에 "(상喪중에는) 오르고 내려올 때 동쪽 계단을 이용하지 않는다"고 한 것은 조문객이 없는 평상시를 말한다. ○ 석량왕씨石梁王氏는 말한다. "이 한 단락은 상당히 자세하여 제후의 상례喪禮가 손실된 것을 보완할 수 있다." 此言列國遣使弔喪之禮. '弔者', 君所遣來之使也. '介', 副也. '門西', 主國大門之西也. '西上'者, 介非一人, 其長者在西, 近正使也. '西於門', 不敢當門之中也. '主孤西面', 立於阼階之下也. '相者

受命', 相禮者受主人之命也. '如何不淑!', 慰問之辭, 言'何爲而權此凶禍?'也. '須', 待也. 凶禮不出迎. 故云'須矣'. '主人升堂', 由阼階而升也. '降反位', 降階而出復門外之位也. 「曲禮」云: "升降不由阼階", 謂平常無弔賓時耳. ○ 石梁王氏曰: "此一段頗詳, 可補諸侯喪禮之缺."

權近 살피건대, 이 장 이하는 제후가 사신을 보내 조문, 반함飯含, 부의 등을 행하는 예를 말하였다. 이 편 처음부터 이 구절 처음에 이르기까지 중간에 비록 대부와 사가 부고하는 예를 말하였지만, 제후의 예를 위주로 하여 말하였다. 경문의 순서가 서로 이어지기 때문에 위 장에서 다른 나라에 부고하는 예를 말하고 이 장에서는 타국에서 와서 조문하는 예를 말하였다. 그 순서는 대개 이와 같아야 한다. 구본에서는 첫 부분과 끝 부분에 나뉘어 있고 중간에 다른 일들을 섞어서 기록해놓았기 때문에 문장이 장을 이루지 못하고 그 순서를 그르쳤다. 이제 일일이 다시 정해 배치하였다.

近按, 此下言諸侯遣使相弔・含・襚・賵之禮. 自篇首至此節之初, 其間雖言大夫・士之訃, 然主諸侯而言. 其文節次相承, 故上言訃於他國之禮, 而此言他國來弔之事. 其序蓋當如此. 舊本析在首末, 而中間雜記他事, 文不成章而失其次. 今悉更定.

1-12 [잡기상 68]

반함飯含에 쓰는 옥을 전하는 자(含者)는 옥을 들고 명령을 전달하기를 "과군寡君께서 아무개를 시켜 반함에 쓸 옥을 부의하게 하였습니다"라고 한다. 상사喪事를 돕는 자(相)가 들어와 아뢰고, 다시 나가서 "고자孤子 아무개가 기다립니다"라고 말한다. 옥을 전하는 자가 들어와 당에 올라서 명령을 전달하면, 상주는 이마를 지면에 대고 배례한다. 옥을 전하는 자는 빈궁殯宮의 동남쪽에 꿇어앉아서 전하는데, (이때 장례를 하기 전이면) 갈자리(葦席)를 깔아 받치고, 장례를 마친 뒤라면 부들자리(蒲席)를 깔아 받친다. 옥을 전하는 자는 계단을 내려와 문을 나가서 문밖의 자신의 자리로 돌아간다. 재부宰夫는 조복朝服을 입고 상喪중에 신는 미투리(喪屨)를 그대로 신고서 서쪽 계단으로 올라 서쪽을 향하고 꿇어앉아서 옥을 들며, 계단을 내려와 동쪽으로 간다.[구본에는 위 문장과 연결되어 있다. 아래 경문도 마찬가지다]

含者執璧將命曰: "寡君使某含." 相者入告, 出曰: "孤某須矣." 含者入, 升堂致命, 子拜稽顙. 含者坐委于殯東南, 有葦席, 旣葬蒲席. 降出反位. 宰夫朝服, 卽喪屨, 升自西階, 西面坐取璧, 降自西階, 以東.[舊聯上文, 下放此]

集說 이 부분은 제후국에서 반함에 쓰는 옥을 부의하는 예를 말한 것이다. 반함에 쓰는 옥의 형태와 제도는 벽璧과 같다. 구주舊注6)에서는 "크기의 수치에 대해서는 알려진 바가 없다"고 하였다. '좌위坐委'는 꿇어앉아서 전하여 놓는다는 뜻이다. 장례葬禮를 하기 전에는 갈자리(葦席)를 진설하고 받치고, 장례를 한 뒤라면 부들자리(蒲席)를 진설하고 받친다. 이웃 나라는 먼 곳도 있고 가까운 곳도 있어 장례를 지낸 뒤에야 도착하여 반함에 쓰는 옥을 부의하는 경우도 있다. '계단을 내려와 문을 나가서 문밖의 자신의 자리로 돌아간다'는 것은 반함에 쓰는 옥을 전하는 자가 옥을 전달하는 것을 마치고 계단을 내려와 문을 나가서 문 밖의 자리로 돌아감을 밀한다. 위 장의 '조문하러 온 사자'는 정사正使이고 이 장의 '반함飯含에 쓰는 옥을 전하는 자'(含者)는 그 정사의 개介(부관)이다. 무릇 상을 당한 초기 (장례를

하기 이전)에는 상주가 직접 받지 않고 대부大夫를 시켜 빈궁殯宮에서 받는다. 이 경우는 상을 당한 지 오래 지났기 때문에 상주가 직접 받고 나서 재부宰夫가 가져가 보관한 것이다. '조복朝服'은 길복吉服이다. "옥을 든 이는 요질을 두르지 않는다."[7] 그러므로 조복朝服을 입는 것이다. 상喪중에 있을 때는 완전한 길복吉服으로 바꿀 수 없기 때문에 상중에 신는 미투리(喪屨)를 그대로 신는다. '앉아서 옥(璧)을 든다'는 것 역시 꿇어앉아서 드는 것이다. '동쪽으로 간다'는 것은 안에다 보관하는 것이다. 소疏에서 말한다. "재宰는 상경上卿을 말한다. 이곳의 '부夫'는 잘못 부가된 글자이다." 此言列國致含之禮. 含玉之形制如璧. 舊註云: "分寸大小未聞." '坐委', 跪而致之也. 未葬之前, 設葦席以承之, 旣葬, 則設蒲席承之. 隣國有遠近, 故有葬後來致含者. '降出反位', 謂含者委璧訖, 降階而復門外之位也. 上文'弔者'爲正使, 此含者'乃其介耳. 凡初遭喪, 則主人不親受, 使大夫受於殯宮. 此遭喪已久, 故嗣子親受之, 然後宰夫取而藏之也. '朝服', 吉服也. "執玉不麻." 故著朝服. 以在喪不可純變吉, 故仍其喪屨. '坐取璧', 亦跪而取之也. '以東', 藏於內也. 疏云: "宰謂上卿. '夫'字衍."

權近 살피건대, 이 경문은 외국에서 와서 반함하는 예를 말하였다. 近按, 此言來含之禮.

1-13[잡기상 69]

옷을 전하는 자가 "과군寡君께서 아무개를 시켜 옷을 부의하게 하였습니다"라고 한다. 상사喪事를 돕는 자(相)가 들어와서 아뢰고 다시 나가 "고자孤子 아무개가 기다립니다"라고 말한다. 옷을 전하는 자는 면복冕服을 드는데, 왼손으로 옷깃(領)을 잡고 오른손으로 옷의 허리춤을 잡고서 대문을 들어와 당에 올라 명령을 전하기를 "과군寡君께서 아무개를 시켜 옷을 부의하게 하였습니다"라고 한다. 상주는 이마를 지면에 대고 배례한다. 옷을 빈궁의 동쪽에서 전하여 놓는다. 옷을 전한 자는 계단을 내려가 작변복爵弁服을 받아 대문 안의 처마 낙숫물받이(霤)가 있는 곳까지 와서 명령을 전달한다. 상주는 이마를 지면에 대고 배례하는데 처음 면복冕服을 받을 때와 같이 한다. 피변복皮弁服은 가운데 뜰에서 받고, 조복朝服은 서쪽 계단에서 받고, 현단복玄端服은 당堂에서 받으며, 명령을 전달한다.8) 상주는 이마를 지면에 대고 배례를 하는데 모두 처음 면복을 받을 때와 같이 한다. 옷을 전하는 자는 계단을 내려와 문을 나가서 자신의 자리로 돌아간다. 재부宰夫 5인이 (각각 한 벌씩) 부의한 옷을 들고 동쪽으로 가는데, 서쪽 계단을 통해 내려간다. 옷을 들 때, 옷을 전하는 자가 옷을 전할 때 서쪽을 향하던 것과 마찬가지로 한다.

襚者曰: "寡君使某襚." 相者入告, 出曰: "孤某須矣." 襚者執冕服, 左執領, 右執要, 入, 升堂, 致命曰: "寡君使某襚." 子拜稽顙. 委衣于殯東. 襚者降, 受爵弁服於門內霤, 將命. 子拜稽顙如初. 受皮弁服於中庭, 自西階受朝服, 自堂受玄端, 將命. 子拜稽顙, 皆如初. 襚者降出反位. 宰夫五人擧以東, 降自西階. 其擧亦西面.

集說 이 부분은 제후국에서 의복(襚)9)을 부의賻儀하는 예를 말한다. 의복을 부의하는 것을 수襚라고 한다. '빈궁殯宮의 동쪽에서 전하여 놓는다'는

것은 곧 옥을 전한 자리다. '왼손으로 옷깃(領)을 잡는다'는 것은 옷깃이 남쪽을 향하게 하는 것이다. 옷을 전하는 자가 면복冕服을 전하는 것을 마치면 도로 계단을 내려와서 문을 나가 작변복爵弁服을 가지고 대문 안의 처마(霤)까지 이르러 명령을 전한다. '상주가 배례를 하는데 처음처럼 한다'는 것은 면복冕服을 받을 때처럼 한다는 것이다. 받는 것을 마치면, 옷을 전한 자는 다시 나가서 피변복皮弁服을, 그 다음에는 조복朝服을, 그 다음에는 현단복玄端服을 차례로 가져와 전한다. 매 옷마다, 전하고 받는 예가 처음과 같다. 다만 옷을 받는 장소가 다를 뿐이다. 5복服을 전하는 것을 모두 마치면, 옷을 전한 자는 계단을 내려와 대문을 나가서 자신의 자리로 되돌아가고, 재부宰夫 5인은 각각 옷 한 벌씩 들고 동쪽으로 간다. 옷을 들 때 또한 옷을 전한 자가 서쪽을 향하던 것과 같이 한다. 此言列國致襚之禮. 衣服曰襚. '委於殯東', 卽委璧之席上也. '左執領', 則領向南. 此襚者旣致冕服訖, 復降而出取爵弁服, 以進至門之內霤而將命. '子拜如初'者, 如受冕服之禮也. 受訖, 襚者又出取皮弁服及朝服及玄端服. 每服, 進受之禮皆如初. 但受之之所, 不同耳. 致五服皆畢, 襚者乃降出反位, 而宰夫五人, 各擧一服以東. 而其擧之也, 亦如襚者之西面焉.

權近 살피건대 이 경문은 외국에서 와서 의복을 부의하는 예를 말하였다. 옷마다 받는 장소가 다르지만 나아가서 명령을 전하는 것은 모두 당堂에서 한다. 구설(진호의 주)은 잘못된 것 같다. 近按, 此言來襚之禮. 每服受所不同, 然其進而將命, 皆於堂上. 舊說恐誤.

1-14[잡기상 47]

제후가 서로 부의賻儀를 기증할 때 후로後路와 면복冕服으로 한다.

선로先路와 포의襃衣는 부의로 기증하지 않는다. 【구본에는 '加灰錫也' 아
래 배치되어 있다】
諸侯相襚, 以後路與冕服, 先路與襃衣不以襚.【舊在'加灰錫也'之下】

集說 '후로後路'는 이거貳車(예비로 뒤따르는 수레)이다. 이거는 행차 때 뒤에
서 따르기 때문에 후로後路라고 한다. '면복冕服'은 가장 높은 면冕 뒤에 오
는 두 번째 면(次冕)이다. 상공上公은 별면鷩冕을 두 번째 면으로, 후侯와 백
伯은 취면毳冕을 두 번째 면으로, 자子와 남男은 치면絺冕을 두 번째 면으로
삼는다. '선로先路'는 정로正路이다. '포의襃衣'는 처음 작명을 받아 제후가
되었을 때 입는 옷과 조근朝覲을 갔을 때 특별히 하사받는 옷이다. 서로
부의賻儀를 기증하는데 자신의 정거正車와 정복正服을 기증하지 않는 것은
상대가 정거正車와 정복正服으로 사용하지 않기 때문이다. '後路', 貳車也. 貳
車在後, 故曰後路. '冕服', 上冕之後次冕也. 上公以鷩冕爲次, 侯·伯以毳冕爲次, 子·
男以絺冕爲次. '先路', 正路也. '襃衣', 始命爲諸侯之衣, 及朝覲時天子所加賜之衣也.[10]
相襚, 不可用己之正車服者, 以彼不用之以爲正也.

權近 생각건대, 이 경문은 의복을 부의하는 예를 이어받아 유형이 같은
것끼리 그 다음에 기록한 것이다. 近按, 此因襚者之禮而類次之.

1-15[잡기상 70]

상개上介가 수레와 말(賵)을 부의하는데, 규를 잡고 명령을 전하기
를 "과군寡君께서 아무개를 시켜 수레와 말을 부의하게 하였습니

다"라고 한다. 상사喪事를 돕는 자(相)가 들어와서 아뢰고 다시 나가 "고자孤子가 기다립니다"라고 말한다. 네 마리 황색 말과 대로大路를 빈궁殯宮이 있는 뜰의 중앙에 진설하는데 수레의 끌채(輈)가 북쪽을 향하게 한다. 상개上介가 규圭를 잡고 명령을 전한다. 상개上介의 하인은 말을 끌고 와 수레의 서쪽에 진설한다. 상주는 이마를 지면에 대고 배례한다. 상개上介는 꿇어앉아서 빈궁殯宮의 동남쪽 모퉁이에 있는 자리 위에 규圭를 놓는다. 재宰는 규圭를 들고서 동쪽으로 간다.【구본에는 '其擧亦西面' 아래 배치되어 있다】

上介賵, 執圭將命曰: "寡君使某賵." 相者入告, 反命曰: "孤11)須矣." 陳乘黃·大路於中庭, 北輈. 執圭將命. 客使自下由路西. 子拜稽顙. 坐委于殯東南隅. 宰擧以東.【舊在'其擧亦西面'之下】

集說 이 부분은 제후국에서 수레와 말(賵)을 부의하는 예를 말한다. 수레와 말을 부의하는 것을 '봉賵'이라고 한다. '승황乘黃'은 네 마리 말이다. '대로大路'는 수레이다. '끌채(輈)가 북쪽을 향하도록 한다'(北輈)는 것은 수레의 끌채가 북쪽을 향하게 진설한다는 것이다. 객사客使는 상개上介가 부리는 사람이다. 객客이 부리기 때문에 객사客使라고 한다. '자自'는 이끈다는 뜻이다. '하下'는 말을 가리킨다. '유由'는 있게 한다는 뜻이다. '수레'(路)는 곧 대로大路이다. 수레의 끌채가 북쪽을 향하도록 해서 수레의 진설을 마치면 수레와 말을 부의하는 자가 규圭를 잡고 당堂으로 올라 명령을 전한다. 상개上介의 하인은 말을 끌고 와 수레 서쪽에 진설한다. 수레 또한 이 하인이 진설한다. 상주가 배례拜禮한 뒤에 수레와 말을 전하는 상개上介는 꿇어앉아서 규圭를 빈궁의 동남쪽 모퉁이에 있는 자리 위에 놓는다. 재부宰夫가 그 규를 들고서 동쪽으로 가 안에다 보관한다. 또한 살펴보건대,『의례』

「근례覲禮」에는 수레가 서쪽에 진설되어 빈객이 통솔하게 되어 있다. 「기석례旣夕禮」에는 수레의 경우 서쪽을 윗자리로 삼는데, 그것은 사자死者를 위해서 귀신의 자리에다 진설하기 때문이다. 그러나 여기 수레와 말을 부의하는 예에서 수레와 말은 상주가 장례를 준비하는 것을 돕기 위한 것이므로 주인이 통솔하도록 진설한다. 따라서 수레는 말의 동쪽에 놓인다. ○ 육씨陸氏는 말한다. "'고수의孤須矣(고자孤子가 기다립니다)'는 이 장에서 이편 끝까지 모두 '모某'(아무개)자가 없다. 모某자가 들어간 것은 잘못된 것이다." 此言列國致賵之禮. 車馬曰'賵'. '乘黃', 四黃馬也. '大路', 車也. '北輈', 車之輈轅北向也. '客使', 上介所役使之人也. 爲客所使, 故曰'客使'. '自', 率也. '下'謂馬也. '由', 在也. '路'卽大路也. 陳車北輈畢, 賵者執圭, 升堂致命. 而客之從者, 率馬設在車之西也. 車亦此從者設之. 子拜之後, 賵客卽跪而置其主於殯東南隅之席上. 而宰擧之以東而藏於內也. 又按, 「覲禮」車在西統於賓也. 「旣夕禮」車以西爲上者, 爲死者而設於鬼神之位也. 此賵禮車馬, 爲助主人送葬, 而設統於主人. 故車在東也. ○ 陸氏曰: "'孤須矣', 從此盡篇末, 皆無'某'字. 有者非."

權近 살펴건대 이 경문은 외국에서 와서 수레와 말을 부의하는 예를 말하였다. 近按, 此言來贈之禮.

1-16[잡기상 72]

수레와 말(賵)을 부의하는 자는 문을 나가 문밖에 있는 자신의 자리로 돌아간다. 【구본에는 다음 장 '降自西階' 아래 배치되어 있다. 선유(陳澔를 가리킴)는 이곳에 배치되어야 한다고 하였다】

賵者出, 反位于門外.【舊在下章'降自西階'之下. 先儒謂當在此】

무릇 명령을 전할 때는 빈궁殯宮을 향해 명령을 전하고, 상주는 이마를 지면에 대고 배례를 하고, 명령을 전하는 자는 서쪽을 향해 꿇어앉아서 부의하는 물건을 놓는다. 재宰(상경)는 반함에 쓰는 옥(璧)과 규圭를 들고, 재부宰夫(상경의 보좌관)는 수의를 드는데, 서쪽 계단으로 올라와 서쪽을 향하고 꿇어앉아서 들고 서쪽 계단으로 내려간다.【구본에는 위 경문 '上舉以東' 아래 배치되어 있다】

凡將命, 鄕殯將命, 子拜稽顙, 西面而坐委之. 宰舉璧與圭, 宰夫舉襚, 升自西階, 西面坐取之, 降自西階.【舊在上文之'上舉以東'之下】

集說 '무릇 명령을 전할 때'라는 말은 위 장에서 조문을 하고, 반함에 쓰는 옥을 부의하고, 옷을 부의하고, 수레와 말을 부의할 때 명령을 전하는 예를 모두 포괄해서 말하는 것이다. '빈궁殯宮을 향한다'는 것은 빈궁의 서남쪽에 서서 동북쪽으로 빈궁을 향하는 것이다. 명령을 전할 때, 상주가 이마를 지면에 대고 배례하기를 마치면 상개上介는 곧 서쪽으로 향하여 꿇어앉아서 자신이 들고 있는 물건을 놓는다. 반함에 쓰는 옥과 규는 재宰(상경)가 들고, 수의襚衣는 재부宰夫가 든다. 그들이 들 때, 모두 서쪽 계단으로 당堂에 올라 서쪽을 향해 꿇어앉아서 들고, 서쪽 계단으로 내려간다. '凡將命'者, 總言上文弔·含·襚·賵將命之禮也. '鄕殯'者, 立于殯之西南, 而面東北以向殯也. 將命之時, 子拜稽顙畢, 客卽西向跪而委其所執之物. 其含璧與圭, 則宰舉之, 襚衣則宰夫舉之. 而其舉也, 皆自西階升, 而西面以跪而取之, 乃自西階以降也.

상객上客(조문하러 온 정사正使)가 "과군寡君께서 종묘宗廟에 일이 있어 직접 조문을 오지 못하고, 일개一介 노신老臣 아무개를 시켜 상여끈을 잡아끄는 것을 돕게 하였습니다"라고 말한다. 상사喪事를 돕는 자(相)가 (들어와서 아뢰고) 다시 나가 "고자孤子가 기다립니다"라고 말한다. 상객은 들어가 문의 오른쪽에 서고, 개介들은 모두 상객을 뒤따라 그의 왼쪽에 서는데 동쪽이 윗자리가 되게 선다. 종인宗人은 빈객을 들여보내고자 당으로 올라가 군주로부터 명령을 받고 내려와 상객에게 "고자孤子께서는 선생께서 욕되게도 낮추어 신하의 자리에 계시는 것을 사양하십니다. 선생께서는 빈객의 자리로 돌아가시기를 청합니다"라고 말한다. 상객은 "과군寡君께서 아무개에게 감히 빈객으로 처신하지 말도록 명령하셨습니다. 감히 사양합니다"라고 말한다. 종인宗人이 다시 군주의 명령을 받아 전하여 "고자孤子께서는 선생께서 욕되게도 낮추어서 신하의 자리에 계시는 것을 거듭 사양하십니다. 선생께서는 빈객의 자리로 돌아가시기를 청합니다"라고 말한다. 상객은 "과군寡君께서 아무개에게 감히 빈객으로 처신하지 말도록 명령하셨습니다. 감히 거듭 사양합니다"라고 말한다. 종인宗人이 다시 군주의 명령을 받아 전하여 "고자孤子께서는 선생께서 욕되게도 낮추어서 신하의 자리에 계시는 것을 거듭 사양하십니다. 선생께서는 빈객의 자리로 돌아가시기를 청합니다"라고 말한다. 상객은 "과군寡君께서 아무개에게 감히 빈객으로 처신하지 말도록 명령하셨습니다. 그러므로 감히 거듭 사양합니다. 거듭 사양하여도 허락해주시지 않으니, 감히 삼가 (말씀하신 바에) 따르지 않을 수 있겠습니까?"라고 한다. 상객은 문의 서쪽에 서고 개介들은 문의 왼쪽에 서는데 동쪽이 윗자리가 되게 선다. 고자孤子가 동쪽 계단으로 당堂을 내려와 상객에게 배례한다. 상객과 고자가 함께 당으로 올라가 곡을 하는데, 상객과 함께 번갈아 가면서 용踊을 세 번 한다. 상객이 대문을 나가면 고자孤子는 문밖에서 전송하고, 이마가 땅에 닿도록 배례한다.【구본에는 '反位于門外' 아래 배치되어 있다】

上客臨曰: "寡君有宗廟之事, 不得承事, 使一介老某相執綍." 相者反命曰: "孤12)須矣." 臨者入門右, 介者皆從之, 立于其左, 東上. 宗人納賓, 升受命于君, 降曰: "孤敢辭吾子之辱. 請吾子之復位." 客對曰: "寡君命, 某毋敢視賓客. 敢辭." 宗人反命曰: "孤敢固辭吾子之辱. 請吾子之復位." 客對曰: "寡君命, 某毋敢視賓客. 敢固辭." 宗人反命曰: "孤敢固辭吾子之辱. 請吾子之復位." 客對曰: "寡君命, 使臣某毋敢視賓客. 是以敢固辭. 固辭不獲命, 敢不敬從?" 客立于門西, 介立于門左, 東上. 孤降自阼階, 拜之, 升, 哭, 與客拾踊三. 客出, 送于門外, 拜稽顙.【舊在'反位于門外'之下】

集說　'상객上客'은 곧 앞 장(1-11)에서 말한 '조문하러 온 사자'(弔者)로, 대개 이웃나라에서 조문하러 온 정사正使이다. 반함에 쓰는 옥(含)·수의(襚)·수레와 말(賵) 등을 부의하는 절차를 모두 마친 뒤에, 정사正使 자신이 빈궁殯宮에 다가가 곡哭을 하는 예를 행하는데, 빙례聘禮에서 사적私覿13)의 예禮가 있는 것과 같다. 그러나 대개 사적인 예일 뿐이다. 상주가 문으로 들어

가 오른쪽에 위치하고 손님은 문으로 들어가 왼쪽에 위치하는 것이 예이다. 그런데 이제 이 조문객이 문으로 들어와 오른쪽에 위치하는 것은 감히 빈객賓客의 예로 처신하지 않는 것이다. '종인宗人'은 예를 담당하는 관리다. 이 조문객을 (조문하도록) 들여보내고 싶기 때문에 먼저 조문객을 들여보내라는 명령을 주국主國의 사군嗣君으로부터 받은 다음에, 계단을 내려와 조문객에게 문의 왼쪽에 있는 빈객의 자리로 돌아가라고 말한다. 종인은 빈객의 사양하는 답사答辭를 들어가 군주에게 아뢰고, 다시 조문객에게 이른다. 이렇게 하기를 3차례 하고 나서 조문객이 자신을 사신使臣으로 호칭하고 그 명령을 따른다. 이때 조문객이 문의 서쪽 빈객의 자리에 서고, 주국主國의 군주君主는 계단을 내려와 배례한다. 군주와 조문객이 함께 당에 오르고 곡을 하며 번갈아 용踊을 하기를 3차례 한다. 이른바 '용踊을 이루는 것'(成踊)이다. 조문객이 나가면 군주는 전송하고 배례한다. 그가 수고스럽게 자신을 낮추어서까지 조문한 것에 감사드리는 것이다. '上客, 即前章所云'弔者', 蓋隣國來弔之正使也. 弔含·襚·賵, 皆畢, 自行臨哭之禮, 若聘禮之有私覿, 然蓋私禮爾. 主人入門而右, 客入門而左, 禮也. 今此客入門之右, 是不敢以賓禮自居也. '宗人', 掌禮之官. 欲納此弔賓, 先受納賓之命於主國嗣君, 然後降而請於客, 使之復門左之賓位也. 宗人以客答之辭, 入告於君, 而反命于客. 如是者三, 客乃自稱使臣, 而從其命. 於是立于門西之賓位, 主君自阼階降而拜之. 主客俱升堂, 哭而更踊者三. 所謂成踊也. 客出, 送而拜之, 謝其勞辱也.

權近 살펴건대, 이 편의 첫머리에 사망한 처음에 행하는 복復을 말하였고, 다음에 부고하는 예를 말하였는데, 모두 군주와 대부 이하를 겸해서 말하였다. 이 장은 조문과 반함, 의복을 부의하는 예와 수레와 말을 부의하는 예를 말하였는데 전부 군주를 위주로 말하였다. 그러나 그 경문의 뜻이 서로 한 유형을 이루고 구절들의 순서가 서로 맞물려 이 장에 이르기까지

한 장을 이룬다. 선후의 순서가 일일이 상세하게 갖추어져 있기 때문에 다른 일로 중간에 뒤섞는 것을 용납하지 않는다. 그러므로 합하여 한 절로 만들었다. ○ 이상이 제1절이다. 近按, 篇首言始死之復, 次言訃告之禮, 皆兼君·大夫以下而言. 此言弔·含·襚·賵之事, 全主國君而言. 然其文意相類, 節次相接, 至此而成一章. 先後之序, 悉爲詳備, 不容以他事雜於其間也. 故今合而爲一. ○ 右第一節.

2.

군주가 사망하면 태자는 자신을 자子(자식)라고 부르며, 제후와 서열을 이루어 응대할 때에는 군주와 같이 한다(待猶君).【구본에는 '公子附於公子' 아래 배치되어 있다】

君薨, 太子號稱子, 待猶君也.【舊在'公子附於公子'之下】

集說 군주가 생존해 있을 때는 자신을 세자世子라고 부르고, 군주가 사망하면 자子(자식)이라고 부르며, 군주가 사망한 해를 넘기면 군君이라고 부른다. 『춘추좌씨전』, 희공僖公 9년 조 전傳에 "무릇 상喪중에 있을 때, 천자의 상喪이면 자신을 소동小童이라고 부르고, 공公과 후侯의 상喪이면 자신을 자子라고 부른다"라고 하였다. '대유군待猶君'은 제후와 함께 서열을 이루어 응대하는 예禮에서 정식 군주와 같이 함을 말한다. 君在稱世子, 君薨則稱子, 踰年乃得稱君也.「僖九年」傳云: "凡在喪, 王曰小童, 公侯曰子." '待猶君'者, 謂與諸侯並列供待之禮, 猶如正君也.

權近 살피건대, 이 편은 상례를 뒤섞어 기록하였기 때문에 본래 순서가 없다. 이제 신분이 높은 쪽부터 시작해야 하기 때문에 이 절을 먼저 배치한다. 近按, 此篇雜記喪禮, 本無叙次. 今當自貴者始, 故先此也.

외종外宗의 여자들은 방 안에서 남쪽을 향해 서 있는다. 소신小臣은 대렴을 행할 돗자리(席)를 깔아놓는다. 상축商祝이 효포(絞)14) · 홑이불(紟15) · 이불(衾16) 등을 깔아놓고, 사士는 세숫대아(盤)의 북쪽에서 손을 씻은 다음 시신을 대렴할 곳으로 옮긴다. 대렴을 마치면, 재宰가 상주喪主에게 아뢴다. 아들 상주는 시신에 기대어 곡哭을 하고 용踊을 한다. 부인夫人은 (시신의 서쪽에서) 동쪽을 향해 앉아서 시신에 기대어 곡哭을 하고 일어나 용踊을 한다. 【구본에는 '不敢受弔' 아래 배치되어 있다】

外宗房中南面. 小臣鋪席. 商祝鋪絞 · 紟 · 衾, 士盥于盤北, 擧遷尸于斂上. 卒斂, 宰告. 子馮之踊. 夫人東面坐馮之, 興踊.【舊在'不敢受弔'之下】

集說 이 부분은 「상대기喪大記」(48) '군주의 대렴' 장에 있는 문장이 여기에 중복해서 나온 것이다. 설명은 해당 장에 나온다. 此是「喪大記」'君大斂'章文, 重出在此, 說見本章.

權近 살펴건대, 이 경문은 군주가 사망한 처음의 일이다. 따라서 여기에 배치해야 한다. 近按, 此乃君薨之始事. 故當在此.

2-3[잡기상 9]

대부大夫는 공관公館에서 거상하고 그곳에서 상을 마친다. 사士는 소상제小祥祭를 마치고 귀가하는데, 사士도 공관에서 거상한다. 대부는 의려(廬)에서 거상하며, 사士는 악실堊室에서 거상한다.【구본에

大夫次於公館以終喪. 士練而歸, 士次於公館. 大夫居廬, 士居堊室.【舊在'外私某死'之下】

集說 이것은 군주의 상을 당했을 때 대부가 거상居喪하는 곳은 공관公館 안에 있고, 대부는 상을 마치고 나서 귀가할 수 있음을 말한다. 읍재邑宰인 사士는 소상小祥을 마치고 자신이 다스리는 읍으로 돌아갈 수 있다. 조정朝廷의 사士 또한 공관에서 거상하며 상을 마칠 때까지 기다린다. '의려'(廬)는 중문中門 밖의 동쪽 벽에 나무를 걸쳐서(倚木) 만든다. 그러므로 '의려倚廬'라고 말한다. 악실堊室[17]은 중문 밖의 지붕 아래에 날벽돌을 쌓아 만들고 벽을 맥질하지는 않는다. ○ 유씨劉氏는 말한다. "정현은 '악실堊室에서 거상한다는 것 역시 읍재를 말한다'고 하였다. 조정의 사士는 또한 의려倚廬에서 거상한다. 대개 참최斬衰의 상을 당하면 의려倚廬에서 거상하다가 소상을 마치고 나서 악실堊室로 옮겨 거상한다. 조정의 사士와 대부는 모두 참최복을 하는 이들이므로 소상 전에도 모두 의려倚廬에서 거상해야 한다."

此言君喪, 則大夫居喪之次, 在公館之中, 終喪乃得還家. 若邑宰之士, 至小祥, 得還其所治之邑. 其朝廷之士, 亦留次公館, 以待終喪. '廬'在中門外東壁, 倚木爲之, 故云'倚廬'. 堊室在中門外屋下, 壘墼爲之, 不塗墍. ○ 劉氏曰: "鄭云, '居堊室, 亦謂邑宰也.' 朝士亦居廬. 蓋斬衰之喪居廬, 旣練居堊室. 朝士·大夫, 皆斬衰, 未練時, 皆當居廬也."

權近 살피건대, 구설에서는 이 절이 신하가 군주의 상喪을 당하여 상복을 하는 예를 말하였다고 한다. 그러나 위로 사士가 사망하여 타국에 부고하는 예 이래에 이어져 있어 문장의 뜻이 서로 이어지지 않았다. 이제 군주가 사망한 뒤에다 붙여 놓았으니, 군주의 상에 상복을 하는 뜻임이 설명이 필요 없이 명확해졌다. 近按, 舊說此言臣服君喪之禮. 然上接士死訃於他國之下, 文

意不屬. 今付于君薨之後, 則其爲君喪之意, 不釋而明矣.

자신의 나라에 군주의 상이 있을 때, 부모의 상을 당한 신하는 감
히 타국의 빈객으로부터 조문을 받지 않는다.【구본에는 '送于門外, 拜稽
顙' 아래 배치되어 있다】

其國有君喪, 不敢受弔.【舊在'送于門外, 拜稽顙'之下】

集說 경卿과 대부大夫 이하가 군주의 상喪중인데 또한 부모의 상을 당하
면 감히 타국의 빈객이 조문하는 것을 받지 않는다. 군주를 존중하기 때문
이다. 言卿·大夫以下有君喪, 而又有親喪, 則不敢受他國賓客之弔. 尊君故也.

權近 살피건대, 구설(진호의 주)에서는 "경과 대부 이하가 군주의 상 중에
또한 부모의 상을 당하면 자신의 개인적인 상에 대하여 타국의 빈객으로부
터 조문을 받지 않는다"라고 하였다. 그러므로 여기에 배치되어야 한다.
近按, 舊說云: "卿·大夫以下有君喪, 又有親喪, 不敢受私喪之弔." 故當在此.

군주는 비복婢僕(하인)과 첩妾의 시신을 어루만지지 않는다.
君不撫僕·妾.

集說 사망하여도 군주가 (고별을 고하기 위하여) 그 시신을 어루만지지

않는 것은 신분이 낮은 자에 대하여 생략하는 것이다. 死而君不撫其尸者, 略
於賤也.

여군女君이 사망한 뒤 첩은 여군의 친족을 위해 상복을 한다. 여군
을 대신해서 섭위한 경우엔 사망한 여군의 친족을 위해 상복을 하
지 않는다.【구본에는 '不於正室' 아래 배치되어 있다】
女君死, 則妾爲女君之黨服. 攝女君則不爲先女君之黨服.【舊在'不
於正室'之下】

集說 여군이 사망한 뒤 첩이 여군의 친족에 대하여 상복을 하는 것은 도
종徒從[18]의 예이다. 첩이 여군을 대신해서 섭위한 경우엔 여군의 친족을
위해 상복을 하지 않는다. 섭위攝位하면 지위가 조금 높기 때문이다. 女君死
而妾猶服其黨, 是徒從之禮也. 妾攝女君則不服. 以攝位稍尊也.

權近 살피건대, 이 장은 위에서 군주의 상을 말하면서 아울러 여군女君이
사망하였을 때 첩이 상복하는 일을 부가한 것이다. ○ 이 이상은 제후의 상
례를 말하였다. 近按, 此因上言君喪, 而并付女君僕妾之事. ○ 此以上言諸侯之喪禮.

대부大夫의 상喪에 대종인大宗人이 상례를 돕고 소종인小宗人이 거북
등에 점칠 사항을 고하고(命龜), 복인卜人[19]이 거북등을 태운다(作

龜).【구본에는 '包奠而讀書' 아래 배치되어 있다】

大夫之喪, 大宗人相, 小宗人命龜, 卜人作龜.【舊在'包奠而讀書'之下】

集說 '대종인大宗人'과 '소종인小宗人'은 곧 대종백大宗白과 소종백小宗伯이다. '상相'은 예의를 돕는다는 뜻이다. '명귀命龜'는 점을 쳐 물을 일을 거북에게 고하는 것이다. '작귀作龜'는 거북등에 구멍을 내서 태우는 것이다. ○ 유씨劉氏는 말한다. "대종인은 어쩌면 도종인都宗人이고 소종인은 어쩌면 가종인家宗人으로 도가都家[20]의 예를 담당하는 사람일 것이다." '大宗人'·'小宗人', 即大宗伯·小宗伯也. '相', 佐助禮儀也. '命龜', 告龜以所卜之事也. '作龜', 鑽灼之也. ○ 劉氏曰: "大宗人或是都宗人, 小宗人或是家宗人, 掌都家之禮者."

2-8[잡기상 14]

대부大夫가 장지葬地를 점치고(卜宅) 장례일을 점칠 때, 유사有司는 마의麻衣를 입고 포최布衰(베로 만든 최)를 달며, 포대布帶(베로 만든 띠)를 띠고, 상복喪服의 미투리를 신고(因喪屨), 치포관緇布冠에는 갓끈 장식을 하지 않는다(不蕤). 점치는 사람(占者)은 피변복皮弁服을 입는다.
大夫卜宅與葬日, 有司麻衣布衰布帶, 因喪屨, 緇布冠不蕤. 占者皮弁.

集說 "복택卜宅은 장지를 거북점치는 것이다. '유사有司'는 거북점치는 일을 담당하는 사람이다. '마의麻衣'는 심의深衣를 흰 베로 만든 것이다. '포최布衰'는 3승반 베로 최衰를 만드는 것이다. 길이는 6촌 넓이는 4촌으로 하여

심의深衣 앞면 가슴 높이가 되는 곳에 꿰맨다. '포대布帶'는 베로 띠를 만든 것이다. '인상구因喪屨'는 상복喪服의 미투리을 신는다는 뜻이다. '유총'은 유緌(갓끈 장식)와 같다. 옛날에 치포관緇布冠에는 갓끈 장식이 없었는데, 후대에 유총(갓끈 장식)를 더하였다. 그러므로 여기서 밝혀 말한 것이다. 유사有司는 거북점을 치는 일을 도우므로 반은 길복이고 반은 흉복인 복식을 한다. '점자占者'는 거북점치는 사람이다. 유사보다 높기 때문에 피변복皮弁服을 한다. 그 복식은 더욱 더 길복이다. 피변은 천자의 경우 시조視朝[21]할 때 하는 복식이요, 제후와 대부 그리고 사士의 경우 시삭視朔할 때 하는 복식이다. '卜宅', 卜葬地也. '有司', 治卜事之人也. '麻衣', 白布深衣也. '布衰者', 以三升半布爲衰. 長六寸廣四寸, 就綴於深衣前, 當胸之上. '布帶', 以布爲帶也. '因喪屨', 因喪服之繩屨也. '緌與綏同. 古者, 緇布冠無緌, 後代加緌. 故此明言之也. 有司爲卜, 故用半吉半凶之服. '占者', 卜龜之人也. 尊於有司, 故皮弁. 其服彌吉也. 皮弁者於天子, 則爲視朝之服, 諸侯‧大夫‧士, 則爲視朔之服也.

2-9[잡기상 15]

시초점을 치는(筮) 경우엔 서사筮史는 연관練冠을 쓰고 장의長衣를 입고서 점을 친다. 점괘를 살피는 자(占者)는 조복朝服을 입는다.【이상 경문은 구본에는 '爲之置後' 아래 배치되어 있다】

如筮, 則史練冠長衣以筮. 占者朝服.【以上舊在'爲之置後'之下】

集說 '서사筮史'는 시초점을 치는 사람이다. '연관練冠'은 호관縞冠[22]이다. '장의長衣'는 심의深衣와 제도가 같은데, 흰색으로 가선을 두른다. '점자占者'는 괘효卦爻의 길흉을 살펴보는 사람이다. 조복朝服은 피변복皮弁服보다

낮은데, 시초점이 거북점보다 낮기 때문이다. '筮史', 筮人也. '練冠', 縞冠也. '長衣', 與深衣制同, 而以素爲純緣. '占者', 審卦爻吉凶之人也. 朝服卑於皮弁服, 以筮輕於卜也.

權近 살펴건대, 이 경문은 대부의 상에 장지를 점을 쳐서 택하는 일을 말하였다. 近按, 此言大夫喪葬卜筮之事.

---

²⁻¹⁰**[잡기상 16]**

대부大夫의 상喪에서 말을 바쳐 진설한 다음(旣薦馬), 사람들은 곡을 하며 용踊을 한다. 말이 나가면 이에 전물奠物을 싸고(包奠), 부의품 목록을 읽는다(讀書).【구본에는 위 문장과 연결되어 있다】

大夫之喪, 旣薦馬, 薦馬者哭踊. 出, 乃包奠, 而讀書.【舊聯上文】

集說 '천薦'은 바쳐 진설한다는 뜻이다. 수레에 매는 말은 수레마다 2필씩이다. 살펴보건대, 『의례』「기석례旣夕禮」에는 관이 처음에 나와 사당에 이르면 사당에 인사하는 전奠을 진설하고, 전奠이 끝나면 말을 바쳐 진설한다. 저녁에 조전祖奠²³⁾할 때에도 말을 바쳐 진설한다. 다음날 견전遣奠²⁴⁾을 진설할 때에도 말을 바쳐 진설한다. 이 경문에서 '말을 바쳐 진설한 다음'(旣薦馬)이라고 한 것은 견전遣奠을 진설할 때를 가리킨다. 말이 이르면 상여가 장차 떠나게 된다. 그러므로 상주는 그것을 감지하고 곡을 하며 용踊을 한다. '전물奠物을 싼다'(包奠)는 것은 견전遣奠에 올린 희생의 하체를 취해 (노끈(茆)으로) 싸서 견거遣車²⁵⁾에 실어 사자死者를 전송한다. 말은 전물을 싸기 전에 이르는데, 경문에서 '나가면 이에 전물奠物을 싼다'(出乃包奠)라고 한 것은 전물을 싸는 것이 출발하는 의절儀節임을 밝힌 것이다. '목록

을 읽는다'(讀書)는 것은 「기석례旣夕禮」에 "부의품을 방方에 쓴다"고 하였는데, 방은 판版(나무판)으로, 부의품을 기증한 사람의 성명과 그 물품을 나무판에 적고, 상여가 장지로 출발하려 할 때 주인의 사史가 관의 동쪽에서 서쪽을 향해 읽는 것을 말한다. 이 경문은 대부의 예와 사士의 예가 같음을 밝힌 것이다. '薦', 進也. 駕車之馬, 每車二匹. 按「旣夕禮」, 柩初出, 至祖廟, 設遷祖之奠, 訖乃薦馬. 至日側祖奠之時, 又薦馬. 明日設遣奠時, 又薦馬. 此言'旣薦馬', 謂遣奠時也. 馬至則車將行. 故孝子感之而哭踊. '包奠'者, 取遣奠牲之下體, 包裹而置於遣車, 以送死者. 馬至在包奠之前, 而云'出乃包奠'者, 明包奠爲出之節也. '讀書'者, 「旣夕」云: "書賵於方", 方, 版也, 謂書賵奠賻贈之人名與其物於版, 柩將行, 主人之史於柩東, 西面而讀之. 此明大夫之禮與士同.

權近 생각건대 이 장은 장례 날에 행하는 견전遣奠 예에 대하여 말하였다. 近按, 此言葬日遣尊之禮.

2-11 [잡기상 21]

대부는 상여 장식에서 교絞에 꿩을 그려 넣어 지池에 매다는 것을 하지 않는다.【구본에는 '復西上' 아래 배치되어 있다】

大夫不揄絞, 屬於池下.【舊在'復西上'之下】

集說 이것은 대부의 상여 장식을 말한 것이다. '요揄'는 꿩이다. '교絞'는 청황색의 비단이다. '지池'는 대나무를 교직하여 만드는데 모양이 삼태기 형태이며 푸른 베로 옷을 입힌다. 제후 이상은 청황색 비단(絞)에 꿩을 그려 넣어 지 아래에 매단다. 대부는 군주보다 지위가 낮으므로 교絞에 꿩을 그려 넣어 지에 매다는 것을 하지 않는다. 此言大夫喪車之飾. '揄', 翟雉也. '絞',

青黃之繒也. ‘池’, 織竹爲之, 形如籠, 衣以靑布. 若諸侯以上, 則畫揄翟於絞, 而屬於池之下. 大夫降於人君, 故不揄絞屬於池下也.

權近 살피건대, 이 장은 장례 때 사용하는 상여의 장식에 대하여 말하였다. 近按, 此言葬車之飾.

2-12[잡기상 10]

대부大夫가 자신의 부모와 형제 가운데 대부가 되지 못한 사람에 대하여 상복을 할 때 사士의 상복喪服과 같게 한다.【구본에는 ‘居堊室’ 아래 배치되어 있다】

大夫爲其父母·兄弟之未爲大夫者之喪服, 如士服.【舊在‘居堊室’ 之下】

集說 석량왕씨石梁王氏는 말한다. "부모의 상에 삼년복을 하는 것은 천자로부터 서인에 이르기까지 동일하다. 주周나라 사람들이 작명爵命을 귀중히 여겨 부모를 높이는 데 적용하였는데, 이제 그 상복을 낮추어서 다르게 하는 것은 잘못이다. 주공周公이 예禮를 제정할 때에는 아마도 그 폐단이 이 지경에 이르지는 않았을 것이다." 石梁王氏曰: "父母喪, 自天子達. 周人重爵, 施於尊親, 乃異其服, 非也. 周公制禮時, 恐其弊未至此."

權近 살피건대, 부모의 상에 대한 예는 신분의 차이에 상관없이 동일하다. 이 장의 설에 대하여 왕씨王氏(석량왕씨)가 그르다고 비판하였는데, 그의 말이 옳다. 近按, 父母之喪, 無貴賤一也. 此章之說, 王氏非之, 是矣.

2-13[잡기상 11]

사士는 부모와 형제 중 대부大夫가 된 이를 위해 상복喪服을 할 때 사士의 상복과 같이 한다. 대부의 적자適子는 대부의 상복을 한다.
士爲其父母·兄弟之爲大夫者之喪服, 如士服. 大夫之適子, 服大夫之服.

集說 대부大夫의 적자適子는 비록 사士가 되기 전이라도 대부의 상복을 할 수 있다. 따라서 사士가 되어서는 대부의 상복을 하는 것임을 알 수 있다. 이제 이 경문에서 말하는 사士는 대부의 서자庶子로서 사士가 된 사람이다. 서자는 신분이 낮기 때문에 신분이 높은 사람의 상복을 감히 하지 못한다. 따라서 사士의 상복과 같이 하는 것에서 그친다. 『맹자』에는 "자최의 상복은 천자로부터 모든 사람이 공통이다"[26]라고 하였지만, 여기 경문은 그와 같으니 아마도 대부의 상례가 없어져 그 자세한 내용을 알지 못한 것이다. 大夫適子, 雖未爲士, 亦得服大夫之服. 則爲士而服大夫服, 可知矣. 今此所言士, 是大夫之庶子爲士者也. 庶子卑, 故不敢服尊者之服. 所以止如士服也. 『孟子』言, '齊疏之服, 自天子達', 而此經之文若此, 蓋大夫喪禮亡, 不得聞其說之詳矣.

權近 살피건대, 이 경문은 비록 사의 경우를 말하였지만, 대부인 그 부모와 형제의 상에 대한 것이므로 이 장 내용 또한 대부의 상에 해당한다. 대부와 사가 부모의 상에 상복하는 것이 서로 차이가 있다는 것은 아직 들어보지 못한 바이다. 설사 차이가 있다고 해도 장례에는 사망한 이의 신분에 따라 행하고 제사는 살아 있는 사람의 신분에 따른 예로 행한다. 상복 역시 살아 있는 사람의 일이다. 대부의 적사가 아직 대부가 되지 못하였음에도 대부의 상복을 한다는 것은 아마도 옳지 않은 듯하다. 近按, 此雖言士, 然爲其父母·兄弟之爲大夫者, 則是亦大夫之喪也. 大夫·士親喪之服有同異者, 所未敢

잡기상 | **199**

知. 設或有之, 葬用死者之爵, 祭用生者之禮. 服亦生者之事. 大夫適子, 雖未爲大夫, 而服大夫之服者, 恐未然也.

2-14 [잡기상 12]

대부大夫의 서자庶子가 대부가 되면 부모에 대하여 대부의 상복으로 상복을 한다. 그러나 그의 위차位次는 대부가 되지 않은 적자와 같다.

大夫之庶子爲大夫, 則爲其父母服大夫服. 其位與未爲大夫者齒.

集說 대부의 서자가 대부가 되면 대부의 상복으로 부모에 대하여 상복을 할 수 있다. 그러나 거상하는 위차位次에서는 적자適子 가운데 대부가 되지 못한 이와 서로 같다. ○ 소疏에서 말한다 "이 서자는 비록 대부가 되었고 그 나이가 적자보다 많더라도 오히려 적자의 아래에 있으며, 적자가 맏상주가 되게 한다." 大夫庶子, 若爲大夫, 可以大夫之喪服喪其親. 然其行位之處, 則與適子之未爲大夫者相齒列. ○ 疏曰: "此庶子雖爲大夫, 其年雖長於適子, 猶在適子下, 使適子爲主也."

權近 살피건대, 이 경문은 서자가 대부가 되었다고 해도 상을 주관할 수 없음을 말하였다. 近按, 此言庶子, 雖爲大夫, 不得主喪也.

2-15 [잡기상 13]

사士의 아들은 대부가 되면, 그의 부모는 상주가 되지 못하고 그의 자식이 상주 노릇하게 시킨다. 만일 자식이 없으면 그를 위해 후사를 세운다.

士之子爲大夫, 則其父母弗能主也, 使其子主之. 無子則爲之置後.

集說 석량왕씨石梁王氏는 말한다. "이 경문의 내용은 의리에 전혀 맞지 않는다. 그 설을 넓히게 되면 자식의 작명爵命이 부모보다 높으면 그 부모는 결국 자식으로 여길 수가 없다. 순舜임금이 부친 고수瞽瞍를 신하로 삼을 수 있다는 말과 함께 모두 제齊나라 동쪽 비鄙에 사는 야인野人의 말이다.27)" 石梁王氏曰: "此最無義理. 充其說, 則是子爵高父母, 遂不能子之. 舜可臣瞽瞍, 皆齊東野人語也."

權近 살피건대 이 장에 대해서도 왕씨는 마찬가지로 그르다고 비판하였는데, 옳은 비판이다. 위 장에서 이미 대부가 되었더라도 형제와 연치를 따지지 않는 것을 하지 못한다. 하물며 부모에 대해서 자신이 신분이 귀하다고 높이겠는가? 대체로 '상복을 할 때 사士의 상복과 같이 한다'라고 한 부분 이하는 잘못된 말에 가깝습니다. 近按, 此章, 王氏亦非之, 是也. 上章旣言雖爲大夫, 不敢不與兄弟相齒. 況於父母, 以其貴而奠之歟? 大抵'服如士服'以下近誣.

2-16[잡기상 39]

대부大夫가 사적인 상(私喪)에 갈질葛絰을 하고 있을 때 형제의 가벼운 상(輕喪)을 만나면 조복弔服을 입고 변질弁絰을 한다. [구본에는 다음 경문 아래 배치되어 있다]

大夫有私喪之葛, 則於其兄弟之輕喪則弁絰. [舊在下節之下]

集說 '사적인 상'(私喪)은 처와 자식의 상喪을 가리킨다. 졸곡卒哭을 마치고 갈질葛経로 마질麻経을 바꾸어 쓰고 있는데, 이때 형제兄弟의 상喪을 당하면, 비록 시마緦麻의 가벼운 상복을 하는 형제라도 역시 조복弔服을 입고 변질弁経을 쓰고 가며, 사적인 상喪의 끝 무렵에 하는 상복 차림으로 가지 않는다. 대부는 시마복緦麻服을 하는 방계 친족의 형제에 대하여 복을 낮추므로 상복喪服이 없다. ○ 소疏에서 말한다. "만약 성복成服 이후라면 석최錫衰를 하고 성복 이전이라면 몸에는 흰 치마를 입고 머리에 변질弁経을 쓴다." '私喪', 妻子之喪也. 卒哭以葛代麻, 於此時而遭兄弟之喪, 雖緦麻之輕, 亦用弔服弁経而往, 不以私喪之末臨兄弟也. 大夫降旁親於緦麻兄弟, 無服. ○ 疏曰: "若已成服, 則錫衰, 未成服, 則身素裳而首弁経也."

2-17 **[잡기상 38]**

대부大夫가 대부의 상喪에 조문을 가서 곡哭을 할 때 머리에 변질弁経을 쓴다. 대부가 조문을 가서 빈殯에 참여할 때에도 역시 머리에 변질을 쓴다. [구본에는 '爲位而哭拜踊' 아래 배치되어 있다]

大夫之哭大夫, 弁経. 大夫與殯. 亦弁経. [舊在'爲位而哭拜踊'之下]

集說 대부의 상喪에 성복成服 뒤에 대부가 조문을 가면, 자신은 석최[28]를 입고 머리에 변질을 더 쓴다. '변질弁経'은 작변과 같은 모양에 흰색이며 환질을 더한 것이다. 만일 빈에 참여하면 이는 성복成服 이전이다. 머리에 역시 변질을 쓰고 다만 몸에는 석최를 입지 않는다. 석최를 입지 않으므로 피변복皮弁服을 입는다. 大夫之喪, 旣成服, 而大夫往弔, 則身著錫衰首加弁経. '弁経'者, 如爵弁而素加以環経也. 若與其殯事, 是未成服之時也. 首亦弁経, 但身不錫衰耳. 不

錫衰, 則皮弁服也.

살피건대, 이상은 모두 대부의 상례를 말하였다. 近按, 以上皆言大夫
之喪禮.

2-18[잡기상 43]

제후를 떠나(違) 대부大夫에게 가서 벼슬한 경우 이전의 군주가 사
망하면 돌아가 상복을 하지 않는다. 대부를 떠나 제후에게 가서
벼슬한 경우 이전의 군주가 사망하면 돌아가 상복을 하지 않는다.
【구본에는 '其贈也拜' 아래 배치되어 있다】

違諸侯, 之大夫, 不反服. 違大夫, 之諸侯, 不反服.【舊在'其贈也拜
之下】

'위違'는 떠난다는 뜻이다. 자신이 본래 군주의 신하였는데 이제 군
주를 떠나 다른 나라 대부의 신하가 되면 이는 신분이 높은 데에서 낮은
데로 가는 것이다. 만일 이전의 군주가 사망하면 자신은 돌아가 상복을 하
지 않는다. 신분이 낮은 신하에게 벼슬하고 있는데 이전의 신분이 높은 군
주에게 돌아가 상복을 할 수 없기 때문이다. 본래 대부의 신하였는데, 이제
그를 떠나 제후의 신하가 되었다면 이는 신분이 낮은 데에서 높은 데로
간 것이다. 만일 돌아가 낮은 신분의 군주를 위해 상복을 한다면 새로 벼
슬한 군주에게 수치가 된다. 그러므로 역시 돌아가 상복을 하지 않는다.
만일 새로 벼슬한 군주와 이전의 군주가 신분이 같다면, 이전의 군주를 위
해서 상복을 한다. '違', 去也. 己本是國君之臣, 今去國君而往爲他國大夫之臣, 是自
尊適卑. 若舊君死, 己不反服. 以仕於卑臣, 不可反服於前之尊君也. 本是大夫之臣, 今去

而仕爲諸侯之臣, 是自卑適尊. 若反服卑君, 則爲新君之恥矣. 故亦不反服. 若新君與舊君
等, 乃爲舊君服也.

近按, 살피건대, 이 장은 제후와 대부의 경우를 함께 말하였다. 그러므로
이곳에 배치하여 총 결론으로 삼아야 한다. ○ 이상은 제2절이다. 近按, 此
兼諸侯·大夫而言. 故當在此, 以爲總結也. ○ 右第二節.

3.

복復을 할 때 제후諸侯는 포의褒衣와 면복冕服 그리고 작변복爵弁服을
사용한다.

復, 諸侯以褒衣, 冕服, 爵弁服.

集說 복復과 포의褒衣에 대한 설명은 앞 장([잡기상 1-1])에 보인다. '면복冕服'29)은 상공上公이 곤면袞冕 이하 5면冕의 복식을 갖추고, 후侯와 백伯은 별면驚冕 이하로 그 복식은 4면이고, 자子와 남男은 취면毳冕 이하로 그 복식은 3면이다. 제후의 복復에는 포의褒衣와 면복冕服 그리고 작변복爵弁服을 함께 사용한다. 復及褒衣並說見前章.30) "冕服'者, 上公自袞冕而下, 備五冕之服, 侯伯自驚冕而下其服四, 子男自毳冕而下其服三. 諸侯之復也, 兼用褒衣及冕服·爵弁之服也.

(복復을 할 때) 제후 부인의 상에는 단의稅衣에서 요적揄狄에 이르기
까지의 옷을 사용한다. 요적과 단의는 속을 흰색의 주름진 비단으
로 한다.(狄·稅素沙)

夫人稅衣·揄狄. 狄·稅31)素沙.

集說 이 경문은 제후의 부인이 사망하여 복復에 사용하는 옷을 말한 것

이다. '단의稅衣'는 색깔은 검은색이며 가선을 붉은색 명주(纁)로 한다. 유揄는 요搖(새매)와 같은 뜻이다. '요적揄狄'은 색깔이 청색이다. 양자강과 회수淮水 이남에서는 청색 바탕에 오색五色을 다 갖추어 문장을 이루는 것을 요적搖狄이라고 부른다. 적狄은 적翟으로 되어야 옳다. 꿩의 이름이다. 이 옷은 대개 꿩의 형태를 넣어서 문양을 만들기 때문에 그것을 따서 이름을 붙인 것이다. '요적과 단의는 속을 흰색의 주름진 비단으로 한다'(狄稅素沙)는 것은 요적에서 단의에 이르기까지 모두 흰색의 주름진 비단으로 속을 만드는 것을 말한다. 곧 오늘날의 흰 비단(白絹)이다. ○『주례』「천관·내사복內司服」을 살펴보건대, 육복六服[32]은 휘의褘衣·요적揄狄·궐적闕狄·국의鞠衣·전의展衣·단의褖衣 등이다.[33] ○『의례』주註에 "왕의 길복吉服은 9가지인데 제복祭服은 6가지다. 왕후의 길복은 6가지인데 제복은 3가지다. 왕의 길복은 웃옷과 치마의 색이 다르지만, 왕후의 길복은 웃옷과 치마의 색이 동일하다. 부인의 덕은 근본과 말단이 모두 순일하기 때문이다. 왕의 길복은 홑옷으로 속이 없는데, 왕후의 길복은 속이 있고 홑옷이 아니다. 양은 홀수로 이루어지고 음은 짝수로 이루어지기 때문이다."[34] 此言夫人始死所用以復之衣也. '稅衣', 色黑而緣以纁. 揄與搖同. '揄狄', 色靑. 江淮而南, 靑質而五色皆備成章曰搖狄. 狄當爲翟. 雉名也. 此服蓋畫搖翟之形, 以爲文章, 因名也. '狄稅素沙'言自揄翟至稅衣, 皆用素沙爲裏, 卽今之白絹也. ○ 按「內司服」, 六服者, 褘衣·揄狄·闕狄·鞠衣·展衣·褖衣也. ○『儀禮』註云: "王之服九, 而祭服六. 后之服六, 而祭服三. 王之服, 衣裳之色異, 后之服, 連衣裳而其色同. 以婦人之德本末純一故也. 王之服禪而無裏, 后之服裏而不禪. 以陽成於奇, 陰成於偶故也."

3-3 [잡기상 20]

(복復을 할 때) 내자內子의 경우 포의褒衣인 국의鞠衣를 사용하며, 흰색의 주름진 비단으로 속을 만든다. 하대부의 처(下大夫)인 경우 전의禮衣를 사용하며, 그 밖의 경우는 사士의 처에 대한 복復과 같이 한다.35) 복復을 할 때 서쪽이 위가 된다.【구본에는 '卜人作龜' 아래 배치되어 있다】

內子以鞠衣褒衣, 素沙. 下大夫以禮衣, 其餘如士. 復西上.【舊在 '卜人作龜'之下】

集說 '내자內子'는 경卿의 정처正妻를 뜻한다. 복復의 옷은 국의鞠衣를 사용한다. 이 옷은 내자內子의 봉호를 받았을 때 표창하여 하사하는 옷이다. 그러므로 '포의褒衣인 국의鞠衣(鞠衣褒衣)'라고 말한 것이다. 이 옷 또한 흰색의 주름진 비단으로 속을 만든다. '하대부下大夫'는 하대부의 처를 말한다. '전의禮'은 『주례』에 '전展'으로 되어 있다. '그 밖의 경우는 사士와 같이 한다'(其餘如士)는 것은 사士의 처가 사망하여 복復을 할 때 단의褖衣를 사용하므로 내자內子와 하대부의 처에 대하여 복復을 할 때에도 또한 단의褖衣를 겸용하는 것을 말한다. '복復을 할 때 서쪽이 위가 된다'(復西上)는 것은 복復을 하는 사람의 수를 각각 작명爵命의 수에 맞추어 하여 9명命의 작명을 받은 상공의 경우는 복을 하는 사람이 9인이고 이하 3명을 받은 대부는 3인을 쓰는데, 복復을 하는 사람이 북쪽을 향하면 서쪽이 왼쪽이 된다. 왼쪽은 양이 되므로 사자가 다시 소생하는 것을 돕는다. 그러므로 왼쪽을 높이는 것이다. 지위가 높은 사람이 왼쪽에 선다. '內子', 卿之適妻也. 其服用鞠衣. 此衣蓋始命爲內子時所褒賜者. 故云'鞠衣褒衣'也. 亦以素沙爲裏. '下大夫'謂下大夫之妻也. '禮', 『周禮』作展. '其餘如士'者, 謂士妻之復用褖衣, 內子與下大夫之妻復, 亦兼用褖衣也. '復西上'者, 復之人數多寡, 各如其命數, 若上公九命則復者九人, 以下三命則用三人,

北面則西在左. 左爲陽, 冀其復生. 故尚左也. 尊者立於左.

權近 살피건대 이 장 이하는 모두 높은 신분과 낮은 신분을 함께 들어서 차례로 말한 것이다. 近按, 此下皆兼擧上下而歷言之者也.

3-4 [잡기상 62]

공公은 7차례 용踊을 하고 대부大夫는 5차례 용을 하는데 부인은 중간에 행한다. 사士는 3차례 용을 하는데 부인은 모두 중간에 행한다. 【구본에는 '卿·大夫以下之家也' 아래 배치되어 있다】

公七踊, 大夫五踊, 婦人居間. 士三踊, 婦人皆居間. 【舊在'卿·大夫以下之家也'之下】

集說 국군國君은 5일 만에 빈殯을 하는데, 초상으로부터 대렴에 이르기까지 전부 7차례 용踊을 한다. 처음 사망하였을 때가 첫 번째, 다음날 습襲할 때가 두 번째, 습襲을 한 다음날 조전朝奠할 때가 세 번째, 그 다음날 조전朝奠할 때가 네 번째, 그날 소렴을 마칠 때가 다섯 번째, 소렴한 다음날 조전朝奠할 때가 여섯 번째, 다음날 대렴할 때가 일곱 번째이다. 대부는 3일 만에 빈殯을 하는데, 전부 5차례 용踊을 한다. 처음 사망하였을 때가 첫 번째, 다음날 습襲하는 아침 조전朝奠할 때가 두 번째, 그 다음날 조전朝奠할 때와 소렴할 때가 (세 번째와) 네 번째, 소렴한 다음날 대렴할 때가 다섯 번째이다. 사士는 2일 만에 빈殯을 하는데, 전부 3차례 용을 한다. 처음 사망하였을 때가 첫 번째, 소렴을 할 때가 두 번째, 대렴을 할 때가 세 번째이다. 무릇 용踊은 남자가 먼저 하고, 남자가 하는 것이 끝난 뒤에 부인이 한다. 부인이 용을 하는 것이 끝나면 조문객이 용을 한다. 부인이 상주와

조문객 사이에 행하기 때문에 '중간에 행한다'고 한 것이다. 그러나 『예기』를 기록한 자가 이미 "시신을 이동하고 널을 움직일 때 곡哭과 용踊을 하는데 정해진 횟수가 없다"36)고 하였는데, 이 경문에서는 3차례, 5차례, 7차례 등의 차이를 두었다. 이 경문은 예경禮經의 정상적인 절차로 말한 것이고, 앞의 경문은 애통해하는 마음의 일반적 정서로 말한 것이다. 또한 이른바 '정해진 수가 없다'는 것은 한 번 용을 할 때마다 3번씩만 뛰어 9번 뛰는 것으로 3번 용을 하는 수로 한정하지 않는다는 것이다. 國君五日而殯, 自死至大斂, 凡七次踊者. 始死一也, 明日襲二也, 襲之明日之朝三也, 又明日之朝四也, 其日旣小斂五也, 小斂明日之朝六也, 明日大斂時七也. 大夫三日而殯, 凡五次踊者. 始死一也,. 明日襲之朝二也, 明日之朝及小斂四也, 小斂之明日大斂五也. 士二日而殯, 凡三次踊者. 始死一也, 小斂時二也, 大斂時三也. 凡踊, 男子先踊, 踊畢而婦人乃踊. 婦人踊畢, 賓乃踊. 是婦人居主人與賓之中間, 故云'居間'也. 然記者固云: "動尸・擧柩, 哭踊無數", 而此乃有三五七之限者. 此以禮經之常節言, 彼以哀心之泛感言也. 又所謂無數者, 不以每踊三跳, 九跳爲三踊之限也.

3-5[잡기상 63]

공公을 습할 때 권의卷衣 한 벌, 현단복玄端服 한 벌, 조복朝服 한 벌, 소적素積 한 벌, 훈상纁裳 한 벌, 작변복爵弁服 두 벌, 현면복玄冕服 한 벌, 포의褒衣 한 벌을 사용하며, 띠는 붉은색과 녹색으로 문식하고, 위에 큰 띠(大帶)를 거듭해서 채운다.

公襲, 卷衣一, 玄端一, 朝服一, 素積一, 纁裳一, 爵弁二, 玄冕一, 褒衣一, 朱綠帶, 申加大帶於上.

集說 신분이 낮은 자는 신분이 낮은 옷으로 살과 닿게 가장 안쪽에 입힌다. 자고子羔를 염할 때 하였던 방식이 그 사례이다. 공公은 신분이 존귀하기 때문에 가장 높은 옷(上服)으로 살과 닿게 가장 안쪽에 입한다. 포의襃衣를 가장 바깥쪽에 입히는 것은 존귀함을 드러내는 것이다. '포의襃衣'는 상공上公의 옷이다. '현단玄端'은 상의를 검은색으로 치마를 붉은색으로 하며 재계할 때 입는 옷이다. 천자는 한가롭게 지낼 때 입는 옷으로, 사士는 제복祭服으로 삼는다. 대부와 사士가 그들의 사적인 조정朝廷에서 입는 옷으로 삼는다. '조복朝服'은 상의는 검은색으로 치마는 흰색으로 하며, 공公이 날마다 정사를 볼 때 입는 옷이다. '소적素積'은 피변복皮弁服으로 제후가 정사를 볼 때 입는 옷이다. '훈상纁裳'은 면복冕服의 치마이다. '작변복爵弁服 두 벌'은 검은색 상의와 훈상纁裳 두 벌이다. 이 옷은 처음 작명을 받을 때 입은 옷이기 때문에 특별이 두 벌을 쓴다. 근본을 중시함을 보이는 것이다. '현면玄冕'에 대한 설명은 위 장에 나온다. '포의襃衣'는 군주가 특별히 하사한 옷이므로 가장 위에 입는다. 군주가 하사한 것을 영예롭게 여기는 것이다. 제후는 시신을 습할 때 작은 띠(小帶)를 사용하여 묶는 것으로 삼는다. 이 띠는 흰 베로 만들고 붉은색과 녹색의 색깔로 문식한다. '신申'은 거듭한다는 뜻이다. 가죽 띠를 사용하였는데, 다시 거듭해서 큰 띠를 채우는 것은 살았을 때 큰 띠를 차던 것을 본뜬 것이다. 이 띠는 곧 위 장(53)에서 "율대率帶는 제후와 대부의 경우 5가지 색깔로 문식하고, 사士는 2가지 색깔로 문식한다"라고 한 말이 그것이다. 卑者以卑服親身. 如子羔之襲, 是也. 公貴者, 故上服親身. 襃衣最外, 尊顯之也. '襃衣', 上公之服也. '玄端', 玄衣朱裳, 齊服也. 天子以爲燕服, 士以爲祭服. 大夫・士以爲私朝之服. '朝服', 緇衣素裳, 公日視朝之服也. '素積', 皮弁之服, 諸侯視朝之服也. '纁裳', 冕服之裳也. '爵弁二'者, 玄衣纁裳二通也. 以其爲始命所受之服, 故特用二通. 示重本也. '玄冕', 見上章. '襃衣'者, 君所加賜之衣, 最在

上. 榮君賜也. 諸侯襲尸, 用小帶以爲結束. 此帶則素爲之, 而飾以朱綠之采也. '申', 重也. 已用革帶, 又重加大帶, 象生時所服大帶也. 此帶卽上章所云: "率帶, 諸侯·大夫皆五采, 士二采"者, 是也.

3-6[잡기상 64]

소렴小斂 뒤에 수질(環経)을 하는 것은 공公과 대부大夫 그리고 사士가 동일하다. [구본에는 위 문장과 연결되어 있다]

小斂, 環経, 公·大夫·士一也. [舊聯上文]

集說 소疏에서 말한다 "수질(環経)은 한 가닥의 삼(麻)으로 얽은 것이다. 부모가 돌아가시면 처음에 상주는 관을 벗는다. 소렴小斂 때 이르면 문식함이 없을 수 없으므로 사士는 흰색의 위모威貌[37]를 쓰고, 대부大夫 이상은 흰색의 작변爵弁을 쓴다. 그러나 (그 위에) 신분의 차이에 상관없이 모두 수질首経을 더할 수 있기 때문에 '공公과 대부大夫 그리고 사士가 동일하다'고 한 것이다." 疏曰: "環経, 一股而纏也. 親始死, 孝子去冠, 至小斂不可無飾, 士素委貌, 大夫以上素弁. 而貴賤悉得加於環経, 故云'公·大夫·士一也'."

3-7[잡기상 53]

율대率帶는 제후와 대부의 경우 5가지 색깔로 문식하고, 사士는 2가지 색깔로 문식한다. [구본에는 '刊其柄與末' 아래 배치되어 있다]

率帶, 諸侯·大夫皆五采, 士二采. [舊在'刊其柄與末'之下]

集說 '율率'은 '률綷'과 같다. 사자死者에게 옷을 입히는 것이 끝나면 이 띠를 두른다. 그것을 률綷이라고 말한 것은 띠의 가장자리를 접어서 다리미로 눌러 붙일 뿐 바늘로 가선을 꿰매지 않기 때문이다. 5가지 색깔로 문식한다. 『의례』「사상례士喪禮」에 치대緇帶(검은색의 베로 만든 띠)를 두른다고 하였다. 여기에 2가지 색깔로 문식한다고 한 것은 천자天子의 사士를 가리킨다. 率'與'綷'同. 死者著衣畢而加此帶. 謂之綷者, 但福帛邊而熨殺之, 不用箴線也. 以五采飾之. 「士喪禮」緇帶. 此二采, 天子之士也.

---

³⁻⁸[잡기상 60]

자고子羔의 상에 습襲을 할 때 사용한 옷은 핫옷(繭衣裳)과 치마의 끝동(袡)을 붉은 비단으로 두른 단의稅衣가 한 벌을 이루었고, 소단素端 한 벌, 피변복皮弁服 한 벌, 작변복爵弁服 한 벌, 현면복玄冕服 한 벌 등이었다. 그러자 증자는 "부인의 복식으로 염하지 않는 법이다"라고 비난하였다.【구본에는 '反而后奠' 아래 배치되어 있다. (譯註)『禮記淺見錄』에는 '后'가 '後'로 되어 있다】

子羔之襲也, 繭衣裳與稅衣纁袡爲一, 素端一, 皮弁一, 爵弁一, 玄冕一. 曾子曰: "不襲婦服."【舊在'反而后奠'之下】

集說 '자고子羔'는 공자의 제자인 고시高柴이다. '습襲'은 옷을 시신에게 입히는 것(斂)이다. '견의상繭衣裳'(핫옷)은 상의와 치마를 서로 잇고 솜으로 붙인 것을 말한다. 단의稅衣는 검은색이다. '훈纁'은 붉은색 명주이다. '끝동'(袡)은 치마 하단의 가선이다. 핫옷(繭衣)은 속옷이기 때문에 단의褖衣를 겉에 걸치며 합해서 한 벌이 된다. 그러므로 '핫옷(繭衣裳)과 치마의 끝동(袡)을

212 | 예기천견록4

붉은 비단으로 두른 단의稅衣가 한 벌을 이루었다'라고 말한 것이다. '소단
素端38) 한 벌'은 시신에게 두 번째 입히는 옷 한 벌이다. 하창賀瑒은 "상의
와 치마를 함께 흰색으로 만든 것이다"라고 하였다. '피변복皮弁服 한 벌'은
시신에게 세 번째 입히는 옷 한 벌이다. 피변복은 흰 베로 상의를 만들고
흰 생비단으로 치마를 만든다. '작변복爵弁服 한 벌'은 시신에게 네 번째 입
히는 옷이다. 그 복식은 검은색 베로 상의를 만들고 붉은 비단으로 치마를
만든다. '현면복玄冕服 한 벌'은 시신에게 다섯 번째 입히는 옷이다. 그 복식
은 상의를 검은색으로 하고 치마는 붉은색으로 한다. 상의에는 문양이 없
고, 치마에는 보불黼黻 문양을 수놓는다. 대부大夫의 가장 높은 옷이다. '부
인의 복식'(婦服)은 치마 끝동에 붉은색 비단으로 가선을 두르는 것을 가리
켜 말한 것이다. 증자曾子가 비난한 것은 그것이 예에 맞지 않기 때문이다.

'子羔', 孔子弟子高柴也. '襲', 以衣斂尸也. '繭衣裳', 謂衣裳相連而綿爲之著也. 稅衣黑
色. '纁', 絳色帛. '袡', 裳下緣也. 繭衣褻, 故用褖衣爲表, 合爲一稱. 故云'繭衣裳與稅衣
纁袡爲一'. '素端一', 第二稱也. 賀氏云: "衣裳並用素爲之." 皮弁一, 第三稱也. 皮弁之
服, 布衣而素裳. '爵弁一', 第四稱也. 其服玄衣而纁裳. '玄冕一', 第五稱也. 其服玄衣纁
裳. 衣無文而裳刺黼黻. 大夫之上服也. '婦服'指纁袡而言. 曾子非之, 以其不合於禮也.

權近 살피건대, 이 장은 위 장의 습襲과 염斂을 하는 예를 이어받아 예에
어긋난 일을 함께 언급한 것이다. 近按, 此因上文襲斂之禮, 而并及其失禮之事也.

소렴小斂과 대렴大斂 또는 계빈(殯)의 절차가 진행 중일 때 조문객이
오면, 모두 (절차가 끝난 뒤) 상주喪主는 (당堂 아래 곡위哭位로 나아

가) 조문객에게 두루 배례한다.

小斂·大斂·啓, 皆辯拜.

集說 예禮에 따를 때 대렴大斂39) · 소렴小斂40) 또는 계빈啓殯41) 등의 절차
가 진행되고 있는데 군주가 조문을 오면 진행하던 절차를 중단하고 나아가
배례拜禮한다. 만일 다른 조문객이 오면 진행하던 절차를 그만두지 않고,
절차가 끝난 다음에 당堂 아래 곡위哭位로 나아가 두루 배례한다. 그러므로
특별히 이 세 가지 절차를 들어서 말한 것이다. 사士가 대부大夫에 대해서
라면, 절차가 진행 중일 때 대부가 이르면 사士는 역시 나가서 배례한다.

禮當大斂·小斂及啓殯之時, 君來弔, 則輟事而出拜之. 若它賓客至, 則不輟事, 待事畢,
乃卽堂下之位而徧拜之. 故特擧此三節言之. 若士於大夫, 當事而大夫至, 則亦出拜之也.

3-10[잡기상 58]

조석곡朝夕哭을 할 때 휘장을 걷는다. 장례 뒤 관이 없게 되면 휘장
을 치지 않는다.【구본에는 '從其父之爵位' 아래에 배치되어 있다】

朝夕哭不帷, 無柩者不帷.【舊在'從其父之爵位'之下】

集說 아침저녁 사이에도 효자는 빈궁의 관柩을 보고 싶어 한다. 그러므
로 곡을 할 때 그 휘장을 걷고, 곡을 마치면 휘장을 내린다. '관이 없다'(無
柩)는 것은 장례를 마친 뒤를 말한다. 신주神主는 사당에 부祔한 뒤에 방으
로 돌아와 있으므로 당堂에서는 일이 없다. 그러므로 다시 휘장을 치지 않
는다. 朝夕之間, 孝子欲見殯, 故哭則褰擧其帷, 哭畢仍垂下之. '無柩'謂葬後也. 神主祔
廟之後, 還在室, 無事於堂, 故不復施帷.

3-11[잡기상 65]

공公이 신하의 대렴大斂에 직접 와서 볼 때, 공公이 당에 오른 뒤에 상축商祝이 돗자리(席)를 펴고 대렴을 진행한다. 【구본에는 '公·大夫· 士一也' 아래 배치되어 있다】

公視大斂, 公升, 商祝鋪席, 乃斂 【舊在'公·大夫·士一也'之下】

集說 군주가 신하의 상喪에 직접 와서 대렴大斂을 행하는 것을 보는 경우이다. 상축商祝은 은殷나라의 예를 잘 아는 자로 염하는 일을 전담하여 주관한다. 상주는 비록 먼저 돗자리를 깔고 효포(絞)와 홑이불(衾) 등 물품들을 펼쳐놓았더라도 군주가 도착한다는 소식이 들리면 모두 철수하고 군주가 도착하여 당에 오르기를 기다린 다음에 상축商祝이 처음부터 돗자리를 펴고 대렴의 일을 진행한다. 대개 군주가 와서 그 예禮를 진행하는 것을 영예롭게 여기는 것이다. 君臨臣喪, 而視其大斂. 商祝, 習知殷禮者, 專主斂事. 主人雖先已鋪席, 布絞·紟等物, 聞君將至, 悉徹去之, 待君至升堂, 商祝乃始鋪席爲斂事. 蓋榮君之至而擧其禮也.

3-12[잡기상 59]

관이 상여에 이미 실린 뒤에 군주가 와서 조문하면, 상주는 동쪽을 향해 배례하고, 문의 오른쪽에서 북쪽을 향해 용踊을 한다. (군주보다 먼저) 문을 나가 기다리고, 군주가 돌아가라고 명령한 뒤에 돌아와 전奠을 올린다. 【구본에는 '無柩者不帷' 아래 배치되어 있다】

君若載而后弔之, 則主人東面而拜, 門右北面而踊. 出待, 反而后
奠.【舊在'無柩者不帷'之下】

集說 　이 부분은 군주가 신하의 상에 조문을 왔는데 관이 이미 사당에 인
사드리는 예를 마치고 관이 상여에 실려 있을 때면, 군주는 조문을 하고
수레의 동쪽에 있다. 주인은 수레의 서쪽에서 동쪽을 향해 배례한다. '문
의 오른쪽'은 사당 문의 서쪽이다. 문 안에서 나올 때는 오른쪽이 서쪽이
된다. 상주는 군주에게 배례拜禮를 하고 자리에 따라 서 있기 때문에, 문
안의 서쪽에서 북쪽을 향해 곡哭을 하고 용踊을 하는 것이 예에 맞다. 용踊
을 마치고 나서 군주보다 먼저 문을 나와서 군주에게 배례하고 전송하기를
기다리는 것은 군주가 오래 머물 필요가 없기 때문이다. 군주가 상주에게
돌아가라고 명령하면, 상주의 자리로 돌아와 바로 전을 진설하여 사자死者
에게 아뢰서 군주가 와서 조문하였음을 알린다. 일설에는 이 부분이 사당
에서 관을 상여에 실을 때를 말하는 것이고, 전奠은 돌아와 조전祖奠을 진
설하는 것이라고 한다.42) 此謂君來弔臣之喪, 而柩已朝廟畢, 載在柩車, 君旣弔, 位
在車之東. 則主人在車西東面而拜. '門右', 祖廟門之西偏也. 自內出則右在西. 孝子旣拜
君, 從位而立, 故於門內西偏, 北面而哭踊爲禮也. 踊畢, 先出門以待拜送, 不敢必君之久
留也. 君命之反, 還喪所, 卽設奠以告死者, 使知君之來弔也. 一說, 此謂在廟載柩車之時,
奠謂反設祖奠.

3-13[잡기상 48]
견거遣車는 견전遣奠에 올린 희생의 덩치를 싼 개수에 맞추어 한다.

거친 베로 수레덮개휘장(帷)을 설치하고, 사방을 가린다. (하관하고
서 견거에 실은 희생 덩치를) 관의 네 모퉁이에 놓는다. 쌀을 견거
에 싣자,43) 유자有子가 "예가 아니다. 견전에 올리는 것은 포해脯醢
일 뿐이다"라고 하였다.【구본에는 '褻衣不以襚之' 아래 배치되어 있다】
遣車視牢具. 疏布輤, 四面有章. 置于四隅. 載粻, 有子曰: "非禮
也. 喪奠, 脯醢而已."【舊在'褻衣不以襚之'之下】

集說 '견거遣車'에 대한 설명은 「단궁하」(1-1)에 보인다. '견전遣奠에 올린
희생의 덩치를 싼 개수에 맞추어 한다'(視牢具)는 것은 천자의 경우 태뢰로
견전을 지내고 9개를 싸므로 견거가 9승乘이 된다. 제후는 태뢰로 지내고
7개를 싸므로 7승이 된다. 대부 역시 태뢰로 지내고 5개를 싸므로 5승이
된다. 천자의 상사上士로 3명命의 작명을 받은 경우 소뢰少牢로 견전을 지
내고 3개를 싸므로 견거는 3승이 된다. 제후의 사士는 견거가 없다. 견거
위에 거친 베로 덮개휘장(輤)을 설치한다. '천輤'은 덮개휘장이다. 사면을 물
건으로 가린다. '장章'은 장障(가린다)과 같은 뜻이다. '네 모퉁이'(四隅)는 바
깥 널(椁)의 네 모퉁이다. '장粻'은 쌀이다. 견전遣奠의 음식에 본래 메기장
(黍)과 찰기장(稷)이 없다. 그러므로 유자有子가 쌀을 싣는 것은 예禮가 아니
라고 여긴 것이다. '희생의 덩치'(牲體)는 곧 포해脯醢의 뜻이다. 遣車', 說見
「檀弓」. '視牢具'者, 天子太牢包九箇, 則遣車九乘. 諸侯太牢包七箇則七乘. 大夫亦太牢
包五箇則五乘. 天子之上士三命, 少牢包三箇則三乘也. 諸侯之士無遣車. 遣車之上, 以麤
布爲輤. '輤', 蓋也. 四面有物以障蔽之. '章', 與障同. '四隅', 椁之四角也. '粻', 米糧也.
遣奠之饌無黍稷. 故有子以載粻爲非禮. '牲體'則脯醢之義也.

단술(醴)은 입쌀로 담근 것이다. 독(甕)·단지(甒)·둥구미(筲)·항(衡)
등은 관을 덮는 보(見) 사이에 넣어 둔다. 이후에 절折이 들어간다.
【구본에는 '士二采' 아래 배치되어 있다】

醴者, 稻醴也. 甕·甒·筲·衡, 實見間. 而后折入.【舊在'士二采'
之下】

🔲 이 부분은 매장할 때 무덤에 넣는 물품들을 가리킨다. '도례稻醴'는
입쌀로 단술을 만든 것이다. '독'(甕)과 '단지'(甒)는 모두 질그릇이다. 독에는
젓갈을 담고, 단지에는 단술과 술을 담는다. '둥구미'(筲)는 대그릇으로 거
기에 메기장(黍)과 찰기장을 담는다. '형衡'은 '항桁'으로 읽는다. 나무로 만
들며 독과 단지 등을 올려놓는 것이다. '현見'은 관을 덮는 보이다. 이 독
(甕)·단지(甒)·둥구미(筲)·항衡 등을 관을 덮는 보의 밖과 바깥 널(槨) 안
사이에 넣어 두는 것을 말한다. '이후에 절折이 들어간다'는 것은 이렇다.
절折44)의 형태는 침상과 같은데 다리가 없고 나무로 만들며 세로로 셋 가
로로 다섯이 되게 한다. 하관을 마친 뒤에 무덤 위에 넣어서 항석抗席(흙을
막는 부들로 된 자리)45)을 떠받치게 한다. 此言葬時所藏之物. '稻醴', 以稻米爲醴也.
'甕'·'甒', 皆瓦器. 甕盛醯·醢, 甒盛醴·酒. '筲', 竹器, 以盛黍·稷. '衡', 讀爲'桁'.
以木爲之, 所以庋擧甕·甒之屬也. '見', 棺衣也. 言此甕·甒·筲·衡, 實於見之外·
槨之內. '而后折入'者. 折形如床而無足, 木爲之, 直者三, 橫者五. 窆事畢而後加之壙上,
以承抗席也.

3-15[잡기상 66]

노魯나라 사람들이 사자死者에게 증여하는 것(贈)으로 검은색 명주 세 덩치와 붉은색 명주 두 덩치를 사용하는데, 그 폭이 1척이고 길이는 1폭을 다한 정도(2척 4촌)였다.【구본에는 '鋪席乃斂' 아래 배치되어 있다】

魯人之贈也, 三玄二纁, 廣尺, 長終幅.【舊在'鋪席乃斂'之下】

集說 '증贈'은 물건을 바깥 널(椁) 안에 넣어 사자死者를 전송하는 것이다. 『의례』「기석례旣夕禮」에 "사자死者에게 증여하는 것(贈)은 제폐制幣를 사용하는데, 검은색과 붉은색의 명주 1속束이다"라고 하였다. 1장 8척이 1제制이다. 지금 노魯나라 사람들이 검은색과 붉은색 비단을 사용하지만 이처럼 짧고 좁은 것은 예에 맞지 않는다. 그러므로 기록한 자가 비난한 것이다. 폭의 길이는 2척 2촌이다. '贈', 以物送別死者於椁中也. 「旣夕禮」曰: "贈用制幣玄纁束." 一丈八尺爲制. 今魯人雖用玄與纁, 而短狹如此, 則非禮矣. 故記者譏之. 幅之度, 二尺二寸.

權近 살피건대, '견거遣車' 이하는 물품으로 사자死者를 전송하는 예에서 옳고 그른 일을 말하였다. 近按, '遣車'以下, 是言以物送死之禮得失之事也.

3-16[잡기상 76]

사士의 상례喪禮에 천자天子의 상례喪禮와 동일한 것이 세 가지다. 관을 사당으로 옮기는 날 밤새 불을 밝혀놓는 것, 다른 사람을 시켜 상여를 끌게 하는 것(乘人), 상여가 길을 전용專用하여(專道) 가는 것 등이다.【구본에는 '馮之興踊' 아래 배치되어 있다】

士喪有與天子同者三. 其終夜燎, 及乘人, 專道而行.【舊在'馮之興 踊'之下】

集說 '밤새 불을 밝혀놓는다'는 것은 관을 사당으로 옮기는 날 밤에 새벽 까지 불을 밝혀놓는 것을 말한다. '승인乘人'은 다른 사람을 시켜서 상여를 끌게 하는 것을 말한다. '길을 전용專用한다'(專道)는 것은 길에서 상여가 지 나갈 때 사람들이 모두 피해주는 것을 말한다. '終夜燎', 謂遷柩之夜, 須光明達 旦也. '乘人', 使人執引也. '專道', 柩行於路, 人皆避之也.

權近 살피건대, 이 장은 장례 때 빈궁殯宮을 열고 상여가 길로 나아가는 예를 말하였다. 近按, 此言葬時啓殯之後, 及柩行於道之禮.

중重은 우제가 끝난 뒤에 땅에 묻는다.

重, 旣虞而埋之.

集說 중重에 대한 설명은 「단궁하檀弓下」(2-8)에 나온다. 우제虞祭가 끝 난 뒤 조묘祖廟의 문 밖 동쪽에 묻는다. 重說見「檀弓」. 虞祭畢, 埋於祖廟門外 之東.

3-18 [잡기상 56]

무릇 부인婦人에 대한 예禮의 등급은 그 남편의 작위爵位를 따라서 정한다. [구본에는 '而后折入' 아래 배치되어 있다]

凡婦人, 從其夫之爵位. [舊在'而后折入'之下]

集說 부인의 상사喪事를 진행하는 것은 모두 남편 작위爵位의 등급을 가지고 정하며, 달리하는 예禮가 없다. 治婦人喪事, 皆以夫爵位尊卑爲等降, 無異禮也.

權近 살펴건대, '복할 때, 제후는'([잡기상 3-1])으로부터 이 장까지는 사망한 처음에 행하는 복復으로부터 시작하여 다음에 용踊을 하고, 다음에 습襲을 하고, 다음에 염斂을 하고, 다음에 계빈啓殯(빈궁을 여는 절차)을 하여 장례를 마치고 우제虞祭를 지내는 것에 이르기까지, 그 예에서 신분의 차이에 따른 제도상 차이를 두루 제시하기도 하고 통합하여 말하기도 하였다. 부인에 대한 예는 모두 남편의 신분에 따라서 행하기 때문에 끝에서 겸하여 언급하였다. 近按, 自'復, 諸侯'以下至此, 是由始死之復次踊次襲次斂次啓, 以至既葬而虞, 其禮有上下同異之制, 或歷陳之, 或通言之. 婦人之禮, 則皆從其夫爵位之高下也, 故末兼及之.

3-19 [잡기상 25]

공자公子는 공자公子에게 부祔한다. [구본에는 '附於王母則不配' 아래 배치되어 있다]

公子附於公子. [舊在'附於王母則不配'之下]

集說 疏疏에서 말한다. "공자公子의 조부가 군주일 경우 공자公子를 그 군주인 조부에게 부祔하지 못하고, 공자公子인 조부의 형제에게 부祔하는 것은 군주를 감히 친척으로 여기지 못하기 때문이다." 疏曰: "若公子之祖爲君, 公子不敢祔之, 祔於祖之兄弟爲公子者, 不敢戚君故也."

權近 살피건대, 이 장은 우제虞祭 이후 부제祔祭를 지내는 예를 말하였다. 이 또한 신분이 높은 쪽으로부터 시작하므로 이 장을 앞에 두었다. 近按, 此言虞後附⁴⁶⁾祭之禮. 亦自貴者始, 故先此也.

3-20 [잡기상 22]

대부大夫는 사士에 부祔한다. 사士는 대부에 부祔하지 못하고 대부의 형제에게 부祔한다. 그 형제 중에 사士인 사람이 없으면 그 소목昭穆의 순서에 맞는 선조에게 부祔한다. 비록 조부모가 생존해 있더라도 또한 그렇게 한다.【구본에는 '屬於池下' 아래 배치되어 있다】
大夫附於士. 士不附於大夫, 附於大夫之昆弟. 無昆弟則從其昭穆. 雖王父母在亦然.【舊在'屬於池下'之下】

集說 '부附'는 부祔로 읽는다. 조부가 사士이고 손자가 대부大夫가 되어 사망하였다면 사士인 조부에게 부祔하여 제사할 수 있다. 그러므로 '대부大夫는 사士에 부祔한다'라고 한 것이다. 조부가 대부였고 손자는 사士로 사망하였다면, 대부인 조부에게 부祔하여 제사할 수 없다. 대부인 조부에게 부祔하여 제사할 수 없고, 사인 대부의 형제에게 부하여 제사할 수 있다. 그러므로 '사士는 대부에 부祔하지 못하고, 대부의 형제에게 부祔한다'라고 한 것이다. '조부의 형제 중에 사士인 자가 없는 경우엔 그 소목昭穆의 순서에

맞는 선조에게 부祔한다'는 것은 사士인 고조高祖에게 부祔함을 말한다. 만일 고조 역시 대부였다면 고조의 형제 가운데 사士인 분에게 부祔한다. '비록 조부모가 생존해 있더라도 또한 그렇게 한다'는 것은 손자가 사망하면 응당 조부에게 부祔해야 하는데, 지금 조부가 아직 생존해 있으므로 부祔할 수가 없는 경우 역시 고조에게 부祔함을 말한다. 「상복소기喪服小記」(2-5)에 "한 세대를 건너뛰어 위로 올려서 부祔한다"라고 한 말이 이와 같은 뜻이다. '附', 讀爲'祔'. 祖爲士, 孫爲大夫而死, 可以祔祭於祖之爲士者. 故曰'大夫祔於士'. 若祖爲大夫, 孫爲士而死, 不可祔祭於祖之爲大夫者. 惟得祔祭於大夫之兄弟爲士者, 故曰'士不祔於大夫, 祔於大夫之昆弟'. 若[47]祖之兄弟無爲士者, 則從其昭穆, 謂祔於高祖之爲士者. 若高祖亦是大夫, 則祔於高祖昆弟之爲士者也. '雖王父母在, 亦然'者, 謂孫死應合祔於祖, 今祖尙存, 無可祔, 亦是祔於高祖也. 「小記」云: "中一以上而祔", 與此義同.

權近 살피건대, 이 장은 대부와 사가 부제祔祭를 행하는 예가 다름을 말하였다. 近按, 此言大夫・士祔禮之不同.

3-21 [잡기상 23]

며느리는 그 남편을 부祔한 분의 비妃에게 부祔한다. 합당한 비妃가 안계시면 또한 소목의 순서에 맞는 비妃에게 부祔한다. 첩妾은 시할아버지의 첩(妾祖姑)에게 부祔한다. 첩으로서 시할아버지의 첩이 없으면 또한 소목의 순서에 맞는 첩妾에게 부祔한다. [구본에는 위 문장과 연결되어 있다. 아래 경문도 마찬가지다]

婦附於其夫之所附之妃. 無妃, 則亦從其昭穆之妃. 妾附於妾祖

姑. 無妾祖姑, 則亦從其昭穆之妾.【舊聯上文, 下放此】

集說 남편을 부耐한 분의 비妃는 남편의 조모이다. '소목의 순서에 맞는 비妃'는 역시 1대를 비우고 올라가 고조高祖의 비妃에 부耐함을 말한다. 첩의 경우도 또한 그렇게 한다. 夫所祔之妃, 夫之祖母也. '昭穆之妃', 亦謂間一代而祔高祖之妃也. 妾亦然.

權近 살피건대, 이 장은 정처와 첩의 부제祔祭를 지내는 예가 다름을 말하였다. 近按, 此言嫡 · 妾祔禮之不同.

3-22 [잡기상 24]

남자를 조부에게 부祔하여 제사할 때, 조모祖母도 함께 제사하지만, 여자를 조모에게 부하여 제사할 때는 조부를 함께 제사하지 못한다. 男子附於王父則配, 女子附於王母則不配.

集說 남자가 사망하여 조부에게 부祔한 경우 그 축사祝辭에 "아무개 비妃로 아무개씨와 함께 제사드립니다"(以某妃配某氏)라고 말하는데, 이것은 조모를 함께 제사하는 것이다. 시집가지 않은 딸과 시십간 지 3개월이 되기 선에 사망하여 친가로 돌아와 장례를 지낸 딸은 조모에게 부祔하는데, 그때 오직 조모에게만 제사할 수 있고 조부에게는 제사하지 못한다. 그러므로 '조모에게 부祔하여 제사할 때 조부祖父를 함께 제사하지 못한다'(祔於王母, 則不配)라고 한 것이다. 대개 (축사祝辭에서) '아무개 비妃로 아무개씨와 함께 제사드립니다'(以某妃配某氏)라고 말하지 않을 뿐이다. 지위가 높은 분에

게 일이 있을 경우 지위가 낮은 분에게까지 미칠 수 있지만, 지위가 낮은 분에게 일이 있을 때 지위가 높은 분을 끌어들일 수 없다. 男子死而祔祖者, 其祝辭云"以某妃配某氏", 是幷祭王母也. 未嫁之女, 及嫁未三月而死, 歸葬女氏之黨者, 其祔於祖母者, 惟得祭祖母, 不祭王父也. 故云'祔於王母, 則不配'. 蓋不言'以某妃配某氏' 耳. 有事於尊者, 可以及卑, 有事於卑者, 不敢援尊也.

權近 살피건대, 이 장은 남자와 여자의 부제祔祭를 지내는 예가 다름을 말하였다. 이 장의 '여자'는 시집가기 전에 사망하여 본종本宗에 붙여 부제 祔祭를 지낸 이를 말한다. 近按, 此言男·女祔禮之不同. 此'女子', 未嫁而死祔於本宗者也.

3-23 [잡기상 28]

부모의 상을 당하여 (소상小祥을 지내고) 아직 대공大功의 상복을 입고 있는 기간인데 성년이 안 되어 사망한 형제를 부제祔祭해야 할 경우, 연관練冠을 그대로 쓰고 부제祔祭에 참여하며 사자를 '양동 陽童 아무개보(甫)'라고 부르고, 이름을 부르지 않는다. 귀신으로 존 중하는 것이다. [구본에는 '杖屨不易' 아래 배치되어 있다]

有父母之喪, 尙功衰, 而附兄弟之殤, 則練冠附於殤, 稱陽童某 甫', 不名. 神也. 【舊在'杖屨不易'之下】

集說 삼년상에서 소상을 지낸 후 상복의 승수升數는 대공복과 같다. 그러 므로 '대공의 상복'(功衰)이라고 한 것이다. 이것은 부모의 상을 당해 자신이 아직 대공의 상복을 입고 있는 기간인데 소공小功의 형제가 성년이 안 되 어 사망해서 부제祔祭를 지내야 하는 경우 자신은 그대로 연관練冠을 쓰고

부제에 참여하며 상복을 바꾸어 입지 않음을 말한다. 축사祝辭에서 '양동陽童'이라고 부르는 것은 서자庶子가 성년이 안 되어 사망하여 방 안의 밝은 곳에서 제사하기 때문에 '양동'이라고 부르는 것이다. 종자宗子가 성년이 안 되어 사망하였을 경우엔 방안의 아랫목(奧)에서 제사한다. 그러므로 '음동陰童'이라고 부른다. 동童은 성년이 안 된 이에 대한 호칭이다. 이제 살펴보건대, 자신은 중조曾祖의 적통이고 소공복의 형제도 중조가 같은데 그 사망한 이와 그의 부친이 모두 서자庶子인 경우 조묘祖廟에 부耐하여 제사할 수 없다. 그러므로 중조의 적손이 그를 위해 단壇을 세워 부제를 지내야 한다. 만일 자신이 조부의 적손嫡孫인 경우 대공복의 형제가 성년이 안 되어 사망하였으면 조묘祖廟에 부耐하여 제사할 수 있다. 소공복의 형제가 성년이 못되어 사망하였다면 그는 곧 조부 형제의 후손이다. 이제 '연관을 그대로 쓰고 부제에 참여한'고 한 것은 소공복과 시마복의 친족이 성년이 안 되어 사망한 경우이다. 정복正服의 대공大功이라면 연관을 바꾸어야 한다. '아무개보'(某甫)는 그에게 자字를 지어 주고 부르는 것이다. 대개 존중하여 귀신으로 대할 경우 이름을 부를 수 없다. 三年喪, 練後之衰升數, 與大功同. 故云'功衰'也. 此言居父母之喪, 猶尙身著功衰, 而小功兄弟之殤, 又當祔祭, 則仍用練冠而行禮, 不改服也. 祝辭稱'陽童'者, 庶子之殤, 祭於室之白處, 故曰'陽童'. 宗子爲殤, 則祭於室之奧. 故稱陰童'. 童者, 未成人之稱也. 今按, 己是曾祖之適, 與小功兄弟同曾祖, 其死者及其父, 皆庶人, 不得立祖廟. 故曾祖之適孫, 爲之立壇而祔之. 若己是祖之適孫, 則大功兄弟之殤, 得祔祖廟. 其小功兄弟之殤, 則祖之兄弟之後也. 今以'練冠而祔', 謂小功及緦麻之殤耳. 若正服大功, 則變練冠矣. '某甫'者, 爲之立字而稱之. 蓋尊而神之, 則不可以名呼之也.

權近 살피건대, 이 장은 미성녀자로 사망한 이에게 부제祔祭를 지내는 예를 말하였다. 그러나 이 위에서는 사망한 처음에 행하는 복復에서부터 용

踊·습습襲·염斂·계빈啓殯 등과 견거遣車·장례葬禮·우제虞祭·부제祔祭 등
에 이르기까지의 일을 말하였다. 이로써 사자를 전송하는 예가 갖추어졌
다. 이 이하에서는 또 상복의 무겁고 가벼운 차이를 말하였다. 이 장은 부
모의 상에 하는 것이 상복 중 가장 무거움을 먼저 말하여 위 구절을 결론
짓고 또 아래 구절의 뜻을 열었다. ○ 이상은 제3절이다. 近按, 此言附48)殤之
禮. 然自此以上言由始死之復, 而踊·襲·斂·啓至于遣·葬·虞·附之事. 送終之禮
備矣. 自此以下又言喪服輕重之異. 此章則先言父母之喪是服之最重, 旣結上節而又起下
節之意也. ○ 右第三節.

4.

삼년상에 (상관喪冠과 수질首絰을 벗고) 연관練冠을 하고 있을 때, (대공복大功服의 초상初喪을 당하면) 대공복의 마질麻絰로 바꾼다. 다만 지팡이(杖)와 신발(屨)은 바꾸지 않는다.【구본에는 '待猶君也' 아래 배치되어 있다】

有三年之練冠, 則以大功之麻易之. 唯杖·屨不易.【舊在'待猶君也' 之下】

集說　대공大功의 상복에서 미성년자에 대한 상喪(殤)은 모두 9가지다. 장상長殤의 경우 모두 9월복을 하며, 중상中殤에 대해서는 모두 7월복을 하는데 이들 모두 강복降服이다. 또한 강복降服 6가지, 정복正服 5가지, 정복正服으로 하고 강복降服하지 않는 것 3가지, 의복義服 2가지는 모두 9월복을 한다. 자세한 내용은 『의례』에 나온다. 이 장은 삼년상을 하는 것을 말한다. 소상小祥에 이르면 수질首絰을 벗기 때문에 '삼년상에 (상관喪冠과 수질首絰을 벗고) 연관練冠을 하고 있을 때'라고 말한 것이다. 이때 대공大功의 상을 당했는데, 강복降服이면 상복은 7승포로 하며 강복降服인 자최복으로 장례 이후에 입는 상복과 같다. 그러므로 이 대공복의 마질麻絰로 소상복의 갈질葛絰을 바꾸어 쓴다. '다만 지팡이(杖)와 신발(屨)은 바꾸지 않는다'는 것은 대공복에 지팡이를 짚는 것이 없으므로 바꿀 필요가 없고 삼년상의 소상복小祥服은 대공복의 초상初喪 때 입는 상복과 같아서 승구繩屨(상례 때 신는 미투리)를 신음을 말한다. 大功之服, 爲殤者凡九條. 其長殤皆九月, 中殤皆七月, 皆降服也. 又有降服者六條, 正服者五條, 正服不降者三條, 義服者二條, 皆九月. 詳見『儀禮』.

此章言居三年之喪. 至練時, 首絰已除, 故云'有三年之練冠'也. 當此時, 忽遭大功之喪, 若是降服則其衰七升, 與降服齊衰葬後之服同. 故以此大功之麻絰易去練服之葛絰也. '惟杖・屨不易'者, 言大功無杖, 無可改易, 而三年之練與大功初喪同, 是繩屨耳.

4-2[잡기상 44]

상관喪冠은 한 가닥 끈으로 이어서(條屬) 길사吉事와 흉사凶事를 구별한다. 삼년상의 연관練冠에도 역시 한 가닥 끈으로 잇고, 주름을 접어 오른쪽으로 향하게 꿰맨다. 소공小功 이하의 상복喪服은 왼쪽으로 향하게 주름을 접어 꿰맨다.[구본에는 '不反服' 아래 배치되어 있다]

喪冠條屬, 以別吉凶. 三年之練冠, 亦條屬, 右縫. 小功以下, 左.
【舊在'不反服'之下】

集說 상관喪冠은 한 가닥 끈을 굽혀 관冠에 이어서 관의 무武를 만들고 남은 부분을 늘어뜨려 갓끈으로 삼는다. 그러므로 '상관喪冠은 한 가닥 끈으로 잇는다'고 한 것이다. '촉屬'은 잇는다는 뜻과 같으며, 관에 잇는 것을 말한다. 이 갓끈과 무는 함께 한 가닥의 끈으로 만든다. 길관吉冠의 경우 갓끈과 무는 제각기 독립된 재료이다. 「옥조玉藻」(7-3)에 "누이지 않은 흰 비단의 관(縞冠)에 검은색 무武를 한다"고 말한 부류가 그것이다. 길사와 흉사 때의 제도는 같지 않다. 그러므로 '길사吉事와 흉사凶事를 구별한다'고 말한 것이다. '삼년복의 연관練冠은 소상小祥 때 쓰는 관으로 한 가닥 끈으로 잇는 것(條屬)은 같다. 길관吉冠의 경우는 주름을 접어 꿰맬 때 왼쪽을 향하게 한다. 왼쪽은 양의 방향이요 길吉의 방향이다. 흉관凶冠은 주름을 접어 꿰맬 때 오른쪽을 향하게 한다. 오른쪽은 음의 방향이요 흉凶의 방향

이다. 소공小功과 시마總麻의 상복은 가볍기 때문에 주름을 접어 꿰맬 때 왼쪽을 향하게 하여 길관과 같게 한다. 喪冠以一條繩屈而屬於冠, 以爲冠之武而垂下爲纓. 故云'喪冠條屬'. 屬猶著也, 言著於冠也. 是纓與武, 共此一繩. 若吉冠, 則纓與武各一物. 「玉藻」云"縞冠, 玄武"之類, 是也. 吉凶之制不同. 故云'別吉凶'也. '三年練冠', 小祥之冠也, 其條屬亦然. 吉冠則福縫向左. 左爲陽吉也. 凶冠則福縫向右. 右爲陰凶也. 小功·總麻之服輕, 故福縫向左而同於吉.

權近 살피건대, 이 장은 위의 위 장을 이어받아 연제練祭에 사용하는 상관喪冠의 제도를 밝혔다. 近按, 此承上文以明練冠之制也.

4-3 [잡기상 45]

시마복總麻服의 상관喪冠은 갓끈을 잿물로 씻어 만든다. 대공大功 이상의 상복喪服은 요질腰絰의 남은 끈을 풀어 헤쳐 늘어뜨린다.
總冠繰纓. 大功以上散帶.

集說 시마복의 올수(縷)에서 그 베의 고운 정도는 조복朝服의 15승升가포와 같게 하지만 올수는 그 절반으로 하여 조정하되 잿물로 그 베를 씻지 않는다. 상관喪冠과 상복喪服 모두 이 베로 만든다. 다만 갓끈을 만드는 베는 잿물로 씻는다. 그러므로 '시마복總麻服의 상관喪冠은 갓끈을 잿물로 씻어 만든다'고 한 것이다. '조繰'는 조澡로 읽는다. 대공大功 이상의 상복은 무거우므로 초상初喪 때 요질腰絰의 남은 끈을 풀어 헤쳐 늘어뜨리고, 성복成服 때에 이르러 정돈하여 맨다. 소공小功 이하의 상복은 초상初喪 때 곧 정돈하여 맨다. 總服之縷, 其麤細與朝服十五升之布同, 而縷數則半之, 治其縷, 不治其布. 冠與衰同是此布也. 但爲纓之布, 則加以灰澡治之耳. 故曰'總冠繰纓'. '繰', 讀爲澡. 大功

以上服重, 初死麻帶散垂, 至成服乃絞. 小功以下, 初死卽絞也.

조복朝服은 15승升 베로 만드는데, 그 올수의 절반을 줄여 시마緦麻의 상복喪服을 만들고, (절반의 올수를 줄인) 그 베를 잿물로 씻어내 석최錫衰를 만든다.【구본에는 위 문장과 연결되어 있다】

朝服十五升, 去其半而緦, 加灰, 錫也.【舊聯上文】

集說 조복朝服은 정미하고 가늘어 전부 15승 베를 사용하여 만든다. 그 반을 줄이면 7승반 베가 되는데 그것을 사용하여 시마복緦麻服을 만든다. '시緦'라고 함은 그 올수의 가는 것이 명주실(絲) 같기 때문이다. 이 베를 잿물을 가하여 씻어내면 석錫이라고 한다. 이른바 조복弔服으로 사용하는 석최錫衰이다. '석錫'은 매끄러운 모양이다. 시마의 상복은 잿물을 가하여 씻어내지 않는다. 조복弔服은 1200올로 폭幅(넓이의 단위)을 이룬다. 시마복에서 올의 가늘기는 조복朝服과 같지만, 그 베의 폭은 600올로 성글다. 그러므로 『의례』「상복喪服」에 "올수는 조정을 하고 그 베는 잿물로 씻어 가공하지 않는 것을 시緦라고 한다"라고 하였다. 朝服精細, 全用十五升布爲之, 去其半, 則七升半布也, 用爲緦服. '緦'云者以其縷之細如絲也. 若以此布而加灰以澡治之, 則謂之錫. 所謂弔服之錫衰也. '錫'者, 滑易之貌. 緦服不加灰治也. 朝服一千二百縷終幅. 緦之縷細與朝服同, 但其布終幅止六百縷而疏. 故『儀禮』云: "有事其縷, 無事其布曰緦."

權近 살피건대, 이 장은 연제練祭 때 사용하는 상관喪冠을 이어서 시마복緦麻服에 사용하는 상관喪冠을 말하였다. 그리고 또 시마복의 제도를 밝혔다. 近按, 此因練冠以言緦冠. 而又明其緦制也.

⁴⁻⁵[잡기상 50]

대백관大白冠과 치포관緇布冠에는 모두 갓끈 장식을 하지 않는다. 현
관玄冠과 호관縞冠(누이지 않은 흰 비단의 관)에 무武를 단 이후에 갓끈
장식을 한다. 【구본에는 '喪車皆無等' 아래 배치되어 있다】

大白冠・緇布之冠, 皆不緌. 委武玄・縞而后緌.【舊在'喪車皆無等'
之下】

集說 '대백관大白冠'은 태고시대의 흰 베로 만든 관이다. '치포관緇布冠'은
검은 베로 만든 관이다. 이 두 관은 장식이 없기 때문에 모두 갓끈을 달지
않는다. 그러나 「옥조玉藻」(7-2)에 "치포관에 채색한 갓끈 장식을 한다"고
하였다. 이것은 제후의 관이다. 따라서 이 갓끈 장식을 하지 않는 것은 대
부와 사의 관이다. '위委'와 '무武'는 모두 관의 아래로 늘어뜨리는 권卷이다.
진秦나라 사람들은 권卷을 위委라고 불렀고, 제齊나라 사람들은 권을 무武
라고 불렀다. '현玄'은 현관玄冠이다. '호縞'는 호관縞冠이다. 현관과 호관의
두 관에는 이미 별도로 관의 권卷을 달았으므로 반드시 갓끈 장식이 있다.
그러므로 '현관玄冠과 호관縞冠에 무武를 단 이후에 갓끈 장식을 한다'고 말
한 것이다. '大白冠', 太古之白布冠也. '緇布冠', 黑布冠也. 此二冠無飾, 故皆不緌. 然
「玉藻」云: "緇布冠繢緌." 是諸侯之冠, 則此不緌者謂大夫・士也. '委'・'武'皆冠之下卷.
秦人呼卷爲委, 齊人呼卷爲武. '玄', 玄冠也. '縞', 縞冠也. 玄・縞二冠, 旣別有冠卷, 則
必有緌. 故云'委武玄・縞而后緌'也.

權近 살피건대, 이상은 모두 상관喪冠의 제도를 말하였다. 近按, 以上皆言
喪冠之制.

4-6[잡기상 40]

장자長子를 위해 지팡이를 짚고 있을 때, 그 아들(其子)은 지팡이를 짚고 곡위哭位에 나아가지 못한다.

爲長子杖, 則其子不以杖卽位.

集說 '그 아들'(其子)은 장자長子의 아들이다. 할아버지는 손자를 지위로 누르지 않는다. 그러므로 이 장자의 아들 역시 지팡이를 짚을 수 있다. 다만 할아버지와 같이 머무를 때 손자는 지팡이를 짚고 혼자 자신의 자리에 머무를 수 없다. '其子', 長子之子也. 祖不厭孫. 此長子之子, 亦得杖. 但與祖同處, 不得以杖獨居己位耳.

4-7[잡기상 41]

처를 위해 상복을 할 때 부모가 생존해 있으면 지팡이를 짚지 않고, 조문객에게 이마를 지면에 대고 배례하지 않는다.

爲妻, 父母在, 不杖, 不稽顙.

集說 이 경문은 적자適子의 처가 사망하였는데 부모가 모두 생존해 있으므로 그 예禮를 그와 같이 함을 말한다. 그러나 대부大夫가 맏며느리의 상에 상주가 되었기 때문에 그 남편은 지팡이를 짚지 않는 것이다. 만일 아버지가 돌아가고 어머니만 생존해 있다면, 어머니는 상喪에 상주가 되지 못하므로 자식은 지팡이를 짚을 수 있고, 이마를 지면에 대고 하는 배례는 하지 않는다. 이 경문은 함께 말한 것이다. 독자는 문장 상의 의미 때문에

그 취지를 곡해하지 않는 것이 좋다. 此謂適子妻死, 而父母俱存, 故其禮如此. 然大夫主適婦之喪, 故其夫不杖. 若父沒母存, 母不主喪, 則子可以杖, 但不稽顙耳. 此并言之. 讀者不以辭害意, 可也.

4-8[잡기상 42]

모친이 생존해 있으면 조문객에게 이마를 지면에 대고 배례拜禮하지 않는다. 이마를 지면에 대고 배례하는 경우는 부의賻儀를 기증한 것에 대하여 답배하는 것이다.【구본에는 '輕喪則弁絰' 아래 배치되어 있다】

母在, 不稽顙. 稽顙者, 其贈也, 拜.【舊在'輕喪則弁絰'之下】

集說 증贈은 조문객이 부의賻儀를 갖고 와서 자신에게 기증하여 상사를 돕는 것을 말한다. 모친이 생존해 있을 때는 조문객에게 이마를 지면에 대고 배례拜禮하지 않는 법이지만, 오직 부의를 기증한 조문객에게 답배할 때는 이마를 지면에 대고 배례할 수 있다. 그러므로 '이마를 지면에 대고 배례하는 경우는 부의賻儀를 기증한 것에 대해서 답배하는 것이다'라고 하였다. 일설에 의하면 증贈은 상주가 사자死者를 송별하는 것을 가리킨다. 곧 『의례』「기석례旣夕禮」에 "상주가 사자를 송별할 때 제폐制幣49)를 사용한다"고 한 것이 그것이다. 贈謂人以物來, 贈己助喪事也. 母在, 雖不稽顙, 惟拜謝此贈物之人, 則可以稽顙. 故云'稽顙者, 其贈也, 拜'. 一說贈謂以物送別死者. 卽「旣夕禮」所云: "贈用制幣"也.

4-9[잡기상 36]

무릇 형제의 상에 상주가 되어 주관하면 비록 소원한 사이라도 또한 우제虞祭를 지낸다.【구본에는 '遂之於墓' 아래 배치되어 있다】

凡主兄弟之喪, 雖疏, 亦虞之.【舊在'遂之於墓'之下】

集說 소공小功과 시마緦麻의 상복을 하면 가벼운 상복을 하는 형제이다. 그러나 사망한 이가 가까운 친족이 없을 경우 상주喪主가 되어 상을 주관한다. 일단 상사喪事를 주관하면 사망한 이를 위하여 응당 우제虞祭와 부제祔祭까지 마쳐야 한다. 小功·緦麻, 疏服之兄弟也. 彼無親者, 主之而已. 主其喪, 則當爲之畢虞·祔之祭也.

4-10[잡기상 31]

군주가 첩의 상에 상주가 되었으면, 부제祔祭도 자신이 지낸다. 연제練祭와 대상제大祥祭는 모두 그 아들에게 지내게 한다. 빈殯과 상제喪祭는 정침正寢에서 행하지 못한다.【구본에는 '帶絰之日數' 아래 배치되어 있다】

主妾之喪則自祔. 至於練·祥, 皆使其子主之. 其殯·祭不於正室.【舊在'帶絰之日數'之下】

集說 여군女君[50]이 사망한 뒤 첩妾이 섭위攝位하였다가 사망하면, 군주가 그 첩의 상喪에 상주가 된다. 그 부제도 군주가 직접 지낸다. 연제와 대상제의 경우 그 아들이 지낸다. '빈과 상제는 정침에서 행하지 못한다'는 것

은 비록 여군女君을 대신해서 섭위하였어도 정처보다 낮기 때문에 대렴과 상제를 정침에서 하지 못하는 것이다. 여군을 대신해서 섭위하지 않은 첩이 사망하였을 경우엔 군주가 그 상喪에 상주가 되지 않는다. 女君死而妾攝女君, 此妾死, 則君主其喪. 其祔祭亦君自主. 若練與大祥之祭, 則其子主之. '殯·祭不於正室'者, 雖嘗攝女君, 猶降於正嫡, 故殯與祭不得在正室也. 不攝女君之妾君, 則不主其喪.

[權近] 살피건대, 구주舊註에서는 '자부自附'로 구두를 끊고, '지어연상至於練祥' 이하를 별도로 한 구절로 삼았다. 내 소견으로는 위와 아래를 함께 한 구로 삼아야 할 듯싶다. 대개 첩의 상에 상주가 되어 주관하는 이는 장례를 마치고 졸곡을 행할 뿐이다. 부제祔祭부터는 모두 자식에게 주관하게 시킨다. 近按, 舊註以'自附'爲句, '至於練祥'以下別爲一句. 愚恐是上下幷爲一句也. 蓋主妾之喪者, 至葬卒哭而已. 自祔以後, 皆使其子主之也歟.

4-11[잡기상 37]

무릇 상복을 마치지 않았을 때, 조문객이 오면 곡위哭位를 마련하여 곡을 하고, 조문하러 온 이에게 배례拜禮를 하여 감사드리고, (세 번) 용踊을 하며 애통해한다.(踊)【구본에는 '雖疏亦虞之' 아래 배치되어 있다】

凡喪服未畢, 有弔者, 則爲位而哭, 拜, 踊.【舊在'雖疏亦虞之'之下】

[集說] 소疏에서 말한다. "예禮를 줄여서 처음 조문하러 온 빈객을 대하지 않는다. '무릇'(凡)이라고 말한 것은 오복五服의 상복에 모두 그렇게 함을 말한다." 疏曰: "不以殺禮而待新弔之賓也. 言'凡'者, 五服悉然."

權近 살피건대, 이상은 동거하는 사람의 상을 말한 것이다. 近按, 以上言同居之喪.

4-12 [잡기상 29]

무릇 형제가 따로 사는 경우, 형제의 상喪을 처음 들으면 그저 곡하는 것으로 답하면 된다. 처음에 질대絰帶를 할 때 요질腰絰의 두르고 남은 끈을 풀어 늘어뜨린다.【구본에는 '不名神也' 아래 배치되어 있다】凡異居, 始聞兄弟之喪, 唯以哭對可也. 其始麻, 散帶絰.【舊在不名神也'之下】

集說 형제가 따로 살면서 부고가 이르면 그저 곡哭을 하는 것으로 부고를 전하러 온 사람에게 대한다. 슬프고 애통한 마음이 심하여 다른 말을 할 겨를이 없기 때문이다. 요질腰絰의 남은 끈은 처음에 모두 풀어 늘어뜨린다는 것은 대공大功 이상의 형제가 사망한 경우로 3일째 이르러 늘어뜨린 끈을 정돈하여 맨다. 소공小功 이하의 상喪에 대해서는 헤쳐 늘어뜨리지 않는다. 兄弟異居而訃至, 唯以哭對其來訃之人, 以哀傷之情重, 不暇他言也. 其帶絰之麻, 始皆散垂, 謂大功以上之兄弟, 至三日而後絞之也. 小功以下, 不散垂.

權近 살피건대, 이 장 이하는 모두 부고를 듣는 예를 말하였다. 近按, 此下皆言聞喪之禮.

4-13[잡기상 30]

질대經帶를 미처 하지 못하고 상가에 도착한 경우, 주인이 아직 질
대經帶를 하기 이전일 때 소원한 친족(疏)은 주인이 행하는 절차에
맞추어 성복成服을 하고, 가까운 친족(親)은 자신이 요질腰経의 남은
끈을 풀어 늘어뜨리고 지내는 기간을 다 마친 뒤에 성복成服을 한
다.【구본에는 위 문장과 연결되어 있다】

未服麻而奔喪, 及主人之未成経也, 疏者與主人皆成之, 親者終
其麻帶経之日數.【舊聯上文】

集說 부고를 듣고 미처 질대經帶를 하지 못하고 곧장 상가로 달려간 경우
는 상가喪家와 거리가 가까운 곳에서 부고를 듣는 즉시 온 것이다. 이때
상주는 미처 소렴小斂을 행하기 전이기 때문에 아직 마질과 마대를 하지
않은 것이다. 소공小功 이하의 친족을 '소원한 친족'(疏)이라고 한다. 소원한
친족의 경우 상주喪主가 성복成服을 하는 절차에 맞게 상가에 도착하였으
면, 상주와 함께 성복을 한다. 대공大功 이상의 친족을 '가까운 친족'(親)이
라고 한다. 가까운 친족이 부고를 듣고 상가에 이르렀을 때, 설령 주인이
성복成服을 하는 시기에 도착하였더라도, 자신은 반드시 요질腰経의 남은
끈을 풀어 늘어뜨리는 기간을 다 마친 뒤에 성복成服을 한다. 若聞訃, 未及服
麻而卽奔喪者, 以道路旣近, 聞死卽來. 此時主人未行小斂, 故未成経. 小功以下謂之'疏'.
疏者値主人成服之節, 則與主人皆成之. 大功以上謂之'親'. 親者奔喪而至之時, 雖値主人
成服, 己必自終竟其散麻帶経之日數, 而後成服也.

權近 살피건대, '급及'은 미처 함께한다는 뜻이 아니다. 상喪에 달려갔는
데 주인이 미처 질대經帶를 하기 전에 도달한 것을 말한다. 近按, '及', 非及與
之意. 言奔喪而及其主人未経之時也.

⁴⁻¹⁴[잡기상 34]

형제의 상을 듣고 분상奔喪할 때, 대공大功 이상은 사망한 이의 마을
이 보이면 곡哭을 한다.【구본에는 '女君之黨服' 아래 배치되어 있다】

聞兄弟之喪, 大功以上, 見喪者之鄕而哭.【舊在'女君之黨服'之下】

集說 「분상奔喪」(15)에 "자최齊衰의 상에는 마을이 보이면 곡을 하고, 대공
大功의 상에는 그 집의 문이 보이면 곡을 한다"라고 하였다. 이 경문에서
'대공 이상'(大功以上)이라고 한 것은 강복降服으로서 대공복을 가리킨다. 무
릇 상복에서 강복은 정복正服보다 무겁다. 「奔喪禮」云: "齊衰望鄕而哭, 大功望
門而哭." 此言'大功以上', 謂降服大功者也. 凡喪服, 降服重於正服.

⁴⁻¹⁵[잡기상 35]

형제의 장례葬禮에 전송하러 간 이가 (제 시간에 도착하지 못하여)
상주를 (장례를 마치고 돌아오는) 길에서 만났다면 자신은 묘소에
까지 간다.【구본에는 위 문장과 연결되어 있다】

適兄弟之送葬者弗及, 遇主人於道, 則遂之於墓.【舊聯上文】

集說 '적適'은 간다는 뜻이다. 형제의 장례葬禮에 가서 전송하는데 전송하
는 시간에 맞추어 도착하지 못하고 상주가 장례를 마치고 돌아올 때 만났
다면, 이 전송하는 사람은 주인을 따라 반곡反哭해서는 안 되고 반드시 직
접 묘소까지 간 뒤에 돌아와야 한다. '適', 往也. 往送兄弟之葬, 而不及當送之時,
乃遇主人葬畢而反, 則此送者不可隨主人反哭, 必自至墓所而後反也.

權近 살피건대, 이상은 모두 상례의 무겁고 가벼운 제도를 말하였다. 近按, 以上皆言喪禮輕重之制.

4-16[잡기상 49]

길제吉祭에서는 효자孝子 또는 효손孝孫이라고 부르고, 흉제凶祭에서는 애자哀子 또는 애손哀孫이라고 부른다. 단최端衰와 상거喪車는 신분에 따른 차이가 없다.【구본에는 '脯·醴而已' 아래 배치되어 있다】祭稱孝子·孝孫, 喪稱哀子·哀孫. 端衰·喪車皆無等.【舊在'脯·醴而已'之下】

集說 '제사'(祭)는 길제吉祭이다. 졸곡卒哭 이후 상제喪祭는 길제가 된다. 그러므로 축사祝辭에 효자孝子 또는 효손孝孫이라고 말한다. 우제虞祭 이전의 상제喪祭는 흉제凶祭가 된다. 그러므로 애자哀子 또는 애손哀孫이라고 부른다. '단端'은 정식이라는 뜻이다. '단최端衰'는 상복喪服의 상의이다. 길한 때 현단복을 입는데, 몸체 부분과 소매가 같이 2척2촌을 정식으로 삼는다. 상복으로 입는 상의 역시 같이 만드는데, 가슴 앞에 6촌의 최衰를 꿰매어 단다. 그러므로 '단최端衰'라고 말한 것이다. '상거喪車'는 상주가 타는 조악한 수레이다. 이 두 가지는 모두 신분의 차이가 없다. '祭', 吉祭也. 卒哭以後爲吉祭. 故祝辭稱孝子或稱[51]孝孫. 自虞以前爲凶祭. 故稱哀. '端', 正也. '端衰', 喪服上衣也. 吉時玄端服, 身與袂同以二尺二寸爲正. 喪衣亦如之, 而綴六寸之衰於胸前. 故曰'端衰'也. '喪車', 孝子所乘惡車也. 此二者, 皆無貴賤之差等.

權近 살피건대, 이 장은 상례와 제례를 함께 포괄하여 말하였다. 상례에서 사자를 전송하고 나면 제례가 시작된다. 그러므로 상례를 말할 때 제례

를 반드시 언급하는 것이다. 近按, 此兼言喪・祭之禮. 喪旣終而祭必始. 故言喪禮, 必及祭禮也.

4-17[잡기상 51]

대부大夫는 치면緇冕을 쓰고 군주의 제사를 도우며, 작변爵弁을 쓰고 자신의 사당에서 제사를 지낸다. 사士는 작변爵弁을 쓰고 군주의 제사를 도우며, 현관玄冠을 쓰고 자신의 사당에서 제사를 지낸다. 사士는 작변을 쓰고 친영親迎의 예를 행한다. 따라서 사士도 작변을 쓰고 자신의 사당에서 제사지내는 것이 가능하다.

大夫冕而祭於公, 弁而祭於己. 士弁而祭於公, 冠而祭於己. 士弁而親迎. 然則士弁而祭於己, 可也.

集說 '면冕'은 치면緇冕이다. '제어공祭於公'은 군주의 제사를 돕는 것이다. '변弁'은 작변爵弁이다. '제어기祭於己'는 자신의 사당에서 제사하는 것이다. '관冠'은 현관玄冠이다. 남의 제사를 도울 때는 존귀한 것을 사용하고, 자신의 제사에서는 낮은 것을 사용한다. 그러므로 관과 옷이 차이가 있다. 『의례』「소뢰궤사례少牢饋食禮」에 따르면, 상대부上大夫가 자신의 사당에서 제사지낼 때 현관玄冠을 쓴다.[52] 이 경문에서 '작변爵弁을 쓰고 자신의 사당에서 제사지낸다'고 한 것은 이 경문의 대부가 고孤[53]를 지칭하여 말한 것이기 때문이다. 경문을 기록한 이가 사士의 친영親迎에 작변爵弁을 사용하는 것을 가지고 작변을 쓰고 자신의 사당에서 제사할 수 있다고 하였는데, 친영의 작변은 잠시 존귀한 복식을 빌려 쓰는 것일 뿐이다. 제사에는 정해진 예가 있기 때문에 어지럽혀서는 안 된다. '冕', 緇冕也. '祭於公', 助君之祭

也. '弁', 爵弁也. '祭於己', 自祭其廟也. '冠', 玄冠也. 助祭爲尊, 自祭爲卑. 故冠服有異也. 『儀禮』少牢上大夫自祭用玄冠. 此云'弁而祭於己'者, 此大夫指孤而言也. 記者以士之親迎用弁, 以爲可以弁而祭於己, 然親迎之弁, 暫焉攝用耳. 祭有常禮, 不可紊也.

4-18[잡기상 52]

울창(暢)을 절구로 찧을 때, 절구는 측백나무로 된 것을, 절굿공이
는 오동나무로 된 것을 사용한다. 비枇(희생의 덩치를 뜨는 국자모양의
도구)는 뽕나무로 된 것을 사용하는데 길이는 3척이다. 어떤 이는
5척이라고도 한다. 필畢(희생을 꿰는 도구)은 뽕나무로 된 것을 사용
하는데 길이는 3척이고, 자루와 끝부분을 깎아낸다.【구본에는 '玄·縞
而后爵' 아래 배치되어 있다】

暢, 曰以梈, 杵以梧. 枇以桑, 長三尺. 或曰五尺. 畢用桑, 長三尺,
刊其柄與末.【舊在'玄·縞而后爵'之下】

集說 '창暢'은 울창鬱鬯이다. '국梈'은 측백나무이다. 울창을 찧을 때 측백
나무로 절구를, 오동나무로 절굿공이를 만들어 쓴다. 측백나무는 향기가
좋고 오동나무는 깨끗하다. 그러므로 사용하는 것이다. 가마솥(鑊)에 있는
희생 덩치를 비枇54)를 사용하여 들어서 정鼎(세발 달린 솥)에 넣는다. 또한
비枇를 사용하여 정鼎에서 들어 조俎에 올려놓는다. 주인이 고기를 들 때
집사執事가 필畢(희생을 꿰는 도구)55)로 드는 것을 돕는다. 이 두 가지 기물은
길제吉祭의 경우 대추나무로 된 것을 사용하고, 상제喪祭의 경우 뽕나무로
된 것을 사용한다. 필의 자루와 끝을 깎아내는데 비枇도 또한 반드시 깎아
낸다. '暢', 鬱鬯也. '梈', 柏也. 擣鬱鬯者, 以柏木爲曰, 梧木爲杵. 柏香芳而梧潔白. 故

用之. 牲體在鑊, 用枇升之以入鼎. 又以枇自鼎載之入俎. 主人擧肉之時, 執事者則以畢助

之擧. 此二器, 吉祭以棘木爲之, 喪祭則用桑木. 畢之柄與末, 加刊削, 枇亦必然也.

權近　　살피건대, 이 경문은 제례에서 관冠과 면冕을 쓸 때가 서로 다른 것

과, 그 기물의 제도를 말하였다. ○ 이상은 제4절이다. 近按, 此言祭禮冠·冕

不同之事與其用器之制. ○ 右第四節.

1 【분장】 : 본 편의 章 표시는 권근 按說의 분명한 언급에 따라 붙인 것이다. 다만 안설에는 '章'이 아니라 '節'로 기록하고 있다.

2 상여 장식 :

棺飾 『欽定禮記義疏』(淸)

3 帷 : 『예기천견록』에 '帳'으로 되어 있으나 『예기집설대전』에 따라 바꾼다.

4 오자 : 상대를 지칭하는 존칭어이다.

5 尺 : 『예기천견록』에는 '天'으로 되어 있으나 『예기집설대전』에 따라 바꾼다.

6 구주 : 정현 주를 가리킨다.

7 옥을 ~ 않는다 : 「雜記下」(2-37)의 경문에서 인용한 것이다.

8 옷을 전한 자는 ~ 전달한다 : 陳澔는 이 부분의 옷을 받는 것을 상주 측이 받는 것으로 해석하였는데, 정현을 비롯한 대부분의 주석은 옷을 賵儀하는 자가 첫 번째 朝服을 전달한 다음 당을 내려와 대문을 나가지 않고 당의 처마 낙숫물받이가 있는 곳에서 자신의 수행자로부터 받아 당으로 올라와서 빈궁의 동쪽에서 전하는 것으로 해석하였다.

9 의복 : 死者에게 옷과 이불 등을 부의하는 것을 가리킨다. 襲과 殮에 시신에 입히는 옷과 시신을 덮는 이불, 그리고 장례 때 관 동쪽에 넣는 의복 등을 모두 襚, 또는 襚衣라고 한다. 『의례』 「士喪禮」의 "군주가 사자를 시켜 의복을 부의한다"(君使人襚)에 대한 정현 주에 "襚는 전해준다는 뜻이다. 의복의 경우를 襚라고 한다"(襚之言遺也, 衣被曰襚)라고 하였다. 「少儀」(1-5)에는 "신하가 군주에게 襚衣를 보낼 때에는 '賈人에게 못 쓰는 옷을 보냅니다'라고 말한다. 대등한 사이일 경우에는 ('못 쓰는 옷'이라고 하지 않고) '수의'라고 말한다"(臣致襚於君, 則曰'致廢衣於賈人', 敵者曰襚)라고 하였다. 따라서 대등한 사이에 또는 신분이 높은 쪽에서 낮은 이에게 의복을 부의하는 것을 襚라고 불렀음을 알 수 있다.

10 始命爲諸侯之衣, 及朝覲時, 天子所加賜之衣也 : 『예기집설대전』에는 '說見前章'으로 되어 있다.

11 孤 : 『禮記正義』에는 '孤某'로 되어 있다.

12 孤 : 『禮記正義』에는 '孤某'로 되어 있다.

13 사직 . 聘禮에서 공식적인 聘禮와 享禮의 설자를 마치고 개인적으로 상대국의 군주와 관리들을 만나보는 것을 가리킨다. 私面이라고도 한다. 『의례』 「聘禮」와 『예기』 「聘義」

(5) 등에 그 내용이 자세하다. 『三禮辭典』, 421쪽, '私面' 항목 참조.

14 효포 : 小斂과 大斂 때 시신에게 입힌 의복을 묶는 천으로 된 띠다. 『의례』 「士喪禮」에 "효포는 가로로 3개, 세로로 1개를 깔고 넓이는 1폭(2척)으로 하며 끝부분을 세 가닥으로 잘라놓는다"(絞橫三, 縮一, 廣終幅, 析其末)라고 하였다. 이는 小斂할 때의 교포를 말한다. 「喪大記」(39)에는 "대렴에, 베로 만든 효포(布絞)를 사용하는데 세로로 된 것이 세 폭이고, 가로로 된 것이 다섯 폭이다"(大斂布絞, 縮者三, 橫者五)라고 하였다. 자세한 내용은 이들에 대한 정현 주와 공영달의 소에 보인다. 『三禮辭典』, 855쪽, '絞' 항목을 참조.

15 給 : 給은 홑이불을 뜻한다. 혼례와 大斂 등에 사용된다. 「喪大記」(39)에 "홑이불(給)은 다섯 폭인데, 표식을 붙이지 않는다"(給, 五幅, 無紞)라고 하였다. 이에 대한 정현 주에 "'紞'은 비단 끈 종류로 만드는데 옷깃(領)의 가에 붙이는 것으로 오늘날의 被識과 같은 것이다. 살아 있을 때에는 홑이불(襌被)에 표식을 해 두었다가 사망하면 그것을 제거하는데, 살아 있을 때와 달리하는 것이다"('紞', 以組類爲之, 綴之領側, 若今被識矣. 生時襌被有識, 死者去之, 異於生也)라고 하였다.

16 衾 : 보통 이불을 뜻하며, 여기서는 소렴과 대렴에 사용하는 이불을 가리킨다. 솜을 넣은 겹이불과 속 없는 홑이불이 있는데, 후자를 襌라고 부른다. 『三禮辭典』, 690쪽, '衾' 항목 참조.

17 악실 : 喪主들이 머무르는 방이다. 벽을 희게 만든다. 『주례』 「春官 · 守祧」 참조.

18 도종 : 喪服에서 從服의 한 형태이다. 자신과 친족관계가 없는 사람의 친족을 위해서 하는 상복을 뜻한다. 즉 자신이 섬기는 사람이 자신과 친족관계가 없지만, 그 섬기는 사람의 친족을 위해 상복을 하는 경우를 가리킨다. 「大傳」(3-6), '從服有六' 부분 참조.

19 복인 : 거북점을 치는 일을 돕는 관직명이다. 大卜 · 卜師 등이 거북점을 치는 일을 진행하는 것을 돕는다. 中士 또는 下士가 담당한다. 『주례』 「春官 · 宗伯」 참조.

20 도가 : 都는 왕의 서자와 형제들 그리고 公卿의 采地를, 家는 대부의 采地를 의미한다. 『주례』 「秋官 · 方士」의 "方士가 都家를 관장한다"(方士掌都家)의 정현 주 참조.

21 시조 : 천자와 제후가 매월 초하루 사당에 고하고 太廟에서 정사를 듣는 것을 제후의 경우는 視朔, 천자의 경우는 視朝라고 한다. 대부와 사 역시 매월 초하루 사당에 고한다. 경문의 朔은 이러한 일들을 통칭해서 말한 것이다.

22 호관 : 누이지 않은 흰 생 비단으로 만든 관으로 練祭 때 쓰며 흉에서 길에 가까워진 것을 상징한다. 「玉藻」(7-3), "縞冠素紕"에 대한 공영달의 소 참조.

23 조전 : 발인하기 전날 해가 기울 때 올리는 喪祭로 祖廟의 中庭에서 지낸다. 祖는 출발의 시작을 뜻한다. 살아 있을 때도 길을 떠날 일이 있으면 술을 마시고 전별하는 예가 있는데 이를 '祖'라고 한다. 그 때문에 死者가 길을 떠나려고 할 때 奠을 진설하는 것 또한 조라고 한다. 『한서』 「臨江王傳」의 注에 "黃帝의 아들인 累祖가 먼 곳으로 유람하기를 좋아하다가 길에서 죽었으므로 후세 사람들이 그를 제사지내면서 行神으로 삼았다.

'祖'라는 것은 길을 떠나는 사람을 전송하면서 지내는 제사이다'라고 하였다. 『의례』
「旣夕禮」注에 "장차 길을 떠나면서 술을 마시는 것을 '祖'라고 하는데, '祖'는 시작의
뜻이다'라고 하였고, 이에 대한 疏에 "살펴보건대, 『시』에 이르기를 '한후가 나가 路祭
를 지내니, 나가서 도 땅에 유숙하도다. 현보가 나아가 전송하니, 청주가 백 동이로다'
(韓侯出祖, 出宿于屠. 顯父薦之, 淸酒百壺)라고 하였으며, 또 이르기를 '자 땅에 나가
유숙하고, 예 땅에서 전별주를 마시도다'(出宿于泲 飮餞于禰) 하였는데, 여기서는 모두
장차 길을 떠날 적에 술을 마시는 것을 '조'라고 하였다. 그런데 이곳 「기석례」에서는
죽은 자가 장차 길을 떠나는 것도 '조'라고 하였다. 이는 처음 길을 떠나는 것이기 때문
에 '조'라고 한 것이다'라고 하였다.

24 견전 : 발인 때 장지로 떠나기 전에 대문 밖에서 지내는 喪祭로 路奠, 路祭라고도 한다.
「檀弓下」(3-22)의 "사망한 초기에 脯와 醯로 전을 올리고, 매장하러 갈 때 遣奠을 올리
고 나서 보낸다"(始死, 脯醢之奠, 將行, 遣而行之)의 정현 주 참조.

25 견거 : 장례 때 뒤따르는 수레로 明器다. 나무로 만들며 보통의 수레보다 작다. 鸞車 ·
塗車라고도 한다. 장지로 출발하기 전에 遣奠에 올린 희생 가운데 하체 즉 다리 부분을
취해서 노끈(苞)으로 묶어 싣고, 상여를 뒤따른다. 장례 때 무덤 안에 관을 놓고 관의
네 귀퉁이에 이 遣車를 놓고 그 옆에 풀을 묶어 사람 모양으로 만든 芻靈을 세워 놓는
다. 『三禮辭典』, 967쪽, '遣車' 항목 참조.

26 자최의 ~ 공통이다 : 이 말은 『맹자』 「滕文公上」에 나온다.

27 순임금이 ~ 말이다 : 관련 내용은 『맹자』 「萬章上」에 나온다. 순이 임금이 되자 제위를
물려준 堯와 부친 瞽瞍가 北面하여 신하로 처신하였다는 말을 듣고 맹자가 가당치 않은
말이라고 비판하면서 그런 말은 군자가 하는 말이 아니라 齊나라 東鄙의 野人이 하는
말이라고 하였다. 즉 禮를 모르는 野人의 말로 전혀 이치에 맞지 않음을 뜻한다.

28 석최 : 7승반의 고운 삼베로 지은 喪服이다. 군주가 신하를 위해 조문할 때 또는 대부가
命婦를 위해 조문할 때 입는다. 『주례』 「春官 · 司服」 참조.

29 면복 : 冕服은 면류관을 쓸 때 착용하는 복식 일습을 말하고, 시대에 따라 조금씩 차이
는 있지만 면류관 · 상의(玄衣) · 하상(裳) · 중단 · 바지 · 버선 · 신 · 大帶 · 혁대 · 폐
슬 · 綬 · 패옥 · 劍 · 圭로 구성된다. 면복의 종류는 등급의 순서대로 大裘冕 · 袞冕 · 鷩
冕 · 毳冕 · 希冕(絺冕) · 玄冕의 6가지가 있다. 大裘冕이 가장 높은 등급이고, 玄冕의 등
급이 가장 낮다. '大裘冕'은 昊天 · 上帝 · 五帝에 제사할 때 입고, '袞冕'은 先王에게 제사
지낼 때와 왕이 종묘에서 제후의 朝覲을 받을 때 입으며, '鷩冕'은 先公에게 제사할 때와
종묘에서 大射禮를 행할 때 입고, '毳冕'은 四望과 山川에 제사할 때 입고, '絺冕'은
사직과 五祀에 제사지낼 때 입는다. 이들 면복은 면류관의 旒의 수와 상의와 하상에
표현된 무늬로 구별한다. 그런데 이 6가지 冕服을 모두 입을 수 있는 신분은 천자뿐이
고, 諸侯 · 孤 · 卿 · 大夫는 袞冕服 이하 玄冕服까지를 각 신분과 의례 상황에 따라 차별
적으로 입는다. 단 이들 신하가 袞冕服부터 絺冕服까지를 입을 수 있는 것은 천자가

주관하는 제사에 참여하여 제사를 도울 때뿐이고, 각자 자신이 주관하는 제사에서는 6면복 가운데 가장 낮은 등급인 현면복만 입을 수 있다.

30 復及褒衣並說見前章 : 『예기집설대전』에는 '復解見前. 褒衣者, 始命爲諸侯之衣及朝覲時 天子所加賜之衣也'로 되어 있다.

31 稅 : 『예기집설대전』의 音注에 '彖'으로 되어 있다. 稅衣는 왕후의 육복 가운데 하나인 褖衣이다.

32 육복 : 왕후의 육복은 왕후가 입는 여섯 가지의 예복으로, 褘衣·揄狄·闕狄·鞠衣·展 衣·褖衣를 말한다. 위의는 왕후가 전용으로 입는 것이고, 나머지 5복은 왕의 3부인, 제후의 처 및 경대부사의 처의 옷으로 분류된다. 『三禮辭典』, 810쪽 및 242쪽 참조.

33 휘의·국의 :

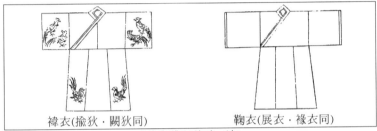

褘衣(揄狄·闕狄同)　　　　鞠衣(展衣·褖衣同)

『欽定禮記義疏』(淸)

34 왕의 길복은 ~ 때문이다 : 인용문은 楊復의 『儀禮圖』「冕弁門·內司服圖」 註에 나온다.

35 (복을 할 때) ~ 한다 : 『禮記正義』 등 다른 판본들에는 이 부분이 위 "大夫의 喪에 大宗 人이 상례를 돕고 小宗人이 거북등에 점칠 사항을 고하고(命龜), 卜人이 거북등을 태운 다(作龜)"([雜記上 17]) 다음에 배치되어 있다. 정현은 주에서 "제후 부인의 상에는 ~ 요적과 단의는 속을 흰색의 주름진 비단으로 한다"(夫人 ~ 狄稅素沙)([雜記上 19])의 다음에 배치되어야 할 것이 탈루되어 잘못 배치된 것이라고 지적하였는데, 陳澔가 정현 의 지적에 따라서 재배치한 것이다.

36 시신을 ~ 한다 : 이 글은 「問喪」(2)에 나오는 말이다.

37 위모 : 「郊特牲」(5-4)의 "委貌는 周나라의 道이다"(委貌, 周道也)라고 한 부분 참조.

38 소단 : 玄端服(검은 베로 만든 옷)이 吉事 때 재계하기 위해 입는 옷인 반면, 素端服(흰 베로 만든 옷)은 본래 凶事 때 재계하기 위해 입는 옷이다. 縞冠을 쓰고 상하 흰 옷을 입으며, 흰 신을 신는 복식이다. 이것을 喪事에 壽衣로 사용할 때의 모양에 대해서는 설이 일정하지 않다. 賀場은 상의와 하의를 모두 흰 베로 만든다고 하였고, 盧植은 상의 는 흰 베로 만들고 하의는 피변복 차림이라고 하였다. 위 경문에 대한 공영달의 소 및 『주례』「春官·司服」의 "그 재계할 때 입는 복식에 현단복과 소단복이 있다"(其齊服 有玄端·素端)에 대한 정현 주 참조. 『三禮辭典』, 671쪽, '素端' 항목 참조.

39 대렴 : 小斂을 마친 시신에 다시 壽衣를 입히고 이불을 덮어 殯을 준비하는 상례 의절이

다. 殮이란 시신을 싸서 갈무리하는 것으로, 士는 30벌의 壽衣를 입히고 군주는 100벌, 대부는 50벌을 입힌 뒤 絞(수의를 묶는 끈)로 묶도록 되어 있다.

40 소렴 : 襲을 마친 시신에 수의와 이불을 덮어주는 상례 의절이다. 士의 경우 사망한 지 2일째, 군주의 상에는 3일째에 진행한다. 신분에 상관없이 수의 19벌을 입힌다. 이불의 경우, 군주는 비단이불, 대부는 흰 비단 이불, 사는 검은 명주 이불을 쓰며, 수의와 이불 모두 솜을 넣은 것을 사용한다.

41 계빈 : 매장을 하기 위해 임시로 안치한 殯宮에서 널을 꺼내는 의식이다. 士와 大夫는 3개월 만에, 제후는 5개월 만에 매장을 하고 사의 경우는 매장 하루 전에 계빈을 하도록 되어 있다. 계빈을 한 뒤에는 널을 祖廟로 옮겨 祖奠을 올린 뒤 發引을 한다.

42 일설에는 ~ 한다 : 일설은 누구의 설인지 분명하지 않지만, 공영달의 소에 소개되어 있다.

43 (하관하고서 견거에 ~ 싣자 : 이 부분에 대한 해석은 공영달의 소를 따랐다. 楊天宇는 '置於四隅. 載楎'을 도치된 한 문장으로 파악하고 '쌀을 관의 네 모퉁이에 놓자'라고 해석하였다. 楊天宇, 『禮記譯注』(下) 629쪽 29항 참조.

44 절 : 하관한 다음 관을 가리는 시렁 모양의 나무판자이다. 折은 시렁(庋)과 같은 것이다. 모나게 깎은 나무를 이어 만든다. 대개 牀과 형태가 같은데 세로 쪽이 셋이고 가로 쪽이 다섯이며 대자리(簀)는 없다. 매장하는 일이 끝나면 壙 위에 설치하여 抗席을 받친다.

45 항석 : 하관한 뒤 관 위에 折을 덮고, 절 위에 항석을 놓는데 먼지를 막기 위해서이다. 항석은 띠풀로 만드는데 세 겹이다. 『의례』 「旣夕禮」에 "(抗木 위에) 抗席을 포개는데 세 겹으로 한다"(加抗席三)라고 한 것에 대해 정현의 주에서는 "席'은 먼지를 막는 것이다"(席'所以禦塵)라고 하였다.

抗席

『欽定儀禮義疏』(淸)

46 附 : 祔祭의 '祔'와 같다.

47 若 : 『예기천견록』에는 '者'로 되어 있으나 『예기집설대전』에 따라 바꾼다.

48 附 : 祔祭의 '祔'와 같다.

49 제폐 : 吉事와 凶事의 禮에 사용하는 幣帛이다. 길이 1丈 8尺, 폭 2尺 4寸이 1制가 된다. 幣는 검은색과 붉은색 2가지 색으로 된 명주(玄纁)를 뜻한다. 『의례』 「旣夕禮」에 "상주가 사자를 전송하는 증여물(贈)은 검은색과 붉은색의 명주 1속을 쓴다"(贈用制幣, 玄纁束)라고 하였는데, 1束은 10制의 단위다. 즉 검은색과 붉은색 비단을 18丈을 무덤 안에 상주가 넣어 사자를 전송하는 것이다. 검은색 명주와 붉은색 명주는 3 : 2의 비율, 즉 세 덩치와 두 덩치를 사용한다. 『三禮辭典』, 451쪽, '制幣' 항목 참조.

50 여군 : 군주의 正妻에 대하여 妾이 부르는 칭호이다. 『의례』 「喪服」에 "첩이 女君을 섬기는 것은 며느리가 시부모를 섬기는 것과 같다"(妾之事女君, 與婦之事舅姑等)라고

하였다. 정현은 주에서 "여군은 군주의 정처이다"(女君, 君嫡妻也)라고 하였다. 『爾雅』
「釋名·釋親屬」에 "첩이 남편의 정처에 대하여 女君이라고 부른다. 남편은 男君이므로
그 처에 대하여 女君이라고 부른다"(妾謂夫之嫡妻曰女君. 夫爲男君, 故名其妻曰女君)라
고 하였다.

51 稱 : 『예기집설대전』에는 '稱'이 없다.

52 상대부가 자신의 ~ 쓴다 : 『의례』「少牢饋食禮」는 諸侯의 卿과 大夫가 자신의 사당에서
제사하는 예를 서술하고 있다. 玄冠을 쓴다는 기술은 없지만 유추한 것이다. 제후의
士가 제사하는 것을 서술한 「特牲饋食禮」에서 이미 "특생궤사의 예를 행할 때 그 복식
은 모두 朝服을 입고 玄冠을 쓰며, 緇帶와 緇韠을 착용한다"(特牲饋食, 其服皆朝服·玄
冠·緇帶·緇韠)고 하였다.

53 고 : 卿보다 높고 公보다 낮은 관직이다. 『주례』「春官·典命」에 "公의 孤는 4命이고 ~
그 卿은 3命이며, 그 대부는 2命이다"(公之孤四命 ~ 其卿三命, 其大夫再命)라고 하였
다. 大師·大傅·大保를 三公, 少師·少傅·少保를 三孤라고 한다. 『三禮辭典』, 466쪽,
'孤' 항목 참조.

54 비 : 솥에서 犧牲의 삶은 고기를 건지거나 서직을 뜰 때 사용하는 대추나무 혹은 뽕나
무로 만든 주걱 모양의 도구이다. 匕라고도 한다. 삶은 희생의 고기를 건지는 용도로
사용하는 것으로는 桃匕와 疏匕가 있다. 黍稷을 뜰 때 사용하는 것은 黍匕라고 한다.

55 필 : 주인이 삶은 희생의 고기를 鼎에서 꺼낼 때 이를 돕기 위해 사용하는 갈고리 모양
의 기구이다. 모양이 乂 또는 畢星과 유사한데, 乂는 머리 부분이 뾰족하게 갈라져서
물건을 찍어서 집는 데 사용하는 기구이고, 畢星은 8개의 별들이 포개어 꿰어져 있는데
양쪽으로 갈라진 형상을 하고 있다.

잡기하
雜記下

양촌에 사는 후학 권근 지음

살피건대, 이 편은 위 편보다 더욱 심하게 무질서하다.

近按, 此篇視上篇尤甚雜亂.

1.[1]

1-1 [잡기하 1]

부친의 상喪이 소상小祥은 지나고 아직 대상大祥 이전으로 상복을 벗지 않은 상태인데 모친이 사망하면, 부친의 상복을 벗는 대상제에서 대상제의 옷(除服)을 입고 제사를 지내며, 대상제를 마친 다음 모친을 위한 상복으로 도로 갈아입는다.

有父之喪, 如未沒喪而母死, 其除父之喪也, 服其除服, 卒事, 反喪服.

集 　'몰沒'은 마친다 또는 벗는다는 뜻과 같다. 부친의 상喪이 소상小祥은

說　지나고 대상大祥은 아직 지나지 않은 시기인데 또 모친의 상을 당하면, 부친의 상을 마칠 때에 상을 마칠 때 입는 옷을 입고 대상제의 예禮를 행한다. 이 대상제가 끝난 다음 곧 모친을 위한 상복으로 갈아입는다. 만일 모친의 상이 아직 장례를 치르기 전인데 부친의 소상小祥이나 대상大祥제가 있게 되면 연복練服과 대상제의 옷을 입을 수 없다. 대상제는 길제吉祭이지만, 장례를 치르기 전은 흉凶의 상태로서 흉凶의 시기에 차마 길례吉禮를 행하지 못하기 때문이다. '沒', 猶終也, 除也. 父喪在小祥後大祥前, 是未沒父喪也, 又遭母喪, 則當除父喪之時, 自服除喪之服, 以行大祥之禮. 此禮事畢, 卽服喪母之服. 若母喪未葬, 而値父之二祥, 則不得服祥服者. 以祥祭爲吉, 未葬爲凶, 不忍於凶時行吉禮也.

權近　살피건대, 위 편(「잡기상」)에서는 첫머리에 제후의 상을 말하여 신분이 높은 것으로 시작하였는데, 이 편에서는 첫머리에 부모의 상을 말하여 상복이 무거운 것으로 시작하였다. 近按, 上篇首言諸侯之喪, 以貴者始, 此篇首言父母之喪, 以重者始也.

1-2[잡기하 2]

비록 (삼년상이 아닌) 백부伯父와 숙부叔父 또는 형제의 상喪이어도, 부모의 상喪 기간 중에 상기喪期를 마치게 되면, 그들을 위한 대상제大祥祭를 지낼 때 모두 대상제의 옷을 입고 지내며, 제사가 끝나면 도로 부모에 대한 상복으로 갈아입는다.

雖諸父 · 昆弟之喪, 如當父母之喪, 其除諸父 · 昆弟之喪也, 皆服其除喪之服, 卒事反喪服.

集說 백부伯父와 숙부叔父 그리고 형제의 상喪이 처음 발생해서 복을 벗을 때까지 모두 부모의 상喪 기간 안에 있을 때, 상복의 경중이 서로 다르지만 대상제의 옷을 입는 것을 없애지 않는 것은 친애함을 돈독히 하려는 의리다. 만일 군주의 상을 만나면 자신의 개인적인 상복을 위해서 대상제사에서 대상제의 옷을 입지 못한다. 「증자문」(1-41)에서 언급하고 있다. 諸父·昆弟之喪, 自始死至除服, 皆在父母服內, 輕重雖殊, 而除喪之服不廢者, 篤親愛之義也. 若遭君喪, 則不得自除私服. 「曾子問」言之矣.

權近 살피건대, 이 장은 백숙부와 형제의 상이 혹 부의 상과 함께 발생하였을 때 대상제祭大祥의 옷을 입는 것을 폐하지 않으며, 대상제를 지내고 복을 벗은 뒤에 돌아가 부모에 대한 상복을 함을 말한다. 무거운 상복 때문에 가벼운 상복을 없애지 않고 각각의 상에 시작하고 끝맺는 의리를 다하는 것이다. 近按, 此言或有諸父·昆弟之喪, 雖並於父母之喪, 亦不廢其喪之除服, 旣卒除服之事, 然後反服父母之喪服. 不以重而廢輕, 各盡其終始之義也.

1-3[잡기하 3]

가령 앞서 일어난 상이 삼년상이라면, (뒤에 일어난 삼년상이) 이미 경질穎絰로 바꾼 뒤일 경우 연제練祭와 상제祥祭를 모두 정식으로 지낸다.

如三年之喪, 則旣穎, 其練·祥皆行.

集說 앞서 당한 상喪과 뒤에 당한 상이 함께 삼년상일 경우 뒤에 당한 상이 마질麻絰을 갈질葛絰로 바꾼 이후의 기간이라면 앞서 당한 상을 위해 연제練祭와 상제祥祭를 정식으로 지낼 수 있다. '이미 경질穎絰로 바꾼 뒤(旣

潁라는 것은 우제虞祭 뒤에 상복을 갈아입을 때 허리의 마질麻経을 갈질葛経로 바꾸어 두른다는 것이다. '경영潁'(어저귀)은 풀이름이다. 칡(葛)이 없는 지방에서는 경영潁으로 대신한다. 前喪·後喪, 俱是三年之服, 其後喪旣受葛之後, 得爲前喪行練·祥之禮也. '旣潁'者, 旣虞受服之時, 以葛経易要之麻経也. '潁', 草名. 無葛之鄕, 以潁代.

權近 살피건대, 구설에 따르면 전후로 발생한 두 상이 모두 삼년상일 경우 뒤의 상이 우제虞祭를 지낸 뒤라면, 앞의 상에 연제練祭와 상제祥祭를 지낼 수 있다. '기경旣潁'이란 우제虞祭를 지내고 상복을 갈아입을 허리에 두르는 마질麻経을 갈질葛経로 바꾸는데, 칡이 없는 지역에서는 경영潁(어저귀)으로 대신한다. 경영潁은 곧 어저귀로, 경綱과 음이 같고, 『중용』 마지막 장의 『집석輯釋』2)에 보인다. 近按, 舊說, 前後二喪俱是三年, 則後喪旣潁之後, 可行前喪練·祥之祭也. '旣潁'者, 旣虞受服之時, 以葛経易要之麻経, 無葛之鄕, 以潁代之. 潁, 卽藜麻也, 音與綱同, 見『中庸』卒章「輯釋」.

> **1-4[잡기하 4]**
> 조부가 사망하여 (부제祔祭는 지내고) 아직 연제練祭와 상제祥祭를 지내지 않은 기간에 손자가 또 사망하면, 손자의 신주는 조부에게 부祔하여 부제를 지낸다.
> 王父死未練·祥, 而孫又死, 猶是附於王父也.

集說 손자를 조부에게 부祔하는 것은 예禮에서 반드시 그렇게 해야 하는 것이다. 그러므로 조부가 사망하여 (부제는 지내고) 아직 연제와 상제祥祭를 지내지 않았는데 손자가 또 사망하였다면, 또한 반드시 이 사망한 조부

에게 부제祔하여 부제를 지낸다. 孫之祔祖, 禮所必然. 故祖死雖未練・祥, 而孫又死,
亦必祔於祖.

(부모의 상喪을 당하여 아직 시신이) 빈궁에 있을 때(有殯), 멀리 떨
어진 형제 상(外喪)의 부고를 받으면, 다른 방에 마련된 곡위哭位에
서 새로 사망한 형제를 위해 곡을 한다. (다음날 아침 조전朝奠 때)
부모의 빈궁에 들어가 전을 올린다.(入奠) 전례奠禮가 끝나면 나와
상복을 갈아입고 (형제 상을 위한) 곡위로 나아가 (전날) 처음 곡위
에 나아가 하였던 예禮와 똑같이 한다.

有殯, 聞外喪, 哭之他室. 入奠. 卒奠出, 改服卽位, 如始卽位之禮.

集說 '빈궁殯宮에 있다'는 것은 부모의 상을 당해 아직 장례葬禮를 행하지
않은 때임을 말한다. '외상外喪'은 멀리 떨어져 사는 형제가 사망한 것이다.
빈궁殯宮에서 곡을 하지 않고 다른 방에서 곡을 하는 것은 빈궁에 모셔진
분을 위한 곡哭이 아님을 밝히는 것이다. '빈궁에 들어가 전을 올린다'(入奠)
는 것은 (형제의 상 소식을 듣고 처음) 곡을 한 다음날 아침 본래 상의 상
복을 입고 빈궁에 들어가 전奠을 올리는 것이다. 전례奠禮가 끝나면 나와
본래 상의 상복을 벗고 새로 사망한 이에 대한 성복成服 이전의 옷을 입고
서 어제 다른 방에서 곡을 하였던 곡위로 나아간다. '처음 곡위에 나아가
하였던 예와 똑같이 한다'는 것은 전날 처음 상喪을 부고 받고 곡위에 나아
가 하였던 예와 똑같이 한다는 것이다. '有殯謂父母喪未葬也. '外喪', 兄弟之喪
在遠者也. 哭不於殯宮而於他室, 明非哭殯也. '入奠'者, 哭之明日之朝, 著已本喪之服,

入奠殯宮. 奠畢而出, 乃脫已本喪服, 著新死者未成服之服, 而卽昨日他室所哭之位. '如始卽位之禮'者, 謂今日之卽哭位, 如昨日始聞喪而卽位之禮也.

權近 살펴건대, 이상은 모두 상이 겹쳐 일어난 경우의 예를 말한 것이다.

近按, 以上皆言並有喪之禮.

1-6 [잡기하 6]

대부大夫와 사士가 군주(公)의 제사에 참여하여 기물을 씻는 것을 감독하고 있는데 부모가 사망하면 그대로 제사에 참여하는데, 다른 건물에 머무른다. 제사가 끝나면 제복을 벗고 군주(公)의 대문 밖으로 나아가 곡을 하고 돌아간다. 그 밖의 예절은 분상奔喪할 때의 예禮와 같이 한다. 기물을 씻는 것을 감독하기 이전에 부모가 사망한 경우 사람을 시켜 군주에게 보고하게 하고, 보고한 이가 돌아온 이후에 곡을 한다.

大夫 · 士將與祭於公, 旣視濯, 而父母死, 則猶是與祭也, 次於異宮. 旣祭, 釋服, 出公門外, 哭而歸. 其他如奔喪之禮. 如未視濯, 則使人告, 告者反而后哭.

集說 '씻는 것을 감독한다'는 것은 기물을 씻는 것을 감독하는 것이다. '그대로 제사에 참여한다'는 것은 여전히 길례의 행사 중에 있으므로 제사에 참여하지 않을 수 없다는 것이다. 다만 다른 건물에 머무를 뿐인데 길사와 흉사에 처소를 같이 해서는 안 되기 때문이다. 만일 기물을 씻는 것을 아직 감독하지 않는 상태에서 부모가 돌아가시면, 곧 사람을 시켜 군주에게 보고하고 보고한 이가 돌아온 이후에 부모를 위해 곡을 한다. '視濯',

監視器用之滌濯也. ‘猶是與祭’者, 猶是在吉禮之中, 不得不與祭. 但居次於異宮耳, 以吉凶不可同處也. 如未視濯, 而父母死, 則使人告於君, 俟告者反, 而後哭父母也.

權近 살펴건대, 이 장은 군주의 제사에 참여하는 중에 상을 당하였음을 들은 경우의 예를 말한 것이다. 近按, 此言在祭而聞喪之禮.

1-7 [잡기하 7]

백부伯父와 숙부叔父·형제·고모·자매의 상喪을 당한 경우, 이미 숙계宿戒에 들어갔으면 제사에 참여한다. 제사를 마치고, 군주(公)의 대문을 나와서 제복을 벗고 이후 돌아간다. 그 밖의 예절은 분상奔喪 때의 예와 같다. 사망한 이가 같은 집에 사는 사람이라면, (숙계를 받았을 때) 다른 집에 나아가 머무른다.

如諸父·昆弟·姑·姊妹之喪, 則旣宿則與祭. 卒事, 出公門, 釋服而后歸. 其他如奔喪之禮. 如同宮, 則次于異宮.

集說 ‘숙계宿戒[3]를 이미 들어갔으면’(旣宿)라는 말은 제사 전 3일 치재致齊에 들어갈 때를 가리킨다. 이미 숙계에 들어갔으면 반드시 공가公家의 제사에 참여하는 것은 기년期年 이하의 상복은 가벼운 상복이기 때문이다. ‘사망한 이가 같은 집에 사는 사람이라면 다른 집에 나아가 머무른다’는 것은 이 사망한 사람이 같은 집에 사는 사람이므로 숙계에 들어간 이후에 다른 집에 가서 머무르는 것이다. 이것 또한 길사와 흉사에 처소를 같이해서는 안 되기 때문이다. ○ 정씨鄭氏(정현鄭玄)는 말한다. “옛날에 형제는 다른 집에 살면서 재산은 같이 사용한다. 동궁東宮과 서궁西宮, 남궁南宮과 북궁北宮이 있다.” 旣宿'謂祭前三日, 將致齊[4]之時. 旣受宿戒, 必與公家之祭, 以期以下

之喪服輕故也. '如同宮則次於異宮'者, 謂此死者是己同宮之人, 則既宿之後, 出次異宮.
亦以吉凶不可同處也. ○ 鄭氏曰: "古者昆弟, 異居同財. 有東宮有西宮, 有南宮有北宮."

權近 살피건대, 이 장은 무거운 상을 이어서 아울러 가벼운 상을 언급한
것이다. 近按, 此因重喪而并及輕喪.

1-8[잡기하 8]

증자가 물었다. "경卿과 대부大夫가 공公의 제사에 시尸가 되기 위하
여 재차 군주의 명을 받고 재계齋戒하고 있는데, 자최에 해당하는
내상內喪이 생기면 어떻게 합니까?" 공자께서 말씀하였다. "군주의
공관公館으로 나가 머물면서 제사 일을 마칠 때까지 기다리는 것이
예이다." 공자께서 말씀하였다. "시尸가 고깔(弁)이나 면旯을 하고
나가면, 경卿과 대부大夫 그리고 사士는 모두 수레에서 내린다. 시尸
는 반드시 인사(式)를 하며, 반드시 전구前驅를 둔다."

曾子問曰: "卿·大夫將爲尸於公, 受宿矣, 而有齊衰內喪, 則如之
何?" 孔子曰: "出舍乎公宮以待事, 禮也." 孔子曰: "尸弁冕而出,
卿·大夫·士皆下之. 尸必式, 必有前驅."

集說 설명은 「증자문曾子問」(3-9, 3-10)에 나온다. 說見「曾子問」篇.

權近 살피건대, 이 장은 「증자문」(3-9, 3-10)에 나온다. 기록한 자가 유형이
같으므로 인용한 것이다. '고깔(弁)이나 면旯을 하고' 이하 부분은 또한 시尸
때문에 불필요하게 덧붙인 것이다. 近按, 此見「曾子問」. 記著又以類而引之. '弁
冕'以下又以尸而贅付也.

1-9 [잡기하 9]

부모의 상喪에 소상小祥 또는 대상제大祥祭를 지내려고 하는데 (떨어져 사는) 형제가 사망하면 빈殯이 끝나기를 기다린 뒤에 제사를 지낸다. 만일 같은 집에 사는 이가 사망하면 비록 사망한 이가 신첩臣妾과 같은 천한 신분이라고 해도 장례葬禮를 마친 뒤에 제사를 드린다.

父母之喪, 將祭, 而昆弟死, 旣殯而祭. 如同宮, 則雖臣妾, 葬而后祭.

集說 '제사를 지내려고 한다'(將祭)는 것은 소상小祥 또는 대상제大祥祭를 지내려고 한다는 것이다. 그때 마침 형제의 상을 당하면, 빈殯이 끝날 때까지 기다려서 소상 또는 대상제를 지낸다. 그러나 이것은 사망한 이가 다른 집에 사는 형제일 경우이다. 만일 같은 집에 사는 이가 사망하였다면, 비록 사망한 이가 신첩과 같은 비천한 신분이라도 또한 장례葬禮가 끝나기를 기다려서 소상 또는 대상제를 지낸다. 길사와 흉사를 서로 간섭되게 해서는 안 되기 때문이다. 그래서 『의례』「상복喪服」에 "집안에 사망한 사람이 있으면, 그를 위해 3개월 동안 제사를 지내지 않는다"고 하였다. '將祭', 將行小祥或大祥之祭也. 適有兄弟之喪, 則待殯訖乃祭. 然此死者乃是異宮之兄弟耳. 若是同宮, 則雖臣妾之卑賤, 亦必待葬後乃祭. 以吉凶不可相干也. 故「喪服傳」云: "有死於宮中者, 則爲之三月不擧祭."

權近 살피건대, 위 장은 공公의 제사에 참여하는 도중 상을 당하였음을 들은 경우를 말하였고, 이 장은 자신의 제사를 행하는 도중에 상을 당한 경우를 말하였다. 近按, 上言公祭聞喪之事, 此言私祭遭喪之事也.

1-10 [잡기하 10]

소상小祥 또는 대상제大祥祭를 지낼 때(祭), 주인主人(상주)이 계단을 오르고 내리는데 각 발로 오르고 내리면(散等) 집사執事도 마찬가지로 각 발로 계단을 오르고 내린다. 비록 우제虞祭와 부제祔祭 때라도 또한 그렇게 한다.【이상 경문은 모두 구본의 순서에 따랐다】

祭, 主人之升·降, 散等, 執事者亦散等. 雖虞·祔, 亦然【以上並從舊文之次】

集說 '산散'은 건너뛴다는 뜻이다. '등等'은 계단의 단이다. 길제吉祭에서는 계단을 오르고 내릴 때 발을 모아서 오르고 내린다. 상제喪祭에서는 발을 모으지 않고 각 발로 오르고 내린다. 소상小祥과 대상제大祥祭는 길례吉禮이므로 발을 모아서 계단을 오르고 내려야 함에도 각 발로 오르고 내리는 것은 형제의 상이 발생하였기 때문에 위의威儀를 생략하는 것이다. 『의례』「연례燕禮」에 "각 발로 오르고 내리는 것은 두 단을 넘지 못한다"라고 하였다. 대개 처음 계단을 오를 때는 여전히 발을 모아서 옮기고 두 번째 단에 이르러 좌우 발로 각각 한 단씩 옮겨 당에 오른다. '비록 우제虞祭와 부제祔祭 때라도 또한 그렇게 한다'는 것은 주인主人(상주)이 형제의 우제와 부제 때에 이르러 부모의 소상 또는 대상제를 지내게 될 경우, 집사執事와 더불어 모두 각 발로 계단을 오르고 내리는 것을 말한다. '散', 栗也. '等', 階也. 吉祭則涉級聚足. 喪祭則栗階. 二祥之祭, 吉禮, 宜涉級聚足, 而栗階者, 以有兄弟之喪, 故略威儀也. 「燕禮」云: "栗階不過二等." 蓋始升猶聚足連步, 至二等則左右足各一發而升堂也. '雖虞·祔, 亦然'者, 謂主人至昆弟虞·祔時, 而行父母祥祭, 則與執事者亦皆散等也.

살피건대, '각 발로 오르고 내린다'(散等)는 것에 대하여 진호陳澔는 『의례』「연례燕禮」의 "각 발로 오르고 내리는 것은 두 단을 넘지 못한다"는 말을 인용하여, 처음 계단을 오를 때는 발을 모아 걸음이 이어지게 하고, 계단의 둘째 단에 이르러 왼발과 오른발을 각각 한 발씩 디뎌서 당에까지 오르는 것이라고 여겼다. 내 생각으로는 '두 단을 넘지 못한다'는 말은 발을 모으지 않더라도 또한 반드시 매 한 단마다 한 발씩 디뎌서 두 단을 넘어서 올라서는 안 된다는 뜻이다. 만일 첫 번째 단에 왼발을 디뎠으면 둘째 단에는 오른발을 디뎌 오르고 단을 건너뛰어서는 안 되며, 셋째 단에 이른 이후 오른발을 디딘다. 近按, '散等'者, 陳氏引「燕禮」"栗階不過二等"之言, 以爲始升猶聚足連步, 至二等則左右足各一發而升堂也. 愚謂不過二等者, 是謂雖不聚足, 亦必每一級加一足, 不可超過二級而上也. 如於第一級加左足, 則第二級加右足, 以此而上, 不可躐等, 至第三級而後加右足也.

1-11 [잡기하 12]

상제喪祭에서 의례를 돕는 사람(侍祭喪)이 빈객에게 포脯와 젓갈(薦)을 고수레 하라고 알려도 빈객은 고수레만 하고 음식을 먹지는 않는다. [구본에는 '飮之可也' 아래 배치되어 있다]

凡侍祭喪者, 告賓祭薦而不食. [舊在'飮之可也'之下]

集說 '시제상侍祭喪'은 상제喪祭에서 의례를 돕는 사람을 말한다. '천薦'은 포脯와 젓갈을 말한다. 의례를 돕는 사람은 단지 포와 젓갈을 고수레하라고 알리기만 하지만, 빈객은 고수레만 하고 음식을 먹지는 않는다. 길제吉祭일 경우 빈객은 고수를 마치고 음식을 먹는다. 이 경문은 연제練祭와 대

상제大祥祭에서 주인이 빈객에게 술을 따라주면 빈객은 술을 받고 주인이 포와 젓갈을 진설하는 때를 가리킨다. 우제虞祭와 부제祔祭에서는 빈객에서 술을 따라주는 예禮가 없다. '侍祭喪', 謂相喪祭禮之人也. '薦', 謂脯·醢也. 相禮者但告賓祭此脯·醢而已, 賓不食之也. 若吉祭, 賓祭畢則食之. 此亦謂練·祥之祭, 主人獻賓, 賓受獻, 主人設薦時也. 虞·祔無獻賓之禮.

近 살펴건대, 이 편의 처음부터 이 장까지 하나의 절節이 되어야 한다. 대개 상이 겹쳐 있는 경우와 제사 도중에 상을 당한 일은 모두 예기치 못한 비상한 변고로 급박하여 대처하기 어려운 일이다. 그러므로 기록을 상세히 하면서 갖추어 진술한 것이다. 近按, 右自篇首至此, 當爲一節. 蓋並有喪與當祭而遭喪之事, 皆是不意非常之變, 事之急遽而難處者也. 故詳記而備陳之.

2.

[잡기하 13]

자공子貢이 상喪에 대하여 여쭈었다. 공자께서 말씀하였다. "공경하
는 것이 제일이고, 슬퍼하는 것이 그 다음이요, 몸을 훼손하는 것
은 아래이다. 안색은 그 정리情理에 맞게 하고 슬퍼하는 위의威儀는
그 상복喪服에 맞게 해야 한다."【구본에는 '薦而不食' 아래 배치되어 있다】
子貢問喪. 子曰: "敬爲上, 哀次之, 瘠爲下. 顔色稱其情, 戚容稱
其服."【舊在'薦而不食'之下】

集說 '상喪에 대하여 여쭈다'(問喪)는 말은 부모의 상喪을 당하여 거상居喪
하는 법에 대하여 질문하는 것이다. 시신에 기대고 관에 기대는 것은 모두
진실한 마음으로 신실함을 다하려는 것이다. 그러므로 '공경하는 것이 제
일이다'라고 한 것이다. 자유子游는 "상喪을 당해서는 슬퍼하는 마음을 다
하는 것에서 그친다"[6]라고 하였다. 이에 대하여 선유先儒는 "이지而止(에서
그친다) 두 글자가 고원高遠하려는 것에 지나쳐 미세한 부분을 간략히 다
룬 흠이 있다"고 하였다.[7] 이 경문 '슬퍼하는 것은 그 다음이다'라고 한 말
에서 그 뜻을 볼 수 있다. (슬퍼하는 것이 지나쳐) 못 가눌 정도로 몸을
훼손하고 상喪을 감내하지 못하는 것은 곧 아비 노릇을 못하고 불효하는
것에 비견된다.[8] 그러므로 '몸을 훼손하는 것은 아래이다'라고 말한 것이
다. 자최와 참최의 상복에는 본래 무겁고 가벼운 차이가 있으므로 그 정리
情理에 맞게 하고 그 상복에 맞게 하면 예에 합당하게 된다. '問喪', 問居父母
之喪也. 附於身附於棺者, 皆欲其必誠必信. 故曰'敬爲上'. 子游言, "喪致乎哀而止." 先
儒謂'而止'二字微有過於高遠而簡略細微之弊. 此言'哀次之', 可見矣. 毀瘠不形, 不勝喪,

乃比於不慈不孝. 故曰'瘠爲下'也. 齊‧斬之服, 固有重輕, 稱其情稱其服, 則中於禮矣.

살피건대, 위 장은 모두 상중에 변고가 발생하였을 때의 예를 말한 것이고, 이 장 이하는 상중에 변고가 발생하지 않은 경우의 예를 말한 것이다. 近按, 上文皆言居喪非常之禮, 此下乃言其常禮也.

2-2[잡기하 14]

"형제의 상喪에 대하여 여쭙습니다." 공자께서 말씀하였다. "형제의 상에 대해서는 문헌에 기록되어 있다."

"請問兄弟之喪." 子曰: "兄弟之喪, 則存乎書策矣."

'문헌에 기록되어 있다'는 말은 예경禮經에 기록된 것에 따라 행하라는 말이다. 부모의 상喪처럼 슬퍼하는 위의의 모양을 말로 표현할 수 없어 경經에서 갖추어 기록하지 못한 것과 같지 않다. '存乎書策'者, 言依禮經所載而行之. 非若父母之喪, 哀容體狀之不可名言, 而經不能備言也.

살피건대, 이 장은 부모의 상을 말하는 것을 이어서 아울러 질문한 것이다. 近按, 此因父母之喪, 而幷問之也.

2-3[잡기하 15]

군자는 남의 상喪을 빼앗지 않고, 또한 자신의 상을 다른 일에 빼앗기지도 않는다.

君子不奪人之喪, 亦不可奪喪也.

集說 군자는 남이 거상하고 있는 정리情理를 빼앗아 폐하지 않으며, 자신이 거상하는 정리情理 또한 다른 일에 빼앗겨 폐하지 않는다. 모름지기 각각 그 예를 다할 수 있게 할 뿐이다. ○ 소疏에서 말한다. "남의 상喪을 빼앗지 않는 것은 서恕(내가 원치 않는 것은 남에게도 시행하지 않는 것)이다. 자신의 상喪을 빼앗기지 않는 것은 효孝이다." 君子不奪廢他人居喪之情, 而君子居喪之情, 亦不可爲他事所奪廢. 要使各得盡其禮耳. ○ 疏曰: "不奪人喪, 恕也. 不奪己喪, 孝也."

權近 살피건대, 이 장은 부모의 상喪을 위주로 말한 것이다. 近按, 此主親喪而言也.

2-4 **[잡기하 16]**

공자께서 말씀하였다. "소련少連과 대련大連은 거상居喪을 잘하였다. 3일 동안 게으르게 하지 않았고, 3개월 동안 해이하지 않았으며, 1년 동안 슬퍼하였고, 3년 동안 걱정하며 초췌하였다. 동이東夷족의 자손이다."【모두 위 문장과 연결되어 있다】

孔子曰: "少連·大連善居喪. 三日不怠, 三月不解, 期悲哀, 三年憂. 東夷之子也."【並聯上文】

集說 소련少連이라는 이름은 『논어』에 보인다.9) '3일'은 부모가 돌아가신 초기를 말한다. '게으르게 하지 않다'는 것은 애통함이 절박하여 비록 음식

을 들지 않지만 자신의 힘으로 그 예를 다해내는 것을 말한다. '3개월'은 부모가 돌아가시고 빈궁에 모셔져 있는 시기를 말한다. '해解'는 해懈와 같은 의미로 해이하다는 뜻이다. 또는 해解(벗는다)자 본래의 뜻으로 읽기도 하는데 잠잘 때 수질과 요대를 벗지 않는 것을 가리킨다. '우憂'는 걱정하여 초췌한 것을 말한다. 少連見『論語』. '三日', 親始死時也. '不怠'謂哀痛之切, 雖不食, 而能自力以致其禮也. '三月', 親喪在殯時也. '解'與懈同, 倦也, 或讀如本字, 謂寢不脫絰帶也. '憂', 謂憂戚憔悴.

살펴건대, 이 장은 상복을 하는 동안 처음부터 끝까지 예에 합당하게 하였던 사례를 들어 말한 것이다. '동이족의 자손'이라고 한 말은 그가 변방에 살면서도 천성의 두터움을 지녔음을 좋게 여긴 것이다. 近按, 此擧居喪終始得禮之事以言之也. 言'東夷之子'者, 善其生於邊地, 而得天性之厚也.

2-5[잡기하 17]

삼삼년상 중에 있을 때는 자신의 일을 말할 뿐 남을 위해 논의하고 말하지 않으며, 대답은 하지만 묻지는 않는다. 의려倚廬와 악실堊室에 머무르는 동안 다른 사람과 함께 지내지 않는다. 악실堊室에 머무르는 동안에 때에 따른 일로 모친을 뵙는 게 아니면 중문中門10)으로 들어가지 않는다.

三年之喪, 言而不語, 對而不問. 廬・堊室之中, 不與人坐焉. 在堊室之中, 非時見乎母, 也不入門.

集說 '언言'은 자신의 일을 말하는 것이다. '어語'는 다른 사람을 위해 논의하고 말하는 것이다. 의려와 악실은 그 설명이 앞 편에 나왔다. '때에 따

른 일로 모친을 뵙는다'는 것은 일이 있어 예를 행할 때에 들어가 모친을 뵙는 것을 말한다. 이런 경우가 아니면 중문中門으로 들어가지 않는다. '言', 自言己事也. '語', 爲人論說也. 倚廬及堊室, 說見前篇. '時見乎母', 謂有事行禮之時, 而入見母也. 非此, 則不入中門.

2-6[잡기하 18]

자최(疏衰)의 상복으로 거상하는 사람은 악실堊室에 머무르고 의려倚廬에 머무르지 않는다. 의려는 (삼년상에) 엄숙하게 거상하는 곳이다.

疏衰, 皆居堊室, 不廬. 廬, 嚴者也.

集說 '소최疏衰'는 자최齊衰의 상복을 말한다. 자최에는 3년, 1년, 3월 등이 있다. 무릇 거상하는 곳은 참최斬衰의 경우 의려에서, 자최의 경우 악실堊室에서 머물고, 대공大功은 휘장을 치고 지내며, 소공小功과 시마緦麻는 침상에 대자리를 깔고 지낸다. '의려倚廬는 엄숙하게 거상하는 곳'이라는 말은 의려는 슬퍼하고 공경하며 엄숙하게 거상하는 곳으로 가벼운 상喪에 거상하는 사람은 거기에 머무를 수 없음을 말한다. '疏衰, 齊衰也. 齊衰, 有三年者, 有期者, 有三月者. 凡喪次, 斬衰居倚廬, 齊衰居堊室, 大功有帷帳, 小功・緦麻有牀第. '廬, 嚴者', 謂倚廬, 乃哀敬嚴肅之所, 服輕者不得居.

權近 살피건대, 이 장은 기록한 자가 상차喪次에 머무는 예를 말한 것이다. 꼭 공자가 한 말은 아니다. 近按, 此記者言居廬之禮. 非必孔子之言也.

2-7[잡기하 51]

증신曾申이 증자에게 물었다. "부모의 상을 당해 곡哭을 할 때 일정한 목소리를 내어 곡을 합니까?" 증자가 대답하였다. "길에서 어린 아이(嬰兒)가 자기 어미를 잃었는데 어떻게 일정한 목소리를 낼 수 있겠는가?"【구본에는 '旣殯而從政' 아래 배치되어 있다】

曾申問於曾子曰: "哭父母有常聲乎?" 曰: "中路嬰兒失其母焉, 何常聲之有?"【舊在'旣殯而從政'之下】

集說   애통함이 극도에 이르면 더 다시 우는 소리에 절조가 있지 않게 된다. 이른바 "곡을 하는 소리를 완곡하게 내지 않는다"[11]는 것이다. 哀痛之極, 無復音節, 所謂"哭不偯"也.

權近   살피건대, '증신曾申'은 증삼曾參의 아들이다. 이 질문은 아버지의 입에서 나오기는 어려워 보인다. 近按, '曾申', 曾子之子. 此問似難發於其父也.

2-8[잡기하 60]

나라에서 곡을 금하면 곡을 멈춘다. 아침과 저녁으로 올리는 전奠은 때가 되면 조계阼階 아래의 자리에 나아가 전례前例에 따라 행한다.

國禁哭則止. 朝夕之奠卽位, 自因也.

集說   나라에 중요한 제사가 있으면 상복을 하는 이는 곡을 하지 못한다. 그러나 아침과 저녁으로 전奠을 올릴 때에는 스스로 조계阼階 아래의 자리

에 나아가 예절의 전례에 따라 행한다. 國有大祭祀, 則喪者不敢哭. 然朝奠夕奠
之時, 自卽其阼階下之位, 而因仍禮節之故事以行也.

²⁻⁹[잡기하 61]

미성년자는 곡哭을 하는 소리를 완곡婉曲하게 내지 않고, 용踊을 하
지 않으며, 지팡이(杖)를 짚지 않고, 초리草履를 신지 않으며, 상차喪
次에 머물지 않는다.【구본에는 '麻不加於采' 아래 배치되어 있다】

童子哭不偯, 不踊, 不杖, 不菲, 不廬.【舊在麻不加於采之下】

集說 '의偯'는 완곡한 소리다. '비菲'는 초리草履(상복을 할 때 신는 풀로 엮은
신발)이다. '려廬'는 의려倚廬(상차喪次)이다. 미성년자가 아버지의 후사가 되
었으면 상喪중에 지팡이를 짚는다. '偯', 委曲之聲也. '菲', 草履也. '廬', 倚廬也.
童子爲父後者則杖.

權近 살피건대, 이 장 역시 기록한 자의 말이다. 이제 위 장의 '부모의
상을 당해 곡哭을 하는 것'을 이어서 유형이 같은 것끼리 부가한 것이다.
近按, 此亦記者之辭. 今因上章'哭父母'而類付之也.

²⁻¹⁰[잡기하 25]

단袒을 하고 있을 때 대부가 조문하러 집에 도착하면, 상주는 비록
용踊을 하던 중이라도 용을 그만두고 문에 나아가 대부에게 배례한
다. 배례를 마치고 돌아와 다시 새로 용을 하여 용踊의 의례를 이룬

다음 단袒을 하였던 옷을 잘 입는다. (같은 상황에서) 사士가 조문하러 왔을 경우에 상주는 하던 절차를 마치고 용踊의 의례를 다한 다음 단袒을 하였던 옷을 잘 입고 나서 사士에게 배례한다. 다시 용踊을 하지 않는다.【구본에는 '必縞然後反服' 아래 배치되어 있다】

當袒, 大夫至, 雖當踊, 絶踊而拜之. 反改成踊, 乃襲. 於士, 旣事成踊, 襲而后拜之. 不改成踊.【舊在'必縞然後反服'之下】

集說 소疏에서 말한다. "이것은 사士가 상喪을 당하였을 때 대부大夫와 사士가 조문하러 온 경우의 예禮를 밝힌 것이다. 사士가 상을 당해 단袒을 행할 때 대부가 조문하러 왔다는 것은 대개 소렴 또는 대렴이 막 끝났을 때이다. 상주는 용踊을 할 때이지만, 하던 용踊을 반드시 중단하고 나와서 이 대부에게 배례한다. '반反'은 돌아온다는 뜻이다. '개改'는 다시 새로 한다는 뜻이다. 배례를 마치고 이전의 자리로 돌아와 용踊을 다시 새로 시작하여 비로소 용踊을 이룬다. 대부가 조문하러 온 것을 존중하여 그 용踊의 의례을 새로 하는 것이다. '이에 옷을 잘 입는다'(乃襲)는 것은 용踊을 마치면 곧 처음에 단袒(왼쪽 어깨를 드러내는 것)을 하였던 옷을 다시 잘 입는 것을 말한다. '사士가 조문하러 왔을 경우에 상주는 하던 절차를 마치고 용踊의 의례를 다한 다음 단袒을 하였던 옷을 잘 입는다'(於士, 旣事, 成踊襲)는 구절에서 '기旣'는 마친다는 뜻이다. 상주가 대렴과 소렴 등의 절차를 진행하고 있을 때 사士가 조문하러 오면, 상주는 그 절차를 마치고 용踊을 하며, 용을 마치고 단袒을 하였던 옷을 다시 잘 입는다. 옷을 입는 것이 끝나면 그때 사士에게 배례한다. 배례를 하는 것으로 그치며 다시 사士를 위해 용踊을 하지 않는다." 疏曰: "此明士有喪, 大夫及士來弔之禮. 士有喪當袒之時, 而大夫來弔, 蓋斂竟時也. 雖當主人踊時, 必絶止其踊, 而出拜此大夫. '反', 還也. '改', 更也. 拜竟而反還先

位, 更爲踊而始成踊. 尊大夫之來, 新其事也. '乃襲'者, 踊畢, 乃襲初祖之衣也. '於士, 旣事, 成踊襲'者, '旣'猶畢也. 若當主人有大・小斂諸事, 而士來弔, 則主人畢事而成踊, 踊畢而襲. 襲畢乃拜之. 拜之而止, 不更爲之成踊也."

權近 살펴건대, 위 여러 장은 상례의 큰 절목을 일반적으로 말한 것이고, 이 장 이하는 한 가지 사안을 들어서 말한 것이다. 近按, 上文諸章, 汎言喪禮 之大節, 此下乃擧一事而言者也.

2-11[잡기하 30]

모冒(시신을 싸는 자루 모양의 천)는 무엇인가? 시신의 형체를 가리기 위한 것이다. 습襲을 하고 소렴小斂에 이르기까지 모冒를 진설하여 가리지 않으면 시신의 형체가 드러난다. 그러므로 습을 하면서 모冒를 진설하여 시신을 가린다.【구본에는 '公羊賈爲之也' 아래 배치되어 있다】冒者何也? 所以掩形也. 自襲以至小斂, 不設冒則形. 是以襲而后設冒也.【舊在'公羊賈爲之也'之下】

集說 모冒에 대한 설명은 「왕제王制」(5-18)에 나온다. '습襲'은 시신을 씻기고 옷을 입히는 절차이다. '곧 형체가 드러난다'(則形)는 말은 시신에 비록 옷을 입혔더라도 모冒를 진설하지 않으면, 시신의 형체가 드러나 사람들이 꺼려하게 된다. 그러므로 습을 하면서 모冒를 진설하여 시신을 덮어 가린다. '후后' 자는 불필요하게 더 들어간 글자이다. 冒說見「王制」. '襲', 沐浴後以衣衣尸也. '則形'者, 言尸雖已著衣, 若不設冒, 則尸象形見, 爲人所惡. 是以襲而設冒也. '后'字衍.

權近 살피건대, 위 장의 단袒과 용踊 그리고 이 장의 습襲과 모冒는 모두 상사의 한 절차이다. '습을 하면서 모를 진설하여 시신을 가린다'는 것은 습을 마치고 또 모를 설치하는 것이다. 진호陳澔는 "'후后'는 불필요하게 더 들어간 글자이다"라고 하였는데, 내 생각으로는 그렇지 않은 것 같다. 近按, 上章祖・踊, 此章襲・冒, 皆喪事之一節也. '襲而后設冒'者, 旣襲而又設冒也. 陳氏謂 "后'字衍", 愚恐未然.

2-12 [잡기하 63]

설류泄柳의 어머니가 사망하자 돕는 사람이 왼쪽에 위치하여 상주를 도왔다. 설류泄柳가 사망하자 그 제자들이 오른쪽에서 상주를 도왔다. 오른쪽에서 상주를 돕는 것은 설류의 제자들이 하기 시작한 것이다.【구본에는 '由文矣哉' 아래 배치되어 있다】

泄柳之母死, 相者由左. 泄柳死, 其徒由右相. 由右相, 泄柳之徒爲之也.【舊在'由文矣哉'之下】

集說 도공悼公이 유약有若의 상에 조문할 때 자유子游가 빈擯으로 도왔는데 왼쪽에 위치하여 도왔다.[12] 따라서 오른쪽에서 돕는 것은 예가 아니다. 이것은 예를 그르친 것이 처음 시작된 사례를 기록한 것이다. 悼公弔有若之喪, 而子游擯由左. 則由右相者, 非禮也. 此記失禮所自始.

權近 살피건대, 이 장 이하는 또한 예를 그르친 사례를 기록한 것이다. 近按, 此下又記失禮之事也.

2-13[잡기하 29]

수건으로 시신의 얼굴을 가리고 반함飯含을 하는 것은 공양고公羊賈 가 처음 그렇게 하였다.【구본에는 '有爵而後杖也' 아래 배치되어 있다】 鑿巾以飯, 公羊賈爲之也.【舊在'有爵而後杖也'之下】

集說 '반飯'은 반함飯含이다. 대부大夫 이상은 신분이 귀하므로 빈賓을 시 켜서 돌아가신 부모에게 반함을 하도록 한다. 이때 빈賓이 시신을 꺼리고 불결하게 여기게 될 것을 염려하여 수건으로 시신의 얼굴을 가리고 입에 해당하는 부분만 구멍을 뚫어 반함의 옥玉을 입에 넣을 수 있게 한다. 사士 는 신분이 낮으므로 빈賓을 시키지 못하고 아들인 자신이 직접 반함을 한 다. 시신을 꺼리고 불결하게 여기는 마음이 없기 때문에 수건으로 시신의 얼굴을 가리지 않는다. 공양고公羊賈는 사士이다. 그런데 수건으로 시신의 얼굴을 가리고 반함을 한 것은 사망한 부모를 꺼리고 불결하게 여기는 것이 다. 이 경문은 사士가 예를 그르친 것이 처음 발생한 연유를 기록한 것이 다. '飯, 含也. 大夫以上貴, 使賓爲其親含. 恐尸爲賓所憎穢, 故以巾覆尸面, 而當口處 鑿穿之, 令含玉得以入口. 士賤不得使賓, 子自含. 無憎穢之心, 故不以巾覆面. 公羊賈, 士也. 而鑿以飯, 是憎穢其親矣. 此記士失禮之所由也.

2-14[잡기하 28]

옛날에는 신분에 상관없이 모두 상장喪杖(상복喪服에 사용하는 지팡이) 를 하였다. 숙손무숙叔孫武叔이 조정에 나아가다가 수레바퀴를 제 작하는 관원(輪人)이 자신의 상장喪杖으로 수레의 바퀴통에 끼워 바퀴를 돌리는 것을 보았다. 이로부터 작위爵位을 가진 경우에만 상장喪杖을 하게 되었다.【구본에는 '伯子某' 아래 배치되어 있다】

古者, 貴賤皆杖. 叔孫武叔朝, 見輪人以其杖關轂而輠輪者, 於是有爵而後杖也.【舊在'伯子某'之下】

集說 '윤인輪人'은 수레바퀴를 제작하는 관원이다. '관關'은 끼운다는 뜻이다. '과輠'는 돌린다는 뜻이다. 상복喪服을 할 때 쓰는 상장喪杖으로 수레 바퀴통에 끼워 그 바퀴를 돌리는 것을 말한다. 비루하고 천함이 심한 것이다. 이후 작위爵位가 없는 자는 상장喪杖을 하지 못하게 하였다. 이 경문은 서인庶人이 예를 폐하게 된 연유를 기록한 것이다. '輪人', 作車輪之人也. '關', 穿也. '輠', 迴也. 謂以其喪服之杖, 穿於車轂中, 而迴轉其輪. 鄙褻甚矣. 自後無爵者, 不得杖. 此記庶人廢禮之由也.

權近 살펴건대, 이 세 가지는 모두 예에 어긋나게 한 것의 시초를 밝힌 것이다. 近按, 此三者皆明失禮之始也.

2-15[잡기하 31]

어떤 이가 증자曾子에게 물었다. "견전遣奠을 지내고 그 남은 희생의 고기를 싸서 보내는 것은 남의 집에서 식사 대접을 받고 나서 남은 음식을 싸 가지고 가는 것과 같은 꼴이 아닌가? 군자가 식사 대접을 받아 식사가 끝난 뒤에 남은 음식을 싸가지고 가는가?" 증자가 대답하였다. "선생은 대향大饗의 예를 보지 못하였는가? 대저 대향大饗의 예에서 연회가 끝나면 조俎에 남은 세 희생의 고기를 싸서 빈객의 처소에 보낸다. 부모이지만 빈객으로 접대하는 것은 슬퍼하는 것이다. 선생은 대향의 예를 보지 못하였는가?"

或問於曾子曰: "夫旣遣而包其餘, 猶旣食而裹其餘與? 君子旣食, 則裹其餘乎?" 曾子曰: "吾子不見大饗乎? 夫大饗, 旣饗, 卷三牲 之俎, 歸于賓館. 父母而賓客之, 所以爲哀也. 子不見大饗乎?"

集說 견전遣奠을 진설하여 제사를 마치면 곧 남은 희생을 싸서 견거遣車에 실어 보내 무덤 안에 넣는다. 어떤 사람이 이 예禮를 의심하여 '이는 군자가 남의 집에서 식사 대접을 받는데 식사가 끝난 뒤 또 남은 음식을 싸서 가지고 돌아가는 꼴이니 어찌 청렴의 의리를 손상하지 않겠는가?'라고 하였다. 이에 대하여 증자가 '대향大饗의 예가 끝나면 조俎에 담긴 세 희생의 고기를 싸서 빈객의 처소로 보내는데 바로 이 뜻과 같다. 부모는 집안의 주인이지만 이제 사망하여 장례를 행하려 하니 상주가 빈객賓客의 예로 대우하는 것이다. 이것은 슬퍼함이 지극한 것이다'라고 알려주고, (대향의 예를 보지 못하였는가라고) 거듭 말하여 깨우쳐 주었다. 設遣奠訖, 卽以牲體之餘, 包裹而置之遣車, 以納于壙中. 或人疑此禮, 謂'如君子食於他人家, 食畢而又包其餘以歸, 豈不傷廉乎?' 曾子告以'大饗之禮畢, 卷俎內三牲之肉, 送歸賓之館中, 猶此意耳. 父母, 家之主, 今死將葬, 而孝子以賓客之禮待之. 此所以悲哀之至也', 重言以喩之.

2-16[잡기하 32]
다른 사람의 상喪을 위해 문상問喪하여 위로하는 것(問)이 아닌가?

하사해주는 것인가?[구본에는 '后設冐也' 아래 배치되어 있다]

非爲人喪問與? 賜與?[舊在'后設冐也'之下]

集說 이 경문 위로 탈락된 부분이 있다. "상喪이 있기 때문에 문상問喪하여 위로하는 것(問)이 아닌가? 하사해주는 것(賜)인가?"라고 말한 것이다. '문상하여 위로하는 것'(問)은 대등한 사이에 행하는 예절이다. '하사해주는 것'(賜)은 윗사람의 명령을 높이는 것이다. 此上有闕文. 言"非爲其有喪而問遺之歟? 賜予之歟?" '問', 敵者之禮. '賜', 尊上之命.

權近 살피건대, 구설[13]에는 '非爲人喪' 위에 빠진 문장이 있다고 하였다. 내 생각으로는 증자가 이어서 다른 사람이 상을 당한 경우, 자신과 대등한 사이이면 문상하여 물품을 보내서 위로하고, 높은 지위에 있으면 하사해줌을 말한 것이다. 하물며 부모의 상을 당하였을 때 문상하여 위로하는 물품이 없겠는가? 이 경문은 다른 사람이 상을 당한 경우를 이끌어서 밝혔기 때문에, '다른 사람의 상을 위해 문상하여 위로하는 것이 있지 않겠는가? 하사해주는 예인가? 그 예 역시 이와 같다'라고 말한 것이다. 반드시 빠진 문장이 있는 것 같지는 않다. 近按, 舊說'非爲人喪'之上有闕文. 愚謂曾子因言他人有喪, 亦必適者則問遺之, 尊者則賜予之. 況於親喪而無贈遺之物歟? 是引他人之喪以明之, 故曰: '非爲他人之喪而有問與? 賜之禮歟? 其禮亦猶是也.' 似不必有缺文矣.

2-17[잡기하 27]

장례葬禮와 우제虞祭의 날짜를 점칠 때 축祝이 상주喪主를 호칭하는 말은, 상주가 아들이나 손자일 경우 '애哀'라고 하고, 상주가 남편일

경우 '내乃'라고 하고, 상주가 형이나 동생일 경우 '아무개'(某)라고
한다. 동생이 형의 장례 날짜를 점치는 경우 동생은 '백자伯子 아무
개(의 장례 날짜를 점칩니다)'라고 말한다.【구본에는 '成事附皆少牢' 아래
배치되어 있다】

祝稱卜葬·虞, 子·孫曰'哀', 夫曰'乃', 兄弟曰'某'. 卜葬其兄, 弟
曰'伯子某'.【舊在'成事附皆少牢'之下】

集說   초우初虞는 장례葬禮를 한 날 지낸다. 그러므로 '장葬과 우虞라고 함
께 말한 것이다. 아들이 아버지의 장례 날짜를 점치는 경우 축사祝辭에서
"애자哀子 아무개는 그 아버지 아무개보甫의 장례 날짜를 점칩니다"라고 한
다. 상주가 손자일 경우에는 "애손哀孫 아무개가 그 조부 아무개보(甫)의 장
례 날짜를 점칩니다"라고 한다. 상주가 남편일 경우에는 "이에 아무개가
그의 처 아무개씨의 장례 날짜를 점칩니다"라고 한다. '이에'(乃)는 어조사
로, 처는 신분이 낮기 때문이다. 동생이 형을 위해서 점칠 경우엔 "아무개
는 형兄 백자伯子 아무개의 장례 날짜를 점칩니다"라고 한다. 형이 동생을
위해서 점칠 경우엔 "아무개가 그 동생 아무개의 장례 날짜를 점칩니다"라
고 한다. 初虞, 卽葬之日. 故幷言'葬'·'虞'. 子卜葬父, 則祝辭云: "哀子某卜葬其父某
甫." 孫則云: "哀孫某卜葬其祖某甫." 夫則云: "乃某卜葬其妻某氏." '乃'者, 助語之辭, 妻
卑故爾. 若弟爲兄則云: "某卜葬兄伯子某." 兄爲弟則云: "某卜葬其弟某."

權近   살피건대, '백자伯子 아무개(의 장례 날짜를 점칩니다)'라는 말에 대
하여 진호陳澔는 동생이 형의 상에 대하여 "아무개는 형 백자伯子 아무개의
장례 날짜를 점칩니다"라고 말한 것이라고 여겼다. 내 생각으로는 위 문장
에서 이미 '아무개'라고 하였는데, 장례 날짜를 점치는 것은 일반적으로 동
생이 형의 상을 위해서 하는 것이다. 또한 그 위에서 '애哀'라고 하고 '내乃'

라고 한 부류는 모두 점을 치는 사람 자신을 지칭하는 말이다. 따라서 여기서 '백자 아무개'라고 한 것 역시 형이 자신을 지칭한 말이다. 형이 동생을 장례지내면서 "백자 아무개는 동생의 장례 날짜를 점칩니다"라고 말한 것이다. 다만 위의 문장에서 '상주가 손자일 경우'·'상주가 남편일 경우'·'상주가 형제일 경우' 등으로 말한 것은 장례 날짜를 점치는 사람을 가리킨 것이고, 여기서 '동생인 경우'라고 말한 것은 장례 대상을 가리키는 것으로 말이 차이가 있을 뿐이다. 그러나 위에서 '형제'로 총괄해서 말하였고, 먼저 동생이 형의 상에 장례지내는 일을 말하였기 때문에 그 아래에서 문장을 바꾸어 동생의 상에 장례지내는 일을 말한 것이다. 近按, '伯子某'者, 陳註謂弟爲兄則曰: "某卜葬其兄伯子某." 愚謂上文旣曰'某', 卜葬其兄者, 是弟爲兄也. 又其上曰'哀'曰'乃'之類, 皆是卜者自稱之辭. 則此曰'伯子某'者, 亦是兄之自稱也. 言兄於葬弟則曰: "伯子某卜葬其弟也." 但上文'子孫曰'·'夫曰'·'兄弟曰', 是指卜葬者, 言此弟曰'者, 是指所葬者, 言爲異耳. 然上旣以'兄弟'總之, 而先言弟葬其兄之事, 故其下變文以言葬弟之事也.

2-18[잡기하 47]

상여를 따라 장지로 가거나 반곡할 때가 아니면 길(堩)에서 문免을 착용하지 않는다.【구본에는 '謂之無子' 아래 배치되어 있다】

非從柩與反哭, 無免於堩.【舊在'謂之無子'之下】

集說 '긍堩'은 길이다. 길을 갈 때 문식이 없어서는 안 된다. 따라서 상여를 쫓아 장지로 가거나 장례를 마치고 반곡할 때 모두 문免을 착용하고 길을 간다. 이 두 가지 경우가 아니라면, 문免을 착용하지 않는다. 그러나 문

免을 착용하는 경우도 장지가 가까울 때를 가리켜 말하는 것이다. 「상복소기喪服小記」(3-22)에 "먼 곳에서 장례葬禮를 행한 경우, 반곡反哭하기 위해 따르는 자는 모두 관冠을 한다. 교郊에 이른 후에 문免을 착용하고, 사당에 이르러 반곡反哭한다"라고 하였다. '堩', 道路也. 道路不可無飾. 故從柩送葬與葬畢反哭, 皆著免而行於道路. 非此二者, 則否也. 然此亦謂葬之近者. 「小記」云: "遠葬者, 比反哭皆冠. 及郊而後免也."

權近 살피건대, '문상問喪'에서부터 이 장의 장례를 마치고 반곡反哭하는 일까지는 자식으로서 부모의 상을 당하여 행하는 상례常禮로서 그 시말을 대략 갖추어 놓은 것이다. 近按, 自'問喪'至此旣葬反哭之事, 人子喪親之常禮, 始末畧備矣.

2-19 [잡기하 43]

상사를 당해서 음식이 조악하더라도 반드시 허기를 채운다. 허기져 일을 폐하는 것은 예가 아니다. 배불리 먹어 슬픔을 잊는 것 역시 예가 아니다. 눈이 보이지 않고 귀가 들리지 않고 제대로 걷지 못하고 슬퍼할 줄 모르는 것을 군자는 병통으로 여긴다. 그러므로 상주가 질병이 있을 때 술을 마시고 고기를 먹으며, 50세에 이른 상주는 몸을 해칠 정도에 이르게 슬퍼하지 않으며, 60세에 이른 상주는 몸을 해치지 않으며, 70세에 이른 상주가 술과 고기를 먹는 것은 모두 죽을까 염려해서이다. [구본에는 '四十者待盈坎' 아래 배치되어 있다]

喪食雖惡, 必充飢. 飢而廢事, 非禮也. 飽而忘哀, 亦非禮也. 視不明, 聽不聰, 行不正, 不知哀, 君子病之. 故有疾飮酒食肉, 五十不致毁, 六十不毁, 七十飮酒食肉, 皆爲疑死.【舊在'四十者待盈坎'之下】

集說 '의사疑死'는 죽을까 염려하는 것이다. '疑死, 恐其死也.

權近 살피건대, 이 장 이하는 또한 상복을 하는 중에 병이 난 일은 상례가 아니어서 권도權道로 제정한 것을 따라 함을 말한 것이다. 近按, 此下又言居喪遇疾之事, 乃非常禮而從權制者也.

2-20[잡기하 45]

자최와 참최 등의 상을 당해 소상을 지난 뒤로 공최功衰의 상복을 입고 있을 때는 채소와 과일을 먹고 물과 신맛이 나는 음료수(漿)를 마시지만 소금과 유장(酪)은 없다. 만일 음식을 들지 못하는 경우라면 소금과 유장을 먹는 것도 가능하다.【구본에는 '非其黨不食也' 아래 배치되어 있다】

功衰, 食菜果, 飮水漿, 無鹽酪. 不能食食, 鹽酪可也.【舊在'非其黨不食也'之下】

集說 '공최功衰'는 자최齊衰와 참최斬衰의 상을 당해 끝(연제練祭를 지낸 뒤)에 입는 상복이다. '락酪'은 『설문해자說文解字』의 유장乳漿(동물의 젖을 발효한 것)이다. '功衰', 斬衰 · 齊衰之末服也. '酪', 『說文』乳漿也.

살펴건대, '공최功衰'는 부모의 상을 당하여 연제練祭를 지낸 뒤에 입는 상복이다. 이미 공최의 상복을 입었다면 채소와 과일을 먹기 시작한 다. 그러나 병이 있는 상주는 소금과 락酪(동물의 젖을 발효시킨 음료)을 들 수 있다. 물과 장漿(음료)은 입에 대지 않는 것이 3일 동안일 뿐이다. 어찌 공최의 상복으로 갈아입는 뒤에 이르러 비로소 마시겠는가? 이것은 기록자가 잘못 기록한 것이다. 近按, '功衰', 親喪練後之衰也. 旣服功衰, 始食菜果. 而有疾者可食鹽·酪也. 若夫水漿, 則不入口者三日而已. 豈至功衰而后始飮乎? 此乃記者之失.

2-21[잡기하 46]

공자께서 말하였다. "몸에 종기가 있으면 몸을 씻는다. 머리에 부스럼이 있으면 머리를 감는다. 병이 있으면 술을 마시고 고기를 먹는다. 너무 슬퍼하여 몸을 상해서 병이 나는 것을 군자는 하지 않는다. 슬퍼하다 몸을 상해서 죽음에 이르면 군자는 자식을 두지 않았다고 말한다."【구본에는 위 문장과 연결되어 있다】

孔子曰: "身有瘍則浴. 首有創則沐. 病則飮酒食肉. 毁瘠爲病, 君子弗爲也. 毁而死, 君子謂之無子."【舊聯上文】

「곡례상曲禮上」(3-12)에 "상喪을 감내하지 못하는 것은 곧 아비 노릇을 못하고 불효하는 것에 비견된다"라고 하였다. 이것은 자식을 둔 경우나 두지 않은 경우 모두 마찬가지다. 「曲禮」曰: "不勝喪, 比於不慈不孝." 是有子與無子同也.

　살피건대, 이상 세 절은 상복을 하는 중에 상주가 몸을 관리하는 절목과 질병이 있을 때 음식을 먹는 예를 말하고 있는데 공자의 말을 빌려서 밝혔다. 近按, 此上三節, 言居喪哀毀之節・疾病飲食之禮, 而以孔子之言明之也.

[잡기하 34]

삼년상 중에 혹시 술과 고기를 보내주는 경우가 있으면, 그것을 받는데 반드시 세 번 사양한다. 주인은 상복을 입고 질대를 두르고 받는다. 만일 군주가 명령하였다면 사양하지 않고 받아서 사당에 올린다. 상중에 있는 사람은 다른 사람에게 음식을 보내지 않는다. 다른 사람이 음식을 보내오면 비록 술과 고기라도 받는다. 종부從父(아버지의 형제)와 형제 이하의 상을 당해서 졸곡卒哭을 한 뒤라면 다른 사람에게 음식을 보내도 된다.【구본에는 '以吉拜' 아래 배치되어 있다】

三年之喪, 如或遺之酒肉, 則受之, 必三辭. 主人衰絰而受之. 如君命, 則不敢辭, 受而薦之. 喪者不遺人. 人遺之, 雖酒肉, 受也. 從父・昆弟以下旣卒哭, 遺人可也.【舊在'以吉拜'之下】

　「상대기喪大記」(36)에 "장례를 마친 뒤, 군주가 음식을 하사하면 먹고, 대부와 부친의 친구가 음식을 하사하면 먹는다"라고 하였다. 이 경문에서는 '상복을 입고 질대를 두르고 받는다'라고 하였으니, 비록 받더라도 먹지는 않는다. 사당에 올리는 것은 군주가 하사한 것을 존중하는 것이다. 상喪중에 있는 사람이 다른 사람에게 음식을 보내지 않는 것은 슬프고 애통한 가운데 다른 사람에게 예를 행해서는 안 되기 때문이다. 졸곡卒哭 뒤에는 다른 사람에게 음식을 보낼 수 있는 것은 상복이 가벼워지고 슬픔이 줄었기 때문이다. ○ 석량왕씨石梁王氏는 말한다. "상복을 하고 있는 동안에 술과 고기를 보내는 일이 있다면 반드시 아픈 사람일 것이다." 「喪大記」云: "旣葬, 君食之則食之, 大夫·父之友食之則食之." 此云'衰絰而受', 雖受而不食也. 薦之者, 尊君之賜. 喪者不遺人, 以哀戚中, 不當行禮於人也. 卒哭可以遺人, 服輕哀殺故也. ○ 石梁王氏曰: "喪有酒肉之遺, 必疾者也."

 살펴건대, 이 장은 상복을 하는 중에 아픈 사람이 있을 때 술과 고기를 보내주는 예를 말한 것이다. 대개 질병이 있더라도 스스로 해먹을 수는 없기 때문에 다른 사람이 반드시 보내주는 것이다. 아픈 사람이 있지 않으면 그렇게 하지 않는다. 近按, 此言居喪有疾人, 遺酒肉之禮. 蓋雖有疾, 不可自食, 故人必遺之. 非有疾者, 不然也.

2-23[잡기하 44]

상중에 다른 사람이 초대하는 식사자리에는 가지 않는다. 대공大功 이하의 상을 당해 장례를 마쳤으면 다른 사람의 초대에 응하고, 음식을 대접하는 경우, 친족(黨)이면 음식을 들지만 친족이 아니면 먹지 않는다. [구본에는 '皆爲疑死' 아래 배치되어 있다]

有服, 人召之食, 不往. 大功以下旣葬, 適人, 人食之, 其黨也食之. 非其黨弗食也. [舊在'皆爲疑死'之下]

集說 '당黨'은 속인과 진척을 가리킨다. 黨, 謂族人與親戚也.

²⁻²⁴[잡기하 49]

자최의 상복(疏衰)을 하는 상을 당해서는 장례를 치른 뒤에 다른 사람이 만나기를 청하면 만나지만, 내 쪽에서 다른 사람을 만나기를 청하지는 않는다. 소공小功의 상복을 하는 상을 당해서는 내 쪽에서 다른 사람을 청해도 된다. 대공의 상복을 하는 상중에는 (다른 사람을 만날 때) 예물을 갖추지 않는다. 부모의 상을 당했을 때만 상대를 피하지 않고 눈물을 흘리고 울면서(不辟涕泣) 상대를 만난다. 【구본에는 '無沐浴' 아래 배치되어 있다】

疏衰之喪, 旣葬, 人請見之, 則見, 不請見人. 小功, 請見人可也. 大功不以執摯. 唯父母之喪不辟涕泣而見人.【舊在'無沐浴'之下】

集說 '소최疏衰'는 자최齊衰의 상복을 말한다. '지摯'는 지贄와 같은 글자이다. '疏衰', 齊衰也. '摯', 與贄同.

²⁻²⁵[잡기하 33]

삼년상이면 상배喪拜로 배례를 하고 삼년상이 아니면 길배吉拜로 배례한다.【구본에는 '問欵賜欵' 아래 배치되어 있다】

三年之喪, 以其喪拜, 非三年之喪, 以吉拜.【舊在'問欵賜欵'之下】

集說 문상하여 위로하는 것에 대하여 배례하고, 하사해주는 것에 배례하고, 손님에게 배례하는 것 모두 배례이다. '상배喪拜'는 이마를 지면에 댄 뒤에 배례한다. '길배吉拜'는 배례를 하고 나서 이마를 지면에 댄다. 이제

살펴보니, 「단궁상檀弓上」(1-5)의 정현 주에 배례를 한 뒤에 이마를 지면에 대는 것은 은殷나라의 상배喪拜이고 이마를 지면에 대고 나서 배례를 하는 것은 주周나라의 상배喪拜라고 하였다. 그에 대한 공영달의 소에 "정현이 이것을 아는 것은 공자가 논한 것들이 매양 은殷과 주周 2대를 대비하여 말하였기 때문이다. 그러므로 '삼년상에는 내가 그 슬픔을 지극히 하는 쪽을 따르겠다'고 공자께서 말씀하신 것이다. 그러나 은나라의 상례에서는 참최복에서 시마복에 이르기까지 모두 배례를 하고 이마를 지면에 대는데 질박함 때문이다. 주나라 제도에서는 장기杖期 이상의 상喪일 경우 모두 이마를 먼저 지면에 대고 나서 배례를 하고 부장기不杖朞 이하의 상에 은나라의 상배喪拜와 같이 한다"라고 하였다. 이 장의 공영달의 소疏와 「단궁」의 소疏를 함께 고려해서 보아야 그 자세한 맥락을 알 수 있다. 拜問拜賜拜賓, 皆拜也. '喪拜', 稽顙而后拜也. '吉拜', 拜而後稽顙也. 今按「檀弓」鄭註以拜而后稽顙爲 殷之喪拜, 稽顙而后拜爲周之喪拜. 疏云: "鄭知此者, 以孔子所論每以二代對言. 故云, '三年之喪, 吾從其至者.' 但殷之喪拜, 自斬衰至緦麻, 皆拜而後稽顙, 以其質故也. 周制, 則杖期以上, 皆先稽顙而後拜, 不杖期以下, 乃作殷之喪拜." 此章疏義與「檀弓」疏互看, 乃得其詳.

【權近】 살피건대, 이상 네 절은 상복을 하는 동안에 다른 사람과 교제하는 예를 말한 것이다. 近按, 此上四節, 言居喪與人交際之禮.

2-26[잡기하 35]

현사縣子[14]는 말한다. "삼년상을 당하면 애통함이 칼로 베는 듯하고, 기년상을 당하면 애통함이 칼로 깎는 듯하다."

縣子曰: "三年之喪如斬, 期之喪如剡."

集說 염剡'은 깎는다는 뜻이다. 이 경문은 애통해함에 깊고 얕은 차이가 있음을 말하는 것이다. '剡', 削也. 此言哀痛淺深之殊.

2-27[잡기하 36]
삼년상에는 비록 소상을 마치고 대공의 상복(功衰)으로 갈아입은 상태라도 조문을 가지 않는다. 이것은 제후에서 사士에 이르기까지 동일하다. 만일 (오복五服의 친속이) 상을 당하여 가서 곡을 할 경우라면 (자신의 상복이 아닌) 새로 죽은 이를 위한 상복을 입고 간다.【구본에는 '遣人可也' 아래 배치되어 있다】
三年之喪, 雖功衰, 不弔. 自諸侯達諸士. 如有服而將往哭之, 則服其服而往.【舊在'遣人可也'之下】

集說 疏疏에서 말한다. "소상 뒤에 입는 상복은 대공복과 같다. 그러므로 '대공의 상복'이라고 말한 것이다. 만일 오복五服의 친속이 상을 당하여 가서 곡을 할 경우라면, 자신의 대공복을 입지 않고 상대 친속의 관계에 따른 상복을 입는다." '조문을 가지 않는다'는 것과 '가서 곡을 한다'는 것 두 가지는 신분의 높고 낮음과 상관없이 모두 동일하다. 疏曰: "小祥後衰與大功同. 故曰'功衰'. 如有五服之親喪而往哭, 不著己之功衰, 而依彼親之節以服之也." '不弔'與'往哭'二者, 貴賤皆同之.

權近 살피건대, '칼로 베는 듯하다'·'칼로 깎는 듯하다'는 것은 애통함의

깊고 얕은 차이를 말한 것이다. 近按, '如斬'·'如剡', 言其哀痛深淺之異.

2-28 [잡기하 37]

기년상은 11개월이 되면 연제練祭(소상제)를 지내고 13개월이 되면

상제祥祭(대상제)를 지내고, 15개월이 되면 담제禪祭를 지낸다. 연제

를 마친 뒤에는 다른 사람의 상에 조문을 갈 수 있다.[구본에는 위

문장과 연결되어 있다]

期之喪十一月而練, 十三月而祥, 十五月而禪. 練則弔.[舊聯上文]

集說 정씨鄭氏(정현鄭玄)는 말한다. "자최 11월복을 하는 경우 (소상을 마

친 뒤라면) 모두 조문하러 갈 수 있다." 정씨鄭氏(정현鄭玄)는 또 말한다. "이

경문은 부친 생존시 어머니가 돌아가서 상복을 하는 경우이다." 鄭氏曰: "凡

齊衰十一月, 皆可以出弔." 又曰: "此爲父在爲母."

2-29 [잡기하 39]

기년상에 아직 장례를 마치지 않았지만 향인의 상에 조문을 간다.

곡을 하고 물러나오며 일을 돕지 않는다. (장례를 마친 뒤) 대공의

상복으로 바꾸어 입은 상태라면 일을 도우며, 다만 일을 진행하지

는 않는다.[구본에는 아래 경문의 다음에 배치되어 있다. 여기서는 상복의

무겁고 가벼운 시열에 근거하여 순서를 두었다]

期之喪未葬, 弔於鄕人. 哭而退, 不聽事焉. 功衰弔, 待事, 不執

事.【舊在下節之下. 今以期功之序爲次】

『의례』「상복喪服·전傳」에 의하면 시집가서 상주 없이 사망한 고모와 자매의 상에 대하여 그리고 조카와 형제의 상에 대하여 자최부장기복을 한다. 이 경문에서 '기년상'(期之喪)이라고 말한 것은 바로 그 경우를 가리킨다. 비록 장례를 마치지 않았더라도 또한 조문하러 갈 수 있다. 다만 곡을 마치고 물러나오며 일을 돕지는 않는다. 이 상복의 경우 장례를 마치고 대공의 상복으로 바꾸어 입은 뒤를 '대공의 상복'이라고 한다. 이 뒤에는 다른 사람의 상사에 조문을 가서 상주가 습襲·염斂 등의 일을 하는 것을 도울 수 있다. 다만 직접 그 일을 진행하지는 못한다. 『儀禮』「喪服·傳」, 姑·姊妹適人無主者·姪與兄弟, 爲之齊衰不杖期. 此言'期之喪', 正謂此也. 雖未葬, 亦可出弔. 但哭而退, 不聽事也. 此喪旣葬, 受以大功之衰, 謂之'功衰'. 此後弔於人, 可以待主人襲·斂等事. 但不親自執其事耳.

2-30【잡기하 38】

대공복에서 장례를 마친 뒤에 (다른 사람의 상에 조문을 가서) 조문하고 곡을 하고 물러나오며 일(事)을 돕지(聽)는 않는다.【구본에는 위 경문 앞에 배치되어 있다】

旣葬大功, 弔哭而退, 不聽事焉.【舊在前章之上】

'대공복에서 장례를 마친 뒤'라는 말은 자신이 대공복의 상을 당하여 장례를 이미 마친 뒤임을 말한다. '조문하고 곡을 하고 물러나온다'는 것은 다른 사람의 상에 가서 조문을 할 경우 조문하고 곡을 하는 것을 마쳤으면 곧바로 물러나오고 상주와 습襲·염斂 등의 일을 돕지 않음을 말한다. 旣葬大功者, 言已有大功之喪, 已葬也. '弔哭而退', 謂往弔他人之喪, 則弔哭旣畢卽退去, 不待與主人襲·斂等事也.

權近 살피건대, '旣葬大功'은 '大功旣葬'으로 되어야 옳을 듯하다. 그러나 위에서 기년상에 장례를 마치기 전에 조문을 한다고 말하였는데, 이 장에서 '대공복에 장례를 마친 뒤에 조문한다'라고 말한 것은 그 맥락이 자세하지 않다. 近按, '旣葬大功', 恐當作'大功旣葬'. 然上言期喪未葬而弔, 此言'大功旣葬而後弔'者, 未詳.

2-31 [잡기하 40]

소공小功과 시마緦麻의 상복을 하고 있을 경우 일은 진행하지만 예禮에는 참여하지 않는다. [구본에는 '不執事' 아래 배치되어 있다]

小功·緦, 執事, 不與於禮. [舊在'不執事'之下]

集說 '일을 진행한다'(執事)는 것은 빈상擯相(빈객을 인도하여 의례의 진행을 돕는 것)의 일을 가리킨다. '예禮'는 궤전饋奠을 가리킨다. 상복이 가벼우면 다른 사람을 위해 빈상의 일을 할 수 있다. 빈상은 일이 가볍기 때문이다. 궤전의 예는 무겁기 때문에 참여하지 않는다. '執事', 謂擯相也. '禮', 饋奠也. 輕服可以爲人擯相. 擯相事輕故也. 饋奠之禮重, 故不與.

權近 살피건대, 이 장은 상복을 하는 중에 다른 사람을 위해 가서 조문하는 절차를 말한 것이다. 近按, 此言居喪爲人出弔之節.

2-32[잡기하 41]

이름을 알고 지내는 사이(相趨)는 관이 사당 빈궁殯宮의 문을 나오면
물러나온다. 서로 인사를 나눈 사이(相揖)는 관이 애차哀次에 이른
뒤에 물러나온다. 서로 음식을 보내주는 사이(相問)라면 하관한 뒤
에 물러나온다. 예물을 갖추어 방문해서 인사를 나눈 사이(相見)라
면 상주가 반곡反哭을 마친 뒤에 물러나온다. 붕우朋友 사이라면 상
주가 우제虞祭와 부제祔祭를 마친 뒤에 물러나온다.【구본에는 위 문장
과 연결되어 있다】

相趨也, 出宮而退. 相揖也, 哀次而退. 相問也, 旣封而退. 相見
也, 反哭而退. 朋友, 虞附而退.【舊聯上文】

集說 이 경문은 상사에 조문하는 예에서 은의恩義(친밀함의 정도)에 차이가
있기 때문에 물러나고 머무는 것에 차이가 있음을 말한다. '이름을 알고
지내는 사이'(相趨)는 옛 사람들이 종종걸음으로 달려 나아가는 것으로서
상대에게 공경함을 표시하였으니, 『논어』의 "지나갈 때 반드시 종종걸음으
로 지나간다"[15]고 한 것과 『춘추좌씨전』의 "투구를 벗고 빨리 달려 나아간
다"[16]고 한 경우가 그것이다. 이것은 조문하는 사람이 상주와 예전에 서로
달려 나아가는 공경을 표시한 사이이기 때문에 와서 상사에 조문하는데 둘
사이의 정리情理가 가볍기 때문에 관이 사당의 빈궁 문을 나가면 곧 물러
나옴을 말한다. '서로 인사를 나눈 사이'는 이전에 서로 인사를 나누어 알
고 지냈기 때문에 관이 대문 밖의 상차喪次에 이른 다음에 물러나온다. '서
로 음식을 보내주는 사이'는 은의를 주고받은 적이 있는 사이이므로 하관
이 끝난 다음에 물러나온다. '예물을 갖추어 방문해서 인사를 나눈 사이'는
정리가 좀 더 무겁기 때문에 상주가 집에서 반곡反哭한 다음에 물러나온다.

'붕우朋友 사이'는 은의가 더욱 무겁기 때문에 상주가 우제虞祭와 부제祔祭를 마친 다음에 물러나온다. 此言弔喪之禮, 恩義有厚薄, 故去留有遲速. '相趨'者, 古人以趨示敬, 『論語』"過之必趨" ·『左傳』"免冑趨風"之類, 是也. 言此弔者與主人, 昔嘗有相趨之敬, 故來弔喪, 以情輕故柩出廟之宮門, 卽退去也. '相揖'者, 已嘗相會相識, 故待柩至大門外之哀次而退也. '相問遺者, 是有往來恩義, 故待窆畢而退. 嘗執贄行'相見'之禮者, 情又加重, 故待孝子反哭於家乃退. '朋友'恩義更重, 故待虞祭附祭畢而后退也.

2-33[잡기하 42]

조문하는 것은 상주를 뒤에서 따르기(從) 위함이 아니다. 40세까지는 상여끈을 붙잡는다. 같은 향촌 사람으로 50세가 된 이는 상주가 반곡하는 행렬을 뒤에서 따른다. 40세까지는 무덤을 흙으로 덮는 것을 마친 다음에 물러나온다.

弔非從主人也. 四十者執綍. 鄕人五十者從反哭. 四十者待盈坎.

集說 상사에 조문하는 것은 상사의 여러 일을 돕기 위함이요 한갓 상주를 뒤따르기 위함이 아님을 말하는 것이다. 그러므로 40세 이하는 힘이 건장하므로 모두 상여끈을 붙잡는다. 같은 향촌 사람으로 50세에 이른 사람은 쇠약해지기 시작하는 연령이므로 상주가 반곡하는 것을 뒤에 따르고, 40세까지는 광壙(무덤 속)에 흙을 채워 덮은 뒤에 떠난다. 言弔喪者是爲相助凡役, 非徒隨從主人而已. 故年四十以下者力壯, 皆當執綍. 同鄕之人, 五十者始衰之年, 故隨主人反哭, 而四十者待土盈壙乃去.

權近 살피건대, 이 두 절은 위 장의 상 중에 다른 사람의 상에 조문 가는 일을 말한 것을 이어받아 조문하는 예를 일반적으로 말한 것이다. 近按, 此

兩節因上言居喪出弔之事, 而汎言弔喪之禮也.

2-34[잡기하 54]

상喪으로 인해 상관喪冠을 하는 것은 비록 삼년상이라도 할 수 있다. 이미 상관을 하고 상차喪次에 있다면, 들어가 곡용하는 것을 세 번 뛰기를 세 차례 한다.(三者三) 그리고 나서 빈궁을 나가 상차喪次로 간다.【구본에는 '同名則諱' 아래 배치되어 있다】

以喪冠者, 雖三年之喪, 可也. 既冠於次, 入哭踊三者三. 乃出. 【舊在'同名則諱'之下】

集說 관례를 행할 때가 되어 오복五服의 상을 당하였다면 성복成服할 때에 상복을 하고 상관喪冠을 한다. 이 예는 상복의 경중을 가리지 않고 행하기 때문에 '비록 삼년상이라도 할 수 있다'고 한 것이다. 이미 상차喪次에서 상관喪冠을 하고 있다면, 빈궁에 들어가 곡용哭踊을 한다. 무릇 용踊(발을 뛰는 것)을 할 때에는 세 번 뛰는 것이 한 절차가 된다. '삼자삼三者三'이란 이와 같이 하기를 세 차례 함을 말한다. '그러고 나서 나간다'(乃出)는 것은 빈궁을 나가 상차喪次로 가는 것이다. 내용이 「증자문曾子問」(4-10)에 자세히 보인다. 當冠而遭五服之喪, 則因成喪服而遂加冠. 此禮無分服之輕重, 故曰'雖三年之喪可也'. 既冠於居喪之次, 乃入哭踊. 凡踊三踊爲一節. '三者三'言如此者三次也. '乃出', 出就次所也. 詳見「曾子問」.

權近 살펴건대, 이 경문은 상 중에 관례를 행하는 예를 말한 것이다. 近按, 此言因喪而冠之禮.

2-35[잡기하 55]

대공복大功服의 끝에는 자식에게 관례를 시키고 딸을 시집보낼 수 있다. 아버지가 소공복의 끝에 있을 때 자식에게 관례를 시키고 딸을 시집보낼 수 있으며 며느리를 맞이할 수 있다. 자신이 소공복小功服을 하는 중이더라도 졸곡卒哭을 마쳤으면 관례를 할 수 있고 자신의 처를 맞이할 수 있다. 그러나 하상下殤의 소공복을 할 경우는 안 된다.[구본에는 위 문장과 연결되어 있다]

大功之末, 可以冠子, 可以嫁子. 父小功之末, 可以冠子, 可以嫁子, 可以取婦. 己雖小功, 旣卒哭, 可以冠取妻. 下殤之小功, 則不可.[舊聯上文]

集說 '말末'은 상복을 벗으려는 때이다. 구설舊說에서 '말末'을 졸곡 뒤로 해석하였는데, 그러나 대공복의 상은 졸곡 뒤에도 아직 6개월의 상기가 남아 있어 말末이라고 말할 수 없을 듯하다. 소공복의 상에서 이미 말末이라고 하고 또 졸곡卒哭이라고 말하였으니 말末이 졸곡을 가리키지 않음이 분명하다. 아래 경문에서 '아버지가 소공복의 끝(末)에 있을 때'라고 하였으니 위 경문에서 '대공복의 끝에 있을 때'는 자신이 하는 상복을 가지고 말한 것이다. 구설에서 아버지와 자신이 함께 대공복의 끝에 또는 소공복의 끝에 있을 때라고 해석하였는데 옳지 않은 듯하다. 하상下殤의 소공복을 하는 경우는 기년복에서 낮추어 하는 것으로 본복本服이 무겁기 때문에 관례와 결혼을 할 수 없다. '末', 服之將除也. 舊說以'末'爲卒哭後, 然大功卒哭後, 尙有六月, 然不可言末. 小功旣言末, 又言卒哭, 則末非卒哭明矣. 下言'父小功之末', 則上文'大功之末', 是據己身而言. 舊說父及己身, 俱在大功之末或小功之末, 恐亦未然. 下殤之小功, 自期服而降, 以本服重, 故不可冠娶也.

權近 　살피건대, 이 장은 상 중에 관례와 혼례를 행하는 예를 말한 것이다. 그러나 위 장에서는 상주 자신이 상관喪冠을 쓰는 예를 위주로 말하였고, 이 장에서는 전부 자식에게 관례를 행하는 것을 말하였다. 따라서 위 장은 상을 당하여 관례를 하는 경우로 성년이 된 상주가 상관을 하는 경우이다. 이 장은 길관吉冠을 사용하는 경우이다. 관례와 혼례는 모두 길레이다. 그러나 관례는 삼년상을 당하였다고 하더라도 상관을 사용하여 상주 자신이 관례를 행할 수 있다. 그리고 대공복의 끝에 있을 때에는 길관을 사용하여 아들에게 관례를 행할 수 있다. 혼례의 경우는 자신이 대공복의 끝에 있을 때 비로소 딸을 시집보낼 수 있고, 상주인 아버지가 소공복의 끝에 있을 때 며느리를 맞이할 수 있다. 따라서 관례와 혼례의 무겁고 가벼운 차이가 드러난다. '자식을 시집보낸다'는 것은 딸을 시집보낸다는 것이요, '며느리를 맞이한다'는 것은 아들의 아내를 맞이한다는 것이다. 딸을 시집보내는 것은 혼례라는 길레를 행하는 것이 사위의 집에서 행하는 것이기 때문에 대공복의 끝에는 오히려 시집을 보낼 수 있는 것이다. 며느리를 맞이하는 것은 그 혼례를 행하는 것이 자신의 집에서 이기 때문에 소공복의 끝에 가서야 비로소 며느리도 맞을 수 있고 자신도 처를 맞이할 수 있는 것이고, 대공복은 조금 무겁기 때문에 안 되는 것이다. '자신이 소공복을 하는 중이라고 해도 졸곡을 마쳤으면 관례를 행하고 처를 맞이할 수 있다'는 것은 위 경문의 '소공복의 끝에 있을 때 자식에게 관례를 시키고 딸을 시집을 보낼 수 있으며, 며느리를 맞이할 수 있다'는 말을 받아서 소공복에서 졸곡을 마친 뒤에 자신이 관례를 행하고 아내를 맞이할 수 있지만, 그 소공복이 하상下殤의 소공복일 경우 본복이 무겁기 때문에 행할 수 없음을 말한 것이다. 近按, 此言當喪而行冠・昏之禮. 然上章是主自冠而言, 此章全言冠子. 則上章是因喪而冠, 成人之喪冠也. 此章是用吉冠也. 冠・昏雖皆是吉禮. 然冠

雖三年之喪, 可用喪冠而自冠, 大功之末, 可用吉冠而冠子也. 昏則己大功之末, 始可以嫁女子, 父小功之末, 乃可以取子婦. 則冠昏之輕重見矣. '嫁子'謂嫁女子, '取婦'謂取子婦. 嫁女, 其行昏之吉禮, 在於壻家, 故大功之末, 猶可嫁也. 取婦, 其行昏禮, 在己之家, 故小功之末, 乃可取婦, 亦可自取其妻也, 大功稍重, 則不可也. '己雖小功, 旣卒哭, 可以冠取妻'者, 承上'小功之末, 可以冠子, 可以取婦', 而言小功卒哭之後, 己雖可以行冠取妻之事, 若下殤之小功, 則本服重, 故不可也.

2-36[잡기하 56]

무릇 변弁(고깔)과 수질首絰을 할 때, 그 최복衰服은 소맷자락을 크게 한다. [구본에는 위 문장과 연결되어 있다]

凡弁絰, 其衰侈袂. 【舊聯上文】

集說 변弁(고깔)과 수질을 하는 차림은 조복이다. 머리에 흰 고깔을 쓰고 한 가닥으로 된 수질을 두른다. 그 조복에는 3가지 등급이 있는데, 석최[17]·시최[18]·의최[19] 등이다. '치侈'는 크다는 뜻이다. 소매가 작은 것은 2척 2촌인데, 이 경우는 3척 3촌이다. 弁絰之服, 弔服也. 首著素弁, 而加以一股環絰. 其服有三等, 錫衰, 緦衰, 疑衰也. '侈', 大也. 袂之小者二尺二寸, 此三尺三寸.

2-37[잡기하 59]

요질을 두른 자는 대대大帶를 두르지 않는다. 옥을 든 이는 요질을 두르지 않는다. 요질은 채색의 옷(예복)에 두르지 않는다. [구본에는

'附於夫之黨' 아래 배치되어 있다】

麻者不紳, 執玉不麻, 麻不加於采.【舊在'附於夫之黨'之下】

집설 '마麻'는 상복의 요질腰絰을 가리킨다. '신紳'은 대대大帶[20]이다. 길례
와 흉례는 방식을 달리한다. 상복을 하는 중에는 요질로 대대를 대신한다.
'옥을 든 이는 요질을 두르지 않는다'는 것은 상복을 입고 요질을 두른 사
람은 옥을 들고 예를 집행할 수 없음을 말하는 것이다. '채采'는 검붉은 채
색의 옷이다. '麻', 謂喪服之絰也. '紳', 大帶也. 吉凶異道. 居喪以絰代大帶也. '執玉
不麻', 謂著衰絰者, 不得執玉行禮也. '采', 玄纁之衣也.

권근 살피건대, '변弁과 수질首絰'에 대하여 구설에서는 조문하는 복장이
라고 하였다. 마麻는 상복의 요질腰絰이다. 이 두 절은 위에서 관례를 말한
것을 이어서 고깔(弁)을 붙여 말한 것이다. 近按, '弁絰', 舊說以爲弔服. 而麻者,
喪服之絰也. 此二節因上言冠, 而弁付之也.

2-38[잡기하 20]

부모의 상喪에 대해서는 기간이 지나서 상복을 벗고, 형제의 상에
대해서는 기간이 지나기 전에 벗는다.【구본에는 '下殤視成人' 아래 배치
되어 있다】

親喪外除, 兄弟之喪內除.【舊在'下殤視成人'之下】

집설 정씨鄭氏(정현鄭玄)는 말한다. "기간을 지나서 상복을 벗는 것은 기간
이 지나도 슬퍼하는 마음이 아직 사라지지 않았기 때문이다. 기간이 지나

기 전에 상복을 벗는 것은 기간이 아직 남아 있지만 슬퍼하는 마음은 이미 줄었기 때문이다." 鄭氏曰: "外除, 日月已竟, 而未忘[21]. 內除, 日月未竟, 而哀已殺."

權近 살피건대, 위의 여러 장에서 모두 상복을 하는 동안에 행하는 일을 말하였으니, 곡哭과 용踊, 단袒을 하고 모冒를 설치하는 것, 습襲을 하고 렴斂을 하는 것에서부터 장례와 우제의 상례, 병이 있어 음식을 먹는 것, 문상하여 위로하는 물품을 보내는 것, 조문을 가는 절목, 그리고 관례와 혼례 등의 길례를 행하는 것 등 상을 당해서도 행할 수 있는 예를 두루 갖추어 기록하지 않음이 없다. 이하에서는 상복을 벗는 일을 말하였다. 近按, 上文諸章, 皆言居喪所行之事, 自哭・踊・袒・冒・襲・斂, 至於葬・虞之常・疾病飲食・問遺往來・出弔之節與夫冠・昏之吉, 凡當喪而可行之禮, 無不備記. 此下乃言除喪之事也.

2-39 [잡기하 22]

상복喪服을 벗은 뒤에도 길을 가다가 부모와 닮은 사람을 보면 눈이 놀라 변하고, 부모와 같은 이름을 들으면 마음이 놀라 변하며, 조문을 하거나 아픈 사람을 문안할 때에도 걱정하는 안색과 모습이 반드시 남과 달리 더한 점이 있다. 그렇게 한 뒤에야 삼년상에 대한 복을 할 수 있다. 그 나머지 가벼운 상복喪服들은 상례의 도리대로 행하면 된다.[구본에는 '不飮食也' 아래 배치되어 있다]

免喪之外, 行於道路, 見似目瞿, 聞名心瞿, 弔死而問疾, 顏色戚容必有以異於人也. 如此而后, 可以服三年之喪. 其餘則直道而行之, 是也.[舊在'不飮食也'之下]

集說 외모가 그의 부모와 닮은 사람을 보면 곧 눈이 그 때문에 깜짝 놀라서 변하고, 남이 부르는 이름에 부모와 같은 이름을 들으면 마음이 그 때문에 깜짝 놀라서 변한다. 상복을 벗었지만 남은 슬픔이 아직 다 사라지지 않았기 때문에 조문을 하거나 아픈 사람을 문안할 때 슬퍼하는 모양이 근심이 없는 사람과 달리 더하다. 이와 같이 한 뒤에야 삼년상에 대한 복을 하였다고 말할 수 있으니, 그 슬퍼하는 마음이 진실하여 거짓이 없음을 말하는 것이다. 그 나머지 가벼운 상복은 '상례의 도리대로 행하면 된다'고 하였으니 그저 상례喪禮를 따라 행하면 되는 것이다. 見人貌有類其親者, 則目爲之瞿然驚變, 聞人所稱名與吾親同, 則心爲之瞿然驚變. 喪服雖除, 而餘哀未忘, 故於弔死問疾之時, 戚容有加異於無憂之人也. 如此而後, 可以服三年之喪, 言其哀心誠實無僞也. 其餘服輕者, '直道而行', 則不過循喪禮而已.

權近 살피건대, 이 장은 상복의 제도에는 기한이 있지만, 마음에는 평생토록 다함이 없는 사모하는 심정이 어느 때고 끊이지 않음을 말한 것이다. 近按, 此言喪制有限, 而心無窮終身之慕, 無時而已者也.

2-40[잡기하 23]

상제祥祭(대상제)는 상주가 상복을 벗는 제사이다. 대상제 전날 저녁에 제사 때를 알리는데 조복朝服을 입는다. 대상제를 지낼 때 전날 입었던 조복을 그대로 입고 지낸다.[구본에는 위 문장과 연결되어 있다. 아래 경문도 이와 같다]

祥, 主人之除也. 於夕爲期, 朝服. 祥因其故服.[舊聯上文. 下倣此]

集說 '상상祥'은 대상제大祥祭이다. ○ 소疏에서 말한다. "대상제 때 상주喪主가 상복을 벗는 절차에 관한 것이다. '저녁에 제사 때를 알린다'(於夕爲期)는 것은 대상제 전날 저녁 내일이 제삿날임을 미리 알리는 것을 말한다. '조복朝服'은 상주가 조복朝服을 입는데, 치의緇衣(검은색 상의)와 소상素裳(흰색 치마)을 입고 관은 호관縞冠(흰색 관)을 쓰는 것을 말한다. '대상제를 지낼 때 전날 입었던 조복을 그대로 입고 지낸다'(祥因其故服)는 것은 다음날 아침 대상제를 지낼 때 상주가 전날 저녁 입었던 조복朝服을 그대로 입는 것을 말한다." 소疏에서 또 말한다. "이 경문은 제후諸侯·경卿·대부大夫의 경우를 근거하여 말한 것이다. 대상제에서 길제吉祭에 이르기까지 복장은 모두 6번 변화가 있다. 대상제를 지낼 때 조복朝服에 호관縞冠의 복장을 하는 것이 첫째다. 대상제를 마치고 소비素紕와 호관縞冠 그리고 마의麻衣의 복장을 하고 지내는 것이 두 번째이다. 담제禫祭를 지낼 때 현관玄冠과 황상黃裳의 복장을 하는 것이 세 번째이다. 담제를 마치고 조복朝服과 섬관綅冠의 복장으로 지내는 것이 네 번째이다. 달을 넘겨 길제吉祭를 지낼 때 현관玄冠과 조복朝服의 복장을 하는 것이 다섯 번째이다. 길제吉祭가 끝나면 현단복玄端服으로 지내는 것이 여섯 번째이다." ○ 육씨陸氏(육전陸佃)는 말한다. "'섬綅'은 식息과 렴廉의 반절이다. 날줄을 흰색으로 씨줄을 검은색으로 교직한 비단을 섬綅이라고 한다." 祥, 大祥也. ○ 疏曰: "祥祭之時, 主人除服之節. '於夕爲期', 謂於祥祭前夕, 預告明日祭期也. '朝服', 謂主人著朝服, 緇衣素裳, 其冠則縞冠也. '祥因其故服'者, 謂明旦祥祭時, 主人因著其前夕故朝服也." 又曰: "此據諸侯·卿·大夫言之. 從祥至吉, 凡服有六. 祥祭朝服縞冠一也. 祥訖素縞麻衣二也. 禫祭玄冠黃裳三也. 禫訖朝服綅冠四也. 踰月吉祭玄冠朝服五也. 既祭玄端而居六也." ○ 陸氏曰: "'綅', 息廉反. 黑經白緯曰綅."

자유子游가 말하였다. "대상제가 지난 뒤에 조문하러 온 이가 있으면, 비록 호관縞冠(누이지 않은 흰 비단으로 만든 관)을 하는 때가 아니지만, 반드시 대상제 때 하는 호관縞冠 복장을 하고 조문을 받으며, 조문이 끝난 뒤에 대상제 후의 복장인 누이지 않은 흰 비단의 관(縞冠)에 흰색의 누인 비단으로 가선을 둘러 쓰고 마의麻衣를 입는 복장으로 도로 갈아입는다.

子游曰: "旣祥, 雖不當縞者, 必縞, 然後反服."

集說 소疏에서 말한다. "'대상제가 지난 뒤'(旣祥)라는 말은 대상제가 지난 뒤에 조문하러 온 이가 있을 경우를 말한다. '비록 호관縞冠을 하는 때가 아니지만'(雖不當縞)이라는 말은 호관縞冠을 쓰고 대상제를 지내는 때에 오지 않았음을 말한다. '반드시 호관縞冠을 쓰며, 마친 뒤에 도로 갈아입는다'(必縞, 然後反服)는 말은 상주가 반드시 대상제 때 하였던 호관縞冠 복장을 하고 조문하는 이의 예禮를 받으며, 조문이 끝난 뒤에 대상제 후의 복장인 누이지 않은 흰 비단의 관(縞冠)에 흰색의 누인 비단으로 가선을 둘러 쓰고 마의麻衣를 입는 복장으로 도로 갈아입는다는 말이다." 疏曰: "旣祥謂大祥後有來弔者. '雖不當縞', 謂不正當祥祭縞冠之時也. '必縞, 然後反服'者, 主人必須著此祥服縞冠, 以受弔者之禮, 然後反服大祥後素縞麻衣之服也."

무릇 상을 당해 소공小功 이상의 상복을 할 때 우제虞祭·부제祔祭·

연제練祭·상제祥祭(대상제) 아니면 머리를 감고 몸을 씻지 않는다.

【구본에는 '無免於経' 아래 배치되어 있다】

凡喪, 小功以上, 非虞·附·練·祥, 無沐浴.【舊在'無免於経'之下】

集說 깨끗이 씻고 꾸미는 것은 신과 교접交接하기 위함이다. 그러므로 이
네 가지 제사가 아니면 머리를 감고 몸을 씻지 않는다. 潔飾, 所以交神. 故非
此四祭, 則不沐浴也.

2-43[잡기하 50]

삼년상을 당해서는 상제祥祭(대상제)를 지내고 정사에 종사한다. 기
년상을 당해서는 졸곡을 마치고 정사에 종사한다. 대공의 상을 당
해서는 장례를 마치고 정사에 종사한다. 소공과 시마복의 상을 당
해서는 빈殯을 마치고 정사에 종사한다.【구본에는 '涕泣而見人' 아래 배
치되어 있다】

三年之喪, 祥而從政. 期之喪, 卒哭而從政. 九月之喪, 既葬而從
政. 小功緦之喪, 既殯而從政.【舊在'涕泣而見人'之下】

集說 '종정從政'은 서인이 부역의 일에 이바지하는 것을 말한다. 「왕제王
制」(5-19)에 "자최齊衰나 대공大功에 해당하는 상을 당하면 3개월 동안 부역
에서 면제해준다"라고 하였다. 서인은 사례士禮에 따르는데, 졸곡卒哭과 장
례葬禮를 똑같이 3개월 만에 행한다. '從政', 謂庶人供力役之征也. 「王制」云: "齊
衰·大功, 三月不從政." 庶人依士禮, 卒哭與葬同三月也.

살피건대, 이상 여섯 절은 상복을 벗는 것과, 연제練祭(소상제)와 상제祥祭(대상제) 이후 국정에 종사하는 일을 말한 것이다. 近按, 以上六節, 言除喪·練祥之後從政之事也.

2-44 [잡기하 57]

아버지가 상복을 하고 있으면 같은 집에 사는 자식은 악樂에 참여하지 않는다. 어머니가 상복을 하고 있으면, 소리가 들려도 악樂에 참여하지 않는다. 아내가 상복을 하고 있으면, 아내의 곁에서 악樂을 행하지 않는다. 대공복을 하는 이가 이르려고 하면 금슬琴瑟을 물리친다. 소공복을 하는 이가 이를 때는 악樂을 중단하지 않는다.

【구본에는 '其衰侈袂' 아래 배치되어 있다】

父有服, 宮中子不與於樂. 母有服, 聲聞焉不擧樂. 妻有服, 不擧樂於其側. 大功將至, 辟琴瑟. 小功至, 不絶樂.【舊在'其衰侈袂'之下】

集說 '같은 집에 사는 자식'은 아버지와 같은 집에서 사는 자식을 말한다. 명命(작위)을 받은 사士 이상은 아버지와 자식이 다른 집에서 산다.22) '악樂에 참여하지 않는다'는 것은 밖에서 악樂을 보았을 때 구경하지 않고 듣지 않음을 말한다. 만일 다른 집에서 산다면 그렇게 하지 않는다. 이 경문의 경우는 또한 상복이 가벼운 경우를 말하는 것이다. 만일 무거운 상복을 하는 중이라면 자식 역시 상복을 하고 있을 터인데 악樂에 참여할 수 있겠는가? 소리가 들릴 정도이면 더 가까운 것이다. '그 곁'(其側)은 더욱 가까운 것이다. 상복의 무겁고 가벼운 정도에 따라 달리하는 절도가 이와 같은 것이다. '대공복을 하는 이가 이르려고 한다'는 것은 대공의 상복을 하고 있

는 이가 다가옴을 말한다. 그를 위해 금슬琴瑟을 물리치는 것은 또한 슬퍼하는 마음을 돕는 뜻이다. 소공복을 하는 이에 대해서는 복이 가벼우므로 그를 위해 악樂을 중단하지 않는다. '宮中子', 與父同宮之子也. 命士以上, 乃異宮. '不與於樂', 謂在外見樂, 不觀不聽也. 若異宮則否. 此亦謂服之輕者. 如重服, 則子亦有服, 可與樂乎? 聲之所聞, 又加近矣. '其側', 則尤近者也. 輕重之節如此. '大功將至', 謂有大功喪服者將來也. 爲之屛退琴瑟, 亦助之哀戚之意. 小功者輕, 故23)不爲之止樂.

權近 살펴건대, 이 이하는 상례喪禮의 가볍고 무거운 여러 절목에 대하여 순서 없이 말한 것이다. 近按, 此下雜言喪禮輕重之節.

2-45[잡기하 58]

고모나 자매가 남편이 이미 사망하였었는데 남편의 친속 가운데 형제가 없으면, 남편의 족인이 상주가 된다. 처의 친속은 비록 친親의 관계가 있다고 해도 상주가 되지 못한다. 남편에게 족인이 없을 경우에는 앞뒤의 이웃이나 좌우의 이웃이 상주가 된다. 그런 이웃도 없을 경우에는 이윤里尹이 상주가 된다. 어떤 이는 "처의 친속이 상주가 되어 남편의 친족에 붙여 제사한다"라고 말한다.【구본에는 위 문장과 연결되어 있다】

姑·姊妹, 其夫死, 而夫黨無兄弟, 使夫之族人主喪. 妻之黨雖親, 弗主. 夫若無族矣, 則前後家·東西家. 無有, 則里尹主之. 或曰: "主之而附於夫之黨.【舊聯上文】

集說 이 경문은 고모나 자매姊妹가 사망하였는데 남편도 자식도 없는 경우를 밝힌 것이다. 상喪에는 상주가 반드시 있어야 한다. 부인은 자신의

친속에 대하여 상복을 낮추어 입는다. 외족外族(남편의 친족)에 의지해서 일원이 되기 때문이다. 그러므로 본가의 친족은 그 상喪에 상주가 될 수 없다. '이윤里尹'은 대개 여서閭胥와 이재里宰의 부류이다. 어떤 이는 처妻의 친족이 상주가 되어 그 (남편의) 조부祖父나 고모에 붙여 제사한다고도 말하는데 이것은 잘못이다. 그러므로 기록해서 함께 밝혀둔 것이다. 此明姑·姊妹死而無夫無子者. 喪必有主. 婦人於本親降服. 以其成於外族也. 故本族不可主其喪. '里尹', 蓋閭胥·里宰之屬也. 或以爲妻黨主之, 而祔祭於其祖·姑, 此非也. 故記幷著之.

【權近】 살피건대, 이 두 절은 모두 자신에게는 상복이 없(고 다른 사람에게 있)는 일을 말한 것이다. 그러나 부모·고모·자매의 친속을 앞세워 말하였다. 近按, 此兩節皆言於己無服之事. 然從父母·姑·姊妹之親而爲先也.

2-46[잡기하 62]

공자께서 말하였다. "백모伯母와 숙모叔母에 대한 자최의 상복에서는 용踊을 땅에서 발이 떨어지지 않게 하고, 고모와 자매에 대한 대공의 상복에서는 용踊을 발이 땅에서 떨어지게 한다. 이것을 아는 사람은 예로 문식하는 것을 잘 사용할 것이요, 예로 문식하는 것을 잘 사용할 것이다."【구본에는 '不非不廬' 아래 배치되어 있다】
孔子曰: "伯母·叔母疏衰, 踊不絶地. 姑·姊妹之大功, 踊絶於地. 如知此者, 由文矣哉, 由文矣哉!"【舊在'不非不廬'之下】

【集說】 백모와 숙모에 대한 자최복은 상복이 무거움에도 땅에서 발이 떨어지지 않는 방식으로 용踊을 하는 것은 그 정情이 가볍기 때문이다. 고모와

자매에 대한 대공복은 상복이 가벼움에도 반드시 발이 땅에서 떨어지게 용
踊을 하는 것은 그 정情이 무겁기 때문이다. 공자가 찬미하여 이처럼 용踊
을 발이 땅에서 떨어지게 또는 떨어지지 않게 하는 취지를 아는 사람은
예로 문식하는 것을 잘 사용할 것이라고 말한 것이다. ○ 정씨鄭氏(정현鄭玄)
는 말한다. "백모와 숙모의 상에 용踊을 하는 것은 의義를 따라 하는 것이
요, 고모와 자매의 상에 용踊을 하는 것은 친속親屬의 정情에 따라 하는 것
이다." 伯叔母之齊衰服重, 而踊不離地者, 其情輕也. 姑·姊妹之大功服輕, 而踊必離地
者, 其情重也. 孔子美之, 言知此絶地不絶地之情者, 能用禮文矣哉. ○ 鄭氏曰: "伯母·
叔母, 義也. 姑·姊妹, 骨肉也."

2-47[잡기하 19]

처妻의 상喪에 대한 위의威儀는 숙부모叔父母의 상에 대한 위의와 같
게 하고, 고모姑母와 자매姊妹의 경우는 형제兄弟의 상과 같게 하며,
장상長殤과 중상中殤 그리고 하상下殤은 성인成人의 상과 같게 한다.
【구본에는 '廬嚴者也' 아래 배치되어 있다】

妻視叔父母, 姑·姊妹視兄弟, 長·中·下殤視成人.【舊在'廬嚴者
也'之下】

集說 상복에서 슬퍼하는 위의威儀의 가볍고 무거운 정도가 각각 견주어
같은 바가 있다. 상殤(미성년자에 대한 상복)은 상복은 모두 낮추어 입는네 슬
퍼하는 위의는 성인成人에 대한 것과 같이 한다. 본래의 친속 관계가 무겁
기 때문이다. 哀戚輕重之等, 各有所比. 殤, 服皆降, 而哀之如成人. 以本親重故也.

군주의 어머니와 군주의 아내에 대한 상복은 형제의 상복과 같게 한다. 그러나 안색으로 나타나는 술과 음식은 또한 마시거나 먹지 않는다. 【구본에는 '之喪內除' 아래 배치되어 있다】

視君之母與君之妻, 比之兄弟. 發諸顔色者, 亦不飮食也.【舊在'之喪內除'之下】

集說 군주의 어머니와 아내는 소군이다. 상복이 가볍기 때문에 슬퍼하는 위의를 형제의 상과 같게 한다. 그러나 진하고 맛있는 술과 안주 등 안색으로 나타날 수 있는 음식은 역시 마시지도 먹지도 않는다. 君母·君妻, 小君也. 服輕, 哀之比兄弟之喪. 然於酒肴之珍醇, 可以發24)見顔色者, 亦不飮之食之也.

형제의 아내(嫂)는 남편 형제(叔)의 시신을 쓰다듬지 않고, 남편의 형제는 형제 아내의 시신을 쓰다듬지 않는다. 【구본에는 '如奔喪禮然' 아래 배치되어 있다】

嫂不撫叔, 叔不撫嫂.【舊在'如奔喪禮然'之下】

集說 '쓰다듬는다'(撫)는 것은 사망하였을 때 그 시신을 쓰다듬는다는 것이다. 수숙嫂叔 사이에는 혐의를 멀리해야 하기 때문에 모두 쓰다듬지 않는다. '撫', 死而撫其尸也. 嫂·叔宜遠嫌, 故皆不撫.

權近 살펴건대, '자공子貢이 상에 대하여 여쭈었다'에서 이 장에 이르기까

지는 처음에는 부모의 상에서 시작하여 미루어서 수숙嫂叔 사이에는 상복이 없다는 데에까지 이르렀다. 상복 제도의 시말과 상례常禮와 변례變禮의 가볍고 무거운 절차에 대하여 말한 것이 갖추어졌다. 近按, 自'子貢問喪'至此, 始由父母之喪, 推而至於嫂叔之無服. 其言喪制終始·常變輕重之節備矣.

3.

3-1[잡기하 64]

천자의 반함(飯)에는 9개의 조개를 사용하고, 제후의 반함에는 7개,

대부大夫의 반함에는 5개, 사士의 반함에는 3개를 사용한다.【구본에

는 '之徒爲之也' 아래 배치되어 있다】

天子飯九貝, 諸侯七, 大夫五, 士三.【舊在'之徒爲之也'之下】

集說 '반飯'은 반함飯含이다. '조개'(貝)는 물에서 나는 것으로 고대에는 재
화로 삼았다. 『의례』 「사상례士喪禮」에 "조개껍질 세 개를 변笲25)에 담아놓
는다"라고 하였다. 주周나라의 예는 천자의 반함飯含에 옥玉을 사용하였다.
이 경문의 내용은 아마도 다른 시대의 제도일 것이다. '飯', 含也. '貝', 水物,
古者以爲貨. 「士喪禮」"貝三實于笲." 周禮天子飯含用玉. 此蓋異代之制乎.

3-2[잡기하 68]

널(柩)을 사당에 올려놓고 바로잡을 때, 제후의 상에 상여끈을 잡는

사람이 500인으로, 4줄의 상여끈을 잡는 사람은 모두 입에 재갈(枚)

을 문다. 사마司馬가 방울(鐸)을 들고 왼쪽에 8인 오른쪽에 8인으로

나누어 있으며, 장인匠人이 우보羽葆를 잡고 상여(柩車)를 인도한다.

대부의 상喪에는 널을 사당에 올려놓고 바로잡을 때 상여끈을 잡는

사람이 300인이다. 방울을 잡는 사람은 왼쪽과 오른쪽으로 각각

4인이다. 상여(柩車)를 인도하는 사람은 기(茅)를 가지고 한다.[26]【구

본에는 '比殯下擧樂' 아래 배치되어 있다】

升·正柩, 諸侯執綍五百人, 四綍皆銜枚. 司馬執鐸, 左八人, 右
八人, 匠人執羽葆御柩. 大夫之喪, 其升正柩也, 執引者三百人,
執鐸者左右各四人. 御柩以茅. 【舊在'比殯下擧樂'之下】

集說 '널(柩)을 사당에 올려놓고 바로잡는다'는 것은 장례葬禮를 하기 위해
관을 사당으로 옮겨 조전朝奠의 예를 행할 때 관을 서쪽 계단으로 올리는
데 공축輁軸(관을 실어 옮기는 도구)을 이용하여 양쪽 영楹(기둥) 사이에 올려놓
고 바로잡는다. 널(柩)에는 4개의 상여끈이 있다. '매枚'는 모양이 젓가락 형
태로 양쪽 끝에 조그만 끈이 달려 있어 입을 막고 목 뒤에서 묶으면 말을
하지 못한다. 시끄럽게 소리 내는 것을 막는 장치다. 500명이 모두 사용한
다. 사마司馬 16인이 방울을 잡고 좌우로 나누어 서서 상여(柩車)를 끼고 상
여꾼들을 호령한다. '보葆'는 덮개 모양으로 깃털로 만든다. '상여를 인도한
다'(御柩)는 것은 상여 앞에서 길에 높고 낮은 굴곡이나 패인 곳이 있으면,
잡고 있는 것을 가지고 누르고 올리며 좌우로 움직이는 표시를 행하여 상
여끈을 붙잡은 사람들이 알게 한다는 것이다. '인引'은 곧 발綍(상여끈)로 호
언互言으로 말한 것이다. '기'(茅)는 모茅(띠풀)로 기를 만든다. 升·正柩者, 將
葬, 柩朝祖廟, 升西階, 用輁軸, 載柩于兩楹間而正之也. 柩有四綍. '枚', 形似箸, 兩端
有小繩, 銜于口而繫于頸後, 則不能言. 所以止喧譁也. 五百人皆用之. 司馬十六人執鐸,
分居左右, 夾柩以號令於衆也. '葆', 形如蓋, 以羽爲之. '御柩'者, 在柩車之前, 若道塗有
低昂傾虧, 則以所執者爲抑揚左右之節, 使執綍者知之也. '引'卽綍, 互言之耳. '茅', 以茅
爲麾也.

[잡기하 65]

사士는 사망한 지 3개월 만에 장례葬禮를 행하고 장례를 행한 달에 졸곡卒哭을 한다. 대부는 사망한 지 3개월 만에 장례를 행하고 사망한 지 5개월 만에 졸곡을 한다. 제후는 사망한 지 5개월 만에 장례를 행하고 사망한 지 7개월 만에 졸곡을 한다. 사는 3번 우제虞祭를 지내고, 대부는 5번 우제를 지내며, 제후는 7번 우제를 지낸다.[구본에는 '大夫五, 士三' 아래 배치되어 있다]

士三月而葬, 是月也卒哭. 大夫三月而葬, 五月而卒哭. 諸侯五月而葬, 七月而卒哭. 士三虞, 大夫五, 諸侯七.【舊在'大夫五, 士三'之下】

集說 疏疏에서 말한다. "대부大夫 이상은 지위가 높아 부모를 생각하는 슬픈 마음을 기간에서 길게 펼친다. 사士는 직분이 비속하고 지위가 낮아 예禮에 정해진 수數를 다 펼치지 못한다." 疏曰: "大夫以上位尊, 念親哀情, 於時長遠. 士職卑, 位下, 禮數未伸."

[잡기하 66]

제후가 사신을 파견해와 조문을 행하면, 그 다음에 반함에 쓰는 옥玉 등을 부의하는 것(含), 옷과 이불을 부의하는 것(襚), 수레와 말을 부의하는 것(賵), 자리에 나아가 곡을 하는 것(臨) 등의 의절을 모두 (조문을 행한) 같은 날에 진행을 마치는데, 그 순서는 이와 같다.

【구본에는 위 문장과 연결되어 있다. 아래 경문도 이와 같다】

諸侯使人弔, 其次含·襚·贈·臨, 皆同日而畢事者也, 其次如此
也.【舊聯上文. 下倣此】

集說 제후가 사망하면, 이웃 나라에서 사신을 보내와 먼저 조문의 의례
(弔禮)를 행하고, 반함에 쓰는 옥玉 등을 부의하는 것(含), 옷과 이불을 부의
하는 것(襚), 수레와 말을 부의하는 것(贈), 자리에 나아가 곡을 하는 것(臨)
등의 의례를 차례로 행한다. 네 가지 의례가 하루에 모두 행해진다. 자세
한 내용은 위 편([잡기상 67~73])에 보인다. 諸侯薨, 隣國遣使來先弔, 次含次襚次
贈次臨. 四者之禮一日畢行. 詳見上篇.

³⁻⁵[잡기하 67]

경卿과 대부大夫가 위독하면 국군國君이 위문하는데 횟수를 정하지
않는다. 사士가 위독하면 국군이 한 번 위문한다. 국군은 경卿과 대
부大夫의 상喪에 대하여 장례 때가 되면 고기를 먹지 않고, 졸곡卒哭
때에 이르면 악樂을 사용하지 않는다. 사士의 상에 대해서는 빈殯을
행할 때에 이르면 악樂을 사용하지 않는다.

卿·大夫疾, 君問之無算, 士壹問之. 君於卿·大夫, 比葬不食肉,
比卒哭不擧樂. 爲士, 比殯不擧樂.

集說 「상대기喪大記」(69)에 "세 번 문병을 한다"라고 하였는데 이 경문에
서는 '횟수를 정하지 않는다'라고 하였다. 아마도 은의恩義가 사師와 보保의
경우일 것이다. 또는 '세 번 위문한다'는 것은 국군이 직접 위문하는 경우

이고, '횟수를 정하지 않는다'는 것은 사자를 파견하는 경우 일 것이다. 사士가 위독하면 국군이 위문하는 것이 단지 1회에 그치는 것은 신분이 낮기 때문이다. '비比'는 이른다(及)는 뜻이다. 「喪大記」云: "三問", 此云'無算'. 或恩義如師·保之類乎. 或三問'者君親往, 而'無筭'者遣使乎. 士有疾, 君問之惟一次, 卑賤也. '比', 及也.

3-6[잡기하 26]

상대부上大夫는 우제虞祭에 소뢰少牢를 쓰고, 길사吉事를 이루는 졸곡제(卒哭成事)와 부제祔祭에 모두 태뢰를 쓴다. 하대부下大夫는 우제에 특생特牲을 쓰고 졸곡제와 부제에 모두 소뢰少牢를 쓴다.【구본에는 '不改成踊' 아래 배치되어 있다】

上大夫之虞也少牢, 卒哭成事·附, 皆大牢. 下大夫之虞也植牲, 卒哭成事·附, 皆少牢.【舊在'不改成踊'之下】

集說 졸곡卒哭을 가리켜 '일을 이룬다'(成事)고 한 것은 길사吉事를 이룬다는 뜻이다. '부祔'는 새로 죽은 자의 신주를 조묘祖廟에 올려 합사合祀하는 것(祔廟)이다. 卒哭謂之'成事', 成吉事也. '附', 祔廟也.

3-7[잡기하 11]

제후에서 여러 사士에 이르기까지 소상제小祥祭에서 주인이 되돌린 잔을 마실 때는 치아에 이를 정도로 맛본다. 중빈衆賓과 형제는 모두 목으로 넘어갈 정도로 맛본다. 대상제大祥祭에서는 주인은 목으로 넘어갈 정도로 맛을 본다. 중빈衆賓과 형제는 모두가 마셔도 된다.【구본에는 '虞附亦然' 아래 배치되어 있다】

自諸侯達諸士, 小祥之祭, 主人之酢也嚌之. 衆賓兄弟則皆啐之. 大祥, 主人啐之. 衆賓兄弟皆飮之可也.【舊在'虞附亦然'之下】

集說 맛보는 것이 치아에 이르는 것이 '제嚌', 목으로 넘어가는 것이 '쵀啐'이다. '주인이 되돌린 잔을 마실 때 치아에 이를 정도로 맛본다'(嚌之)는 것은 정제正祭27)의 절차가 끝난 뒤에 주인이 빈장賓長(빈객 중의 존장자)에게 술을 따라 주면 빈장은 마시고 주인에게 잔을 되돌리는데, 이때 주인이 되돌려 받은 잔을 치아에 이를 정도로 맛보는 것을 가리킨다. '중빈衆賓과 형제는 목으로 넘어갈 정도로 맛본다'는 것은 정제正祭의 절차가 끝난 뒤에 주인이 따라주는 잔을 받아 마실 때 목으로 넘어갈 정도로 맛보는 것을 가리킨다. 至齒爲'嚌', 入口爲'啐'. '主人之酢嚌之', 謂正祭之後, 主人獻賓長, 賓長酢主人, 主人受酢則嚌之也. '衆賓·兄弟啐之', 謂祭末受獻之時, 則啐之也.

3-8[잡기하 82]

공자께서 말하였다. "관중管仲이 도둑을 만났는데 (그 도둑 가운데) 두 사람을 임용하였고, 천거하여 국군(公)의 신하가 되게 하면서, '그들이 교유한 사람들이 나쁜 사람들일 뿐, 임용할 만한 사람들입니다'라고 하였다. 관중이 죽자 환공桓公이 두 사람에게 관중을 위해 상복을 하게 하였다. 대부에게 벼슬하였던 사람이 (돌이켜) 그

대부를 위해 상복을 하는 것은 관중으로부터 시작되었으니, 국군의 명령이 있었기 때문이다."【구본에는 '相弔之道也' 아래 배치되어 있다】

孔子曰: "管仲遇盜, 取二人焉, 上以爲公臣, 曰: '其所與遊辟也, 可人也.' 管仲死, 桓公使爲之服. 官[28]於大夫者之爲之服也, 自管仲始也, 有君命焉爾也."【舊在'相弔之道也'之下】

集說 관중管仲이 도둑떼를 만났다가 두 사람을 취해서 추천하여 승진시키고 공가公家의 신하가 되게 하였다. 게다가 '함께 교유한 사람들이 나쁜 사람들이었기 때문에 서로 이끌려서 도둑이 되었을 뿐이다. 이 두 사람은 본래 적합한 사람들이니 임용할 만합니다'라고 하였다. 그 후 관중이 죽자, 환공桓公은 이 두 사람에게 관중을 위해 상복을 하게 시켰다. 기록한 사람은 대부에게 벼슬하였다가 그 대부를 위해 상복을 하는 경우가 이 사례로부터 시작되었으며, 국군의 명령이라 어길 수 없었다고 말하였다. 대개 예禮에 의하면 대부에게서 떨어져 나와 제후에게 간 사람은 대부를 위해 되돌려서 상복을 하지 않는다. 환공桓公의 뜻은 대개 관중이 현인을 천거한 것에 대하여 잊지 않으려는 것이다. 管仲遇群盜, 簡取二人, 而薦進之, 使爲公家之臣. 且曰'爲其所與交遊者, 是邪僻之人, 故相誘爲盜爾. 此二人本是堪可之人, 可任用也'. 其後管仲死, 桓公使此二人爲管仲服. 記者言仕於大夫而爲之服, 自此始, 以君命不可違也. 蓋於禮, 違大夫而之諸侯, 不爲大夫反服. 桓公之意, 蓋不忘管仲之擧賢也.

3-9[잡기하 75]

휼유恤由의 상喪에 애공哀公이 유비孺悲를 공자에게 보내서 사상례士

喪禮를 배우게 하였다. 이에 「사상례士喪禮」가 쓰였다. 【구본에는 '祀以
下牲' 아래 배치되어 있다】

恤由之喪, 哀公使孺悲之孔子, 學士喪禮. 「士喪禮」於是乎書. 【舊
在'祀以下牲'之下】

集說 정씨鄭氏(정현鄭玄)는 말한다 "당시 사람들이 변전變轉해서 참람하게
신분을 넘는 예를 행하자, 사士의 상례가 없어졌다. 공자가 사상례士喪禮로
유비孺悲에게 가르치자 나라 사람들이 다시 글로 써서 보존하였다." 鄭氏曰:
"時人轉而僭上, 士之喪禮已廢矣. 孔子以敎孺悲, 國人乃復書而存之."

3-10[잡기하 71]

부인婦人은 삼년상이 아니면 국경을 넘어서 조문하지 않는다. 삼년
상인 경우 국군의 부인夫人은 부모의 나라로 돌아간다. 부인이 돌
아갈 때 제후가 조문하는 예를 사용하고, 주국主國(조문을 받는 나라)
에서 맞이할 때에도 제후를 대하는 예와 같이 한다. 부인은 도착하
면 위문闈門으로 들어가고 동쪽의 방계(側階)로 올라가며, 그 밖의
의례는 분상奔喪하는 의례와 같이 한다. 【구본에는 '下不偪下' 아래 배치되
어 있다】

婦人非三年之喪, 不踰封而弔. 如三年之喪, 則君夫人歸. 夫人其
歸也, 以諸侯之弔禮. 其待之也, 若待諸侯然. 夫人至, 入自闈門,
升自側階, 君在阼, 其他如奔喪禮然. 【舊在'下不偪下'之下】

集說 '삼년상'은 부모의 상喪을 말한다. 여자가 시집가면 친부모를 위해서 기년복을 한다. 이 경문에서 삼년복이라고 한 것은 본래의 친복親服으로 말한 것이다. '유봉踰封'은 국경을 넘는 것이다. 국군國君의 부인이 부모의 상에 분상奔喪할 때 제후가 조문하는 예를 사용하는데 주국主國(조문을 받는 나라)에서도 대우할 때 역시 제후의 예로 대우한다. '위문闈門'은 정문이 아니라 궁 안에서 다니는 문이다. '측계側階'는 정계正階가 아니라 동쪽의 방계房階이다. 이런 것은 모두 여빈女賓과 달리하는 것이다. 주국의 국군은 조계阼階 위에 있고, 내려와서 맞이하지 않는다. '분상奔喪'은 곡哭·용용踊·좌座·마麻 등의 의례를 가리킨다. '三年之喪', 父母之喪也. 女嫁者爲父母期. 此以本親言也. '踰封', 越疆也. 言國君夫人奔父母之喪, 用諸侯弔禮, 主國待之, 亦用待諸侯之禮. '闈門', 非正門, 宮中往來之門也. '側階', 非正階, 東房之房階也. 此皆異於女賓. 主國君在阼階上, 不降迎也. '奔喪禮[29]', 謂哭·踊·髽·麻之類.

3-11 [잡기하 80]

외종外宗이 군부인君夫人을 위해 하는 상복은 내종內宗과 같다. 【구본에는 '昭公始也' 아래 배치되어 있다】

外宗爲君夫人, 猶內宗也. 【舊在'昭公始也'之下】

集說 소疏에서 말한다. "'외종外宗'은 국군의 고모나 자매의 딸, 외삼촌의 딸, 이모의 딸 등이 모두 해당된다. '내종內宗'은 국군의 오속五屬 안에 드는 친족의 딸을 가리킨다. 내종은 국군國君을 위해 참최복斬衰服을 하고 부인夫人을 위해 자최복齊衰服을 한다. 이 경문에서 '내종內宗과 같다'라고 하였으니, 자최복과 참최복이 모두 같다. '군부인君夫人'은 나라 사람들이 부르

는 호칭이다. 이 경문의 '외종外宗'은 나라 안으로 시집간 사람을 가리킨다. 만일 나라 밖으로 시집간 경우라면 '제후'라고 말해야 한다. 옛날에 대부는 나라 밖에서 아내를 맞이하지 않았다. 따라서 국군의 고모와 자매가 나라 안의 대부에게 시집가서 처가 되었으니 정상적인 모습이다. 제후는 나라 안에서 아내를 맞이하지 않았다. 따라서 외삼촌의 딸과 이모의 딸은 나라 안에 있을 수 없다. 무릇 내종과 외종은 모두 작위를 가진 사람들에 한하여 말하는 것이다. '복이 없지만 여러 신하에게 시집간 경우는 종복으로 남편의 군주를 위해 하는 상복을 한다'는 것은 내종과 외종이 모두 해당된다. '서인에게 시집간 경우는 즉 또한 종복으로 국군을 위해 3개월 동안 상복을 한다'는 것 또한 내종內宗과 외종外宗 모두 그러하다." ○ 또 살펴보건대, 『의례』「상복喪服」 소疏에서 말한다. "외종外宗에 셋이 있다. 『주례』에 '외종의 딸이 작위가 있는 경우 경卿·대부大夫의 처와 통한다'라고 한 것이 그 첫째요, 「잡기雜記」 주註에 '국군의 고모와 자매의 딸, 외삼촌의 딸, 이모(從母) 등이 모두 그들이다'라고 한 것이 그 둘째이다. '고모의 며느리와 이모의 며느리 경우 그 남편은 국군國君의 외친外親이 되기 때문에 국군을 위해 참최복을 하고, 그 며느리 역시 외종外宗이라고 부르며 국군을 위해 기년복을 한다'라고 한 경우가 그 셋째이다. 내종에는 둘이 있다. 『주례』에 '내녀內女(국군과 동성同姓인 자의 딸)가 작위가 있는 경우는 동성同姓의 딸이 모두 이들이다'라고 한 것이 그 첫째이다. 「잡기하」(3-11) 주註에 '국군의 오속五屬 안에 드는 친족의 딸을 가리킨다' 한 것이 그 둘째이다." 疏曰: "外宗者, 謂君之姑·姊妹之女, 及舅之女, 及從母, 皆是也. '內宗'者, 君五屬內30)之女. 內宗爲君服斬衰, 爲夫人齊衰. 此云'猶內宗也', 則齊·斬皆同. '君夫人'者, 是國人所稱號. 此'外宗'謂嫁在國中者. 若國外, 當云'諸侯'也. 古者大夫不外娶. 故君之姑·姊妹嫁於國內大夫爲妻, 是其正也. 諸侯不內娶. 故舅女及從母不得在國中. 凡內·外宗, 皆據有爵者. '其無服而嫁於諸臣, 從爲夫之君'者, 內·外宗皆然. 若嫁於庶人, 則亦從其夫爲國君服齊

衰三月'者, 亦內·外宗皆然." ○ 又按, 『儀禮』 「喪服」 疏云: "外宗有三. 『周禮』, '外宗
之女有爵, 通卿大夫之妻', 一也, 「雜記」 註謂, '君之姑·姊妹之女, 舅之女, 從母, 皆是',
二也. '若姑之子婦·從母之子婦, 其夫是君之外親, 爲君服斬, 其婦亦名外宗, 爲君服期,
三也. 內宗有二. 『周禮』, '內女之有爵, 謂同姓之女悉是', 一也[31]. 「雜記」 註, '君之五屬
之內女', 二也."

權近 　살피건대, 이상 여러 절은 천자에서 사士에 이르기까지 상례에서 같
지 않은 일을 말하였고, 끝에 부인夫人을 위한 상복의 예를 함께 거론한
것이다. 近按, 此上諸節, 言自天子至於士喪禮不同之事, 而末兼及夫人之禮也.

4.

4-1 [잡기하 78]

맹헌자孟獻子가 "정월 동지(日至)에는 상제上帝에게 제사할 수 있고, 7월 하지(日至)에는 선조에게 제사할 수 있다"라고 하였다. 7월에 체제禘祭를 지내는 것은 헌자獻子가 하였다.【구본에는 아래 장의 '文武之道也' 아래 배치되어 있다. 여기서는 제사의 경중을 기준으로 순서를 두었다】

孟獻子曰: "正月日至, 可以有事於上帝. 七月日至, 可以有事於祖." 七月而禘, 獻子爲之也.【舊在下章'文武之道也'之下. 今以祭之輕重爲次】

集說 '헌자獻子'는 노魯나라 대부 중손멸仲孫蔑이다. '정월正月'은 주력周歷 건자建子의 달이다. '일지日至'는 동지다. '상제에게 제사한다'는 것은 교제交祭이다. '칠월七月'은 건오建午의 달이다. '일지日至'는 하지다. '선조에게 제사한다'는 말은 체제禘祭이다. 「명당위明堂位」(2-3)에 "계하 6월에, 태묘에서 체례로 주공에게 제사하였다"라고 하였으니, 대개 하력夏曆 건사建巳(음력 4월)의 달이다. 교제를 동지에 지내는 것은 예禮의 당연한 바이다. 이 경문은 헌자가 예를 변경하여 7월에 체제를 지냈음을 말하였다. 그러나 '헌자로부터 시작되었다'(自獻子始)라고 말하지 않고, '헌자가 하였다'(獻子爲之)라고 말하였으니 대개 일시적인 사건이다. '獻子', 魯大夫仲孫蔑. '正月', 周正建子之月也. '日至', 冬至也. '有事上帝', 郊祭也. '七月', 建午之月也. '日至', 夏至也. '有事於祖', 禘祭也. 「明堂位」云: "季夏六月, 以禘禮祀周公於太廟", 蓋夏正建巳之月. 郊用冬至, 禮之當然. 此言獻子變禮, 用七月禘祭. 然不言'自獻子始', 而但言'獻子爲之', 蓋一時之事耳.

살피건대, 이 장 이하는 제례를 순서 없이 말한 것이다. 近按, 此下雜言祭禮也.

4-2[잡기하 76]

자하子夏가 납향제(蜡)를 구경하였는데, 공자가 말하였다. "사賜야 즐거운가?" 자하가 대답하였다. "한 나라 사람들이 모두 미친 듯합니다.(若狂) 사賜는 그 즐거움을 모르겠습니다." 공자가 말하였다. "백일 동안의 노고 뒤에 납향제를 지내 하루 동안 즐기게 하니 임금의 은택이다. 네가 알 수 있는 것이 아니다."

子貢觀於蜡, 孔子曰: "賜也, 樂乎?" 對曰: "一國之人皆若狂, 賜未知其樂也." 子曰: "百日之蜡, 一日之澤. 非爾所知也."

集說 납향제는 「교특생郊特牲」(4-20 이하)에 보인다. '미친 듯하다'(若狂)는 것은 술을 마셔 취한 것이 심함을 말한다. '그 즐거움을 모르겠습니다'는 것은 술에 취해 예모가 없는 모습이 또한 싫어할 지경인데 무슨 즐거움이 있겠느냐고 말하는 것이다. 공자는 '백일 동안의 노고 뒤에 이 납향제사를 지내서 농민들이 한 해를 마치도록 수고롭게 노동하다가 이제 겨우 하루 술을 마시며 노는 잔치를 즐기게 하니 이는 임금의 은택'이라고 말하였다. '네가 알 수 있는 것이 아니다'라는 말은 그 뜻이 큼을 말한다. 蜡祭見「郊特牲」. '若狂'言飲酒醉甚也. '未知其樂', 言醉無禮儀, 方且可惡, 何樂之有. 孔子言'百日勞苦而有此蜡, 農民終歲勤動, 今僅使之爲一日飲酒之歡, 是乃人君之恩澤'. '非爾所知', 言其義大也.

"활시위를 팽팽하게만 해놓고 늦추어 풀어놓지 않으면 문왕文王과 무왕武王도 다스릴 수 없다. 활시위를 늦추어 풀어놓고 팽팽하게 하지 않는 것을 문왕과 무왕은 하지 않는다. 한 번은 팽팽하게 하고 한 번은 늦추어 풀어놓는 것이 문왕과 무왕의 법도이다."【이상이 구본에는 '於是乎書' 아래 배치되어 있다】

"張而不弛, 文·武弗能也. 弛而不張, 文·武弗爲也. 一張一弛, 文武之道也."【以上舊在'於是乎書'之下】

集說 '당긴다'(張)는 것은 활의 시위를 팽팽하게 하는 것이다. '늦춘다'(弛)는 것은 시위를 늦추어 풀어놓는 것이다. 공자는 활로 백성을 비유하여 다음과 같은 뜻으로 말하였다. 활의 특성은 시위를 팽팽하게 하는 상태를 오래 지속하면 활의 힘을 반드시 잃게 되고, 늦추어 풀어놓은 상태를 오래 지속하면 활의 모양이 변한다. 그것은 백성들이 오래 수고롭게 일하면서 쉬지 않으면 백성들의 체력이 피로해지고, 또 오랫동안 쉬고 수고롭게 일을 하지 않으면 백성들의 뜻이 해이해지는 것과 같다. 활은 반드시 때로 팽팽하게 해주고 때로 늦추어 풀어놓아야 하고, 백성들도 반드시 때로 노동하고 때로 쉬어야 한다. '문왕文王과 무왕武王도 다스릴 수 없다'는 것은 비록 문왕과 무왕이라 해도 또한 다스릴 수 없음을 말한 것이다. 편안히 즐기는 것에만 안주해서도 안 되기 때문에 '문왕과 무왕은 하지 않았다'라고 말한 것이다. '張', 張弦也. '弛', 落弦也. 孔子以弓喩民. 謂弓之爲器久張而不弛, 則力必絶, 久弛而不張, 則體必變. 猶民久勞苦而不休息, 則其力憊, 久休息而不勞苦, 則其志逸. 弓必有時而張, 有時而弛, 民必有時而勞, 有時而息. '文·武弗能', 言雖文王·武王亦不能爲治也. 一於逸樂則不可, 故言'文武弗爲'.

4-4[잡기하 74]

공자께서 말하였다. "흉년에는 노마駑馬를 타고, 제사는 낮은 등급
의 희생(下牲)으로 지낸다."【구본에는 '君子恥之' 아래 배치되어 있다】
孔子曰: "凶年則乘駑馬, 祀以下牲."【舊在'君子恥之'之下】

集說 『주례』「교인校人」에 따르면, 6등급의 말은 종마種馬·융마戎馬·제
마齊馬·도마道馬·전마田馬·노마駑馬이다. '노마駑馬'는 그 중 가장 낮은
등급의 말이다. '낮은 등급의 희생'(下牲)은 가령 보통 제사에서 태뢰太牢를
사용하는데 낮추어서 소뢰小牢를 사용하고, 소뢰小牢를 사용하는 제사에 낮
추어서 한 마리 희생만 쓰고, 한 마리 어른 돼지를 낮추어서 한 마리 새끼
돼지를 쓰는 따위다. 한 해 농사가 흉작이기 때문에 줄이는 것이다. 「왕제
王制」(3-17)에 "무릇 제사를 지낼 때에는, 풍년이라고 해서 사치스럽게 지내
지 않고 흉년이라고 해서 검소하게 지내지 않는다"라고 하여, 그 내용이
이 경문과 다르지만, 이유가 자세하지 않다. 『周禮』「校人」, 六馬曰種馬·戎
馬·齊馬·道馬·田馬·駑馬. '駑馬', 其最下者. '下牲', 如常祭用太牢者降用少牢, 少
牢者降用特牲, 特豕者降用特豚之類. 以年凶, 故貶損也. 「王制」云: "凡祭, 豐年不奢, 凶
年不儉", 與此不同, 未詳.

4-5[잡기하 69]

공자께서 말하였다. "관중管仲은 궤簋를 아로새겼고(鏤簋), 관의 끈
(紘)을 붉은색으로 하였으며, 길목에 가리개를 세워 가리고 반점反
坫을 설치하였으며, 두공枓栱에 산의 문양을 아로새겼고(山節), 동자

기둥에 물풀 문양을 그려 놓았다(藻梲). 뛰어난 대부이지만, 그의 윗

자리에 있기는 어렵다.

孔子曰: "管仲鏤簋而朱紘, 旅樹而反坫, 山節而藻梲. 賢大夫也,

而難爲上也.

集說 '궤簋를 아로새긴다'(鏤簋)는 것은 궤에 아로새기는 장식을 하는 것이

다. '끈'(紘)은 면류관의 장식이다. 천자는 붉은색으로, 제후는 파란색으로,

대부와 사는 검은색으로 한다. '려旅'는 길을 뜻한다. '수樹'는 가리개이다.

다니는 길목에 가리개를 세워 안과 밖을 가린다. '반점反坫'은 잔을 되돌려

놓는 대이다. 흙으로 만들어 두 기둥(楹) 사이에 놓는다. '산절山節'은 기둥

머리의 두공科栱에 산을 아로새기는 것이다. '조藻'(마름)는 물풀이다. '조절

藻梲'은 물풀을 들보 위의 짧은 기둥에 아로새기는 것이다. '윗자리에 있기

가 어렵다'(難爲上)는 것은 참람하게 윗사람의 신분을 침범함을 말한다. '鏤

簋', 簋有雕鏤之飾也. '紘', 冕之飾. 天子朱, 諸侯靑, 大夫・士緇. '旅', 道也. '樹', 屛

也. 立屛當所行之路, 以蔽內外也. '反坫', 反爵之坫也. 土爲之, 在兩楹間. '山節', 刻山

於柱頭之斗栱也. '藻', 水草. '藻梲', 畫藻於梁上之短柱也. '難爲上', 言僭上也.

⁴⁻⁶[잡기하 70]

안평중晏平仲은 조상에게 제사를 드릴 때, 희생으로 쓴 돼지의 어깨

부위가 두豆를 채우지도 못하였다. 뛰어난 대부이기는 하지만 그의

아래 자리에 있기는 어렵다. 군자는 위로 윗사람을 침범하지 않고

아래로 아랫사람에게 압박을 주지 않는다."[구본에는 '御柩以茅' 아래 배

치되어 있다]

晏平仲祀其先人, 豚肩不揜豆. 賢大夫也, 而難爲下也. 君子上不
僭上, 下不偪下.”【舊在'御柩以茅32)'之下】

集說 대부는 제사에서 소뢰小牢를 쓰고 원래 돈豚(새끼 돼지)을 쓰지 않는
다. 어깨 부위는 조俎에 놓고 두豆에 놓지 않는다. 여기서는 매우 작음을
비유한 것이다. 돼지의 양 어깨 부이를 합해도 두豆를 채우기에 부족하였
다고 말하는 것이다. '아랫자리에 있기는 어렵다'(難爲下)는 것은 아랫사람에
게 압박을 줌을 말한다. 大夫祭用少牢, 不合用豚. 肩, 在俎, 不在豆. 此但喩其極小.
謂供豚兩肩亦不能揜豆耳. '難爲下', 言偪下也.

⁴⁻⁷[잡기하 87]

종묘를 낙성하면 피를 바르는 의식을 행한다. 그 예禮에서 축祝·
종인宗人·재부宰夫·옹인雍人 등은 모두 작변爵弁과 치의純衣를 한
다. 옹인雍人은 양을 씻기고(拭羊), 종인宗人은 축을 한다. 재부宰夫는
비碑의 남쪽에서 북쪽을 향해 서 있다. 동쪽이 윗자리가 된다.
옹인雍人은 양을 들고 중앙으로부터 지붕에 올라간다. 지붕의 중앙
에서 남쪽을 향해 양을 베어 피가 앞으로 흐르면 내려온다. 문門과
협실夾室에서는 모두 닭을 사용한다. 먼저 문門에서 하고, 그 뒤에
협실夾室에서 한다. 그 이啤의 의식은 모두 지붕 아래에서 한다. 닭
을 베어 피를 흘리는 의식은 문門은 문에 해당하는 지붕에서 협실

夾室은 협실의 지붕 중앙에서 행한다. 유사有司들은 모두 실室을 향하여 서 있는데, 문門에서는 유사가 문의 위치에서 북쪽을 향해 서 있는다. 의식이 끝나면 종인이 의식이 끝났음을 알린다. 그리고 나서 모두 물러나온다. 돌아와 국군에게 보고하기를 "아무 종묘에 피를 바르는 의식을 마쳤습니다"라고 한다. 노침路寢에 돌아와 고하면, 국군은 문門 안에서 남쪽을 향해 조복朝服을 하고 있는다. 돌아와 보고하는 것을 마치면 물러나온다.

成廟則釁之. 其禮, 祝·宗人·宰夫·雍人, 皆爵弁純衣. 雍人拭羊, 宗人祝33)之. 宰夫北面于碑南. 東上. 雍人擧羊升屋自中. 中屋南面, 刲羊, 血流于前, 乃降. 門·夾室皆用雞. 先門而後夾室. 其峴皆於屋下. 割雞, 門當門, 夾室中室. 有司皆鄕室而立, 門則有司當門, 北面. 旣事, 宗人告事畢. 乃皆退. 反命于君, 曰: "釁某廟事畢." 反命于寢, 君南鄕于門內, 朝服. 旣反命, 乃退.

集說 종묘가 처음 낙성되면 희생의 피를 바르는데 신명神明의 거처를 높이는 것이다. '작변爵弁'은 사士의 복장이다. '치의純衣'는 검은색의 상의와 검붉은 색의 치마이다. '양을 씻긴다'(拭羊)는 것은 양을 씻어서 정결하게 하는 것이다. '종인은 축을 한다'고 하였는데, 그 내용은 알려져 있지 않다. '비碑'는 희생을 매는 비다. 종묘의 중앙 뜰에 있다. '중앙으로부터 지붕에 올라간다'(升屋自中)는 것은 지붕의 동과 서의 중앙으로부터 올라감을 말한다. '문門'은 종묘의 문이다. '협실夾室'은 동쪽과 서쪽 행랑(廂)이다. 문과 협실에 각각 닭 한 마리씩 사용하므로, 모두 세 마리의 닭을 사용하는데 마찬가지로 지붕에 올라가서 벤다. '이峴'는 아직 양과 닭을 베지 않았을 때, 먼저 귀 옆의 털을 제거하여 신에게 올리는 것이다. 귀는 듣는 것을 주관하

기 때문에 신명神明이 듣기를 바라는 것이다. 종묘는 종묘의 지붕 아래에 있다. 문과 협실은 문과 협실의 지붕 아래에 있다. '문門'은 문의 지붕 중앙에 해당한다. '협실夾室'은 협실의 지붕 중앙에 해당한다. 그러므로 '문門'은 문에 해당하는 지붕에서 협실夾室은 협실의 지붕 중앙에서 행한다'라고 말한 것이다. '유사有司'는 재부宰夫·축祝·종인宗人 등이다. '종인이 의식이 끝났음을 알린다'는 것은 재부宰夫에게 고하는 것이다. 재부宰夫는 섭주攝主로 침전寢殿에 돌아와 보고한다. 그때 국군은 노침路寢에 있다. 宗廟初成, 以牲血塗釁之, 尊神明之居也. '爵弁', 士服也. '純衣', 玄衣纁裳也. '拭羊', 拭之使淨潔也. '宗人祝之', 其辭未聞. '碑', 麗牲之碑也. 在廟之中庭. '升屋自中', 謂由屋東西之中而上也. '門', 廟門也. '夾室', 東西廂也. 門與夾室, 各一雞, 凡三雞也, 亦升屋而割之. '刲者, 未刲羊割雞之時, 先滅耳旁毛以薦神. 耳主聰, 欲神聽之也. 廟則在廟之屋下. 門與夾室, 則亦在門與夾室之屋下也. '門則當門屋之中. '夾室'則當夾室屋之中. 故云'門當門, 夾室中室'也. '有司', 宰夫·祝·宗人也. '宗人告事畢', 告于宰夫也. 宰夫爲攝主, 反命于寢. 其時君在路寢也.

⁴⁻⁸[잡기하 88]

노침路寢이 완성되면 낙성식을 하고 피를 바르는 의식은 행하지 않는다. 집에 피를 바르는 의식을 행하는 것은 신명神明과 교접하는 도리다.

路寢成, 則考之而不釁, 釁屋者, 交神明之道也.

集說　소疏에서 말한다. "'낙성식을 한다'(考之)는 것은 성대한 음식을 베풀어 완성을 기념함을 말한다. 유울지庾蔚之는 '낙성식(落)은 빈객과 더불어

연회를 하고 술과 음식으로 완성을 축하하는 것을 말한다. 곧 기뻐하고 즐거워한다는 뜻이다'라고 하였다." 疏曰: "'考之'者, 謂盛饌以落之. 庾蔚云: '落謂與賓客燕會, 以酒食澆落之, 卽歡樂之義也.'"

4-9[잡기하 89]

무릇 종묘의 기물 가운데 명문이 있는 기물은 완성되면 수퇘지로 피를 바르는 의식을 행한다. 【이상 경문은 구본에는 '下執事也' 아래 배치되어 있다】

凡宗廟之器, 其名者, 成則釁之以豭豚 【以上舊在'下執事也'之下】

集說 '명名'은 명문이 있는 기물로 준尊·이彝 등의 종류이다. '가돈家豚'은 수퇘지다. '名'者, 有名之器, 若尊·彝之屬也. '豭豚', 牡豚也.

權近 살펴건대, 이 장은 제례를 말하면서 아울러 종묘의 기물에 대한 일을 거론하였다. 近按, 此因祭禮而兼及廟器之事也.

4-10[잡기하 85]

「찬대행贊大行」에서 말한다. "규圭는 공公이 9촌寸, 후侯·백伯이 7촌, 자子·남男이 5촌인데, 넓이는 3촌, 두께는 반촌이며, 좌우로 각 1촌 반씩 위를 깎는다. 재료는 옥玉이다. 옥받침(藻)은 3가지 색끈으로 6줄을 장식한다."【구본에는 '外患弗辟也' 아래 배치되어 있다】

> 「贊大行」曰: "圭, 公九寸, 侯・伯七寸, 子・男五寸, 博三寸, 厚半寸, 剡上左右各寸半. 玉也. 藻, 三采六等."【舊在'外患弗辟也'之下】

集說 '「찬대행贊大行」'은 옛 예서禮書의 편명이다. 그 책은 필시 모두 대행인大行人의 직무를 설명하였을 것이다. 이제 『예기』를 기록하는 이가 그것을 인용하였기 때문에 '「찬대행贊大行」에서 말한다'라고 한 것이다. 자子・남男은 벽옥(璧)을 잡고 규圭를 잡지 않는다. 기록한 이가 잘못 기술한 것이다. '넓이가 3촌이다'는 것은 규圭에 해당한다. '두께가 반촌이다'라는 것은 규圭와 벽옥(璧) 각각 두께가 반촌임을 가리킨다. '위를 뾰족하게 깎는다'(剡上)는 것은 윗부분을 깎아 내는 것이다. 옥을 받치는 것은 가죽으로 판을 입히고 받침에 붉은색・백색・청색 등 3 가지 색끈으로 채색하여 6줄을 장식한다. 따라서 '옥받침(藻)은 3가지 색끈으로 6줄을 장식한다'라고 말한 것이다. '「贊大行」', 古禮書篇名也. 其書必皆贊說大行人之職事. 今記者引之, 故云「贊大行」曰'. 子・男執璧, 非圭也. 記者失之. '博三寸', 圭也. '厚半寸', 圭・璧各厚半寸也. '剡上', 削殺其上也. 藉玉者, 以韋衣板而藻畫朱・白・蒼三色爲六行. 故曰'藻, 三采六等也'.

4-11[잡기하 96]

폐슬(韠)은 길이가 3척尺, 아래 폭이 2척, 위 폭이 1척이다. 회會(깃의 꿰맨 가선)는 위쪽과 5촌 떨어져 있다. 비紕는 검붉은 색의 가죽으로 하며 6촌寸이고, 아래쪽과 5촌 떨어져 있다. 준純은 생명주(素)로 하고, 순紃은 오색 끈으로 한다. 【구본에는 이 편의 끝 부분 '燕則髦首' 아래

배치되어 있다】

韠長三尺, 下廣二尺, 上廣一尺. 會去上五寸. 紕以爵韋六寸, 不
至下五寸. 純以素, 紃以五采.【舊在篇末'燕則髦首'之下】

集說 소疏에서 말한다. "'필韠'은 폐슬이다. '회會'는 깃의 위쪽에 꿰맨 선
이다. 폐슬에서 옆쪽의 꿰맨 가선을 '비紕'라고 하고, 아래쪽의 꿰맨 가선을
'준純'이라고 한다. '순紃'은 끈이다. 오색으로 땋은 끈을 여러 꿰맨 가선 속
에 넣는 것이다. 「옥조玉藻」(11-6, 12-1)에 자세히 나온다." 疏曰: "'韠', 韍也.
'會', 領縫也. 韠, 旁緣謂之'紕', 下緣曰'純'. '紃', 條也. 謂以五采之條置於諸縫之中.
詳見「玉藻」."

權近 살펴건대, 이 장은 종묘의 기물에 대한 일을 말하면서 아울러 규圭
와 폐슬(韠)의 제도를 거론한 것이다. 이 아래는 여러 예를 일반적으로 기
록한 것이다. 近按, 此因廟器而兼及圭韠之制. 自此以下, 汎記雜禮也.

5.

납징納徵에 보내는 폐백(納幣)은 1속束이다. 1속은 5량兩이고, 1량兩
은 5심尋이다.【구본에는 '不敢以傷五子' 아래 배치되어 있다】

納幣一束. 束五兩, 兩五尋.【舊在'不敢以傷五子'之下】

集說 이 경문은 혼례婚禮의 절차 가운데 납징納徵을 가리킨다. '1속束'은
10권卷이다. 8척이 1심尋이므로 5심이 1필匹이 된다. 양쪽 끝에서 말아서
중앙에 이르면 5필은 두 개의 두루마리가 한 짝이 된 5개가 된다. 그러므
로 '1속束은 5량兩이다'라고 말한 것이다. ○ 정씨鄭氏(정현鄭玄)는 "40척을 1
필匹이라고 하는데 짝(匹偶)이라고 할 때의 '필匹'의 뜻과 같다"라고 하였는
데, 옛 사람들이 매 필匹마다 두 개의 짝으로 된 두루마리를 만들었기 때문
임을 말한다. 此謂昏禮納徵也. '一束', 十卷也. 八尺爲尋, 每五尋爲匹. 從兩端卷至中,
則五匹爲五箇兩卷矣. 故曰'束五兩'. ○ 鄭氏曰: "四十尺謂之匹, 猶匹偶之匹34)", 言古
人每匹, 作兩箇卷子.

權近 살피건대, 이 장은 혼례의 납폐納幣 제도를 말한 것이다. 近按, 此言
昏禮納幣之制.

부인夫人이 천자天子에게 작명을 받지 않은 것은 노魯나라 소공昭公
으로부터 시작되었다.【구본에는 '獻子爲之也' 아래 배치되어 있다】

夫人之不命於天子, 自魯昭公始也. 【舊在'獻子爲之也'之下】

集說 소공昭公이 오吳나라에서 아내를 맞이하고 동성이라 천자에게 알리지 못하였다. 천자 또한 작명을 내리지 않았는데, 그 뒤로 드디어 상례가 되었다. 이 경문은 노魯나라가 예禮를 벗어난 연유를 기록한 것이다. ○ 소疏에서 말한다. "천자는 경기京畿(직할지) 밖의 제후 부인에 대해서는 작명을 내린다. 경기京畿 안의 제후 부인과, 경·대부의 처에 대해서는 「옥조玉藻」(9-3) 주註에 '천자와 제후는 그 신하에게 작명爵命을 내리고, 후后와 부인夫人 또한 그 처에게 의복으로 작명을 내린다'라고 하였다." 昭公娶吳, 爲同姓, 不敢告天子. 天子亦不命之, 後遂以爲常. 此記魯失禮之由. ○ 疏曰: "天子命畿外諸侯夫人. 若畿內諸侯夫人及卿大夫之妻, 則「玉藻」註云: '天子諸侯命其臣, 后夫人亦命其妻也.'"

5-3 [잡기하 90]

제후가 부인을 내보내면, 부인이 자신의 나라에 이르기까지 부인의 예로 간다. 자신의 나라에 이르면, 부인의 예로 들어간다. 사자使者가 명령을 가지고 "우리 임금께서 불민하여 우리 임금을 따라 부인이 사직과 종묘를 섬길 수 있게 하지를 못하였습니다. 그래서 사신 아무개를 시켜 감히 집사에게 고하게 하였습니다"라고 한다. 주인은 "우리 임금께서 본래 앞서 가르치지 못하였다고 사과말씀 드린 적이 있습니다. 우리 임금께서 감히 공경스럽게 기다리면서 명령을 따르지 않을 수 있겠습니까!"라고 대답한다. 유사有司의 관원이 기물과 그릇(器皿)을 진설하면, 주인의 유사有司도 역시 관원이 받는다.【구본에는 '釁之以犵豚' 아래 배치되어 있다】

諸侯出夫人, 夫人比至于其國, 以夫人之禮行. 至, 以夫人入. 使者將命, 曰: "寡君不敏, 不能從而事社稷宗廟. 使使臣某敢告於執事." 主人對曰: "寡君固前辭不敎矣. 寡君敢不敬須以俟命!" 有司官陳器皿, 主人有司亦官受之.【舊在'釁之以犵豚之下】

集說 '부인을 내보낸다'(出夫人)는 것은 부인이 죄를 지어서 내보내 본국으로 돌려보내는 것이다. 길에서, 본가에 이르러서, 그리고 본가에 들어가는 동안 계속 부인의 예로 행하는 것은 그 나라에 내보냈다는 명령을 전달한 뒤에 부부의 의義가 끊어지기 때문이다. 명령을 전달하는 자가 '우리 임금께서 불민하여 우리 임금을 따라 부인이 사직과 종묘를 섬길 수 있게 하지를 못하였습니다'라고 겸손하게 말하고 부인의 죄를 직접 가리켜 말하지 않는다. 그 대답으로 '앞서 가르치지 못하였다고 사과말씀 드린 적이 있습니다'라고 한 말은 납채納采를 할 때 일찍이 이것으로 말을 하였음을 가리킨다. ○ 소疏에서 말한다. "'유사有司의 관원이 기물과 그릇(器皿)을 진설한다'는 것은 사자使者가 자신을 따라서 온 담당 관원에게 부인이 시집을 때가져왔던 그릇과 기물을 진설하여 주국主國(부인의 나라)에 돌려주는 것을 말한다. '주인의 유사(일을 맡은 사람)도 역시 관원이 받는다'는 것은 주국에서도 담당하는 관원을 시켜 받게 하는 것이다. 양쪽 다 '관원'(官)이라고 한 것은 주고받는 것을 법대로 하였음을 밝히는 것이다." '出夫人', 有罪而出之, 還本國也. 在道・至・入, 猶以夫人禮者, 致命其國, 然後義絶也. 將命者謙言'寡君不敏, 不能從夫人以事宗廟社稷', 而不斥言夫人之罪. 答言'前辭不敎', 謂納采時, 固嘗以此爲辭矣. ○ 疏曰: "'有司官陳器皿'者, 使者使從已來有司之官, 陳夫人嫁時所齎器皿之

屬, 以還主國也. '主人有司亦官受之'者, 主國亦使有司官領受之也. 並云'官'者, 明付受
悉如法也.”

5-4 [잡기하 91]

처를 내보내면, 남편은 사람을 시켜 전해서 말하기를 “아무개가 불
민하여 부인이 아무개를 따라서 자성粢盛을 이바지 하지를 못하였
습니다. 아무개가 감히 시자侍者에게 고하게 되었습니다”라고 한
다. 주인은 “아무개의 여식이 불초하여 감히 벌을 피하지 못하였으
니 공경히 기다리면서 명령을 따르지 않을 수 있겠습니까!”라고 대
답한다. 사자가 물러나가면 주인이 배례하고 전송한다. 시아버지
가 계시면 시아버지의 이름을 들어서 명령을 전달하고, 시아버지
가 별세하였으면 형의 이름을 들어서 명령을 전달한다. 형이 없으
면 남편의 이름을 들어서 명령을 전달한다. 주인의 대답에 “아무개
의 여식이 불초하였다”고 하는 말은 고모와 누이 그리고 여동생의
경우에도 또한 모두 그렇게 말한다.【구본에는 위 문장과 연결되어 있다】

妻出, 夫使人致之, 曰: “某不敏, 不能從而共粢盛, 使某也敢告於
侍者.” 主人對曰: “某之子不肖, 不敢辟誅, 敢不敬須以俟命!” 使
者退, 主人拜送之. 如舅在則稱舅, 舅沒則稱兄. 無兄則稱夫. 主
人之辭曰: “某之子不肖”, 如姑 · 姊妹, 亦皆稱之.【舊聯上文】

集說 처를 내보낼 때 반드시 명령을 높은 사람으로부터 받아서 한다. 그
러므로 시아버지 · 형 등의 이름을 들어서 한다. ‘형兄’은 남편의 형이다. 이

경문에서는 단지 남편이 전하는 말만 말하였다. 시아버지나 형이 전하는 말은 알지 못한다. 위 경문에서 주인이 대답하는 말이 있었고, 아래 경문에서 고모와 자매의 경우를 이어서 말하였다. 그러므로 대답하는 말을 '아무개의 고모가 불초하였습니다', '아무개의 누이가 불초하였습니다', 또는 '아무개의 여동생이 불초하였습니다' 등으로 중복하여 말하기 때문에 '또한 모두 그렇게 말한다'고 한 것이다. 遣妻, 必命由尊者. 故稱舅稱兄. '兄', 謂夫之兄也. 此但言夫致之之辭. 未聞舅與兄致之之辭也. 上文已有主人對辭, 下文因姑 · 姊妹. 故重言對言'某之姑不肖', 或'某之姊不肖', 或'某之妹不肖', 故云'亦皆稱之也'.

5-5[잡기하 94]

며느리가 시부모에게 인사드릴 때 형제·고모·자매 등은 모두 당堂 아래에 서서 서쪽을 향하는데 북쪽이 윗자리가 된다. 이것으로 이미 인사드린 것이 된다. 백숙부伯叔父에게 인사드릴 때에는 각각 그 침소에 나아가 인사드린다.【구본에는 '兩五尋' 아래 배치되어 있다】

婦見舅姑, 兄弟 · 姑 · 姊妹皆立于堂下, 西面, 北上. 是見已. 見諸父, 各就其寢.【舊在'兩五尋'之下】

集說 '당堂 아래에 선다'고 하였으니 며느리가 들어올 때 이미 그 앞을 지나온 것이다. 이것이 곧 그들에게 인사한 것이 되어 다시 각각 단독으로 인사드리지 않는다. 백숙부는 방계의 높은 분이므로 다음날 각각 그 침소로 찾아가서 인사드린다. '立于堂下', 則婦之入也已過其前. 此卽是見之矣, 不復各特見之也. 諸父, 旁尊, 故明日各詣其寢而見之.

5-6[잡기하 95]

여자가 비록 혼인을 약정하지 못하였더라도 나이가 20세가 되면 계례를 하여 성인례成人禮로 예우하는데, 부인이 그 예를 진행한다. (계례를 마치고) 집안에 한가히 있을 때에는 (어린 여자들이 하듯) 머리를 양 갈래로 땋아 늘어뜨린다.【구본에는 위 문장과 연결되어 있다】

女雖未許嫁, 年二十而笄, 禮之, 婦人執其禮. 燕則鬈首.【舊聯上文】

集說 疏에서 말한다. "15세가 되면 혼인을 약정하고 계례笄禮를 한다. 혼인을 약정하지 못하였으면, 20세가 되었을 때 계례를 하는데, 성인례成人禮를 함을 말하는 것이다. '부인이 그 예를 진행한다'는 것은, 15세에 혼인을 약정하여 계례를 하면 주부主婦와 여성의 빈賓이 계례를 진행하여, 주부는 비녀를 꽂아주고 빈賓은 예주醴酒(단술)를 따라주어 성인례成人禮로 예우한다. 그러나 혼인을 약정하지 못하고 계례를 하는 경우엔 부인婦人이 예주醴酒를 따라주어 성인례로 예우한다. 주부主婦와 여성의 빈賓이 없는 것은 의례 형식을 다 갖추지 않는 것이다. '집안에 한가히 있을 때에는 머리를 양 갈래로 땋아 늘어뜨린다'는 것은 계례를 마친 뒤 평소 집안에 한가히 있을 때는 그 비녀를 제거하고 머리를 양 갈래 나누어 땋아 늘어뜨린다.(鬌紛) 이것은 아직 혼인을 약정하지 못하였기 때문에 비록 계례를 하였더라도 오히려 어린 여자로 처신하는 것이다." 疏曰: "十五許嫁而笄. 若未許嫁, 至二十而笄, 以成人禮言之. '婦人執其禮'者, 十五許嫁而笄, 則主婦及女賓爲笄禮, 主婦爲之著笄, 女賓以醴禮之. 未許嫁而笄者, 則婦人禮之. 無主婦‧女賓, 不備儀也. '燕則鬈首'者, 謂旣笄之後, 尋常在家燕居, 則去其笄, 而分髮爲鬌紛也. 此爲未許嫁, 故雖已笄, 猶爲少者處之."

5-7[잡기하 83]

잘못하여 국군國君의 이름을 일컬었을 때 일어난다. 여러 신하들의 이름 중에 국군의 이름과 같은 경우엔 자字를 부른다.【구본에는 '有君命焉爾也' 아래 배치되어 있다】

過而擧君之諱, 則起. 與君之諱同, 則稱字.【舊在'有君命焉爾也'之下】

集說 '과過'는 잘못한 것이다. '거擧'는 일컫는다는 뜻과 같다. '기起'는 일어난다는 뜻이다. 말을 잘못하여 편치 않기 때문에 일어나서 고쳐서 변하는 뜻을 보이는 것이다. 여러 신하들의 이름이 더러 국군國君의 이름과 같을 경우 자字를 부른다. '過', 失誤也. '擧'猶稱也. '起', 起立也. 失言不自安, 故起立示改變之意. 諸臣之名, 或與君之諱同, 則稱字也.

權近 살피건대, '여러 신하들의 이름 중에 국군의 이름과 같은 경우'에 대하여 구설에서는 여러 신하의 이름이 더러 국군의 이름과 같을 경우라고 하였다. 내 생각으로는 신하의 이름이 국군의 이름과 같은 경우가 있을 리 없다. 이것은 옛사람의 이름이 국군의 이름과 같은 경우가 있어, 신하가 더러 그 옛사람의 일을 언급하게 될 때 그 사람의 자字를 불러야 하는 것을 말한다. 아니면, 이웃 나라 신하의 이름이 자신의 국군 이름과 같을 경우에도 또한 그렇게 하는 것을 말한다. 近按, '與君之諱同'者, 舊說諸臣之名, 或與君之諱同. 愚恐諸臣之名, 不應有與君之諱同者也. 是謂古人之名, 有與君之諱同者, 臣之言或及其人之事, 則當稱其人之字也. 抑或鄰國之臣名同者, 亦然爾.

5-8[잡기하 52]

졸곡을 하고 나서는 망자亡者에 대하여 휘諱한다. 아버지의 조부모

祖父母·백부伯父와 숙부叔父·고모姑母·자매姊妹에 대해서는 자식

과 아버지가 함께 휘諱한다. 【구본에는 '何常聲之有' 아래 배치되어 있다】

卒哭而諱. 王父母·兄弟·世父叔父·姑·姊妹, 子與父同諱. 【舊

在'何常聲之有'之下】

集說 졸곡卒哭 이전에는 살아 있는 분을 모시는 예로 망자亡者를 섬긴다.

따라서 그 이름을 휘諱하지 않는다. 졸곡 이후에는 귀신의 도리로 망자를

섬긴다. 따라서 그 이름을 휘하고 부르지 않는다. 이 경문은 아버지가 휘

하는 대상에 대하여 자식 또한 휘하지 않을 수 없는 경우만 말하였다. 그

러므로 '자식과 아버지가 함께 휘諱한다'라고 말한 것이다. 아버지에게 조

부모祖父母·백부伯父·숙부叔父·고모姑母가 되는 분 등은 나에게는 소공小

功 이하의 상복을 하는 대상이 되므로 본래는 휘諱할 필요가 없다. 그러나

아버지가 휘하는 바여서 내가 또한 휘하는 것이다. 만일 아버지의 형제와

자매라면, 나 스스로 휘諱해야 하며, 아버지를 따라서 휘하지 않는다. 또

살피건대 "부모를 섬기지 않은 경우에는 조부모의 이름을 부르는 것을 피

하지 않는다"35)라고 한 것은 서인庶人의 경우를 가리킨다. 이 경문에서 말

한 바는 아버지가 사士이기 때문에 아버지를 따라서 휘諱하는 경우이다.

卒哭以前, 猶以生禮事之. 故不諱其名. 卒哭後, 則事以鬼道. 故諱其名而不稱也. 此專

言父之所諱, 則子亦不敢不諱. 故曰'子與父同諱也'. 父之祖父母·伯父·叔父及姑等,

於己小功以下, 本不合諱. 但以父之所諱, 已亦從而諱也. 若父之兄弟及姊妹, 己自當諱,

不以從父而諱也. 又按: "不逮事父母, 則不諱王父母", 謂庶人. 此所言, 以父是士, 故從

而諱也.

어머니가 휘諱하는 친속에 대하여 같은 집 안에서는 자식도 휘한다. 아내가 휘하는 친속에 대하여 남편은 아내의 곁에서 그 이름을 일컫지 않는다. 어머니가 휘하는 친속이나 아내가 휘하는 친속이 종조형제(從祖昆弟 6촌 형제)의 이름과 같을 경우에는 휘한다.【구본에는 위 문장과 연결되어 있다】

母之諱, 宮中諱. 妻之諱, 不擧諸其側. 與從祖昆弟同名則諱.【舊聯上文】

集說 어머니가 자신의 친속을 위해 휘諱하면 자식은 같은 집 안에서 마찬가지로 휘諱한다. 아내가 자신의 친속을 위해 휘諱하면 남편도 아내의 곁에서는 그 말을 거론하지 않는다. 집 안이 아니고 아내의 곁이 아니라면, 물론 일컬을 수 있다. 만일 어머니와 아내가 휘하는 대상이 마침 자신의 종조형제(6촌 형제)와 이름이 같다면 다른 곳에서도 휘한다. 母爲其親諱, 則子於一宮之中, 亦爲之諱. 妻爲其親諱, 則夫亦不得稱其辭於妻之左右. 非宮中, 非其側, 則固可稱矣. 若母與妻所諱者, 適與己從祖昆弟之名同, 則雖他所, 亦諱之也.

權近 살피건대, 이상 세 절은 이름을 휘諱(부르지 않는 것)하는 예를 말한 것인데, 먼저 군주의 이름을 휘하는 것을 말하고, 그 다음에 부모와 관련된 경우를, 그리고 그 다음에 처와 관련된 경우를 말한 것이다. 近按, 此上三節, 言名諱之禮, 先言君諱, 次父次母, 而次及妻也.

마구간이 불탔다. 공자가 자신의 화재를 위로하기 위해 찾아온 마을 사람에게 배례를 하였다. 배례를 하는데, 찾아온 사람이 사士이면 한 번을 하고 대부大夫이면 두 번 한다. 이 또한 서로 조문하는 도리다.【구본에는 '猶內宗也' 아래 배치되어 있다】

廏焚. 孔子拜鄕人爲火來者. 拜之, 士壹, 大夫再. 亦相弔之道也.
【舊在'猶內宗也'之下】

集說 정씨(鄭氏, 鄭玄)은 말한다. "「종백직宗伯職」에 '조문하는 예로 화재禍災를 위로한다.'라고 하였다." 鄭氏曰: "宗伯職曰: '以弔禮哀禍災.'"

공자께서 말하였다. "내가 소시씨少施氏에게서 식사 대접을 받았는데 배불리 먹었다. 소시씨는 나에게 식사 대접하기를 예禮로 하였다. 내가 고수레를 하자 소시씨가 일어나서 사례하면서 '거친 음식이라 고수레할 것이 못됩니다'라고 하였다. 내가 마실 것을 밥그릇에 부어 세 번 들자(飱36)), 소시씨가 일어나서 사례하면서 '거친 음식이라 감히 선생님을 탈나게 하지 못하겠습니다'라고 하였다."【구본에는 '亦皆稱之' 아래 배치되어 있다】

孔子曰: "吾食於少施氏而飽. 少施氏食我以禮. 吾祭, 作而辭曰: '疏食不足祭也.' 吾飱, 作而辭曰: '疏食也, 不敢以傷吾子.'"【舊在

'亦皆稱之'之下】

集說 '소시씨少施氏'는 노魯나라 혜공惠公의 자식인 시보施父의 후손이다. '작이사作而辭'는 일어나서 감사의 말을 한다는 뜻이다. '소사疏食'는 거친 음식이다. '손殯'은 마실 것(물)을 밥그릇에 부어 (세 번) 드는 것이다. 예에 의하면 식사를 마친 뒤 다시 세 번 손殯을 하여 배불리 먹는 것을 돕는다. '감히 선생님을 탈나게 하지 못하겠습니다'라는 것은 거친 음식이라 감히 드시기를 강권하여 배탈이 나게 할 수 없다는 말이다. '少施氏', 魯惠公子施父 之後. '作而辭', 起而辭謝也. '疏食', 麤疏之食也. '殯', 以飮澆飯也. 禮, 食竟, 更作三殯, 以助飽實. '不敢以傷吾子'者, 言麤疏之飯, 不可强食以致傷害也.

權近 살피건대, 이 두 절은 공자가 다른 사람과 교제할 때의 예를 말한 것이다. 近按, 此二節, 言孔子與人交際之禮.

5-12[잡기하 86]

애공哀公이 자고子羔에 물었다. "그대의 가문이 녹祿을 받은 것이 어느 때부터인가?" 자고가 대답하였다. "문공文公의 휘하에서 일을 맡아 행하였습니다."【구본에는 '漢三采六等' 이래 배치되어 있다】

哀公問子羔曰: "子之食奚當?" 對曰: "文公之下執事也."【舊在漢三 采六等之下】

集說 그 선대에 처음 벼슬하여 녹祿을 받은 것이 어느 임금 때인지 물은 것이다. 문공文公에서 애공哀公까지는 7명의 임금이 있다. 問其先人始仕食祿, 當何君時. 文公至哀公, 七君.

權近 살피건대, 이 절 아래에 빠진 경문이 있는 것 같다. 近按, 此節之下, 恐有闕文.

5-13 [잡기하 73]

군자君子는 세 가지 근심(三患)을 갖는다. 아직 듣지 못했을 때에는 듣지 못한 것을 근심하고, 들은 다음에는 배우지 못한 것을 근심하고, 배운 다음에는 실행하지 못한 것을 근심한다. 군자는 다섯 가지 부끄러움(五恥)을 갖는다. 그 자리에 있을 때 잘했다는 말을 듣지 못하면 군자는 부끄러워한다. 말을 해놓고 행동을 하지 못하면 군자는 부끄러워한다. 이미 얻었는데 또 잃어버리면 군자는 부끄러워한다. 땅이 여유가 있는데 백성들이 넉넉하지 못하면 군자는 부끄러워한다. 상대와 내가 부역을 함에 사람 수가 서로 같은데 상대의 성과가 내 쪽보다 배가 되면 군자는 부끄러워한다.【구본에는 '叔不撫嫂' 아래 배치되어 있다】

君子有三患. 未之聞, 患弗得聞也, 旣聞之, 患弗得學也, 旣學之, 患弗能行也. 君子有五恥. 居其位無其言, 君子恥之. 有其言無其行, 君子恥之. 旣得之而又失之, 君子恥之. 地有餘而民不足, 君子恥之. 衆寡均而倍焉, 君子恥之.【舊在'叔不撫嫂'之下】

集說 '세 가지 근심'(三患)은 학문을 하는 군자를 말하고, '다섯 가지 부끄러움'(五恥)은 정치를 하는 군자를 말한다. 벼슬자리에 있으면서 들을 만한 칭찬이 없는 것 이것은 정사政事를 강구하여 밝히지 못한 것으로 첫 번째 부끄러움이다. 말만 하고 행동을 하지 않는 것 이것은 언행이 일치되지 않

는 것으로 두 번째 부끄러움이다. 처음에는 덕 있는 사람으로 나아갔다가 이제 와서는 덕이 없는 사람으로 물러나는 것은 세 번째 부끄러움이다. 백성들을 끌어안지 못하여 달아나고 흩어지게 하는 것은 네 번째 부끄러움이다. 나라에 부역이 있을 때 자신과 상대의 사람 수가 같은데도 상대의 성과가 자신보다 배가 되는 것 이것은 일어나서 아랫사람들을 이끌고 격려하지 못한 것으로 다섯 번째 부끄러움이다. '三患'言爲學之君子, '五恥'言爲政之君子也. 居位而無善言之可聞, 是不能講明政事, 一恥也. 有言無行, 是言行不相顧, 二恥也. 始以有德而進, 今以無德而退, 三恥也. 不能撫民, 使之逃散, 四恥也. 國有功役, 己與彼衆寡相等, 而彼之功績倍於己, 是不能作興率勵其下, 五恥也.

5-14 [잡기하 84]

내란內亂에 대해서는 참여하지 않고, 외환外患에 대해서는 피하지 않는다. [구본에는 '同則稱字' 아래 배치되어 있다]

內亂不與焉, 外患弗辟也. [舊在'同則稱字'之下]

集說 '내란內亂'은 본국에서 일어난 화란禍難을 가리킨다. 경卿·대부大夫가 국내에 있을 때 동료 중에 난亂을 일으키려고 도모하는 자가 나오면, 자기 힘으로 토벌할 수 있으면 토벌하고 토벌할 수 없으면 삼가 피하며 참여하지 않는다. 나라 밖으로부터 외구外寇의 근심이 있어 가령 이웃나라가 침략해온다거나 또는 오랑캐가 침략하여 소요騷擾를 일으키면 피해서는 안 되고 응당 힘을 다해 막아내고 의義를 위해 죽는 것이 옳다. '內亂'謂本國禍難也. 言卿大夫在國, 若同僚中有謀作亂者, 力能討則討之, 力不能討則謹自畏避, 不得干與. 其或寇患在外, 如隣國來攻, 或夷狄侵擾, 則不可逃避, 當盡力捍禦, 死義, 可也.

權近 살피건대, 이 두 절은 군자가 공부하고 도를 지키는 일을 말하여 끝맺은 것이다. 近按, 此二節, 言君子爲學守道之事以終之也.

1 【분장】 : 본 편의 章 표시는 권근의 按說에 기초해 역자가 편의상 붙인 것이다.

2 『집석』 : 元, 休寧 倪士毅가 편찬한 『四書輯釋』 가운데 『中庸輯釋』을 가리키는 것으로 보인다. 영락 연간에 간행된 『四書大全』은 이 책을 저본으로 삼아 수정하고 보완한 것이다.

3 숙계 : 宿戒는 줄여서 宿이라고도 한다. 宿은 빈객으로 참여해줄 것을 두 번째 요청한다는 뜻이다. 戒는 첫 번째 요청한다는 뜻이다. 의례 행사는 일정 기간 전부터 미리 준비하게 되는데, 이 준비 과정은 보통 두 가지로 나뉜다. 祭禮의 경우 10일 전부터 7일 동안의 散齊와 3일 동안의 致齊를 행하는데 이때 제례에 참여할 대상자들에게 알려 준비케 한다. 즉 散齊 때 처음 알려 제례에 참여해줄 것을 요청하는 것을 戒라고 하고, 致齊에 들어가면서 또 재차 알리는 것을 宿, 또는 宿戒라고 한다. 宿戒, 즉 재차 알리는 것은 처음 알렸던 대상자들 모두에게 하는 것이 아니라 尸와 賓 등 제사에 꼭 참여해야 할 사람들을 중심으로 알린다. 冠禮 · 射禮 · 饋食禮 등에서는 빈객들에게 행사 3일 전에 1차 알리고, 행사 하루 전에 재차 알려 준비케 하는데 각각 戒와 宿戒가 된다. 이처럼 戒와 宿戒로 요청을 받으면 의례 행사 참여를 위해 재계를 한다. 『의례』 「士冠禮」, "主人 戒賓" 및 "主人宿賓"에 대한 정현 주; 『주례』 「春官 · 世婦」, "世婦掌女宮之宿戒"에 대한 정현 주와 賈公彦 疏; 『의례』 「公食大夫禮」, "記不宿戒"에 대한 정현 주 및 「雜記下」 (1-7), "旣宿則與祭"에 대한 공영달의 소; 『三禮辭典』, 720쪽, '宿戒' 항목 등 참조.

4 齋 : 『禮記正義』 원문과 『예기집설대전』의 원문에 모두 '祭'로 되어 있지만, 이 구절은 원래 공영달의 소에 나온 것에 근거하였기 때문에, 공영달의 소의 원문에 따라 '齋'로 바로잡는다.

5 式 : 수레에 탄 사람이 가름대(軾)를 잡고 몸을 약간 굽혀 경의를 표하는 인사방식이다. 가름대(軾)는 수레 앞쪽에 잡거나 의지할 수 있도록 만든 나무를 가리킨다. 대부는 수레 위에서 式을 하여 경의를 표하고 士는 수레에서 내려와 경의를 표한다. 「曲禮上」 (9-8)에 관련 내용이 나온다. 『三禮辭典』, 354쪽, '式' 항목 참조.

6 상을 ~ 그친다 : 이 말은 『논어』 「子張」에 나온다.

7 선유는 ~ 하였다 : 先儒는 朱熹를 가리킨다. 『論語集註』 「子張」의 해당 구절에 대한 주희의 주에 나온다.

8 상을 ~ 비견된다 : 이 말은 「曲禮上」 (3-12)에 나온다.

9 『논어』에 보인다 : 『논어』 「微子」에 나온다. "遺逸로 숨어 지낸 백성(逸民)에 伯夷 · 叔齊 · 虞仲 · 夷逸 · 朱張 · 柳下惠 · 少連 등이 있다. 공자께서 말씀하였다. '자신의 뜻을 굽히지 않고 자신의 몸을 욕되게 하지 않은 이는 伯夷와 叔齊이다. 柳下惠와 少連을 말하면, 뜻을 굽히고 몸을 욕되게 하였는데, 말하는 것이 인륜에 맞았고 행동이 思慮에 맞았던 것 그뿐이다. 虞仲과 夷逸을 말하면 숨어 살면서 구애받지 않고 말하였지만, 자신은 깨끗하게 처신하였고 자신을 폐한 것이 권도에 맞았다. 나는 이들과 다르다. 꼭 된

다는 것도 꼭 안 된다는 것도 없다."(逸民, 伯夷·叔齊·虞仲·夷逸·朱張·柳下惠·少連. 子曰: '不降其志, 不辱其身, 伯夷·叔齊與. 謂柳下惠·少連, 降志辱身矣, 言中倫, 行中慮, 其斯而已矣. 謂虞仲·夷逸, 隱居放言, 身中淸, 廢中權. 我則異於是. 無可無不可)

10 중문 : 집의 안과 밖을 구분해주는 문을 가리킨다. 정현은 이 경문의 門을 寢門, 즉 처소의 문이라고 하였고, 陳澔는 중문이라고 하였다.

11 곡을 ~ 않는다 : 이 말은 『雜記下』(2-9)에 나온다.

12 도공이 ~ 도왔다 : 관련 내용은 「檀弓下」(1-8)에 보인다.

13 구설 : 鄭玄과 陳澔가 모두 그렇게 보았다.

14 현자 : 魯나라 대부로 禮를 잘 아는 사람으로 통한다. 「檀弓上」(1-91)에 보인다.

15 지나갈 때 ~ 지나간다 : 이 말은 『논어』 「子罕」에 나온다.

16 투구를 ~ 나아간다 : 이 말은 『춘추좌씨전』, 成公 16년 조에 나온다.

17 석최 : 錫衰는 7升半의 麻를 매끄럽게 가공하여 만든 옷으로 천자가 삼공과 육공에 대하여 조문할 때 입는 옷이다.

18 시최 : 왕이 제후를 위해 하는 조복이다.

19 의최 : 왕이 대부와 사를 위해 하는 조복이다. 14승의 베로 만든다. '疑'는 擬(비견된다)의 뜻으로 길복에 비견된다는 것이다. 길복은 15승의 베로 만들고 의최는 이보다 1승이 적어 거의 길복에 가깝기 때문에 의최라고 이름한 것이다.

20 대대 : 禮服에는 帶(허리띠)를 사용하는데 革帶와 大帶로 나뉜다. 혁대에는 佩玉과 蔽膝을 매달고 혁대 위에 大帶를 두른다. 「玉藻」(11-7)의 "대부의 대대는 너비가 4촌이다"(大夫大帶四寸)에 대한 정현 주에 "대부 이상은 흰색으로 하는데, 모두 너비가 4촌이다. 사는 누인 비단(練)으로 띠를 만드는데 너비가 2촌이고 두 번 두른다"(大夫以上以素, 皆廣四寸. 士以練, 廣二寸)이라고 하였다.

21 而未忘 : 『예기집설대전』에는 '而哀未忘'으로 되어 있다.

22 명을 ~ 산다 : 관련 내용은 「內則」(1-14)에 보인다.

23 故 : 『예기천견록』에는 '者'로 되어 있으나 『예기집설대전』에 따라 바꾼다.

24 發 : 『예기천견록』에는 '甚'으로 되어 있으나 『예기집설대전』에 따라 바꾼다.

25 변 : 고대에 견과류를 담는 대나무로 만든 그릇이다. 혼례에서 며느리가 시부모를 처음 뵐 때 사용할 대추·밤·생강이나 계피를 넣어 말린 고기(腶脩) 등을 담는 데에 사용하고, 상례에서는 의절의 시행에 필요한 수건·조개 등을 담는 데 사용한다.

26 우보 :

羽葆

『欽定儀禮義疏』(淸)

27 정제 : 제사의 한 부분이다. 제사는 尸를 사당으로 모시기 전의 절차, 尸를 사당으로 모신 뒤의 절차, 尸가 사당을 나간 뒤의 절차 등 세 부분으로 나누어 볼 수 있는데, 正祭는 尸가 사당으로 들어온 이후 행하는 제사의 중심 의례 부분을 가리킨다. 尸에게 음식을 대접하고, 尸에게 술을 따라 올리고, 尸가 다시 주인과 종부 등에게 술을 따라주고 하는 절차들이 주요 내용을 이룬다.

28 官 : 『예기집설대전』에는 '宦'으로 되어 있다.

29 奔喪禮 : 『예기집설대전』에는 '奔喪'으로 되어 있다.

30 內 : 『예기천견록』에는 '門'으로 되어 있으나 『예기집설대전』에 따라 바꾼다.

31 一也 : 『예기천견록』에는 '也'로 되어 있으나 『예기집설대전』에 따라 바꾼다.

32 茅 : 『예기천견록』에는 '一'로 되어 있으나 『예기집설대전』에 따라 바꾼다.

33 祝 : 阮元의 교감기에 따르면 '視'의 오자이다. 陳澔는 『예기집설』에서 '祝'으로 읽었으므로 여기서는 '祝'으로 적어두었다. 『禮記正義』(十三經注疏 整理本 14책), 1431쪽 주 2) 참조.

34 匹 : 『예기천견록』에는 '云'으로 되어 있으나 『예기집설대전』에 따라 바꾼다.

35 부모를 ~ 않는다 : 이 말은 「曲禮上」(10-10)에 나온다.

36 飧 : 식사를 마치고 음료수로 밥그릇에 부어 세 번 드는 행위를 말한다. 이 행위는 식사를 권하는 뜻으로 사용될 수도 있고 배부른 상태에서 또 드는 것을 보여 주인의 음식 대접에 대하여 감사하는 뜻으로 사용될 수도 있다.

상대기
喪大記

양촌에 사는 후학 권근 지음

살피건대, 이 편은 군주·대부·사의 상례에 있어 제도적 차이를 기록한 것이다. 복復과 염斂과 장례에 이르는 일에 대해서는 상세하지만, 우제虞祭와 부제祔祭 이후의 대해서는 언급하지 않았다. 이 편은 전체적으로 흉례를 설명하였는데, 우와 부는 길제의 시작이기 때문에 언급하지 않은 것이다. 중간의 한 구절에서 비록 대상제와 담제禫祭를 언급하였지만 이 역시 거려居廬의 일을 인해서 거상의 끝과 시작을 밝힌 것이지, 제사를 위해 진술한 것은 아니다. 그 문장의 절차가 상세하게 갖추어져 있으므로 모두 구본에 따른다.

近按, 此篇記君·大夫·士喪禮同異之制. 詳於復·斂至葬之事, 而不及虞·祔以後者, 此篇全言凶禮, 而虞·祔始是吉祭, 故不之及. 中間一節雖言祥·禫, 亦是因其居廬之事, 以明其居喪之終始, 非爲祭而陳之也. 其文節次詳備, 並從舊文.

[상대기 1][1)]

병이 깊어지면 처소의 안팎을 모두 청소한다. 군주君主와 대부大夫

는 악현樂縣을 치우고 사士는 금琴과 슬瑟을 치운다. 침소에 환자를 북쪽 창 아래에 머리를 동쪽으로 가게 옮겨 놓는다. 침상을 치우고 입고 있던 옷을 벗기고 새 옷을 입히며 손과 발을 각각 한 사람씩 잡는다. 남자와 여자 모두 옷을 갈아입는다. 솜을 코 위에 대고 숨이 끊어졌는지를 살핀다. 남자는 부인의 손에서 숨을 거두지 않고, 부인은 남자의 손에서 숨을 거두지 않는다.

疾病, 外內皆埽. 君·大夫徹縣, 士去琴·瑟. 寢東首於北牖下. 廢牀, 徹褻衣, 加新衣, 體一人. 男女改服. 屬纊以俟絶氣. 男子不死於婦人之手, 婦人不死於男子之手.

集說 '병病'은 질병이 깊어진다는 뜻이다. 빈객이 찾아와서 위문할 것이기 때문에 거처하는 곳의 안과 밖을 소제하여 깨끗이 하는 것이다. 군주와 대부가 위독한 경우에는 악현樂縣(악기를 걸어둔 틀)을 치우고, 사士의 경우에는 금琴과 슬瑟을 치운다. '북쪽 창 아래에서 머리를 동쪽으로 한다'는 것은 머리를 동쪽으로 하여 생기生氣로 향하게 하는 것이다. 살펴보건대, 『의례궁묘도儀禮宮廟圖』[2])에는 북쪽 창(北牖)이 없으며, 서북쪽 깊숙한 곳을 '옥루屋漏[3])라고 하였는데, 햇빛이 스며들어서 그러한 이름을 얻게 되었다. 어쩌면 북쪽 창은 이곳을 가리키는 듯하다. 옛사람들은 병이 깊어 사망하려고 할 때 평상을 치우고 병자를 땅에 놓았다. 처음 태어날 때 땅에 있었으므로 생기가 되돌아와 살아날 수 있기를 바라는 것이다. 사망에 이르게 되면 다시 시신을 들어서 평상 위에 놓는다. 손과 발이 사지이므로 각각 한 사람씩 잡는다. 환자는 스스로 굽히고 펼 수 없기 때문이다. 남자와 여자 모두 옷을 갈아입는 것은 또한 빈객이 찾아올 것에 대비하는 것이다. 신분이 높은 자는 조복朝服을 입고 서인은 심의深衣를 입는다. '광纊'은 햇솜이다.

입과 코에 올려놓고서 그것이 움직이는가를 살펴 기운이 있는가를 증험한다. '남자는 부인의 손에서 숨을 거두지 않고 부인은 남자의 손에서 숨을 거두지 않는다'는 것은 그 외설됨을 싫어해서이다. '病', 疾之甚也. 以賓客將來候問, 故掃潔所居之內外. 若君與大夫之病, 則徹去樂縣, 士則去琴瑟. '東首於北牖下'者, 東首向生氣也. 按, 『儀禮宮廟圖』無北牖而西北隅謂之'屋漏', 以天光漏入而得名. 或者北牖指此乎. 古人病將死則廢牀, 而置病者於地. 以始生在地, 庶其生氣復反而得活. 及死則復擧尸而置之牀上. 手足爲四體, 各一人持之. 爲其不能自屈伸也. 男女皆改服, 亦擬賓客之來也. 貴者朝服, 庶人深衣. '纊', 新綿也. 屬之口鼻, 觀其動否, 以驗氣之有無也. '男子不死於婦人之手, 婦人不死於男子之手', 惡其褻也.

[상대기 2]

제후와 그의 부인은 노침路寢에서 사망한다. 대부와 그의 세부世婦는 적침適寢에서 사망한다. 경卿의 처로서 아직 군주에게 작명을 하사받지 않았다면 하실下室에서 사망하고, 시신을 침寢으로 옮긴다. 사士와 그의 처는 모두 침寢에서 사망한다.

君·夫人卒於路寢. 大夫·世婦卒於適寢. 內子未命, 則死於下室, 遷尸于寢. 士之妻,[4] 皆死于寢.

集說 제후諸侯와 부인夫人에게는 모두 세 개의 침궁寢宮이 있다. 군주의 경우 정침正寢에 해당하는 것을 '노침路寢'이라고 하고, 나머지 둘은 '소침小寢'[5]이라고 한다. 부인의 경우 한 사람은 정침에 거처하고 두 사람은 소침에 거처하지만, 사망하는 것은 정침에서 해야 한다. 대부의 처는 '명부命婦'라고 하는데 '세부世婦'라고 한 것은 세부는 곧 국군의 둘째 부인으로 그

존비가 명부와 동등하기 때문에 겸하여서 말한 것이다. '내자內子'는 경卿의 처이다. '하실下室'은 한가할 때 거처하는 곳인데, '연침燕寢'도 하실이라고 한다. '사의 처는 모두 침寢에서 사망한다'는 것은 사와 그의 처를 가리킨다. 그러므로 '모두'(皆)라고 한 것이다. 『의례』 「사상례士喪禮」에서 "적실適室에서 사망한다"[6]고 하였고 이곳에서는 '침'이라고 하였다. '침寢'과 '실室'은 통용되는 명칭이다. 諸侯與夫人, 皆有三寢. 君, 正者曰'路寢', 餘二曰'小寢'. 夫人, 一正寢, 二小寢, 卒當於正處也. 大夫妻曰'命婦', 而云'世婦'者, 世婦乃國君之次婦, 其尊卑與命婦等, 故兼言之. '內子', 卿妻也. '下室', 燕處之所, 又'燕寢'亦曰下室也. '士之妻, 皆死于寢', 謂士與其妻. 故云'皆'也. 「士喪禮」云: "死于適室", 此云'寢'. '寢'·'室'通名也.

[상대기 3]

복復을 할 때, 사망한 이의 봉토 안에 산림이 있으면 우인虞人을 시켜서 사다리를 설치하게 하고, 산림이 없으면 적인狄人을 시켜서 사다리를 설치하게 한다.

復, 有林麓則虞人設階, 無林麓則狄人設階.

集說 '복復'은 막 사망하였을 때 지붕에 올라가 혼을 부르는 예이다. '우인虞人'은 산림을 관장하는 관직이다. '계階'는 사다리다. '적인狄人'은 음악을 관장하는 관리 가운데 천한 자이다. 죽은 이의 봉토 안에 산림이 있다면 우인虞人을 시켜서 사다리를 설치하게 하고 지붕에 올라간다. 그 관직이 낮아서 본래 산림이 있지 않은 경우에는 적인狄人을 시켜서 사다리를 설치하게 하는데, 적인은 악기걸이를 설치하는 일을 담당하여 혹 사다리를 설

치하는 일에 유리하기 때문이다. '復'은 始死升屋招魂也. '虞人'은 掌林麓之官. '階'는 梯也. '狄人'은 樂吏之賤者. 死者封疆內, 若有林麓, 則使虞人設梯以升屋. 其官職卑下, 不合有林麓者, 則使狄人設之, 以其掌設簨簴, 或便於此.

[상대기 4]

군주의 측근 신하가 복復을 하는데, 복을 하는 이는 조복朝服을 입는다. 군주의 경우 복의로 곤면복衮冕服을 사용하면 부인夫人의 복의는 궐적屈狄7)을 사용하고, 대부의 경우 복의로 현정玄赬을 사용하면 세부世婦(대부의 처)의 복의는 단의襢衣를 사용하고, 사士의 경우 복의로 작변복爵弁服을 사용하면 사의 처를 위해서는 단의稅衣8)를 사용하는데, 모두 동쪽 처마(榮)로 올라가, 지붕 한 가운데의 높은 곳에서 북쪽을 바라보면서 세 번 부른다. (부르는 의식이 끝나면) 옷을 말아서 앞쪽으로 던져 내리며, 사복司服(옷을 관장하는 자)이 그것을 받고, 복을 마친 사람은 서북쪽 처마(榮)로 내려온다.

小臣復, 復者朝服. 君以卷, 夫人以屈狄, 大夫以玄赬, 世婦以襢衣, 士以爵弁, 士妻以稅衣, 皆升自東榮, 中屋履危, 北面三號. 捲衣投于前, 司服受之, 降自西北榮.

集說 '소신小臣'은 군주의 측근 신하이다. '군주의 경우 복의로 곤면복을 사용한다'는 것은 상공上公의 경우 곤면복을 사용하는 것을 뜻한다. 등급에 따라 복의를 사용하므로, 후侯와 백伯의 경우 복의로 별면복鷩冕服을 사용하고, 자子와 남男의 경우 복의로 취면복毳冕服을 사용하며, 상공上公의 부인을 위해서는 휘의褘衣를 사용하고, 후와 백의 부인을 위해서는 요적揄狄

을 사용하고, 자와 남의 부인을 위해서는 궐적屈狄을 사용한다. 여기서 '군주의 경우 복의로 곤면복을 사용한다'라고 한 말은 위 등급의 경우를 들어서 아래 등급의 경우를 알게 한 것이요, '부인의 복의는 궐적을 사용한다'라고 한 말은 아래 등급의 경우를 들어 위 등급의 경우를 알게 한 것이다. '정禎'은 붉은색이니, '현정玄禎'은 검은 웃옷에 붉은 치마를 입는 것이다. '세부世婦9)'는 여기서 대부의 정처를 가리킨다. '세부'라고 말한 것은 대부의 처와 세부의 복의로 똑같이 단의禮衣를 사용하기 때문이다. 휘의 이하여섯 가지의 복장은 앞 편에 설명이 보인다.10) 작변爵弁은 작변복爵弁服을 가리켜 말한 것이지 복의에 변弁을 사용하는 것은 아니다. 여섯 가지 면복(六冕)11)은 입는 옷으로 관冠의 명칭을 삼고, 네 가지 변복(四弁)은 쓰는 관으로 옷의 명칭을 삼는다. '영榮'은 처마(屋翼)이다. 천자와 제후의 지붕은 모두 네 변에 처마가 있어서 지붕 꼭대기의 물을 사면으로 흘러내리게 한다. 대부 이하는 단지 앞뒤로 처마가 있을 뿐이다. 처마(翼)는 지붕의 양 쪽에 있어 날개(翼)와 비슷하기 때문에 '옥익屋翼'이라고 칭한다. '중옥中屋'은 지붕의 가운데에 해당한다. '리위履危'는 높이 솟은 곳에 서는 것으로, 대체로 지붕의 등성마루이다. '세 번 부른다'(三號)는 것은 한 번은 위쪽으로 부르니 혼이 하늘에서 내려오기를 바라는 것이고, 한 번은 아래쪽으로 부르니 혼이 땅에서 오기를 바라는 것이고, 한 번은 가운데를 향하여 부르니 혼이 천지사방 사이에서 오기를 바라는 것이다. 그 부르는 말은 '아~ 아무개여다시 돌아오소서'(臯某復)이다. '고臯'는 길게 내는 소리다. 세 번 부르는 일이 끝나면 이들 옷을 말아서 거두고 앞쪽으로 던져 내린다. 옷을 담당하는 자는 광주리(篋)로 그것을 받는다. 복復을 마친 소신小臣은 서북쪽 처마(榮)으로 내려온다. '小臣', 君之近臣也. '君以袞', 謂上公用袞服也. 循其等而用之, 則侯·伯用鷩冕之服, 子男用毳冕之服, 上公之夫人用褘衣, 侯伯夫人用揄狄, 子男夫人用屈狄. 此言'君以袞', 擧上以見下也, '夫人以屈狄', 擧下以知上也. '禎', 赤色, '玄禎', 玄

衣纁裳也. '世婦', 大夫妻. 言'世婦'者, 大夫妻與世婦同用褕衣也. 褕衣而下六服, 說見前篇. 爵弁, 指爵弁服而言, 非用弁也. 六冕則以衣名冠, 四弁則以冠名衣也. '榮', 屋翼也. 天子・諸侯屋皆四注. 大夫以下但前簷後簷而已. 翼在屋之兩頭, 似翼, 故名'屋翼'也. '中屋', 當屋之中也. '履危', 立于高峻之處, 蓋屋之脊也. '三號'者, 一號於上, 冀魂自天而來, 一號於下, 冀魂自地而來, 一號於中, 冀魂自天地四方之間而來. 其辭則'皐某復'也. '皐', 長聲也. 三號畢, 乃捲斂此衣, 自前投於下. 司服者以篋受之. 復之小臣, 卽自西北榮而下也.

[상대기 5]

외국에 사자로 가서 빈객이 되었을 경우, 공관公館에서 죽었다면 복을 하고, 사관私館에서 죽었다면 복을 하지 않는다. 사자使者로 가서 야외에서 죽었다면, 타던 수레의 왼쪽 바퀴 위에 올라가 복을 한다.

其爲賓, 則公館復, 私館不復. 其在野, 則升其乘車之左轂而復.

 「증자문」과 「잡기」에 설명이 보인다.[12] 說見「曾子問」及「雜記」.

[상대기 6]

복의復衣(복복을 할 때 사용한 옷)는 습襲을 할 때 사용하지 않고 소렴小斂과 대렴大斂을 할 때 사용하지 않는다. 부인의 복의復衣에는 붉은 가선(純)을 장식한 옷을 사용하지 않는다. 무릇 복復을 할 때, 남자에 대해서는 이름을 부르고, 부인에 대해서는 자字를 부른다. 곡哭만 복에 앞서 먼저하고, 복을 한 후에 사망한 뒤의 일(死事)을 진행한다.

復衣不以衣尸, 不以斂. 婦人復, 不以袡. 凡復, 男子稱名, 婦人稱字. 唯哭先復, 復而後行死事.

集說 『의례』「사상례士喪禮」에 따르면 복의復衣는 처음에 시신을 덮는 데 사용하고 몸을 씻긴 다음에는 그것을 제거한다. 이 경문에서 '불이의시'(不以衣尸)라고 한 것은 습의襲衣로 사용하지 않는다는 뜻이다. 진홍빛으로 옷의 아래에 단을 대는 것을 '염袡'이라 한다. 대체로 시집갈 때의 성대한 복장으로, 귀신을 섬기는 옷이 아니다. 그러므로 복復을 하는 데에 사용하지는 않는다. 「士喪禮」, 復衣初用以覆尸, 浴則去之. 此言'不以衣尸', 謂不用以襲也. 以絳緣衣之下曰'袡'. 蓋嫁時盛服, 非事鬼神之衣. 故不用以復也.

[상대기 7]

처음 죽었을 때, 주인主人(상주)은 울부짖고(啼), 형제는 곡哭(소리 내어 욺)을 하고, 부인은 곡과 용踊을 한다.

始卒, 主人啼, 兄弟哭, 婦人哭踊.

集說 '제啼'는 슬프고 고통스러움이 심한 것으로, 오열하고 목이 메어 곡을 할 수 없게 된 것이 갓난아이가 어머니를 잃은 듯한 것이다. 형제는 정이 조금 가볍기 때문에 곡에 소리가 있다. 부인의 용踊은 까치가 뛰는 것과

비슷하여 발이 지면에서 떨어지지 않는다. 「문상問喪」(3)에서 '작용爵踊'이
라 한 것이 이것이다. '啼者, 哀痛之甚, 嗚咽不能哭如嬰兒失母也. 兄弟情稍輕, 故
哭有聲. 婦人之踊, 似雀之跳, 足不離地. 「問喪」篇云'爵踊', 是也.

[상대기 8]

시신을 들창문 아래로 옮겨 머리가 남쪽으로 가도록 놓은 후, 아들
은 동쪽에 앉아서 곡을 하고, 경卿·대부大夫·제부諸父·형제兄弟·
여러 자손子孫들은 동쪽에 서서 곡을 하고, 유사有司와 서사庶士는
당 아래에서 곡을 하면서 북향을 한다. 부인夫人은 서쪽에 앉아서
곡을 하고, 내명부內命婦, 고모(姑)와 자매姊妹, 손녀 등은 서쪽에 서
서 곡을 하고, 외명부外命婦는 외종外宗을 이끌고 당 위에서 곡을 하
는데 북쪽을 향해서 한다.

既正尸, 子坐于東方, 卿·大夫·父·兄·子姓立于東方, 有司·
庶士哭于堂下, 北面. 夫人坐于西方, 內命婦·姑·姊妹·子姓立
于西方, 外命婦率外宗哭于堂上, 北面.

集說 이 경문은 국군國君의 상喪에 대해 말한 것이다. '정시正尸'는 들창문
아래로 시신을 옮겨 머리가 남쪽으로 가도록 놓는 것이다. '성姓'은 낳는다
(生)는 뜻과 같다. '자성子姓'은 아들이 낳은 바로서 (적장자와 적장손을 제
외한) 여러 자손들을 의미한다. '내명부內命婦'는 자부子婦와 세부世婦 등을
가리킨다. '고姑와 자매姊妹'는 군주의 고모와 자매를 가리킨다. '자성子姓'은
군주의 손녀이다. '외명부外命婦'는 경과 대부의 처이다. '외종外宗'은 고모와
자매의 딸이다. 此言國君之喪. '正尸', 遷尸於牖下, 南首也. '姓', 猶生也. '子姓', 子

所生, 謂衆子孫也. '內命婦', 子婦・世婦之屬. '姑・姊妹', 君之姑・姊妹也. '子姓', 君女孫也. '外命婦', 卿・大夫之妻也. '外宗', 謂姑・姊妹之女.

[상대기 9]

대부大夫의 상에 주인主人(상주)은 동쪽에 앉아서 곡을 하고 주부主婦13)는 서쪽에 앉아서 곡을 하며, 명부命夫와 명부命婦는 있는 경우에는 앉아서 곡을 하고, 없는 경우에는 모두 서서 곡을 한다. 사士의 상에 주인主人, 제부諸父, 형제兄弟, 여러 자손들은 모두 동쪽에 앉아서 곡을 하고, 주부主婦, 고모姑母, 자매姊妹, 딸과 손녀들은 모두 서쪽에 앉아서 곡을 한다. 무릇 방에서 시신에 곡을 하는 경우, 주인은 두 손으로 이불(衾)을 받들면서 곡을 한다.

大夫之喪, 主人坐于東方, 主婦坐于西方, 其有命夫・命婦則坐, 無則皆立. 士之喪, 主人・父・兄・子姓皆坐于東方, 主婦・姑・姊妹・子姓皆坐于西方. 凡哭尸于室者, 主人二手承衾而哭.

集說 '이불을 받들면서 곡을 한다'는 것은 친근히 하고 부축하려는 심정을 다하는 듯이 한다는 뜻으로, 처음 죽었을 때를 가리킨다. ○ 소疏에서 말한다. "군주와 대부는 지위가 존귀하다. 그러므로 앉아서 곡하는 것을 그 귀천에 따라 차별한다. 사는 지위가 낮다. 그러므로 앉아서 곡하는 것을 존비에 상관없이 같이 한다." '承衾而哭', 猶若致其親近扶持之情也, 謂初死時.

○ 疏曰: "君與大夫位尊. 故坐者殊其貴賤. 士位下. 故坐者等其尊卑."

[상대기 10]

제후諸侯의 상喪에 아직 소렴小斂을 하기 전에 기공寄公이나 국빈國賓
이 조문하러 왔다면 나아가서 맞이한다. 대부大夫의 상에 아직 소
렴을 하기 전에 제후의 사신이 조문하러 왔다면 나아가 맞이한다.
사士의 상에 대부가 조문하러 오면, 염斂을 해야 할 때가 아니면
나아가서 맞이한다.

君之喪未小斂, 爲寄公·國賓出. 大夫之喪未小斂, 爲君命出. 士
之喪, 於大夫, 不當斂則出.

集説 '기공寄公'은 제후로서 나라를 잃고 이웃 나라에 의탁하고 있는 자이
다. '국빈國賓'은 다른 나라에서 빙문하러 온 경과 대부이다. '출出'은 나아
가서 맞이한다(出迎)는 뜻이다. '위군명출爲君命出'은 군주의 명으로 조문 왔
을 경우 문에 이르면 나아가서 맞이한다는 뜻이다. 「단궁하檀弓下」(1-4)에서
"대부大夫가 사士를 조문하는데 상주가 일이 있을 때 도착하면 빈擯이 (조
문객에게 상주가 일이 있음을) 알린다"(辭)고 하였다. '사辭'는 알린다(告)는
뜻이다. 그러므로 염을 할 때가 아니라면 또한 나아가서 맞이하는 것이다.
「잡기하雜記下」(2-10)에서 "대부가 조문하러 집에 도착하면, 상주는 비록 용
踊을 하던 중이라도 용을 그만두고 문에 나아가 대부에게 배례한다"라고
한 것은 또한 염을 마친 후를 가리킨다. '寄公', 諸侯失國而寄託鄰國者也. '國賓',
他國來聘之卿·大夫也. '出', 出迎也. '爲君命出', 謂君有命及門則出也. 「檀弓」云: "大
夫弔, 當事而至, 則辭焉." '辭', 告也. 故不當斂時, 則亦出迎. 「雜記」云: "大夫至, 絶踊
而拜之"者, 亦謂斂後也.

[상대기 11]

무릇 주인이 나아가 맞이할 때에는 맨발을 하고, 심의深衣의 앞 옷
자락(衽)을 띠에 꽂고, 가슴을 치면서 서쪽 계단으로 내려간다. 제
후諸侯는 기공寄公과 국빈國賓에게 각각 그들의 자리를 향해 배례拜
禮한다. 대부大夫의 상에 제후의 사자가 조문하러 왔다면 침문寢門
밖으로 나아가 맞이한다. 사자가 당堂에 올라 제후의 명命(조문하는
말)을 고하면, 주인은 아래에서 배례한다. 사士의 상에 대부大夫가
직접 와서 조문할 경우에는 함께 곡을 하고, 문 밖에까지 나아가
맞이하지는 않는다.

凡主人之出也, 徒跣, 扱衽, 拊心, 降自西階. 君拜寄公·國賓于
位. 大夫於君命, 迎于寢門外. 使者升堂致命, 主人拜于下. 士於
大夫親弔, 則與之哭, 不逆於門外.

集說 '맨발을 한다'(徒跣)는 것은 아직 상구喪屨를 신지 못하였고 길구吉屨
는 또 신을 수 없기 때문이다. '삽임扱衽(옷깃을 꽂는다)'는 것은 심의深衣의
앞 옷자락을 띠에 꽂는다는 뜻이다. '무심拊心(가슴을 두드린다)'는 것은 가슴
을 친다는 뜻이다. 「곡례상曲禮上」(3-11)에서 "오르고 내려올 때는 동쪽 계
단을 이용하지 않는다"고 하였다. '자리를 향해 기공寄公과 국빈國賓에 배례
拜禮한다'는 것은 기공은 문 서쪽에 자리하고 국빈은 문 동쪽에 자리하고
있으니, 주인은 뜰에서 각각 그 자리를 향해 배례한다는 뜻이다. 『의례』
「사상례士喪禮」에서 "빈 가운데 대부가 있으면 특별히 배례한다. 자리로 나
아가 서쪽 계단 아래에서 동쪽을 향해 곡하면서 용踊은 하지 않는다"고 하
였다. '徒跣'者, 未著喪屨, 吉屨又不可著也. '扱衽'者, 扱深衣前襟於帶也. '拊心', 擊
心也. 「曲禮」云: "升降不由阼階." '拜寄公·國賓于位'者, 寄公位在門西, 國賓位在門

東, 主人於庭各向其位而拜之也. 「士喪禮」云: "賓有大夫則特拜之. 卽位于西階下, 東面不踊."

[상대기 12]

(제후의 상에) 부인夫人은 기공寄公의 부인이 조문하러 오면 방에서 나와 당堂 위에서 맞이한다. (대부의 상에) 명부命婦는 제후의 부인이 보낸 사신이 조문하러 왔다면 방에서 나와 당 위에서 맞이한다. 사士의 상에 그 처는 염斂을 해야 할 때가 아니라면, 명부가 조문하러 오면 방에서 나와 당 위에서 맞이한다.

夫人爲寄公夫人出. 命婦爲夫人之命出. 士妻不當斂則爲命婦出.

集說 부인婦人은 당 아래로 내려오지 않는다. 이 경문은 방에서 나와 당 위에서 배례하는 것을 말한다. 婦人不下堂. 此謂自房而出拜於堂上也.

[상대기 13]

소렴小斂을 할 때 주인은 방문 안에 위치하고, 주부는 동쪽을 향해 있고서, 염을 한다. 염을 마치면 주인은 시신에 기대어 용을 하고, 주부도 마찬가지로 한다. 주인은 육단肉袒을 하고 다팔머리장식(髦)을 풀고, 마麻로 머리를 묶는다. 부인婦人은 방 안에서 북상투를 틀고 요질腰経을 두른다. 휘장을 거두고, (주인과 주부 이하) 남녀가 함께 시신을 받들어 당에 안치시키고, 주인이 내려와 조문객들에게 배례拜禮한다.

小斂, 主人卽位于戶內, 主婦東面, 乃斂. 卒斂, 主人馮之踊, 主婦亦如之. 主人袒, 說髦, 括髮以麻. 婦人髽, 帶麻于房中. 徹帷, 男女奉尸夷于堂, 降拜.

「단궁상檀弓上」(1-65)에서 "방 안 문 쪽에서 소렴을 한다"고 하였다. '기대어 용踊을 한다'는 것은 시신에 기대어 용을 한다는 뜻이다. '다팔머리장식'(髦)은 어린 시절에 머리털을 잘라 만드는데 나이가 비록 성인이 되어도 여전히 양쪽 가장자리로 늘어뜨린다. 아버지가 돌아가시면 왼쪽 다팔머리장식을 풀고, 어머니가 돌아가시면 오른쪽 머리장식을 풀며, '부모가 돌아가시면 다팔머리 장식을 하지 않는다'14)는 것 등은 이를 두고 하는 말이다. '북상투15)를 트는 것'(髽)은 또한 마麻를 사용하는데, 남자가 머리를 묶을 때 마를 사용하는 것과 같다. '대마帶麻'는 마로 만든 띠로서, 부인의 요질要経을 가리킨다. 소렴이 끝나면 곧바로 먼저 설치했던 유당帷堂16)의 휘장을 거둔다. 제후와 대부의 예에서 '빈객이 나가면 휘장을 거두는데',17) 이 경문에서는 사士의 예를 말했다. '이夷'는 진설한다(陳)는 뜻이다. 소렴이 끝나면 거드는 사람(相者)이 시신을 들고 방문을 나가 당으로 가서 안치한다. 그러면 상주와 남녀의 친속이 함께 시신을 부축하여 받든다. '강배降拜'는 적자適子가 당으로 내려와서 조문객들에게 배례한다는 뜻이다. 「檀弓」云: "小斂于戶內." '馮之踊'者, 馮尸而踊也. '髦', 幼時翦髮爲之, 年雖成人, 猶垂于兩邊. 若父死脫左髦, 母死脫右髦, '親沒不髦', 謂此也. '髽', 亦用麻, 如男子括髮以麻也. '帶麻', 麻帶也, 謂婦人要経. 小斂畢, 卽徹去先所設帷堂之帷. 諸侯·大夫之禮, '賓出, 乃徹帷', 此言士禮耳. '夷', 陳也. 小斂竟, 相者擧尸出戶, 往陳于堂, 而孝子男女親屬, 並

扶捧之也. '降拜', 適子下堂而拜賓也.

군군君(후계 군주)은 기공寄公·국빈國賓·대부大夫·사士에게 배례한다. 경卿과 대부에 대해서는 그들의 자리를 향하여 개별적으로 배례하고, 사士에 대해서는 그들과 나란한 방향에서 세 번 배례한다. (후계 군주의) 부인夫人도 당상에서 기공寄公의 부인夫人에게 배례하고, 대부의 내자內子(처)와 사士의 처에게 배례한다. 명부命婦에게는 한 사람 한 사람 배례하고(特拜), 중빈衆賓(사의 처)에게는 당상에서 한꺼번에 두루 배례한다.

君拜寄公·國賓·大夫·士. 拜卿·大夫於位, 於士旁三拜. 夫人18)亦拜寄公夫人於堂上, 大夫內子·士妻. 特拜命婦, 氾拜衆賓於堂上.

集說 '군군君'은 상을 당한 후계 군주이다. 기공寄公과 국빈國賓이 들어와 조문하면 본래 배례한다. 대부大夫와 사士가 조문하는 경우, 경卿과 대부라면 각각의 자리에 나아가 배례하고, 사士에게는 한꺼번에 세 번 배례한다. '방旁'은 정면으로 향하지 않음을 가리킨다. 사士에는 상·중·하의 3등급이 있기 때문에 모두 세 번 하는 것이다. 대부와 사는 누구나 선군先君의 신하이므로 모두 참최복을 해야 한다. 이제 소렴이 끝나고 뜰에 나아가 자리에 서 있기 때문에 후계 군주가 나아가서 배례하는 것이다. (후계 군주의) 부인도 기공의 부인夫人에게 당堂 위에서 배례하고, 경과 대부의 내자內子(처), 그리고 사士의 처에 대해서도 배례한다. 다만 내자와 명부命婦에 대해서는

사람마다 각각 배례한다. '중빈衆賓'은 사의 처이므로 두루 한꺼번에 배례할 뿐이니 또한 방배旁拜(옆으로 배례하는 것)에 비견된다. '君', 謂遭喪之嗣君也. 寄公與國賓入弔, 固拜之矣. 其於大夫·士也, 卿大夫則拜之於位, 士則旁三拜而已. '旁', 謂不正向之也. 士有上中下三等, 故共三拜. 大夫·士皆先君之臣, 俱當服斬. 今以小斂畢而出庭列位, 故嗣君出拜之. 夫人亦拜寄公夫人於堂上矣, 其於卿大夫之內子·士之妻, 則亦拜之. 但內子與命婦則人人各拜之. '衆賓'則士妻也, 氾拜之而已, 亦旁拜之比也.

[상대기 15]

(빈객에게 배례하는 의절을 마치고) 주인은 조계 아래의 자리로 나아가 겉옷으로 안의 옷을 가리고(襲) 요질腰絰과 수질首絰을 두르고서 용踊을 한다. 어머니의 상喪일 경우에는 자리에 나아가 (머리를 묶었던 마麻를 풀고) 문免19)을 한다. 그리고 나서 소렴小斂 뒤에 전奠을 올린다. (소렴을 마친 이때) 조문하러 온 자는 겉옷으로 석의裼衣를 가리고(襲裘), 무武를 하고 요질과 수질을 두르고서 주인과 번갈아가며 용을 한다.

主人卽位, 襲帶絰踊. 母之喪, 卽位而免. 乃奠. 弔者襲裘, 加武帶絰, 與主人拾踊.

集說　주인은 빈객에게 배례한 후 조계 아래의 자리로 나아간다. 빈객에게 배례하기 전에는 단단袒을 한다. 이제 배례하는 의절이 끝났으므로 겉옷으로 안의 옷을 가리고(襲), 요대腰帶(腰絰)와 수질首絰을 하고서 용踊을 한다. 『의례』「사상례士喪禮」에서는 먼저 용踊을 하고 수질을 두른다. 이 경문은 제후의 예를 말한 것이기 때문에 먼저 수질을 두르고 용을 하는 것이

다. 어머니의 상은 아버지의 상보다 낮추므로 빈객에게 배례를 마치고 나
서 자리로 돌아와 문免을 하는 것으로 마麻로 머리를 묶는 것을 대신하고,
문免을 한 다음 겉옷으로 안의 옷을 가리고(襲) 요질과 수질을 두른다. 대렴
大斂에 이르러 용踊을 하는 것을 이른다. '그러고 나서 전을 올린다'(乃奠)는
것은 소렴을 마치고 올리는 전奠을 가리킨다. 조문하는 자는 소렴을 마친
뒤에 와서 조문하면 겉옷으로 갖옷 위에 입은 석의裼衣를 가리고(襲裘), 길
관吉冠의 무武에 소변素弁을 쓰고서 조문한다. '무武'는 관의 아랫부분, 즉
테두리다. '대질帶絰'은 요대(腰絰)와 수질을 가리킨다. 붕우朋友로서의 은혜
가 있으면 요대와 수질을 두르고, 붕우로서의 은혜가 없으면 요대는 하지
않고 수질만 두른다. '겹용拾踊'은 번갈아 용踊을 한다는 뜻이다. 主人拜賓後
卽阼階下之位. 先拜賓時祖. 今拜畢, 乃掩襲其衣而加要帶首絰乃踊. 「士喪禮」先踊乃襲
絰. 此諸侯禮, 故先襲絰乃踊也. 母喪降於父, 拜賓竟, 而卽位, 以免代括髮之麻, 免而襲
絰. 至大斂乃成踊也. '乃奠'者, 謂小斂奠. 弔者, 小斂後來, 則掩襲裘上之裼衣, 加素
弁於吉冠之武. '武', 冠下卷也. '帶絰'者, 要帶首絰. 有朋友之恩, 則加帶與絰, 無朋友之恩,
則無帶惟絰而已. '拾踊', 更踊也.

[상대기 16]

군주의 상喪에는 우인虞人이 땔감나무와 물을 뜨는 기구를 공급하
고, 적인狄人이 물시계(壺)를 공급하고, 옹인雍人이 정鼎을 공급하고,
사마司馬는 물시계를 설치한다. 이에 관속官屬이 번갈아 곡哭을 대
신 행한다. 대부의 상에는 관속官屬이 번갈아 곡을 대신 행하고, 물
시계는 설치하지 않는다. 사士의 상에는 (친족과 집안 사람들이)

번갈아 곡을 대신 행하고, 관속官屬을 시키지 않는다.

君喪, 虞人出木・角, 狄人出壺, 雍人出鼎, 司馬縣之. 乃官代哭. 大夫, 官代哭, 不縣壺. 士, 代哭不以官.

集說 '우인虞人'은 산림과 천택을 주관하는 관직으로서, 나무를 내어서 땔감을 만들어 솥(鼎)의 물을 끓이는 데에 공급한다. 겨울철에 물시계(漏水)가 얼까 염려되기 때문이다. '각角'은 물을 뜨는 자루이다. '적인狄人'은 악기를 관장하는 관직으로서, 설호挈壺 등 물시계를 관장한다. 그러므로 호壺[20]를 공급하는 것이다. '옹인雍人'은 음식을 삶고 익히는 일을 주관한다. 그러므로 솥(鼎)을 공급하는 것이다. '사마司馬'는 하관夏官의 경卿이다. 그 속관에 설호씨挈壺氏가 있다. 사마는 이 물시계를 설치하는 것을 직접 와서 살핀다. '이에 관속官屬이 번갈아 곡哭을 대신 행한다'고 한 것은 빈殯을 행하기 전까지 곡하는 소리가 끊이지 않아 식사도 하지 못하기 때문에 피로해진다. 그러므로 물시계로 시간대를 나누어 관속으로 하여금 순서대로 시간대에 따라 서로 번갈아가며 곡의 소리가 끊이지 않게 하는 것이다. '사士의 상에는 번갈아 곡을 대신 행하는데, 관속官屬을 시키지 않는다'는 것은 친척과 집안사람들이 스스로 서로 번갈아가면서 곡을 한다는 것이다. '虞人', 主山澤之官, 出木爲薪, 以供爨鼎. 蓋冬月恐漏水冰凍也. '角', 斟水之斗. '狄人', 樂吏也, 主挈壺漏水之器. 故出壺. '雍人', 主烹飪. 故出鼎. '司馬', 夏官卿也. 其屬有挈壺氏. 司馬自臨視其縣此漏器. '乃官代哭'者, 未殯哭不絶聲, 爲其不食, 疲倦. 故以漏器分時刻, 使官屬以次依時相代, 而哭聲不絶也. '士代哭不以官'者, 親疎之屬與家人自相代也.

[상대기 17]

군주의 상喪에는 당堂 위에 두 개의 횃불을, 당 아래에 두 개의 횃불을 설치한다. 대부의 상에는 당 위에 한 개의 횃불을, 당 아래에 두 개의 횃불을 설치한다. 사士의 상에는 당 위에 한 개의 횃불을, 당 아래에 한 개의 횃불을 비춘다.

君堂上二燭, 下二燭. 大夫堂上一燭, 下二燭. 士堂上一燭, 下一燭.

集說 소疏에서 말한다. "상喪을 당하면 뜰 가운데에 밤새도록 화톳불(燎)을 설치해 놓고, 새벽이 되면 화톳불을 끄는데, 해가 아직 밝지 않으므로 횃불(燭)로 제물祭物을 비추어야 한다." 옛날에는 납촉蠟燭(밀랍을 이용해 만든 횃불)이 없었기 때문에 횃불을 '촉燭'이라고 불렀다. 疏曰: "有喪則於中庭終夜設燎, 至曉滅燎, 而日光未明, 故須燭以照祭饌也." 古者未有蠟燭, 呼火炬爲'燭'也.

[상대기 18]

(소렴을 마치고 당에서 내려와 빈객에게 배례하고) 빈객이 나가면, 휘장을 거둔다.

賓出, 徹帷.

集說 소렴이 끝나면 곧바로 휘장을 거두는 것은 사士의 예이다. 이 경문은 군주와 대부의 예로, 소렴小斂이 끝나면 계단을 내려와 조문객에 배례拜禮하고 조문객이 나가면, 비로소 휘장을 거둔다. 小斂畢, 卽徹帷, 士禮也. 此

君與大夫之禮, 小斂畢, 下階拜賓, 賓出乃徹帷也.

[상대기 19]

당 위에서 시신에 곡을 할 때 주인은 시신의 동쪽에서 곡을 하고,
외부에서 분상奔喪하러 온 사람은 서쪽에서 곡을 하며, 주부主婦를
제외한 부인은 (서쪽에서 북쪽 가까이로 옮겨) 남쪽을 향하여 곡을
한다.

哭尸于堂上, 主人在東方, 由外來者在西方, 諸婦南鄕.

集說 부인이 곡을 하는 자리는 본래 서쪽에 있으며 동쪽을 향한다. 이제
분상奔喪하는 이가 외부에서 오면 함께 시신의 서쪽에 거처하기 때문에 물
러나 북쪽 가까이에서 남쪽을 향해 있는 것이다. 婦人哭位, 本在西而東面. 今
以奔喪者由外而來, 合居尸之西, 故退而近北以鄕南也.

[상대기 20]

여자 주인은 조문객을 맞이하고 보낼 때 당堂 아래로 내려가지 않
으며, 당 아래로 내려가는 경우에도 곡哭은 하지 않는다. 남자男子
주인은 침문 밖으로 나가서 사람을 만나 맞이할 경우 곡을 하지
않는다.

婦人迎客·送客不下堂, 下堂不哭. 男子出寢門外21)見人, 不哭.

集說 당 안에서 방까지는 부인의 일이고 당 밖에서 문까지는 남자의 일이다. 제자리가 아닌데서 곡을 하는 것은 예禮가 아니다. 이 경문은 소렴후 남자 주인과 여자 주인이 조문객을 맞이하고 보내는 예를 말한 것이다. 부인婦人은 신분이 대등한 자에 대해서는 본디 당 아래로 내려가지 않는다. 만약 제후의 부인夫人이 와서 조문하면 주부主婦는 당 아래로 내려가 뜰에 이르러 이마를 지면에 대되 곡은 하지 않는다. 남자도 신분이 대등한 자의 조문에 대해서는 문으로 나아가지 않지만, 군주의 사신이 조문 와서 나가 맞이하는 경우에도 곡은 하지 않는다. 堂以內至房, 婦人之事, 堂以外至門, 男子之事. 非其所而哭, 非禮也. 此言小斂後, 男主女主迎送弔賓之禮. 婦人於敵者, 固不下堂. 若君夫人來弔, 則主婦下堂, 至庭稽顙而不哭也. 男子於敵者之弔, 亦不出門, 若有君命而出迎, 亦不哭也.

[상대기 21]

여자 주인이 없다면 남자 주인이 침문 안에서 여자 조문객들에게 배례하고, 남자 주인이 없다면 여자 주인이 조계阼階 아래에서 남자 조문객들에게 배례한다. (주인인) 아들이 어리다면 상복으로 그를 감싸 안고, 섭주攝主(상주의 역할을 대신해서 행하는 사람)가 대신해서 조문객에게 배례한다. 후계자가 외국에 머물고 있을 경우, 그 후계자가 작위를 갖고 있는 사람이라면 섭주를 통해서 감사의 말을 하고, 작위가 없는 사람이라면 섭주가 대신 조문객에게 배례한다. 후계자가 국경 안에 있다면 그가 돌아오기를 기다리고, 국경 밖에 있다면 섭주가 빈례殯禮와 장례葬禮를 주관하여 거행해도 괜찮

다. 상례喪禮에서 후계자가 없을 수는 있지만, 주인(상주)이 없을 수
는 없다.

其無女主, 則男主拜女賓于寢門內, 其無男主, 則女主拜男賓于
阼階下. 子幼, 則以衰抱之, 人爲之拜. 爲後者不在, 則有爵者辭,
無爵者, 人爲之拜. 在竟內則俟之, 在竟外則殯·葬可也. 喪有無
後, 無無主.

集說 '후계자가 자리에 있지 않다'(爲後者不在)는 것은 일 때문에 외국에 머
물러 있음을 가리킨다. 이때 상사喪事가 발생하여 조문객이 문에 이르면,
그 후계자가 작위를 갖고 있는 사람일 경우 섭주攝主(상주의 역할을 대신 행하
는 사람)를 통해서 감사의 말을 하는데, 섭주가 작위가 없다면 감히 빈객에
게 배례하지 못한다. 만약 이 후계자가 작위가 없을 경우엔 섭주가 그를
대신해서 빈객에게 배례해도 괜찮다. (후계자가) 나가서 국경 안에 있다면
그가 돌아오기를 기다렸다가 빈殯과 장례葬禮를 거행한다. 국경 밖에 있다
면 빈殯을 할 때가 되면 빈례를 행하고, 빈례를 행한 뒤에도 또 돌아오지
못하여 장례葬禮를 거행할 때가 되었다면 장례를 거행해도 괜찮다. 후계자
가 없는 것은 자신이 스스로 후사를 끊은 것에 불과할 뿐이지만, 상주가
없다면 손님을 응접하는 예(賓禮)에 결함이 생기는 것이다. 그러므로 후계
자가 없을 수는 있지만, 상주喪主가 없어서는 안 된다. '爲後者不在', 謂以事故
在外也. 此時若有喪事而弔賓及門, 其爲後者, 是有爵之人, 則辭以攝主, 無爵不敢拜賓.
若此爲後者是無爵之人, 則攝主代之拜賓可也. 出而在國境之內, 則俟其還, 乃殯葬. 若在
境外, 則當殯卽殯, 殯後又不得歸而及葬期, 則葬之可也. 無後不過已自絶嗣而已, 無主則
闕於賓禮. 故可无後, 不可無主也.

국군國君의 상喪에서 죽은 지 3일째부터 아들과 부인은 지팡이를 짚는다. 5일째에 빈殯을 하고 나서 아들은 대부에게, 부인은 세부에게 지팡이를 준다. 아들과 대부는 침문 밖에서 지팡이를 짚지만, 침문 안에서는 지팡이를 지면에 닿지 않게 잡는다. 부인과 세부는 방 안의 상차喪次에 있을 때 지팡이를 짚는다. 당堂 위 자리에 나아갈 때는 사람을 시켜서 잡게 한다. 아들은 천자의 명이 있으면 지팡이를 치우고, 이웃나라 제후의 명이 있으면 지팡이를 들어 지면에 닿지 않게 한다. 장례 날짜를 점치거나 우제虞祭·졸곡제卒哭祭 및 부제祔祭 등의 상제喪祭가 있어 시尸를 모셔야 할 때에는 지팡이를 치운다. 대부는 군주가 있는 곳에서는 지팡이를 들어 지면에 닿지 않게 하고, 대부가 있는 곳에서는 지팡이를 짚는다.

君之喪三日, 子·夫人杖. 五日旣殯, 授大夫·世婦杖. 子·大夫寢門之外杖, 寢門之內輯之. 夫人·世婦在其次則杖. 卽位則使人執之. 子有王命則去杖, 國君之命則輯杖. 聽卜·有事於尸則去杖. 大夫於君所則輯杖, 於大夫所則杖.

集說 '아들'(子)은 적자와 서자 및 세자世子를 함께 포함하여 말한 것이다. '침문寢門'은 빈궁殯宮의 문이다. '집輯'은 거둔다(斂)는 뜻으로, 들어서 지면에 닿지 않게 한다는 의미다. 아들과 대부의 상차喪次는 침문 밖에 있으니, 지팡이를 짚으면서 침문에 이를 수 있다. 아들을 대부와 함께 언급한 것은 예禮에 의하면 대부는 세자를 따라서 침문으로 들어가는데, 아들이 지팡이를 짚으면 대부는 지팡이를 들어서 지면에 닿지 않게 하고, 아들이 지팡이

를 들어서 지면에 닿지 않게 하면 대부는 지팡이를 없애기 때문이다. 그러므로 다음 경문에서 '대부는 군주가 있는 곳에서 지팡이를 들어 지면에 닿지 않게 한다'고 한 것이다. 이 경문은 대부가 혼자 와서 (상주인) 아들과 더불어 따르지 않은 경우를 말한다. 그러므로 '문밖에서 지팡이를 짚고, 문 안에서는 지팡이를 지면에 닿지 않게 잡는다'고 한 것이다. 만약 서자가 지팡이를 짚는 경우는 지팡이를 가지고 침문에 들어갈 수 없다. 부인과 세부의 상차喪次는 방 안에 있다. 왕명王命이 이를 경우 세자世子가 지팡이를 치우는 것은 왕명을 존중하기 때문이다. 이웃나라 군주로부터 (조문하는) 명이 이를 경우 지팡이를 들어서 지면에 닿지 않게 하는 것은 이미 군주가 된 이에 대하여 낮추는 것이다. '청복聽卜'은 장례를 점치는 것으로 장례 날짜를 점친다는 뜻이다. '유사어시有事於尸'는 우제虞祭·졸곡제卒哭祭 및 부제祔祭 등의 상제喪祭를 지낼 때를 가리킨다. '대부가 있는 곳에서는 지팡이를 짚는다'(於大夫所則杖)는 것은 여러 대부가 함께 침문 밖의 상차喪次에서 똑같이 군주를 위해 거상하는 경우이다. 그러므로 함께 지팡이를 짚으면서 갈 수 있다. '子', 兼適庶及世子也. '寢門', 殯宮門也. '輯', 斂也, 謂擧之不以拄地也. 子·大夫廬在寢門外, 得拄杖而行至寢門. 子與大夫幷言者, 據禮大夫隨世子以入, 子杖則大夫輯, 子輯則大夫去杖. 故下文云'大夫於君所則輯杖'也. 此言大夫特來, 不與子相隨. 故云'門外杖, 門內輯'. 若庶子之杖, 則不得持入寢門也. 夫人·世婦居次, 在房內. 有王命至則世子去杖, 以尊王命也. 有隣國君之命則輯杖者, 下成君也. '聽卜', 卜葬, 卜日也. '有事於尸', 虞與卒哭及祔之祭也. '於大夫所則杖'者, 諸大夫同在門外之位, 同是爲君. 故並得以杖拄地而行也.

대부大夫의 상喪에서 죽은 지 3일째 날 아침에 빈殯을 마치면, 주인·주부·실로室老22)는 모두 지팡이를 짚는다. 대부는 군주의 명이 있으면 지팡이를 치우고, 대부의 명이 있으면 지팡이를 지면에 닿지 않게 한다. 내자內子(대부의 처)는 부인夫人(제후의 처)의 명이 있으면 지팡이를 치우고, 세부世婦의 명이 있으면 다른 사람을 시켜 지팡이를 잡게 한다.

大夫之喪, 三日之朝旣殯, 主人·主婦·室老皆杖. 大夫有君命則去杖, 大夫之命則輯杖. 內子爲夫人之命去杖, 爲世婦之命授人杖.

'대부大夫는 군주의 명命이 있으면'이라고 하였는데, 이 대부는 후계자인 아들을 가리켜 말한 것이다. '세부世婦'는 군주의 세부이다. '大夫有君命', 此大夫, 指爲後子而言. '世婦', 君之世婦也.

[상대기 24]

사士의 상喪에서는 죽은 지 이틀 만에 빈殯을 한다. 3일째 날 아침부터 주인은 지팡이를 짚고, 부인婦人들도 모두 지팡이를 짚는다. 군주의 명과 부인夫人의 명命에 대해서는 대부의 경우처럼 한다. 대부와 세부世婦의 명에 대해서도 대부의 경우처럼 한다.

士之喪, 二日而殯. 三日之朝, 主人杖, 婦人皆杖. 於君命·夫人之命, 如大夫. 於大夫·世婦之命, 如大夫.

'대부의 경우처럼 한다'는 것은 '지팡이를 치우는 것'(去杖), '지팡이를 들어서 지면에 닿지 않게 하는 것'(輯杖), '다른 사람을 시켜 지팡이를 잡게 하는 것'(授人杖) 등 세 가지 무겁고 가벼운 정도를 표현하는 절도를 말한다.[23] '如大夫', 謂去杖'輯杖'授人杖'三者輕重之節也.

[상대기 25]

아들은 모두 지팡이를 짚지만, 지팡이를 짚고 자리에 나아가지는 못한다. 대부와 사士는 빈궁殯宮에 곡을 할 때는 지팡이를 짚고, 널(柩)에 곡을 할 때는 지팡이를 들어서 지면에 닿지 않게 한다. 지팡이를 버릴 때에는 부러뜨려서 은밀한 곳에다가 버린다.

子皆杖, 不以卽位. 大夫·士哭殯則杖, 哭柩則輯杖. 棄杖者, 斷而棄之於隱者.

集說 '아들'(子)은 모든 서자庶子를 가리키며 단지 대부大夫와 사士의 서자만 말하는 것이 아니다. '지팡이를 짚고 자리에 나아가지는 못한다'는 것은 적자適子를 피하는 것이다. '빈궁殯宮[24]에 곡을 할 때는 지팡이를 짚는다'는 것은 슬픔이 공경하는 마음보다 더하기 때문이다. '널(柩)에 곡을 한다'는 것은 빈궁殯宮을 연 이후의 일이다. '지팡이를 들어서 지면에 닿지 않게 한다'(輯杖)는 것은 공경스러움이 슬픔보다 더하기 때문이다. 단지 대부大夫와 사士[25]라고 말한 것은 천자와 제후는 존귀해서 아들이 감히 지팡이를 짚고 빈궁殯宮의 문에 들어가지 못하기 때문이다. 그러므로 빈궁에 곡을 하고 널에 곡을 할 때 모두 지팡이를 치운다. 지팡이는 상복에서 무거운 상복에 하는 것으로, 대상제大祥祭를 지내고 버리는데, 반드시 자르고 부러뜨려서 다른 용도로 사용할 수 없게 하고, 은밀한 곳에 버려서 다른 사람들이

더럽히고 천시하지 못하게 한다. '子', 凡庶子, 不獨言大夫・士之庶子也. '不以杖卽位', 避適子也. '哭殯則杖', 哀勝敬也. '哭柩', 啓後也. '輯杖', 敬勝哀也. 獨言大夫・士者, 天子・諸侯尊, 子不敢以杖入殯宮門. 故哭殯哭柩, 皆去杖也. 杖於喪服爲重, 大祥棄之, 必斷截, 使不堪他用, 而棄於幽隱之處, 不使人褻賤之也.

[상대기 26]

막 사망하였을 때, 시신을 침상으로 옮기고, 염금斂衾으로 덮으며, 사망 시 갈아입혔던 옷을 치운다. 소신小臣은 뿔로 만든 숟가락(柶)을 사용하여 이빨을 떠받치고, 연궤燕几를 사용하여 (발이 구부러지지 않도록) 묶는다. 군주・대부・사의 상喪 모두 마찬가지다.

始死, 遷尸于牀, 幠用斂衾, 去死衣. 小臣楔齒用角柶, 綴足用燕几. 君・大夫・士一也.

集說 병이 위독하여 숨을 거두려고 할 때 시신을 땅으로 옮겨 다시 살아나기를 바라고, 사망에 이르면 시신을 들어서 침상 위에 올려놓는다. '호幠'는 덮는다(覆)는 뜻이다. '염금斂衾'은 대렴大斂 때 시신을 감쌀 이불을 생각하여 쓰는 것이다. 이보다 이전에 입고 있던 옷을 치우고 새 옷으로 갈아입혀 사망하게 하는데, 이제 이불로 덮으면서 사망 시 입고 있던 새 옷을 거두는 것이다. '설楔'은 떠받친다(拄)는 뜻이다. 뿔로 사柶26)를 만드는데 길이가 6치며, 양쪽 머리는 구부러져 있다. 함含을 하려고 할 때 입이 닫혀 있을까 염려되기 때문에 숟가락(柶)으로 이빨을 떠받쳐 입이 열려져 있게 하여 함含을 받을 수 있게 하는 것이다. 시신에게 신발을 신겨야 할 때, 발이 치우치고 어긋나 있을까 염려되므로 연궤燕几27)로 고정시켜 묶어서

곧게 펴 있게 한다. 病困時, 遷尸于地, 冀其復生, 死則擧而置之牀上也. '幠', 覆也. '斂衾', 擬爲大斂之衾也. 先時徹襲衣而加新衣以死, 今覆以衾, 而去此死時之新衣也. '楔', 拄也. 以角爲柶, 長六寸, 兩頭屈曲. 爲將含, 恐口閉, 故以柶拄齒, 令開而受含也. 尸應著屨, 恐足辟戾, 故以燕几拘綴之, 令直也.

[상대기 27]

관인管人이 물을 길을 때, 두레박의 줄을 놓지 않고 손에 감아쥐고 가져가 서쪽 계단으로 물을 올리는데 계단을 다 올라가서 당에 오르지 않고 어자御者에게 건네준다. 어자가 들어가 목욕을 시킨다. 소신小臣 4인이 이불을 들어서 시신을 가리고, 어자 2인이 목욕을 시킨다. 목욕시키는 물은 동이에 담아놓고, 시신에 물을 부을 때는 국자를 사용한다. 목욕시킬 때에는 고운 갈포로 만든 수건을 사용하고, 욕의浴衣를 사용하여 닦는데, 모두 살아 있을 때와 같이 한다. 소신小臣이 시신의 발톱을 자르고, 목욕하고 남은 물은 구덩이(坎)에 버린다. 그 어머니의 상에는 내어자內御者(부인)들이 이불을 들어서 시신을 가리고 목욕을 시킨다.

管人汲, 不說綆, 屈之, 盡階, 不升堂, 授御者. 御者入浴. 小臣四人抗衾, 御者二人浴. 浴水用盆, 沃水用枓. 浴用絺巾, 挋用浴衣, 如他日. 小臣爪足, 浴餘水棄于坎. 其母之喪, 則內御者抗衾而浴.

集說 '관인管人'은 관사館舍를 주관하는 자이다. '급汲'은 물을 길어서 시신을 목욕시키는 일에 공급하는 것이다. '율綆'은 물을 긷는 두레박 위의 줄이다. 급히 서두르느라 이 줄을 벗길 겨를이 없기 때문에 다만 둘둘 말아서

손으로 잡는 것이다. 물을 서쪽 계단으로 올리는데, 계단을 다 올라가지만 당에는 올라가지 않고 어자御者28)에게 건네준다. '항금抗衾'은 이불을 들어서 시신을 가린다는 뜻이다. 이 목욕물은 동이에 담고 이어서 국자를 사용하여 동이 속의 물을 떠서 시신에게 부어 씻긴다. 고운 갈포로 수건을 만들고 물에 적셔 시신의 때를 씻어낸다. '진搢'은 닦는다는 뜻이다. '욕의浴衣'는 생존 시에 그것을 사용하여 목욕하던 것이다. 이를 사용하여 시신을 닦아서 몸을 말린다. '다른 날과 같이 한다'(如他日)는 것은 생존 시와 같이 한다는 뜻이다. '조족爪足'은 목욕이 끝나고 시신의 발톱을 깎는다는 뜻이다. 목욕하고 남은 물은 구덩이(坎) 안에 버린다. 이 구덩이는 전인甸人29)이 흙을 취하여 아궁이를 만들 때 팠던 구덩이다. '내어자內御者'는 부인婦人이다.

'管人, 主館舍者.' '汲', 汲水以供浴事也. '繘', 汲水缾上索也. 急遽不暇解脫此索, 但縈屈而執於手. 水從西階升, 盡等而不上堂, 授與御者. '抗衾', 舉衾以蔽尸也. 此浴水用盆盛之, 乃用枓酌盆水以沃尸. 以絺爲巾, 蘸水以去尸之垢. '搢', 拭也. '浴衣', 生時所用以浴者. 用之以拭尸, 令乾也. '如他日'者, 如生時也. '爪足', 浴竟而翦尸足之爪甲也. 浴之餘水棄之坎中. 此坎是甸人取土爲竈所掘之坎. '內御者', 婦人也.

[상대기 28]

관인管人이 물을 길어서 어자御者에게 건넨다. 어자는 당 위에서 곡물을 일어 뜨물을 취해 머리를 감긴다. 군주는 수수의 뜨물로 머리를 감기고, 대부는 기장의 뜨물로 머리를 감기고, 사는 수수의 뜨물로 머리를 감긴다. 전인甸人은 서쪽 담장 아래의 흙을 파서 아궁이를 만들고, 도인陶人은 중력重鬲을 내온다. 관인은 목욕물을 받으면 그것을 데운다. 전인은 복復하던 사람이 치웠던 묘廟의 서북쪽 모퉁이의 땔감나무를 가져다가 불을 지핀다. 관인이 데운 목욕물을 어자에게 건네면, 어자는 그 물로 죽은 이의 머리를 감긴다. 목욕할 때에 와반瓦盤(질그릇 대야)을 사용하고, 닦을 때에 수건을 사용하기를 살아 있을 때와 같이 한다. 소신小臣은 죽은 이의 손톱을 자르고 수염을 깎는다. 씻긴 물은 구덩이에 버린다.30)

管人汲, 授御者. 御者差沐于堂上. 君沐粱, 大夫沐稷, 士沐粱. 甸人爲垼于西牆下, 陶人出重鬲. 管人受沐, 乃煮之, 甸人取所徹廟之西北厞薪, 用爨之. 管人授御者沐, 乃沐. 沐用瓦盤, 挋用巾, 如他日. 小臣爪手翦須. 濡濯棄于坎.

集說 이 경문은 시신의 머리를 감기는 것에 대해 말했다. '차差'는 비빈다(摩)31)는 뜻과 같다. 수수나 기장을 일어서 낸 뜨물을 가지고 머리를 감긴다는 뜻이다. 군주와 사가 똑같이 수수를 사용하는 것은 사가 신분이 낮아서 윗사람을 참람하게 침해한다는 혐의가 없기 때문이다. '역垼'은 흙으로 쌓은 아궁이(塊竈)이다. 머리를 감기려고 할 때, 전인甸人이 서쪽 담장 아래의 흙을 가져와 아궁이를 만든다. '도인陶人'은 질그릇을 만드는 관직이다. '중력重鬲'은 중重32)에 매단 단지(甒)로 질그릇 단지(瓦缾)이며, 세 되를 담을 수 있다. 관인管人은 당상의 어자御者에게서 목욕에 쓸 뜨물을 받아서 내려와, 서쪽 담장으로 가서 아궁이 솥 안에 그 뜨물을 데워서 따뜻하게 한다. 전인甸人은 아궁이를 만드는 일을 끝마치면 곧바로 가서 복復을 한 자가 치워둔 정침正寢의 서북쪽 모퉁이의 땔감을 가져와서 아궁이에 불을 지펴 목욕에 쓰일 뜨물을 데운다. 정침을 묘廟라고 하는 것은 신성하게 여기는 것이다. 구설舊說에 "'비厞'는 지붕의 처마이다"라고 하였는데, 지붕 서북쪽

의 처마에서 뽑아온다는 뜻이다. 일설[33]에는 서북쪽 모퉁이 안 보이는 곳에 둔 땔감이라고 한다. 질그릇 대야(瓦盤)에 이 뜨물을 담는다. '닦을 때 수건을 사용한다'는 것은 수건으로 머리와 얼굴을 씻는다는 것이다. '조수爪手'는 손톱을 자르는 것이다. '난熏'은 머리카락을 씻는다는 뜻이다. '도濯'은 깨끗하지 않은 뜨물이다. 此言尸之沐. '差', 猶摩也. 謂淅粱或稷之潘汁以沐髮也. 君與士同用粱者, 士卑不嫌於僭上也. '堅', 塊竈也. 將沐時, 甸人之官取西牆下之土爲塊竈. '陶人', 作瓦器之官也. '重鬲', 縣重之鬲, 瓦鉼也, 受三升. 管人受沐汁於堂上之御者, 而下往西牆, 於堅竈鬲中煮之令溫. 甸人爲竈畢, 卽往取復者所徹正寢西北厞, 以爨竈煮沐汁. 謂正寢爲廟, 神之也. 舊說, "厞是屋簷", 謂抽取屋西北之簷. 一說, 西北隅厞隱處之薪也. 用瓦盤, 以貯此汁也. '抾用巾', 以巾拭髮及面也. '爪手', 翦手之爪甲也. '熏', 煩撋其髮也. '濯', 不淨之汁也.

[상대기 29]

군주의 상喪에는 대반大盤을 설치하고 그 안에 얼음을 넣는다. 대부의 상에는 이반夷盤을 설치하고 그 안에 얼음을 넣는다. 사士의 상에는 와반瓦盤을 나란히 설치하되 얼음은 없다. 평상을 설치할 때는 평상의 살을 드러나게 한다. 베개가 있으며, 반함飯含을 할 때 하나의 평상이 있고, 습襲을 할 때 하나의 평상이 있고, 시신을 당으로 옮길 때 또 하나의 평상이 있으며, 이들 모두 베개와 자리가 있다. 군주와 대부와 사 모두 제도가 같다.

君設大盤, 造冰焉. 大夫設夷盤, 造冰焉. 士倂瓦盤, 無冰. 設牀, 襢第. 有枕, 含一牀, 襲一牀, 遷尸于堂又一牀, 皆有枕·席. 君·

大夫·士一也.34)

集說 '대반조빙大盤造冰'은 얼음을 대반大盤 안에 넣는다는 뜻이다. '이반夷盤'은 대반보다 작은 것이다. '이夷'는 시尸의 뜻과 같다. '병倂'은 나란하다(並)는 뜻이다. 와반瓦盤은 작다. 그러므로 나란히 설치하는 것이다. '(와반에는) 얼음은 없다'는 것은 물을 담는 것이다. 얼음을 아래에 두고, 위에 침상을 설치한다. '전禪'은 홑(單)의 뜻으로 자리를 치우고 평상의 살을 드러내며, 그 위에 시신을 올려놓아 차가운 기운이 통해서 부패하지 않게 한다. 함含35) · 습襲36) · 천시遷尸의 세 절차에는 각 절차마다 따로 침상이 있다. 이는 목욕시킨 이후 습襲과 소렴小斂 이전에 행하는 일을 말한 것이다. '大盤造冰', 納冰於大盤中也. '夷盤', 小於大盤. '夷', 猶尸也. '倂', 並也. 瓦盤小. 故倂設之. '無冰', 盛水也. 冰在下, 設牀於上. '禪', 單也, 去席而袒露第簀, 尸在其上, 使寒氣得通, 免腐壞也. 含·襲·遷尸三節37), 各自有牀. 此謂沐浴以後襲斂以前之事.

[상대기 30]

군주의 상에 아들·대부大夫·공자公子·중사衆士는 모두 3일 동안 먹지 않는다. (3일이 지나면) 아들·대부·공자·중사는 죽을 먹는다. (유사가) 쌀을 공급하는데, 아침과 저녁으로 1일溢의 쌀을 공급한다. 그것을 먹는 데에 정해진 횟수가 없다. 사士는 거친 밥을 먹고 물을 마시는데, 먹는 데에 정해진 횟수가 없다. 부인夫人·세부世婦·여러 처妻들은 모두 거친 밥을 먹고 물을 마시는데, 먹는 데에 정해진 횟수가 없다.

君之喪, 子·大夫·公子·衆士皆三日不食. 子·大夫·公子·
衆士食粥. 納財, 朝一溢米, 莫一溢米. 食之無算. 士疏食水飲,
食之無算. 夫人·世婦·諸妻皆疏食水飲, 食之無算.

集說 '납재納財'(받아쓰는 곡식)는 유사가 이 쌀을 제공함을 말한다. 정현의
주에 '재財는 곡물(穀)이다'라고 하였는데, 쌀은 곡물에서 나오기 때문에 재
財라고 했다는 뜻이다. '1일溢'은 1과 1/24승升이다. '그것을 먹는 데에 정해
진 횟수가 없다'는 것은 상중에는 끼니때 맞추어 밥을 먹을 수 없으므로
생각에 따라 먹고 싶어지면 먹는다는 뜻이다. 다만 아침과 저녁을 합해서
이 2일溢의 쌀을 초과하여 먹을 수 없다. '소사疏食'는 거친 밥(粗飯)을 가리
킨다. '納財', 謂有司供納此米也. 鄭註, '財, 穀也', 謂米由穀出故言財. '一溢', 二十四
分升之一也. '食之無算'者, 謂居喪不能頓食, 隨意欲食則食. 但朝暮不得[38]過此二溢之米
也. '疏食', 粗飯也.

[상대기 31]

대부大夫의 상에 주인과 가신의 우두머리(室老)와 손자는 모두 죽을
먹고, 중사衆士는 거친 밥에 물을 마시고, 처와 첩은 거친 밥에 물
을 마신다. 사士의 상喪에서도 역시 그와 같이 한다.

大夫之喪, 主人·室老·子姓皆食粥, 衆士疏食水飲, 妻妾疏食水
飲. 士亦如之.

集說 '실로室老'는 가신의 우두머리다. '자성子姓'은 손자이다. '중사衆士'는
실로의 아래이다. '사士의 상에서도 역시 그와 같이 한다'(士亦如之)는 것은

사士의 상喪에도 아들은 죽을 먹고 사망한 이의 처와 첩은 거친 밥에 물을 마신다는 뜻이다. '室老', 家臣之長. '子姓', 孫也. '衆士', 室老之下也. '士亦如之', 謂士之喪, 亦子食粥, 妻妾疏食水飮也.

[상대기 32]

장례葬禮를 마친 후에 주인은 거친 밥에 물을 마시지만, 채소와 과일은 먹지 않는다. 부인도 그와 같이 한다. 이는 군주, 대부大夫, 사士가 동일하다. 연제練祭(소상제)를 지내고 야채와 과일을 먹으며, 상제祥祭(대상제)를 지내고 고기를 먹는다. 성盛에 담긴 죽을 먹을 때에는 손을 씻지 않고, 산簋에 담긴 밥을 먹을 때에는 손을 씻는다. 야채를 먹을 때에는 식초와 젓갈을 곁들인다. 처음 고기를 먹을 때에는 먼저 마른 고기부터 먹는다. 처음 술을 마실 때에는 먼저 예주醴酒(단술)부터 마신다.

旣葬, 主人疏食水飮, 不食菜果. 婦人亦如之. 君·大夫·士一也. 練而食菜果, 祥而食肉. 食粥於盛, 不盥, 食於簋者盥. 食菜以醯·醬. 始食肉者, 先食乾肉. 始飮酒者, 先飮醴酒.

集說 '성盛'은 배우杯圩39) 종류의 그릇이다. '산簋'은 대나무로 만든 광주리(竹筥)이다. 배우에 죽을 담는데, 입으로 그것을 마신다. 그러므로 손을 씻을 필요가 없다. 밥은 대나무 광주리에 담겨 있는데, 손으로 취해서 먹어야 한다. 그러므로 손을 씻어야 한다. '盛', 杯圩之器也. '簋', 竹筥也. 杯圩盛粥, 歠之以口. 故不用盥手. 飯在簋, 須手取而食之. 故當盥手也.

[상대기 33]

(방친에 대한) 기년복의 상에는 (상을 당한 첫날) 세 끼를 먹지 않는다. (이틀째부터는) 거친 밥을 먹고 물을 마시는데, 야채와 과일은 먹지 않는다. 3달 만에 장례葬禮를 마친 후 고기를 먹고 술을 마신다. (정복의) 기년상에는 상을 끝마칠 때까지 고기를 먹지 않고 술을 먹지 않는다. 아버지가 살아 계실 때 어머니를 위해서, 또는 처를 위해서 상복을 하는 경우이다. 9월 대공大功의 상에는 먹고 마시는 것을 기년상의 경우와 마찬가지로 한다. 고기를 먹고 술을 마시지만, 남들과 더불어 즐기지는 않는다.

期之喪, 三不食. 食疏食水飮, 不食菜果. 三月旣葬, 食肉飮酒. 期, 終喪不食肉, 不飮酒. 父在, 爲母爲妻. 九月之喪, 食飮猶期之喪也. 食肉飮酒, 不與人樂之.

集說 '남들과 더불어 즐기지는 않는다'(不與人樂之)는 것은 술과 고기를 다른 사람과 함께 먹는 것으로 즐거움을 삼지 않는다는 뜻이다. '여與'는 구설에는 음이 '예預'라고 하였는데,[40] 잘못이다. ○ 소疏에서 말한다. "'기년상에는 세 끼를 먹지 않는다'는 것은 대부大夫·사士가 방계친족을 위해 입는 기년상의 경우를 말한 것이다. 정복正服[41]이라면 이틀 동안 먹지 않는다. 이에 대해서는 「간전間傳」에 보인다."[42] '不與人樂之', 言不以酒肉與人共食爲歡樂也. '與', 舊音'預', 非. ○ 疏曰: "'期喪三不食', 謂大夫士旁期之喪. 正服則二日不食. 見「間傳」."

[상대기 34]

5월 소공小功의 상에는 두 끼를 먹지 않고, 3월 시마緦麻의 상에는 한 끼를 먹지 않는 것으로 가능하다. 장례葬禮를 거행할 때에 이르러서는 고기를 먹고 술을 마시지만, 남들과 더불어 즐기지는 않는다. 숙모叔母·세모世母(백모)·옛 군주(故主)·종자宗子 등의 상인 경우에는 고기를 먹고 술을 마신다.

五月·三月之喪, 壹不食, 再不食, 可也. 比葬, 食肉飮酒, 不與人樂之. 叔母·世母·故主·宗子, 食肉飮酒.

集說 '한 끼를 먹지 않는다'(一不食)는 것은 3월의 상이다. '두 끼를 먹지 않는다'(再不食)는 것은 5월의 상이다. '고주故主'는 옛 군주(舊君)이다. 대부는 본래 '주主'로 칭한다. '一不食', 三月之喪也. '再不食', 五月之喪也. '故主', 舊君也. 大夫本稱主'.

[상대기 35]

죽을 먹을 수 없는 사람은 야채를 넣어서 끓인 국을 먹어도 된다. 병을 앓고 있는 사람은 고기를 먹고 술을 마셔도 된다. 나이 50이 된 사람은 상복喪服의 예절을 다 갖추어 마치지 않고, 나이 70이 된 사람은 몸에 단지 최복衰服을 입기만 한다.

不能食粥, 羹之以菜可也. 有疾, 食肉飮酒可也. 五十不成喪, 七十唯衰麻在身.

集說 '상복의 예절을 다 갖추어 마치지 않는다'(不成喪)는 것은 거상의 예절을 다 갖추지 않는다는 뜻이다. '不成喪', 謂不備居喪之禮節也.

[상대기 36]

장례를 마친 뒤, 군주가 음식을 하사하면 먹고, 대부와 부친의 친구가 음식을 하사하면 먹는다. 기장밥과 고기도 피하지 않는다. 만약 청주(酒)와 단술(醴)이 있다면 그것은 사양한다.

旣葬, 若君食之則食之, 大夫·父之友食之則食之矣. 不辟粱肉. 若有酒醴則辭.

集說 '군주가 음식을 하사한다'(君食之)는 것은 신하에게 음식을 하사한다는 뜻이다. '대부가 음식을 하사한다'(大夫食之)는 것은 사士에게 음식을 하사한다는 뜻이다. '부친의 친구'(父友)는 아버지와 뜻을 같이하는 사람이다. 이는 모두 신분이 높은 이가 신분이 낮은 이에게 먹게 하는 것이다. 그러므로 비록 기장밥과 고기라고 해도 피하지 않는다. 청주와 단술은 안색에 나타나므로 사양해야 한다. '君食之', 食臣也. '大夫食之', 食士也. '父友', 父同志者. 此並是尊者食卑者. 故雖粱肉不避, 酒醴見顔色, 故當辭.

[상대기 37]

소렴小斂은 방안에서 행하고, 대렴大斂은 조계阼階에서 행한다. (소렴과 대렴에) 군주에게는 대자리를 사용하고, 대부大夫에게는 부들

자리를 사용하고, 사士에게는 갈대자리를 사용한다.

小斂於戶內, 大斂於阼. 君以簟席, 大夫以蒲席, 士以葦席.

集說 '점석簟席'은 대나무로 만든 자리다. '簟席', 竹席也.

[상대기 38]

소렴小斂에 베로 만든 효(布絞)를 사용하는데 세로로 된 것이 한 폭이고, 가로로 된 것 세 폭이다. 군주의 경우는 비단이불(錦衾), 대부의 경우는 흰 비단 이불(縞衾), 사士의 경우는 검은 명주 이불(緇衾)을 쓰는데, 모두 한 장씩이다. 옷은 19벌(稱)이다. 군주의 경우는 당堂의 서序(당의 동서쪽 벽) 동쪽에 옷을 진설하고, 대부와 사의 경우는 방 안에 옷을 진설하는데, 모두 옷깃을 서쪽으로 향하게 하고 위를 북쪽으로 한다. 효絞와 홑이불(紟)은 19벌 안에 포함되지 않는다.43)

小斂, 布絞, 縮者一, 橫者三. 君錦衾, 大夫縞衾, 士緇衾, 皆一. 衣44)十有九稱. 君陳衣于序東, 大夫·士陳衣于房中, 皆西領, 北上. 絞·紟不在列.

集說 이 경문은 소렴 때에 사용하는 옷과 이불에 대해 설명한 것이다. '효絞45)'는 소렴을 마치고 난 후 이것을 사용하여 시신을 묶어서 견실하게 하는 것이다. 세로로 된 것이 가로로 된 것의 위에 있다. 세로로 된 것은 한 폭이고, 가로로 된 것은 세 폭이다. 폭의 끝마다 갈라서 세 가닥으로

만들어 묶기에 편리하도록 한다. '모두 한 장씩이다'(皆一)라는 것은 군주·대부·사士에게 모두 이불 한 장을 사용한다는 뜻이다. 이불은 효포 위에 있다. 하늘의 수(天數)는 9에서 끝나고, 땅의 수(地數)는 10에서 끝난다. 그러므로 19벌(稱)이다. 속옷(袍)은 겹옷(夾衣)이고, 의상衣裳은 홑옷(單衣)이다. 그러므로 주에서 "홑옷과 겹옷이 갖추어진 것을 벌(稱)이라고 한다"[46]고 한 것이다. '금給'[47]은 홑이불이다. '진설되는 데에 있지 않다'(不在列)는 것은 19벌의 수에 포함되지 않는다는 뜻이다. 此明小斂之衣衾. '絞', 旣斂所用以束尸, 使堅實者. 從者在橫者之上. 從者一幅, 橫者三幅. 每幅之末, 析爲三片, 以便結束. '皆一'者, 君·大夫·士皆一衾. 衾在絞之上. 天數終於九, 地數終於十. 故十有九稱也. 袍夾衣, 衣裳單衣. 故註云: "單複具曰稱." '給', 單被也. '不在列', 不在十九稱之數也.

[상대기 39]

대렴大斂에 베로 만든 효(布絞)를 사용하는데 세로로 된 것이 세 폭이고, 가로로 된 것이 다섯 폭이다. 베로 만든 홑이불(布給)과 두 장의 이불(二衾)을 사용한다. 군주君主·대부大夫·사士 모두 똑같다. 군주의 경우 옷을 뜰(庭)에 진설하는데, 100벌이다. 옷깃을 북쪽으로 향하게 하고 위를 서쪽으로 하여 진설한다. 대부의 경우 옷을 당의 서序 동쪽에 진설하는데, 50벌이다. 옷깃을 서쪽으로 향하게 하고 위를 남쪽으로 하여 진설한다. 사의 경우 옷을 당의 서序 동쪽에 진설하는데, 30벌이다. 옷깃을 서쪽으로 향하게 하고 남쪽을 위로 하여 진설한다. 효絞와 홑이불(給)은 조복朝服과 마찬가지로 15승의 베를 쓴다. 효 한 폭을 세 가닥으로 나누는데, 그 끝은 찢지 않는다. 홑이불(紟)은 다섯 폭인데, 표식을 붙이지 않는다.

大斂, 布絞, 縮者三, 橫者五. 布紟, 二衾. 君·大夫·士一也. 君
陳衣于庭, 百稱. 北領, 西上. 大夫陳衣于序東, 五十稱. 西領, 南
上. 士陳衣于序東, 三十稱. 西領, 南上. 絞·紟如朝服. 絞一幅
爲三, 不辟. 紟五幅, 無紞.

集說 이는 대렴大斂의 일을 설명한 것이다. '세로로 된 것이 세 폭'(縮者三)
이란 한 폭을 수직 방향으로 사용하고 그 양 끝부분을 찢어서 세 가닥으로
만든다는 뜻이다. '가로로 된 것 다섯 폭'(橫者五)이란 베 두 폭을 나누어 찢
어서 6조각으로 만들되 5조각을 사용하고, 수직 방향의 효絞 아래에 가로
로 놓는다는 뜻이다. '홑이불'(紟)은 일설에는 효 아래에 두어 그것으로 시
신을 든다고 하였고, 일설에는 효 위에 둔다고 하였는데, 어떤 것이 옳은지
모르겠다. '이불 두 장'(二衾)이란 소렴 때의 이불 한 장에 대렴 때에 다시
이불 한 장을 더하는 것이다. '조복과 같이 한다'(如朝服)는 것은 그 베를 조
복처럼 15승의 베를 쓴다는 뜻이다. '효 한 폭을 세 가닥으로 나누는데, 그
끝은 찢지 않는다'(絞一幅爲三, 不辟)는 것은 한 폭의 양 끝만 찢어서 세 가닥
으로 만들고, 중간 부분은 찢지 않는다는 뜻이다. '홑이불 다섯 폭'은 시신
을 드는 데에 사용한다. '표식을 붙이지 않는다'(無紞)는 것은 이불 머리에
끈 등의 장식을 사용하여 표식으로 삼지 않는다는 뜻이다. 또 살펴보건대,
사士가 수수의 뜨물로 머리를 감고 옷을 진설하는 것은 『의례』「사상례士
喪禮」의 규정과 다르다. 구설에서 이것은 천자의 사士일 경우라고 하였
다.[48] 此明大斂之事. '縮者三', 謂一幅直用, 裂其兩頭爲三片也. '橫者五', 謂以布二幅
分裂作六片而用五片, 橫於直者之下也. '紟', 一說在絞下用以擧尸, 一說在絞上, 未知孰
是. '二衾'者, 小斂一衾, 大斂又加一衾也. '如朝服', 其布如朝服十五升也. '絞一幅爲三,

不辟'者, 一幅兩頭分爲三段而中不擘裂也. '紟五幅', 用以擧尸者. '無紞', 謂被頭不用組
紐之類爲識別也. 又按士沐粱及陳衣與「士喪禮」不同. 舊說此爲天子之士.

[상대기 40]

소렴에 사용하는 수의에서 제복祭服은 반드시 방향이 어긋나지 않
게 진설한다. 군주의 경우 다른 사람이 보내준 수의(襚)는 진설하지
않는다. 대부와 사의 경우 주인主人의 제복을 모두 진설하고, 친척
에게 받은 수의는 받아놓고 곧바로 진설하지는 않는다. 소렴에서
군주와 대부와 사는 모두 솜을 넣은 옷(複衣)과 솜을 넣은 이불(複衾)
을 쓴다. 대렴에서 군주와 대부와 사는 제복祭服의 수에 제한을 두
지 않는다. 군주는 겹옷(褶衣)과 겹이불(褶衾)을 사용한다. 대부와 사
는 소렴에서와 마찬가지로 솜을 넣은 옷(複衣)과 솜을 넣은 이불(複
衾)을 사용한다.

小斂之衣, 祭服不倒. 君無襚. 大夫·士畢主人之祭服, 親戚之衣,
受之, 不以卽陳. 小斂, 君·大夫·士皆用複衣·複衾. 大斂,
君·大夫·士祭服無算. 君褶衣褶衾. 大夫·士猶小斂也.

集說 소렴의 19벌을 모두 몸에 입히지는 않고 방정하게만 한다. 그러므
로 옷깃이 아래쪽에 놓인 경우가 있다. 다만 제복祭服은 존귀하기 때문에
반드시 옷깃이 위쪽에 있게 한다. '군무수君無襚'는 모두 자기의 옷을 사용
하고 타인이 보내준 수의는 사용하지 않음을 뜻한다. 대부와 사의 경우는
자신의 옷을 전부 사용한 다음에 수襚49)를 사용한다. '제복祭服'이라고 말
한 것은 존귀하고 아름다운 것을 들어 말한 것이다. 친척이 보내준 수의는

비록 받기는 하지만 그것을 진설하지는 않는다. '복의複衣와 복금複衾'은 솜이 들어간 옷과 이불이다. '제복의 수에 제한을 두지 않는다'(祭服無算)는 것은 있는 대로 모두 사용하여 수의 제한을 두지 않는다는 뜻이다. '첩의襲衣와 첩금襲衾'은 겹으로 된 옷과 이불이다. 군주의 수의에서는 많음을 숭상한다. 그러므로 대렴에 겹으로 된 옷과 이불을 사용한다. 대부와 사는 그대로 소렴 때 쓰는 복의複衣와 복금複衾를 사용한다. 小斂十九稱, 不悉著於身, 但取其方. 故有領在下者. 惟祭服尊, 故必領在上也. '君無襚', 謂悉用己衣, 不用他人襚送者. 大夫·士盡用己衣, 然後用襚. 言'祭服', 擧尊美者言之也. 親戚所襚之衣, 雖受之而不以陳列. '複衣·複衾', 衣衾之有綿纊者. '祭服無算', 隨所有皆用, 無限數也. '襲衣襲衾', 衣衾之袷者. 君衣尙多. 故大斂用袷衣衾. 大夫·士猶用小斂之複衣複衾也.

[상대기 41]

포袍(속옷)는 반드시 그 위에 겉옷을 입고 (단독의) 홑옷으로 입지 않으며, 상의에는 반드시 치마가 있다. 이를 한 벌(一稱)이라고 한다.

袍必有表, 不襌, 衣必有裳. 謂之一稱.

集說 '포袍'는 옷 가운데 몸에 입는 것으로서 곧 속옷(褻衣)이다. 반드시 예복을 갖추어서 그 밖을 표현하고, 홑옷으로 입어서 밖으로 드러내서는 안 된다. 웃옷과 치마 역시 한쪽만 있어서는 안 된다. 이와 같이 해야 한 벌(稱)을 이룬다. '袍', 衣之有著者, 乃褻衣也. 必須有禮服以表其外, 不可襌露. 衣與裳, 亦不可偏有. 如此乃成稱也.

[상대기 42]

무릇 옷을 진설할 때에는 상자 속에서 꺼내어 진설하고, 옷을 건네 받을 때에도 상자를 이용한다. 옷을 들고 오르고 내릴 때에도 서쪽 계단을 통해서 오르고 내린다. 무릇 옷을 진설할 때에는 말지 않고 펴놓으며, 정색正色이 아닌 옷은 진설하는 데 포함시키지 않는다. 치絺·격綌·저紵는 진설하는 데 포함시키지 않는다.

凡陳衣者實之篋, 取衣者亦以篋. 升降者自西階. 凡陳衣不詘, 非列采不入. 絺·綌·紵不入.

集說 '진의자실지협陳衣者實之篋'은 상자 속에서 꺼내어 진설한다는 뜻이다. '취의取衣'는 수의襚衣를 담당하는 자가 건네는 옷을 받아 취한다는 뜻이다. '불굴不詘'은 펴놓고 말지 않는다는 뜻이다. '정색(列采50))이 아닌 옷'(非列采)은 간색間色이나 잡색雜色이 된다. 시신을 염할 때 더운 여름이라도 속옷(袍)을 사용한다. 그러므로 치絺·격綌과 저포紵布는 모두 진설하는데 포함시키지 않는다.51) '陳衣者實之篋', 自篋中取而陳之也. '取衣', 收取襚者所委之衣也. '不詘', 舒而不卷也. '非列采', 爲間色雜色也. 斂尸者, 當暑亦用袍. 故絺·綌與紵布, 皆不入也.

[상대기 43]

무릇 염을 집행하는 사람은 단袒을 하고, 시신을 옮기는 사람은 습襲을 한다.

凡斂者袒, 遷尸者襲.

集說 　소렴과 대렴의 일을 집행하는 사람은 그 일이 번잡하기 때문에 반드시 단袒(왼쪽 어깨를 드러냄)52)을 하여 편리함을 취하고, 시신을 옮겨 관에 넣을 때는 그 일이 쉽기 때문에 왼쪽 어깨를 드러내지 않는다. 執小斂·大斂 之事者, 其事煩, 故必袒以取便, 遷尸入柩則其事易矣, 故不袒.

[상대기 44]

군주의 상에는 태축(大胥 大祝)이 염斂을 집행하고, 중축(衆胥 商祝)이 돕는다. 대부의 상에는 태축이 임하고, 중축이 염을 집행한다. 사의 상에는 축(胥 商祝)이 임하고, 사가 염을 집행한다.

君之喪, 大胥是斂, 衆胥佐之. 大夫之喪, 大胥侍之, 衆胥是斂. 士之喪, 胥爲侍, 士是斂.

集說 　'서胥'를 '축祝'으로 읽어야 하는 것은 '서胥'는 악관樂官으로서 상사喪事를 관장하지 않기 때문이다. 『주례』에 따르면, 태축大祝의 직무가 대상大喪에 염하는 일을 돕고,53) 상축喪祝은 경과 대부의 상에 염하는 일을 관장한다.54) 『의례』「사상례士喪禮」에 "상축商祝은 염하는 일을 주관한다"라고 하였다. 그러므로 '축祝'이 되어야 함을 알 수 있다. '시侍'는 임한다는 뜻과 같다. '胥', 讀爲'祝'者, 以'胥'是樂官, 不掌喪事也. 『周禮』, 大祝之職, 大喪贊斂, 喪祝, 卿大夫之喪掌斂. 「士喪禮」"商祝主斂." 故知當爲'祝'. '侍', 猶臨也.

[상대기 45]

소렴과 대렴에 제복祭服은 방향이 어긋나지 않게 않고, 모두 옷깃을 왼쪽으로 여미며, 옷을 묶는 데 효絞를 사용하고 고(紐)를 만들지 않는다.

小斂大斂, 祭服不倒, 皆左衽, 結絞不紐.

集說 소疏에서 말한다. "'임衽'은 옷깃이다. 살아 있을 때는 옷깃을 오른쪽으로 향하게 하는데, 왼손으로 띠를 풀어서 빼기에 편리하도록 하기 위한 것이다. 죽으면 옷깃을 왼쪽으로 향하게 하는 것은 다시는 풀지 않음을 보여주는 것이다. '효를 사용하여 묶고 고를 만들지 않는다'(結絞不紐)는 것은 살아 있을 때에는 띠에 모두 굴뉴屈紐(고)를 만들어 당겨 풀기 쉽도록 하지만, 죽을 때에는 다시는 푸는 의리가 없기 때문에 효絞로 완전히 묶고 고(紐)를 만들지 않는 것이다." 疏曰: "'衽', 衣襟也. 生向右, 左手解抽帶便也. 死則襟向左, 示不復解也. '結絞不紐'者, 生時帶並爲屈紐, 使易抽解, 死時無復解義, 故絞束畢結之, 不爲紐也."

[상대기 46]

염을 하는 자가 염을 마치면 반드시 곡을 한다. 사士는 살아 있을 때 죽은 이와 함께 일을 한 사람이라면 염을 하게 한다. 염을 하면, 사망한 이를 위해서 한 끼의 식사를 거른다. 무릇 염을 행하는 사람은 6인이다.

斂者旣斂, 必哭. 士與其執事則斂. 斂焉則爲之壹不食. 凡斂者六人.

集說 '죽은 이와 함께 일을 한다'(與其執事)는 것은 모든 일을 서로 돕는다는 뜻이다. 구설舊說[55]에는 이 죽은 이와 살아 있을 때 함께 일을 하였으니 죽은 이를 설만하게 여기거나 싫어하지 않을 사람이기 때문에 그에게 염을 시킨다고 하였는데, 옳은지는 모르겠다. '與其執事', 謂相助凡役也. 舊說謂與此死者平生共執事, 則不至褻惡死者, 故以之斂, 未知是否.

[상대기 47]

군주의 상喪에 비단의 모冒(시신을 감싸는 주머니)에 도끼 문양을 그려 넣은 쇄殺(모의 아랫부분)를 사용하며, 철방綴旁은 7개이다. 대부의 상에 현색玄色의 모에 도끼 문양을 그려 넣은 쇄殺를 사용하며, 철방은 5개이다. 사의 상에 검은 비단의 모에 붉은색의 쇄를 쓰며, 철방은 3개이다. 무릇 모는 질質(모의 윗부분)의 길이는 손과 나란하며 쇄의 길이는 3척이다. 소렴 이후에는 이금夷衾을 사용하는데, 이금의 질과 쇄에 대한 제도는 모의 경우와 같다.

君錦冒黼殺, 綴旁七. 大夫玄冒黼殺, 綴旁五. 士緇冒赬殺, 綴旁三. 凡冒, 質長與手齊, 殺三尺. 自小斂以往用夷衾, 夷衾質殺之裁猶冒也.

集說 '모冒'는 시신을 씌우는 두 주머니로, 위쪽을 '질質'이라 하고 아래쪽을 '쇄殺'라고 한다. 먼저 쇄로 다리를 씌워 감싸면서 위로 올라가고, 뒤에 질로 머리를 씌워 감싸면서 아래로 내려간다. 군주의 경우 질은 비단을 사용하고, 쇄에는 보黼(도끼 문양)의 무늬를 그려 넣는다. 그러므로 '금모보쇄錦冒黼殺(비단의 모에 보 문양의 쇄)라고 한 것이다. 그 제도는 한쪽 머리를 꿰

매어 봉합하고, 또 한 변을 꿰매어 연결시키며, 나머지 한 변은 꿰매지 않는다. 두 주머니가 모두 그렇다. '철방칠綴旁七'은 꿰매지 않는 변의 위아래에 7개의 띠를 부착하여 이어서 묶는다는 뜻이다. 위쪽의 질은 머리로부터 내려오니, 그 길이는 손과 나란하다. 쇄는 아래로부터 위로 올라가니, 그 길이는 3척이다. 소렴에는 이 모冒가 있다. 그러므로 금衾(이불)을 사용하지 않는다. 소렴 이후에는 이금夷衾을 사용하여 덮는다. '이夷'는 시신(尸)이라는 뜻이다. '재裁'는 제도(製)라는 뜻과 같다. 이금夷衾과 질쇄質殺의 제도는 모두 시신의 형체를 덮고 감싸기 위해서 만들어진 것이다. 구설에 이금 역시 위는 손과 나란하고 아래는 3척이니, 비단의 색과 길이에 대한 제도는 모冒의 질쇄에 대한 규정과 같다고 하였다.[56] '冒'者, 韜尸之二囊, 上曰'質', 下曰'殺'. 先以殺韜足而上, 後以質韜首而下. 君質用錦, 殺畫黼文. 故云'錦冒黼殺'也. 其制縫合一頭, 又縫連一邊, 餘一邊不縫. 兩囊皆然. '綴旁七'者, 不縫之邊上下, 安七帶, 綴以結之也. 上之質從頭而下, 其長與手齊. 殺則自下而上, 其長三尺也. 小斂有此冒. 故不用衾. 小斂以後, 則用夷衾覆之. '夷', 尸也. '裁', 猶製也. 夷衾與質殺之制, 皆爲覆冒尸形而作也. 舊說, 夷衾亦上齊手, 下三尺, 繪色及長短制度, 如冒之質殺.

[상대기 48]

군주의 상에서 대렴을 하려고 할 때, 아들은 소변素弁에 환질環絰[57]을 두르고 동서東序(당의 동쪽 벽) 끝의 자리로 나아간다. 경과 대부는 당의 모서리 영楹(기둥) 서쪽의 자리로 나아가서 북쪽을 향하는데, 동쪽을 윗자리로 하여 나란히 선다. 제부諸父와 제형諸兄은 당 아래에서 북쪽을 향하고, 부인夫人과 명부命婦는 시신의 서쪽에서 동쪽을 향하고, 외종外宗의 여자들은 방 안에서 남쪽을 향해 서 있는다. 소신小臣은 대렴大斂을 행할 돗자리(席)를 깔아놓는다. 상축商祝이 효絞·홑이불(紟)·이불(衾) 등을 깔아놓고, 사士는 세숫대야(盤)의 북쪽에서 손을 씻은 다음 시신을 염할 곳으로 옮긴다. 대렴을 마치면, 태재太宰가 상주喪主에게 염이 끝났음을 아린다. 아들 상주는 시신에 기대어 곡哭을 하고 용踊을 한다. 부인夫人은 (시신의 서쪽에서) 동쪽을 향해 앉아서 시신에 기대어 곡哭을 하고 일어나 용踊을 한다.

君將大斂, 子弁絰, 即位于序端. 卿·大夫即位于堂廉楹西, 北面, 東上. 父·兄堂下, 北面, 夫人·命婦尸西, 東面, 外宗房中南面. 小臣鋪席. 商祝鋪絞·紟·衾·衣, 士盥于盤上, 士擧遷尸于斂上. 卒斂, 宰告. 子馮之踊. 夫人東面亦如之.

集說 '변질弁絰'은 소변素弁 위에 환질環絰을 두른 것으로 아직 성복成服하기 이전이기 때문이다. '서序'는 당의 동쪽 서序를 가리키고, '단端'은 서序의 남쪽 끝이다. '당렴堂廉'은 당의 기基 남쪽 경계 모서리의 위다. '영楹'은 남쪽으로 당의 모서리에 가까운 기둥이다. '제부諸父와 제형諸兄은 당 아래에서 북쪽을 향한다'는 것은 제부와 제형 가운데 벼슬을 하지 못한 자는 신분이 비천하기 때문에 당 아래에 있음을 말한다. '외종外宗'은 설명이 「잡기하雜記下」(3-11)에 보인다. '소신小臣은 대렴大斂을 행할 돗자리를 깔아놓는다'는 것은 효포(絞)·홑이불(紟)·이불(衾)을 자리 위에 깐다는 뜻이다. '사士'는 상축商祝 등을 말한다. '염상斂上'은 곧 염하는 곳이다. '염을 마치면 재가 고한다'(卒斂, 宰告)는 것은 태재太宰가 상주에게 염의 의절이 끝났음을 고한다는 뜻이다. '그것을 껴안고서 용을 한다'(馮之踊)는 것은 시신에 기대어

곡을 하다가 일어나 용을 한다는 뜻이다. '弁絰', 素弁上加環絰, 未成服故也. '序', 謂東序, '端', 序之南頭也. '堂廉', 堂基南畔廉稜之上也. '楹', 南近堂廉者. '父·兄堂下北面', 謂諸父諸兄之不仕者, 以賤故在堂下. '外宗', 見「雜記下」. '小臣鋪席', 絞·紟·衾鋪于席上. '士', 商祝之屬也. '斂上', 卽斂處也. '卒斂, 宰告', 太宰告孝子以斂畢也. '馮之踊'者, 馮尸而起踊也.

[상대기 49]

대부의 상에서 대렴을 행하고자 효絞·홑이불(紟)·이불(衾)·수의(襚)를 펴 놓았는데 군주가 조문하러 이르면, 주인은 군주를 맞이하는데 군주보다 먼저 문 오른쪽으로 들어오고, (군주를 수행한) 무巫는 문 밖에서 멈춘다. 군주는 석채釋菜의 예를 행하고, 축祝은 군주보다 먼저 문으로 들어가 당에 오른다. 군주는 동서東序 끝의 자리로 나아간다. 경과 대부는 당의 모서리 영楹(기둥) 서쪽의 자리로 나아가서 북쪽을 향하는데, 동쪽을 윗자리로 하여 나란히 선다. 주인은 방 밖에서 남쪽을 향해 선다. 주부主婦는 시신의 서쪽에서 동쪽을 향해 선다. 시신을 옮긴다. 염이 끝나면 재宰는 염이 끝났음을 상주에게 고한다. 주인은 서쪽 계단에서 내려와 당 아래에서 북쪽을 향해 선다. 군주가 시신을 어루만진다. 주인은 배례拜禮하면서 이마를 지면에 댄다. 군주는 당에서 내려와 주인에게 당 위에 올라가 시신에 기대어 곡용哭踊하게 하고, 주부主婦에게 명하여 시신에 기대어 곡용하게 한다.

大夫之喪, 將大斂, 既鋪絞・紟・衾・衣, 君至, 主人迎, 先入門右, 巫止于門外. 君釋菜, 祝先入, 升堂. 君卽位于序端. 卿・大夫卽位于堂廉楹西, 北面, 東上. 主人房外南面. 主婦尸西, 東面. 遷尸. 卒斂, 宰告. 主人降, 北面于堂下. 君撫之. 主人拜稽顙. 君降, 升主人馮之, 命主婦馮之.

集說 '군주는 석채釋菜의 예를 행한다'는 것은 문의 신에게 예의를 갖추는 것이다. '재가 고한다'(宰告)는 것은 또한 상주에게 염이 끝났음을 고하는 것이다. '군주가 어루만진다'(君撫之)는 것은 시신을 어루만진다는 뜻이다. '주인이 배례拜禮하면서 이마를 지면에 댄다'는 것은 군주의 은혜에 감사하는 예이다. '주인에게 당 위에 올라가 시신에 기대어 곡용哭踊하게 한다'는 것은 군주가 주인에게 당堂에 올라가서 시신에 기대어 곡용哭踊을 하게 한다는 뜻이다. '명命'은 또한 군주가 명령을 하는 것이다. '君釋菜', 禮門神也. '宰告', 亦告主人以斂畢也. '君撫之', 撫尸也. '主人拜稽顙', 謝君之恩禮也. '升主人馮之', 君使主人升堂馮尸也. '命', 亦君命之.

[상대기 50]

사士의 상에서 대렴을 하고자 할 때, 군주는 참가하지 않으며, 그 나머지 의절은 대부의 상과 마찬가지다.

士之喪, 將大斂, 君不在, 其餘禮猶大夫也.

集說 '그 나머지 의절'(其餘禮)은 옷을 깔고 자리에 나아가는 등의 일을 말한다. '其餘禮', 如鋪衣列位等事.

[상대기 51]

효絞와 홑이불(紟)을 깔 때에 용踊을 하고, 이불(衾)을 깔 때에 용踊을
하고, 수의(衣)를 깔 때에 용을 한다. 시신을 옮길 때 용踊을 하고,
수의로 염할 때 용을 하고, 이불로 염할 용을 하고, 효와 홑이불로
염할 때 용을 한다.

鋪絞·紟踊, 鋪衾踊, 鋪衣踊. 遷尸踊, 斂衣踊, 斂衾踊, 斂絞·
紟踊.

集說 이 경문은 용踊의 의절이다. 시신을 움직이고 관을 들 때에는 곡과
용을 함에 횟수의 제한이 없으므로, 이 절목에 들어가지 않은 것이다. 此踊
之節也. 動尸擧柩, 哭踊無數, 不在此節.

[상대기 52]

(소렴이 끝나면) 군주는 대부의 시신을 손으로 어루만지고, 내명부
의 시신은 손으로 어루만진다. 대부는 실로室老의 시신을 손으로
어루만지고, 질姪과 제娣의 시신을 손으로 어루만진다.

君撫大夫, 撫內命婦. 大夫撫室老, 撫姪·娣.

集說 '무撫'는 손으로 어루만진다는 뜻이다. '내명부內命婦'는 군주의 세부
世婦이다. 대부大夫와 내명부는 모두 신분이 귀하다. 그러므로 군주가 직접
손으로 어루만지는 것이다. 그 이하는 손으로 어루만지지 않는다. '실로室
老'는 존귀한 신하이고, '질제姪娣'는 존귀한 첩이다. 그러므로 대부가 손으

로 어루만진다. 옛날에 제후는 한 번에 9명의 여자를 아내로 맞이하는데, 두 나라에서 각각 여인을 잉첩媵妾으로 보내서 제질娣姪로 삼아 따르게 하였다. 대부의 내자内子 또한 질제姪娣를 두었다. '질姪'은 형兄의 딸이고, '제娣'는 여동생이다. 신분에서 제娣는 높고, 질姪은 낮다. 『의례』「사혼례士昏禮」에 비록 '여동생을 잉첩으로 보낸다'(娣媵)는 말은 없지만, 먼저 '질姪'을 말하였으니 만약 여동생(娣)이 없을 때에는 오히려 먼저 잉첩으로 보내는 것이다. 사士에게 여동생을 잉첩으로 보내는 일이 있다면, 대부의 경우에도 있음을 알 수 있다. '撫', 以手按之也. '内命婦', 君之世婦也. 大夫·内命婦皆貴. 故君自撫之. 以下則不撫也. '室老', 貴臣, '姪娣', 貴妾. 故大夫撫之也. 古者諸侯一娶九女, 二國各以女媵之, 爲娣姪以從. 大夫内子亦有姪娣. '姪'者兄之子, '娣'女弟也. 娣尊姪卑. 「士昏禮」雖無'娣媵', 先言'姪', 若無娣, 猶先媵. 士有娣媵則大夫有, 可知矣.

[상대기 53]

군주와 대부는 부·모·처·장자長子의 상에서 시신에 기대어 곡용을 하고, 서자庶子의 상에는 시신에 기대어 하지 않는다. 사는 부·모·처·장자·서자의 상에서 시신에 기대어 곡용을 한다. 서자에게 아들이 있다면 부모는 그의 시신에 기대어 곡용하지 않는다. 무릇 시신에 기대어 곡용하는 것(馮尸)[58]은 부모를 먼저 하고 처자를 나중에 한다.

君·大夫馮父·母·妻·長子, 不馮庶子. 士馮父·母·妻·長子·庶子. 庶子有子, 則父母不馮其尸. 凡馮尸者, 父·母先, 妻·子後.

集說 '부모를 먼저 하고 처자를 나중에 한다'는 것은 부모처자의 시신을 두고 하는 말이다. 신분이 높은 자에 대하여 먼저 시신에 기대어 곡용하고, 신분이 낮은 자에 대하여 나중에 하는 것이다. ○ 소疏에서 말한다. "군주와 대부의 서자는 비록 서자에게 아들이 없더라도 모두 시신에 기대어 곡용할 수 없다." '父母先妻子後', 謂尸之父母妻子也. 尊者先馮, 卑者後馮. ○ 疏曰: "君・大夫之庶子, 雖無子, 並不得馮."

[상대기 54]

군주는 신하의 상에 시신을 어루만진다. 부모는 자식의 상에 시신의 옷을 붙잡는다. 자식은 부모의 상에서 시신에 몸을 구부려 기댄다. 며느리는 시부모의 상에 시신의 옷을 받들어 잡는다. 시부모는 며느리의 상에 시신을 어루만진다. 아내는 지아비의 상에 시신의 옷을 가만히 끌어당긴다. 지아비는 아내와 형제의 상에 시신의 옷을 붙잡는다. 시신을 어루만질 때에는 군주가 만졌던 곳은 피한다. 무릇 시신을 어루만지면 일어나면서 반드시 용踊을 한다.

君於臣撫之. 父母於子執之. 子於父母馮之. 婦於舅姑奉之. 舅姑於婦撫之. 妻於夫拘之. 夫於妻・於昆弟執之. 馮尸不當君所. 凡馮尸, 興必踊.

集說 '무지撫之'는 시신의 심장과 가슴에 해당하는 곳을 어루만진다는 뜻이다. '집지執之'는 그 옷을 잡는다는 뜻이다. '빙지馮之'는 몸을 구부려 기댄다는 뜻이다. '봉지奉之'는 그 옷을 받들어 잡는다는 뜻이다. '구지拘之'는 그 옷을 가만히 끌어당긴다는 뜻이다. 모두 심장과 가슴에 해당하는 곳에 한

다. '군주가 만졌던 곳을 피한다'는 것은 가령 군주가 이미 가슴을 어루만 졌다면 나머지 사람이 어루만질 때에는 반드시 그곳을 조금 피하여 군주가 어루만졌던 곳에 감히 하지 않는다는 뜻이다. 시신에 기댈 때 슬퍼하는 마음이 매우 간절하고 지극하기 때문에 일어날 때에 반드시 용을 하여 슬픔을 발산하는 것이다. '撫之'者, 當尸之心胸處, 撫按之也. '執之'者, 執持其衣. '馮之'者, 身俯而馮之. '奉之'者, 捧持其衣. '拘之'者, 微牽引其衣. 皆於心胸之處. '不當君所'者, 假令君已撫心, 則餘人馮者, 必少避之, 不敢當君所撫之處也. 馮尸之際, 哀情切極, 故起必爲踊以泄哀也.

[상대기 55]

부모의 상에 의려倚廬에 거처하는데 흙으로 담장을 하지 않는다. 거적에서 잠을 자고 흙덩이를 베개로 삼으며, 상사喪事에 관한 것이 아니면 말을 하지 않는다. 군주는 의려를 설치하고 집을 담장으로 둘러막듯이 의려 밖을 휘장으로 둘러막는다. 대부와 사는 의려를 노출시키고 휘장으로 둘러막지 않는다.

父母之喪, 居倚廬, 不塗. 寢苫枕垹, 非喪事不言. 君爲廬, 宮之. 大夫·士襢之.

集說 疏에서 말한다. "'의려倚廬'는 중문 밖 동쪽 담장 아래에서 나무에 의지하여 의려를 만드는 것이다. '부도不塗'는 단지 풀로 둘러막기만 하고 흙으로 발라 문식하지 않는다는 뜻이다. '침점寢苫'은 거적에 눕는다는 뜻이다. '침괴枕垹'는 흙덩이를 베개로 삼는다는 뜻이다. '의려를 설치하고 집을 담장으로 둘러막듯이 의려 밖을 휘장으로 둘러막는다'는 것은 의려 밖

을 휘장으로 둘러막기를 집의 담장과 같이 하는 것이다. '전단'은 웃통을 벗는다(袒)는 뜻으로, 그 의려를 노출시키고 휘장으로 둘러막지 않는다는 뜻이다." 疏曰: "'倚廬'者, 於中門外東牆下, 倚木爲廬也. '不塗'者, 但以草夾障, 不以泥塗飾之也. '寢苫', 臥於苫也. '枕凷', 枕土塊也. '爲廬, 宮之'者, 廬外以帷障之, 如宮牆也. '禮', 袒也, 其廬袒露, 不以帷障之也."

[상대기 56]

장례葬禮를 거행한 후에 처마에 나무를 받치고, 의려倚廬에 흙을 발라 막는데, 의려 바깥 드러나는 곳에는 흙을 발라 막지 않는다. 군주와 대부와 사 모두 의려 바깥에 (집의 담장처럼) 휘장을 둘러막는다.

旣葬, 柱楣, 塗廬, 不於顯者. 君·大夫·士皆宮之.

集說 '주미柱楣'는 이전에 나무를 담장에 기대어 의려를 삼았는데, 장례葬禮를 거행한 후에는 슬픔이 조금 줄어들었으므로 그 나무를 일으켜 세워 처마에 그것을 받쳐서 햇빛이 들게 하고 다소 넓게 하는 것이다. 또 안에 진흙으로 발라 막아서 바람과 한기로부터 면하게 한다. '불어현不於顯'은 의려 바깥 드러나는 곳에는 흙을 발라 막지 않는다는 뜻이다. '개궁지皆宮之'는 (휘장으로 둘러막아서) 노출시키지 않는다는 뜻이다. '柱楣者, 先時倚木於牆以爲廬, 葬後哀殺稍, 擧起其木, 拄之於楣, 以納日光, 略寬容也. 又於內用泥以塗之而免風寒. '不於顯'者, 不塗廬外顯處也. '皆宮之', 不禮也.

[상대기 57]

무릇 적자適子가 아니면서 거상居喪하는 자는 장례葬禮를 거행하
기 이전부터 동남쪽 모퉁이 햇빛이 비추지 않는 곳에 의려를 설
치한다.

凡非適子者, 自未葬, 以於隱者爲廬.

集說 소疏에서 말한다. "상주가 아니기 때문에 동남쪽 모퉁이 햇빛을 가
리는 곳에 의려를 설치한다. 경문에는 비록 '아직 장례葬禮를 거행하기 이
전'(未葬)이라고 하였지만, 사실은 장례葬禮를 마친 이후에도 그렇게 한다."

疏曰: "旣非喪主, 故於東南角隱映處爲廬. 經雖云'未葬', 其實葬竟亦然也."

[상대기 58]

장례葬禮를 마친 후 다른 사람과 나란히 섰을 때 제후(君)는 천자의
일(王事)에 대해 말할 수는 있지만 자기 나라의 일(國事)에 대해서는
말하지 않는다. 대부와 사는 제후의 일(公事)에 대해 말할 수는 있지
만 자신의 집안 일(家事)에 대해서는 말하지 않는다. 제후가 장례를
마친 후에는 천자의 정령(王政)이 하달되고, 졸곡卒哭을 마친 후에는
천자의 일에 복무한다. 대부와 사는 장례를 마친 후엔 제후의 정령
(公政)이 집안에 하달되고, 졸곡을 마친 후엔 소변素弁에 환질環絰을
두르고 요대要帶를 차고서 전쟁에 나가는 일도 마다하지 않는다.

旣葬, 與人立, 君言王事, 不言國事. 大夫·士言公事, 不言家事.

> 君旣葬, 王政入於國, 旣卒哭而服王事. 大夫·士旣葬, 公政入於家, 旣卒哭, 弁絰帶, 金革之事無辟也.

集說 '자기 나라의 일과 자신의 집안일에 대해서는 말하지 않는다'(不言國事·家事)는 것은 예의 경經이고, '장례를 마친 후에 정령이 하달된다'(旣葬政入)는 것 이하는 예의 권權이다. '변질대弁絰帶'는 소변素弁에 환질環絰을 두르고 요대要帶를 찬다는 뜻으로, 여전히 요질要絰을 하고 있는 것이다. 대부와 사가 소변에 환질을 두르고 있다면 제후 역시 소변에 환질을 두르고 있는 것이다. 제후가 '천자의 일에 복무한다'(服王事)고 말하였으니, 이는 또한 제후의 일(國事)에도 복무하는 것이다. '不言國事·家事', 禮之經也, '旣葬政入'以下, 禮之權也. '弁絰帶', 謂素弁加環絰而帶, 則仍是要絰也. 大夫·士弁絰, 則國君亦弁絰也. 君言'服王事', 則此亦服國事也.

[상대기 59]

연제練祭를 마친 후에 악실堊室에 거처하면서 다른 사람과 함께 지내지 않는다. 군주는 국정國政을 도모하고, 대부와 사는 가사家事를 도모한다. 상제祥祭(대상제)를 마친 후 악실의 땅을 검게 다지고, 악실의 벽을 희게 칠하여 문식한다. 대상제를 마친 후에는 중문中門 밖에서 곡을 하지 않는다. 담제禫祭를 마친 후에는 중문 안에서도 곡을 하지 않는다. 악樂이 행해지기 때문이다.

旣練, 居堊室, 不與人居. 君謀國政, 大夫·士謀家事. 旣祥, 黝堊. 祥而外無哭者. 禫而內無哭者. 樂作矣故也.

集說 '악실堊室'59)은 중문 밖에 있다. 연제練祭를 마친 후에 상복이 점차 가벼워지므로 국정國政을 도모하고 가사家事를 도모할 수 있다. '상祥'은 대상大祥을 가리킨다. '유黝'는 악실의 지면을 고르게 다져서 검게 하는 것이고, '악堊'은 악실의 벽을 발라서 희게 하는 것이다. 모두 조금씩 그 문식을 행하는 것이다. 대상제를 마친 후에는 중문中門 밖에서 곡을 하지 않는다. 그러므로 '대상제를 마친 후에는 중문 밖에서 곡을 하지 않는다'(祥而外無哭者)고 한 것이다. 담제禪祭를 지내고 나면 중문 안에서도 더 이상 곡을 하지 않는다. 그러므로 '담제를 마친 후에는 중문 안에서도 곡을하지 않는다'(禪而內無哭者)고 한 것이다. 그렇게 하는 것은 악樂이 행해지기 때문이다. 堊室, 在中門外. 練後服漸輕, 可以謀國政謀家事也. '祥', 大祥也. '黝', 治堊室之地令黑, '堊', 塗堊室之壁令白. 皆稍致其飾也. 祥後中門外不哭. 故曰'祥而外無哭者'. 禪則門內亦不復哭. 故曰'禪而內無哭者'. 所以然者, 以樂作故也.

[상대기 60]

담제禪祭를 마친 후에 정치에 종사하여 직무를 수행한다. 길제吉祭를 지낸 뒤에 침궁寢宮으로 돌아간다.

禪而從御. 吉祭而復寢.

集說 '종어從御'에 대해서 정현은 '부인을 접하는 것'(御婦人)이라고 하였고, 두예杜預는 '정치에 종사하여 직무를 수행하는 것'(從政而御職事)이라고 하였다. 두예의 설이 옳음에 가깝다. '침궁寢宮으로 돌아간다'는 것은 평상시 부인이 관장하는 침궁으로 돌아간다는 뜻이다. '길제吉祭'는 네 계절에 정기적으로 지내는 시제時祭이다. 담제禪祭 이후 같은 달에 길제를 지내야 한다

면 길제를 마친 후에 침궁으로 돌아간다. 만약 담제가 길제를 지내는 달에 있지 않다면, 담제를 지내고 달을 넘긴 뒤에 길제를 지내고 침궁으로 돌아간다. 공영달은 아래 문장 '불어어내不御於內'를 증거로 삼았기 때문에 정현의 설에 따랐다. 또 살펴보건대, 「간전間傳」(7)에 '대상제를 지내면 평소의 침실에 거처한다'(旣祥復寢)고 한 것은 대상제 이후에 빈궁殯宮의 숙소(寢)로 돌아간다는 뜻으로 이 경문의 '침궁으로 돌아간다'는 것과는 뜻이 다르다.

'從御', 鄭氏謂'御婦人', 杜預謂'從政而御職事'. 杜說近是. 蓋復寢, 乃復其平時婦人當御之寢耳. '吉祭', 四時之常祭也. 禫祭後値吉祭同月, 則吉祭畢而復寢. 若禫祭不値當吉祭之月, 則踰月而吉祭, 乃復寢也. 孔氏以下文'不御於內'爲證, 故從鄭說. 又按「間傳」言'旣祥復寢'者, 謂大祥後復殯宮之寢, 與此'復寢'異.

[상대기 61]

기년期年의 상에서 의려倚廬에 거처하고 상이 끝날 때까지 (부인이) 안에서 모시지 않는 경우는 '아버지가 살아 계실 때 어머니를 위해서' · '처를 위해서' 자최 기년의 복을 하는 경우이다. 대공大功 포최布衰 9월복의 경우는 모두 3개월 동안 (부인이) 안에서 모시지 않는다. 부인은 의려에 거처하지 않으며, 거적에서 잠을 자지 않는다. (부인이 친정) 부모의 상을 당했을 경우 연제를 마친 뒤에 (남편의 집으로) 돌아온다. 기년복과 9월복의 경우에는 장례葬禮를 마친 후에 곧바로 돌아온다.

期, 居廬, 終喪不御於內者, '父在爲母' · '爲妻齊衰期者. 大功布衰九月者, 皆三月不御於內. 婦人不居廬, 不寢苫. 喪父母, 旣練而歸. 期·九月者, 旣葬而歸.

集說 '부모의 상을 당한다'(喪父母)는 것은 부인이 친부모의 상을 당한 것을 말한다. '연제를 마친 뒤에 돌아온다'(旣練而歸)는 것은 연제를 마친 후 남편의 집으로 돌아온다는 뜻이다. 여자가 출가하면 조부모 및 아버지의 후사가 된 형제들을 위해서 모두 기년의 상복을 한다. '9월복의 경우'(九月者)란 본래 기년의 상복을 해야 하는데 낮추어서 대공복大功服을 하는 자를 가리킨다. 이들은 모두 슬픔이 강쇄되는 경우이기 때문에, 장례葬禮를 마친 후에 곧바로 남편의 집으로 돌아온다. '喪父母', 謂婦人有父母之喪也. '旣練而歸', 練後乃歸夫家也. 女子出嫁, 爲祖父母及爲父後之兄弟, 皆期服. '九月者', 謂本是期服而降在大功者. 此皆哀殺, 故葬後卽歸也.

[상대기 62]

공公의 상에서 대부는 연제練祭가 끝나기를 기다렸다가 자신의 치소治所로 돌아오고, 사는 졸곡卒哭이 끝나기를 기다렸다가 자신의 치소로 돌아온다.

公之喪, 大夫俟練, 士卒哭而歸.

集說 「잡기상雜記上」(2-3)에서 "대부大夫는 공관公館에서 거상하고 그곳에서 상을 마친다. 사士는 소상제小祥祭를 마치고 귀가한다"고 하였는데, 이는 대부와 사가 국군國君을 위해 거상하는 예를 말한 것이다. 이 경문에서 '공公'이라고 한 것은 가신家臣이 전지田地를 소유하고 있는 대부를 가리켜 공이라고 한 것이다. 전지를 소유하고 있는 대부의 상에 그의 채지를 다스리

는 대부와 사는 모두 와서 분상奔喪을 한다. 대부는 소상小祥이 끝나기를 기다렸다가 자신의 치소治所로 돌아오고, 사는 졸곡이 끝나기를 기다렸다가 자신의 치소로 돌아온다. 「雜記」曰: "大夫次於公館, 以終喪. 士練而歸", 言大夫・士爲國君喪之禮也. 此言'公'者, 家臣稱有地之大夫爲公也. 有地大夫之喪, 其大夫與士治其采地者, 皆來奔喪. 大夫則俟小祥而反其所治, 士則待卒哭而反其所治也.

[상대기 63]

(서자인) 대부와 사가 부모의 상을 당하면 연제練祭가 끝난 후 자신의 집으로 돌아간다. 매월 초하루와 기일忌日에 종가宗家의 빈궁殯宮으로 가 곡哭을 한다. 제부諸父와 형제의 상에는 졸곡卒哭을 마치고 자신의 집으로 돌아간다.

大夫・士父母之喪, 旣練而歸. 朔日・忌日則歸哭于宗室. 諸父・兄弟之喪, 旣卒哭而歸.

集說 "명사命士 이상은 부자가 모두 집을 달리한다."[60] 서자로서 대부 또는 사가 되어서 부모의 상을 당했다면 빈궁殯宮은 적자의 집에 있으므로, 연제練祭를 마친 뒤에 자신의 집으로 돌아간다. 매월 초하루와 기일忌日에 종가의 집으로 가서 곡을 하는데, 빈궁殯宮을 가리킨다. 제부諸父와 형제에 대해서는 기년복을 하여 상복이 가벼우므로 졸곡卒哭이 끝나면 곧 자신의 집으로 돌아간다. "命士以上, 父子皆異宮." 庶子爲大夫・士而遭父母之喪, 殯宮在適子家, 旣練各歸其宮. 至月朔與死之日, 則往哭于宗子之家, 謂殯宮也. 諸父・兄弟, 期服輕, 故卒哭卽歸也.

[상대기 64]

아버지는 아들의 상에 빈궁殯宮에 거처하지 않고, 형은 동생의 상
에 빈궁에 거처하지 않는다.

父不次於子, 兄不次於弟.

集說 소疏에서 말한다. "상이 비천하기 때문에 존귀한 자는 그 빈궁殯宮
의 위차位次에 거처하지 않는다." 疏曰: "喪卑故尊者不居其殯宮之次也."

[상대기 65]

군주는 대부와 세부世婦의 상에 대하여 대렴大斂에 참석하여 살펴본
다. 만약 특별한 은혜를 내렸다면 소렴小斂에도 참석하여 살펴본
다. 외명부外命婦의 상에는 입관하여 관의 덮개를 덮은 뒤에 군주가
이른다. 사의 상에는 빈殯이 끝난 뒤에 조문하러 간다. 특별한 은
혜를 내렸다면 대렴大斂에 참석하여 살펴본다.

君於大夫·世婦, 大斂焉. 爲之賜, 則小斂焉. 於外命婦, 旣加蓋
而君至. 於士, 旣殯而往. 爲之賜, 大斂焉.

集說 군주가 대부와 내명부의 상에 대하여 그 대렴에 참석하여 살펴보는
것은 상례이다. 만약 그에게 특별한 은혜를 하사하였다면 그 소렴에도 참
석하여 살펴본다. 외명부는 곧 신하의 처이므로 그 은혜가 가볍다. 그러므
로 군주는 대렴을 한 뒤 입관하여 관의 덮개를 닫는 의식이 끝나기를 기다
렸다가 이른다. 사는 비록 비천하지만 또한 틀림없이 은혜를 내려준 것이

있기 때문에 또한 대렴의 의식에 참석하여 살펴보는 것이다. 君於大夫及內命
婦之喪而視其大斂, 常禮也. 若爲之加恩賜, 則視其小斂也. 外命婦, 乃臣之妻, 其恩輕.
故君待其大斂入棺加蓋之後, 而後至也. 士雖卑, 亦宜有恩賜, 故亦視其大斂.

[상대기 66]

부인夫人은 세부世婦의 상에 대하여 대렴大斂에 참석하여 살펴본다.
특별한 은혜를 내렸다면 소렴에도 참석하여 살펴본다. 제처諸妻(여
러 처)의 상에 대해서는 특별한 은혜를 내렸다면 대렴에 참석하여
살펴본다. 대부와 외명부外命婦의 상에 대해서는 빈殯이 끝난 뒤에
조문하러 간다.

夫人於世婦, 大斂焉. 爲之賜, 小斂焉. 於諸妻, 爲之賜, 大斂焉.
於大夫·外命婦, 旣殯而往.

集說 소疏에서 말한다. "'제처諸妻'(여러 처)는 질제姪娣 및 동성의 여자를
말한다. 사士의 예와 똑같이 하기 때문에 특별히 은혜를 내렸다면 대렴大斂
에 참석하는 것이다. 만약 부인夫人의 질제가 존귀함이 세부世婦와 같다면
마땅히 대렴에 참석하여 살펴보고, 특별한 은혜를 내렸다면 소렴에도 참석
하여 살펴본다." 이상은 군주와 부인이 참석하여 살펴보는 것에는 모두 상
례常禮가 있고, 특별히 은혜를 하사하였을 경우에 가례加禮함을 말한 것이
다. 疏曰: "諸妻, 姪娣及同姓女也. 同士禮, 故賜61)大斂. 若夫人姪娣尊同世婦, 當賜小
斂62)." 已上言君·大人視之, 皆有常禮, 而爲之賜, 則加禮也.

대부와 사의 상에 빈殯이 끝난 뒤 군주가 조문하러 갈 때, 미리 사
람을 시켜서 주인에게 통지한다. 주인은 큰 전奠의 예를 갖추어 놓
고 문 밖에서 기다리고 있다가 수레의 말머리를 보고는 먼저 문의
동쪽으로 들어간다. (군주를 수행하는) 무巫는 문 밖에서 멈추고,
축祝이 그를 대신하여 군주보다 먼저 들어가서 인도한다. 군주는
문 안에서 석채釋菜의 예를 올린다. 축이 먼저 조계阼階로 올라가서
벽을 등지고 남쪽을 향한다. 이에 군주가 조계阼階 위의 자리로 나
아가는데, 소신小臣 2인이 창을 잡고 앞에 서면 2인이 뒤에 선다.
빈자擯者가 앞으로 나아가면, 주인이 배례拜禮하면서 이마를 지면에
댄다. 군주가 위로하는 말(弔辭)을 하고, 축祝을 보면서 용踊을 한다.
군주의 용이 끝나면 이어서 주인이 용을 한다.

大夫·士旣殯而君往焉, 使人戒之. 主人具殷奠之禮, 俟于門外,
見馬首, 先入門右. 巫止于門外, 祝代之先. 君釋菜于門內. 祝先
升自阼階, 負墉南面. 君卽位于阼, 小臣二人執戈立于前, 二人立
于後. 擯者進, 主人拜稽顙. 君稱言, 視祝而踊. 主人踊.

集說 대부와 사의 상에 군주가 다른 일로 염할 내 참석하시 못했을 경우
빈殯이 끝난 뒤에 가서 조문하는데, 먼저 사람을 보내 주인에게 통지하여
알게 한다. 주인은 큰 전奠을 갖추어 놓고 몸소 문 밖에 나아가 기다리다가
군주 수레 앞의 말머리를 보고 문 동쪽으로 들어가 서서 북쪽을 향한다.
무巫는 본래 군주의 앞에 있지만, 이제 무는 멈추어서 문에 들어가지 않고,
축祝이 무를 대신하여 군주보다 먼저 들어가 인도한다. 군주가 석채釋菜를

하여 문門의 신에게 예를 갖출 때에 '축祝은 먼저 동쪽 계단으로부터 올라가서 벽을 등지고 남쪽을 향한다'는 것은 방의 출입문 동쪽에서 벽을 등지고 남쪽을 향해 있는 것이다. '주인이 배례拜禮하면서 이마를 지면에 댄다'는 것은 군주가 상에 직접 와주었기 때문에 뜰 가운데에서 북쪽을 향해 배례拜禮하면서 이마를 지면에 대는 것이다. '군주는 말을 칭한다'(君稱言)는 것은 군주가 오게 된 까닭을 말하는 것으로, 위로하는 말(弔辭)을 가리킨다. 축祝이 군주를 돕는 예에, 군주의 위로하는 말이 끝나면 축이 용踊을 하는 것이므로 군주는 축을 보면서 용을 한다. 군주의 용이 끝나면 주인이 이어 용을 한다. 大夫・士之喪, 君或以他故不及斂者, 則殯後亦往, 先使告戒主人, 使知之. 主人具盛饌之奠, 身自出候於門外, 見君車前之馬首, 入立于門東北面. 巫本在君之前, 今巫止不入, 祝乃代巫, 先君而入. 君釋菜以禮門神之時, '祝先由東階, 以升負墉南面'者, 在房戶之東背壁而向南也. '主人拜稽顙'者, 以君之臨喪, 故於庭中北面拜而稽顙也. '君稱言'者, 君擧其所來之言, 謂弔辭也. 祝相君之禮, 稱言畢而祝踊, 故君視祝而踊. 君踊畢, 主人乃踊也.

[상대기 68]

대부의 상에 (군주가 참석하였을 때) 주인이 전奠을 올려도 된다. 사의 상에는 주인이 문 밖에 나아가 기다리고, 돌아가 전을 올리라고 군주가 명하면 이에 돌아와 전을 올린다. 전을 올리는 예를 마치면, 주인은 군주보다 먼저 문 밖에 나와 기다린다. 군주가 물러가면 주인은 문 밖에서 전송하는데 배례拜禮하면서 이마를 지면에 댄다.

大夫則奠可也. 士則出俟于門外, 命之反奠, 乃反奠. 卒奠, 主人
先俟于門外. 君退, 主人送于門外, 拜稽顙.

集說 군주가 참석한 것이 대부의 상이라면 주인은 용용(踊)이 끝나고 빈궁殯宮에서 이 큰 전奠을 올려도 된다. 만약 군주가 참여한 것이 사의 상이라면 주인은 비천하여 감히 군주를 머물게 하면서 전奠을 올리기를 기다리게 해서는 안 된다. 그러므로 '주인은 군주보다 먼저 문 밖에 나와 기다린다'는 것은 군주가 떠나려고 할 때를 가리키는 것이다. 군주가 사람을 시켜서 돌아가 전을 올리도록 명령을 하면 비로소 돌아와 전을 올린다. 전을 올리는 일이 끝나면 군주는 또 먼저 문 밖에서 기다리다 군주가 떠나면 배례拜禮하면서 전송한다. 전을 올리는 일이 끝난 뒤 주인이 문밖에 나가서 기다리는 것은 대부와 사가 모두 마찬가지다. 若君所臨, 是大夫喪, 則踊畢卽釋此殷奠于63)殯可也. 若是士喪, 則主人卑不敢留君待奠. 故'先出俟于門', 謂君將去也. 君使人命其反而奠, 乃反奠. 奠畢, 主人又先俟于門外, 君去, 卽拜以送也. 奠畢出俟, 大夫與士皆然.

[상대기 69]

군주는 대부가 위중할 때 세 번 문병을 하고, 빈궁殯宮에 있을 때 세 번 조문을 간다. 사가 위중할 때 한 번 문병을 하고, 빈궁에 있을 때 한 번 조문을 간다. 군주가 조문하러 오면, 주인은 다시 빈殯을 행할 때의 복장으로 돌아간다.

君於大夫疾, 三問之, 在殯, 三往焉. 士疾, 壹問之, 在殯, 壹往焉.

君弔, 則復殯服.

集說 빈殯을 마친 뒤에 주인은 이미 성복成服을 하였지만, 군주가 처음으로 와서 조문을 하기 때문에 주인은 다시 빈殯을 행할 때 성복하기 이전의 복장을 한다. 저질苴絰과 베로 만든 문免을 착용하고 심의深衣를 입는데, 다만 요대要帶를 늘어뜨리지는 않는다. 그러므로 「상복소기」(2-12)에서 "군주가 조문을 오면 비록 문免을 착용하고 있을 때가 아니라도 주인은 반드시 문免을 착용하며, 마대麻帶의 늘어뜨린 부분을 흩트리지 않는다"라고 한 것이다. 이는 한편으로는 감히 군주의 조문이 때에 늦었다고 여기지 않고, 또 군주가 조문하러 왔으므로 그 예를 새롭게 하는 것이다. 殯後主人已成服, 而君始來弔, 主人則還著殯時未成服之服. 蓋苴絰·免布·深衣也, 不散帶. 故「小記」云: "君弔, 雖不當免時也, 主人必免不散麻." 一則不敢謂君之弔後時, 又且以君來, 故新其禮也.

[상대기 70]

부인夫人이 대부와 사의 상에 조문을 가면, 주인은 문 밖에 나와서 맞이한다. 수레의 말머리를 보면 먼저 문의 동쪽으로 들어간다. 부인은 문에 들어와 당 위에 올라 자리로 나아간다. 주부主婦는 서쪽 계단으로부터 당 아래로 내려와 배례拜禮하면서 이마를 지면에 댄다. 부인은 세자世子를 보면서 용踊을 하고, 전奠을 올리기를 군주가 조문하러 왔을 때의 예와 같이 한다. 부인이 물러가면 주부는 문 안에서 전송하는데, 배례拜禮를 하면서 이마를 지면에 댄다. 주인은 대문 밖에서 전송하는데, 배례拜禮하지 않는다.

夫人弔於大夫·士, 主人出迎于門外. 見馬首, 先入門右. 夫人
入, 升堂卽位. 主婦降自西階, 拜稽顙于下. 夫人視世子而踊, 奠
如君至之禮. 夫人退, 主婦送于門內, 拜稽顙. 主人送于大門之
外, 不拜.

集說 부인夫人이 조문을 하면 주부主婦가 상주가 된다. 그러므로 주부가
부인을 대하기를 주인이 군주를 대하는 것과 같이 한다. '세자世子'는 부인
의 세자이다. 부인이 와서 조문하면 세자가 앞에서 인도하는데, 그 예가
축이 군주를 인도하는 것과 같다. 그러므로 부인은 세자를 보면서 용踊을
한다. 주인이 부인을 전송하면서 배례拜禮하지 않는 것은 상에서는 두 상
주가 있을 수 없어, 주부가 이미 배례하였으므로 주인은 배례해서는 안 되
기 때문이다. 夫人弔則主婦爲喪主. 故主婦之待夫人猶主人之待君也. '世子', 夫人之世
子也. 夫人來弔, 則世子在前道引, 其禮如祝之道君. 故夫人視世子而踊也. 主人送而不拜
者, 喪無二主, 主婦已拜, 主人不當拜也.

[상대기 71]

대부군大夫君[64]이 조문하러 왔을 때 (그의 가신家臣인) 주인은 문
밖에서 맞이하지 않는다. (대부군은) 문에 들어가 당 아래에서 자
리로 나아간다. 이때 주인은 북쪽을 향해 서고, 중주인衆主人(주인의
형제들)은 남쪽을 향해 서며, 부인婦人은 방안의 자리로 나아간다.
만약 제후의 명을 받들고 온 사자가 있거나, 천자의 대부(命夫)나

그 부인(命婦)의 명을 받들고 온 사자가 있거나, 또는 사방 이웃나라의 경卿과 대부大夫가 보내와 조문하는 사자가 있으면, 대부군은 주인을 뒤에 배행陪行하게 하고 이들에게 배례拜禮한다.

大夫君, 不迎于門外. 入卽位于堂下. 主人北面, 衆主人南面, 婦人卽位于房中. 若有君命 · 命夫命婦之命 · 四隣賓客, 其君後主人而拜.

集說 대부의 신하는 또한 대부를 군주(君)로 삼는다. 그러므로 '대부군大夫君'이라 한 것이다. 경문은 이 대부군이 자기 신하의 상에 조문을 갔을 때 주인은 문 밖에서 맞이하지 않고, 이 대부군이 들어와 당 아래의 자리로 나아가 조계阼階 아래에 서서 서쪽을 향하고 있을 때 주인이 자신이 있는 자리의 남쪽에서 북쪽을 향한다는 뜻이다. 이 대부군이 와서 조문을 할 때, 만약 본국 군주의 명을 받들고 온 사자가 있거나, 혹은 도성 안의 대부 및 명부命婦의 명을 받들고 온 사자가 있거나, 혹은 이웃 나라 경卿과 대부大夫가 사자를 보내 조문하러 왔을 경우, 이 대부군은 반드시 주인을 대신하여 명령에 배례拜禮하고 빈객에게 배례한다. 상례에서는 존귀한 자가 그 예를 주관하는 법도를 사용하기 때문이다. 그러나 이 대부군은 끝내 감히 국군國君처럼 전적으로 대신하여 주인이 되지 못하고 반드시 주인을 자신의 뒤에 있게 하여, 이 대부군이 배례하는 예가 끝나기를 기다렸다가 주인이 다시 배례하게 한다. ○ 석량왕씨石梁王氏는 말한다. "주인을 뒤에 있게 하는 것은 자기가 앞에서 배례하고 주인에게 뒤에서 배행陪行하여 배례하게 하는 것이다." 大夫之臣, 亦以大夫爲君. 故曰'大夫君'也. 言此大夫君之弔其臣喪也, 主人不迎于門外, 此君入而卽堂下之位, 位在阼階下西向, 主人在其位之南而北面也. 此大夫君來弔之時, 若有本國之君命, 或有國中大夫及命婦之命, 或隣國卿 · 大夫遣使來弔者,

此大夫君必代主人拜命及拜賓. 以喪用尊者主其禮故也. 然此君終不敢如國君專代爲主,
必以主人在己後, 待此君拜竟, 主人復拜也. 〇 石梁王氏曰: "後主人者, 己在前拜, 使主
人陪後."

[상대기 72]

군주가 조문을 할 때 시신을 안치한 관(尸柩)을 본 후에 용踊을 한다.
君弔, 見尸柩而后踊.

集說 앞 장(67)에서 "빈殯이 끝난 뒤 군주가 조문하러 간다"(旣殯而君往)고
한 것은 시신을 안치한 관을 보지 못한 것으로서 축祝을 보면서 용을 하는
것이다. 이 경문에서는 '시신을 안치한 관을 본 후에 용을 한다'(見尸柩而后
踊)고 하였으므로 앞 경문의 상황과 다른 듯하다. 구설舊說에 '빈을 마치고
아직 빈궁을 흙으로 막기 이전이라면 용踊을 하고, 흙으로 막은 이후라면
용을 하지 않는다'65)고 하였는데 옳은지는 모르겠다. 前章"旣殯而君往", 是不
見尸柩也, 乃視祝而踊. 此言'見尸柩而后踊', 似與前文異. 舊說'殯而未塗則踊, 塗後乃不
踊', 未知是否.

[상대기 73]

대부와 사의 상에 만약 군주가 미리 통지하지 않고 조문을 오면
큰 전奠을 갖추지 않는다. 군주가 물러간 후에 반드시 전을 올린다.
大夫·士, 若君不戒而往, 不具殷奠. 君退, 必奠.

集說 군주가 조문 왔음을 죽은 이에게 고하고, 또한 영예로 여기는 것이다. 以君之來告於死者, 且以爲榮也.

[상대기 74]

국군國君의 대관大棺 두께는 8촌寸, 촉관屬棺 두께는 6촌, 벽관椑棺 두께는 4촌이다. 상대부上大夫의 대관 두께는 9촌, 촉관 두께는 6촌이다. 하대부下大夫의 대관 두께는 6촌, 촉관 두께는 4촌이다. 사士의 관은 두께가 6촌이다.

君大棺八寸, 屬六寸, 椑四寸. 上大夫大棺八寸, 屬六寸. 下大夫大棺六寸, 屬四寸. 士棺六寸.

集說 '군君'은 국군國君(제후)을 가리킨다. 대관大棺이 가장 밖에 있고, 촉관屬棺이 대관의 안에 있고, 벽관椑棺이 촉관 안쪽에 있다. 이는 국군의 관이 세 겹으로 되어 있다는 뜻이다. 촌寸의 수는 두께를 가지고 말한 것이다. '君', 國君也. 大棺最在外, 屬在大棺之內, 椑又在屬之內. 是國君之棺三重也. 寸數, 以厚薄而言.

[상대기 75]

군주는 관 속에 비단을 붙이는 장식(裏官)에서 붉은 비단과 녹색 비단(綠)을 사용하는데, 금못(金鐕)을 섞어서 사용한다.[66] 대부는 관 속에 검은 비단과 녹색 비단을 붙이는데, 소뼈로 만든 못을 사용한다. 사는 녹색 비단을 사용하지 않는다.

君裏棺用朱綠, 用雜金鐕. 大夫裏棺用玄綠, 用牛骨鐕. 士不綠.

集說 소疏에서 말한다. "이관裏棺은 비단(繒)을 관의 속에 붙이는 것을 말한다. 붉은 비단(朱繒)을 사방에 붙이고, 녹색 비단(綠繒)을 네 모퉁이에 붙인다. '잠鐕'은 못(釘)의 뜻이다. 금못(金釘)을 사용하여 붉은 비단과 녹색 비단[67]을 박아 관에 붙인다. 대부의 관은 사면이 검은색이고 사각이 녹색이다. '사는 녹색을 사용하지 않는다'(士不綠)는 것은 모두 검은색을 쓴다는 뜻이다. 또한 (사는) 대부와 마찬가지로 소뼈못(牛骨鐕)을 사용한다." ○ 석량왕씨石梁王氏는 말한다. "소뼈로 못을 만든다는 설은 따를 수 없다." 疏曰: "裏棺, 謂以繒貼棺裏也. 朱繒貼四方, 綠繒貼四角. '鐕', 釘也. 用金釘, 以琢朱綠著棺也. 大夫, 四面玄四角綠. '士不綠'者, 悉用玄也. 亦用大夫牛骨鐕." ○ 石梁王氏曰: "用牛骨爲釘, 不可從."

[상대기 76]

군주는 관의 덮개 판에 옻칠을 하는데, 3개의 임衽과 3개의 속束을 사용한다. 대부는 관의 덮개 판에 옻칠을 하는데, 2개의 임과 2개의 속을 사용한다. 사는 관의 덮개 판에 옻칠을 하지 않고, 2개의 임과 2개의 속을 사용한다.

君蓋用漆, 三衽三束. 大夫蓋用漆, 二衽二束. 士蓋不用漆, 二衽二束.

集 '개蓋'는 관의 덮개 판이다. '옻칠을 한다'는 것은 옻으로 임衽[68]을

說 이용하여 봉합한 곳에 칠을 한다는 뜻이다. '임衽'과 '속束'[69]은 모두 설명이 「단궁상檀弓上」(1-117)에 보인다. '蓋', 棺之蓋板也. '用漆', 謂以漆塗其合 縫用衽處也. '衽'·'束', 並說見「檀弓」.

[상대기 77]

군주와 대부는 흐트러진 머리카락과 손톱·발톱을 관의 네 구석에 넣는다. 사士는 땅에 묻는다.

君·大夫鬠爪實于綠中. 士埋之.

集說 '순鬠'은 흐트러진 머리카락이다. '조爪'는 손톱과 발톱이다. 살아 있을 때 쌓아 두고 버리지 않는데, 이제 죽자 조그만 주머니를 만들어서 담고 그것을 관 안의 네 모퉁이에 넣는 것이다. 그러므로 '록綠'은 '각角'의 뜻으로 읽어야 하니, 네 구석(四角)의 자리라는 뜻이다. 사士는 적당한 물건에 담아서 땅 속에 묻는다. '鬠', 亂髮也. '爪', 手足之爪甲也. 生時積而不棄, 今死爲小 囊盛之, 而實于棺內之四隅. 故讀'綠'爲'角', 四角之處也. 士則以物盛而埋之耳.

權近 살피건대, 구설(정현의 주)에 "'綠'은 '角'으로 읽어야 한다"고 하였는데, 나는 굳이 그렇게 고칠 필요는 없다고 생각한다. 위 문장에 '군주는 관 속에 붉은 비단과 녹색 비단을 붙이고, 대부는 관 속에 검은 비단과 녹색 비단을 붙인다'라고 하였고, 주에서 '녹색 비단을 사각에 붙인다'라고 하였다. 그렇다면 '綠'은 곧 '角'의 뜻이니, 굳이 '角'으로 읽을 필요는 없다. 近按, 舊"讀'綠'爲'角'", 愚恐不必改. 上文云'君裏棺用朱綠, 大夫用玄綠', 註謂'綠繒貼四角'. 然 則'綠'是爲'角', 不須讀爲'角'也.

[상대기 78]

국군國君의 빈례殯禮에서는 춘거輴(상여)을 사용하고, 나무를 모아 쌓아 올려서 관의 위에까지 이르게 하고 모두 진흙을 발라서 지붕처럼 만든다. 대부의 빈례에서는 덮개(幬)를 사용하고, 나무를 모아서 서서西序에까지 이르게 하는데 진흙을 바르는 것이 관에까지 닿지는 않는다. 사士의 빈례에서는 임袵(사개)을 보이게 하고, (임 이상 윗부분은) 나무로 덮어 진흙을 바르고 휘장을 둘러친다.

君殯用輴, 欑至于上, 畢塗屋. 大夫殯以幬, 欑至于西序, 塗不暨于棺. 士殯見袵, 塗上, 帷之.

集說 '군君'은 제후이다. '춘거輴(상여)[70]은 관(柩)을 싣는 수레(輴車)이다. 빈殯을 행할 때 관을 춘거輴車에 올려놓는다. '찬欑'은 모은다(叢)는 뜻과 같다. 춘거의 사면에 나무를 모아 쌓아 올려서 관 위까지 모두 덮게 되면 진흙으로 완전히 바른다. 나무를 모아서 쌓아 올린 것(欑木)이 지붕의 형상과 비슷하다. 그러므로 '모두 진흙을 발라서 지붕처럼 만든다'라고 한 것이다. 대부의 빈례에서는 춘거를 사용하지 않는다. 그 관의 한 면을 서서西序의 벽에 붙이고 그 나머지 세 면에 나무를 모아서 쌓는데, 위쪽은 지붕의 형상을 이루지 않고 그저 관 덮개(棺衣)로 덮는다. '도幬'는 덮는다(覆)는 뜻이다. 그러므로 '대부의 빈례에서는 덮개(幬)를 사용하고, 나무를 모아서 서서西序에까지 이르게 한다'고 한 것이다. '진흙을 바르는 것이 관에까지 닿지는 않는다'(塗不暨于棺)는 것은 천자와 제후의 빈례에서 나무를 모아 쌓은 것은 공간이 넓어 관과의 거리가 멀지만, 대부의 빈례에서 나무를 모아 쌓은 것은 공간이 좁아서 관과의 거리가 가깝고 진흙을 바른 것이 간신히 관에까지

닿지 않을 정도라는 뜻이다. 사士의 빈례殯禮에서는 구덩이를 파서 관을 넣는다. '사肂'는 구덩이(坎)의 뜻이다. 관을 구덩이 안에 놓는데 그 관의 덮개까지 완전히 가리지는 않는다. 덮개에 임衽(사개)을 사용하여 봉합한 부분은 여전히 구덩이 바깥쪽에 있어 볼 수 있다. 임衽 이상 윗부분은 또한 나무를 사용하여 덮고 흙으로 바른다. '유帷'는 휘장(幬)의 뜻이다. 귀한 사람이나 천한 사람이나 모두 휘장을 둔다. 그러므로 아침과 저녁으로 곡을 할 때 그 휘장을 들어 올린다. 휘장을 사용하는 것은 귀신은 어두움을 숭상하기 때문이다. 이 장은 「단궁상檀弓上」(2-2)의 설명과 비교해볼 때 제도가 같지 않다. '君', 諸侯也. '輤', 盛柩之車也. 殯時以柩置輤上. '欑', 猶叢也. 叢木于輤之四面, 至于棺上畢盡也, 以泥盡塗之. 此欑木似屋形. 故曰'畢塗屋'也. 大夫之殯不用輤. 其棺一面貼西序之壁, 而欑其三面, 上不爲屋形, 但以棺衣覆之. '幬', 覆也. 故言'大夫殯以幬, 欑至于西序也'. '塗不曁于棺'者, 天子·諸侯之欑木廣而去棺遠, 大夫欑狹而去棺近, 所塗者僅僅不及于棺而已. 士殯掘肂以容棺. '肂', 卽坎也. 棺在肂中, 不沒其蓋. 縫用衽虛猶在外而可見. 其衽以上, 亦用木覆而塗之. '帷', 幬也. 貴賤皆有帷. 故惟朝夕之哭, 乃褰擧其帷耳. 所以帷者, 鬼神尙幽闇故也. 此章以「檀弓」參之, 制度不同.

[상대기 79]

볶을 곡식(熬)의 수는 군주의 경우 네 종류로 (각각 두 광주리씩) 여덟 광주리를 사용한다. 대부의 경우는 세 종류로 (각각 두 광주리씩) 여섯 광주리를 사용한다. 사의 경우는 두 종류로 (각각 두 광주리씩) 네 광주리를 사용한다. 어육과 말린 포를 더한다.

熬, 君四種八筐. 大夫三種六筐. 士二種四筐. 加魚·腊焉.

집설 '오熬'는 불로 곡식을 볶아서 익히는 것이다. 익으면 향기가 난다. 그것을 관의 곁에 놓고서 개미와 하루살이가 향기를 맡고 와서 먹게 하여 시신을 침범하는 일이 없게 하는 것이다. '네 종류'(四種)는 서黍·직稷·도稻·량粱이다. 종류마다 두 광주리씩 사용한다. '세 종류'(三種)는 서黍·직稷·량粱이고, '두 종류'(二種)는 서黍와 직稷이다. 어육(魚)과 말린 포(腊)를 더하는 것에서 몇 광주리(筐)로 차이를 두는지는 알려져 있지 않다. ○ 석량왕씨石梁王氏는 말한다. "관 곁에 볶은 곡식을 사용하고 어육과 말린 포를 더하는 제도는 좇아 행해서는 안 된다." '熬', 以火爆穀令熟也. 熟則香. 置之棺旁, 使蚍蜉聞香而來食, 免侵尸也. '四種', 黍·稷·稻·粱也. 每種二筐. '三種', 黍稷粱, '二種', 黍稷也. 加魚與腊, 筐同異未聞. ○ 石梁王氏曰: "棺旁用熬穀加魚腊, 不可從."

[상대기 80]

관을 장식하는 것(飾棺)에서, 제후는 유帷(널의 옆을 씌우는 휘장)에 용을 그려 넣고, 세 개의 지池를 매단다.[71]

飾棺, 君龍帷·三池.

집설 소疏에서 말한다. "'군君'은 제후이다. '유帷'는 유거柳車(상여)의 가장자리에 매단 휘장으로서 흰 베로 만든다. 천자와 제후는 모두 용을 그려 넣는다. 그러므로 '제후는 유帷에 용을 그려 넣는다'라고 한 것이다. '지池'[72]는 대나무를 엮어서 대바구니를 만들고 푸른 베를 입혀서 유거의 위를 덮는 황荒의 끄트머리에 매다는 것으로서, 궁실에 승류承霤(처마의 낙숫물받이 홈통)가 있는 것을 형상한다. 천자의 궁실은 지붕을 네 변으로 물이 흘러내리게 하고, 승류를 네 면에 설치하기 때문에, 유거에도 사면에 지池를 매단다. 제후 궁실의 지붕도 네 변으로 물이 흘러내리게 하는데 유거에서는 한 개의 지를 낮추어 뒷부분의 지 한 개를 뺀다. 그러므로 세 개의 지를 매다는 것이다." 疏曰: "'君', 諸侯也. '帷', 柳車邊障也, 以白布爲之. 王侯皆畫爲龍. 故云'君龍帷'也. '池'者, 織竹爲籠, 衣以靑布, 挂於柳上荒邊爪端, 象宮室承霤. 天子四注屋, 四面承霤, 柳亦四池. 諸侯屋亦四注, 而柳降一池闕後. 故三池也[73])."

[상대기 81]

(지池 아래에) 진용振容(펄럭이는 장식)을 매단다.

振容.

集說 '진용振容'은 펄럭이는 장식을 뜻한다. 길이 1장丈 남짓 되는 청색과 황색의 비단으로 깃발(幡)처럼 만들어, 꿩을 그려 넣고 지池 아래에 매달아서 장식으로 삼는 것이다. 상여가 출발하면 깃발처럼 나부끼면서 펄럭이므로 '진용振容(펄럭이는 장식)'이라고 말한 것이다. '振容'者, 振動容飾也. 以靑黃之繒長丈餘如幡, 畫爲雉, 懸於池下爲容飾. 車行則幡動, 故曰'振容'也.

[상대기 82]

(휘장(帷)의 위쪽에는) 흑백의 도끼 문양(黼)을 그려 넣은 황荒이 있다. 그 중앙에는 불 모양의 문양(火) 3줄과 두 '기己'가 서로 등진 모양의 문양(黻) 3줄을 그려 넣는다.

黼荒. 火三列, 黻三列.

集說 '황荒'은 덮는다(蒙)는 뜻이다. 유거柳車(상여) 위의 덮개로서, 관의 뚜껑(鼈甲)을 가리킨다. 황荒의 가장자리를 따라 흑백의 도끼 문양(黼)을 그려 넣기 때문에 '보황黼荒'이라고 한 것이다. '황荒'의 중앙에 또 불 모양의 문양 3줄을 그려 넣기 때문에 '불 모양의 문양 3줄'(火三列)이라고 한 것이다. 또 두 개의 '기己' 자가 서로 등지는 형상을 3줄 그려 넣었기 때문에 '불黻 문양 3줄'(黻三列)이라고 한 것이다. '荒', 蒙也. 柳車上覆, 謂鼈甲也. 緣荒邊爲白黑斧文, 故云'黼荒'. '荒'之中央, 又畫爲火三行, 故云'火三列'. 又畫兩'己'相背爲三行, 故云'黻三列'.

[상대기 83]

(관의 덮개에는) 누이지 않은 흰 비단으로 저褚를 설치하고, 그 위에 유帷와 황荒을 얹는다.

素錦褚, 加帷荒.

集說 '소면素錦'은 누이지 않은 흰 비단이다. '저褚'[74]는 관의 지붕(屋)이다. '황荒' 아래에 흰 비단을 사용하여 관의 지붕 모양을 만드는데, 궁실宮室을 형상한 것이다. '유와 황을 얹는다'(加帷荒)는 것은 '유帷'는 옆의 덮개(邊牆)이고 '황荒'은 위의 덮개(上蓋)인데, 저褚로 덮는 일이 끝나고 저褚 밖에 유와 황을 얹는 것이다. '素錦', 白錦也. '褚', 屋也. 荒下用白錦爲屋, 象宮室也. '加帷荒者, '帷'是邊牆, '荒'是上蓋, 褚覆竟而加帷荒於褚外也.

[상대기 84]

(위의 덮개 황荒과 옆의 덮개[牆]를 연결하는) 분홍색 고(紐)가 6개

있다.

纁紐六.

集說 위 덮개와 가장자리 덮개가 서로 떨어져 있기 때문에 또 분홍색 비단으로 고(紐)를 만들어서 양 곁의 각각 셋을 연결하니, 모두 여섯 개가 된다. 上蓋與邊牆相離, 故又以纁帛爲紐, 連之兩旁各三, 凡六也.

[상대기 85]

(황荒의 꼭대기에 있는) 제齊(원형의 덮개)는 (다섯 색깔의) 채색 비단을 제齊에 입혀 줄이 서로 이어지게 하고, 조개를 연결하여 5줄을 만들어서 제齊 위에 그물 모양으로 교차시켜 맨다.

齊五采, 五貝.

集說 '제齊'는 배꼽(臍)의 뜻으로, 가운데에 해당함을 가지고 말한 것이다. 관의 뚜껑(黼甲)이 위로 중앙에 있으며, 상여의 덮개처럼 형태가 원형이고, 높이가 3척 직경이 2척 남짓으로서, 다섯 색깔의 채색 비단으로 옷을 입히는데 줄이 서로 이어지게 한다. '오패五貝'는 또 조개를 이어서 5줄을 만들어 제齊 위에 그물 모양으로 교차시켜 맨다. 齊者, 臍之義, 以當中而言. 謂黼甲上當中, 形圓如車之蓋, 高三尺徑二尺餘, 以五采繒衣之, 列行相次. '五貝'者, 又連貝爲五行, 交絡齊上也.

[상대기 86]

도끼 문양을 그려 넣은 운삽(黼翣)이 둘이고, '기己' 자가 서로 등지고 있는 문양을 그려 넣은 운삽(黻翣)이 둘이고, 구름을 그려 넣은 운삽(畫翣)이 둘인데, 모두 홀 모양의 옥(圭)을 떠받들고 있다.75)
黼翣二, 黻翣二, 畫翣二, 皆戴圭.

集說 '삽翣'은 모양이 부채와 비슷한데, 나무로 만든다. (장례의 의절에서 수레가 발인하여 장지로 가는) 도중에는 수레를 가리고, 관을 널(椁)에 넣었을 때에는 널을 가린다. 두 개는 흑백의 도끼 문양을 그려 넣고, 두 개는 '기己' 자가 등지고 있는 문양을 그려 넣고, 두 개는 구름의 기운을 그려 넣는다. 6개의 삽翣 양쪽 모서리에는 모두 규옥圭玉(홀 모양의 옥)을 떠받들고 있다. '翣', 形似扇, 木爲之. 在路則障車, 入椁則障柩. 二畫黼, 二畫黻, 二畫雲氣. 六翣之兩角, 皆戴圭玉也.

[상대기 87]

(구리로 만든 물고기를 지池의 아래에 매달아 상여가 출발하면 구리로 만든) 물고기가 뛰어올라 지池에 거슬러 팔랑대도록 한다.
魚躍拂池.

集說 구리로 만든 물고기(銅魚)를 지池의 아래에 매달아 둔다. 상여가 출발하면 물고기가 뛰어올라 위로 지池에 거슬러 팔랑대는데, 물고기는 진용振容 사이에 있다. 以銅魚懸於池之下. 車行則魚跳躍上拂於池, 魚在振容間也.

[상대기 88]

군주는 분홍색 비단의 대戴가 여섯 개이다.

君纁戴六.

集說 '대戴'[76]는 만난다(值)는 뜻과 같다. 분홍색 비단으로 관에 매고 고 (紐)를 만들어 유柳의 몸체에 붙인다. 관棺의 가로 속束이 셋이 있는데, 한 속의 양 변에 각각 가죽을 구부려 고(紐)를 만드니, 세 개의 속束이므로 6개 의 고가 된다. 이제 분홍색 비단을 고(紐)에 관통시켜서 유의 몸체에 묶는 다. 그러므로 6개의 대戴가 있는 것이다. '戴', 猶值也. 用纁帛繫棺, 紐著柳骨. 棺之橫束有三, 每一束兩邊各屈皮爲紐, 三束則六紐. 今穿纁戴於紐, 以繫柳骨. 故有 六戴也.

[상대기 89]

붉은색 끈(披)이 여섯 개이다.

纁披六.

集說 또한 붉은색 비단(絳帛)으로 만들어서 한 끝으로 연결되어 있는 유柳 의 분홍색 대戴 가운데에 매고, 다른 한 끝을 유帷 밖으로 내어서 사람이 그것을 잡고 끈다. 대戴마다 매어 묶기 때문에 또한 여섯 개가 있다. '끈' (披)이라고 한 것은 만약 상여를 끌고 높은 곳에 오르면 앞을 끌어당겨서 상여가 고꾸라지는 것을 방비하고, 낮은 곳으로 내려갈 때는 뒤를 끌어덩 겨서 상여가 뒤집히는 것을 방비하며, 왼쪽으로 기울면 오른쪽을 끌어당기 고, 오른쪽으로 기울면 왼쪽을 끌어당겨서 전복되지 않게 하기 때문이다.

이상은 모두 공영달孔穎達의 설이다. 亦用絳帛爲之, 以一頭繫所連柳繡戴之中, 而出一頭於帷外, 人牽之. 每戴繫之. 故亦有六也. 謂之'披'者, 若牽車登高, 則引前以防軒車, 適下則引後以防飜車, 欹左則引右, 欹右則引左, 使不傾覆也. 已上並孔說.

[상대기 90]

대부는 유帷에 구름의 기운을 그려 넣고, 두 개의 지池를 매달며, 진용振容은 매달지 않는다. (유의 위쪽에 있는) 황荒에는 구름의 기운을 그려 넣고, 그 중앙에 불 모양의 문양 3줄과 '기己'자가 서로 등지고 있는 문양(黻) 3줄을 그려 넣는다. (관의 덮개에는) 흰 비단(素錦)으로 저褚를 만든다. (유와 황을 연결하는) 분홍색 고(纁紐) 2개와 검은색 고(玄紐) 2개가 있다. (황의 꼭대기에 있는) 제齊에 붉은색·황색·흑색 세 가지 채색 비단을 입히고 조개를 연결하여 만든 3줄을 교차시켜 맨다. 흑백의 도끼 문양을 넣은 운삽(黻翣)이 둘이고, 구름의 기운을 그려 넣은 운삽(畫翣)이 둘인데, 모두 술장식(綏)을 받들고 있다. 구리로 만든 물고기가 뛰어올라 지池를 거슬러 팔랑대도록 매단다. 대부의 대戴는 앞쪽은 분홍색이고 뒤쪽은 검은색이다. 끈(披) 또한 그와 같이 한다.

大夫畫帷, 二池, 不振容. 畫荒, 火三列, 黻三列. 素錦褚. 纁紐二, 玄紐二. 齊三采, 三貝. 黻翣二, 畫翣二, 皆戴綏. 魚躍拂池. 大夫戴前纁後玄. 披亦如之.

集說 '유帷(휘장)에 그림을 그려 넣는다'(畫帷)는 것은 구름의 기운을 그려

넣는 것이다. '두 개의 지를 매단다'(二池)는 것에 대해 어떤 사람은 '양 변에 각각 하나씩 있다'라고 하고, 어떤 사람은 '앞과 뒤로 각각 하나씩 있다'라고 한다. '황荒에 그림을 그려 넣는다'(畫荒)는 것 역시 황에 구름의 기운을 그려 넣는 것이다. '제齊에 세 가지 채색 비단을 입는다'(齊三采)는 것은 붉은 색(絳)·황색·흑색의 세 가지다. '모두 술장식을 받들고 있다'(皆戴緌)는 것은 다섯 가지 채색의 깃털로 술장식(緌)을 만들어 삽翣의 양 모서리에 꿰매어 장식한다. '끈(披) 또한 그와 같이 한다'(披亦如之)는 것은 색과 수를 모두 대戴와 똑같이 한다는 뜻이다. 畫帷, 畫爲雲氣也. '二池', 一云'兩邊各一', 一云'前後各一'. '畫荒', 亦畫爲雲氣也. '齊三采', 絳·黃·黑也. '皆戴緌'者, 用五采羽作緌, 綴翣之兩角也. '披亦如之', 謂色及數悉與戴同也.

[상대기 91]

사는 흰 베로 유帷를 만들고, 흰 베로 황荒을 만들며, 지池 1개를 매단다. 청황색의 비단에 꿩을 그려 넣어 지에 매달아 늘어뜨린다. 분홍색의 고(纁)가 2개, 검은색 고(緇)가 2개이다. (황荒의 꼭대기에 있는) 제齊는 세 가지 색깔의 비단을 꿰매어서 만들고, 조개를 연결시킨 1줄을 맨다. 구름의 기운을 그려 넣은 운삽(畫翣)이 둘인데, 모두 술장식(緌)을 떠받들고 있다. 사士의 상에서 대戴는 앞부분은 분홍색으로 하고 뒷부분은 검은색으로 한다. 끈(披) 2개는 분홍색으로 한다.

士布帷, 布荒, 一池. 揄絞. 纁紐二, 緇紐二. 齊三采, 一貝. 畫翣二, 皆戴緌. 士戴前纁後緇. 二披用纁.

'포유布帷'와 '포황布荒'은 모두 흰 베로 만들고 그림을 그려 넣지 않는다는 것이다. '지를 1개를 매단다'(一池)는 것은 수레 앞쪽에 매다는 것이다. '요유搖'는 요적搖翟(움직이는 꿩 그림 장식)으로, 꿩의 종류를 그려 넣는데, 푸른색 바탕에 다섯 가지 색으로 한다. '효絞'는 청황색의 비단이다. 청황색의 비단에 꿩을 그려 넣는데, 지池에 매달아 늘어뜨린다. '대戴'는 관속棺束의 위치에 있는데 속束마다 각각 양 쪽에 있다. 앞머리 쪽의 두 대戴는 분홍색으로 하고, 뒤쪽의 두 대는 검은색으로 한다. '끈 2개는 분홍색으로 한다'(二披用纁)는 것은 한 변의 앞과 뒤로 각각 한 개 끈을 쓰는 것에 따른 것이다. 그러므로 '끈 2개'라고 한 것이다. 만약 양쪽 변을 통해서 말한다면 또한 4개의 끈이다. '布'帷·'布'荒, 皆白布不畫也. '一池', 在前. '揄', 搖翟也, 雉類, 靑質五色. '絞', 靑黃之繒也. 畫翟於絞繒, 在池上. '戴'當棺束, 每束各在兩邊. 前頭二戴用纁, 後二用緇. '二披用纁'者, 據一邊前後各一披. 故云'二披'. 若通兩邊言之, 亦四披也.

[상대기 92]

군주는 장례葬禮에 춘거(輴)를 사용하고, 네 개의 상여줄(綽)과 두 개의 비碑를 사용하며, 관을 선도하는 이는 우보羽葆를 사용한다. 대부의 상에 장례葬禮는 선거(輴)를 사용하고, 두 가닥의 상여줄과 두 개의 비를 사용하며, 관을 선도하는 이는 기(茅)[77]를 사용한다. 사士는 장례葬禮에 선거(國車)를 사용하며, 두 가닥의 상여줄은 있지만 비碑는 사용하지 않는다. 빈궁을 나설 때에 이르러서는 관을 선도하는 이는 대공大功의 포布를 사용한다.

君葬用輴, 四綍二碑, 御棺用羽葆. 大夫葬用輴, 二綍二碑, 御棺用茅. 士葬用國車, 二綍無碑. 比出宮, 御棺用功布.

集說 이 장에서 두 번 나오는 '輴' 자와 한 번 나오는 '國' 자에 대해서 주에서는 모두 '전輇'과 '선船'의 음으로 읽어야 한다고 하였다.[78] 그러나 「단궁하檀弓下」(3-53)에서 "제후는 춘거(輴)를 사용하고 수레덮개를 설치한다"고 한 것을 가지고 말한다면, 제후는 빈례殯禮에서도 춘거를 사용할 수 있는데 어떻게 장례를 행할 때 춘거를 사용할 수 없겠는가? 이제 '대부장용순大夫葬用輴'의 '輴'과 '國' 자는 모두 '선船'의 음으로 읽고, "군장용순君葬用輴'의 '輴' 자는 '춘春'으로 읽는다. ○ 천자의 상에서 하관할 때 큰 나무로 비碑[79]를 만드는데 이를 '풍비豐碑'라고 하고, 제후의 경우에는 '환영桓楹'이라고 한다. '비碑'와 '발綍'에 대해서는 「단궁하」(3-42)에 상세한 설명이 보인다.[80] 어관御棺과 우보羽葆는 모두 「잡기하雜記下」(3-2)에 설명이 보인다. '공포功布'는 대공大功의 포布를 말한다. '전거輇車'의 '輇'은 「잡기상雜記上」(1-4)에 '輴'으로 되어 있다. 此章二'輴'字一'國'字, 註皆讀爲'輇'·'船'音. 然以「檀弓」'諸侯輴而設幬'言之, 則諸侯殯得用輴, 豈葬不得用輴乎? 今讀'大夫葬用輴'與'國'字並作'船'音, '君葬用輴'音'春'. ○ 天子之窆, 用大木爲碑, 謂之'豐碑', 諸侯謂之'桓楹'. '碑'·'綍', 詳見「檀弓」. 御棺·羽葆, 並見「雜記」. '功布', 大功之布也. '輇車', 「雜記」作'輴'字.

[상대기 93]

무릇 하관할 때에는 상여줄(綍)을 사용하여, 비碑에서 떨어져 상여줄을 등에 지고서 하관한다. 군주의 경우 가로막대를 사용하여 하관하고, 대부와 사의 경우에는 줄을 이용한다. 군주의 경우에는 시끄럽게 떠들지 못하도록 명령을 내리고, 북을 쳐서 (북소리를 절도로 삼아) 하관하게 한다. 대부의 경우에는 곡을 하지 말도록 명령을 하고, 사土의 경우에는 곡을 하는 사람들이 스스로 알아서 서로 곡을 중지한다.

凡封, 用綍去碑負引. 君封以衡, 大夫·士以咸. 君, 命毋譁, 以鼓封. 大夫命毋哭, 士哭者相止也.

集說 세 '봉封' 자는 모두 '폄窆'으로 읽어야 하니 하관下棺한다는 뜻이다. ○ 소疏에서 말한다. "하관할 때에 줄의 한 끝으로 관의 밧줄에 연결하고, 다른 한 끝으로 두 비碑 사이의 녹로鹿盧에 감는다. 관을 끄는 사람은 비 밖에서 비를 등에 지고 선다. 상여줄을 등에 지고 있던 사람들은 점차 북소리에 따라서 관을 내린다. 그러므로 '상여줄을 사용하여, 비에서 떨어져 상여줄을 등에 진다'고 한 것이다. '가로막대를 사용한다'(以衡)는 것은 하관할 때 별도로 큰 나무를 가로막대로 삼아 관속棺束의 줄에 관통시켜 평평하게 유지하면서 관을 내려놓아 기울어지는 것에 대비하는 것이다. '줄을 이용한다'(以緘)는 것은 상여줄로 곧바로 관속棺束에 묶어서 하관하는 것이다. '시끄럽게 떠들지 못하도록 명령을 내린다'(命毋譁)는 것은 시끄럽게 떠드는 것을 미리 경계하여 금지시키는 것이다. '북을 쳐서 하관하게 한다'(以鼓封)는 것은 북을 쳐서 상여줄을 등에 지고 있는 사람들이 줄을 놓는 절도로 삼게 하는 것이다. '곡을 하지 말도록 명령을 한다'(命毋哭)는 것은 미리 경계하여 곡의 소리를 멈추게 하는 것이다. 사의 경우는 곡을 하는 여러 사람들이 스스로 알아서 서로 중지한다. 三'封'字, 皆讀爲'窆', 謂下棺也. ○ 疏曰: "下棺時, 將綍一頭繫棺緘, 又將一頭繞碑間鹿盧. 所引之人在碑外, 背碑而立. 負引

者, 漸漸應鼓聲而下. 故云'用綍去碑負引'也." '以衡', 謂下棺時, 別以大木爲衡, 貫穿棺束之綍, 平持而下, 備傾頓也. '以綍者', 以綍直繫棺束之綍而下也. '命毋譁', 戒止其諠譁也. '以鼓封', 擊鼓爲負引者縱捨之節也. '命毋哭', 戒止哭聲也. 士則衆哭者, 自相止而已.

[상대기 94]

제후는 소나무로 만든 덧널(松椁)을 사용하고, 대부는 측백나무로 만든 덧널(栢椁)을 사용하고, 사는 잡목으로 만든 덧널을 사용한다.

君松椁, 大夫栢椁, 士雜木椁.

集說 천자는 측백나무로 만든 덧널(栢椁)을 사용하기 때문에 제후는 소나무로 만든 덧널을 사용한다. 대부가 천자와 똑같이 하는 것은 신분의 차이가 현격하여 참람하게 행한다는 혐의를 받지 않기 때문이다. 天子栢椁, 故諸侯以松. 大夫同於天子者, 卑遠不嫌僭也.

[상대기 95]

관棺(속관)과 덧널(椁) 사이 틈이, 군주의 경우 축柷이 들어갈 정도가 되고, 대부의 경우 호壺가 들어갈 정도이고, 사의 경우는 무甒가 들어갈 정도가 된다.

棺椁之間, 君容柷, 大夫容壺, 士容甒.

集說 '축柷'은 악기로서 형상이 통桶과 비슷하다. '호壺'는 물을 떨어뜨리

는 그릇이다. 일설에는 호壺와 무甒가 모두 술을 담는 그릇이라고 한다. 이 경문에서는 넓이의 정도를 말한 것이다. 관棺의 밖과 덧널의 안쪽에 모두 넣어두는 명기冥器가 있다. '杭', 樂器形如桶. '壺', 漏水之器. 一說, 壺・甒皆盛酒之器. 此言闊狹之度. 古者棺外椁內, 皆有藏器也.

[상대기 96]

군주는 덧널(椁)을 싸고 우광虞筐을 한다. 대부는 덧널을 싸지 않는다. 사는 우광을 하지 않는다.

君裏椁・虞筐. 大夫不裏椁. 士不虞筐.

集說 소疏에서 말한다. "노씨盧氏(노식盧植)가 비록 (우광虞筐[81]에 대해) 해석을 하였지만, 정현은 듣지 못하였다고 하였다. 이제 기록하지 않는다."

疏曰: "盧氏雖有解釋, 鄭云未聞. 今不錄."

1 【분장】: 본 편은 권근의 按說도 없고 경문을 재배치하지도 않아 장을 나누지 않았다.

2 『의례궁묘도』: 楊復의 『儀禮圖』「儀禮旁通圖・宮廟門」을 가리킨다.

3 옥루 : 고대 중국에서는 실내의 서북쪽 깊숙한 곳에 작은 휘장을 설치하고 신주를 안장하였다. 그곳이 사람들 눈에 띄지 않기 때문에 '옥루'라고 하였다고 한다. 『詩』「大雅・抑」에 "네가 거실에 있는 것을 보건대, 거의 옥루에 부끄럽지 않게 할지니라"(相在爾室, 尚不愧于屋漏)라고 하였는데, 毛亨의 傳에는 "서북쪽 깊숙한 곳을 '옥루'라고 한다"(西北隅謂之屋漏)고 하였고, 鄭玄의 箋에는 "'옥'은 작은 휘장이고, '루'는 가린다는 뜻이다"('屋', 小帳也, '漏', 隱也)라고 하였다. 후에 '옥루'는 집의 깊고 어두운 곳을 가리키는 말로 사용되었다.

4 士之妻 : 李學勤은 阮元과 段玉裁 등의 校本 등에 의거하여 '士・士之妻'로 교감하였다. 『禮記正義』(北京大學出版社, 2000), 「喪大記」 22, 1440쪽 참조.

5 소침 : 소침은 천자와 제후의 침궁을 가리킨다. 『左傳』僖公 33년 조에 "희공이 제나라로 갔다. ~ 돌아와서, 소침에서 훙거하였다"(公如齊 ~ 反, 薨於小寢)고 한 것에 대해 楊伯峻의 注에는 "소침은 제후의 연침이다"(小寢, 爲諸侯之燕寢)라고 하였다. 「玉藻」(1-7)에 "대부가 물러난 후에 소침에 가서 朝服(피변복)을 벗는다"(大夫退, 然後適小寢, 釋服)고 하였는데, 정현 주에는 "'소침'은 연침의 뜻이다"(小寢, 燕寢也)라고 하였다.

6 적실에서 사망한다 : 『의례』「士喪禮」에서 "士의 喪禮. 士는 適室에서 사망한다. 大斂에 사용하는 被衾으로 시신을 덮는다"(士喪禮, 死于適室. 幠用斂衾)고 하였다. 정현 주에는 "適室은 正寢의 室이다"(適室, 正寢之室也)라고 하였고, 賈公彦의 疏에서는 "천자・제후의 정침을 노침이라 하는 데에 대응해서 경・대부・사의 정침은 적실이라고 하며 또한 적침이라고도 한다. 그러므로 아래 記에 '사는 적침에 거처한다'고 한 것이다. 총괄해서 말하면 모두 '정침'이라고 한다"(若對天子諸侯謂之路寢, 卿大夫士謂之適室, 亦謂之適寢. 故下記云'士處適寢.' 總而言之, 皆謂之'正寢')고 하였다.

7 궐적 : '屈'은 '闕'과 통하며, 闕狄이라고도 한다. 고대 왕후 및 封號를 가진 귀족의 부인이 입는 命服으로 시대마다 차이가 있다. 「玉藻」(9-2)의 "君命屈狄"에 대한 정현 주와 공영달의 소 참조.

8 단의 : 가선을 붉은색 명주(纁)로 장식한 검은색의 의복이다. 「雜記上」(3-2) 참조.

9 세부 : 천자의 왕후는 6명의 宮, 3명의 夫人, 9명의 嬪, 27명의 世婦, 81명의 御妻를 둔다. 세부는 女官을 거느리고 王后를 도와 祭祀, 賓客, 喪紀 등의 禮를 담당한다. 이 世婦의 지위는 대부의 正妻가 차지하는 품계와 등급이 같다. 따라서 世婦로 대부의 정처를 표현하기도 하는데, 이 경문의 표현이 그러한 경우이다. 『三禮辭典』'世婦' 항목 참조.

10 휘의 ~ 보인다 : 「雜記上」(3-1, 3-2) 참조.

11 여섯 가지 면복 : 冕服은 면류관을 쓸 때 착용하는 복식 일습을 말하고, 시대에 따라 조금씩 차이는 있지만 면류관·상의(玄衣)·하상(裳)·중단·바지·버선·신·大帶· 혁대·폐슬·綬·패옥·劍·圭로 구성된다. 면복의 종류는 등급의 순서대로 大裘冕· 袞冕·驚冕·毳冕·希冕(絺冕)·玄冕의 6가지가 있다. 이를 여섯 가지의 면복이라고 한다. 大裘冕이 가장 높은 등급이고, 玄冕의 등급이 가장 낮다. 大裘冕은 昊天·上帝· 五帝에 제사할 때 입고, 袞冕은 先王에게 제사지낼 때와 왕이 종묘에서 제후의 朝覲을 받을 때 입으며, 驚冕은 先公에게 제사할 때와 종묘에서 大射禮를 행할 때 입는다. 毳冕 은 四望과 山川에 제사할 때 입고, 絺冕은 사직과 五祀에 제사지낼 때 입는다. 이들 면복은 면류관의 旒의 수와 상의와 하상에 표현된 무늬로 구별한다. 그런데 이 6가지 冕服을 모두 입을 수 있는 신분은 천자뿐이고, 諸侯·孤·卿·大夫는 袞冕服 이하 玄冕 服까지를 각 신분과 의례 상황에 따라 차별적으로 입는다. 단 이들 신하가 袞冕服부터 絺冕服까지를 입을 수 있는 것은 천자가 주관하는 제사에 참여하여 제사를 도울 때뿐이 고, 각자 자신이 주관하는 제사에서는 6면복 가운데 가장 낮은 등급인 현면복만 입을 수 있다.

12 『예기』의 ~ 보인다 : 「曾子問」(5-8) 및 「雜記上」(61)에 관련 내용이 나온다.

13 주부 : 여주인을 뜻한다. 보통 喪主의 妻가 된다.

14 부모가 ~ 않는다 : 이 말은 「玉藻」(37)에 나온다.

15 북상투 : 喪禮에서 여자가 비녀(笄)와 머리싸개(纚)를 벗고 베로 머리를 묶어 상투를 튼 것을 가리킨다. 음은 '좌'이다. 『三禮辭典』 '髽' 항목 참조.

16 유당 : 소렴 전에 당상에 휘장을 설치하는 것이다. 「檀弓上」(1-6)에 "曾子가 말하였다. '시신을 아직 꾸미지 않았으므로 당에 휘장을 치고 소렴을 마치면 휘장을 거둔다.' 仲梁 子가 말하였다. '부부가 한창 어지러운 상황이므로 당에 휘장을 치고 소렴을 마치면 휘장을 거둔다'"(曾子曰 : 「尸未設飾, 故帷堂, 小斂而徹帷.」 仲梁子曰 : 「夫婦方亂, 故帷堂, 小斂而徹帷」)라고 하였다.

17 제후와 ~ 거두는데 : 관련 내용은 「喪大記」(18)에 나온다.

18 夫人 : 『禮記集說大全』·『禮記訓纂』에는 모두 '夫人'으로 되어 있는데, 李學勤은 '大夫' 의 잘못이라고 한다. 『예기정의』, 1450쪽 참조.

19 문 : 상례에서 冠을 바꾸어 머리에 착용하는 두건을 말한다. 베로 목의 중앙부터 머리 를 싸매 올려 이마에서 교차시키고 뒤로 둘러서 상투에 묶는 방식이라고 한다. 免은 麻를 사용하여 머리를 묶는 括髮보다 가벼운 예이다. '糸+免'으로 쓰기도 한다. 『의례』 「士喪禮」에 "주인은 括髮을 하고 袒을 하며, 衆主人은 방에서 免을 한다.(主人括髮袒, 衆主人免于房)"라고 하였다. 이 구절에 대한 정현의 주에 "衆主人은 免을 한다'는 것은 齊衰服을 하는 이가 袒을 하고자 할 때 免을 하는 것으로 冠을 대체하는 것이다. 관은 복장에서 존귀한 차림이므로 관을 쓰고서는 袒을 하지 않는다. 免의 제도에 대해서는

아직 듣지 못하였다. 구설에서 관의 형상과 비슷하고 넓이가 1촌이라고 하였다. 「喪服小記」(1-1)에 '참최의 喪에는 麻로 머리를 묶는다(括髮). 어머니의 상에서도 麻로 머리를 묶지만, (소렴 뒤에) 免을 착용하는데 (麻를 대신하여) 布로 한다'고 하였다. 이는 麻와 베를 사용하여 만드는 것인데 그 모양이 오늘날 幓頭(머리를 묶는 두건)를 착용하는 것과 같다. 목의 중앙으로부터 앞쪽으로 감아올려 이마에서 교차시킨 다음 뒤로 상투에 감는다'('衆主人免'者, 齊衰將袒, 以免代冠. 冠, 服之尤尊, 不以袒也. 免之制未聞. 舊說以爲如冠狀, 廣一寸. 「喪服小記」曰: '斬衰括髮以麻. 免而以布.' 此用麻布爲之, 狀如今之著幓頭矣. 自項中而前, 交於額上, 卻繞紒也)『三禮辭典』, '免'항목 참조.

20 호 : '壺'는 '挈壺' · 漏壺'라고도 하며, 떨어지는 물의 다과로 시간을 계산하는 儀器다. '漏刻'이라고도 한다. 漏壺 안에 표시하는 곧은 대나무를 꽂는데, 이를 '箭'이라고 한다. 물이 누호 속으로 흘러나가거나 흘러들어올 때 전 아래가 가라앉거나 상승한다. 이를 빌어서 시각을 지시한다. 전자를 '沉箭漏'라고 하고, 후자를 '浮箭漏'라고 한다. 총칭해서 箭漏라고 한다.

21 門外 : 惠棟의 校本 · 石經 · 宋監本 · 岳本 · 嘉靖本 · 衛湜의 『禮記集說』 등에는 '門'으로 되어 있으며, 閩本 · 監本 · 毛本 · 『예기집설』에는 '門外'로 되어 있다. 『石經考文提要』에는 "宋大字本 · 宋本九經 · 南宋巾籍本 · 余仁仲本 · 劉叔剛本에는 모두 '外' 자가 없다"고 하였다. 『예기정의』, 1455쪽 참조.

22 실로 : 집안의 우두머리 집사이다. 「檀弓下」(2-6) 참조.

23 '대부의 경우처럼 ~ 말한다 : 대부가 사망하여 그 아들이 상주로서 거상하는 중에 군주, 군주의 부인과 세부의 조문하는 命이 이를 때 하는 것처럼 한다는 뜻이다. 곧 위 「喪大記」(23)의 경문 내용대로 한다는 의미다.

24 빈 : 경문의 '殯'은 시신을 널(柩)에 안치하는 大斂을 행한 뒤, 서쪽 계단 위에 구덩이 파서 임시로 널을 안치하여 흙으로 덮은 것을 뜻한다. 「檀弓上」(1-58) 참조.

25 대부와 사 : 부친이 大夫 또는 士로서 사망하여 그 뒤를 이은 대부와 사의 아들을 가리킨다. 공영달의 소 참조.

26 사 : 숟가락이다. 단술이나 국을 뜰 때 숟가락을 사용하는데, 뿔이나 나무로 만든다. 『의례』「士冠禮」에 "큰 국자(勺) · 觶 · 뿔로 만든 숟가락(角柶)이 있는데 모두 광주리 안에 넣어둔다"라고 하였다. 정현의 주에는 "柶는 형상이 '숟가락'(匕)과 같다. 뿔로 만드는 것은 매끄럽게 하려는 것이다"라고 하였다. 『三禮辭典』, '柶' 항목 참조.

27 연궤 : 기대어 휴식하는 조그만 几案이다.

28 어자 : 본래 수레를 모는 마부를 뜻하지만, 여기서는 일을 보좌하는 시종을 뜻한다. 『의례』「旣夕禮」에 "(새 옷으로 갈아입힐 때) 御者 4인이 모두 앉아서 사망을 맞는 이의 몸을 부지한다"(御者四人, 皆坐持體)에 대하여 정현은 주에서 "'御者'는 오늘날 侍從에 해당한다"('御者', 今時侍從之人)라고 하였다. 賈公彦의 疏에 "士에게 臣은 없지만, 곁에서 모시고 수발하는 사람은 또한 있어, 그들의 손에 사망을 맞는다"(士雖無臣, 亦有

侍禦仆從之人, 終於其手也)라고 하였다.

29 전인 : 田野의 일 및 公族의 死刑을 관장하는 관리다. 『의례』 「燕禮」에 "전인은 뜰에서 큰 화톳불을 잡는다"(甸人執大燭於庭)고 하였다. 정현 주에는 "전인은 땔감나무 공급하는 일을 관장하는 자이다"(甸人, 掌共薪蒸者)라고 하였다. 「文王世子」(3-17)에 "군주의 친족이 사형에 해당하는 범죄를 범하면 甸人에게 보내 교수형에 처하게 한다. 형벌에 처할 범죄일 경우 찌르거나 절단하는데, 그 경우에도 甸人에게 죄상을 적은 문서를 다 읽어준 다음 집행하도록 시킨다"(公族, 其有死罪, 則磬于甸人. 其刑罪, 則纖剸, 亦告于甸人)라고 하였다. 이에 대한 정현의 주에 "甸人은 郊野를 관장하는 관리다"(甸人, 掌郊野之官)라고 하였다. 도성에서 100리 이내의 지역을 郊라고 하고, 郊로부터 100리 이내의 지역을 郊外 또는 甸이라고 부른다. 여기서 甸人은 이 甸을 담당하는 관리로 추정된다. 『주례』 「天官·太宰」 참조.

30 중력 :

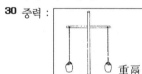

重鬲

『欽定禮記義疏』(淸)

31 비빈다 : '摩'는 '差摩'와 같은 뜻으로 쌀 등을 비벼서 이는 것이다. 공영달의 소 참조.

32 중 : 重은 물건을 매달기 위해 설치한 나무막대로, 길이는 3尺이다. 모양은 나무를 깎아 윗부분에 구멍을 뚫어 놓은 형태로 구멍에 靮 또는 簪, 즉 대나무로 된 막대기를 꽂아 물건을 매단다. 사망한 초기에는 重을 神主의 대신으로 사용하다가 虞祭를 지낸 뒤에 중을 묻고 그 뒤에 신주를 만든다. 죽을 담은 솥을 중에 걸어두는데 이를 重鬲이라 한다. 銘旌도 중에 걸어둔다. 『三禮辭典』, 600~601쪽.

33 일설 : 熊氏의 설이다. 『禮記正義』, 1464쪽 참조.

34 君設大盤·君·大夫·士一也 : 『예기정의』(14책, 1460쪽)에는 이 경문이 「喪大記」(25) '子皆杖 ～ 斷而棄之於隱者' 다음에 배치되어 있다. 陳澔는 정현의 설에 따라 여기에 배치하였다.

35 함 : 飯含을 말한다. 상례에서 죽은 이의 입 안에 米·貝·珠玉 등을 넣는 儀節을 뜻한다.

36 습 : 죽은 이에게 옷을 입히는 의절이다. 상례에서 처음 죽은 날에 시신을 목욕시키고 반함을 한 후에, 시신에 幎目·屨·穿衣·加冒 등을 입힌다. 이를 통틀어서 襲事라고 한다.

37 節 : 『예기천견록』에는 '飾'으로 되어 있으나 『예기집설대전』에 따라 바꾼다.

38 得 : 『예기집설대전』에는 '得'이 없다.

39 배우 : 대접이나 잔 등 물건을 담는 용도로 일상생활에서 사용하는 나무그릇이다. 여기서는 湯이나 漿 등 물이 있는 음식을 담는 그릇을 뜻한다. 『의례』 「旣夕禮」의 '兩杅'에 대하여 정현은 주에서 "杅는 湯이나 漿을 담는다"(杅盛湯漿)라고 하였다.

40 '여'는 ~ 하였는데 : 陸德明의 설이다. 『禮記正義』, 1468쪽 참조.

41 정복 : 순수하게 혈연관계에 따라 상복을 하는 것을 正服, 혈연관계는 없지만 사회·정치적 등 인위적 관계에 따라 상복을 하는 것을 義服이라 한다.

42 기년상에는 ~ 보인다 : 이는 생략된 문장이다. 『예기정의』, 1468쪽에는 다음과 같이 되어 있다. "'기년상에는 세 끼를 먹지 않는다'는 것은 대부·사가 방계친족을 위해 입는 기년 상의 경우를 말하는 것이다. '세 끼를 먹지 않는다'는 것은 義服을 말하는 것이다. 正服이라면 이틀 동안 먹지 않는다. 그러므로 「間傳」(4)에 '자최의 상에는 이틀 동안 먹지 않는다'고 하였다."('期之喪, 三不食'者, 謂大夫·士旁期之喪. '三不食'者, 謂義服也. 其正服則二日不食也. 故「間傳」云'齊衰二日不食')

43 소렴효·대렴효·금衾·금紟 :

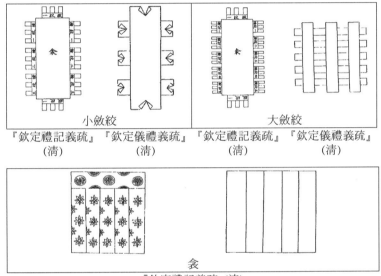

小斂絞
『欽定禮記義疏』　　『欽定儀禮義疏』
(淸)　　　　　　　(淸)

大斂絞
『欽定禮記義疏』　　『欽定儀禮義疏』
(淸)　　　　　　　(淸)

衾
『欽定禮記義疏』(淸)

44 衣 : 『예기집설』에는 '衾'으로 되어 있다. 『禮記正義』에는 『예기천견록』과 마찬가지로 '衣'로 되어 있다.

45 효포 : '絞'는 소렴과 대렴 때에 시신에 입혀진 옷을 묶는 띠인데, 베로 만들기 때문에 '布絞'라고 한다. 『三禮辭典』, 856쪽 참조.

46 홑옷과 ~ 한다 : 이 말은 『춘추좌씨전』, 閔公 2년 조 傳의 杜預 주에 나온다.

47 금 : 紟은 혼례와 大斂 등에 사용하는 홑이불을 뜻한다. 「喪大記」(39)에 "홑이불(紟)은 나섯 폭인데, 표식을 붙이시 않는다." 정현 주, "紟'은 비단 끈 종류로 만드는데 옷깃(領)의 가에 붙이는 것으로 오늘날의 被識과 같은 것이다. 살아 있을 때에는 홑이불(禪被)에 표식을 해 두었다가 사망하면 그것을 제거하는데, 살아 있을 때와 달리하는 것이다"

('紞', 以組類爲之, 綴之領則, 若今被識矣. 生時襌被有識, 死者去之, 異於生也)라고 하였다.

48 구설에서 ~ 하였다 : 이 설은 정현 주에 나온다.

49 수 : 죽은 이에게 주는 옷과 이불이다. 『의례』「士喪禮」에 "군주는 사람을 시켜서 襚衣를 보낸다"(君使人襚)라고 하였는데, 정현은 주에서 "襚는 보낸다는 뜻이다. 옷과 이불을 '수'라고 한다"('襚'之言遺也. 衣被曰'襚')라고 하였다.

50 列采 : 朝服 등 正服을 가리킨다. 「玉藻」(8-6)에 "정복의 옷이 아니면 公門에 들어가지 못한다"(非列采, 不入公門)라고 하였는데, 정현은 주에서 "列采는 정복이다"(列采, 正服)라고 하였다.

51 치 · 격과 ~ 않는다 : 絺는 고운 갈포(細葛), 綌은 거친 갈포(麤葛), 紵는 紵布로서 모두 속옷(褻衣)이다. 그러므로 진설하는 데 포함시키지 않는 것이다.

52 단 : 어떤 일을 행할 때 웃옷의 모양을 일의 성격에 맞추어 나타내는데, 袒 · 裼 · 肉袒 · 襲 네 가지 방식이 있다. 상의의 왼쪽 소매만 걷고 안에 저고리(襦)와 中衣를 그대로 두는 것을 '袒'이라고 한다. 季冬에는 갖옷(裘)을 입는데, 갖옷 밖에 裼衣가 있고, 裼衣 밖에 상의가 있는데, 상의의 왼쪽 소매를 걷어 석의를 노출시키는 것을 '裼'이라고 한다. 왼쪽 소매의 안과 밖을 모두 걷어, 어깨를 노출시키는 것을 '肉袒'이라고 한다. 袒도 하지 않고, 裼도 하지 않을 것을 '襲'이라고 한다. 『三禮辭典』, '袒' 항목 참조.

53 태축의 ~ 돕고 : 『주례』「春官 · 大祝」에 "대상이 있으면 그 죽은 날 직후에 울창으로 시신을 씻는다. 반함을 돕고, 염하는 일을 돕고, 전을 치운다"(大喪始崩, 以肆鬯渳尸. 相飯贊斂徹奠)라고 하였다.

54 상축은 ~ 관장한다 : 『주례』「春官 · 喪祝」에 "경 · 대부의 상에 일을 관장하여 염을 하고 관을 장식한다"(凡卿 · 大夫之喪, 掌事而斂飾棺焉)라고 하였다.

55 구설 : 공영달의 소에 다음과 같이 말하였다. "'더불어 일을 집행하였다'는 것은 살아 있을 때 일찍이 죽은 이와 함께 일을 집행하였다는 뜻이다. 이제 상례를 거행하는 곳에 참여하였으니 염을 돕는 것이다. 살아 있을 때 함께 일을 집행한 적이 있어야 죽었을 때 그를 위해 염을 하는 것이다. 만약 함께 일을 집행한 적이 없다면 시신을 설만하게 여기고 싫어한다. 그러므로 염을 하게 하지 않는다."(與執事, 謂平生曾與亡者共執事. 今與喪所則助斂也, 所以須生經共執事, 死乃爲斂也. 若不經共執事, 則褻惡之, 故不使斂也)

56 구설에 ~ 하였다 : 관련 내용은 공영달의 소에 나온다.

57 환질 : 마의 줄을 둥글게 만들어서 머리에 얹는데, 소공 이하의 상복에 사용한다.

58 시신에 기대어 곡용하는 것 : 상례에서 소렴 · 대렴 때에 馮尸 · 撫尸 · 拘尸 · 執尸 등의 의식이 있는데, 이들을 통칭해서 '馮尸'라고 한다. '馮尸'는 살아 있는 이가 시신의 심장에 해당하는 곳을 껴안은 것이다. 시신을 껴안은 뒤에 踊을 하면서 애도를 표한다. 『三禮辭典』, 899쪽, '馮尸' 항목 참조.

59 악실 : 복상자가 거상하는 자그마한 임시 거처로, 중문 밖에 설치한다. 부모의 상을 당한 자는 처음 倚廬에 거처하다가 13개월째에 練祭(小祥)를 지낸 후 악실에 거처한다.

60 명사 이상은 ~ 달리한다 : 이 말은 「內則」(1-14)에 나온다. 爵命을 받은 土를 '命土'라고 한다. 爵命은 1命에서 9命까지 있다. 제후의 上土와 천자의 中土가 1命의 土에 해당한다. 이 1命 이상의 土를 모두 '命土'라고 칭한다. 『三禮辭典』, '命土' 항목 참조.

61 賜 :『예기정의』에는 '賜' 앞에 '爲之' 두 글자가 더 있다. 이에 따라 번역한다.

62 當賜小斂 :『예기정의』에는 '當大斂焉, 爲之賜, 小斂焉'으로 되어 있다. 이에 따라 번역한다.

63 于 :『예기집설대전』에는 '子'로 되어 있으나 오기이므로 바로잡는다.

64 대부군 : 대부의 家臣은 대부를 君으로 섬기는데, 대부가 군주로 섬기는 國君과 구별하여 '大夫君', 곧 '대부인 군'이라고 부른 것이다. 이 경문은 대부가 자신의 家臣이 사망하였을 때 조문하는 의절에 대하여, 국군이 대부의 상에 조문하는 경우와 구별하여 설명한 것이다.

65 빈을 ~ 않는다 : 이 說은 공영달의 소에 皇氏의 설로 인용되어 있다.

66 금못을 섞어서 사용한다 : 원문은 '用雜金鐕'인데, '鐕'은 못(釘)을 뜻한다. '雜'에 대하여 금못과 상아못을 섞어서 사용한다는 의미로 해석하는 설과 황색·청색·백색의 구리못을 섞어서 사용한다는 의미로 해석하는 설 등이 있다. 楊天宇 譯注, 『禮記譯注』(下), 780쪽 참조.

67 녹색 비단 : 공영달의 소에 "定本 經에 '綠' 자가 모두 '琢' 자로 되어 있다. '琢'은 못이다. 붉은 비단을 관에 박아 붙이는 것이다"(定本經中, '綠'字皆作'琢'. '琢'爲鐕. 琢朱繒貼著於棺也)라고 하였다. 이 설에 따르면 붉은색과 녹색 두 비단을 사용하는 것이 아니라 붉은색 비단을 관 속에 박아 넣는 것이 된다.

68 임 : 관의 뚜껑 모퉁이를 끼워 맞추기 위하여 서로 맞물리는 끝을 凹凸 모양으로 들쭉날쭉하게 파낸 부분, 또는 그런 짜임새 방식을 가리킨다. 못 대신 사용하는 것으로 그 형상이 양 머리는 넓고 가운데는 좁아, 漢代에는 '小要'라고 불렀으며, 뒤에 '衽子'라고도 하였다. 우리말로는 '사개'라고 한다. 深衣의 衽(옷깃)과 비슷하기 때문에 '衽'이라고 한다. 『三禮辭典』, '衽' 항목; 「檀弓上」(1-117) 참조.

69 속 : 관 뚜껑을 衽으로 봉합한 뒤에 위에 가죽 끈을 이용하여 棺을 묶어서 단단하게 하는데, 이 묶는 것 또는 묶는 끈을 '棺束' 또는 '束'이라고 한다. 「檀弓上」(138) '棺束'에 대한 공영달의 소에 "고대에는 棺의 나무에 못을 사용하지 않았다. 그러므로 가죽끈을 사용하여 봉합하였다"(無釘, 故用皮束合之)라고 하였다.

70 춘 : 朝廟(죽은 이가 사당에 모신 선조들의 신령을 알현하는 의식)를 하기 위해 관을 옮길 때 사용하는 수레로, 천자와 제후는 이를 殯宮으로도 사용한다. 천자는 輴車에 용의 무늬를 그려 넣고, 나무를 쌓아서 덧널(椁)처럼 만들고 그 위에 수레덮개를 두른다. 제후는 순서를 사용하고 수레덮개를 설치하며, 輴沈(수레를 끌 때 빡빡하게 하지 않도록 물과 느릅나무 껍질에서 나오는 즙을 섞어 땅에 뿌리는 일) 한 것이 흩어지지 않도록 撥을 설치한다. 「檀弓下」(3-53) 참조.

71 관식 :

棺飾

『欽定禮記義疏』(淸)

72 지 : 관의 장식은 상하 두 부분으로 나뉘는데, 윗부분을 '柳'(상여덮개)라 하고 아랫부분을 '牆'(관의 옆에 있는 덮개)이라고 한다. '柳'는 관의 위를 덮는, 나무로 된 덮개(木框)로서 그 형상이 자라의 등껍데기와 같다. '柳'에 베를 입힌 것을 '荒'이라고 하고, '荒'에 도끼(黼), 黻(두 개의 '弓' 또는 '己' 자를 서로 등대어 놓은 모양의 수), 불(火) 등의 문양을 그려 넣는다. 柳의 꼭대기를 '齊'라고 하는데 다섯 채색 비단(五采)과 다섯 개의 조개(五貝)로 장식한다. '柳'의 아랫부분은 앞쪽·좌측·우측 등 3면에 '池'가 있다. 池는 대나무로 만드는데, 처마의 물받이(霤)와 같은 것이다. '池'의 아래로 관의 앞쪽 및 양옆에 있는 것을 '牆'이라고 하는데, 牆은 베로 감싸서 휘장(帷)으로 삼는다. 뒷부분에는 '振容'이 있는데, 비단으로 만들며, 깃발(幡) 모양이다. '柳'는 '簍'로 쓰는 경우도 있다. '柳'는 또한 관 장식을 총칭하는 말로도 사용된다. 『三禮辭典』, '棺飾' 항목 참조.

73 柳降一池闕後. 故三池也 : 『예기정의』에는 '柳降一池, 闕於後一, 故三池也'로 되어 있다.

74 저 : 柩衣라고도 한다. 대부 이상이 사용하는 관의 장식으로 누이지 않은 흰 비단을 지붕 모양으로 만들어 관을 덮는다. 정현은 "大夫 이상의 喪에서 褚로 棺身을 덮고 그 위에 帷와 荒을 설치한다"(大夫以上有褚以襯覆棺, 乃加帷荒於其上)라고 한다. 공영달은 소에서 "素錦은 흰 비단이다. 褚는 지붕(屋)이다. 荒 아래에 흰 비단을 사용하여 지붕을 만든다. 葬禮에서 장지로 가는 도중에 宮室을 형상한 것이다. 그러므로 「雜記上」(1-2)에 '(누이지 않은) 흰 비단으로 지붕을 만들어 놓은 뒤에 출발한다'고 하였는데 곧 褚가 그것이다"(素錦, 白錦也. 褚, 屋也. 於荒下又用白錦以爲屋也. 葬在路象宮室也. 故「雜記」云 '素錦以爲屋而行', 卽褚是也)라고 하였다.

75 보삽·불삽·운삽 :

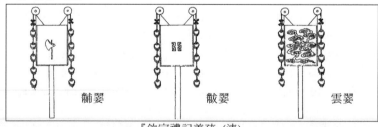

黼翣　　　黻翣　　　雲翣

『欽定禮記義疏』(淸)

76 대 : 관의 束과 柳의 몸체를 연결하여 묶는 끈을 말한다.

77 기 : 백색의 띠풀로 엮은 기를 의미한다. 이 기를 이용하여 상여행렬에 절도를 주어 선도한다. 「雜記下」(3-2)에 "상여(柩車)를 인도하는 사람은 기(茅)를 가지고 한다"(御柩 以茅)라고 하였다.

78 이 장에서 ~ 하였다 : 이 설명은 정현 주와 공영달의 소에 나온다.

79 비 : 나무로 만들어서 묘혈 모퉁이에 세워 그것을 상여줄에 묶어 관을 끌어 올려 무덤 에 내려놓는 것이다. 豐碑라고도 한다.

80 '비'와 ~ 보인다 : 碑에 대해서는 「檀弓下」(3-42)에 綍에 대해서는 「雜記下」(3-2), 「緇衣 」(2-6) 등의 주석에 설명이 보인다.

81 우광 : 盧植의 해석도 찾을 수 없다. 다만 『讀禮通考』에 인용된 徐師曾의 기록에 따르 면 "혹자는 말한다. '우'는 안정시키다의 뜻이다. 우광은 바로 苞와 筲이다. 그것으로 체백을 안정시킨다. 그러므로 虞筐이라고 한다. '사는 우광을 하지 않는다.'는 것은 널 의 곁에 부장한다는 말이다"(或曰: 虞, 安也. 虞筐卽苞筲也. 以安體魄. 故謂虞筐. '士不虞 筐', 謂藏於旁也)라고 하였다.

제법
祭法

양촌에 사는 후학 권근 지음

살피건대, 위 편에서는 전부 상례를 말하였는데 이 아래 세 편에서는
전부 제례를 말하였다. 이 편을 상례의 다음에 둔 것을 가지고 보면,
상례와 제례를 뒤섞어서 말한 여러 편들은 모두 상례를 앞에 배치하고
제례를 뒤에 배치해야 한다. 그 차례를 잃어버린 것을 바로잡지 않을
수 없다.

近案, 上篇全言喪禮, 此下三篇全言祭禮. 以此篇次之意觀之, 則諸篇雜言喪祭之禮
者, 皆當先喪而後祭, 其失次者, 不可以不正也.

1.[1]

1-1 [제법 1]

제법祭法(제사지내는 법도)에 의하면, 유우씨有虞氏는 체제禘祭에 황제
黃帝를 배향하고 교제郊祭에 제곡帝嚳을 배향하였으며, 선욱顓頊을
조祖로 삼고 요堯를 종宗으로 삼았다. 하후씨夏后氏도 체제에 황제를

배향하고 교제에 곤鯀을 배향하였으며, 전욱을 조로 삼고, 우禹를 종으로 삼았다. 은殷나라 사람들은 체제에 제곡을 배향하고 교제에 명명冥을 배향하였으며, 설契을 조로 삼고 탕湯을 종으로 삼았다. 주周나라 사람들은 체제에 제곡을 배향하고 교제에 후직后稷을 배향하였으며, 문왕을 조로 삼고 무왕을 종으로 삼았다.

祭法, 有虞氏禘黃帝而郊嚳, 祖顓頊而宗堯. 夏后氏亦禘黃帝而郊鯀, 祖顓頊而宗禹. 殷人禘嚳而郊冥, 祖契而宗湯. 周人禘嚳而郊稷, 祖文王而宗武王.

集說 『국어國語』에서 말한다. "유우씨有虞氏는 체제禘祭에 황제를 배향하고 조제祖祭에서 전욱을 배향하고 교제郊祭에서 요堯를 배향하고 종제宗祭에서 순舜을 배향하였다. 하후씨夏后氏는 체제에서 황제를 배향하고 조제에서 전욱을 배향하고, 교제에서 곤鯀을 배향配享하고 종제에서 우禹를 배향하였다. 상商나라 사람들은 체제에서 곡嚳을 배향하고 조제에서 설契을 배향하고 교제에서 명명冥을 배향하고 종제에서 탕湯을 배향하였다. 주周나라 사람들은 체제에서 곡嚳을 배향하고 교제에 직稷을 배향하고 조제에서 문왕文王을 배향하고 종제에서 무왕을 배향하였다."[2] ○ 석량왕씨石梁王氏는 말한다. "이 4대代에 걸친 체禘·교郊·조祖·종宗 등의 제사에 대해서 어느 경전에도 설명된 것이 없어 의심스런 점이 많고, 위서緯書의 내용을 뒤섞어 놓아 더욱 어지럽고 복잡하다." ○ 유씨劉氏는 말한다. "우虞·하夏·은殷·주周가 모두 황제에게서 나왔다. 황제의 증손을 제곡帝嚳이라고 하니, 요는 제곡의 아들이다. 황제에서 순舜까지는 9세이고 우禹까지는 5세이니, 세대의 차례로 말하자면 요와 우는 형제이다. 살펴보건대, 『모시毛詩』「전傳」에 따르면 강원姜嫄이 기棄를 낳았는데 그가 후직后稷이 되었고, 간적

簡狄이 설契을 낳았는데 그가 사도司徒가 되었다고 하였으니3) 직稷과 설契은 다 요의 아우이다. 설에서 명冥까지는 6세이고, 탕湯까지는 14세이다. 후직에서 공유公劉까지는 4세이고 태왕大王까지는 13세이다. 4대의 교郊·체禘·조祖·종宗의 설에 대해서 정현은 경문 사이에 서로 차이가 있다고 한다. 이제 성주成周의 예禮로써 사례를 들어 추론해보면, 천하를 소유하게 된 자가 시조始祖의 묘廟를 세우고 영구히 조천祧遷하지 않는다. 또 시조가 유래하여 나오게 된 제帝를 소급하여 시조의 묘廟에서 제사하고 시조를 배향한다. 따라서 우虞와 하夏는 모두 전욱을 시조로 삼아 전욱의 묘廟에서 황제에게 체제禘祭를 드려야 하고, 교에서 하늘에게 제사할 때에는 두 나라 모두 전욱을 배향해야 한다. 은殷은 설契을 시조로 삼아 설의 묘廟에서 제곡에게 체제를 드려야 하고, 교제郊祭에서는 설을 배향해야 한다. 공功이 있는 이를 조祖로 삼고 덕德이 있는 이를 종宗으로 삼는 것4)에서 보면, 순의 증조인 구망句芒은 일찍이 공이 있어서 조祖가 될 만하지만 이제 조로 삼지 않았다. 고수瞽瞍는 완악하고 덕이 없어서 종宗이 될 수 없기 때문에, 제곡을 조로 삼고 요堯를 종으로 삼아야 한다. 순舜은 요로부터 천하를 이어받았고 요는 제곡으로부터 천하를 이어받았다. 그러므로 요가 순에게 전해줄 때 순이 문조文祖에서 제위를 이어받은 것에 대하여, 소씨蘇氏는 문조가 제곡의 묘廟라고 여겼다.5) 순이 우에게 전해줄 때, 우가 신종神宗에서 제위를 이어받는데, 신종은 곧 요堯의 묘廟이다.6) 이로써 우虞씨가 구망句芒을 조祖로 삼지 않고 제곡을 조로 삼았으며, 고수瞽瞍를 종宗으로 삼지 않고 요를 종으로 삼았음을 분명히 알 수 있다. 선유先儒는 하늘에는 반드시 시조始祖를 배향하고 제帝에는 반드시 부父를 배향하기 때문에 이 종宗이라는 글자는 곧 '명당明堂에서 종사宗祀한다'고 할 때의 '종宗'이 된다고 여겼다. 그래서 순은 고수를 종으로 삼아야 하고 요를 종으로 삼아서는 안 된다고 의심하였다. 내가 생각건대, 오제五帝는 천하를 공공의 것(官)으로 여겨서 우禹로부터 그 이전에는 공功이 있는 이를 조祖로 삼았고 덕德이 있는 이를 종宗으로 삼기를 응당 정현의 주에서 덕을 숭상한다는 설과 같이 하였다. 삼왕三王은 천하를 집안(家)으로 여겼으니 친속 가운데에서 조祖와 종宗을 삼는 것을 스스로 당연하게 여겼다. 그러나 곤鯀은 일찍이 치수 사업을 하다가 유폐되어 죽었기 때문에, 죽음에 이르기까지 자신의 직무에 근면한 공이 있었으니, 고수는 거기에 비할 바가 아니다. 그러므로 조祖가 되는 것은 마땅하지만 교제郊祭에 배향하기에는 마땅하지 않다. 명명冥도 또한 그렇다. 이로써 보면, 경문은 당연히, '유우씨有虞氏는 황제에게 체제를 지내고 교제에 전욱을 배향하며 제곡을 조祖로 삼고 요堯를 종宗으로 삼았다. 하후씨夏后氏는 황제에게 체제를 지내고 교제에 전욱을 배향하며 곤鯀을 조祖로 삼고 우禹를 종宗으로 삼았다. 은殷나라 사람들은 제곡에게 체제를 지내고 교제에 설契을 배향하며 명명冥을 조祖로 삼고 탕湯을 종으로 삼았다. 주周나라 사람들은 제곡에게 체제를 지내고 교제에 후직을 배향하며 문왕을 조祖로 삼고 무왕을 종으로 삼았다'라고 말해야 한다. 이와 같이 하면 거의 의심이 없을 것이다. '공功이 있는 이를 조祖로 삼고 덕德이 있는 이를 종宗으로 삼는다'고 할 때의 '종宗'과 '명당明堂에서 종사宗祀한다'고 할 때의 '종宗'은 같지 않다. 공功이 있는 이를 조祖로 삼고 덕德이 있는 이를 종으로 하는 것은 영구히 조천하지 않는 묘廟를 가리킨다. 아버지를 명당에서 높여서 제사(宗祀)하면서 상제上帝에게 배향하는 것은 한 세대가 지나면 한 번 바뀌는 것으로서 그 공덕이 있고 없음을 따지지 않는다. 유우씨有虞氏의 종사宗祀 예禮에 대해서는 듣지 못했으나, 그런 예禮가 있었다고 한다면, 고수瞽瞍를 명당에서 종사宗祀하고 제帝에 배향하는 것은 요堯의 묘廟를 종宗으로 삼는 것과 서로 방해되지 않을 것이다. 다만 우는 자식에게 전하지 않았으므로, 또한 영구히 조천하지 않는 의리가 없다." ○ 이제 살펴보건대, 이 장章의 '종宗'을, 덕이 있는 이를 종으로 삼는다고 하는 것으로 여기는 것은 그 자체로 의심할 것이 없다. 다만 은대殷代에 세 명의 종宗이 있어,7) 탕湯을 종으로 삼는다고 말할 뿐만이 아닌 것에 대해서는 아직 그 설을 규명할 수가 없다. 『國語』曰: "有虞氏禘黃帝而祖顓頊, 郊堯而宗舜. 夏后氏禘黃帝而祖顓頊, 郊鯀而宗禹. 商人禘嚳而祖契, 郊冥而宗湯. 周人禘嚳而郊稷, 祖文王而宗武王." ○ 石梁王氏曰: "此四代禘·郊·祖·宗, 諸經無所見, 多有可疑, 雜以緯書, 愈紛錯矣." ○ 劉氏曰: "虞·夏·殷·周, 皆出黃帝. 黃帝之曾孫曰帝嚳, 堯則帝嚳之子也. 黃帝至舜九世, 至禹五世, 以世次言, 堯·禹兄弟也. 按『詩傳』姜嫄生棄爲后稷, 簡狄生契爲司徒, 稷契皆堯之弟. 契至冥六世, 至湯十四世. 后稷至公劉四世, 至大王十三世. 四代禘·郊·祖·宗之說, 鄭氏謂經文差互. 今以成周之禮例而推之, 有天下者, 立始祖之廟, 百世不遷. 又推始祖所自出之帝, 祭於始祖之廟, 而以始祖配之. 則虞·夏皆當以顓頊爲始祖, 而禘黃帝於顓頊之廟, 祭天於郊, 則皆當以顓頊配也. 殷當以契爲始祖, 而禘帝嚳於契廟, 郊則當以契配也. 至於祖有功而宗有德, 則舜之曾祖句芒, 嘗有功可以爲祖, 今旣不祖之矣. 瞽瞍頑而無德, 非所得而宗者, 故當祖嚳而宗堯也. 蓋舜受天下於堯, 堯受之於嚳. 故堯授舜而舜受終于文祖, 蘇氏謂卽嚳廟也. 舜授禹, 禹受命於神宗, 卽堯廟也. 卽是可以知虞不祖句芒而祖嚳, 不宗瞽瞍而宗堯也明矣. 先儒謂配天必以始祖, 配帝必以父, 以此宗字卽爲'宗祀明堂'之宗. 故疑舜當宗瞽瞍, 不當宗堯也. 竊意五帝官天下, 自虞以上, 祖功宗德, 當如鄭註尙德之說. 三王家天下, 則自當祖宗所親. 然鯀嘗治水而殛死, 有以死勤事之功, 非瞽瞍比也. 故當爲祖, 但亦不當郊耳. 冥亦然. 由是論之, 則經文當云'有虞氏禘黃帝而郊頊, 祖嚳而宗堯. 夏后氏亦禘黃帝而郊頊, 祖鯀而宗禹. 殷人禘嚳而郊契, 祖冥而宗湯. 周人禘嚳而郊稷, 祖文王而宗武王'. 如此則庶乎其無疑矣. 大抵'祖功宗德'之宗, 與'宗祀明堂'之宗不同. 祖其有功者, 宗其有德者, 百世不遷之廟也. 宗祀父於明堂以配上帝者, 一世而一易, 不計其功德之有無也. 有虞氏宗祀之禮未聞, 借使有之, 則宗祀瞽瞍以配帝, 自與宗堯之廟不相妨. 但虞不傳子, 亦無百世不遷之義耳." ○ 今按, 以此章之'宗', 爲宗其有德者, 自無可疑. 但殷有三宗, 不惟言宗湯, 則未能究其說也.

　　살펴건대, 선유는 순이 당연히 고수를 종으로 삼아야 하며 요를 종으로 삼는 것은 부당하다고 하였다. 나는 요와 순이 다 황제의 후손이므로 순이 요를 계승한 것은 후세에 지손이 대통을 계승한 것과 같은 종류라고 생각한다. 후계자로 삼은 자를 아들로 삼는 것이라면 순이 요를 종으로 삼지 않고 누구를 종으로 삼겠는가? 다만 두 딸을 아내로 삼은 것은 마치 다른 종족인 것처럼 보이기 때문에 선유의 설이 있었던 것이다. 그러나 동성同姓을 취하지 않는 것은 주대에서 시작했으며, 두 임금이 비록 다 황제의 후손이지만 친족관계가 소원하므로 아내로 삼은 것이다. 고수의 경우는 당연히 따로 묘廟(사당)를 세워서 상으로 하여금 제사를 주관하게 해야 할 것이고, 순도 당연히 천자의 예악으로 제사에 나아가야 할 것이니, 「중용」에서 "순은 큰 효자이시다"라고 한 말과 "종묘의 귀신들이 그의 제사를 흠향한다"라고 한 말이 그것이다. 『서』에서 "조고祖考의 신이 오시니 우虞의 빈객이 자리에 있네"[8]라고 한 것도 순이 고수의 묘에서 제사를 지내는데 단주丹朱가 제사를 돕는 것을 말한다. 만약 요의 묘에서 제사를 지낸다면 단주가 당연히 자성子姓의 반열에 자리해야 하므로 빈객이라고 말할 수 없다. 또 이로써[9] 순이 요를 종으로 삼지 않는 것이라고 해서도 안 된다. 우가 순을 계승하였으므로 또한 황제의 후손이다. 그가 응당 순을 종으로 삼아야 하는 것은 또한 순이 요를 종으로 삼은 것과 같은 것이다. 지금 순을 말하지 않고 우를 종으로 삼는다고 한 것은, 우가 있을 때에는 반드시 순을 종으로 삼았고 계啓 이후로부터 우를 종으로 삼기 시작했기 때문이다. 만약 상균商均이 순의 지위를 계승하였다면 유우有虞도 반드시 순을 종으로 삼고 요를 종으로 삼지 않았을 것이다. 이로써 말하자면 순은 요의 천하를 받았기 때문에 당연히 요를 종으로 삼은 것이고, 상균의 시기에 미쳐서는 당연히 단주로 하여금 천자의 예악으로 따로 요를 제사지내게 하는데, 전일에 상으로 하여금 고수에 대한 제사를 주관하게 하였던 묘를 유우

有虞의 묘로 삼고 요를 종으로 삼는다. 우는 순의 천하를 받았기 때문에 당연히 순을 종으로 삼는 것이고, 계啓의 시기에 미쳐서는 당연히 상균으로 하여금 천자의 예악으로 따로 순을 제사지내게 하는데, 전일에 곤에게 제사지냈던 묘를 유우의 묘로 삼고 우를 종으로 삼는 것에 의심할 것이 없다. 선유는 또 하夏대에 곤에게 교제를 지냈는데 우虞대에 고수에게 교제를 지내지 않는 것은, 곤은 일찍이 치수를 하여 대중의 일에 수고로이 힘쓴 공업이 있어서 고수와 비교할 바가 아니라고 한다. 나는 그렇지 않은 것 같다. 고수와 곤으로 말하자면 참으로 같지 않은 점이 있지만, 순과 우로 말하자면 (그들이) 다 아버지인 것이다. 어찌 그 제사를 지낼 수 있고 없고를 따질 것인가! 곤에게 교제를 지내고 우를 종으로 삼는 것은 계啓 이후에 있는 것이니 상균이 순을 계승하여서도 반드시 고수에게 교제를 해야 한다. 다만 그 일이 없기 때문에 말하지 않은 것뿐이다. 어떤 사람은 "후직과 문왕은 하늘에 짝할 만한 덕을 가지고 있기 때문에 배향하여 제사할 수 있다"고 하지만, 고수를 하늘에 배향하여도 하늘은 역시 그 제사를 흠향하실 것이다. "아버지라는 것은 아들의 하늘이다"라고 하였으니 성스럽거나 어리석은 것을 가지고 차이를 둘 수 없다. 그러므로 아들이 하늘에 제사지낼 때에는 반드시 아버지를 배향하는 것이다. 하물며 순과 우의 덕이 하늘에 이르기에 충분한 데에야! 近案, 先儒謂舜當宗瞽叟, 不當宗堯. 愚謂堯舜皆是黃帝之後, 則舜之繼堯, 是猶後世旁支入承大統之類. 爲之後者爲之子, 則舜不宗堯而誰哉? 但妻二女, 似若異族, 故有先儒之說. 然不取同姓, 自周而始, 則二帝雖皆黃帝之後, 而族屬疎遠, 故取之也. 瞽叟則當別立廟, 使象主之, 舜亦當以天子禮樂而就祭, 「中庸」言"舜之大孝", 曰"宗廟饗之"是也. 『書』所謂"祖考來格, 虞賓在位"者, 亦是言舜祀於瞽叟之廟, 而丹朱助祭也. 若祀嘉廟, 則丹朱當居子姓之列, 不可謂之賓也. 又不可以此, 而謂舜爲不宗堯也. 禹之繼舜, 是亦黃帝之後. 其當宗舜, 亦猶舜之宗堯. 今不言舜而曰宗禹者, 禹在之時, 是必宗舜, 而自啓以後, 乃始宗禹爾. 若使商均繼舜之位, 則有虞亦必宗舜

而不宗堯矣. 以是而言, 則舜受堯之天下, 當以宗堯, 及商均之世, 則當使丹朱用天子禮樂, 以別祀堯, 以前日使象主祭瞽叟之廟, 爲有虞之廟, 而宗舜矣. 禹受舜之天下, 當以宗舜, 及啓之世, 亦使商均用天子禮樂, 而別祀舜, 以前日祀鯀之廟, 爲有虞之廟, 以宗禹也, 無疑矣. 先儒又謂夏郊鯀而虞不郊瞽者, 鯀嘗治水有勤事之功, 非瞽叟比也. 愚恐未然. 以瞽鯀而論, 則誠有不同, 以舜禹而論, 則皆父也. 豈議其可祀與否哉! 郊鯀而宗禹, 在啓之後, 則商均繼舜, 亦必郊瞽矣. 但無其事, 故不言爾. 或曰"稷與文王有配天之德, 故可配祀也", 以[10]瞽鯀而配天, 天亦饗之也與. 曰"父者子之天", 不以聖愚而有異. 故子之祀天, 必以父配. 況舜禹之德, 足以格天乎!

1-2[제법 2]

태단泰壇에서 땔나무를 쌓아 (옥과 희생을 올려놓고) 불태우는 것
은 하늘에 제사하는 것이고, 태절泰折에서 (비단과 희생을) 땅에 묻
는 것은 땅에 제사지내는 것으로, 함께 붉은 털빛의 송아지를 희생
으로 쓴다.

燔柴於泰壇, 祭天也, 瘞埋於泰折, 祭地也, 用騂犢.

集說 '번燔'은 태워 올리는 불(燎)이다. 단 위에 땔나무를 쌓아놓고 땔나
무 위에 희생과 옥을 올려놓은 뒤에 그것을 태워서 기가 하늘에 도달하게
하는 것으로, 이것은 하늘에 제사하는 예이다. '태단泰壇'은 곧 환구圜丘이
다. '태泰'는 높여서 부르는 말이다. 희생과 폐백을 묻는 것은 땅에 제사하
는 예이다. '태절泰折'은 곧 방구方丘이다. '절折'은 경쇠가 꺾인 것과 같이
각을 지어 둘렀다는 뜻으로 네모진 것을 비유한 것이다. 『주례』 「지관·목
인牧人」에 "양陽의 제사[11]에 붉은 털빛의 희생을 쓰고 음陰의 제사[12]에 검

푸른 빛의 희생을 쓴다"고 하였는데, 여기서 붉은 털빛의 송아지를 (양과 음의 제사에) 함께 말한 것은 주대周代 사람들이 붉은색을 숭상하였기 때문이니, (주례에서) 음의 제사라고 한 것은 혹 다른 제사일 것이다.[13] '燔', 燎也. 積柴於壇上, 加牲玉於柴上, 乃燎之, 使氣達於天, 此祭天之禮也. '泰壇', 卽圜丘. '泰者, 尊之之辭. 瘞埋牲幣, 祭地之禮也. '泰折', 卽方丘. '折', 如磬折折旋之義, 喩方也. 『周禮』"陽祀用騂牲, 陰祀用黝牲", 此幷言騂犢者, 以周人尙赤, 而所謂陰祀者, 或是他祀歟.

1-3[제법 3]

태소泰昭에서 소뢰少牢를 묻는 것은 사계절의 신에게 제사지내는 것이다. 감坎과 단壇에서 물리치거나 구하는 것은 추위와 더위에 대하여 제사지내는 것이다. 왕궁王宮에서는 해에게 제사지낸다. 야명夜明에서는 달에게 제사지낸다. 유종幽宗에서는 별에게 제사지낸다. 우종雩宗에서는 홍수와 가뭄에 대하여 제사지낸다. 사방의 감坎과 단壇에서는 모든 사물의 신에게 제사지낸다. 산림山林이나 하천과 계곡(川谷), 구릉丘陵들이 구름을 내어 비바람을 일으켜서 괴이한 현상을 보일 수 있는 것을 모두 신神이라고 부른다. 천하를 소유한 천자는 모든 신에게 제사지낸다. 한다. 제후는 자기의 영토 안에 있으면 제사를 지내고, 그 지역을 삭달당한 경우엔 제사지내지 않는다.

埋少牢於泰昭, 祭時也. 相近於坎壇, 祭寒暑也. 王宮, 祭日也.

夜明, 祭月也. 幽宗, 祭星也. 雩宗, 祭水旱也. 四坎壇, 祭四方也.
山林·川谷·丘陵能出雲, 爲風雨, 見怪物, 皆曰神. 有天下者祭
百神. 諸侯在其地則祭之, 亡其地則不祭.

集說 '태소泰昭'는 단의 이름이다. '시時에게 제사지낸다'(祭時)는 것은 사계
절의 신에게 제사지내는 것이다. '상근相近'은 당연히 '조영祖迎'으로 되어야
한다. 글자가 비슷해서 잘못된 것이다. 추위와 더위는 한 번 가고 한 번
오는 것이니 가는 것은 전송하고 오는 것은 맞이한다. 『주례』에 "중춘의
낮에 더위를 맞이하고, 중추의 밤에 추위를 맞이한다"[14]라고 하였으니, 더
위와 추위를 전송할 때에도 반드시 그 예가 있다. 감坎에서 추위에 대하여
제사지내고 단壇에서 더위에 대하여 제사지낸다. '그 지역이 없다'(亡其地)는
것은 삭탈당한 것이다. ○ 방씨方氏(방각方慤)는 말한다. "하늘에는 두 해가
없고 땅에는 두 왕이 없으니 왕王에게는 해의 상象이 있고 궁宮은 곧 그
거처이다. 그러므로 해를 제사지내는 단을 '왕궁王宮'이라고 한다. 해는 낮
에 나오고 달은 밤에 나오니, 밤(夜)은 달의 시간이고 밝음(明)은 그 작용이
다. 그러므로 달에게 제사지내는 단을 '야명夜明'이라고 한다. '유幽'는 드러
나지 않아서 작음을 말한다. 양웅楊雄은 '해와 달을 보고 뭇 별들이 작은
것을 안다'[15]고 하였다. 그러므로 별을 제사지내는 곳을 '유종幽宗'이라고
한다. 탄식하는 소리를 내면서 비가 오기를 구하는 것을 '우雩'라고 하니,
가뭄에 대하여 제사지내는 것을 위주로 말한 것이다. 홍수에 대하여 제사
지내는 것을 겸하여 말한 것은 비가 시기에 맞추어 내리면 홍수의 근심도
없기 때문이다. '유幽'·'우雩'를 다 '종宗'이라고 한 것은 '종'이 존중함을 뜻
하기 때문이다. 『서書』「순전舜典」에 '여섯 종宗에 제사지낸다'고 하였고, 『시
詩』「대아·운한雲漢」에 '신을 높이지(宗) 않음이 없다'고 하였으니, 그 존중

함을 사용하지 않음이 없음을 말한다. '태단泰壇' · '태절泰折'을 '종'이라고 하지 않은 것은 천지의 위대함에 대해서는 존중하지 않는다는 혐의가 없기 때문이다. '사방四方'은 모든 사물의 신이다. 방方에는 네 가지가 있지만 위位에는 여덟 가지가 있으니, 건위乾位는 서북西北, 간위艮位는 동북東北, 감위坎位는 정북正北, 진위震位는 정동正東으로 다 양陽이고, 곤坤은 서남西南, 손巽은 동남東南, 리離는 정남正南, 태兌는 정서正西로 다 음陰이다. 그러므로 감이 있고 단이 있는데 각각 네 곳이다." 泰昭, 壇名也. '祭時', 祭四時也. '相近'當爲'祖迎'. 字之誤也. 寒暑一往一來, 往者祖送之, 來者迎逆16)之. 『周禮』'仲春晝迎暑, 仲秋夜迎寒', 則送之亦必有其禮也. 坎以祭寒, 壇以祭暑. '亡其地', 謂見削奪也.

○ 方氏曰: "天無二日, 土無二王, 則王有日之象, 而宮乃其居也. 故祭日之壇曰'王宮'. 日出於晝, 月出於夜, 則夜爲月之時, 而明乃其用也. 故祭月之坎曰'夜明'. '幽'以言其隱而小也. 楊子曰, '視日月而知衆星之蔑.' 故祭星之所則謂之'幽宗'焉. 吁而求雨之謂'雩', 主祭旱言之耳. 兼祭水者, 雨以時至, 則亦無水患也. '幽' · '雩'皆謂之'宗'者, '宗'之爲言尊也. 『書』曰, '禋于六宗', 『詩』曰, '靡神不宗', 無所不用其尊之謂也. '泰壇' · '泰折'不謂之'宗'者, 天地之大, 不嫌於不尊也. '四方', 百物之神也. 方有四而位則八, 若乾位西北, 艮位東北, 坎位正北, 震位正東, 皆陽也, 坤西南, 巽東南, 離正南, 兌正西, 皆陰也. 故有坎有壇, 而各以四焉."

權近 살펴건대, 이 장은 위 장에서 사대가 교 · 체 · 조 · 종의 대상을 바꾸어 세우는 제도를 말했기 때문에 또 그 바뀌지 않는 대상을 말한 것이다. '망기지亡其地'에 대하여 진호는 '삭탈당한 경우'라고 하였지만, 내 생각에 이것은 위 문장이 '자기의 영토 안에 있으면'에 대비하여 말한 것이다. 따라서 '망기지'는 그 영토 안에 있지 않은 것이다. 近案, 此因上言四代禘郊祖宗更立之制, 而又言其所不變者也. '亡其地', 陳氏謂見削奪, 愚謂是對上文'在其地'而言. 則'亡其地'者, 是不在其境內者也.

¹⁻⁴[제법 4]

대체로 하늘과 땅 사이에서 태어난 것을 모두 '명命'(명수)이라 하고, 그 만물이 죽으면 모두 '절折'(훼멸함)이라고 하고, 사람이 죽으면 모두 '귀鬼'(돌아감)라고 한다. 이것은 오대五代를 통해 변함이 없는 것이다. 칠대七代를 통해 바꾸어가며 세운 것은 체禘·교郊·조祖·종宗의 대상으로, 그 나머지는 변함이 없다.

大凡生於天地之間者皆曰'命', 其萬物死皆曰'折', 人死曰'鬼'. 此五代之所不變也. 七代之所更立者, 禘·郊·祖·宗, 其餘不變也.

集說 '오대五代'는 당唐·우虞와 삼대三代이다. 오대에 전욱顓頊과 제곡帝嚳을 더하여 칠대七代가 된다. 구설舊說[17]에 의하면, 오대는 황제黃帝에서 시작한다. 그러나 황제의 체禘, 교郊, 조祖, 종宗의 제도를 들어보지 못했으니 아마도 아닐 것이다. ○ 방씨方氏(방각方愨)는 말한다. "사람과 만물의 생명은 명수命數에 길고 짧음의 차이가 있고 분수分數에 작고 큰 차이가 있어서 천지의 제한을 받지 않는 것이 없다. 그러므로 무릇 생명이 있는 것을 '명命'이라고 하는 것이다. 그 죽음에 이르면, 만물은 '절折'이라고 말하니, 그 훼멸되는 것이 있음을 말한다. 사람의 경우 (죽으면) '귀鬼'라고 하니 그 돌아가는 바가 있음을 말한다. '변함이 없다'는 것이란 명命으로 받은 이름을 바꾸지 않는 것이다. '바꾸어가며 세운다'는 것이란 제사지내는 대상이 되는 이를 바꾸어가며 세우는 것이다. 이름이 실질에 합당하기 때문에 바꿀 일이 없고, 사람이 세대에 따라 달라지므로 반드시 바꾸어서 세우는 것이다. 이름이 변하지 않는 것을 요堯 이하로 한정하는 것은 법이 요에서 이루어졌기 때문이다. 요 이전에는 법이 아직 이루어지지 않아서 그 이름이 혹시 바뀜이 있을 수 있다. 바꾸어가며 세우는 것을 황제黃帝에게까지 거슬

러 올라가지 않는 것은 칠대七代가 다 황제에게서 나와서 황제는 위로 통섭되는 곳이 없고, 칠대가 아래에서 바뀌어가면서 세워졌기 때문이다. '그 나머지는 변함이 없다'는 것은 체禘·교郊·조祖·종宗 외에는 변함이 없는 것이다. 하늘과 땅, 해와 달 같은 것이 어찌 바뀔 수 있겠는가? '五代', 唐虞三代也. 加顓頊帝嚳爲七代. 舊說, 五代始黃帝. 然未聞黃帝禘·郊·祖·宗之制, 恐未然. ○ 方氏曰: "人物之生, 數有長短, 分有小大, 莫不受制於天地. 故大凡生者曰'命'. 及其死也, 物謂之'折', 言其有所毀也. 人謂之'鬼', 言其有所歸也. '不變'者, 不改所命之名也. '更立'者, 更立所祭之人也. 名既當於實, 故無事乎變, 人既異於世, 故必更而立焉. 名之不變, 止自堯而下者, 蓋法成於堯而已. 由堯以前, 其法未成, 其名容有變更也. 更立不及於黃帝者, 七代同出於黃帝而已, 黃帝無統於上, 七代更立於下故也. '其餘不變'者, 謂禘·郊·祖·宗之外不變也. 若天地日月之類, 其庸可變乎?

權近 살피건대, 이 장은 위 두 구절의 뜻을 총결한 것이다. 편 머리에서 사대만 말하다가 여기서는 오대, 칠대를 말한 것에 대해서는 잘 알 수가 없다. 近案, 此總結上文兩節之義. 篇首只言四代, 而此言五代七代者, 未詳.

2.

천하에 왕이 나오게 되면, 땅을 나누어 나라를 세우고, 도都를 설치하고 읍邑을 세우며, 묘廟와 조祧, 단壇과 선墠을 설치하고 제사를 지내는데, 이때 가깝고 먼 정도와 많고 적은 정도를 나타내는 예禮의 수數를 제정하여 행한다.

天下有王, 分地建國, 置都立邑, 設廟祧壇墠而祭之, 乃爲親疏多少之數.

集說 방씨方氏(방각方慤)는 말한다. "'땅을 나누어 나라를 세우며, 수도를 두고 읍邑을 세운다'는 것은 현능한 사람을 존중하기 위한 것이다. '묘廟와 조祧, 단壇과 선墠을 설치하고 제사를 지낸다'는 것은 친속을 친애하기 위해서이다. 친속을 친애하는 것에는 차등을 두어 줄이는 것이 없을 수 없기 때문에 가깝고 먼 정도를 나타내는 수數를 정한다. 현능한 사람을 존중하는 것에는 차등이 없을 수 없기 때문에 많고 적은 정도를 나타내는 수數를 정한다. 소昭가 있고 목穆이 있으며, 조祖가 있고 고考가 있는 것은 가깝고 먼 정도를 나타내는 수이다. 일곱으로 하고 다섯으로 하며, 셋으로 하고 둘로 하는 것은 많고 적음을 나타내는 수이다." 方氏曰: "'分地建國, 置都立邑', 所以尊賢也. '設廟·祧·壇·墠而祭之', 所以親親也. 親親不可以無殺, 故爲親疏之數焉. 尊賢不可以無等, 故爲多少之數焉. 有昭有穆, 有祖有考, 親疏之數也. 以七以五, 以三以二, 多少之數也."

權近 살피건대, 위 장에서 천지의 온갖 신들에 대한 제사를 말하였고, 이 장 이하는 오로지 종묘의 법에 대해서 말하였다. 近案, 上言天地百神之祀, 此

下專言宗廟之法.

2-2[제법 6]

그러므로 왕은 7묘廟와 1단壇, 1선墠을 세운다. 고묘考廟·왕고묘王
考廟·황고묘皇考廟·현고묘顯考廟·조고묘祖考廟 등 묘廟에 대해서는
모두 달마다 제사를 지낸다. 친親이 멀어진 묘廟는 조천祧遷하여 제
사지내는데, 두 개의 조묘祧廟를 두고 계절마다 제사지내는 것(享嘗)
으로 그친다. 조묘祧廟에서 떠나면 단壇을 설치하여 제사지내고, 단
壇에서 떠나면 선墠을 설치하여 제사지낸다. 단과 선에서 제사지내
는 대상은 기도할 일이 있을 때만 제사지내고 기도할 일이 없으면
지내지 않는다. 선墠에서 떠나면 '귀鬼'라고 한다.

是故王立七廟, 一壇一墠. 曰考廟, 曰王考廟, 曰皇考廟, 曰顯考
廟, 曰祖考廟, 皆月祭之. 遠廟爲祧, 有二祧, 享嘗乃止. 去祧爲
壇, 去壇爲墠. 壇·墠, 有禱焉祭之, 無禱乃止. 去墠曰'鬼'.

集說 '7묘廟'는 3소昭와 3목穆에 태조太祖를 더하여 일곱이 된다. '1단壇,
1선墠을 세운다'는 것은 7묘 이외에 또 단과 선을 하나씩 세우는 것인데,
흙을 돋우어 놓은 것이 단이 되고, 땅을 쓸어낸 것이 선이 된다. '고묘考廟'
는 선친의 묘廟이다. '왕고王考'는 조부이다. '황고皇考'는 증조부이다. '현고
顯考'는 고조부이다. '조고祖考'는 시조始祖이다. 시조는 영구히 조천祧遷하지
않고, 고조부·증조부·조부·부친은 친속이기 때문에, 이 5묘에게 모두
달마다 한 번 제사를 지낸다. '친親이 멀어진 묘廟는 조천祧遷하여 제사지낸
다'는 것은 3소와 3목 가운데 (친親이 다하여) 조천해야 할 선조는 그 신주

를 두 개의 조묘祧廟로 옮겨 보관하는 것을 말한다. 옛날에는 조천한 신주를 태조묘太祖廟의 동쪽과 서쪽 협실夾室에 보관하였다. 주周대에 와서는 소昭의 천주는 다 문왕의 묘에 보관하고, 목穆의 천주는 다 무왕의 묘에 보관하였다. 이들은 달마다 지내는 제사(月祭)의 대상에 해당되지 않고, 단지 계절마다 제사지낼 수 있을 뿐이다. 그러므로 '계절마다 제사지내는 것(享嘗)에 그친다'라고 한 것이다. '조묘에서 떠나면 단壇을 설치하여 제사지낸다'는 것은 친親이 멀어져 조천한 곳에서 제사를 받을 수 없다는 것을 말한다. 그러므로 '조祧에서 떠나고, 제사를 지낼 때는 단을 설치하여 제사한다'라고 한 것이다. 친親이 더욱 멀어진 선조는 단壇에서도 제사를 받을 수 없다. 그러므로 '단壇에서 떠나고, 제사를 지낼 때에는 선墠을 설치하여 제사한다'라고 한 것이다. 그러나 이 '단壇'과 '선墠'이라는 것은 반드시 기도할 일이 있어야 이와 같은 제사를 거행하는 것이고, 기도할 일이 없으면 그만두며, 영영 제사지내지 않는다. 선墠에서 떠나면 더욱 멀어져서, 비록 기도할 일이 있어도 또한 거기에까지 미치지 않는다. 그러므로 넓게 이름 붙여 '귀鬼'라고 말한다. ○ 이제 살펴보건대, 이 장에서 '왕은 7묘를 세운다'고 하였지만, 문왕과 무왕의 조천하지 않는 묘廟로 두 조묘祧廟로 삼아 일곱이라는 수를 채우는 것이므로, 실제로는 5묘일 뿐이다. 만약 상商나라에 세 종宗이 있다면, 네 묘廟가 되는 것인가? 단壇과 선墠에서 제사하는 신주는 조祧에 보관해두었다가, 단과 선에서 제사를 지낸다는 것은 그래도 가능한데, 곧바로 '기도할 일이 있을 때면 제사지내고 기도할 일이 없으면 지내지 않는다'고 하니 '대협大祫의 제사에서는 조천한 묘의 신주도 함께 올려서 제사 드린다'[18]고 하는 문장은 어디에 쓸 것인가? 또한 종묘의 제도에 대해서는 선유先儒가 설명한 것이 매우 자세하지만, 단壇과 선墠을 들어서 말한 경우는 없었다. 주공周公이 '세 단壇을 설치하고 선墠을 같이하였다'[19]는 것은 이 뜻이 아니다. 또 여러 유자儒者들이 주周나라의 7묘廟 제도가 공왕共王의 시기에 시작되었다고 여기지만, 주공의 예와 악을 제정한 것이 이처럼 성대한대도, 종묘의 제도는 도리어 아래로 열국列國들과 같게 하니 나는 반드시 그렇지 않으리라고 생각한다. 따라서 주자가 유흠劉歆의 설을 옳다고 여긴 것이 어찌 본 바가 없어서이겠는가? 정현이 이 장에 대한 주에서 '협제祫祭 때에 비로소 (조천한 신주에게) 제사를 지낸다'라고 한 말은 아마도 또한 기록한 자가 잘못 기록한 것임을 깨달았기 때문일 것이다. '七廟', 三昭三穆與太祖爲七也. '一壇一墠'者, 七廟之外, 又立壇·墠各一, 起土爲壇, 除地曰墠也. '考廟', 父廟也. '王考', 祖也. '皇考', 曾祖也. '顯考', 高祖也. '祖考', 始祖也. 始祖百世不遷, 而高曾祖禰以親, 故此五廟, 皆每月一祭也. '遠廟爲祧', 言三昭三穆之當遞遷者, 其主藏於二祧也. 古者祧主藏於太祖廟之東西夾室. 至周則昭之遷主皆藏文王之廟, 穆之遷主皆藏武王之廟也. 此不在月祭之例, 但得四時祭之耳. 故云'享嘗乃止'. '去祧爲壇'者, 言世數遠, 不得於祧處受祭. 故云'去祧也, 祭之則爲壇'. 其又遠者, 亦不得於壇受祭. 故云'去壇也, 祭之則爲墠'. 然此'壇'·'墠'者, 必須有祈禱之事則行此祭, 無祈禱則止, 終不祭之也. 去墠則又遠矣, 雖有祈禱, 亦不及之. 故泛然名之曰'鬼'而已. ○ 今按, 此章曰'王立七廟', 而以文武不遷之廟, 爲二祧以足其數, 則其實五廟而已. 若商有三宗, 則爲四廟乎? 壇墠之主, 藏於祧而祭於壇墠, 猶之可也, 直謂'有禱則祭, 無禱則止', 則'大祫升毁廟'之文何用乎? 又宗廟之制, 先儒講之甚詳, 未有擧壇墠爲言者. 周公'三壇同墠', 非此義也. 又諸儒以周之七廟, 始於共王之時, 夫以周公制作如此其盛, 而宗廟之制, 顧乃下同列國, 吾知其必不然矣. 然則朱子然劉歆之說, 豈無見乎? 鄭註此章, 謂祫乃祭之', 蓋亦覺記者之失矣.

權近 살피건대, 일곱 묘는 두 조천祧으로 그 수를 채우는데, 달마다 제사지내는 것은 다섯 묘에 그친다. 이것은 기록한 자의 실수임이 틀림없다. 近案, 七廟以二祧足其數, 而月祭者止五廟. 此是記者之失, 無疑矣.

2-3[제법 7]

제후는 5묘廟와 1단壇, 1선墠을 세운다. 고묘考廟(선친의 묘)·왕고묘
王考廟(조부의 묘)·황고묘皇考廟(증조부의 묘) 등에는 모두 달마다 제
사를 지낸다. 현고묘顯考廟(4세조의 묘)와 조고묘祖考廟(5세조의 묘)에
게는 계절마다 제사지내는 것(享嘗)으로 그친다. 조고묘에서 떠나면
단壇을 설치하여 제사지내고, 단에서 떠나면 선墠을 설치하여 제사
지낸다. 단과 선에서 제사지내는 대상은 기도할 일이 있을 때만
제사지내고 기도할 일이 없으면 지내지 않는다. 선墠에서 떠나면
귀鬼가 된다.

諸侯立五廟, 一壇一墠. 曰考廟, 曰王考廟, 曰皇考廟, 皆月祭之.
顯考廟, 祖考廟, 享嘗乃止. 去祖爲壇, 去壇爲墠. 壇·墠, 有禱焉
祭之, 無禱乃止. 去墠爲鬼.

集說 제후의 태조묘太祖廟는 처음 분봉을 받은 군주이다. 3묘廟에 달마다
제사를 지내는 것은 천자보다 낮추는 것이다. 현고顯考(4세조)·조고祖考(5세
조)에게는 사계절의 제사를 지낼 뿐이다. '조고묘에서 떠나면 단壇을 설치
하여 제사지낸다'는 것은 고조의 아버지는 신주를 조천하여 태조묘에 의탁
하게 하지만 여기(대조묘)에서 제사를 받을 수는 없으며, 기도할 일이 생겼
을 경우 태조묘를 떠나 단壇에서 제사를 받는 것이다. 단에서 떠나서 선에
서 제사를 받는 대상은 고조의 조부祖父이다. 諸侯太祖之廟, 始封之君也. 月祭
三廟, 下於天子也. 顯考·祖考, 四時之祭而已. '去祖爲壇'者, 高祖之父, 雖遷主寄太祖
之廟, 而不得於此受祭, 若有祈禱, 則去太祖之廟而受祭於壇也. 去壇而受祭於墠, 則高祖
之祖也.

2-4[제법 8]

대부는 3묘廟와 2단壇을 세운다. 고묘考廟와 왕고묘王考廟와 황고묘 皇考廟 등에 대해서는 사계절의 제사만 지내는 것으로 그친다. 현고 顯考와 조고祖考는 묘廟가 없고, 기도할 일이 있을 때만 단壇을 설치 하여 제사지낸다. 단壇에서 떠나면 귀鬼가 된다.

大夫立三廟二壇. 曰考廟, 曰王考廟, 曰皇考廟, 享嘗乃止. 顯考 祖考無廟, 有禱焉, 爲壇祭之. 去壇爲鬼.

集說 대부는 3묘廟를 세우는데 묘廟가 있어도 신주가 없다. 조천되어야 하는 대상들 또한 조천할 만한 묘廟가 없기 때문에 기도할 일이 있으면 단 壇에서 제사할 뿐이다. 그러나 선墠은 단壇보다 (친애하고 높이는 정도가) 더 가볍다. 이제 단壇만 둘 설치하고 선墠을 설치하지 않는 것은 비록 태조 는 묘가 없어도 그(태조)를 존중하기 때문이다. '단壇에서 떠나면 귀鬼가 된 다'는 것은 고조高祖가 조천하는 수數에 있을 경우 역시 단壇에서 제사를 받을 수 없고, 기도할 일이 있어도 고조에게까지 제사지낼 수 없음을 말한 다. 大夫三廟, 有廟而無主. 其當遷者, 亦無可遷之廟, 故有禱則祭於壇而已. 然墠輕於 壇. 今二壇而無墠者, 以太祖雖無廟, 猶重之也. '去壇爲鬼', 謂高祖若在遷去之數, 則亦 不得受祭於壇, 祈禱亦不得及也.

2-5[제법 9]

적사는 2묘廟와 1단壇을 세우는데, 고묘考廟와 왕고묘王考廟라고 하 며, 계절마다 제사지내는 것으로 그친다. 현고顯考[20]는 묘가 없으며, 기도할 일이 있으면 단壇을 설치하여 제사지낸다. 단壇을 떠나면 귀鬼가 된다.

適士二廟一壇, 曰考廟, 曰王考廟, 享嘗乃止. 顯考無廟, 有禱焉, 爲壇祭之. 去壇爲鬼.

集說 '적사適士'는 상사上士이다. 천자의 상사·중사·하사 및 제후의 상사는 모두 2묘廟를 세울 수 있다. '適士', 上士也. 天子上·中·下之士及諸侯之上士, 皆得立二廟.

2-6[제법 10]

관사는 1묘廟를 세운다. 고묘考廟라 한다. 왕고王考는 묘가 없이 고묘에서 제사지낸다. 왕고에서 떠나면 귀鬼가 된다.

官師一廟. 曰考廟. 王考無廟而祭之. 去王考爲鬼.

集說 '관사官師'란 제후의 중사中士와 하사下士로서 한 관서의 우두머리가 된 자이다. 1묘廟를 세워 조부와 부친의 신주를 함께 모실 수 있다. 증조이상은 만약 기도할 일이 있으면 묘廟에 나아가서 제물을 올릴 뿐이니, 단이 없기 때문이다. '官師'者, 諸侯之中士·下士爲一官之長者. 得立一廟, 祖·禰共之. 曾祖以上, 若有所禱, 則就廟薦之而已, 以其無壇也.

2-7[제법 11]

> 서사庶士와 서인庶人은 묘가 없다. 죽으면 귀鬼라고 한다.
>
> 庶士·庶人無廟. 死曰鬼.

集說 '서사庶士'는 부사府史[21] 등의 무리다. '죽으면 귀鬼라고 한다'는 것은 비록 묘廟가 없어도 침寢(거처하는 집)에서 천신薦新의 예를 행할 수 있음을 말한다. 「왕제王制」(3-1)에서는 "서인은 침寢에서 제사지낸다"라고 하였다. '庶士', 府史之屬. '死曰鬼'者, 謂雖無廟, 亦得薦之於寢也. 「王制」云: "庶人祭於寢."

權近 살펴건대, 이 장 이상은 종묘의 제도에서 많고 적은 수數를 말하였다. 近案, 此以上言宗廟之制多少之數也.

2-8[제법 14]

> 왕은 성년이 되기 전에 죽은 자(殤)에게 아래로 제사를 지내는(下祭) 대상이 다섯으로, 적자適子·적손適孫·적증손適曾孫·적현손適玄孫·적래손適來孫 등이다. 제후는 아래로 제사를 지내는 대상이 셋이다. 대부는 둘에게 아래로 제사를 지낸다. 적사適士와 서인庶人은 아들에게 제사지내는 것으로 그친다. 【구본에는 '或立竈' 아래 배치되어 있다】
>
> 王下祭殤五, 適子, 適孫, 適曾孫, 適玄孫, 適來孫. 諸侯下祭三. 大夫下祭二. 適士及庶人, 祭子而止. 【舊在'或立竈'之下】

集說 방씨方氏는 말한다. "현손玄孫의 아들을 '래來'(미래의)라고 한 것은 그 세대의 수가 비록 멀지만 막 와서 아직 끝나지 않았기 때문이다. 높은 자가 낮은 자에게 제사를 지내므로 '아래로 제사지낸다'(下祭)고 한다." ○ 석

량왕씨石梁王氏는 말한다. "서자의 경우 미성년으로 죽으면 전부 제사지내지 않는 것은 아닐 것이다." 方氏曰: "玄孫之子爲'來'者, 以其世數雖遠, 方來而未已也. 以尊祭卑, 故曰'下祭'." ○ 石梁王氏曰: "庶殤全不祭, 恐非."

權近 살펴건대, 이 장은 위의 조고祖考에 대한 제사에 이어서 자손에 대해 아래로 제사지내는 것까지 아울러 언급한 것이다. 그러므로 그 순서상 여기에 있어야 한다. 近案, 此因上祭祖考, 而幷及下祭子孫也. 故其序當在此.

2-9[제법 12]

왕이 군성群姓을 위하여 사社를 세우는데 대사大社라고 부른다. 왕이 자신을 위해 사社를 세우는데 왕사王社라고 부른다. 제후가 백성百姓을 위하여 사社를 세우는데 국사國社라고 부른다. 제후가 자신을 위해 사社를 세우는데 후사侯社라고 부른다. 대부 이하의 사람들은 무리를 이루어 사社를 세우는데 치사置社라고 부른다.【구본에는 '無廟死百鬼' 아래 배치되어 있다】

王爲群姓立社, 曰大社. 王自爲立社, 曰王社. 諸侯爲百姓立社, 曰國社. 諸侯自爲立社, 曰侯社. 大夫以下, 成群立社, 曰置社.【舊在'無廟死百鬼'之下】

集說 소疏에서는 말한다. "대사大社는 고문庫門 안의 오른쪽에 있다. 왕사王社가 있는 곳에 관해 서책과 전傳 어디에도 관련된 글이 없다. 최씨崔氏는 '왕사는 적전籍田에 있는데 왕이 스스로 제사를 올려 자성粢盛(제사용 곡물)을 이바지하는 곳'이라고 한다. 국사國社도 공궁公宮의 오른쪽에 있다. 후사侯社는 적전에 있다. '치사置社'라는 것은 대부 이하 사士와 서인庶人을 포함하

는 것으로 무리를 이루어 거처하며, 백가百家 이상이 되면 사社를 세울 수
있는데, 대중을 위하여 특별히 설치하였기 때문에 치사置社라고 한다." ○ 방
씨方氏는 말한다. "왕은 천하를 소유하기 때문에 '군성群姓'(모든 성씨)이라고
한다. 제후는 한 나라를 소유하기 때문에 '백성百姓'(온갖 성)이라고 한다. 천
자에 대해서는 '조민兆民'이라고 하고 제후에 대해서는 '만민萬民'이라고 하
는 것 역시 이러한 의미다." 疏曰: "大社在庫門之內右. 王社所在, 書傳無文. 崔氏
云: '王社在藉田, 王所自祭以供粢盛.' 國社亦在公宮之右. 侯社在藉田. '置社'者, 大夫以
下包士·庶, 成群聚而居, 滿百家以上得立社, 爲衆特置, 故曰置社." ○ 方氏曰: "王有天
下, 故曰'群姓'. 諸侯有一國, 故曰'百姓'而已. 天子曰'兆民', 諸侯曰'萬民', 亦此之意."

2-10[제법 13]

왕은 군성群姓을 위하여 일곱 사祀[22]를 세우는데, 사명司命·중류中
霤·국문國門·국항國行·태려泰厲·호戶·조竈 등이다. 왕은 자신을
위하여 일곱 사祀를 세운다. 제후는 나라를 위하여 다섯 사祀를 세
우는데, 사명司命·중류中霤·국문國門·국항國行·공려公厲 등이다.
제후는 자신을 위하여 다섯 사祀를 세운다. 대부는 세 사祀를 세우
는데, 족려族厲·문門·항行 등이다. 적사는 두 사祀를 세우는데, 문
門·항行 등이다. 서사庶士와 서인庶人은 하나의 사祀를 세우는데,
호戶를 세우기도 하고 조竈를 세우기도 한다.[구본에는 위 문장과 연결
되어 있다]

王爲群姓立七祀, 曰司命, 曰中霤, 曰國門, 曰國行, 曰泰厲, 曰
戶, 曰竈. 王自爲立七祀. 諸侯爲國立五祀, 曰司命, 曰中霤, 曰

國門, 曰國行, 曰公厲. 諸侯自爲立五祀. 大夫立三祀, 曰族厲,
曰門, 曰行. 適士立二祀, 曰門, 曰行. 庶士庶人立一祀, 或立戶,
或立竈.【舊聯上文】

集說 '사명司命'은 『주례』에 보인다. '중류中霤'·'문門'·'항行'·'호戶'·'조
竈' 등은 「월령月令」에 보인다. '태려泰厲'는 고대의 제왕 가운데 후사가 없
는 자이다. '공려公厲'는 고대의 제후 가운데 후사가 없는 자이다. '족려族厲'
는 고대의 대부 가운데 후사가 없는 자이다. 『춘추좌씨전』에서 "귀鬼는 돌
아갈 곳이 있으면 여厲가 되지 않는다"23)고 하였는데, 그 돌아갈 곳이 없
어서 혹시 사람을 해치게 될까봐 제사를 지내는 것이다. 또 살펴보건대,
오사五祀에 관한 글은 경經과 전傳에 산재해서 볼 수 있는 것들이 하나가
아니다. 이 경문에서 말하는 칠사七祀·삼사三祀·이사二祀·일사一祀의 설
은 매우 의심스럽다. 「곡례하曲禮下」(9-1) "대부는 오사五祀에게 제사지낸다"
의 주註에서 은나라의 예라고 하였고, 「왕제」(3-3) "대부는 오사五祀에게 제
사지낸다"의 주에서 채지采地를 소유한 대부를 가리킨다고 하였는데 모두
잘 알 수가 없다. '司命'見『周禮』. '中霤'·'門'·'行'·'戶'·'竈'見「月令」. '泰厲',
古帝王之無後者. '公厲', 古諸侯之無後者. '族厲', 古大夫之無後者. 『左傳』云: "鬼有所
歸, 乃不爲厲", 以其無所歸, 或爲人害, 故祀之. 又按五祀之文, 散見經傳者非一. 此言七
祀·三祀·二祀·一祀之說, 殊爲可疑. 「曲禮」 "大夫祭五祀", 註言殷禮, 「王制」 "大夫祭
五祀", 註謂有地之大夫, 皆未可詳.

權近 살피건대, 이 장은 묘廟를 세우는 것을 이어서 사祀를 세우는 것을
함께 말하면서 일곱 개의 제사 대상까지 언급하였다. 近案, 此因立廟, 而兼言
立社24), 以及七祀也.

2-11 [제법 15]

대저 성왕이 제사를 제정하는 원칙은, 백성에게 법도(法)를 널리 베풀어 행하였으면 제사지내고, 죽음을 무릅쓰고 일에 부지런히 힘썼으면 제사지내고, 수고로움을 다해 나라를 안정시켰으면 제사지내고, 큰 재해를 막아냈으면 제사지내고, 큰 환란을 물리쳤으면 제사지낸다. 【구본에는 '祭子而止' 아래 배치되어 있다】

夫聖王之制祭祀也, 法施於民則祀之, 以死勤事則祀之, 以勞定國則祀之, 能禦大菑則祀之, 能捍大患則祀之. 【舊在'祭子而止'之下】

集說 이 다섯 가지 경우는 마땅히 제사지내야 할 바이다. 아래 경문에서 볼 수 있다. 此五者, 所當祭祀也. 下文可見.

權近 살펴건대, 이 장은 공업이 있는 사람에게 제사지내는 법에 다섯 가지 다른 경우가 있음을 말한 것이다. 近案, 此言祭有功之人, 其法有五者之異也.

2-12 [제법 16]

그런 까닭에 여산씨厲山氏가 천하를 차지하였을 때, 그 자손 중에 농農이라는 이가 온갖 곡식을 잘 번성하게 하였다. 하夏나라가 쇠퇴해지자, 주나라의 기棄가 계승하였다. 그러므로 제사를 지내어 직稷(곡물의 신)으로 삼았다. 【구본에는 위 문장과 연결되어 있다】

是故厲山氏之有天下也, 其子曰農, 能殖百穀. 夏之衰也, 周棄繼

之. 故祀以爲稷【舊聯上文】

集說 '여산씨厲山氏'는 일설에는 '열산씨烈山氏'라고 하는데 염제炎帝 신농神農이다. 그 후세 자손 가운데 '주柱'라는 이름을 가진 자가 온갖 곡식을 잘 번성하게 하여 농사를 담당하는 관리가 되었기 때문에 그로 인하여 '농農'이라는 이름을 가지게 된 것으로, 관련 사실이 『국어國語』에 보인다.25) '기棄'는 『서書』「순전舜典」에 보인다. '직稷'은 곡식의 신이다. '厲山氏', 一云 '烈山氏', 炎帝神農也. 其後世子孫有名'柱'者, 能殖百穀, 作農官, 因名'農', 見『國語』. '棄'見「舜典」. '稷', 穀神也.

權近 살펴건대, 위 장에서는 제사지내는 법을 말했고 이 장 이하로는 해당되는 사람들로써 실증하였다. 그러나 기棄가 직稷이 된 것은 순이 제위에 있던 때이므로 우가 사공司空이 된 것과 병렬된다. 이제 하夏 왕조가 쇠퇴하자 주周의 기가 그것을 계승하였다는 것은 엉터리이다. 하 왕조가 쇠퇴하면서부터 직에게 제사지냈다고 한다면 거의 맞을 것이다. 近案, 上言其法, 此以下實之以其人也. 然棄之爲稷, 在帝舜之世, 與禹之作司空竝列. 今言夏之衰也, 周棄繼之者, 妄也. 若曰祀稷自夏之衰, 則庶幾矣.

2-13[제법 17]

공공씨共工氏가 구주九州에 대해 패자霸者 노릇을 할 때, 그 자손 중에 후토后土라고 하는 이가 구주九州를 잘 평정하였다. 그러므로 제사를 지내 사社로 삼았다.
共工氏之霸九州也, 其子曰后土, 能平九州. 故祀以爲社.

『춘추좌씨전』에서는 공공씨가 수水로써 관官의 기강을 세웠으며, 염제炎帝보다 앞이고 태호太昊[26]보다 뒤라고 하였다.[27] '사社'는 토지의 신이다. 『左傳』言共工氏以水紀官, 在炎帝之前, 太昊之後. '社', 土神也.

2-14[제법 18]

제곡帝嚳은 별(星辰)의 운행으로부터 질서를 파악하여, 대중들이 (일하고 쉬는 절후를) 분명히 알게 하였다.

帝嚳能序星辰以著衆.

'별(星辰)의 운행으로부터 질서를 파악하였다'는 것은 별의 운행을 관측하여 계산하는 법을 알았다는 것이다. '대중들이 분명히 알게 하였다'는 것은 백성들이 별의 상象을 살펴서 일하고 쉬는 절후를 알게 한 것이다.

'序星辰', 知推步之法也. '著衆', 謂使民占星象而知休作之候也.

2-15[제법 19]

요堯는 상賞을 잘 시행하였고, 형刑과 법法을 공평하게 시행하였으며, 선양禪讓의 의義로써 지위를 잘 마쳤다.

堯能賞, 均刑法, 以義終.

'상賞을 잘 시행하였다'는 것은 그 공로에 맞게 시행한 것이다. '형刑과 법法을 공평하게 시행하였다'는 것은 그 죄에 맞게 시행한 것이다. '의義로써 지위를 잘 마쳤다'는 것은 지위를 선양하는데 적임자를 얻은 것이다.

'能賞', 當其功也. '均刑法', 當其罪也. '以義終', 禪位得人也.

權近 살펴건대, 구설(진호의 설)에는 '堯能賞'을 한 구절로 읽고, '均刑法'을 한 구절로 읽었다. 내가 생각하기에 '상을 고르게 하였다'(賞均)는 상을 고르게 내릴 수 있었다는 것이고, '형벌이 지켜지게 하였다'(刑法)는 형벌이 두려워하고 준수할 만하였다는 뜻이다. 近案, 舊讀堯能賞'爲句, '均刑法'爲句. 愚謂, '賞均', 賞之能平均也, '刑法', 刑之可畏法也.

2-16[제법 20]

순舜은 대중의 일에 부지런히 힘썼고, 순행하던 중 창오蒼梧의 들에서 죽었다.

舜勤衆事而野死.

集說 순수巡狩를 행하다가 죽은 것이다. ○ 석량왕씨石梁王氏는 말한다. "순舜이 창오蒼梧에서 사망하였다는 설은 믿을 수 없다. 정현鄭玄은 유묘有苗[28]를 정벌한 것으로 인해 사망하였다고 말하는데,[29] 더욱 믿을 수 없다." 巡守而崩也. ○ 石梁王氏曰: "舜死蒼梧之說不可信. 鄭氏謂因征有苗, 尤不可信."

2-17[제법 21]

곤鯀은 홍수를 막다가 형벌을 받아 죽었다. 우禹는 곤의 공업을 잘 이어서 이루었다.

鯀鄣鴻水而殛死. 禹能脩鯀之功.

集說 '막는다'(鄣)는 것은 (넘치고 터지지 않게) 막았다는 것이다. '이루었다'(脩)는 것은 그 일을 계승하여 고쳐서 바로잡은 것이다. ○ 석량왕씨石梁王氏는 말한다. "우禹에게 제사지낸 것이요, 곤鯀에게 제사지낸 것이 아니다." '鄣', 壅塞之也. '脩'者, 繼其事而改正之. ○ 石梁王氏曰: "祀禹, 非祀鯀也."

2-18[제법 22]

황제黃帝는 온갖 사물에 대하여 이름을 바르게 정립하여 백성들이 분명히 알게 하였고 국가의 부렴賦斂에 잘 공급하였다. 전욱顓頊은 황제의 공업을 잘 이어서 이루었다.

黃帝正名百物以明民共財. 顓頊能脩之.

集說 '온갖 사물에 대하여 바르게 이름을 부여하였다'는 것은 온갖 사물의 이름을 정립한 것이다. '백성들이 분명히 알게 하였다'는 것은 백성들이 의혹을 가지지 않게 한 것이다. '재물을 공급하였다'는 것은 국가의 부렴賦斂에 잘 공급한 것이다. '正名百物'者, 立定百物之名也. '明民', 使民不惑也. '共財', 供給公上之賦斂也.

2-19[제법 23]

설契이 사도司徒가 되자 백성들의 교화가 이루어졌다.

契爲司徒而民成.

집
說 '사도司徒'는 교화하는 관직의 우두머리다. '백성들의 교화가 이루어
졌다'는 것은 백성들을 교화하여 아름다운 풍속을 이룬 것이다. '司徒', 敎官
之長. '民成', 化民成俗也.

2-20[제법 24]

명冥은 자기의 관직에 부지런히 힘쓰다가 물에서 죽었다.

冥勤其官而水死.

집
說 '명冥'은 현명玄冥이다. 「월령月令」(11-2)에서 말하는 겨울의 신이다.
물에서 죽었다는 것에 대해서는 알려진 바가 없다. '冥', 卽玄冥也. 「月令」冬
之神. 水死未聞.

2-21[제법 25]

탕 임금은 너그러움으로 백성을 다스리고 포악한 자를 제거하였다.

湯以寬治民而除其虐.

집
說 『서書』에서는 "너그럽기를 잘하였고 어질게 하기를 잘하였다"30)고
하고, 또 "너그러움으로 포악함을 대신하였다"31)라고 한다. 『書』曰: "克寬克
仁", 又言, "代虐以寬."

2-22[제법 26]

문왕文王은 문덕文德으로 다스렸고, 무왕武王은 무공武功으로 백성들의 재앙이 되는 자를 제거하였다. 이들은 모두 백성에게 공업이 있는 자이다.

文王以文治, 武王以武功去民之菑. 此皆有功烈於民者也.

集說 진씨陳氏는 말한다. "농農과 기棄부터 요堯까지, 그리고 황제黃帝부터 설契까지는 백성들에게 법도(法)를 널리 베풀어 행한 자이다. 순舜·곤鯀과 명冥은 죽기를 무릅쓰고 대중의 일에 부지런히 힘쓴 자이다. 우禹가 곤鯀의 공업을 이어받아 이룬 것은 수고로움을 다하여 나라를 안정시킨 것이다. 탕이 그 포악한 자를 제거한 것과 문왕과 무왕이 백성들의 재앙이 된 자를 제거한 것은 능히 큰 재해를 막아내고 큰 환란을 물리친 것이다." 陳氏曰: "自農·棄至堯, 自黃帝至契, 法施於民者也. 舜·鯀與冥, 以死勤事者也. 禹脩鯀功, 以勞定國者也. 湯除其虐, 文武之去民菑, 能禦大菑, 能捍大患者也."

權近 살피건대, 순舜이 들에서 죽었다는 설을 선유가 비판한 것은 옳다. 또한 그 제사지내야 하는 것이 어찌 대중의 일에 부지런히 힘쓰다가 들에서 죽어서일 뿐이겠는가! 近案, 舜野死之說, 先儒非之, 是也. 且其當祀, 豈以勤事野死而已哉!

2-23[제법 27]

그리고 저 일월성신은 백성이 우러러보는 바이고 산림과 하천, 계곡과 구릉은 백성이 재용을 얻는 곳이나 이들은 (이상에서 말한) 그러한 종류가 아니어서 제사의 전적典籍에 들어가지 못한다.

及夫日月星辰, 民所瞻仰也, 山林川谷丘陵, 民所取財用也, 非此族也, 不在祀典.

集說 '족族'은 종류의 뜻이다. '사전祀典'은 제사의 전적典籍이다. '族', 類也. '祀典', 祭祀之典籍.

權近 살피건대, 이 장은 또한 모든 신에 대한 제사를 들어서 총결한 것이다. 近案, 此又擧百神之祀, 而總結之也.

1 [분장] : 본 편의 章 표시는 권근의 按說에 기초해 역자가 편의상 붙인 것이다.

2 유우씨는 ~ 배향하였다 : 이 말은 『국어』 「魯語上」에 나온다.

3 『모시』 「전」에 ~ 하였으니 : 관련 내용은 『毛詩』 「大雅·生民」의 毛傳, 鄭玄의 箋, 공영달의 소 참조. 특히 공영달의 소에 인용된 馬融의 설에 보인다.

4 공이 ~ 삼는 것 : 『춘추공양전』, 成公 6년 조 傳 참조.

5 요가 순에게 ~ 여겼다 : 『書』 「堯典」에 "정월 초하루 舜이 文祖에서 제위를 이어받았다"(正月上日, 受命于文祖)라고 하였는데, 孔安國의 傳에 文祖는 堯의 始祖廟라고 하였다. 蘇氏의 설은 출처가 미상이다.

6 순이 ~ 묘이다 : 『書』 「大禹謨」에 "정월 초하루 아침에 신종에서 제위를 이어받았다"(正月朔旦, 受命于神宗)고 하였는데, 孔安國의 傳에 神宗은 文祖 곧 堯의 廟라고 하였다.

7 은대에 ~ 있어 : 『書』 「無逸」에 中宗(大戊)·高宗(武丁)·太宗(祖甲)의 세 명의 은나라 宗을 언급하고 있다.

8 조고의 ~ 있네 : 『書』 「益稷」에 나오는 말이다.

9 이로써 : 舜이 瞽瞍의 사당에서 제사지낸 것을 가리킨다.

10 以 : 『예기집설대전』에는 '以'가 없다.

11 양의 제사 : 南郊 및 宗廟에서 天神에게 지내는 제사를 말한다.

12 음의 제사 : 北郊 및 社稷에서 地祇에게 지내는 제사를 말한다.

13 환구·방구 :

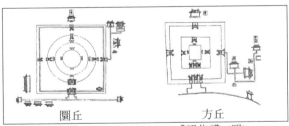

圜丘 方丘
『明集禮』(明) 『明集禮』(明)

14 중춘의 ~ 맞이한다 : 『주례』 「春官·籥章」에 "중춘일 낮에 土鼓를 치고 豳風을 불면서 더위의 신을 맞이한다. 중추일 밤에 추위의 신을 맞이할 때에도 또한 그렇게 한다"(中春晝, 擊土鼓吹豳詩以逆暑. 中秋夜迎寒, 亦如之)라고 하였다.

15 해와 ~ 안다 : 인용문은 『法言』 「學行」에 나온다.

16 逆 : 『예기집설대전』에는 '這'로 되어 있다.

17 구설 : 정현의 설을 가리킨다.

18 대협의 ~ 제사 드린다 : 관련 인용문은 『춘추공양전』, 文公 2년 조 傳에 다음과 같이

나온다. "협제란 무엇인가? 합해서 제사 드리는 것이다. 합해서 제사 드린다는 것은 무엇인가? 훼묘된 신주를 태조의 묘에 진설하고 아직 훼묘되지 않은 신주를 모두 올려서 태조의 묘에서 함께 흠향하게 하는 것이다."(祫者何? 合祭也. 其合祭奈何? 毀廟之主, 陳于大祖. 未毀廟之主, 皆升, 合食于大祖)

19 세 단을 ~ 같이하였다 : 이 말은 『書』, 「金縢」에 나온다.

20 현고 : 공영달의 소에 '顯'은 '皇'이 되어야 옳다고 하였다. 곧 顯考는 고조를 가리키기 때문에 여기서는 증조를 가리키는 皇考로 되어야 한다는 뜻이다.

21 부사 : 고대에 재화와 문서의 출납을 관리하던 하급관리. 『주례』「天官·序官」에 "府가 6인, 史가 12인이다"(府六人, 史十有二人)라고 하였다. 이에 대한 정현의 주에 "府는 창고를 관리하고 史는 문서를 담당하는 자이다. 무릇 부와 사는 모두 그 관서의 우두머리가 자체적으로 임명한다"(府, 治藏, 史, 掌書者. 凡府·史, 皆其官長所自辟除)라고 하였다.

22 사 : 祀는 여러 작은 신들에게 제사하는 禮를 가리키는데, 그 신과 제사 장소를 함께 의미한다. 이 祀는 인간에게 해를 끼칠 수 있는 신들을 안정시켜 해를 끼치지 않게 하는 데 주 목적이 있다. 「檀弓下」(3-23) "오나라가 陳나라를 침범하여 사당의 나무(祀)를 역병에 걸린 사람까지 죽였다"(吳侵陳, 斬祀殺厲)의 '祀'에 대하여 정현은 "'祀'는 神位가 사당과 나무를 가진 경우이다"(祀, 神位有屋樹者)라고 주해하였다. 「曲禮上」(1-11) "禱와 祠, 祭와 祀 등의 제사를 지낼 때, 귀신에게 바치는 제물이 禮에 맞지 않으면 정성스럽지 못하고 장엄하지 않게 된다"(禱·祠·祭·祀, 供給鬼神, 非禮不誠不莊)에서 陳澔는 "祀는 안정시키는 것을 도리로 삼는다"(祀以安爲道)라고 하였다.

23 귀는 ~ 않는다 : 이 말은 『춘추좌씨전』, 昭公 7년 조 傳에 나온다.

24 社 : '祀'의 오자로 생각된다.

25 『국어』에 보인다 : 『국어』「魯語上」에 "옛날 烈山氏가 천하를 차지하였을 때, 그 자손 중에 柱라고 하는 이가 온갖 곡식과 온작 채소를 잘 번성하게 하였다"(昔烈山氏之有天下也, 其子曰柱, 能殖百穀百蔬)는 기록이 나온다.

26 태호 : '昊'는 '皡'와 통용한다. 伏羲氏를 가리킨다.

27 『춘추좌씨전』에서는 ~ 하였다 : 『춘추좌씨전』, 昭公 17년 조 傳에 "共工氏는 물로써 기강을 세웠다"(共工氏以水紀)라고 하였고, 정현은 箋에서 "共工은 제후로서 九州에 내려하여 패자 노릇을 한 사람으로 神農의 앞, 大皥의 뒤에 활동하였다. 또한 물의 상서를 받아, 물로써 관직에 명칭을 부여하였다"(共工, 以諸侯霸有九州者, 在神農前大皥後. 亦受水瑞, 以水名官)라고 하였다.

28 유묘 : 堯·舜·禹의 시기에 중국 남부에 존재했던 것으로 추정되는 나라 이름으로 三苗라고도 한다. 『書』「大禹謨」에 보인다.

29 정현은 ~ 말하는데 : 「祭法」(2-22)에 나오는 정현의 주를 참조.

30 너그럽기를 ~ 잘하였다 : 이 말은 『書』「仲虺之誥」에 나온다.

31 너그러움으로 ~ 대신하였다 : 이 말은 『書』「伊訓」에 나온다.

제의
祭義

양촌에 사는 후학 권근 지음

살펴건대, 위 편에서는 주로 제사드리는 귀신에 대해 서술했기 때문에 「제법」이라 하였고, 이 편은 주로 제사를 바치는 취지에 대해 서술했기 때문에 「제의」라고 한 것이다. 제사의 법식은 제정하거나, 계승하고 바꾸는 것에 차이가 있다. 그러나 제사의 취지(義)는 인효성경仁孝誠敬(어질고 효도하고 정성을 다하고 공경함)의 도리에서 각각 그 마땅함을 응당 다하는 것이다.

近按, 上篇主言所祭之神則曰「祭法」, 此篇主言致祭之意則曰「祭義」. 盖法有制作因革之不同. 而義則仁孝誠敬之道所當各盡其宜者也.

1.[1)]

1-1[제의 1]

제사는 자주 지내는 것을 바라지 않는다. 자주 지내면 번거롭고 번거로우면 공경스럽지 못하게 된다. 제사는 드물게 지내는 것을 바라지 않는다. 드물게 지내면 태만해지고 태만해지면 잊게 된다. 이 때문에 군자는 하늘의 도(天道)에 부합하여 봄에는 체제禘祭를 지내고, 가을에는 상제嘗祭를 지낸다. 서리와 이슬이 내리고 나면 군자는 그것을 밟을 때 반드시 슬퍼지는 마음이 생긴다. 추위 때문에 그렇게 된다는 뜻이 아니다. 봄에 비와 이슬이 내려 땅을 적시면, 군자는 그것을 밟을 때 반드시 놀라는 마음이 생긴다. (돌아가신 분을) 마치 직접 만날 것 같기 때문이다. 즐거운 마음으로 오는 것을 맞이하고 슬픈 마음으로 가는 것을 보낸다. 그러므로 체제에는 음악이 있고 상제에는 음악이 없다.

祭不欲數, 數則煩, 煩則不敬. 祭不欲疏, 疏則怠, 怠則忘. 是故君子合諸天道, 春禘秋嘗. 霜露旣降, 君子履之, 必有悽愴之心. 非其寒之謂也. 春, 雨露旣濡, 君子履之, 必有怵惕之心. 如將見之. 樂以迎來, 哀以送往. 故禘有樂, 而嘗無樂.

集說 「왕제王制」(3-2)에 "천자와 제후의 종묘제사는, 봄 제사를 '약礿'이라 하고, 여름 제사를 '체禘'라고 하고, 가을 제사를 '상嘗'이라 하고 겨울 제사를 '증烝'이라 한다"고 하였는데, 이에 대한 정현의 주에 "이것은 하나라와 은나라의 제사 명칭인 듯하다. 주나라에서는 봄 제사를 '사祠'라고 했고 여름 제사를 '약礿'이라 했으며, 가을 제사를 상제嘗祭라고 했고, 겨울 제사를 증제烝祭라고 하였다"고 하였다. 「교특생郊特牲」(2-1)에 "향례饗禮와 체제禘祭에는 음악을 쓰고, 사례食禮와 상제嘗祭에는 음악을 쓰지 않는다"고 하였는데 '체禘'는 약礿으로 읽는다. 그렇다면 이 장의 두 '체禘' 자 역시 모두 '약礿'의 뜻으로 읽어야 한다. 다만 「제통祭統」(4-9)에 "대상大嘗과 대체大禘의 제

사에는 당 위에 올라가 청묘淸廟의 시를 노래하고, 당 아래에서 관악기로 상상(무왕武王의 악무)을 연주하여 행한다"라고 한 것과『시詩』「상송商頌·나那」에서 "종소리 북소리 성대하게 울리고, 모든 춤이 질서 있네"라고 하고, 그 아래에서 "우리 증제烝祭와 상제嘗祭를 돌아보소서"라고 한 것을 보면 은나라와 주나라의 가을과 겨울에 지내는 제사에 음악이 없었다고 말할 수는 없다. 이곳과「교특생」(2-1)에서 모두 "음악이 없다"고 한 것은 무엇 때문인지 자세히 알 수 없다. ○ 정씨鄭氏(정현鄭玄)는 말한다. "오는 것을 맞이할 때 즐거운 것은 (돌아가신) 부모가 장차 오게 될 것을 즐거워하는 것이다. 가는 것을 보낼 때 슬픈 것은 그 제사를 받을지 안 받을지 알 수 없어 슬퍼하는 것이다." ○ 방씨方氏는 말한다. "비와 이슬에 대해서는 봄이라고 말했으므로, 서리와 이슬은 가을임을 알 수 있다. 서리와 이슬에 대해서는 '추위 때문에 그렇게 된다는 말이 아니다'라고 하였으므로, 비와 이슬은 따스함 때문에 그렇게 된다는 말이 아니라는 뜻이 된다. 비와 이슬에 대해서 '장차 볼 것 같다'고 하였으므로 서리와 이슬은 '장차 잃을 것 같다'는 의미가 된다. 봄과 여름에는 오는 것을 맞이하는 것이고, 가을과 겨울에는 가는 것을 보내는 것이다."「王制」言, "天子·諸侯宗廟之祭, 春'礿', 夏'禘', 秋'嘗', 冬'烝'", 註云: "夏·殷之祭名. 周則春'祠', 夏'禴', 秋'嘗', 冬'烝'也."「郊特牲」"饗禘有樂, 而食嘗無樂", '禘'讀爲'禴'. 然則此章二'禘'字, 亦皆當讀爲'禴'也. 但「祭統」言, "大嘗禘升歌淸廟, 下管象", 與「那」詩言, "庸鼓有斁, 萬舞有奕", 下云: "顧予烝嘗", 是殷周秋冬之祭, 不可言無樂也. 此與「郊特牲」皆云: "無樂", 未詳. ○ 鄭氏曰: "迎來而樂, 樂親之將來也. 送去而哀, 哀其享否不可知也." ○ 方氏曰: "於雨露言春, 則知霜露之爲秋矣. 霜露言非其寒, 則雨露爲非其溫之謂矣. 雨露言'如將見之', 則霜露爲'如將失之'矣. 蓋春夏所以迎其來, 秋冬所以送其往也."

권근 살펴건대, 이 장에서 제사지내는 횟수의 정도와 슬프거나 즐거운 감정을 언급한 것은 전체를 가지고 말한 것이다. '천도에 합치시킨다'는 말은 천도는 3개월마다 조금 변하므로, 천도의 변화에 따라 부모에 대한 사모의 마음을 더욱 바친다는 뜻이다. 봄에는 체제를 지내고 가을에는 상제를 지낸다고 말하면서도 여름과 겨울에 대해서는 언급하지 않았다. 봄은 양의 기운이 찾아오는 시작이기 때문에 즐거운 마음으로 맞이하고, 가을은 음의 기운이 떠나가는 시작이기 때문에 슬픈 마음으로 보낸다. 각기 시작을 들어서 포괄시킨 것이다. '체제에는 음악이 있고 상제에는 음악이 없다'는 것에 대해 진호陳澔는 『예기』 「제통」 및 『시』 「상송·나」의 시를 인용하여 "은나라와 주나라의 가을·겨울 제사에서 음악이 없다고 말할 수는 없다. 이 경문과 「교특생」에서 모두 '음악이 없다'고 한 것의 이유는 잘 모르겠다"라고 하였다. 내 생각에 묘廟에서 제사지내어 신을 섬길 때는 마땅히 살아 있는 사람을 섬기듯이 하여 증제와 상제라도 음악이 없을 수 없다. 『예기』 「제통」 및 『시』 「상송·나」의 시에서 말한 것이 옳다. 제사가 끝난 뒤 침전에서 연회를 베풀 때에는 봄과 여름 제사의 경우 효자가 즐거운 마음으로 신의 기운이 찾아오는 것을 맞이하기 때문에 음악을 사용할 수 있지만, 가을과 겨울 제사의 경우에는 효자가 신의 기운이 돌아가는 것을 느껴 슬퍼지기 때문에 음악을 사용하지 못한다. 「교특생」 및 이 경문에서 말한 것이 옳다. 먼저 즐거운 마음으로 맞이하고 슬픈 마음으로 보낸다고 말하였고, 이어서 체제와 상제에서 음악이 있는가 없는가를 말하였다. 신을 섬기는 예가 아니라 제사를 주관하는 자의 마음을 전체적으로 말한 것임을 알 수 있다. 近案, 此言祭祀疏數之節·哀樂之情, 蓋用全體而言也. '合諸天道'者, 天道每三月而小變, 因天道之變, 而益致其慕親之感也. 言春禘秋嘗, 而不及夏冬者, 春者陽來之始, 故樂以迎, 秋者陰往之始, 故哀以送. 各舉其始以包之也. '禘有樂而嘗無樂'者, 陳氏引「祭統」及「那」頌謂殷周秋冬之祭, 不可言無樂. 此與「郊特牲」皆云'無樂', 未詳." 愚謂祭於廟中以事神, 則當如事生, 雖烝嘗之祭, 不可無樂. 「祭統」及「那」頌所言

者是也. 祭畢而後宴於寢中, 則春夏之祭孝子樂迎神氣之來, 故得用樂, 秋冬之祭, 孝子感神氣之歸而悲, 故不用樂. 「郊特牲」及此篇所言者是也. 先言樂迎哀送, 而繼言禘嘗樂之有無. 其非爲事神之禮, 而全言主祭者之情意可見矣.

1-2 [제의 2]

안으로 마음을 삼가고 밖으로 거동을 조심한다. 재계하는 기간에는 부모가 거처하시던 바를 생각하고 웃고 말씀하시던 것을 생각하고 뜻을 두고 의향하시던 바를 생각하고 좋아하시던 음악을 생각하고 즐기시던 음식을 생각한다. 그렇게 3일을 재계하면, 곧 재계하며 생각하였던 대상을 본다.

致齊於內, 散齊於外. 齊之日, 思其居處, 思其笑語, 思其志意, 思其所樂, 思其所嗜. 齊三日, 乃見其所爲齊者.

集說 다섯 '그'(其) 자 및 아래 문장의 행위는 모두 부모를 가리켜 말한 것이다. ○ 소疏에서 말한다. "먼저 그 대강의 것을 생각하고 점차적으로 그 정밀한 것을 생각한다. 그러므로 거처가 앞에 있고 좋아하고 즐기는 것이 뒤에 온 것이다." 五'其'字及下文所爲, 皆指親而言. ○ 疏曰: "先思其粗, 漸思其精. 故居處在前, 樂嗜居後."

權近 살피건대, 위 장은 제사의 전체를 말하였고, 이 장 이하는 각각 한 절목을 들어 말하였는데, 이 장은 재계할 때의 일을 말한 것이다. 近案, 上言祭之全體, 而此下各擧一節而言, 此則言齊時之事也.

1-3[제의 3]

제사지내는 날에 묘실廟室에 들어가면 어렴풋하게 부모가 신위에 앉아 계시는 것을 꼭 보는 듯하다. 둥글게 돌아 문을 나오면 숙연히 부모가 거동하시는 소리를 꼭 듣는 듯하다. 문을 나와서 들으면 크게 한숨을 쉬 듯 부모가 탄식하는 소리를 꼭 듣는 듯하다.

祭之日, 入室, 僾然必有見乎其位. 周還出戶, 肅然必有聞乎其容聲. 出戶而聽, 愾然必有聞乎其歎息之聲.

集說 '입실入室'은 묘실廟室에 들어간다는 뜻이다. '애연僾然'은 어렴풋한 모습이다. '견호기위見乎其位'는 마치 부모가 신위에 앉아 계시는 것을 보는 듯하다는 뜻이다. '주선출호周旋²⁾出戶'는 제물을 올리고 술을 따라 올리면서 걸음걸이를 둥글게 하여 도는 것 혹은 문 안쪽에서 밖으로 나오는 것을 가리킨다. '숙연肅然'은 경계하고 두려워하는 모습이다. '용성容聲'은 거동하고 용모를 취하는 소리다. '개연愾然'은 크게 탄식하는 소리다. '入室', 入廟室也. '僾然', 彷彿之貌. '見乎其位', 如見親之在神位也. '周旋出戶', 謂薦俎酌獻之時, 行步周旋之間, 或自戶內而出也. '肅然', 儆惕之貌. '容聲', 舉動容止之聲也. '愾然', 太息之聲也.

權近 살피건대, 이 장은 제사지낼 때의 일을 말한 것이다. 재계할 때에는 아직 일을 접하지 않았기 때문에 그 마음이 생각하기를 전일하게 한 뒤에 보는 바가 있는 듯하게 된다. 제사를 지내면 이미 일을 접하기 때문에 일마다 매번 보고 듣는 바가 있는 듯하다. 모두 정성이 지극한 것이다. 보고 듣는 바란 『시』에서 말한 "생각이 이루어진다"³⁾는 것이다. 近案, 此言祭時之事也. 齊則未接於事, 故其心專於思, 而後若有所見. 祭則已接於事, 故隨其所接, 而每若有所見聞. 皆誠之至也. 其所見聞, 卽『詩』所謂"思成"也.

그러므로 선왕의 효는 부모의 얼굴이 눈에서 잊히지 않고, 목소리가 귀에서 끊어지지 않고, 생각과 좋아하시던 것이 마음에서 잊히지 않는다. 친애하는 마음을 극진하게 하면 보존되고, 정성을 극진하게 하면 나타난다. 나타나고 보존되어 마음에서 잊히지 않는데, 어떻게 공경하지 않을 수 있겠는가? 군자는 부모가 살아 계실 때는 공경히 봉양하고 돌아가시면 공경히 제사를 올리며 종신토록 부모를 욕되게 하지 않기를 생각한다.

是故先王之孝也, 色不忘乎目, 聲不絕乎耳, 心志嗜欲不忘乎心. 致愛則存, 致愨則著. 著存不忘乎心, 夫安得不敬乎? 君子生則敬養, 死則敬享, 思終身弗辱也.

集說 '친애하는 마음을 극진하게 한다'(致愛)는 것은 부모를 친애하는 마음을 다한다는 뜻이다. '정성을 극진하게 한다'(致愨)는 것은 부모에게 공경하는 정성을 다한다는 뜻이다. '보존한다'(存)는 것은 위의 문장 세 가지 '잊히지 않는다'는 것을 가지고 말하였고, '나타난다'(著)는 것은 위의 문장 '부모가 신위에 앉아 계시는 것을 보는 듯하다' 이하 세 가지를 가지고 말한 것이다. 공경하지 않으면 봉양과 제사는 단지 부모를 욕되게 할 뿐이다.

'致愛', 極其愛親之心也. '致愨', 極其敬親之誠也. '存'以上文三者'不忘'而言, '著'以上文 '見乎其位'以下三者而言. 不能敬則養與享, 祇以辱親而已.

權近 살피건대, 이 장은 효자의 정성스럽고 공경하는 마음을 지극하게 말한 것이다. 近案, 此極言孝子誠敬之情.

1-5[제의 5]

군자는 평생 지내는 상례喪禮가 있는데, 기일忌日을 두고 하는 말이다. 기일에 다른 일을 하지 않는 것은 상서롭지 않아서가 아니다. 이날에는 마음에 이르는 바가 있어서 감히 자기의 사적인 일에 마음을 다하지 않음을 말한다.

君子有終身之喪, 忌日之謂也. 忌日不用, 非不祥也. 言夫日志有所至, 而不敢盡其私也.

集說 '기일忌日'은 부모가 돌아가신 날이다. '사용하지 않는다'(不用)는 것은 이날에 다른 일을 하지 않는다는 뜻이다. '상서롭지 않아서가 아니다'(非不祥)라는 것은 죽음이 상서롭지 못하기 때문에 그날을 피한다는 것이 아니라는 말이다. '부일夫日'은 이날(此日)이라는 말과 같다. '마음에 이르는 바가 있다'(志有所至)는 것은 이 마음이 부모를 생각하는 데 극진한 것이다. '불감진기사不敢盡其私'라고 했을 때, 이 사私 자는 "사적인 재산을 소유하지 않는다"[4]라고 할 때의 사私와 같은 것으로, 감히 자기의 사적인 일에 마음을 다하지 않는다는 뜻이다. 忌日', 親之死日也. '不用', 不以此日爲他事也. '非不祥', 言非以死爲不祥而避之也. '夫日', 猶此日也. '志有所至'者, 此心極於念親也. '不敢盡其私', 此'私'字如'不有私財'之私, 言不敢盡心於己之私事也.

權近 살피건대, 이 장에서는 군자의 정성스럽고 공경스런 마음은 제사지낼 때만 그런 것이 아니라 기일에 이르면 더욱 간절하고 지극해져, 군자에게는 종신토록 사모하는 마음이 있음을 말하였다. 近案, 此言君子誠敬之心, 非特祭時爲然, 至於忌日, 而尤爲切至, 以有終身之慕也.

1-6 [제의 6]

오직 성인聖人만이 상제에게 흠향하게 할 수 있으며, 효자만이 부모에게 흠향하게 할 수 있다. 향饗은 향한다(鄕)는 뜻으로, 마음이 향한 후에야 흠향하게 할 수 있다. 이 때문에 효자는 시尸를 대하여서 안색이 바뀌지 않는다. 군주가 희생을 끌고 가면, 부인夫人은 앙제盎齊의 술동이를 (시尸의 자리 앞에) 진설한다. 군주가 시尸에게 술을 따르면, 부인은 두豆에 담긴 제물(肉醬)을 올린다. 경과 대부는 군주를 돕고 명부命婦는 부인을 돕는다. 그 공경하는 용모는 정숙하고 그 충순한 마음은 화평하고 부드러우며 귀신이 흠향하기를 간절히 바라는 것이라 공경스럽게 힘쓰도다!

唯聖人爲能饗帝, 孝子爲能饗親. 饗者, 鄕也, 鄕之然後能饗焉. 是故孝子臨尸而不怍. 君牽牲, 夫人奠盎. 君獻尸, 夫人薦豆. 卿·大夫相君, 命婦相夫人. 齊齊乎其敬也, 愉愉乎其忠也, 勿勿諸其欲其饗之也!

集說 '시尸를 대하고서 안색이 바뀌지 않는다면' 부모를 향한 마음이 친애와 정성을 다함을 알 수 있다. '전앙奠盎'은 앙제盎齊의 술동이를 (시尸의 자리 앞에) 진설한다는 뜻이다. '제제齊齊'는 정숙한 모습이다. '충순한 마음은 화평하고 부드럽다'는 것은 화평하고 유순한 실질이 있는 것이다. '물물勿勿'은 '공경스럽게 힘쓰는 모습'(切切)과 같은 뜻이다. '저諸'는 어사로서 '연然'5)과 같다. '臨尸不怍', 則其鄕親之心, 致愛致慤可知矣. '奠盎', 設盎齊之奠也. '齊齊', 整肅之貌. '愉愉其忠', 有和順之實也. '勿勿', 猶切切也. '諸', 語辭, 猶然也.

權近 살펴건대, 이 장은 효자가 부모에게 제사하는 정성을 이어받아, 아

울러 성인이 상제에게 흠향하게 하는 일을 인용하여 밝혔고, 아래 문장에서 부모를 제사지내는 일을 전체적으로 말하였다. '마음이 향한 후에야 흠향하게 할 수 있다'는 말은 나의 정성스런 마음이 부모를 향하는 데 전일하여 두 마음이 없은 뒤에 신이 그 정성에 감응하여 그 제사를 흠향할 수 있다는 것으로, 이른바 '그 정성이 있으면 그 신이 있다'[6])는 뜻이다. 近案, 此因孝子祭親之誠, 兼引聖人饗帝之事以明之, 下文全言祭親之事. '饗之然後饗'者, 言吾之誠心專於向親而无貳, 然後神感其誠, 而能饗其祭, 所謂 '有其誠則有其神'者也.

1-7[제의 7]

문왕의 제사는 죽은 이를 섬기기를 마치 살아 있는 사람 섬기듯 하였고, 죽은 사람을 생각하기를 마치 살고 싶지 않은 듯이 하였다. 기일에는 반드시 슬퍼하였고, 부모의 이름을 칭할 때는 마치 부모를 뵙는 듯이 하였으니, 제사를 드림에 그 마음 충순하였다. 부모가 아끼시던 것을 보면, 부모가 좋아하심을 보듯이 하였으니, 이것이 문왕이다! 『시詩』에 "아침이 동틀 때까지 잠을 이루지 못하고, 두 분을 그리워하였다"고 하였는데, 문왕을 잘 말한 시다. 제사 지낸 이튿날 아침 동이 틀 때까지 잠을 이루지 못하고 흠향하여 제물을 바쳤고, 또 이어서 그리워하였던 것이다. 제사지내는 날에는 즐거움과 슬픔이 반반이니, 제물을 올릴 때는 반드시 즐겁고, 이미 귀신이 이르면 반드시 슬프다.

文王之祭也, 事死者如事生, 思死者如不欲生. 忌日必哀, 稱諱如見親, 祀之忠也. 如見親之所愛, 如欲色然, 其文王與! 『詩』云:

> "明發不寐, 有懷二人", 文王之詩也. 祭之明日, 明發不寐, 饗而致之, 又從而思之. 祭之日, 樂與哀半, 饗之必樂, 已至必哀.

集說 '살고 싶지 않은 듯이 하였다'는 것은 따라서 함께 죽고자 하듯 하였다는 뜻이다. 종묘의 예에서는 윗사람은 아랫사람의 이름을 피하지 않는다. 그러므로 이름을 칭할 때가 있다. 예를 들면 고조를 제사지낼 때에는 증조 이하의 이름을 피하지 않는다. '여욕색연如欲色然'은 부모가 평소 아끼던 물건을 상상하면서 마치 부모가 그것을 얻고 싶어 하는 기색을 보는 듯한다는 뜻이다. '『시』'는 「소아小雅・소완小宛」이다. '동이 튼다'(明發)는 것은 밤부터 새벽빛이 밝아오는 때까지를 말한다. 『시詩』에서는 본래 선왕宣王이 문왕과 무왕의 공적을 그리워하는 내용이었는데, 이곳에서는 이를 빌어 문왕이 부모를 생각하는 것에 근면함을 비유하였다. '문왕의 시詩'란 이 시가 문왕을 노래하기에 충분하다는 뜻이다. '제물을 올릴 때는 반드시 즐겁다'는 것은 부모가 오시는 것을 맞이하기 때문이다. 부모가 이미 오셨다가 제사가 끝나면 돌아가시기 때문에 슬픈 것이다. '如不欲生', 似欲隨之死也. 宗廟之禮, 上不諱下. 故有稱諱之時. 如祭高祖則不諱曾祖以下也. '如欲色然', 言其想像親平生所愛之物, 如見親有欲之之色也. '『詩』', 「小雅・小宛」之篇. '明發', 自夜至光明開發之時也. 『詩』本謂宣王永懷文王・武王之功烈, 此借以喻文王念父母之勤耳. '文王之詩', 言此詩足以咏文王也. '饗之必樂', 迎其來也. 已至而禮畢則往矣, 故哀也.

權近 살피건대, 위 장은 성인에 대해 넓게 말하였고, 이 장 이하는 문왕과 공자를 인용하여 그것을 실증하였다. 제사한 다음 날에도 사모하는 마음이 여전히 남아 있어서 잊지 못하는 것은 제사지낸 날에 즐거움과 슬픔이 반반이었기 때문이다. 제사한 다음 날의 일을 제사한 날보다 먼저 언급한 것은 말의 기세상 당연한 것이다. 近案, 上文泛言聖人, 此下引文王・仲尼以實

之. 祭之明日, 思慕之心猶存而不能忘者, 以祭之日樂與哀半故也. 其言明日, 先於祭日之前者, 言之勢當然也.

1-8[제의 8]

중니仲尼(공자)가 상제嘗祭를 지낼 때, 제물을 받들고 나아가는데 그 직접 일을 집행하는 것이 성실하였고, 그 걸음걸이는 서둘러 다녔고 신속하였다. 제사를 마치자, 자공子贛이 물었다. "선생님께서 제사에 대해 말씀하실 때는 제제濟濟하고 절절漆漆하셨는데, 이제 선생님께서 제사지내시면서 제제하고 절절함이 없는 것은 무엇 때문입니까?" 공자께서 말씀하셨다. "제제濟濟란 여러 성대한 위의威儀(예에 맞는 모양)를 갖추는 것으로, 신명神明과 관계가 소원한 것이다. 절절漆漆이란 위의를 전심해서 갖추는 것으로 스스로 가다듬어 정돈하는 것이다. 성대한 위의를 갖추며 관계가 먼 것을 보이고, 위의를 갖추느라 자신을 가다듬고 정돈하는 것이 어떻게 신명神明과 더불어 교접하는 방법이겠는가? 어떻게 제제하고 절절함이 있겠는가? 시尸가 묘실로 돌아오고 음식을 진설하고 합악合樂이 이루어지면 조俎와 두豆에 담은 제물(薦俎)7)을 바치고, 의례와 음악을 질서 있게 진행하고, 백관百官을 갖추니, 제사를 돕는 군자는 그 제제하고 절절함을 다한다. 거기에 무슨 돌아가신 부모를 어렴풋이 보는 듯하는 마음이 있겠는가? 대저 말을 어찌 한 가지로 획일적으로 논할 수 있겠는가? 무릇 각기 마땅한 바가 있는 것이다."

仲尼嘗, 奉薦而進, 其親也慤, 其行也趨趨以數. 已祭, 子贛問曰:
"子之言祭, 濟濟漆漆然. 今子之祭, 無濟濟漆漆, 何也?" 子曰:
"濟濟者, 容也, 遠也. 漆漆者, 容也, 自反也. 容以遠, 若容以自反
也, 夫何神明之及交? 夫何濟濟漆漆之有乎? 反饋樂成, 薦其薦
俎, 序其禮樂, 備其百官, 君子致其濟濟漆漆. 夫何恍惚之有乎?
夫言豈一端而已? 夫各有所當也."

集說 '상嘗'은 가을 제사이다. '제물을 받들고 나아간다'는 것은 시尸에게
올린다는 뜻이다. '친親'은 자신이 스스로 일을 집행한다는 뜻이다. '각慤'은
전심하고 삼가는 모습이다. '촉촉趨趨'은 촉촉促促(서둘러 한다)으로 읽는다.
걸음걸이가 급하고 좁은 것을 뜻한다. '삭數'은 발을 움직이는 것이 빈번하
다는 뜻이다. 모두 용모를 예에 맞게 하는 것에 신경 쓰지 않는 모습이다.
자공子貢[8]이 제사가 끝나기를 기다렸다가 공자가 예전에 했던 말을 가지
고 물은 것이다. 지금 행동하는 것이 예전에 말했던 것과 다름을 이상하게
여긴 것이다. 공자가 '제제濟濟란 여러 성대하게 위의威儀를 갖춘 모습이요,
멀게 하는 것이다'라고 말한 것은 부모를 접하고 친애하는 방법이 아니라
는 뜻이다. '절절漆漆'이란 전심해서 갖추는 모습이다. '자반自反'은 자신을
가다듬고 정돈한다는 뜻과 같다. '약若'은 및(及)이라는 뜻이다. '성대한 위
의를 갖추어 관계가 먼 것을 보이고, 위의를 위해 갖추느라 자신을 가다듬
어 정돈하는 것으로 어떻게 신명과 교접할 수 있겠는가? 내가 스스로 지내
는 제사에서 어떻게 제제하고 절절함이 있을 수 있겠는가?'라고 하는 것은
성실함을 귀하게 여긴다는 뜻이다. 예를 들어 천자나 제후의 제사를 말한
다면, 시尸는 처음 묘실廟室에 있는데, 나중에 나와서 당堂에 있다가 다시
도로 묘실廟室로 들어가면, 음식을 진설하고 합악合樂[9]이 이루어지며, 주인
은 음식을 담은 두豆와 희생의 몸체를 올려놓은 조俎를 바친다. 이보다 앞

서 공경을 다하여 신명과 교접하였다가 이때에 이르러 예禮와 악樂을 순서대로 거행하고 백관을 갖추어 헌獻과 수酬를 반복한다. 제사를 돕는 군자는 각기 위의威儀로 서로 높이며 제제하고 절절한 의용儀容을 이루기를 다한다. 이때에 생각하고 그리워하며 어렴풋이 보는 것 같은 느낌으로 귀신과 교접하는 마음이 어떻게 있을 수 있겠는가? '각기 마땅한 바가 있다'는 것은 각기 위주로 하는 바가 있다는 뜻으로, 제제하고 절절한 것은 곧 종묘 안에서 빈객이 갖추는 의용이지 주인의 의용은 아니라는 말이다. 주인이 부모를 섬김에는 마땅히 성실해야 하고 서둘러 신속히 주선해야 하는 것이다. '嘗', 秋祭也. '奉薦而進', 進於尸也. '親', 身自執事也. '慤', 專謹貌. '趨趨', 讀爲促促. 行步迫狹也. '數', 擧足頻也. 皆不事威儀之貌. 子貢待祭畢, 以夫子所嘗言者爲問. 蓋怪其今所行與昔所言異也. 夫子言'濟濟者, 衆盛之容也, 遠也', 言非所以接親親也. '漆漆者, 專致之容也. '自反', 猶言自脩整也. '若', 及也. '容之疏遠及容之自反者, 夫何能交及於神明乎? 我之自祭, 何可有濟濟漆漆乎?', 言以誠慤爲貴也. 若言天子諸侯之祭, 尸初在室, 後出在堂, 更反入而設饋, 作樂旣成, 主人薦其饋食之豆與牲體之俎. 先時則致敬以交於神明, 至此則序禮樂, 備百官, 獻酬往復. 凡助祭之君子, 各以威儀相尙而致其濟濟漆漆之容. 當此之際, 何能有思念怳惚交神之心乎? '各有所當', 言各有所主, 謂濟濟漆漆, 乃宗廟中賓客之容, 非主人之容也. 主人之事親, 宜慤而趨數也.

權近 살펴건대, 이 장은 효자가 제사를 주관하는 정성과 제사를 돕는 빈객의 예기 다름을 말한 것이다. '부모에게 나아간다'(進其親也)에서 구두를 끊어야 한다. '부모에게 나아간다'는 말은 공소公所에서 제사지내는 것이 아님을 밝힌 것이다. 近案, 此言孝子主祭之誠與賓客助祭者之禮不同. '進其親也'當爲句. 言'進其親'者, 明非祭於公所也.

1-9[제의 9]

효자는 제사 때가 다가오면 일을 생각해두는 것을 미리 하지 않을 수 없고, 제사지낼 때에 이르러 기물과 제수를 구비해두는 것을 완비하지 않을 수 없는데, 잡념을 갖지 않고 맑은 마음으로 제사 일을 관리한다. 孝子將祭慮事, 不可以不豫, 比時具物, 不可以不備, 虛中以治之.

集說 '비시比時'는 때에 미쳐서라는 뜻으로 예를 거행할 때를 맞은 것을 말한다. '구물具物'은 기물과 음식 등을 진설하는 것이다. '마음을 비운다'(虛中)는 것은 맑고 밝은 것이 몸에 있어서 마음에 잡념이 없는 것이다. '比時', 及時也, 謂當行禮之時. '具物', 陳設器饌之屬. '虛中', 淸明在躬, 心無雜念也.

1-10[제의 10]

궁실을 수리하고, 담장과 지붕을 설비하고, 온갖 물건을 이미 갖추었으면, 주인인 부부가 목욕재계하고 제물을 받들고 나아가는데, 공경하고 성실하며, 감당하지 못하듯 장차 잃을 듯 어려워하며 행한다. 그 효도하고 공경하는 마음이 지극한 것이다! 조組와 두豆에 담은 제사 음식들을 바치고, 의례와 음악을 질서 있게 진행하고, 백관을 갖추고, (제사를 돕는 이들이) 제물을 받들어 올린다. 이에 축관祝官이 효자의 효성스런 뜻을 아뢰고, 어렴풋이 보는 듯한 마음으로 신명과 교접하고, 흠향하기를 바란다. 흠향하기를 바라는 것이 효자의 마음이다.

宮室既脩, 牆屋既設, 百物既備, 夫婦齊戒沐浴, 奉承而進之, 洞洞乎, 屬屬乎, 如弗勝, 如將失之. 其孝敬之心至也與! 薦其薦俎, 序其禮樂, 備其百官, 奉承而進之. 於是諭其志意, 以其慌惚以與神明交, 庶或饗之. 庶或饗之, 孝子之志也.

集說 '동동洞洞'(내외가 일치되어 공경하는 모양)과 '축축屬屬'(거짓 없이 성실한 모양)은 설명이 「예기禮器」(7-7)에 보인다. 두 번 '제물을 받들고 나아간다'(奉承而進之)고 하였는데, 위에 것은 주인을 가리키고 아래의 것은 제사를 돕는 자를 가리킨다. '그 뜻을 아뢴다'(諭其志意)는 것은 "축관이 효로 고하는 것"[10]이다. '洞洞'·'屬屬', 見「禮器」. 兩言'奉承而進之', 上謂主人, 下謂助祭者. '諭其志意', "祝以孝告"也.

權近 살피건대, 위 장의 두 구절에서 문왕과 공자를 인용하여 성인의 일을 밝혔고, 이 장 이하는 또 효자의 일을 두루 말하였다. 효자의 제사는 스스로 제물을 받들고 나아가 효도와 공경의 마음을 다하고, 또 제사를 돕는 백관들로 하여금 제물을 받들고 나아가게 한다. 부모에게 마음을 기울여 흠향하기를 바라는 것이 지극하다. 예는 비록 끝남이 있지만, 정성은 끝남이 없다. 近案, 上兩節旣引文王·孔子以明聖人之事, 此下又泛言孝子之事也. 孝子之祭, 旣自奉承而進之, 以致其孝敬之心, 又使百官之助祭者, 奉承而進之. 其拳拳於親, 而欲其饗之者, 至矣. 禮雖有終, 誠則無窮也.

1-11[제의 11]

효자의 제사는 그 성실한 마음을 다하니 정성스럽고, 그 진실한 마음을 다하니 신실하고, 그 공경하는 마음을 다하니 경건하고, 그 예를 다하니 잘못함이 없다. 나아가고 물러날 때 반드시 공경스러 워 마치 부모의 명령을 직접 듣고 부모가 혹 시키는 듯이 한다. 孝子之祭也, 盡其慤而慤焉, 盡其信而信焉, 盡其敬而敬焉, 盡其 禮而不過失焉. 進退必敬, 如親聽命, 則或使之也.

集說 '그 성실한 마음을 다하니 정성스럽고, 그 진실한 마음을 다하니 신 실하고, 그 공경하는 마음을 다하니 경건하다'는 것은 털끝만큼도 그 극진 함을 다하지 않음이 없음을 말한다. 예에는 일정한 법도가 있어서 사적인 마음으로 더 높이거나 줄일 수 없다. 그러므로 '그 예를 다하니 잘못함이 없다'고 한 것이다. 나아가고 물러나는 사이에 공경하는 마음이 보존되어 있는 것이 마치 친히 부모의 명을 듣고 부모가 일을 시킴이 있는 것처럼 한다는 말은 또한 앞 장(1-4)에서 말한 '나타나고 보존된다'는 뜻이다. '盡其 慤而爲慤, 盡其信而爲信, 盡其敬而爲敬', 言無一毫之不致其極也. 禮有常經, 不可以私 意爲隆殺. 故曰'盡其禮而不過失焉'. 進退之間, 其敬心之所存, 如親聆父母之命, 而若有 使之者, 亦前章'著存'之意.

1-12[제의 12]

효자가 제사하는 것은 알아볼 수 있다. 서 있을 때는 공경하면서 굽히고, 나아갈 때는 공경하면서 기뻐하고, 제물을 올릴 때에는 공 경하면서 드리고 싶어 하듯이 하고, (잠시) 물러나 서 있을 때는 마치 장차 명령을 받을 듯이 한다. 제물을 다 거두고 물러나서도 공경하고 가지런한 빛이 얼굴에서 끊이지 않는다. 효자의 제사에서 서 있으면서 굽히지 않으면 고루한 것이고, 나아가면서 기뻐하지 않으면 소원하게 여기는 것이고, 제물을 올리면서 드리고 싶어 하지 않으면 친애하지 않는 것이다. 물러나 서 있으면서 명령을 받을 듯이 하지 않는 것은 오만한 것이고, 제물을 다 거두고 물러나서도 계속 공경하고 재계하는 빛이 없으면 근본을 잊은 것이다. 이렇게 하여 제사지내면 잘못하는 것이다.

孝子之祭可知也. 其立之也, 敬以詘, 其進之也, 敬以愉, 其薦之也, 敬以欲, 退而立, 如將受命. 已徹而退, 敬齊之色不絶於面. 孝子之祭也, 立而不詘, 固也, 進而不愉, 疏也, 薦而不欲, 不愛也. 退立而不如受命, 敖也, 已徹而退, 無敬齊之色, 而忘本也. 如是而祭, 失之矣.

集說 방씨方氏는 말한다. "'효자의 제사를 알 수 있다'는 것은 그가 제사지내는 것을 보면 그 마음을 알 수 있다는 뜻이다. '서 있다'는 것은 막 일을 기다리면서 서 있다는 뜻이다. '나아간다'라는 것은 이미 일을 따라서 나아간다는 뜻이다. '올린다'는 것은 제물을 받들어 올린다는 뜻이다. '물러나 서 있다'는 것은 나아갔다가 다시 물러난다는 뜻이다. '제물을 다 거두고 물러난다'는 것은 제물을 올려 제사한 이후에 거두는 것이다. 대개 '물러나 서 있다'고 할 때에는 잠시 물러나 서 있는 것이고, '제물을 다 거두고 물러난다'고 할 때 비로소 완전히 물러나는 것이다. 이것이 다른 점이다. '서 있을 때 공경하면서 몸을 굽힘'은 몸이 굽혀지면서 그로 인해 마음에 변화가 있는 것이다. 그러므로 '서 있으면서 굽히지 않으면 고루한 것'이다. '나아갈 때 공경하면서 기뻐함'은 안색에 기뻐하면서 그 친애함을 다하는 것

이다. 그러므로 '나아가면서 기뻐하지 않으면 소원하게 여기는 것'이다. '제물을 올릴 때 공경하면서 드리고 싶은 듯이 함'은 마음에서 드리고 싶어하며 흠향하기를 바라는 것이다. 그러므로 '제물을 올리면서 드리고 싶어하지 않는 것은 친애하지 않는 것'이다. '물러나 서 있으면서 마치 장차 명령을 받을 듯이 함'은 명령에 순응하여 소홀히 하는 바가 없는 것이다. 그러므로 '물러나 서 있으면서 명령을 받을 듯이 하지 않는 것은 오만한 것'이다. '제물을 다 거두고 물러나 있을 때 공경하고 재계하는 빛이 얼굴에서 끊이지 않음'은 끝까지 삼가 행하기를 처음과 같이 하는 것이다. 그러므로 '제물을 다 거두고 물러나서도 계속 공경하고 재계하는 빛이 없으면 근본을 잊은 것'이다." 方氏曰: "孝子之祭可知'者, 言觀其祭, 可以知其心也. '立之'者, 方待事而立也. '進之'者, 旣從事而進也. '薦之'者, 奉物而薦也. '退而立'者, 進而復退也. '已徹而退'者, 旣薦而後徹也. 蓋退而立則少退而立, '已徹而退'則於是乎退焉. 此其所以異也. '立之, 敬以詘', 則身之屈而爲之變焉. 故'立而不詘, 固也'. '進之, 敬以愉', 則色之愉而致其親焉. 故'進而不愉, 疏也'. '薦之, 敬以欲', 則心之欲而冀其享焉. 故'薦而不欲, 不愛也'. '退而立, 如將受命', 則順聽而無所忽焉. 故'退立而不如受命, 敖也'. '已徹而退, 敬齊之色不絶於面', 則愼終如始矣. 故'已徹而退, 無敬齊之色, 而忘本也'."

權近 살펴건대, 성실하고 진실하고 공경스럽고 예를 다하여 직접 명령을 듣는 것처럼 하는 것은 안의 마음에 보존되는 것이다. 서 있고 나아가고 제물을 올리고 물러나 있으면서 마치 명을 받드는 것처럼 하는 것은 밖의 의용에 드러나는 것이다. 안에 이러한 마음이 있은 뒤에 밖으로 이러한 의용이 있게 된다. 그러나 마음은 알기 어렵고 의용은 볼 수 있다. 그러므로 아래 네 가지에 대해 '효자의 제사를 알 수 있다'라고 말한 것이다. 近案, 愨信敬禮而如親聽命者, 存於中之心也. 立進薦退而如將受命者, 見於外之容也. 內有是心, 然後外有是容. 然心則難知, 而容則可見. 故於下四者乃曰: '孝子之祭可知也.'

1-13[제의 13]

깊이 친애하는 마음을 갖고 있는 효자에게는 반드시 온화한 기운이 있다. 온화한 기운이 있는 사람에게는 반드시 기뻐하는 안색이 있으며, 반드시 유순한 자태가 있다. 효자는 마치 옥을 잡은 듯이 하고, 마치 가득 찬 것을 받드는 듯이 하고, 공경스럽고 성실하여 마치 감당하지 못할 듯이 하고, 마치 장차 잃을 듯이 한다. 위엄을 엄격하게 갖추고 지나치게 삼가는 것은 부모를 섬기는 도리가 아니라 어른이 하는 도리다.

孝子之有深愛者, 必有和氣. 有和氣者, 必有愉色, 有愉色者, 必有婉容. 孝子如執玉, 如奉盈, 洞洞屬屬然, 如弗勝, 如將失之. 嚴威儼恪, 非所以事親也, 成人之道也.

集說 '온화한 기운'·'기뻐하는 안색'·'유순한 자태'는 모두 친애하는 마음에서 발하는 것이다. '옥을 잡은 듯이 하고', '가득 찬 것을 받드는 듯이 하고', '감당하지 못할 듯이 하고', '장차 잃을 듯이 하는' 것은 모두 공경하는 마음이 들어 있는 것이다. 친애함과 공경함이 함께 있는 것이 곧 효자의 도리다. 그러므로 '위엄을 엄격하게 갖추고 지나치게 삼가여' 사람들이 그것을 바라보면서 경외하게 만드는 것은 어른이 하는 도리이지 효자가 할 도리가 아니다. '和氣'·'愉色'·'婉容', 皆愛心之所發.'如執玉'·'如奉盈'·'如弗勝'·'如將失之', 皆敬心之所存. 愛敬兼至, 乃孝子之道. 故'嚴威儼恪', 使人望而畏之, 是成人之道, 非孝子之道也.

權近 살펴건대, 이 장은 위 장에서 효자가 제사를 주관하는 일을 말한 것을 이어서 아울러 이것을 기록하여 효자의 정성은 제사를 지낼 때만 그

런 것이 아니라 평소 부모를 섬길 때도 또한 이러한 의용과 이러한 마음이 있음을 보인 것이다. 近案, 此因上言孝子主祭之事, 而幷記此以見孝子之誠, 非特於 祭爲然, 平時事親之際, 亦有是容與是心也.

1-14[제의 14]

선왕이 천하를 다스리는 방법에는 다섯 가지가 있다. 덕이 있는 사람을 귀하게 여기고, 신분이 높은 사람을 귀하게 여기고, 노인을 귀하게 여기고, 어른을 공경하고, 어린아이를 자애롭게 대하는 것 이다. 이 다섯 가지가 선왕이 천하를 안정시킨 방법이었다. 덕망 있는 사람을 귀하게 여기는 것은 무엇 때문인가? 그 사람이 도에 가깝기 때문이다. 신분이 높은 사람을 귀하게 여기는 것은 그 사람 이 군주에 가깝기 때문이다. 노인을 귀하게 여기는 것은 그 사람이 부모에 가깝기 때문이다. 어른을 공경하는 것은 그 사람이 형에 가깝기 때문이다. 어린아이를 자애롭게 대하는 것은 그가 자식에 가깝기 때문이다. 그러므로 지극한 효도는 왕도王道에 가깝고, 지 극한 우애는 패도霸道에 가깝다. 지극한 효도가 왕도에 가까운 것 은 비록 천자라도 반드시 아버지가 있기 때문이며, 지극한 우애가 패도에 가까운 것은 비록 제후라도 반드시 형이 있기 때문이다. 선왕의 가르침을 이어받고 바꾸지 않는 것이 곧 천하와 국가를 이 끄는 방법이다.

先王之所以治天下者五. 貴有德, 貴貴, 貴老, 敬長, 慈幼. 此五

者, 先王之所以定天下也. 貴有德, 何爲也? 爲其近於道也. 貴貴,
爲其近於君也. 貴老, 爲其近於親也. 敬長, 爲其近於兄也. 慈幼,
爲其近於子也. 是故至孝近乎王, 至弟近乎霸. 至孝近乎王, 雖天
子, 必有父, 至弟近乎霸, 雖諸侯必有兄. 先王之敎, 因而弗改, 所
以領天下國家也.

集說 응씨應氏는 말한다. "인仁으로 부모를 섬기고 그 친애의 마음을 넓
혀서 그 지극함을 다하는 것은 왕자王者가 덕으로 인을 행하는 마음이다.
의義로 형을 섬기고 그 서열에 순종하면서 그 지극함을 다하는 것은 패자
霸者가 예禮로 의義를 밝히는 일이다. 효도와 우애(孝弟)의 근본이 한 집안에
서 확립되면 왕도와 패도의 공업功業이 천하에 두루 미친다. 비록 왕자와
패자의 탁월한 일을 다 하지 못하더라도 또한 거기에 가까울 것이다. 천자
는 지극히 존귀하여 안으로 비록 형제간에 화목을 다하더라도 족인들은 감
히 나이를 가지고 서열을 삼지 못한다. 그러므로 존귀한 대상은 오직 아버
지뿐이요, 제후에 이르러 단지 형이 더 있음을 말한 것이다. 도道는 혼연히
전체여서 자취가 없지만, 덕德은 순수하고 진실하여 정해진 방향이 있어,
대개 사람이 도를 행함으로써 자신에게서 획득된다. 그러므로 '가깝다'(近
之)고 말한 것이다." ○ 석량왕씨石梁王氏는 말한다. "왕자는 효도하고 패자
는 우애한다는 것은 공자의 말이 아니다." ○ 유씨劉氏는 말한다. "도는 이
일理一이지만, 덕은 분수分殊여서,[11] 덕을 지녔다고 해서 반드시 모두 도의
커다란 전체를 다할 수 있는 것은 아니다. 그러나 '덕을 지니면 또한 도와
의 거리가 멀지 않다'고 말한다. 이것이 덕이 도에 가까운 까닭이다." 應氏
曰: "仁以事親, 而廣其愛, 極其至, 則王者以德行仁之心也. 義以從兄而順其序, 極其至,
則霸者以禮明義之擧也. 孝弟之根本, 立乎一家, 王霸之功業, 周乎天下. 雖未能盡王霸之

能事, 而亦近之矣. 天子至尊, 內雖致睦於兄弟, 而族人不敢以長幼齒之. 故所尊者惟父, 而諸侯特言有兄. 道渾全無跡, 德純實有方, 蓋以人行道而有得於身也. 故曰'近之'矣." ○ 石梁王氏曰: "'王孝霸弟', 此非孔子之言." ○ 劉氏曰: "道之理一, 而德之分殊, 人之有德者, 未必皆能盡道之大全也. 然曰'有德則亦違道不遠矣'. 此德之所以近道也."

[權近] 살펴건대, 이 경문은 위 문장에서 효도(孝)에 대해 말한 것을 인해서 그것을 우애(弟)에까지 미루고 천하와 국가에까지 언급하여 효도의 공효가 이처럼 크다는 것을 보인 것이다. ○ 석량왕씨가 "왕자는 효도하고 패자는 우애한다는 것은 공자의 말이 아니다"라고 한 말은 옳다. 그러나 기록자의 말은 종종 공자에 가탁했지만, 이 장의 문장은 기록자 스스로 자기의 말이라고 하여 공자에 가탁하지 않았다. 그러므로 아래 장에서 '공자가 말하였다'라고 인용하여 그 뜻을 밝혔다. 그렇다면 이 왕자는 효도하고 패자는 우애한다는 말은 본래부터 공자의 말이라고 생각하지 않았던 것이다. 왕씨의 생각은 '자공이 묻기를' 이하부터 여기까지가 모두 공자에 가탁한 것이라고 여겼기 때문에, 이 장을 공자의 말이 아니라고 한 것이다. 공자가 자공의 질문에 답한 것이 '각기 마땅한 바가 있는 것이다'(제의 8)에서 끝나고, '효자가 제사지내려고 할 때' 이하부터 또 따로 단락을 바꾼 부분은 모두 기록자가 스스로 한 말일 뿐임을 전혀 모른 것이다. 만약 기록자가 이 장을 과연 자공의 질문에 연접하여 모두 공자의 말로 여겼다면, 아래 장(제의 15)의 문장에서 '친애의 마음을 세울 때' · '공경의 마음을 세울 때'를 인용할 때 굳이 다시 '공자가 말하였다'를 인용할 필요가 없다. 近案, 此因上文言孝而推之於弟以及天下國家, 以見孝之功用其大如此也. ○ 石梁王氏謂"'王孝霸弟, 此非孔子之言", 是矣. 然記者之言往往雖托於孔子, 而此章之文, 則記者自以爲其言, 而不敢托於孔子也. 故下文乃引'子曰'以明其意. 則是王孝霸弟者, 本非以爲孔子之言也. 王氏意謂自'子贛問'以下至此, 皆爲托於孔子者, 故以此爲非孔子之言. 殊不知孔子答子贛之問

者, 至'各有所當也'而止, 自'孝子將祭'以下, 又別更端, 皆是記者之自言爾. 若記者以此果
接子贛問, 皆以爲孔子之言, 則下文引'立愛'·'立敬', 又不必更加'子曰'也.

1-15[제의 15]

공자가 말하였다. "친애의 마음을 세울 때 부모로부터 시작하는 것
은 백성들에게 화목함을 가르치기 위한 것이다. 공경의 마음을 세
울 때 어른으로부터 시작하는 것은 백성에게 순종을 가르치기 위
한 것이다. 자애와 화목을 가르치면 백성이 부모가 있음을 귀하게
여기고, 어른 공경을 가르치면 백성이 명에 따르는 것을 귀하게 여
긴다. 효도로서 부모를 섬기고 순종하여 명을 들으면, 천하 어디에
시행하더라도 행해지지 않는 바가 없다."

子曰: "立愛自親始, 敎民睦也. 立敬自長始, 敎民順也. 敎以慈睦,
而民貴有親, 敎以敬長, 而民貴用命. 孝以事親, 順以聽命, 錯諸
天下, 無所不行."

集說 이 경문은 친애와 공경 두 도리가 집안을 가지런히 하고 나라를 다
스리고 천하를 태평하게 하는 근본이 됨을 말한 것이다. 군주가 스스로 그
부모를 친애하여 그로써 백성에게 화목함을 가르치면, 백성이 모두 부모
있는 것을 귀하게 여긴다. 군주가 스스로 어른을 공경하여 그로서 백성에
게 순종을 가르치면 백성은 모두 윗사람의 명에 따르는 것을 귀하게 여긴
다. 친애하고 공경함을 부모를 섬기고 어른을 섬기는 데에 다하면, 덕의
교화를 백성에게 가하는 것은 (자신이 하고 있는 친애하고 공경하는 것을)
들어서 시행하면 되는 것일 뿐이다. 此言愛敬二道爲齊家·治國·平天下之本.

君自愛其親, 以教民睦, 則民皆貴於有親. 君自敬其長, 以教民順, 則民皆貴於用上命. 愛敬盡於事親事長, 而德教加於百姓, 擧而措之而已.

權近 살펴건대, 이 장은 공자의 말을 이어서 위 장의 효도하고 우애함으로 천하와 국가를 이끄는 뜻을 밝혔다. ○ 이상 편 처음부터 이 장까지가 마땅히 하나의 절이 되어야 한다. 제사를 인해서 그 효를 지극히 말하였고, 또 효를 인해서 그 공용이 큼을 미루어 말해서 그 효과를 드러낸 것이다. 선왕이 천하를 다스리는 방법은 반드시 효에 근본하는데, 효 가운데 제사보다 중한 것이 없다. 그러므로 부모를 섬기는 제사에서 효를 다하면 신명에 통하고 사해에 빛나 천하가 다스려지지 않음이 없다. 近案, 此因孔子之言, 以明上章孝弟以領天下國家之意. ○ 右自篇首至此, 當爲一節. 蓋因祭而極言其孝, 又因孝而推言其功用之大, 以著其效也. 夫先王所以治天下之道, 必本於孝, 而孝莫重於祭. 故能盡孝於事親之祭, 則孝弟之至, 通于神明, 光于四海, 而天下無不治矣.

2.

교제郊祭를 지낼 때에는 상을 당한 자가 감히 곡을 하지 않고, 상복을 입은 자가 감히 도성 문에 들어가지 않는 것은 공경함이 극진한 것이다.

郊之祭也, 喪者不敢哭, 凶服者不敢入國門, 敬之至也.

集說 길례와 흉례는 도를 달리하므로 서로 간여할 수 없다. 吉凶異道, 不得相干.

權近 살피건대, 앞 장에서는 종묘의 제사를 말하였고, 이 이하에서는 또 교제郊祭를 말하였다. 近案, 前言宗廟之祭, 此下又言郊祭也.

제사지내는 날에, 군주가 희생을 끌고 가면 군주의 아들 항렬에 해당하는 사람이 군주와 짝을 이루어 함께 희생을 끌며, 경卿과 대부大夫는 차례로 뒤를 따른다. 종묘 문으로 들어가 희생을 돌기둥(碑)에 묶어두면, 경卿과 대부大夫는 단袒을 하고 소의 털을 취하는데, 귀의 털을 높이 여기고, 난도鸞刀로 소를 잡아 (그 피와) 발기름을 취한 후에 물러난다. 데친 고기와 날고기를 제기에 올려 바친 뒤에 물러난다. 공경함의 지극함이다.

祭之日, 君牽牲, 穆答君, 卿·大夫序從. 旣入廟門, 麗于碑, 卿·大夫袒, 而毛牛尙耳, 鸞刀以刲, 取膟膋, 乃退. 燗祭祭腥, 而退. 敬之至也.

集說 '제사지내는 날'이란 종묘에 제사지내는 날을 가리킨다. 아버지가 소소昭이고 아들이 목穆이다. '목穆이 군주에 답한다'(穆答君)는 것은 군주가 희생을 끌고 갈 때, 아들의 항렬에 해당하는 사람이 군주와 짝을 이루어 함께 끄는 것을 가리킨다. 경卿과 대부大夫는 곁에서 폐백을 들어 돕고 사士는 꼴을 받들면서 차례로 희생의 뒤를 따른다. 그러므로 '차례로 뒤를 따른다'라고 말한 것이다. 희생을 묶어 두는 기둥은 종묘의 중앙 뜰에 있다. '리麗'는 묶어둔다는 뜻과 같다. 희생을 끄는 줄을 기둥의 구멍에 묶어두는 것을 말한다. '단袒을 하는 것'(袒衣)12)은 해야 할 일이 있음을 보이는 것이다. 희생을 잡을 때 먼저 귀 곁의 털을 취하여 신에게 바친다. 털은 온전함을 고하고 귀는 듣는 것을 주관하는데, 신이 들어주기를 바라는 것이다. 귀의 털을 높게 여기기 때문에 '귀를 숭상한다'라고 한 것이다. '난도鸞刀'와 '발기름'(膟膋)은 모두 앞 편에 설명이 보인다.13) '이에 물러난다'(乃退)는 것은 털과 피와 기름을 바치는 예가 끝난 뒤 잠시 물러나는 것을 가리킨다. '섬제燗祭'는 탕 속에서 데친 고기를 제물로 올리는 것이다. '제성祭腥'은 날고기를 제물로 올리는 것이다. 데친 고기(燗)14)와 날고기를 제물로 올리는 의식이 끝나면 예가 끝나서 물러난다. 이는 모두 공경하는 마음이 지극한 것이다. '祭之日', 謂祭宗廟之日也. 父爲昭, 子爲穆. '穆答君', 言君牽牲之時, 子姓對君共牽也. 卿·大夫佐幣, 士奉芻, 以次序在牲之後. 故云'序從'也. 麗牲之碑, 在廟之中庭. '麗', 猶繫也. 謂以牽牲之紖, 繫于碑之孔也. '袒衣', 示有事也. 將殺牲, 則先取耳旁毛, 以薦神. 毛以告全, 耳以主聽, 欲神聽之也. 以耳毛爲上, 故云'尙耳'也. '鸞刀''膟膋', 並

見前篇. '乃退', 謂薦毛·血·腥爓畢, 而暫退也. '爓祭', 祭湯中所爓之肉也. '祭腥', 祭生肉也. 爓腥之祭畢, 則禮終而退矣, 此皆敬心之極至也.

權近 살피건대, 이 장은 종묘의 문에 들어가는 예를 말하였다. 그러므로 진호는 종묘의 제사라고 하였다. 그러나 교제를 기록한 후에, 대체로 교제를 이어서 아울러 언급한 것은 그 예가 같음을 보여준 것이다. 또 경과 대부가 군주를 따른다고 말하였지만 명부命婦와 부인에 대해서는 말하지 않았다. 그렇다면 이는 교제에 대해 말한 것이고 전적으로 종묘에 대해서만 말한 것이 아님을 알 수 있다. 近案, 此章言入廟門. 故陳氏以爲宗廟之祭. 然記郊祭之後, 蓋因郊而幷及之, 以見其禮之同. 且言卿大夫從君, 而不言命婦及夫人. 則其爲郊言而非專爲宗廟言者, 可見矣.

2-3[제의 18]

교제郊祭는 크게 하늘에 보답하는 것으로, 해(日)를 주신主神으로 삼고 달(月)을 배향한다. 하후씨夏后氏는 저녁에 제사지냈고, 은나라는 낮에 제사지냈다. 주나라에서 제사지내는 날은 아침부터 해가 떨어지려고 할 때까지 제사의 일이 있었다.[15]

郊之祭, 大報天, 而主日, 配以月. 夏后氏祭其闇, 殷人祭其陽. 周人祭日, 以朝及闇.

集說 도의 큰 근원은 하늘에서 나오는데, (하늘에 걸려 있는) 상象 가운데 두드러지고 밝은 것은 해와 달보다 더 큰 것이 없다. 그러므로 교제郊祭를 지내 하늘에 보답할 때 해를 주신主神으로 하니 예를 제정한 뜻이 깊고 원대한 것이다. ○ 방씨方氏는 말한다. "교제는 비록 그것으로 하늘에 보답

하는 것이지만, 하늘은 존귀하여 보이는 일로 함이 없다. 그 도로써 제사지 낼 수는 있지만, 그 일에 주인 노릇하게 할 수는 없다. 그러므로 단지 해로써 주인이 되게 하는 것이다. 비유하자면 왕이 연례燕禮를 행하여 술을 마실 때, 대부로 하여금 주관하게 하고, 왕이 딸을 시집보낼 때 제후로 하여금 혼사를 주관하게 하는 것과 마찬가지다. 제사가 있으면 반드시 배향하는 것이 있다. 그러므로 또 달로써 배향한다. 사社에 제사지내면 구룡勾龍으로 배향하고, 직稷에게 제사지내면 주나라의 기棄로 배향하는 것과 마찬가지다. '암闇'은 해가 이미 져서 어두워진 것을 뜻한다. 하夏나라는 흑색을 숭상하였으므로 '저녁에 제사지냈다.' '양陽'은 해가 바야흐로 한가운데 떠서 밝은 것을 뜻한다. 은殷나라는 백색을 숭상하였으므로 '낮에 제사지냈다.' 해가 처음 떠오르면 붉고, 해가 지려고 할 때 역시 붉다. 주나라는 붉은색(赤)을 숭상하였으므로 '아침부터 해가 떨어지려고 할 때까지 제사의 일이 있었다.' '급及'은 아직 어두워지지 않고 해가 막 떨어지려고 할 때이다. '제일祭日'은 제사지내는 날을 뜻한다." 道之大原, 出於天, 而懸象著明, 莫大乎日月. 故郊以報天而日以主神, 制禮之意, 深遠矣. ○ 方氏曰: "郊雖以報天, 然天則尊而無爲. 可祀之以其道, 不可主之以其事. 故止以日爲之主焉. 猶之王[16]燕飮則主之以大夫, 王[17]嫁女則主之以諸侯而已. 有其祀, 必有其配. 故又配以月也. 猶祭社則配以勾龍, 祭稷則配以周棄焉. '闇'者, 日旣沒而黑. 夏尙黑, 故'祭其闇'. '陽'者, 日方中而白. 殷尙白, 故'祭其陽'也. 日初出而赤, 將落亦赤. 周尙赤, 故祭'以朝及闇.' '及'者, 未至於闇, 蓋日將落時也. '祭日', 謂祭之日也."

해에 제사지낼 때는 단壇에서 하고 달에 제사지낼 때는 감坎에서

하여, 어두움과 밝음을 구별하고 위와 아래를 제정한다. 해에 제사 지낼 때는 동쪽에서 하고 달에 제사지낼 때는 서쪽에서 하여, 안과 밖을 구별하고 그 지위를 바르게 한다. 해는 동쪽에서 떠오르고 달은 서쪽에서 생겨난다. 밤과 낮의 길이가 한 번 길어지고 한 번 짧아지는 것이 끝나면 다시 시작하여 서로 순행巡行하니 그로써 천 하의 조화를 이룬다.

祭日於壇, 祭月於坎, 以別幽明, 以制上下. 祭日於東, 祭月於西, 以別外內, 以端其位. 日出於東, 月生於西. 陰陽長短, 終始相巡, 以致天下之和.

集說 '끝나면 다시 시작하여 서로 순행한다'는 것은 단지 끝과 시작이 왕 래하여 두루 돌아서 그치지 않는다는 뜻으로, 반드시 따라간다(沿)는 뜻으 로 읽을 필요는 없다. ○ 방씨方氏(방각方慤)는 말한다. "단壇의 형태는 둥글 어서 이지러지는 바가 없다. 해가 이지러지는 바가 없이 가득 찬 것을 상 징하기 위한 것이다. 감坎의 형태는 텅 비어서 받는 바가 있다. 달이 받는 바가 있어서 밝음을 상징하기 위한 것이다. 단은 높고 드러나며 감은 깊고 감춘다. 한 번 드러나고 한 번 감추는 것은 음과 양의 어둡고 밝음을 구별 하기 위한 것이다. 한 번 높고 한 번 깊은 것은 음과 양의 높고 낮음을 제정하기 위한 것이다. 동쪽에서 움직이며 나오고, 서쪽에서 고요해지면서 들어간다. 나오면 밖에 있고, 들어가면 안으로 되돌아간다. 그러므로 동쪽 과 서쪽은 음과 양의 밖과 안을 구별하는 것이다. 동쪽은 양의 중앙이 되 고, 서쪽은 음의 중앙이 된다. 중앙이 되면 자리를 얻는다. 그러므로 동쪽 과 서쪽은 음과 양의 자리를 바르게 하는 것이다. 어두움과 밝음의 도를 구별한 연후에 상과 하의 분수를 제정할 수 있고, 안과 밖의 자리를 구별한

연후에 음과 양의 위치를 바르게 할 수 있다. 말의 순서는 이와 같은 것이다. 또 단壇과 감坎은 사람이 만든 형태이고, 동과 서는 본래부터 그러한 방위다. 사람이 만든 것에서 나왔기 때문에 '제정한다'(制)고 말하였고, 본래부터 그러한 데에서 나왔기 때문에 '그 자리를 바르게 한다'고 말했을 뿐이다. '해는 동쪽에서 떠오른다'는 것은 그 상象이 하늘과 땅의 동쪽에서 나온다는 뜻이다. '달은 서쪽에서 생겨난다'는 것은 그 밝음이 윤곽輪廓의 서쪽에서 생겨난다는 뜻이다. 이는 해와 달을 동쪽과 서쪽에서 제사지낸다는 뜻을 다시 밝힌 것이다. 해는 '동쪽에서 떠오른다'고 말하였음으로 서쪽으로 들어간다는 것을 알 수 있다. 『서書』 「요전堯典」에 동쪽에 대해서는 '떠오르는 해를 공손히 인도한다'(寅賓出日)고 하고, 서쪽에 대해서는 '지는 해를 공손히 전송한다'(寅餞納日)고 한 것은 이 때문이다. 달은 '서쪽에서 생겨난다'고 말하였으므로, 동쪽에서 이지러지는 것을 알 수 있다. 양웅揚雄이 '보름 이전에는 서쪽에서 달빛(魄)이 나오기 시작하고, 보름이 지나면 동쪽에서 달빛이 다한다'[18]고 한 것은 이 때문이다. 해의 출입은 아침과 저녁, 낮과 밤을 지나 하루를 이룬다. 달이 생겨나 이지러지는 것은 그믐과 초하루 반달과 보름달을 거쳐 한 달을 이룬다. 해가 가면 달이 오고, 달이 가면 해가 와서 음과 양의 의리가 짝한다. 양의 도는 항상 풍요로운 것이고, 음의 도는 항상 결핍되어 있는 것이다. 그러므로 운행하여 기氣가 되고, 품부되어 형체가 된다. 무릇 양에 속하는 것은 모두 길고, 음에 속하는 것은 모두 짧다. 한 번 길어지고 한 번 짧아지는 것은 마치면 시작이 있어 서로 순행하여서 끊어진 적이 없다. 그러므로 천하의 조화를 이루기에 충분한 것은 음양이 서로 구제해주는 결과이다. 단지 음만 있고 양이 없거나 양만 있고 음이 없다면 이는 똑같은 것이 될 뿐이니 또 어떻게 조화를 이루겠는가?" '終始相巡', 止是終始往來周回不息之義, 不必讀爲'沿'也. ○ 方氏曰: "壇之形, 則圓而無所虧. 以象日之無所虧而盈也. 坎之形, 則虛而有所受. 以象月之有所受而

明也. 壇高而顯, 坎深而隱. 一顯一隱, 所以別陰陽之幽明. 一高一深, 所以制陰陽之上下. 東動而出, 西靜而入. 出則在外, 入則反內. 故東西所以別陰陽之外內. 東爲陽中, 西爲陰中. 中則得位. 故東西所以端陰陽之位. 別幽明之道, 然後能制上下之分, 別外內之所, 然後能端陰陽之位. 言之序, 所以如此. 且壇·坎者, 人爲之形, 東·西者, 天然之方. 出於人爲, 故言'制', 出於天然也, 故言'以端其位'而已. '日出於東', 言其象出於天地之東也. '月生於西', 言其明生於輪郭之西也. 此又復明祭日月於東西之意也. 日言'出於東'則知爲入於西. 「堯典」於東曰'寅賓出日', 於西曰'寅餞納日''者, 以此. 月言'生於西', 則知爲死於東. 揚雄言, '未望則載魄于西, 旣望則終魄于東'者, 以此. 日之出入也, 歷朝夕晝夜而成一日. 月之死生也, 歷晦朔弦望而成一月. 日往則月來, 月往則日來, 而陰陽之義配焉. 陽道常饒, 陰道常乏. 故運而爲氣, 賦而爲形. 凡屬乎陽者皆長, 屬乎陰者皆短. 一長一短, 終則有始, 相巡而未嘗相絶. 故足以致天下之和者, 陰陽相濟之效也. 獨陰而無陽, 獨陽而無陰, 是同而已, 又何以致和乎?'

權近 살피건대, 하늘에 교제를 지내는 것에 인해서 아울러 해와 달의 제사를 언급한 것이다. '해를 주신으로 삼고 달을 배향한다'는 말은 교에서 함께 제사지내는 것이다. 단단과 감감에서 제사지내는 것은 별도로 해와 달을 위해 제사를 달리 하는 것이다. 교에서 함께 제사지내더라도, 그 위치는 또한 해를 동쪽에, 달을 서쪽에 둔다. 「제법」을 통해서 보면, 하늘에 제사지내는 것과 해와 달을 제사지내는 것은 각기 그 장소가 있다. 그러므로 교에서 해를 주신으로 삼고 달을 배향하여 제사지내는 것은 하늘 제사의 종사從祀(부속시켜 지내는 제사)이지 전적으로 해와 달에 제사지내는 것이 아니요, 단과 감에서 제사지내는 것은 전적으로 해와 달을 위주로 하여 각각 그 장소에서 제사지내는 것임을 알 수 있다. 近案, 已因郊天而幷及日月之祭. 蓋主日, 配以月'者, 於郊同祭也. 祭於壇坎者, 別爲日月而異祭也. 雖於郊同祭, 其位則亦日東而月西. 以「祭法」觀之, 祭天·祭日月, 各有其所. 故知郊之主日配以月者, 是爲

祭天之從祀, 而非專爲日月祭也, 於壇於坎, 是專主日月, 而各祭於其所也.

2-5[제의 20]

천하의 예는 처음으로 되돌아가는 데에 지극함을 다하고, 귀신의
일에 지극함을 다하고, 화목和睦과 재용財用에 지극함을 다하고, 의
義에 지극함을 다하고, 겸양(讓)에 지극함을 다하는 것이다. 처음으
로 되돌아가는 것에 지극함을 다함으로써 근본을 돈후하게 한다.
귀신에 지극함을 다함으로써 윗사람을 존귀하게 높인다. 사물의
재용에 지극함을 다함으로써 백성의 기강을 세운다. 의義에 지극함
을 다하면 윗사람과 아랫사람이 어긋나지 않는다. 겸양에 지극함
을 다함으로써 쟁란을 제거한다. 이 다섯 가지를 합하여 천하의
예를 다스린다면, 비록 기이하고 사악한 행동을 하여 다스려지지
않는 이가 있더라도 적게 있을 것이다.

天下之禮, 致反始也, 致鬼神也, 致和用也, 致義也, 致讓也. 致反
始, 以厚其本也. 致鬼神, 以尊上也. 致物用, 以立民紀也. 致義,
則上下不悖逆矣. 致讓, 以去爭也. 合此五者, 以治天下之禮也,
雖有奇邪而不治者, 則微矣.

集說 소疏에서 말한다. "'화和'는 백성이 조화를 이루는 것을 뜻하고, '용
用'은 재용財用이 풍족한 것을 뜻한다. '사물의 재용에 지극함을 다함으로써
백성의 기강을 세운다'는 것은 백성들에게 재화가 풍부하면 영광과 욕됨
그리고 예절을 알기 때문에 백성의 기강을 확립할 수 있다는 뜻이다. '기奇'
는 기이함을 말하고, '사邪'는 사악함을 말하는 것으로 모두 행동을 기이하

게 하는 사람을 가지고 말한 것이다. 이 다섯 가지 일로 다스리면 설령 이상한 행동으로 다스림에 따르지 않는 사람이 있더라도 또한 마땅히 적다는 뜻이다." ○ 응씨應氏는 말한다. "'치致'는 미루어서 그 지극함을 다한다는 뜻이다. '처음으로 되돌아가는 것에 지극함을 다한다'는 것은 근본에 보답하는 내 마음의 정성을 다하는 것이 된다. '귀신의 일에 지극함을 다하는 것'은 귀신의 존엄한 이치를 극진히 하는 것이 된다." 疏曰: "'和', 謂百姓和諧, '用', 謂財用豐足. '致物用, 以立民紀'者, 民豐於物用, 則知榮辱禮節, 故可以立人紀也. '奇', 謂奇異, '邪', 謂邪惡, 皆據異行之人言. 用此五事爲治, 假令有異行不從治者, 亦當少也." ○ 應氏曰: "'致'者, 推致其極也. '致反始', 所以極吾心報本之誠. '致鬼神', 所以極鬼神尊嚴之理."

權近 살피건대, 만물은 하늘에 근본하고 사람은 조상에 근본한다. 그러므로 제사를 지내 근본에 보답하는 것은 '처음으로 되돌아가는 것에 지극함을 다하기' 위해서다. 조상에 제사지내고 나서 또 천지에 제사지내고, 아래로 여러 작은 제사에까지 미친다. 무릇 백성에게 공이 있는 존재에 대해서는 제사지내지 않음이 없으니, '귀신에 지극함을 다하기' 위해서다. 성왕이 제사를 제정할 때 백성을 이루어 주는 것을 우선하고 그런 뒤에 귀신에게 힘을 다하였다. 물과 대지 어디든 온화한 기운이 산출하는 것에 제사를 지내지 않음이 없다. '화목과 재용에 지극함을 다하기' 위해서다. '의에 지극함을 다하여' 그 도를 나타내고, '겸양에 지극함을 다하여' 그 공경을 다하는 것 등도 성인이 천하를 다스리는 예가 이 다섯 가지에서 벗어나지 않을 뿐이기 때문이다. ○ 이상 '교제를 지낼 때'부터 이 장까지 마땅히 하나의 절이 되어야 한다. 교제를 인해서 미루어 제사가 천하를 다스리기 위한 예임을 말하여 그 용도를 드러낸 것이다. 近案, 萬物本乎天, 人本乎祖. 故祭以報本, 所以'致反始'也. 旣祭其祖考, 又祭乎天地, 下及羣小祀. 凡有功於生民者, 靡所不祭,

所以'致鬼神'也. 聖王之制祭祀, 先成民而後致力於神. 水陸和氣之産, 靡所不薦. 所以'致和用'也. 若夫'致義'之所以盡其道, '致讓'之所以盡其敬, 聖人所以治天下之禮, 不出乎此五者而已. ○ 右自'郊之祭也'至此, 當爲一節. 蓋因郊祭而推言祭祀所以治天下之禮, 以著其用也.

3.

재아宰我가 말하였다. "저는 귀신이라는 이름은 들었지만, 그것이 무슨 의미인지는 모르겠습니다." 공자가 말하였다. "기氣란 신神이 왕성한 것이고, 백魄이란 귀鬼가 왕성한 것이다. 귀와 신을 합해 제사지내는 것은 가르침의 지극함이다."

宰我曰: "吾聞鬼神之名, 不知其所謂." 子曰: "氣也者, 神之盛也, 魄也者, 鬼之盛也. 合鬼與神, 敎之至也."

集說 정자程子는 말한다. "귀신은 천지의 작용이요, 조화造化의 자취이다." ○ 장자張子는 말한다. "귀신은 음과 양 두 기의 본래적인 속성(良能)이다." ○ 주자朱子는 말한다. "음과 양 두 기로서 말하면 귀신의 귀鬼는 음기의 영활한 부분이요, 신神은 양기의 영활한 부분이다. 동일한 기로서 말하면 이르러서 펼치는 것이 신神이 되고, 돌이켜서 되돌아가는 것이 귀鬼가 되는데 실제로는 같은 것이다."[19] ○ 진씨陳氏(진순陳淳)는 말한다. "예를 들면 입과 코로 호흡하는 것이 기氣이다. 그 영험한 것이 곧 혼魂에 속한다. 보고 듣는 것은 체體이다. 그 (보고 들음이) 밝은 것이 곧 백魄에 속한다."[20] ○ 방씨方氏는 말한다. "혼魂과 기氣는 하늘로 돌아가고, 형形과 백魄은 땅으로 돌아간다. 그러므로 반드시 귀와 신을 합한 뒤에 가르침의 지극함이 될 수 있다. 「중용」에 '천하의 사람으로 하여금 마음을 깨끗이 하고 옷을 성대하게 하여 제사를 받들게 한다'[21]고 하였다. 이것은 모두 가르침의 지극함이다." 程子曰: "鬼神, 天地之功用, 而造化之迹也." ○ 張子曰: "鬼神者, 二氣之良能也." ○ 朱子曰: "以二氣言, 則鬼者陰之靈也, 神者陽之靈也. 以一氣言, 則至而伸者

爲神, 反而歸者爲鬼, 其實一物而已." ○ 陳氏曰: "如口鼻呼吸, 是氣. 那靈處, 便屬魂. 視聽是體. 那聰明處, 便屬魄." ○ 方氏曰: "魂氣, 歸于天, 形魄, 歸于地. 故必合鬼與神, 然後足以爲敎之至. 「中庸」曰: '使天下之人, 齊明盛服, 以承祭祀.' 此皆敎之至也."

權近 살피건대, 앞에서는 이미 제사의 일을 말하였고, 이 장에서는 이어서 귀신의 설을 덧붙였다. 近案, 前旣言祭祀之事, 而此因附鬼神之說也.

3-2 [제의 22]

(공자가 말하였다.) "뭇 생명은 반드시 죽고, 죽으면 반드시 흙으로 돌아간다. 이를 귀鬼라고 한다. 뼈와 육신은 아래에 쓰러지고, (땅속에서) 가려져 들의 흙이 된다. 그 기는 위로 발양하여 밝게 빛나고, 피어오르며 오싹하게 처연하다. 이것은 온갖 사물의 정精이요, 신神이 드러난 것이다."

"衆生必死, 死必歸土. 此之謂鬼. 骨肉斃于下, 陰爲野土. 其氣發揚于上, 爲昭明, 焄蒿悽愴. 此百物之精也, 神之著也."

集說 주자朱子는 "귀신의 이슬방울처럼 빛나는 것이 '소명昭明'(밝게 빛남)이고, 그 기가 위로 올라가는 것이 '훈호焄蒿'(피어오름)이고, 사람으로 하여금 정신이 송연悚然하게 만드는 것이 '처창悽愴(오싹하게 처연함)이다'라고 하였고, 또 "소명昭明은 빛이 나는 것이고, 훈호焄蒿는 피어오르는 것이고, 처창悽愴은 오싹해지는 것이다"22)라고 하였고, 또 "소명은 햇살 따위이고, 훈호는 기가 사람에게 감촉되는 것이고, 처창은 『한서』에서 말한 '신군神君이 이르자, 그 바람이 홀연 쓸쓸하였다'는 뜻이다'라고 하였고, 또 "훈호는 귀신의 정기가 교감하는 것이다"23)라고 하였다. 朱子曰: "如鬼神之露光處是'昭

明', 其氣蒸上處是'焄蒿', 使人精神悚然是'悽愴'", 又曰: "昭明是光耀底, 焄蒿是衮然底, 悽愴是凜然底", 又曰: "昭明乃光景之屬, 焄蒿氣之感觸人者, 悽愴, 如『漢書』所謂神君 至, 其風肅然之意", 又曰: "焄蒿是鬼神精氣交感處."

3-3[제의 23]

(공자가 말하였다.) "사물의 정을 인해서 준칙을 제정하고 분명하 게 귀신이라 명명하여 백성의 법칙으로 삼으면 백성이 두려워하고 만민이 복종한다."

"因物之精, 制爲之極, 明命鬼神, 以爲黔首則, 百衆以畏, 萬民 以服."

集說 그 가릴 수 없는 정령精靈을 따라 존귀하고 지극한 칭호를 제정하 고, 뚜렷하게 '귀신'이라고 이름하여 천하의 법칙으로 삼은 것이다. 그러므 로 백성이 두려워할 바를 알고 감히 오만하지 않으며, 복종할 바를 알고 감히 어기지 않는다. ○ 방씨方氏(방각方慤)는 말한다. "'극極'이라는 글자는 지극하다(至)는 뜻이다. '귀신鬼神'이라고 이름하였으니 존경하는 것의 지극 함이 이에 더할 것이 없다. 이것이 제정하여 그것의 준칙으로 삼은 까닭이 다. 또 귀신은 본래 이름이 없다. 그 이름은 사람이 명명한 것일 뿐이다. 귀신은 지극히 그윽하여 헤아릴 수가 없어, 이름으로 명명하면 분명해져 헤아릴 수 있다. 그러한 뒤에 사람이 그것을 준칙으로 삼는다. 그러므로 '백성의 법칙으로 삼는다'고 한 것이다. 이것이 가르침의 지극함이 되는 까 닭이다." ○ 풍씨馮氏는 말한다. "진나라에서는 백성을 검수黔首라고 불렀 다. 공자 때에는 아직 그렇게 부르지 않았으니, 분명 이는 후세 유자들이

끼워 넣은 것이다." 因其精靈之不可掩者, 制爲尊極之稱, 而顯然命之曰'鬼神', 以爲天下之法則. 故民知所畏, 而無敢慢, 知所服而無敢違. ○ 方氏曰: "極'之爲言, 至也. 名曰'鬼神', 則尊敬之至, 不可以復加. 是其所以制爲之極也. 且鬼神本無名也. 其名則人命之爾. 鬼神至幽, 不可測也, 命之以名, 則明而可測矣. 然後人得而則之. 故曰'以爲黔首則'. 是乃所以爲敎之至也." ○ 馮氏曰: "秦稱民爲黔首. 夫子時未然也, 顯是後儒竄入."

權近 살피건대, 이 장은 귀신의 실정과 모습이 사람들이 두려워할 만한 것임을 말하였다. 近案, 此言鬼神之情狀爲人之所可畏.

3-4[제의 24]

(공자가 말하였다.) "성인은 이것으로 아직 충분하지 않다고 여기고, 궁실을 쌓고 종묘를 설치하여 친한 이와 소원한 이, 먼 사람과 가까운 사람을 구별하였으며, 그로써 백성에게 옛날을 되돌아보고 시원을 되돌아보는 것(反古復始)[24]을 가르쳐 자신이 말미암아 태어난 바를 잊지 않게 하였다. 백성이 복종하는 것은 이로부터 말미암는다. 그러므로 가르침을 따르는 것이 또한 빠르다."

"聖人以是爲未足也, 築爲宮室, 設爲宗祧, 以別親疏遠邇, 敎民反古復始, 不忘其所由生也. 衆之服自此. 故聽且速也."

集說 성인이 종묘제사의 예를 제정하여 백성을 가르쳤기 때문에 백성들이 이로 말미암아 복종하여, 명령에 따르는 것이 빠름을 말한 것이다. 言聖人制宗廟祭祀之禮, 以敎民, 故衆民由此服從, 而聽之速也.

權近 살피건대, 이 장 이하는 또 성인이 귀신이 두려워할 만한 것임으로

인해서 종묘제사의 예를 제정하였음을 말하였다. 近案, 此下又言聖人因鬼神之可畏, 而制爲宗廟祭祀之禮.

3-5[제의 25]

(공자가 말하였다.) "두 가지 기氣와 백魄이 이미 확립되면, 두 가지 예로 보답한다. 조천朝踐의 일을 행하여 진설하고 발기름을 태워 향기가 피어오르게 하고 쑥의 연기로 섞으니, 그로써 기氣에 보답하는 것이다. 이는 백성들에게 시원을 되돌아보는 것(反始)을 가르치는 것이다. 서직黍稷을 올리고 간·폐·머리·심장을 바치면서 두 동이 예주醴酒를 함께 포함하여 올리고 (제사 처음에) 울창주를 땅에 부으니, 그로써 백魄에 보답하는 것이다. 백성에게 서로 친애하는 것을 가르쳐 윗사람과 아랫사람이 정을 나누게 하니 예의 지극함이다."

"二端旣立, 報以二禮. 建設朝事, 燔燎羶薌, 見以蕭光, 以報氣也. 此敎衆反始也. 薦黍稷, 羞肝·肺·首·心, 見間以俠甒, 加以鬱鬯, 以報魄也. 敎民相愛, 上下用情, 禮之至也."

集說 '두 가지'(二端)는 "기氣는 신神이 왕성한 것이고, 백魄은 귀鬼가 왕성한 것"[25]을 가리킨다. '두 가지 예'(二禮)는 조천朝踐의 예와 궤사饋食의 예를 가리킨다. '조사朝事'는 제사지내는 날 이른 아침에 시행하는 일을 가리킨다. '번료전향燔燎羶薌'은 희생의 발기름을 취하여 화롯불에 태워서 누린내 나는 기운을 위로 피어오르게 하는 것을 말한다. '견見'은 '간靦'으로 읽는데, 섞는다(雜)는 뜻이다. 쑥을 발기름에 섞어서 태우기 때문에 '쑥의 연기

로 섞는다'(燔以蕭光)고 한 것이다. '빛'(光)이란 연기가 피어오를 때 비추는 광채가 있는 것을 가리킨다. 이는 '기氣에 보답하는' 예이다. "백성에게 옛날을 되돌아보고 시원을 되돌아보는 것을 가르치는"[26] 것이다. 궤사饋食의 예를 행할 때에 이르면, 서직을 올리고, 간肝, 폐肺, 머리(首)·심장(心) 등 네 가지 음식을 바친다. '견見'은 곧 '간覵' 자인데, 글자가 잘못하여 나뉜 것이다. '협무侠甒'는 두 술동이다. 올리고 바칠 때(薦與羞)에는 두 동이의 예주醴酒를 함께 포함하여 올린다. 그러므로 '두 동이 예주를 함께 포함하여 올린다'라고 한 것이다. '울창주를 땅에 붓는다'는 것은 백魄은 내려가 땅에 있으므로, 울창주로 땅에 뿌리는 것이다. 본래 제사 처음에 행하는데, 올리고 바치는 예(薦羞) 다음에 말한 것은 서직을 올리고 여러 익힌 음식을 바치는 두 가지만 백에 보답하는 것일 뿐 아니라, 처음 울창주를 더하는 것도 백에 보답하는 것임을 말한다. 이는 백에 보답하는 예로 백성에게 서로 친애하는 것을 가르치는 것임을 말한 것이다. '윗사람과 아랫사람이 정을 나눈다'(上下用情)는 것은 익힌 궤사饋食의 예를 행할 때 술을 주고받는 것을 예로 삼아서 제사의 술과 음식이 두루 상하에 미쳐 정의情義에 간격이 없는 것을 말한다. 그러므로 예의 지극함이 되는 것이다. '二端, 謂氣者神之盛, 魄者鬼之盛也.' '二禮', 謂朝踐之禮與饋熟之禮也. '朝事', 謂祭之日早朝所行之事也. '燔燎羶薌', 謂取膟膋燎於爐炭, 使羶薌之氣上騰也. '見', 讀爲覵, 雜也. 以蕭蒿雜膟膋而燒之, 故曰'覵以蕭光'. '光'者, 煙上則有照映之光采也. 此是'報氣'之禮. 所以'敎民反古復始'也. 至饋熟之時, 則以黍稷爲薦, 而羞進肝·肺·首·心四者之饌焉. '見'間卽'覵', 字誤分也. '侠甒', 兩甒也. 當此薦與羞, 而雜以兩甒醴酒. 故曰'覵以侠甒'也. '加以鬱鬯'者, 魄降在地, 用鬱鬯之酒以灌地. 本在祭初, 而言於薦羞之下者, 謂非獨薦羞二者爲報魄, 初加鬱鬯, 亦是報魄也. 此言報魄之禮, 敎民相愛. '上下用情'者, 饋熟之時, 以酬酢爲禮, 祭之酒食, 徧及上下, 情義無間. 所以爲禮之極至也.

權近 살피건대, 이 장은 또 신에게 제사지내는 일을 이어서 백성을 가르치는 예가 있음을 말한 것이다. 近案, 此又言因祭神而有敎民之禮也.

3-6[제의 26]

(공자가 말하였다.) "군자는 옛날을 되돌아보고 시원을 되돌아보면서(反古復始) 자신이 말미암아 태어난 바를 잊지 않는다. 그러므로 그 공경함을 다하고 그 정情을 일으키고, 힘을 다해 종사하여 그 부모에게 보답함에 감히 다하지 않는 바가 없다. 그러므로 옛날에 천자는 천무千畝의 적전籍田을 경작하여 면복冕服을 입고 관에는 붉은색 끈을 달고 몸소 쟁기를 잡았으며, 제후는 백무의 적전을 경작하여 면복을 입고 관에 청색 끈을 달고 몸소 쟁기를 잡았다. 이렇게 하여 천지와 산천과 사직社稷과 선조에게 제사드릴 때, 신에게 바치는 술과 음료(醴)와 자성粢盛(제사음식)을 이 적전에서 취하였다. 공경함이 지극한 것이다."

"君子反古復始, 不忘其所由生也. 是以致其敬, 發其情, 竭力從事, 以報其親, 不敢弗盡也. 是故昔者天子爲藉千畝, 冕而朱紘, 躬秉耒, 諸侯爲藉百畝, 冕而靑紘, 躬秉耒. 以事天地·山川·社稷·先古, 以爲醴酪齊盛於是乎取之. 敬之至也."

集說 '적적籍'은 적전藉田이다. '굉紘'은 면류관에 매다는 것으로 견고하게 하기 위한 것이다. '선고先古'는 선조先祖이다. '여기에서 취한다'(於是乎取之)는 것은 모두 이 적전에서 취한다는 뜻이다. '藉', 藉田也. '紘', 冠冕之繫, 所以爲固也. '先古', 先祖也. '於是乎取之', 言皆於此藉田中取之也.

살피건대, 이 장 이하는 신에게 제사지내는 일을 이어서, 천자와 제후가 적전을 갈고 누에는 치는 예가 있어 제사의 비용에 공급함을 말하였다. 近案, 此下言因祭神而有天子·諸侯耕蠶之禮, 以供祭祀之用.

3-7 [제의 27]

(공자가 말하였다.) "옛날에 천자와 제후에게는 반드시 가축을 기르는 관직이 있었다. 세시歲時가 되면 천자와 제후는 재계하고 목욕하여 몸소 희생을 살펴보았다. 희犧와 전牷 등 희생으로 제사지낼 때에는 반드시 여기에서 취하였다. 공경함이 지극한 것이다. 군주는 소를 불러 받아들여서 살펴보고, 그 털을 뽑아 점을 쳐서 길함을 얻고, (3개월을 정결하게 씻긴) 뒤에 길렀다. 군주는 피변복皮弁服에 흰색 치마를 입고, 매달 초하루와 보름에 희생을 순시하였다. 이는 선조의 제사를 위해 힘을 다하는 것으로, 효가 지극한 것이다."

"古者天子·諸侯必有養獸之官.　及歲時,　齊戒沐浴而躬朝之. 犧·牷祭牲, 必於是取之. 敬之至也. 君召牛, 納而視之, 擇其毛而卜之, 吉, 然後養之. 君皮弁素積, 朔月·月半君巡牲. 所以致力, 孝之至也."

集說
색이 순수한 것을 '희犧'라고 하고 몸체가 완전한 것을 '전牷'이라고 한다. 소와 양과 돼지를 '생牲'이라고 한다. 『주례』에 따르면, 목인牧人은 여섯 희생 기르는 일을 관장하는데, 소·말·양·돼지·개·닭이다. '그러한 뒤에 길렀다'는 것은 3달을 씻긴 뒤에 기른다는 뜻이다. '피변복에 흰색 치마를 입는다'27)는 것은 그 설명이 앞에 나온다. 色純曰'犧', 體完曰'牷'. 牛·羊·豕曰'牲'. 『周禮』牧人掌牧六牲, 牛·馬·羊·豕·犬·雞也. '然後養之', 謂在滌三月也. '皮弁素積', 見前.

權近 살펴건대, 이 장은 위에서 제사음식을 말한 것을 이어서 아울러 희생에까지 언급하였다. 近案, 此因上言齊盛而并及犧牲.

3-8[제의 28]

(공자가 말하였다.) "옛날에 천자와 제후에게는 반드시 공상公桑과 잠실蠶室이 있었다. 하천 가까운 곳에 설치하는데, 높이 한 장丈 되는 궁宮을 쌓고, 담장 위에 가시나무를 얹고, 문을 밖에서 (안으로 향해서) 닫히게 한다. 3월 초하루 아침이 되면, 군주가 피변복에 흰 치마(素積)를 입고 삼궁三宮의 부인과 세부世婦 가운데서 점을 쳐서 길한 점이 나온 자를 뽑아서 잠실에 들어가 누에를 치게 하였다. 뽑힌 자는 씨앗을 받들고 냇가에서 씻고 공가公家의 뽕나무(公桑)에서 뽕잎을 따서 바람에 (물기를) 말린 뒤 누에에게 먹이게 하였다."

"古者天子·諸侯, 必有公桑·蠶室. 近川而爲之, 築宮仞有三尺, 棘牆而外閉之. 及大昕之朝, 君皮弁素積, 卜三宮之夫人·世婦之吉者, 使入蠶于蠶室. 奉種浴于川, 桑于公桑, 風戾以食之."

集說 '공상公桑'은 공가公家의 뽕나무이다. '잠실蠶室'은 누에를 기르는 방이다. '하천 가까운 곳에 설치한다'는 것은 씨앗을 씻기 편리하기 때문이

다. '극장棘牆'은 담장 위에 가시나무를 얹는 것이다. '외폐外閉'는 출입문이 바깥쪽에 있어서 닫으면 안으로 향한다는 뜻이다. '대흔지조大昕之朝'는 3월 초하루 아침이다. '삼궁三宮'은 천자의 경우에는 세 부인을 뜻하고, 제후 부인의 경우에는 3궁을 세우는데 왕후가 6궁인 것에 비하여 절반이다.[28] '상桑'은 뽕을 따는 것이다. '려戾'는 말란다는 뜻이다. 누에는 습기를 싫어하기 때문에 잎(의 젖은 물기)이 마른 뒤에 먹인다. ○ 방씨方氏는 말한다. "'려戾'는 이른다(至)는 뜻이다. 바람이 이르면 건조해진다." '公桑', 公家之桑也. '蠶室', 養蠶之室也. '近川', 便於浴種也. '棘牆', 置棘於牆上也. 外閉, 戶扇在外而閉則向內也. '大昕之朝', 季春朔之旦也. '三宮', 在天子則謂三夫人, 在諸侯之夫人則立三宮, 半后之六宮也. '桑', 采桑也. 戾, 乾也. 蠶惡濕, 故葉乾, 乃以食也. ○ 方氏曰: "戾', 至也. 風至則乾矣."

3-9 [제의 29]

(공자가 말하였다.) "3월이 끝나면 세부世婦는 잠사蠶事를 마치고 고치를 받들어 군주에게 보여주고, 이어서 부인에게 고치를 바친다. 부인이 '이것은 군주의 옷을 만드는 것이다'라고 말하고, 드디어 머리장식(副)을 얹고 휘의褘衣를 입고 받는다. 소뢰少牢의 예를 갖추어 누에고치를 바친 세부를 예우한다. 옛날에 고치를 바칠 때에는 그 법이 이러한 예를 사용하였다.[29]"

"歲旣單矣, 世婦卒蠶, 奉繭以示于君, 遂獻繭于夫人. 夫人曰: '此所以爲君服與', 遂副·褘而受之. 因少牢以禮之. 古之獻繭者, 其率用此與."

集說 '단單'은 마친다(盡)는 뜻이다. '부副'는 덮는다(覆)는 뜻이다. 부인婦人의 머리 장식30)으로 머리를 덮는 것이다. '휘褘'는 휘의褘衣다. '예우한다'는 것은 고치를 바치는 부인婦人을 예로 대하는 것이다. '솔率'은 옛날에는 '류類(부류)의 뜻으로 읽었는데, 지금은 글자 뜻 그대로 (법法의 뜻으로) 읽는다. ○ 방씨方氏는 말한다. "3월이 끝나는 것이지 한 해가 다하는 때는 아니다. 그러나 잠사蠶事가 완성되는 때는 지난해의 완성된 후로부터 금년 완성되는 때까지가 1년이다. 그러므로 '해가 끝난다'(歲單)고 말한 것이다. 맹하孟夏(4월)를 맥추麥秋라고 칭하는 것도 이러한 의미다.31)" '單', 盡也. '副'之爲言, 覆也. 婦人首飾, 所以覆首者. '褘', 褘衣也. '禮之', 禮待獻繭之婦人也. '率'舊讀爲'類', 今如字. ○ 方氏曰: "三月之盡, 非歲單之時也. 然蠶成之時也, 自去歲蠶成之後, 迄今歲蠶成之時, 期歲矣. 故謂之'歲單'. 若孟夏稱麥秋者, 亦此之意."

3-10[제의 30]

(공자가 말하였다.) "길일吉日을 택하여 부인은 고치를 켜는데, 고치를 동이에 두고 손으로 세 차례 적신다. 이어서 삼궁三宮의 부인夫人과 세부世婦 가운데 선택된 자에게 나누어 주고 실을 뽑게 한다. 이어서 그것을 붉은색과 초록색으로 물을 들이고, 검은색과 누런색으로 물들여서 보불黼黻의 문양을 만들게 한다. 옷이 완성되면, 군주는 그것을 입고 선왕과 선공에게 제사를 드린다. 공경함이 지극한 것이다."

"及良日, 夫人繅, 三盆手. 遂布于三宮夫人·世婦之吉者, 使繅. 遂朱綠之, 玄黃之, 以爲黼黻文章. 服旣成, 君服以祀先王先公.

敬之至也."

集說 '양일良日'은 길일吉日이다. '삼분수三盆手'란 물동이 안에 고치를 넣고 손으로 세 차례 적신다. 적실 때마다 손으로 흔들어서 그 실을 낸다. 그러므로 '삼분수'라고 한 것이다. ○ 방씨方氏는 말한다. "부인夫人이 고치를 켤 때 세 번 동이에 넣고 적시는 것은 천자가 적전藉田을 경작할 때 세 번 쟁기를 미는 것과 같다." '良日', 吉日也. '三盆手'者, 置繭于盆中而以手三次淹之. 每淹則以手振出其緒. 故云'三盆手'也. ○ 方氏曰: "夫人之繰, 止於三盆, 猶天子之耕, 止於三推."

權近 살펴건대, 이 장은 부인이 친히 누에를 쳐서 제복祭服을 만드는 일을 말한 것이다. ○ '재아가 말하였다'([제의 3-1])에서 이 아래 장까지 마땅히 한 절이 되어야 한다. 귀신이 두려워할 만한 것으로 인해서 제사의 예를 제정하였고, 제사의 예로 인해서 재계하고 희생을 바치고 보불의 제복을 만드는 용用(기물과 활동)이 생겼다. 그 용이 갖추어진 뒤에는 반드시 예와 악으로 완성시킨다. 그러므로 아래 장에서 「악기」의 말을 인용하였다. 近案, 此言夫人親蠶以爲祭服之事. ○ 自'宰我問2)'至此下章, 當爲一節. 蓋因鬼神之可畏, 而制祭祀之禮, 因祭祀之禮, 而有齊牲龍黻之用. 其用旣備, 然後必用禮樂以成之. 故下文乃引「樂記」之言.

3-11[제의 31]

군자는 말한다. "예禮와 악樂은 잠시라도 몸을 떠날 수 없는 것이다. 악의 이치를 깊이 파악하여 마음을 다스리면 화평하고 곧으며 자애롭고 신실한 마음이 새롭게 생겨난다. 화평하고 곧으며 자애롭고 신실한 마음이 생기면 즐겁고, 즐거우면 편안하고, 편안하면 오래가고, 오래가면 하늘처럼 미덥고, 하늘처럼 미더우면 신처럼 경외스럽다. 하늘처럼 미더우면 말하지 않아도 믿고, 신처럼 경외스러우면 성내지 않아도 위엄이 있으니, 이것이 악을 깊이 알아서 마음을 다스리는 것이다. 예를 깊이 알아서 몸을 다스리면 장중하고 공경하며, 장중하고 공경하면 엄숙하고 위엄 있다. 마음속이 잠깐이라도 화평하고 즐겁지 않으면 비루하고 거짓된 마음이 들어온다. 바깥 모습이 잠깐이라도 장중하고 공경하지 않으면 경솔하고 게으른 마음이 들어온다. 그러므로 악이란 마음속에서 움직이는 것이고, 예란 바깥 모습에서 움직이는 것이다. 악은 화평함을 지극하게 하고 예는 공순함을 지극하게 한다. 마음속이 화평하고 바깥 모습이 공순하면 백성들은 그 낯빛만 보고도 더불어 다투지 않고, 그 몸가짐만 보고도 백성들은 경솔하고 게으른 마음을 내지 않는다. 그러므로 덕의 윤택함이 마음속에서 움직이면 백성들은 받들어서 듣지 않음이 없고, 몸가짐의 조리(질서정연함)가 바깥 모습으로 드러나면 백성들은 받들어서 따르지 않음이 없다. 그러므로 예악의 도를 깊이 파악하여 천하가 이에 충만케 하면, 들어서 시행함에 어려울 일이 없다. 악이란 마음속에서 움직이는 것이고 예란 바깥 모습에서 움직이는 것이다. 그러므로 예는 그 덜어내는 것을 위주로 하고 악은 그 채우는 것을 위주로 한다. 예는 덜어내면서 힘써 나아가니, 힘써 나아가는 것을 아름답고 훌륭하게 여긴다. 악은 채

워가면서 되돌아가니, 되돌아가는 것을 아름답고 훌륭하게 여긴
다. 예가 덜어내면서 나아가지 않으면 쇠잔하고, 악이 채워가면서
되돌아가지 않으면 방탕해진다. 그러므로 예는 보답함이 있고 악
은 되돌아감이 있다. 예가 보답하는 것을 얻으면 즐겁고, 악이 되
돌아가는 것을 얻으면 편안하다. 예가 보답하는 것과 악이 되돌아
가는 것은 그 뜻이 같다.”

君子曰: “禮·樂不可斯須去身. 致樂以治心, 則易·直·子·諒
之心油然生矣. 易·直·子·諒之心生則樂, 樂則安, 安則久, 久
則天, 天則神. 天則不言而信, 神則不怒而威, 致樂以治心者也.
致禮以治躬則莊敬, 莊敬則嚴威. 心中斯須不和不樂, 而鄙詐之
心入之矣. 外貌斯須不莊不敬, 而慢易之心入之矣. 故樂也者, 動
於內者也, 禮也者, 動於外者也. 樂極和, 禮極順. 內和而外順,
則民瞻其顔色而不與爭也, 望其容貌而衆不生慢易焉. 故德輝動
乎內, 而民莫不承聽, 理發乎33)外, 而衆莫不承順. 故曰致禮·樂
之道, 而天下塞焉, 擧而措之,34) 無難矣. 樂也者, 動於內者也,
禮也者, 動於外者也. 故禮主其減, 樂主其盈. 禮減而進, 以進爲
文. 樂盈而反, 以反爲文. 禮減而不進則銷, 樂盈而不反, 則放.
故禮有報而樂有反. 禮得其報則樂, 樂得其反則安. 禮之報, 樂之
反, 其義一也.”

集說 설명이 「악기樂記」(전-7-2~전-8-1)에 보인다. 說見「樂記」.

權近 살피건대, 이 장은 곧 「악기」(전-7-2~전-8-1)의 문장인데, 기록자가 또
여기에 인용해 둔 것이다. 어두우면 귀신이 있고, 밝으면 예악이 있으니,
그 이치는 하나이다. 그러므로 이를 귀신의 뒤에 붙여 놓아서 어두움과 밝

음을 알게 한 것이다. 사람과 귀신은 애초에 두 가지 길이 없다. 반드시 먼저 예악에 밝아야 귀신의 이치를 알아서 귀신 섬기는 도리를 다할 수 있다. 近案, 此一章乃「樂記」之文, 記者又引於此. 蓋幽則有鬼神, 明則有禮樂, 其理一也. 故附此於鬼神之後, 使知幽明. 人鬼初無二致. 必先明禮樂, 然後知鬼神之理, 而能盡事鬼之道也.

4.

증자가 말하였다. "효에는 세 가지가 있다. 대효大孝는 부모를 높이고, 그 다음은 욕되지 않게 하고, 그 아래는 음식 봉양만 한다." 공명의公明儀가 증자에게 "선생님께서는 효를 하신다고 할 수 있습니까?"라고 물었다. 증자가 말하였다. "이 무슨 말인가, 이 무슨 말인가! 군자가 말하는 효란 부모의 마음을 미리 헤아리고 부모의 뜻을 받들며 부모께서 도리를 알도록 유도한다. 나는 단지 음식 봉양만 하는 자이다. 어찌 효라 할 수 있겠는가?"

曾子曰: "孝有三. 大孝尊親, 其次弗辱, 其下能養." 公明儀問於曾子曰: "夫子可以爲孝乎?" 曾子曰: "是何言與, 是何言與! 君子之所謂孝者, 先意承志, 諭父母於道. 參直養者也. 安能爲孝乎?"

集說 '대효大孝는 부모를 높인다'는 것은 아버지를 높여 하늘에 배향한다는 뜻이다. '공명의公明儀'는 증자의 제자이다. '大孝尊親', 嚴父配天也. '公明儀', 曾子弟子.

증자가 말하였다. "몸이란 부모가 물려준 몸이다. 부모가 물려준 몸을 움직이면서 감히 공경스럽게 하지 않을 수 있겠는가? 거처할 때 장중하지 못하면, 효가 아니다. 군주를 섬기면서 충직하지 못하면, 효가 아니다. 관직을 수행하면서 공경하지 못하면, 효가 아니다. 친구와 사귀면서 진실하지 못하면, 효가 아니다. 전쟁에서 용감하지 못하면, 효가 아니다. 다섯 가지를 이루지 못하면, 재앙이 부모에게까지 미친다. 감히 공경스럽게 하지 않을 수 있겠는가?"

曾子曰: "身也者, 父母之遺體也. 行父母之遺體, 敢不敬乎? 居處不莊, 非孝也. 事君不忠, 非孝也. 莅官不敬, 非孝也. 朋友不信, 非孝也. 戰陳無勇, 非孝也. 五者不遂, 烖及於親. 敢不敬乎?"

集說　위 문장([제의 4-1])의 '욕되지 않게 한다'는 것과 '음식 봉양만 한다'는 것을 이어서 이 다섯 가지가 모두 부모를 욕되게 하기에 충분함을 말한 것이다. 그러므로 '재앙이 부모에게까지 미친다'(烖及於親)라고 말한 것이다.

承上文'弗辱'與'養', 而言此五者皆足以辱親. 故曰'烖及於親'.

4-3[제의 34]

(증자가 말하였다.) "삶고 익히고 누린내 나고 향기 나는 음식을 먼저 맛본 뒤 부모에게 올리는 것은 효가 아니라 음식 봉양이다. 군자가 말하는 효란 나라사람이 칭찬하고 부러워하면서 '행운이다, 이런 아들이 있다니!'라고 말하면 이것이야말로 효이다. 백성의 근본 가르침은 효孝이고, 이를 사용하는 것이 봉양(養)이다. 봉양하는

것은 할 수 있지만, 공경하는 것은 어렵다. 공경하는 것은 할 수 있지만 편안하게 여기며 하는 것이 어렵다. 편안하게 여기며 하는 것은 할 수 있지만, 끝까지 하기가 어렵다. 부모가 이미 돌아가시고 그 몸을 삼가 행동하여 돌아가신 부모에게 나쁜 이름을 끼쳐드리지 않는다면 잘 끝마쳤다고 할 수 있다. 인仁이란 효를 어질게 행하는 것이고, 예禮란 효를 (예에 맞게) 실행하는 것이고, 의義란 효를 의리에 마땅하게 행하는 것이고, 신信이란 효를 진실하게 행하는 것이고, 강强이란 효를 힘써 행하는 것이다. 즐거움은 효에 순응하면서 생겨나고, 형벌은 효에 반하면서 생겨난다.

"亨·孰·羶·薌, 嘗而薦之, 非孝也, 養也. 君子之所謂孝也者, 國人稱願然曰: '幸哉, 有子如此!', 所謂孝也已. 衆之本教曰孝, 其行曰養. 養可能也, 敬爲難. 敬可能也, 安爲難. 安可能也, 卒爲難. 父母旣沒, 愼行其身, 不遺父母惡名, 可謂能終矣. 仁者仁此者也, 禮者履此者也, 義者宜此者也, 信者信此者也, 强者强此者也. 樂自順此生, 刑自反此作."

集說 '원願'은 부러워하다(羨)는 뜻과 같다. '칭원稱願'은 칭찬하고 부러워한다는 뜻이다. '연然'은 이而35)와 같은 뜻이다. 『효경孝經』에 "무릇 효는 덕의 근본으로, 가르침이 생겨나는 곳이다"라고 하였다. '백성의 근본 가르침은 효孝이다'라는 것도 이러한 뜻이다. 이러한 뜻으로, 효가 백성을 가르치는 근본임을 말한다. '기행왈양其行曰養'이라고 했을 때의 '행行'은 사용한다(用)의 뜻과 같다. 봉양하는 사이에 효를 사용한다는 말이다. '편안하게 여기며 하는 것이 어렵다는 것은 억지로 참으면서 하는 공경이 아니라는 뜻이다. '끝까지 하기가 어렵다'는 것은 비단 부모가 돌아가실 때까지만이

아니라 효자 또한 스스로 생을 마칠 때까지 한다는 뜻이다. '능종能終'은 곧 위의 글 '졸卒'(끝까지) 자를 설명한 것이다. '인자인차자야仁者仁此者也' 이하 일곱 번의 '차此' 자는 모두 효를 가리켜 말한 것이다. '願, 猶羨也.' '稱願, 稱揚羨慕也.' '然, 猶而也. 『孝經』曰: "夫孝, 德之本也, 敎之所由生也." '衆之本敎曰孝', 亦此意. 言孝爲敎衆之本也. '其行曰養', '行', 猶用也. 言用之於奉養之間也. '安爲難者, 謂非勉强矯拂之敬也', '卒爲難者, 謂不特終父母之身, 孝子亦自終其身也.' '能終', 卽說上文卒字. '仁者仁此者也'以下凡七此字', 皆指孝而言也.

4-4[제의 35]

증자가 말하였다. "무릇 효는 그것을 세우면 천지에 가득차고, 그것을 펼치면 사해를 가로지르고, 후세에 남겨주면 아침과 저녁이 따로 없다. 미루어 동해에 이르면 사람들의 기준이 되고, 미루어 서해에 이르면 사람들의 기준이 되고, 미루어 남해에 이르면 사람들의 기준이 되고, 미루어 북해에 이르면 사람들의 기준이 된다. 『시詩』에 '서쪽에서 동쪽에서, 남쪽에서 북쪽에서 사모하여 복종하지 않음이 없다'고 한 것은 이를 두고 한 말이다."

曾子曰: "夫孝, 置之而塞乎天地, 溥之而橫乎四海, 施諸後世而無朝夕. 推而放諸東海而準, 推而放諸西海而準, 推而放諸南海而準, 推而放諸北海而準. 『詩』云, '自西自東, 自南自北, 無思不服', 此之謂也."

集說 '보溥'는 옛날에는 펼친다(敷)는 뜻으로 읽었는데, 지금은 글자 뜻 그대로 (넓다는 뜻으로) 읽는다. '『시詩』'는 「대아大雅·문왕유성文王有聲」이

다. ○ 방씨方氏는 말한다. "'치置'는 곧게 하여 세운다는 뜻이고, '보溥'는 펼쳐서 흩뿌린다는 뜻이다. '시施'는 그 나오는 것이 끝이 없음을 말한 것이다. '추推'는 그 나아가는 것이 멈추지 않음을 말한 것이다. '방放'은 『맹자』의 '방호사해放乎四海(사해에 이르다)라고 할 때의 '방放'과 같다.36) '준準'은 사람들이 이를 기준으로 삼는다는 뜻이다." '溥', 舊讀爲敷, 今如字. '『詩』', 「大雅·文王有聲」之篇. ○ 方氏曰: "置者, 直而立之, '溥'者, 敷而散之. '施', 言其出無窮. '推', 言其進不已. '放'與『孟子』'放乎四海'之'放'同. '準', 言人以是爲準."

4-5[제의 36]

중자가 말하였다. "수목은 때에 따라 베고, 금수는 때에 맞추어 잡는다. 공자께서는 '나무 한 그루 자르고, 짐승 한 마리 죽이는 것도 때에 맞지 않게 하면 효가 아니다'라고 하였다."

"樹木以時伐焉, 禽獸以時殺焉. 夫子曰: '斷一樹, 殺一獸, 不以其時, 非孝也.'"

集說 위에서([제의 4-3]) '인仁이란 효를 어질게 행하는 것'이라고 말하였는데, 이 두 가지도 어질지 못함을 싫어하는 것이다. 따라서 대에 맞지 않게 베고 죽이는 것은 효가 아니라고 말한 것이다. 중자가 또 공자의 말을 인용하여 실증한 것이다. 上言'仁者仁此者也', 此二者亦爲惡其不仁. 故言非孝. 曾子又引夫子之言以爲證.

⁴⁻⁶[제의 37]

(증자가 말하였다.) "효에는 세 가지가 있다. 작은 효는 힘을 쓰고, 중간 효는 노고를 다하고, 커다란 효는 부족함이 없는 것이다. 부모의 자애로움을 생각하여 자신이 힘든 것을 잊는다면, 힘을 쓴다고 할 수 있다. 인을 높이고 의에 편안하다면, 노고를 다한다고 할 수 있다. 널리 베풀고 사물을 두루 갖춘다면, 부족함이 없다고 할 수 있다. 부모가 자신을 사랑해주면 기뻐하고 잊지 않는다. 부모가 자신을 미워하면 두려워하면서 원망하지 않는다. 부모에게 잘못이 있으면 간언하면서 부모의 뜻을 어기지 않는다. 부모가 이미 돌아가셨으면 반드시 어진 자의 곡식을 구하여 제사지낸다. 이것을 두고 예가 완수되었다고 말한다."

"孝有三. 小孝用力, 中孝用勞, 大孝不匱. 思慈愛忘勞, 可謂用力矣. 尊仁安義, 可謂用勞矣. 博施備物, 可謂不匱矣. 父母愛之, 喜而弗忘. 父母惡之, 懼而無怨. 父母有過, 諫而不逆. 父母既沒, 必求仁者之粟以祀之. 此之謂禮終."

集說 서인庶人은 부모의 자애로움을 생각하여 자신이 몸소 경작하며 힘든 것을 잊으니, '힘을 쓴다'고 할 수 있다. 이는 '그 아래는 음식 봉양만 한다'는 일이다. 제후·경·대부·사는 인仁을 높이고 중시하며, 의義를 편안히 여기고 실천하여 공로가 충분히 다른 사람에게 미치니, '노고를 다한다'고 할 수 있다. 이는 '그 다음은 욕되지 않게 한다'는 일이다. '궤匱'는 부족하다는 뜻이다. '널리 베푼다'는 것은 덕과 가르침을 백성에게 베풀어 사해에 모범이 된다는 뜻이요, '사물을 갖춘다'는 것은 천하 사람이 각기

자기 직무로 와서 제사를 돕는다는 뜻이니, '부족함이 없다'고 할 수 있다. 이는 곧 '대효는 부모를 높인다'[37]는 일이다. 庶人思父母之慈愛, 而忘己躬耕之勞, 可謂用力'矣. 此其下能養'之事也. 諸侯·卿·大夫·士尊重於仁, 安行於義, 功勞足以及物, 可謂用勞'矣. 此其次弗辱'之事也. '匱', 乏也. '博施', 謂德教加於百姓刑于四海也, '備物', 謂四海之內各以其職來助祭, 可謂'不匱'矣. 此卽'大孝尊親'之事也.

4-7 [제의 38]

악정자춘樂正子春이 당堂에서 내려오다가 다리를 다쳤는데, 몇 달이 지나도록 밖을 나가지 않고 여전히 근심스런 기색이 있었다. 제자가 "선생님 다리는 다 나았는데, 몇 달이 지나도록 밖을 나가지 않고 여전히 근심스런 기색이 있으신 것은 무엇 때문입니까?"라고 하였다. 악정자춘이 말하였다. "훌륭하구나, 너의 질문이여! 훌륭하구나, 너의 질문이여! 내가 증자께 들었고, 증자는 공자께 들었다. '하늘이 낳고, 땅이 길러준 것 중에 사람보다 위대한 것은 없다. 부모가 온전하게 낳아주셨으니, 자식이 온전하게 돌아간다면 효라고 할 수 있다. 그 신체를 훼손하지 않고 그 몸을 욕되게 하지 않는다면 온전하다고 할 수 있다. 그러므로 군자는 한 발을 내딛으면서도 감히 효를 잊지 않는다.' 이제 나는 효의 도리를 잊었기 때문에 나에게 근심스런 기색이 있는 것이다. 한 번 발을 내딛는 사이에도 감히 부모를 잊지 않고, 한 번 말을 하는 사이에도 감히 부모를 잊지 않는다. 한 번 발을 내딛는 사이에도 부모를 잊지 않기 때문에 길로 다니고 삿된 지름길로 다니지 않고, 배를 타고 건너고 맨 몸으로 건너지 않아, 감히 돌아가신 부모가 물려주신 몸으로 위험한 행동을 하지 않는다. 한 번 말을 하는 사이에도 감히 부모를 잊지 않기 때문에 남을 험담하는 말이 입에서 나오지 않고, 남이 성내는 말이 자신에게 돌아오지 않는다. 그 자신을 욕되게 하지 않고, 자기 부모를 부끄럽게 하지 않는다면 효라고 할 수 있다."

樂正子春下堂而傷其足, 數月不出, 猶有憂色. 門弟子曰: "夫子之足瘳矣, 數月不出, 猶有憂色, 何也?" 樂正子春曰: "善如, 爾之問也! 善如, 爾之問也! 吾聞諸曾子, 曾子聞諸夫子曰: '天之所生, 地之所養, 無人爲大. 父母全而生之, 子全而歸之, 可謂孝矣. 不虧其體, 不辱其身, 可謂全矣. 故君子頃步而弗敢忘孝也.' 今予忘孝之道, 予是以有憂色也. 壹擧足而不敢忘父母, 壹出言而不敢忘父母. 壹擧足而不敢忘父母, 是故道而不徑, 舟而不游, 不敢以先父母之遺體行殆. 壹出言而不敢忘父母, 是故惡言不出於口, 忿言不反於身. 不辱其身, 不羞其親, 可謂孝矣."

集說 '사람보다 위대한 것은 없다'는 것은 사람만큼 가장 위대한 존재가 없다는 뜻이다. 천지의 성性 가운데 사람이 가장 귀하다.[38] '도道'는 바른 길이다. '경徑'은 지름길로 빨리 가는 것이다. '유游'는 걸어서 건너는 것이다. '험담하는 말이 입에서 나오지 않는다'는 것은 자기가 험담을 남에게 가하지 않는다는 뜻이다. '성내는 말이 자신에게 돌아오지 않는다'는 것은 남이 성내는 말로 나에게 되갚지 않는다는 뜻이다. 이렇게 하면 자신을 욕되게 하지 않고 부모를 부끄럽게 하지 않는다. '無人爲大', 言無如人最爲大. 蓋天地之性, 人爲貴也. '道', 正路也. '徑', 捷出邪徑也. '游', 徒涉也. '惡言不出於口', 己

不以惡言加人也, ‘忿言不反於身’, 則人自不以忿言復我也. 如此則不辱身不羞親矣.

權近 살피건대, 이상 ‘증자가 말하였다’부터 이 장까지 모두 효를 가지고 말한 것이다. 효란 제사의 근본이며 예와 악이 거기에서 나와 행해지는 바이다. 이 장 이후로 전적으로 사람의 일을 가지고 말한 것은 곧 공자가 말한 “아직 사람을 능히 섬기지 못하는데, 어떻게 귀신을 능히 섬기겠는가”[39]라는 뜻이다. 기록자는 먼저 재아가 귀신의 설에 대해 물은 것을 기록하고, 이어서 예와 악을 기록하고, 또 이어서 효도와 우애에 대해 기록하였다. 그 뜻이 깊다. 近案, 右自‘曾子曰’以下至此, 皆以孝言. 孝者, 祭之本而禮樂之所由行也. 自此以後, 專以人事言者, 卽孔子所謂“未能事人, 焉能事鬼”之意. 記者先記宰我問鬼神之說, 次之以禮樂, 又次之以孝弟. 其旨深矣.

4-8[제의 39]

옛날에 유우씨有虞氏는 덕을 귀하게 여기고 나이를 숭상하였고, 하후씨夏后氏는 작위를 귀하게 여기고 나이를 숭상하였고, 은인殷人은 부富를 귀하게 여기고 나이를 숭상하였고, 주인周人은 친親을 귀하게 여기고 나이를 숭상하였다. 유우씨와 하나라와 은나라와 주나라는 천하의 성한 덕을 갖춘 왕자王者인데, 나이를 무시한 적이 없었다. 나이가 천하에서 귀하게 여겨진 것은 오래되었지만, 부모를 섬기는 것보다는 다음이다.

昔者有虞氏貴德而尙齒, 夏后氏貴爵而尙齒, 殷人貴富而尙齒, 周人貴親而尙齒. 虞夏殷周, 天下之盛王也, 未有遺年者. 年之貴乎天下久矣, 次乎事親也.

集說 유씨劉氏는 말한다. "위대한 순임금은 덕으로 백성을 교화시키는 것을 귀하게 여겼다. 천하를 소유하였으면서도 괘념하지 않는 듯이 하였는데 백성이 거기에 교화되어 거의 작위가 귀한 줄 몰랐다. 그러므로 우禹임금은 순임금을 계승하여 작위를 귀하게 여겨 백성으로 하여금 귀한 이를 귀하게 여기는 도리를 알게 하였다. 그러나 작위를 귀하게 여기는 폐단이 종국에는 위에 있는 자가 높이 있는 것에 지나쳐서 은택이 아랫사람에게 미치지 못하였다. 그러므로 탕湯임금이 우임금을 계승해서는 백성을 부유하게 하는 데에 힘쓰는 것을 귀하게 여겼다. 그러나 백성을 부유하게 하는 폐단이 종국에는 백성이 각자 자기 재산을 사사로이 하여 가까운 이를 친애하는 도리를 모르게 되었다. 그러므로 무왕武王이 탕임금을 계승해서는 가까운 이를 친애하는 도리를 귀하게 여겼다. 이른바 '주나라에서 천자와 제후가 맹약을 맺을 때, 이성異姓은 뒷자리에 있었다'[40]는 말이 그것이다. 네 왕조의 다스림은 시대의 조건에 상응하여 폐단을 혁파하였으므로 귀하게 여기는 것이 비록 달랐지만 나이를 숭상한 점에서는 같았다. 나이를 저버리고 숭상하지 않은 적은 없었다. 나이가 천하의 공통된 존중의 대상이 된 지는 오래되었지만, 나의 노인을 먼저 공경하고 남의 노인에게 미치는 것이다. 그러므로 나이 많은 분을 존경하는 것은 '부모를 섬기는 것보다는 다음'이 된다. 그러나 네 가지를 귀하게 여기는 것은 또한 네 왕조에 공통된 것이다. 기록자가 단지 예로부터 나이를 숭상하였던 것을 위주로 말했을 뿐이다. 독자는 말에 치우쳐 뜻을 해쳐서는 안 된다." 劉氏曰: "大舜貴以德化民. 有天下如不與, 而民化之, 幾於不知爵之爲貴矣. 故禹承之以爵爲貴而使民知貴貴之道也. 然貴爵之弊, 其終也, 在上者, 過於亢而澤不及下. 故湯承之, 以務富其民爲貴. 然富民之弊, 終也, 民各私其財而不知親親之道. 故武王承之, 以親親爲貴. 所謂周之宗盟, 異姓爲後', 是也. 四代之治, 隨時救弊, 所貴雖不同, 而尙齒則同也. 未有遺年齒而不

尙者, 齒居天下之達尊, 久矣. 老吾老以及人之老. 故尊高年, ‘次於事親’也. 然四者之所
貴, 亦四代之所同. 記者但主於自古尙齒爲言耳. 讀者不以辭害意可也.”

이 때문에 조정에서는 작위가 같으면 나이를 숭상한다. 70세가 되
면 조정에서 지팡이를 잡고 서 있으며, 군주가 질문할 때는 자리를
마련해준다. 80세가 되면 조회가 끝날 때까지 기다리지 않고, 군주
가 자문할 때에는 그의 집에 찾아간다. 그럼으로써 공손함의 도리
가 조정에서 통용된다.

是故朝廷同爵則尙齒. 七十杖於朝, 君問則席. 八十不俟朝, 君問
則就之. 而弟達乎朝廷矣.

集說 옛날에 조회를 보는 예는 군주와 신하가 모두 서 있었다. 70세가
되면 조정에서 지팡이를 잡고 지팡이에 의지하여 서 있는다. ‘군주가 질문
할 때는 자리를 마련해준다’는 것은 군주가 만약 자문할 것이 있으면 노인
을 위해 당堂 위에 자리를 마련하고 거기에 앉게 한다는 뜻이다. ‘조회가
끝날 때까지 기다리지 않는다’는 것은 군주를 뵙고 읍을 하면 곧바로 물러
나서 조회의 일이 끝나기를 기다리지 않는다는 뜻이다. ‘찾아간다’는 것은
그 노인의 집으로 간다는 뜻이다. 古者視朝之禮, 君臣皆立, 七十杖於朝據杖而立
也. ‘君問則席’, 謂君若有問, 則爲之布席於堂, 而使之坐也. ‘不俟朝’, 謂見君而揖之卽退,
不待朝事畢也. ‘就之’, 卽其家也.

4-10[제의 41]

연장자와 동행할 때, 어깨를 나란히 하여 걷지 않으며, 옆으로 조금 뒤처져서 따르거나 뒤에서 따라간다. 길에서 노인을 만나면, 수레를 타고 가든 도보로 가든 노인에게 길을 피하여 양보한다. 머리가 희끗희끗한 사람이 길에서 짐을 지고 다니지 않는다. 그리하여 공손함의 도리가 길에서 통용된다.

行, 肩而不倂, 不錯則隨. 見老者則車・徒辟. 斑白者不以其任行乎道路. 而弟達乎道路矣.

集說 이는 젊은이가 연장자와 동행할 때의 예를 말한 것이다. '병倂'은 나란하다(並)는 뜻이다. '어깨를 나란히 하여 걷지 않는다'는 것은 젊은이는 어깨를 연장자의 어깨와 나란히 할 수 없고, 마땅히 조금 물러나 뒤에 있어야 한다는 뜻이다. '옆으로 조금 뒤처져서 따르거나 뒤에서 따라간다'는 것은 이 연장자가 만약 형의 항렬이라면 안항雁行의 차이를 두어 조금 처져서 뒤따르고, 만약 아버지의 항렬이라면 곧바로 그 뒤에서 따라가는 것을 말한다. '거車・도피徒辟'는 수레를 타거나 도보로 걷거나 모두 길을 피해야 한다는 뜻이다. '임任'은 등에 지고 머리에 인 짐이다. '길에서 짐을 지고 다니지 않는다'는 것은 곧 『맹자』에 말한 "머리가 희끗희끗한 자가 길에서 짐을 등에 지거나 머리에 이고 다니지 않는다"[41]는 의미다. 此言少者與長者同行之禮. '倂', 並也. '肩而不倂', 謂少者不可以肩齊並長者之肩, 當差退在後也. '不錯則隨', 謂此長者若是兄之輩, 則爲鴈行之差錯, 稍偏而後之, 若是父之輩, 則直隨從其後矣. '車・徒辟', 言或乘車, 或徒行, 皆當避之也. '任', 所負戴之物也. '不以任行道路', 卽『孟子』"頒白者不負戴於道路"矣.

4-11[제의 42]

향촌에 있을 때는 나이를 기준으로 한다. (그리하면) 늙고 곤궁한 사람이 버려지지 않고 강한 사람이 약한 사람을 침범하지 않으며 다수의 사람이 소수의 사람을 학대하지 않는다. 그리하여 공손함이 향리에서 통용된다.

居鄉以齒. 而老窮不遺, 强不犯弱, 衆不暴寡. 而弟達乎州巷矣.

集說 '유遺'는 버린다(棄)는 뜻이다. ○ 정씨鄭氏(정현鄭玄)는 말한다. "1향鄉은 5주州로 이루어져 있다. '항巷'은 려閭의 뜻과 같다." '遺', 棄也. ○ 鄭氏曰: "一鄉者五州. '巷'猶閭也."

4-12[제의 43]

옛날의 도에서는 50세가 된 사람은 전甸의 보졸(甸徒)이 되지 않고, 사냥에서 잡은 짐승을 나누어 줄 때는 연장자에게 많이 준다. 그리하여 공손함의 도리가 사냥에서 통용된다.

古之道, 五十不爲甸徒, 頒禽隆諸長者. 而弟達乎蒐狩矣.

集說 4정井이 읍邑이 되고, 4읍이 구丘가 되고, 4구丘가 전甸이 된다. 군주가 사냥을 나가면 백성을 징발하여 졸도卒徒로 삼는다. 그러므로 '전도甸徒'라고 한 것이다. 나이 50세에 쇠약하기 시작한다. 그러므로 이 노역에 차출되지 않는다. '반頒'는 나눈다(分)는 뜻과 같다. '융隆'은 많다(多)는 뜻과 같다. 사냥이 끝나 잡은 짐승을 나눌 때 연장자가 젊은이보다 많은 것을 받는다. 봄 사냥을 '수搜'라고 하고, 겨울 사냥을 '수狩'라고 한다. 이것에 따르면 여름과 가을 사냥의 경우도 그러함을 알 수 있다. 四井爲邑, 四邑爲丘, 四丘爲甸. 君田獵則起其民爲卒徒. 故曰'甸徒'. 五十始衰. 故不供此役也. '頒', 猶分也. '隆', 猶多也. 田畢分禽, 則長者受賜多於少者. 春獵爲'搜', 冬獵爲'狩'. 擧此則夏秋可知.

4-13[제의 44]

군대의 편제에서 지위가 같으면 나이를 높인다. 그리하여 공손함의 도리가 군대에서 통용된다.

軍旅什五, 同爵則尙齒. 而弟達乎軍旅矣.

 5인이 오伍가 되고, 2오가 십什이 된다. 五人爲伍, 二伍爲什.

4-14[제의 45]

효제의 도리가 조정에서 일어나, 길에서 행해지고 향리에 이르며 사냥에 적용되고 군대의 편제에서 행해지니, 대중이 효제의 의리에 통달하여 효제의 도리를 위해서 죽고 감히 침범하지 않는다.

孝弟發諸朝廷, 行乎道路, 至乎州巷, 放乎搜狩, 脩乎軍旅, 衆以義死之, 而弗敢犯也.

조정에서부터 군대에까지 이른다면 그 사람들이 많다고 할 수 있다. 그러나 모두 효제의 의리에 통달하여 효제를 위해 죽고 감히 침범하지 않는다. 自朝廷至軍旅, 其人可謂衆矣. 然皆以通達孝弟之義, 死於孝弟而不敢干犯也.

權近 살피건대, 이상 '옛날에'(昔者) 이하부터 이 장까지는 모두 공손함(弟)을 가지고 말하였다. 近案, 右自'昔者'以下至此, 皆以弟言.

4-15 [제의 46]

명당明堂에서 제사지내는 것은 제후가 효를 행하는 도리를 가르치기 위한 것이다. 태학大學에서 삼로三老와 오경五更에게 음식을 봉양하는 것은 제후가 공손함(弟)을 행하는 도리를 가르치기 위한 것이다. 서학西學에서 선현先賢을 제사지내는 것은 제후가 덕을 숭상하는 도리를 가르치기 위한 것이다. 적전籍田을 직접 경작하는 것은 제후가 귀신을 봉양(養)하는 도리를 가르치기 위한 것이다. 조근朝觀의 예를 행하는 것은 제후가 신하로서 할 도리를 가르치기 위한 것이다. 이 다섯 가지는 천하의 중대한 가르침이다.

祀乎明堂, 所以敎諸侯之孝也. 食三老·五更於大學, 所以敎諸侯之弟也. 祀先賢於西學, 所以敎諸侯之德也. 耕藉, 所以敎諸侯之養也. 朝覲, 所以敎諸侯之臣也. 五者, 天下之大敎也.

集說 '서학西學'은 서쪽 교郊에 있는 학교로서 주나라의 소학이다. 「왕제王制」(5-9)에 "우상은 도성의 서교西郊에 있다"고 한 것이 그것이다. ○ 방씨方氏는 말한다. "'선현先賢'은 악조樂祖[42]가 이에 해당되고, '서학西學'은 고종瞽宗[43]이 이에 해당된다. 악조는 도덕을 갖춘 자이다. 그러므로 '제후가 덕을 숭상하는 도리를 가르친다'라고 한 것이다. '적전을 직접 경작하는' 것은 신을 섬겨서 봉양의 도리를 다하기 위한 것이다. 그러므로 '제후가 귀

신을 봉양하는 도리를 가르친다'라고 한 것이다. '조근朝覲'은 천자를 높이기 위한 것이다. 그러므로 '제후가 신하로서 할 도리를 가르친다'라고 한 것이다. 「악기樂記」(전-10-2)에서 조근을 먼저 언급하고 경적耕藉을 뒤에 언급한 것은 무왕이 처음에 천하를 소유하여 군주와 신하의 구분을 일찍 변별하지 않을 수 없었기 때문이다." '西學', 西郊之學, 周之小學也. 「王制」云: "虞庠在國之西郊", 是也. ○ 方氏曰: "'先賢'則樂祖, 是也, '西學'則瞽宗, 是也. 樂祖有道德者. 故曰'敎諸侯之德'. '耕藉', 所以事神致養之道. 故曰'敎諸侯之養'. '朝覲', 所以尊天子. 故曰'敎諸侯之臣'. 「樂記」先朝覲而後耕藉者, 武王初有天下, 君臣之分, 辨之不可不早也."

4-16[제의 47]

태학에서 삼로三老와 오경五更에게 음식으로 봉양할 때, 천자는 단祖을 하고 희생의 고기를 썰며, 스스로 장을 들어 음식을 올리고, 식사가 끝나면 술잔을 들어 입가심을 하고, 면복冕服에 방패를 들고 춤추는 자리에 선다. 제후가 공손함(弟)을 행하는 도리를 가르치기 위한 것이다. 그러므로 향리에서 나이에 따른 위계를 알아, 늙고 곤궁한 사람을 버리지 않고 강한 자가 약한 자를 침범하지 않으며 다수의 사람이 소수의 사람을 학대하지 않는다. 이는 태학에서 행하는 양로의 예로 말미암은 것이다.

食三老・五更於大學, 天子袒而割牲, 執醬而饋, 執爵而酳, 冕而摠干. 所以敎諸侯之弟也. 是故鄕里有齒而老窮不遺, 强不犯弱, 衆不暴寡. 此由大學來者也.

集說 '단조를 하고 희생의 고기를 썬다'(袒而割牲)는 것은 단조를 하고 희생의 몸체를 썰어서 조組에 들어갈 음식을 만든다는 뜻이다. '궤궤饋'는 음식을 올린다는 뜻이다. '윤윤酳'은 식사가 끝나고 술로 입가심을 한다는 뜻이다. '총간總干'은 방패를 잡고서 춤추는 자리에 선다는 뜻이다. '향리에는 나이가 있다'(鄕里有齒)는 것은 사람이 모두 어른과 젊은이의 위계를 안다는 뜻이다. '袒而割牲'者, 袒衣而割制牲體爲組實也. '饋', 進食也. '酳', 食畢而以酒虛口也. '摠干', 摠持干盾, 以立于舞位也. '鄕里有齒', 言人皆知長少之序也.

4-17[제의 48]

천자는 네 개의 태학을 설립하고, 태학에 들어갈 때 태자는 (그 자리를 정함에) 나이를 기준으로 한다.

天子設四學, 當入學而大子齒.

集說 '네 개의 태학'은 우虞·하夏·은殷·주周 네 왕조의 태학이다. '태자는 나이를 기준으로 한다'는 것은 태자는 동학과 더불어 장유長幼에 따라 위계를 정하고 신분이 높은 것을 적용하지 않는다는 뜻이다. '四學', 虞·夏·殷·周四代之學也. '大子齒', 謂大子與同學者序長幼之位, 不以貴加人也.

4-18[제의 49]

천자가 순수巡守를 나가면 제후는 국경에서 기다린다. 천자는 먼저 나이 100세 된 노인을 찾아가 본다. 80세 혹은 90세 된 노인의 경우, 동쪽으로 갈 때 서쪽의 노인을 그냥 지나치지 않고, 서쪽으로 갈 때 동쪽의 노인을 그냥 지나치지 않는다. 노인이 정사에 대해서 논의하고자 하면, 군주가 찾아가서 들을 수 있다.

天子巡守, 諸侯待于竟. 天子先見百年者. 八十九十者, 東行, 西行者弗敢過, 西行, 東行者弗敢過. 欲言政者, 君就之可也.

集說 ○ 응씨應氏는 말한다. "상대가 동쪽을 향하고 내가 서쪽을 향하거나, 상대가 서쪽으로 가고 내가 동쪽으로 나아가면 이것은 서로 어긋나서 서로 만나지 않는 것이지만, 그래도 반드시 가던 길을 멈추고 돌아가서 찾아가 인사드리고 감히 건너 뛰어 그냥 지나치지 않는다." ○ 應氏曰: "彼向東此向西, 彼西行此趨東, 是相違而不相值, 然必駐行反迂, 謁而見之, 不敢超越徑過也."

4-19[제의 50]

일명壹命은 향리에서 나이를 따지고, 재명再命은 종족에서 나이를 따진다. 삼명三命은 나이를 따지지 않지만, 종족에 70세 된 노인이 있으면 감히 먼저 자리에 들지 않는다. 70세 된 노인은 큰일이 생기지 않으면 들어가서 조회하지 않는다. 만약 큰일이 생겨서 들어가면, 군주가 반드시 그와 더불어 먼저 읍양揖讓의 예를 행하고, 그런 뒤에 작위를 가진 자에게 읍을 한다.

壹命齒于鄕里, 再命齒于族. 三命不齒, 族有七十者弗敢先. 七十者不有大故不入朝. 若有大故而入, 君必與之揖讓, 而后及爵者.

集說 ○ 방씨方氏(방각方慤)는 말한다. "'일명一命은 향리에서 나이를 따진다'고 하였으니, 향리가 아니라면 작위를 가지고 하고 나이를 가지고 하지 않음을 알 수 있다. '재명再命은 종족에서 나이를 따진다'고 하였으니, 종족이 아니라면 작위를 가지고 하고 나이를 가지고 하지 않음을 또한 알 수 있다. '삼명三命은 나이를 따지지 않는다'고 하였으니 비록 자기 종족에서라도 또한 나이를 따지지 않을 수 있다. 그렇다면 향리에서도 나이를 따지지 않음을 알 수 있다. 이는 다만 신분이 높은 이를 높이는(貴貴) 의리일 뿐이다. 노인을 공경하는(老老) 인仁 또한 폐기할 수 없으므로 종족에 70세 된 노인이 있으면 감히 먼저 하지 못한다. '먼저 한다'(先)는 것은 향음주의 자리에 70세 된 노인이 먼저 들어온 뒤에 들어온다는 뜻이다. '군주가 그와 더불어 읍양揖讓의 예를 행하고, 그런 뒤에 작위를 가진 자에게 읍을 한다'고 하였는데, 어찌 동종의 삼명三命 정도가 그보다 먼저 할 수 있겠는가? 5주州가 향鄕이 되고, 5린隣이 리里가 된다. 멀리는 향鄕을 거론하였으므로 가까이로는 5비比의 려閭까지 이른다는 것을 알 수 있다. 가까이로는 리里를 거론하였으므로 멀리로는 5현縣의 수遂까지 이른다는 것을 알 수 있다. 6향鄕과 6수遂가 서로 함께하는 것임을 알 수 있다. 경문에서 '족族'이라고 말한 것은 「주관周官」에서 말한 '아버지의 친족'(父族)이다. 천하天下를 소유하고 있는 자를 왕족王族이라 하고, 국國을 소유하고 있는 자를 공족公族이라 하고, 가家를 소유하고 있는 자는 관족官族이라 한다. 대대로 전해지는 점에서 말하면 세족世族이라 하고, 제사를 주관하는 점에서 말하면 종족宗族이라고 한다." ○ 方氏曰: "'一命齒于鄕里', 非其鄕里, 則以爵而不以齒可知. '再命齒于族', 非其族, 則以爵而不以齒亦可知. '三命不齒', 雖於其族, 亦不得而齒之矣. 則鄕里又可知然. 此特貴貴之義耳. 至於老老之仁, 又不可得而廢焉, 故族有七十者, 弗敢先也. '先', 謂鄕飮之席, 待七十者先入而后入也. '君與之揖讓而後及爵者', 豈族之三命得以

先之乎? 五州爲鄕, 五隣爲里. 於遠擧鄕, 則近至於五比之閭可知. 於近擧里, 則遠達於五縣之遂可知. 六鄕六遂, 足以互見也. 此言'族', 「周官」所謂'父族'也. 蓋有天下者, 謂之王族, 有國者, 謂之公族, 有家者, 則謂之官族. 以傳世言之, 則曰世族, 以主祭言之, 則曰宗族."

4-20[제의 51]

천자는 선한 일이 있으면 덕을 하늘에 돌린다. 제후는 선한 일이 있으면 공을 천자에게 돌린다. 경과 대부는 선한 일이 있으면 제후에게 공을 돌린다. 사와 서인은 선한 일이 있으면 공의 근본을 부모에게 돌리고, 공을 장로長老들에게 돌린다. 작록爵祿과 상을 내릴 때 종묘에서 명하는 것은 공순함을 보여주기 위한 것이다.

天子有善, 讓德於天. 諸侯有善, 歸諸天子. 卿·大夫有善, 薦於諸侯. 士·庶人有善, 本諸父母, 存諸長老. 祿爵·慶賞, 成諸宗廟, 所以示順也.

集說 '종묘에서 이룬다'(成諸宗廟)는 것은 종묘에서 명령을 내린다는 뜻이다. 상세한 설명은 「제통祭統」(2-1) '십륜장十倫章'에 있다. '成諸宗廟, 言於宗廟中命之也. 詳在「祭統」'十倫章'.

4-21[제의 52]

옛날에 성인은 음양과 천지의 정情을 세워 『역易』을 지었다. 역관易

官이 거북이(龜)를 껴안고 남면하면, 천자는 곤면(卷冕)을 입고 북면하여 비록 밝고 지혜로운 마음이 있어도 반드시 나아가 거북점을 보고서 그 뜻을 결단한다. 감히 마음대로 하지 않고 하늘을 높임을 보여주는 것이다. 선한 일이 있으면 남을 칭찬하고, 잘못된 일이 있으면 자기 탓을 한다. 공을 과시하지 않고 현인을 높임을 가르치는 것이다.

昔者聖人建陰陽天地之情, 立以爲『易』. 易抱龜南面, 天子卷冕北面, 雖有明知之心, 必進斷其志焉. 示不敢專, 以尊天也. 善則稱人, 過則稱己. 敎不伐以尊賢也.

集說 방씨方氏는 말한다. "길흉의 상象을 밝히는 것에 『역易』만한 것이 없고, 길흉의 상을 보여주는 것에 거북(龜)만한 것이 없다. 남쪽은 밝아서 보여주는 바가 있는 방향이다. 그러므로 역관易官은 거북을 껴안고 남쪽을 향한다. 천자가 북면하는 것은 신하의 예로 자처하여 존경의 마음을 다하는 것이다. 남면은 안이고, 북면은 밖이다. 밖에서 안으로 이르는 것을 '진進'이라고 한다. 그러므로 '나아가 그 뜻을 결단한다'(進斷其志)고 한 것이다." ○ 웅씨應氏(웅용應鏞)는 말한다. "『역易』은 책이고, 거북을 껴안는 자는 사람이다. 『역』을 관장하는 사람이라고 말하지 않고, 곧바로 역易(역관)이라고 한 것은 밝게 천하 사람에게 보여주는 것인 『역』이기 때문이다. 『역』의 도는 굽힐 수 없다. 그러므로 북면을 하지 않고 남면을 하는 것은 이를 분명히 하는 것이다. 북면을 하는 것은 신하이다. 신하의 자리는 넘어설 수 없기 때문에 '사람'(人)이라 말하지 않고 '역易'이라 한 것이니 대개 깊은 뜻이 있다." ○ 석량왕씨石梁王氏는 말한다. "이 경문에서 점치는 자의 자리를 말한 것은 『의례』와 부합하지 않으니, 또한 과장하는 말에 가깝다." ○ 유씨

劉氏는 말한다. "『역易』은 천지의 귀신을 대신하여 천자에게 길흉을 고하는 것이다. 그러므로 남면하여 제사 때의 시尸가 신의 존귀함을 대신하는 것처럼 한다. 천자가 북면하여 점을 묻고서 그 뜻을 결단하는 것은 하늘을 높이고 신을 섬기는 예이다." 方氏曰: "明吉凶之象者, 莫如『易』, 示吉凶之象者, 莫如龜. 南則明而有所示之方也. 故易抱龜南面焉. 天子北面, 則以臣禮自處, 而致其尊也. 南面, 內也, 北面, 外也. 自外至內謂之'進'. 故曰'進斷其志'." ○ 應氏曰: "『易』, 書也, 抱龜者, 人也. 不曰掌『易』之人, 而直以爲易者, 蓋明以示天下者, 『易』也. 『易』之道不可屈. 故不於北而於南, 明此. 以北面者, 臣也. 臣之位不可踰, 故不曰'人'而曰'易', 蓋有深意焉." ○ 石梁王氏曰: "此說卜者之位與『儀禮』不合, 亦近於張大之辭." ○ 劉氏曰: "『易』代天地鬼神, 以吉凶告天子. 故南面如祭祀之尸代神之尊也. 天子北面問卜以斷其志, 蓋尊天事神之禮也."

權近 살펴건대, 이상은 또 효제의 가르침이 천하에 베풀어지는 것을 미루어 말하였고, 미루어서 천자가 북면을 하고 거북을 껴안고 있는 역관易官에게 나아가 자기 뜻을 결단하는 것까지 말하였다. 현인을 존경하는 공손함이 그 지극함을 다하였다. ○ '증자가 말하였다'부터 이 장까지 마땅히 한 절이 되어야 한다. 近案, 右又推言孝弟之教, 所以施於天下, 推而至於天子北面, 以進斷其志於易抱龜者. 則其尊賢之弟, 極其至矣. ○ 自'曾子曰'以下至此, 當爲一節.

5.

효자가 제사를 지내려고 할 때는 반드시 가지런하고 경건한 마음으로 일을 미리 생각하여 복장과 기물을 갖추고 궁실을 수리하며 온갖 일을 대비한다. 제사지내는 날이 되면 안색은 반드시 온화하고 걸을 때는 반드시 두려운 모습으로 걸어 마치 좋아하는 사람을 보지 못할까 두려워하는 듯이 한다. 전奠을 올릴 때에는 용모가 반드시 온화하고 몸은 반드시 조금 굽혀서 마치 돌아가신 부모가 하고 싶은 말이 있는데 미처 말을 하지 못한 듯이 한다. (제사가 끝나고) 제사를 돕던 사람들이 모두 나가면 그 서 있는 모습이 공손하고 조용하여 마음을 바로잡아서 마치 부모를 보지 못하게 될 듯이 한다. 제사가 끝나고 나면 부모를 그리워하고 추모하여 부모가 다시 돌아오실 것처럼 한다. 이 때문에 정성과 선함이 몸과 어긋나지 않고 귀로 듣고 눈으로 보는 것이 마음과 어긋나지 않으며 생각과 사고가 부모에 대한 그리움에서 떠나지 않는다. 마음에 맺혀 있고 안색으로 드러나서 돌아가신 부모를 자꾸 돌이켜 생각하고 살펴본다. 이것이 효자의 마음이다.

孝子將祭祀, 必有齊莊之心以慮事, 以具服物, 以脩宮室, 以治百事. 及祭之日, 顏色必溫, 行必恐, 如懼不及愛然. 其奠之也, 容貌必溫, 身必詘, 如語焉而未之然. 宿者皆出, 其立卑靜以正, 如將弗見然. 及祭之後, 陶陶遂遂, 如將復入然. 是故慤善不違身, 耳目不違心, 思慮不違親. 結諸心, 形諸色, 而術省之. 孝子之志也.

集說 '정성과 선함이 몸과 어긋나지 않는다'는 것은 주선하고 오르내릴 때 공경하지 않음이 없다는 뜻이다. '귀로 듣고 눈으로 보는 것이 마음과 어긋나지 않는다'는 것은 듣고 보는 바가 그 마음속에 담고 있는 것을 어지럽히지 못한다는 뜻이다. '맺힌다'(結)는 것은 풀 수 없다는 뜻이다. '술術'은 '술述'과 같은 뜻으로, '술성述省'은 되돌아보고 살펴본다는 뜻과 같으며, 일을 할 때마다 생각하고 살펴본다는 뜻이다. ○ 방씨方氏는 말한다. "부모가 오실 때에는 '친애하는 사람을 보지 못할까 두려워하듯이 하고', 이미 오시게 되면 또 '마치 돌아가신 부모가 하고 싶은 말이 있는데 미처 말을 하지 못한 듯이 하고', 가실 때에는 '마치 부모를 보지 못하게 될 듯이 하고', 이미 떠나가신 뒤에는 또 '다시 돌아오실 것처럼 한다.' 이는 효자가 부모를 그리워하여 어떤 것도 그 그리워하는 마음을 흡족하게 해주기에 부족하고, 잠시도 그 부모 생각을 끊을 수 없는 것이다. '마치 친애하는 사람을 보지 못할까 두려워하듯이 한다'는 것은 즉 앞의 경문에서 말한 '친애하는 마음을 극진하게 하면 보존된다'44)는 것이요, '마치 말을 하였지만 부모의 대답을 듣지 못한 듯이 한다'는 것은 즉 이른바 '마치 부모의 명령을 직접 듣는 것같이 한다'45)는 것이고, '마치 다시 되돌아오실 듯이 한다'는 것은 곧 이른바 '또 이어서 그리워하였다'46)는 것이다. '친애한다'(愛)는 것은 그 부모를 친애한다는 뜻이다. '친애하는 사람을 보지 못할까 두려워한다'는 것은 부모를 친애하는 마음에 지극하지 못한 바가 있을까 두려워한다는 뜻이다. '말'(語)은 부모의 말이다. '마치 돌아가신 부모가 하고 싶은 말이 있는데 미처 말을 하지 못한 듯이 한다'는 것은 마치 부모가 말을 하고 싶은 것이 있는데 미처 말을 꺼내지 못한 듯이 한다는 뜻이다. '요요陶陶'는 부모를 그

리워하는 마음이 안에 보존되어 있는 것이고, '수수遂遂'는 부모를 그리워하는 마음이 밖으로 표현되는 것이다. 제사가 끝난 뒤에도 이와 같이 하는 것은 부모가 마치 다시 돌아오실 것 같기 때문이다." '愾然不違身', 周旋升降, 無非敬也. '耳目不違心', 所聞所見, 不得以亂其心之所存也. '結者, 不可解之意. '術', 與述同, '述省', 猶循省也, 謂每事思省. ○ 方氏曰: "於其來也, '如懼不及愛然', 及旣來也, 又'如語而未之然', 於其往也, '如將弗見然', 及旣往也, '又如將復入然'. 則是孝子之思其親, 無物足以慊其心, 無時可以絶其念. '如懼不及愛然', 卽前經所謂'致愛則存', 是矣, '如語焉而未之然', 卽所謂'如親聽命', 是矣, '如將弗見然', 卽所謂'如將失之', 是矣, '如將復入然', 卽所謂又'從而思之', 是矣. '愛'者, 愛其親也. '懼不及愛'者, 懼愛親之心, 有所未至也. '語'者親之語也. '語而未之然', 如親欲有所語而未發也. '陶陶', 言思親之心存乎內, '遂遂', 言思親之心達乎外. 祭後猶如此者, 以其如將復入故也."

權近 살피건대, 이 장은 또 제사에 대해 말해서 이 편의 뜻을 종결하였다. 앞에서 효제에 대해 말하였고, 또 이어서 제사에 대해 말하여 효제로 말미암아 신명神明에게 제사지낼 수 있음을 밝혔다. 近案, 此又言祭以終此篇之義. 蓋前言孝弟, 而又繼之以祭, 以明由孝弟而可以祀乎神明也.

5-2[제의 54]

나라의 신위神位를 세울 때에는 오른쪽에 사직을, 왼쪽에 종묘를 세운다.

建國之神位, 右社稷而左宗廟.

集說 방씨方氏는 말한다. "신神은 방위가 없다. 방위가 없으면 자리가 없다. 이른바 '신위神位'란 또한 사람이 세운 것일 뿐이다. 그러므로 '세우다'

(建)라고 말한 것이다. 세우면 있게 되는 것이다. 왕씨王氏(왕안석王安石)는
'오른쪽은 음으로, 지도地道가 높이는 바이다. 그러므로 사직을 오른쪽에
세운다. 왼쪽은 양으로, 인도人道가 향하는 바이다. 그러므로 종묘를 왼쪽
에 세운다. 인도가 향하는 바에 종묘를 위치시키는 것은 또한 그 부모를
죽은 것으로 여기지 않는 의미이다'라고 하였다." 方氏曰: "神無方也. 無方則無
位. 所謂神位'者, 亦人位之耳. 故以'建'言之. 建之, 斯有矣. 王氏謂, '右陰也, 地道所尊.
故右社稷. 左陽也, 人道之所鄕. 故左宗廟. 位宗廟於人道所鄕, 亦不死其親之意.'"

權近 살피건대, 편 첫머리에 먼저 효자의 제사에 대해 말하였고, 다음으
로 교제郊祭에 대해 말하였으며, 편 마지막에 또 효자의 제사를 말하고 겸
하여 사직에 대해 말하였다. 제사의 의미가 갖추어지고, 한 편의 뜻이 종결
되었다. 교郊와 사社 제사의 예, 체禘·상제嘗祭의 의리에 밝으면 나라 다스
리는 것은 손바닥 들여다보는 것처럼 쉽게 된다. 그러므로 편 중간에 또
다스림이 천하에까지 미치는 일을 많이 언급하였다. 近案, 篇首先言孝子之祭,
而次言郊祭, 篇終又言孝子之祭, 以兼言社稷. 祭祀之義備矣, 一篇之旨終矣. 明乎郊社之
禮·禘嘗之義, 治國其如視諸掌乎. 故篇中又多言治及天下之事也.

1 【분장】 : 본 편의 章 표시는 권근 按說의 분명한 언급에 따라 붙인 것이다.

2 旋 : 경문의 '還'은 음이 '선'이며 '旋'(돌아서다)으로 읽는다. 따라서 陳澔는 '旋'으로 바꾸어 읽었다. 「玉藻」(12-4)에 의하면, 의식을 수행하여 오고갈 때 '周旋'은 원 모양을 그리며 둥글게 돌아 방향을 전환하고, '折旋'은 직각 모양을 그리며 각지게 방향을 전환하는 동작을 뜻한다.

3 생각이 이루어진다 : 이 말은 『시』 「商頌·烈祖」에 나온다.

4 사적인 ~ 않는다 : 이 말은 「曲禮上」(3-9)에 나온다.

5 연 : '然'은 단어의 뒤에 와서 단어가 형용어의 의미를 가지도록 해주는 문법적 역할을 한다.

6 그 정성이 ~ 신이 있다: 이 말은 『朱子語類』 권3 「鬼神」에 나온다.

7 조와 두에 담은 제물 : 정현과 공영달의 설에 따르면 여기서 '薦'은 올린다는 뜻이 아니라 豆에 담긴 제사 음식이다. 공영달은 "'薦俎'는 익은 음식을 올릴 때, 익은 음식을 담은 豆와 함께 희생의 몸체를 담은 俎까지 올리는 것을 가리킨다"('薦俎'者, 謂薦孰之時, 薦其饋食之豆並牲體之俎)라고 하였다.

8 자공 : 성은 端木, 이름은 賜로 공자의 高弟 72명 중 한 사람이다. 劉向의 『說苑』에 의하면 본래 자는 子贛인데 후대에 子貢으로 잘못 불린 것이라고 한다.

9 합악 : 음악과 악무가 동시에 이루어지는 것을 말한다. 공영달의 소에 의거하여 원문 '樂成'의 '樂'을 合樂으로 해석하였다.

10 축관이 ~ 고하는 것 : 이 말은 「禮運」(경4-6)에 나온다. '孝'는 살아 있는 사람이 선조를 섬기는 도리를 말한다. 곧 축관이 神明에게 신명을 섬기는 孝子의 마음을 알리는 것이다.

11 도는 ~ 분수여서 : '理一', 곧 '理는 동일하다'는 말은 만물의 개별적인 차이들에 상관없이 모든 物事에 조금의 차이도 없이 구족되고 관통되어 있다는 의미를 담고 있다. '分殊' 곧 '分은 다르다'는 말은 개별적으로 나누어진 개별 物事의 다양한 조건에 따라 理를 행하는 방식과 한계가 다르다는 의미를 담고 있다. 곧 德은 理를 행하는 한 주요한 방식이요 부분이 된다는 맥락에서 한 말이다.

12 단을 하는 것 : 웃옷의 어깨 겉옷을 벗어 안의 옷을 보이는 것이다.

13 '난도'와 ~ 보인다 : '鸞刀'에 대해서는 「禮器」(6-6), 「郊特牲」(4-35) 등에, '膟膋'에 대해서는 「郊特牲」(4-43)에 그 설명이 보인다.

14 데친 고기 : 끓는 물에 데쳐 반쯤 익힌 고기를 말한다. 완전히 익히는 것은 '熟'이라고 한다.

15 주나라에서 ~ 있었다 : 경문 '以朝及闇'에 대하여 해석은 두 가지로 나뉜다. 정현과 가공

언 그리고 陳澔가 인용한 嚴陵方氏 등은 해가 뜰 무렵 하늘이 붉을 때부터 해가 떨어지기 전 붉을 때까지 하루 종일 제사의 일이 있었다고 해석한다. 淸江劉氏, 延平周氏 등은 아침 또는 저녁에 제사를 지냈다고 해석한다. 『예기집설대전』에는 방씨와 유씨의 설을 수록하였는데, 여기서는 『예기집설』에 따라 방씨의 설에 근거하여 해석하였다. 衛湜의 『예기집설』이 부분 주석들에 비교가 좀 더 자세하다.

16 王 : 『예기천견록』에는 '主'로 되어 있으나 『예기집설대전』에 따라 바꾼다.

17 王 : 『예기천견록』에는 '主'로 되어 있으나 『예기집설대전』에 따라 바꾼다.

18 보름 이전에는 ~ 다한다 : 이 말은 『揚子法言』 권6에 나온다.

19 정자는 말한다. ~ 것이다" : 이 말은 모두 「中庸」(16-1)에 나오는 말이다.

20 예를 들면 ~ 속한다 : 이 말은 『北溪字義』 卷下에 나오는 말이다.

21 천하의 ~ 한다 : 이 말은 「中庸」(16-3)에 나오는 말이다.

22 소명은 ~ 것이다 : 이 말은 『주자어류』 87권 166항에 나온다. 원문 "焄蒿是衮然底"가 『주자어류』에는 "焄蒿是滾上底"로 되어 있다. 『주자어류』에 맞추어 해석하였다.

23 소명은 햇살 ~ 것이다 : 이 인용문들은 『주자어류』 85권 169항에 나온다.

24 옛날을 되돌아보고 ~ 되돌아보는 것 : 공영달의 소에 "古'는 선조를 가리킨다. 추모하여 제사지내는 것 이것이 옛날을 되돌아보는 것이다. '始'는 시원을 가리킨다. 부모가 나에게 생을 처음 주신 것을 이제 추모하여 제사지내는 것 이것이 시원을 되돌아보는 것이다"('古', 謂先祖. 追而祭之, 是反古也. '始', 謂初始. 父母始生於己, 今追祭祀, 是複始也)라고 하였다.

25 기는 ~ 왕성한 것 : 이 말은 앞의 「祭義」(3-1)에 나온다.

26 백성에게 ~ 가르치는 : 이 말은 앞의 「祭義」(3-4)에 나온다.

27 피변복에 ~ 입는다 : 피변복은 禮服의 이름이다. 피변은 흰 사슴의 가죽으로 만든다. 이 예복은 위에는 흰 베옷을 입고, 아래는 흰 비단 치마에, 흑색의 띠, 흰색의 슬갑을 한다. 천자가 조회를 보거나, 매달 초 희생을 태묘에 바치고 한 달의 정령을 반포하는 곡삭의 예에 제후가 참여할 때, 제후가 서로 朝聘할 때 모두 피변복을 입는다. 素積은 허리에 주름이 잡힌 흰색의 치마이다. 「明堂位」(2-6)에 설명이 보인다. 『三禮辭典』, 317쪽 참조.

28 제후 부인의 ~ 절반이다 : 「昏義」(8)에 "천자의 왕후는 6궁을 세운다"(天子后立六宮)고 하였다. 그러므로 왕후의 절반이라고 한 것이다.

29 옛날에 ~ 사용하였다 : 정현의 해석에 따르면 "옛날에 고치를 바칠 때에는 그 법이 이러한 예를 사용하였습니까?"라는 질문자의 발언이 된다.

30 머리 장식 : 副는 부녀의 머리 장식으로, 머리카락을 엮어서 임시 상투를 만드는 것이다. 『三禮辭典』, 705쪽 참조.

31 맹하를 ~ 의미다 : '麥秋'는 음력 4월의 칭호이다. 가을이란 보리가 익는 때이기 때문에 그렇게 칭하는 것이다. 「月令」(81)에 "이 달에 온갖 약초를 비축한다. 미초가 죽고, 맥

추가 이른다"(是月也, 聚畜百藥. 靡草死, 麥秋至)고 한 것에 대해 진호의 집설에 "가을은 온갖 곡물이 익는 시기다. 이 경문의 때는 시기상 여름이지만, 보리농사로는 (보리가 여무는) 가을에 해당하므로 '麥秋'라고 한 것이다"(秋者, 百穀成熟之期. 此於時雖夏, 於麥則秋, 故云'麥秋'也)라고 하였다.

32 問 : '曰'의 오자로 생각된다.

33 乎 : 「樂記」(전-7-3)에는 '諸'로 되어 있다.

34 而天下塞焉, 擧而錯之 : 이 부분이 「樂記」(전-7-3)에는 '擧而錯之天下'로 되어 있다.

35 이 : 而는 어떤 단어 뒤에 붙어서 형용어나 부사어가 되도록 만드는 역할을 한다.

36 '방'은 ~ 같다 : 이 말은 『맹자』 「離婁下」에 나온다.

37 그 아래는 ~ 높인다 : 여기 인용문들은 위 「祭義」(4-1)에 나온다.

38 천지의 ~ 귀하다 : 이 말은 『孝經』 「聖治」에 나온다.

39 아직 ~ 섬기겠는가 : 이 말은 『논어』 「先進」에 나온다.

40 주나라에서 ~ 있었다 : 이 말은 『춘추좌씨전』, 隱公 11年 조 傳에 나온다.

41 머리가 ~ 않는다 : 이 말은 『맹자』 「梁惠王上」에 나온다.

42 악조 : 음악의 祖師로서, 神瞽라고도 칭한다. 『주례』 「春官·大司樂」에 "무릇 도가 있고 덕이 있는 사람으로 하여금 가르치게 하고, 죽으면 악조로 삼아서 고종에서 제사지 낸다"(凡有道者有德者, 使敎焉, 死則以爲樂祖, 祭於瞽宗)라고 하였다. 이에 대한 정현의 주에는 "도는 才藝가 많은 자이고, 덕은 몸소 실천하는 자이다. 예를 들면 순임금이 夔에게 명하여 음악을 관장하면서 태자를 가르치게 한 것이 그것이다. 그가 죽자 음악의 조신으로 삼아서 제사지냈다"(道多才藝者, 德能躬行者. 若舜命夔典樂, 敎冑子, 是也. 死則以爲樂之祖神而祭之)라고 하였다.

43 고종 : 은나라 때 태학의 명칭인데, 주나라에서도 이를 계승하여 태학으로 삼아서 예와 악을 가르치는 장소로 삼고, 태학 四學의 하나로 하였다. 「明堂位」(2-28)에 "瞽宗은 은 나라의 학교이고, 頖宮은 주나라의 학교이다"라고 하였다.

44 친애하는 ~ 보존된다 : 이 말은 「祭義」(1-4)에 나온다.

45 마치 ~ 한다 : 이 말은 「祭義」(1-11)에 나온다.

46 또 이어서 그리워하였다 : 이 말은 「祭義」(1-7)에 나온다.

제통
祭統
양촌에 사는 후학 권근 지음

살피건대, 「제법祭法」·「제의祭義」·「제통祭統」 세 편은 다 제사의 예를 말한 것이지만 각 편의 뜻은 다르다. 법法은 제도로 말한 것이고 의義는 일로 말한 것이다. 통統은 근본이며 그 리理가 마음에서 생겨나는 것으로 말한 것이다.

近案, 「祭法」·「祭義」·「祭統」三篇, 皆言祭祀之禮, 而各篇之義不同. 法以制言, 義以事言. 而統者本也, 以其理之生於心者言也.

1.¹⁾

¹⁻¹[제통 1]

무릇 사람을 다스리는 도道 가운데 예보다 시급한 것이 없다. 예에는 오경五經(다섯 가지 근간)이 있는데 그 중에서 제사보다 중요한 것은 없다. 제사란 어떤 것이 외부로부터 와서 이르는 것이 아니라, 안에서 나와 마음에서 생기는 것이다. 마음에 놀라고 생각나 예로

써 받드는 것이다. 이런 까닭에, 어진 사람이라야 제례의 의義를
다할 수 있다.

凡治人之道, 莫急於禮. 禮有五經, 莫重於祭. 夫祭者, 非物自外
至者也, 自中出生於心者也. 心怵而奉之以禮. 是故唯賢者能盡
祭之義.

集說 '오경五經'은 길례·흉례·군례·빈례·가례 등 오례이다. '마음에
놀라고 생각난다'(心怵)는 것은 앞 편에서 "(봄에 비와 이슬이 내려 땅을 적
시면) 군자는 그것을 밟을 때 반드시 놀라는 마음이 생긴다"2)는 것으로서,
마음에 느끼어 움직여지는 것이 있음을 말한다. ○ 방씨方氏(방각方慤)는 말
한다. "마음을 극진히 하는 것은 제사의 근본이고, 제물을 극진하게 하는
것은 제사의 말단이다. 근본이 먼저 있고 나서 말단이 따르는 것이다. 그
러므로 '제사란 어떤 것이 외부로부터 와서 이르는 것이 아니라, 내부로부
터 나와 마음에서 생기는 것이다.' '마음에 놀라고 생각나 예로써 받든다'는
것은 마음이 안에서 느끼는 바가 있기 때문에 밖으로 예로써 받든다는 것
이다. 대개 내부로부터 나오는 것이지 외부로부터 와서 이르는 것이 아니
기 때문이다. 예로써 받드는 것은 제물에 나타나고, 의義로써 극진하게 하
는 것은 마음에 있다. 사물을 따라가느라 마음을 잊는 자는 대중들이고,
마음에서 나와 사물로 표현되는 자는 군자이다. 그러므로 '어진 사람이라
야 제례의 의義를 다할 수 있다'고 한 것이다." '五經', 吉·凶·軍·賓·嘉之
五禮也. '心怵', 卽前篇"君子履之, 必有怵惕之心", 謂心有感動也. ○ 方氏曰: "盡其心者
祭之本, 盡其物者祭之末. 有本然後末從之. 故'祭非物自外至, 自中出生於心'也. '心怵而
奉之以禮'者, 心有所感於內, 故以禮奉之於外而已. 蓋以其自中出, 非外至者也. 奉之以
禮者見乎物, 盡之以義者存乎心. 苟其物而忘其心者, 衆人也, 發於心而形於物者, 君子

也. 故曰'唯賢者能盡祭之義'."

權近 살피건대, 이 장은 제사의 리理가 자신의 마음에 근본하여 생기는 것임을 말하였다. '마음에 놀라고 생각난다'는 바로 앞 편의 '놀라는 마음이 생긴다'([제의 1])는 뜻이다. 그러나 앞 편의 경우는 서리를 밟음으로 인해 마음에 감발되는 것이 있음을 말했으니, 하나의 단서를 가리켜서 말한 것이다. 이 편은 자신의 마음속에 본래 저절로 놀라고 생각나는 진실한 마음이 있고, 감촉됨으로 인해 뒤에 느끼게 된 것이 애초에 없었음을 말하였다.

近案, 此言祭之理, 本於中心而生. '心怵', 卽前篇'怵惕之心'. 然前篇則是言因履霜露而有感, 是指一端而言. 此篇則言其中心本有自然怵惕之誠心, 而初無所因於感觸而後有者也.

1-2[제통 2]

어진 사람이 제사를 지내면 반드시 복을 받는데, 그것은 세상 사람들이 말하는 복이 아니다. 복이라는 것은 모든 것이 갖추어지는 것이다. 모든 것이 갖추어진다는 것은 모든 일을 도리에 따라 하는 것을 말한다. 도리에 따르지 않은 바가 없는 것을 모든 것이 갖추어졌다고 한다. 내면적으로는 자기 자신을 다하고 외면적으로는 도에 따르는 것이다. 충신은 그것으로써 임금을 섬기고 효자는 그것으로써 어버이를 섬기는데 그 근본은 하나이다. 위로 귀신에게 순종하고 밖으로 임금과 어른에게 순종하며 안으로 부모에게 효도한다. 이와 같으면 모든 것이 갖추어졌다고 한다. 오직 어진 사람이라야 모든 것을 갖출 수 있고 모든 것을 갖춘 뒤에야 제사를 지낼 수가 있다. 그러므로 어진 사람이 제사를 지낼 때에는 정성(誠)과 신의(信)를 다하고 충직(忠)과 공경(敬)을 다한다. 제물로 받들고 예로 인도하고 음악으로 편안하게 하고 시일로 참용參用하여 정결하게 제수를 올릴 뿐이요 자기에게 복이 되기를 구하지 않는다. 이것이 효자의 마음이다.

賢者之祭也, 必受其福, 非世所謂福也. 福者, 備也. 備者, 百順之名也. 無所不順者之謂備. 言內盡於己, 而外順於道也. 忠臣以事其君, 孝子以事其親, 其本一也. 上則順於鬼神, 外則順於君長, 內則以孝於親. 如此之謂備. 唯賢者能備, 能備然後能祭. 是故賢者之祭也, 致其誠信, 與其忠敬. 奉之以物, 道之以禮, 安之以樂, 參之以時, 明薦之而已矣, 不求其爲. 此孝子之心也.

集說 방씨方氏(방각方慤)는 말한다. "정성(誠)·신의(信)·충직(忠)·공경(敬) 네 가지는 제사의 근본이다. 제물이라는 것은 이것을 받드는 것일 뿐이고, 예라는 것은 이것을 인도하는 것일 뿐이고, 음악이라는 것은 이것을 편안하게 여기는 것일 뿐이고, 시일이라는 것은 이것을 참용參用하는 것일 뿐이다." ○ 응씨應氏는 말한다. "'자기에게 복이 되기를 구하지 않는다'는 것은 복을 구하는 마음이 없는 것으로서, 이른바 '제사를 지낼 때, 사적인 복을 빌지 않는다'3)는 것이다." 方氏曰: "誠·信·忠·敬四者, 祭之本. 所謂物者, 奉乎此而已, 所謂禮者, 道乎此而已, 所謂樂者, 安乎此而已, 所謂時者, 參乎此而已." ○ 應氏曰: "'不求其爲', 無求福之心也, 所謂祭祀不祈也."

權近 살피건대, 앞 편에서는 매번 '효자의 제사'라 칭했는데, 여기서는 '어진 사람'(賢者)을 말했다. 효는 그 하나의 단서를 가리킨 것이지만, 어진 것은 그 온전한 덕을 실행하는 것이고 또 안팎을 다 들어서 말하는 것이므로,

'효'라고 하지 않고 '어질다'(賢)라고 한 것 같다. 사람이 효의 도를 극진히 할 수 있다면 그 사람됨이 바로 어진 사람일 것이니, 이것은 앞 편에 비해 한 걸음 더 나아가 말한 것이다. 그러나 그 근본은 효일 따름이다. 그러므로 끝부분에서는 다시 효자의 마음으로 총결하였다. 近案, 前篇每稱'孝子之祭', 而此言'賢者'. 蓋孝者指其一端, 而賢則行其全德, 且又備擧內外以言之, 故不曰'孝'而曰'賢'. 人能盡孝之道, 則其爲人乃賢者也, 是比前篇則進一步而言之也. 然其本則孝而已. 故其末又以孝子之心結之也.

1-3[제통 3]

제사는 다 못한 봉양을 뒤좇아 행하여 효를 이어가는 것이다. 효란 간직하는 것(畜)이다. 도에 따르고 윤서倫序에 거스르지 않는 것, 이것을 간직하는 것(畜)이라고 한다.
祭者, 所以追養繼孝也. 孝者, 畜也. 順於道, 不逆於倫, 是之謂畜.

集說 응씨應氏(응용應鏞)는 말한다. "그 미처 하지 못한 봉양을 뒤좇아 행하여 그 다하지 못한 효를 이어가는 것이다. '축畜'은 본래 기르고 봉양한다는 뜻이지만, 머무르게 하여 쌓고 모으는 뜻도 있다." ○ 유씨劉氏는 말한다. "부모가 이미 돌아가신 뒤에 뒤좇아 봉양함으로써 그 효를 계속 이어가고 잊지 않는다. '축畜'이란 간직하는 것이다. 마음속에 간직하고 잊지 않는 것이다. 이것이 본성을 따르는 도에 순종하여 하늘이 내려준 윤서倫序를 거스르지 않는 것이다. 『시詩』에서 '마음으로 사랑하니 어찌 말하지 않으리오. 마음속에 간직하고 있으니 언제인들 잊으리오'[4]라고 했는데, 이것

이 '축畜'의 뜻이다." 應氏曰: "追其不及之養, 而繼其未盡之孝也. '畜', 固爲畜養之義,
而亦有止而畜聚之意焉." ○ 劉氏曰: "追養其親於旣遠, 繼續其孝而不忘. '畜'者, 藏也.
中心藏之而不忘. 是順乎率性之道, 而不逆天敍之倫焉. 『詩』曰, '心乎愛矣, 遐不謂矣.
中心藏之, 何日忘之', 此'畜'之意也."

1-4[제통 4]

그러므로 효자가 부모를 섬기는 것에 세 가지 도리가 있다. 살아
계실 땐 봉양하고 돌아가시면 상을 치르며 상이 끝나면 제사를 지
낸다. 봉양할 때에는 그 순종하는 것을 살펴보고 상을 치를 때에는
그 슬퍼하는 것을 살펴보며 제사를 지낼 때에는 그 공경하고 때맞
추어 지내는 것을 살펴본다. 이 세 가지 도리를 다하는 것이 효자
의 행실이다.

是故孝子之事親也, 有三道焉. 生則養, 沒則喪, 喪畢則祭. 養則
觀其順也, 喪則觀其哀也, 祭則觀其敬而時也. 盡此三道者, 孝子
之行也.

集說 "살아 계실 때에는 예로써 섬기고, 돌아가시면 예로써 장사를 치르
고 예로써 제사를 지낸다."5) 봉양은 순종함을 주로 하고 장례葬禮는 슬퍼
함을 주로 하며 제사는 공경함을 주로 한다. '시時'는 때마다 부모를 생각하
는 것이니, 예는 때가 중요하다. "生事之以禮, 死葬之以禮, 祭之以禮." 養以順爲
主, 喪以哀爲主, 祭以敬爲主. '時'者, 以時思之, 禮時爲大也.

權近 살피건대, 이 편은 주로 제사가 마음으로부터 생겨남을 주로 말하
고 행실을 겸하여 말하였다. 그러므로 앞 장의 끝에서 마음으로 총결하였

는데, 이 편에서는 행실로 총결하였다. 近案, 此篇主言祭之生於心者, 而兼以行言之. 故前章之末, 以心結之, 而此以行結之也.

1-5[제통 5]

안으로 스스로 극진하게 하고 또 밖으로 도움을 구하는데, 혼례가 그것이다. 그러므로 국군國君이 부인을 맞이할 때 하는 말에, "그대의 옥 같은 딸을 청하여 과인과 함께 이 나라를 소유하여 종묘와 사직을 받들고자 합니다"라고 하는데, 이것이 도움을 구하는 근본이다. 무릇 제사란 반드시 부부가 몸소 지내는 것이니, 남녀의 직분을 갖추어야 하기 때문이다. 직분이 갖추어지면 제물이 갖추어진다. 수초를 절인 것과 육지 산물로 만든 젓갈은 작은 제물이 갖추어진 것이다. 제기에 담긴 세 가지 희생 고기와 8개의 궤簋(제기)에 담긴 음식들은 융성한 제물이 갖추어진 것이다. 곤충의 특별한 것과 초목의 열매들은 음양의 제물이 갖추어진 것이다. 하늘이 낳은 것과 땅이 기른 것으로서 신령에게 바칠 수 있는 것이라면 모두 차려져 있지 않은 것이 없는데, 그것은 제물을 다 바침을 보이는 것이다. 외적으로는 제물을 다 바치고, 내적으로는 뜻을 극진히 하는 것, 이것이 제사지내는 마음이다.

旣內自盡, 又外求助, 昏禮是也. 故國君取夫人之辭曰: "請君之玉女與寡人共有敝邑, 事宗廟社稷", 此求助之本也. 大祭也者, 必夫婦親之, 所以備外內之官也. 官備則具備. 水草之菹, 陸産之

醢, 小物備矣. 三牲之俎, 八簋之實, 美物備矣. 昆蟲之異, 草木
之實, 陰陽之物備矣. 凡天之所生, 地之所長, 苟可薦者, 莫不咸
在, 示盡物也. 外則盡物, 內則盡志, 此祭之心也.

集說 살펴보건대 「내칙」(4-18)에 먹을 수 있는 것으로 '조蜩'와 '범范'이 있
다고 하였는데 매미와 벌이다. 또 '지해蚳醢'와 같은 것은 개미 알로 만든
것이다. 이 경문에서 '곤충의 특별한 것'이라고 한 것은 또한 이러한 종류
들일 것이다. 按「內則」, 可食之物, 有蜩'范'者, 蟬與蜂也. 又如'蚳醢', 是蟻子所爲.
此言'昆蟲之異', 亦此類乎.

權近 살피건대, 편 첫머리에서 제사의 근본이 마음에서 생겨남을 말했고,
여기서는 도움을 구하는 근본이 혼례에 있음을 말하였다. 近案, 篇首言祭之
本, 生於心, 此言求助之本, 在於昏禮.

1-6[제통 6]

그러므로 천자는 남쪽 교郊에서 몸소 적전籍田을 경작하여 제사에
쓸 곡식을 바치고, 왕후는 북쪽 교에서 양잠을 하여 천자의 치복緇
服을 만들어 바친다. 제후는 동쪽 교에서 적전을 경작하여 역시 제
사에 쓸 곡식을 바치고, 부인은 북쪽 교에서 양잠을 하여 제후의
면복冕服을 만들어 바친다. 천자나 제후가 밭을 경작할 사람이 없
어서 경작하는 것이 아니며, 왕후나 부인이 양잠할 사람이 없어서
양잠을 하는 것이 아니라 몸소 그 정성(誠)과 신의(信)를 바치는 것

이다. 정성스럽고 신의가 있는 것을 극진히 한다고 하고, 극진히 하는 것을 공경한다고 말한다. 공경함을 다한 뒤에야 신명神明을 섬길 수 있다. 이것이 제사지내는 도리다.

是故天子親耕於南郊, 以共齊盛, 王后蠶於北郊, 以共純服. 諸侯耕於東郊, 亦以共齊盛, 夫人蠶於北郊, 以共冕服. 天子‧諸侯非莫耕也, 王后‧夫人非莫蠶也, 身致其誠信. 誠信之謂盡, 盡之謂敬. 敬盡然後可以事神明. 此祭之道也.

集說　제복은 모두 상의는 검은빛이고 하의는 분홍빛이다. 천자의 경우는 치복이라고 하고 제후의 경우는 면복이라고 하였지만 치복도 면복이다. '치緇'는 빛깔을 가지고 말한 것이고, 면복은 그것이 제복임을 드러낸 것이다. '비막경非莫耕‧비막잠非莫蠶'은 경작할 수 있는 사람이 없어서가 아니고, 양잠할 수 있는 사람이 없어서가 아님을 말한다. 祭服, 皆上玄下纁. 天子言緇服, 諸侯言冕服, 緇服, 亦冕服也. '緇'以色言, 冕服則顯其爲祭服耳. '非莫耕‧非莫蠶', 言非無可耕之人, 非無可蠶之人也.

權近　살펴건대, 앞의 두 절은 효자의 마음과 행실로 총결하였고, 여기 두 절은 제사지내는 마음과 도로 총결하였다. 효자에 대해서는 행실을 말하면서 사람이 당연히 해야 하는 것으로 말하고, 제사에 대해서는 도를 말하면서 리理의 당연한 것으로 말하였다. 도는 바로 당연히 해야 하는 것으로 두 가지가 따로 있는 것이 아니다. 각각 그 중요한 것을 가지고 말한 것이다. 近案, 前二節, 以孝子之心與行結之, 此兩節, 以祭之心與道結之, 於孝子則言行, 以人之所當爲者言也, 於祭則言道, 以理之所當然者言也. 道卽所當行者非有二也. 各以其重者言之.

1-7 [제통 7]

때가 되어 장차 제사를 지내려 할 때에, 군자는 곧 재계를 한다. 재계라고 하는 말은 가지런히 한다는 것이다. 가지런하지 못한 것들을 가지런하게 함으로써 정돈된 상태(齊)를 이루는 것이다. 이런 까닭에 군자는 큰일이 있지 않고 공경할 일이 있지 않으면, 재계하지 않는다. 재계하지 않으면 일에 대해 방지하지 못하고, 즐겨하는 욕구들이 멈춤이 없다. 장차 재계함에 미쳐서는 사악한 일들을 막고 즐겨하는 욕구들을 그치게 하며 귀로는 악樂을 듣지 않는다. 그러므로 『기記』에서 "재계하는 사람은 악을 사용하지 않는다"고 하였는데, 감히 그 뜻을 분산시키지 않는다는 말이다. 마음은 구차한 생각을 하지 않고 반드시 도에 의거하며, 손발은 구차하게 움직이지 않고 반드시 예의에 의거한다. 이런 까닭에 군자가 재계하면 자기의 순수하고 밝은 덕을 전일하게 이루는 것이다. 그러므로 7일 동안 산재하여 뜻을 안정시키고 3일 동안 치재하여 뜻을 가지런하게 한다. 뜻을 안정시키는 것을 재계라고 하니, 재계란 순수하고 밝음이 지극해지는 것이다. 그런 뒤에 신명神明과 교감할 수 있다.

及時將祭, 君子乃齊. 齊之爲言齊也. 齊不齊以致齊者也. 是以君子非有大事也, 非有恭敬也, 則不齊. 不齊則於物無防也, 耆欲無止也. 及其將齊也, 防其邪物, 訖其耆欲, 耳不聽樂. 故『記』曰: "齊者不樂", 言不敢散其志也. 心不苟慮, 必依於道, 手足不苟動, 必依於禮. 是故君子之齊也, 專致其精明之德也. 故散齊七日以定之, 致齊三日以齊之. 定之之謂齊, 齊者精明之至也. 然後可以交於神明也.

'어물무방於物無防'에서 '물物'은 일과 같다. '구차하게 생각을 하지 않고'(不苟慮) '구차하게 움직이지 않는다'(不苟動)는 것은 모두 이른바 방지한 다(防)는 것이다. '於物無防', '物', 猶事也. '不苟慮'·'不苟動', 皆所謂防也.

살피건대, 앞 장은 제사의 도가 갖추어졌음을 총체적으로 말하였다. 그러므로 이 장은 제사지낼 때의 일을 말하였다. '재계하지 않으면 일에 대해 방비하지 못하고 즐겨하는 욕구들이 멈춤이 없다'라는 말은 재계할 때 경계해야 하는 것이 재계하지 않을 때보다 심하다는 것을 특별히 말한 것뿐이지, 군자가 재계하지 않을 때 물욕에 대해 방탕해져서 방지하는 것이 없다는 말은 아니다. 독자는 말로 의미를 해치지 않는 것이 옳다. 近案, 上總言祭之道備矣. 故此言齊時之事. '不齊則於物無防, 嗜欲無止'者, 特言齊時之所戒, 止甚於不齊之時耳, 非謂君子當不齊之時, 其於物欲蕩然宗, 無所防止也. 觀者不以辭害意, 可也.

1-8 [제통 8]

그러므로 제사지내기 11일 전에 궁재宮宰가 부인에게 엄숙하게 알린다. 부인도 7일 동안 산재散齊하고 3일 동안 치재致齊한다. 임금은 밖6)에서 부인은 안7)에서 각각 치제한다. 그런 뒤에 (제삿날에는) 태묘에 모인다. 임금은 치면純冕의 복장으로 조계阼階(동쪽계단)에 서며, 부인은 부휘副褘(머리장식과 휘의褘衣)의 복장으로 동쪽 방에 선다. 임금이 규찬圭瓚을 잡고 시尸 앞에서 관례祼禮(강신례)를 하면, 대종大宗이 장찬璋瓚으로 아관례亞祼禮를 한다. 희생을 맞이함에 미쳐서는 임금이 그 고삐를 잡고 경대부卿大夫가 (폐백을 들고) 따르며 사士는 볏짚을 잡고 따른다. 종부宗婦들은 앙제盎齊를 잡고 따르고, 부인은 거른 술(涗水)을 시尸에게 올린다. 임금이 난도鸞刀를 잡고 갈라서 간肝·폐肺를 올리면 부인은 두豆를 올린다. 이것을 가리켜서 부부가 몸소 제사를 지낸다고 한다.

是故先期旬有一日, 宮宰宿夫人. 夫人亦散齊七日, 致齊三日. 君致齊於外, 夫人致齊於內. 然後會於大廟. 君純冕立於阼, 夫人副褘立於東房. 君執圭瓚祼尸, 大宗執璋瓚亞祼. 及迎牲, 君執紖, 卿大夫從. 士執芻. 宗婦執盎從, 夫人薦涗水. 君執鸞刀羞嚌, 夫人薦豆. 此之謂夫婦親之.

集說 '숙宿'은 숙肅으로 읽는다. 삼간다는 것과 같다. 정씨鄭氏(정현鄭玄)는 말한다. "'태묘大廟'는 시조묘始祖廟이다. '규찬圭瓚'과 '장찬璋瓚'은 관례祼禮에 쓰는 기명器皿이다. 규圭와 장璋이 손잡이가 된다. 울창주를 따르는 것을 '관祼'이라고 한다. 대종大宗이 두 번째로 관례를 할 수 있는 것은 부인에게 혹 일이 있어 섭행하는 경우이다. '인紖'은 희생을 끄는 줄이다. '추芻'는 볏짚(藁)이다. 희생을 잡을 때에 깔개로 쓴다." ○ 소疏에서 말한다. "'종부宗婦들은 앙제盎齊를 잡고 따른다'는 것은 동종同宗의 부인婦人들이 앙제를 잡고 부인夫人을 따르는 것이다. '부인은 거른 술(涗水)을 시尸에게 올린다'는 것은 세涗는 앙제盎齊인데, 탁하기 때문에 청주 부분을 가지고 거르는 것이다. 거른 술(涗水)은 명수明水이다. 종부들이 앙제를 잡고 부인을 따라와서 앙제를 자리에 올리면, 부인은 이에 앙제가 담긴 준尊에 나아가 이

거른 앙제(泱齊)를 떠서 바치는 것이다. 앙제를 이어서 명수明水가 있기 때문에 '수水'를 이어서 말한 것뿐이다. '임금이 난도鸞刀를 잡고 갈라서 간肝·폐肺를 올린다'는 것에서 '제嚌'는 간肝·폐肺이다. 제嚌는 두 가지 경우에 올린다. 첫째, 조천朝踐8)할 때이다. 간을 취하여 발기름으로 꿰어서 입방에 들어가 화롯불에 태우고 나와서 신주 앞에 올린다. 둘째, 익힌 고기를 올리는 궤사饋食의 예를 행할 때이다. 임금이 난도로 시尸가 맛보도록 올릴 폐를 자르는데, 가로로 잘라서 끊어지지 않게 하고 조俎에 담아 올리면 시尸가 함께 그것을 맛본다. 그러므로 '간·폐를 올린다'(羞嚌)고 하였다. 일설에 '수羞는 바친다는 뜻이다'라고 한다. 부인이 두豆를 올린다는 것은 임금이 간·폐를 올릴 때에 부인이 이 궤사饋食례의 두豆를 올리는 것이다." 또 말한다. "「교특생」(4-43)에서는 '앙제로 제사지낼 때 명수를 더한다'고 하였다. 천자와 제후의 제례에서는 시尸에게 관례祼禮를 하는 일이 먼저 있다."

'宿', 讀爲'肅'. 猶戒也. ○ 鄭氏曰: "大廟, 始祖廟也. '圭瓚'·'璋瓚', 祼器也. 以圭·璋爲柄. 酌鬱鬯曰'祼'. 大宗亞祼, 容夫人有故攝焉. '紖', 所以牽牲. '芻', 藁也. 殺牲用以薦藉." ○ 疏曰: "宗婦執盎從'者, 謂同宗之婦, 執盎齊以從夫人也. '夫人薦泱水'者, 泱卽盎齊以濁, 用淸酒以泱沛之. 泱水是明水. 宗婦執盎齊從夫人而來, 奠盎齊於位, 夫人乃就9)盎齊之尊, 酌此泱齊而薦之. 因盎齊有明水, 連言'水'耳. '君執鸞刀羞嚌'者, '嚌', 肝肺也. 嚌有二時. 一是朝踐之時. 取肝以膋貫之, 入室燎於爐炭, 而出薦之主前. 二是饋熟之時. 君以鸞刀割制所羞嚌肺, 橫切之不使絕, 亦奠於俎上, 尸並嚌之. 故云'羞嚌'. 一云: "羞, 進也.' '夫人薦豆'者, 君羞嚌時, 夫人薦此饋食之豆也." 又曰: "「郊特牲」云: '祭齊加明水.' 天子諸侯祭禮, 先有祼尸之事."

權近 살피건대, 이 장은 제사지낼 때의 일을 말한 것이다. 近案, 此言祭時之事.

1-9[제통 9]

종묘에 들어가서 춤을 출 때에 군주는 방패와 도끼를 잡고 춤추는 자리로 나아간다. 군주의 자리는 동쪽 윗자리가 된다. 군주는 면복을 입고 방패를 들고 여러 신하를 거느리고 선군의 시尸를 즐겁게 한다. 그러므로 천자의 제사에는 천하와 더불어 즐거워하고 제후의 제사에는 그 나라 안의 백성과 더불어 즐거워한다. 면복을 입고 방패를 들고 여러 신하를 거느리고 선군의 시尸를 즐겁게 하는 것, 이것은 나라 안의 백성과 더불어 즐거워한다는 뜻이다.

及入舞, 君執干戚就舞位. 君爲東上. 冕而總干, 率其群臣, 以樂皇尸. 是故天子之祭也, 與天下樂之, 諸侯之祭也, 與竟內樂之. 冕而總干, 率其群臣, 以樂皇尸, 此與竟內樂之之義也.

集說 '동쪽 윗자리'라고 한 것은 주인의 자리에 가깝기 때문이다. 이것은 제사지낼 때 천자와 제후가 몸소 춤추는 자리에 있음을 설명한 것이다. '東上', 近主位也. 此明祭時天子諸侯親在舞位.

權近 살피건대, 이 장은 제사지낼 때 쓰는 악樂의 의미를 말한 것이다. 近案, 此言祭時用樂之義.

1-10[제통 10]

제사에는 세 가지 중요한 것이 있다. 진헌하는 것으로는 관祼보다 더 중요한 것이 없다. 소리로는 승가升歌(악공이 당에 올라가 노래하는 것)보다 더 중요한 것이 없다. 춤으로는 「무숙야武宿夜」보다 더 중요한 것이 없다. 이것들은 주周나라의 도道이다. 무릇 세 가지 도란 외물을 빌려서 군자의 뜻을 중대시키는 것이다. 그러므로 뜻에 따라서 나아가고 물러나는 것이니, 뜻이 가벼우면 빌리는 외물도 가볍고, 뜻이 무거우면 빌리는 외물도 무겁다. 뜻을 가볍게 가지면서 밖에서 빌리는 것을 무겁게 하기를 요구하는 것은 성인聖人이라도 할 수 없다. 그러므로 군자의 제사에서 반드시 몸소 자신의 뜻을 다하는 것은 그것으로써 뜻이 무거운 것임을 밝히기 위함이다. 예로써 인도하여 세 가지 중요한 것을 받들어서 선군의 시尸에게 올리는 것, 이것이 성인聖人의 도이다.

夫祭有三重焉. 獻之屬, 莫重於祼. 聲莫重於升歌. 舞莫重於「武宿夜」. 此周道也. 凡三道者, 所以假於外而以增君子之志也. 故與志進退, 志輕則亦輕, 志重則亦重. 輕其志而求外之重也, 雖聖人弗能得也. 是故君子之祭也, 必身自盡也, 所以明重也. 道之以禮, 以奉三重, 而薦諸皇尸, 此聖人之道也.

集說 관례祼禮로써 강신降神을 하는 것은 예에서 중요하다. 노래하는 악공이 당위에 있는 것은 사람의 목소리를 귀하게 여기는 것이다. '「무숙야」'[10]는 무무의 악곡 이름인데, 그 의미는 알려져 있지 않다. '외물을 빌린다'는 것은, 관례祼禮는 울창을 빌리고 가歌는 성음聲音을 빌리고 무舞는 간척干戚을 빌리는 것을 말한다. 성誠과 경敬이란 외물을 아직 받들기 전에 있는 것이다. 성誠·경敬의 뜻이 마음속에 보존되어 있고 나서 외물을 빌려 쓰기 때문에 그 (외물의) 가볍고 무거움은 뜻의 나아가고 물러남에 따른다. 만약 내면의 뜻이 가벼운데도 외물을 무겁게 하기를 구하는 것은 성인이라

도 할 수 없다. 성인은 진실로 내면이 가벼운데도 외물을 무겁게 하기를 구하지 않는다. 이것은 다만 뜻에 힘쓰는 것이 근본이 됨을 밝힌 것이다. 祼以降神, 於禮爲重. 歌者在上, 貴人聲也. '「武宿夜」', 武舞之曲名也, 其義未聞. '假於外'者, 祼則假於鬱鬯, 歌則假於聲音, 舞則假於干戚也. 誠·敬者, 物之未將者也, 誠敬之志存於內, 而假外物以將之, 故其輕重隨志進退. 若內志輕而求外物之重, 雖聖人不可得也. 聖人固無內輕而求外重之事. 此特以明役志爲本耳.

權近 살피건대, 이 장은 또 제사지낼 때 쓰이는 예악 가운데 중요한 것들을 들어서 그 의미를 설명한 것이다. 제사는 본래 효자의 일인데 이 편의 첫머리에서 어진 사람을 말하고, 여기에 이르러서는 또 성인의 도를 가지고 총결하였으니, 그 말한 내용이 점점 더 무겁다. 近案, 此又擧祭時所用禮樂之重者, 而論說其義也. 祭本孝子之事, 而此篇之首以賢者言之, 至此又以聖人之道結之, 其所言愈益重矣.

---

¹⁻¹¹[제통 11]

제사에는 준餕이 있는데, 준이란 제사의 끝부분이니 잘 알지 않으면 안 된다. 그러므로 옛 사람에게 말이 있어 "끝을 잘 맺는 자는 시작할 때 하였던 것과 같이 한다. 제사에 있어서 준이 그것이다"라고 하였다. 그러므로 옛날의 군자는 "시尸도 귀신이 남긴 것을 먹는다(餕)"라고 하였다. (준은) 은혜를 베푸는 방법이니 이것으로 정치를 살펴볼 수 있다.

夫祭有餕, 餕者祭之末也, 不可不知也. 是故古之人有言曰: "善終者如始. 餕其是已." 是故古之君子曰: "尸亦餕鬼神之餘也." 惠術也, 可以觀政矣.

集說 방씨方氏는 말한다. "희생을 죽이고 나면 피와 날고기(血腥)를 귀신에게 올리고, 그것을 익혀서 조組에 담아 올리면 시尸가 비로소 먹는다. 이것이 '시尸가 귀신이 남긴 것을 먹는다'는 것이다." ○ 유씨劉氏(유이蜼彝)는 말한다. "제사가 끝나고 남긴 음식을 먹는 것은 제사의 마지막 일이다. 준餕의 예를 반드시 삼가는 것은 마지막을 삼가기를 처음 시작할 때와 같이 하는 것이다. 그러므로 옛 사람의 말을 인용하여 '끝을 잘 맺는 이는 처음에 잘하였던 것과 같이 한다. 지금 남은 음식을 먹는 예禮가 바로 이러한 의미다'라고 한 것이다. 그러므로 옛날의 군자에게 하는 말이 있어 '시尸가 먹고 마시는 것 또한 귀신이 먹고 남긴 것을 먹는 것이다'(餕)라고 하였는데, 이것이 바로 은혜를 베푸는 방법이다. 준의 예를 살펴보면 정치를 하는 도를 살펴볼 수 있다." 方氏曰: "牲旣殺, 則薦血腥於鬼神, 及熟之於俎, 而尸始食之, 是'尸餕鬼神之餘'也." ○ 劉氏曰: "祭畢而餕餘, 是祭之終事也. 必謹夫餕之禮者, 愼終如始也. 故引古人曰: '善終者, 如其始之善. 今餕餘之禮, 其是此意矣.' 所以古之君子有言, '尸之飮食, 亦是餕鬼神之餘也', 此卽施惠之法也. 觀乎餕之禮, 則可以觀爲政之道矣."

權近 살펴건대, 이 장은 제사를 마칠 때 있는 준餕에 관해 말하였다. 준이 비록 제사를 마칠 때 있어서 끝 부분이 되지만, 그래도 역시 예에서 중요한 것이다. 그러므로 그것이 끝 부분이 된다고 해서 가볍고 소홀하게 여겨 모르면 안 된다. 처음이야 누구든 잘 하지만, 능히 잘 마칠 수 있는 이는 드물다. 준은 것은 끝을 잘 맺는 도道이고 또 은혜를 베푸는 법도가 담겨 있는 것이다. 그러므로 이것이 비록 정치는 아니지만, 이것으로 정치를 하는 도를 살펴볼 수 있다. 近案, 此言祭終之餕. 餕雖在祭終而爲末, 然亦禮之重者. 故不可以其爲末而輕忽不知也. 靡不有初, 鮮克有終. 餕者善終之道, 又有施惠之法焉. 故

此雖非政, 而可以觀爲政之道矣.

그러므로 시尸가 일어서면 군주가 경卿 네 사람과 더불어 준餕을 한다. 군주가 일어서면 대부 여섯 사람이 준을 하는데, 이것은 군주가 남긴 것을 신하가 먹는 것이다. 대부들이 일어서면 여덟 사람의 사士가 준을 하는데, 이것은 천한 사람이 귀한 사람이 남긴 것을 먹는 것이다. 사들이 일어나서 각자 찬구饌具를 가지고 나가 당 아래에 그것들을 늘어놓으면 모든 관원들이 그것을 먹고 치우는데, 이것은 아랫사람이 윗사람이 남긴 것을 먹는 것이다. 무릇 준의 도는 매번 바뀔 때마다 사람이 많아지는데, 이것으로 귀천의 등급을 분별하고 은혜를 베푸는 상象을 일으키는 것이다. 그러므로 네 궤簋의 서직으로 종묘 안에서 거행됨을 보인다. 종묘 안은 나라 안(境內)을 상징한다.

是故尸謖, 君與卿四人餕. 君起, 大夫六人餕, 臣餕君之餘也. 大夫起, 士八人餕, 賤餕貴之餘也. 士起, 各執其具以出, 陳于堂下, 百官進, 徹之, 下餕上之餘也. 凡餕之道, 每變以衆, 所以別貴賤之等, 而興施惠之象也. 是故以四簋黍見其脩於廟中也. 廟中者竟內之象也.

集說 '속謖'은 일어선다는 뜻이다. 천자의 제사에는 궤簋가 여덟 개이고, 제후는 궤가 여섯 개이다. 여기서 '궤가 네 개라고 말한 것은 두 개의 궤는 양염陽厭[11]의 제사를 위하여 남겨두기 때문이다. 그러므로 네 개의 궤를

가지고 준餕을 한다. 궤에는 서와 직을 담으니 서를 거명하면 직을 올림도 알 수 있다. 군君·경卿에서 백관百官에 이르기까지 매번 바뀔 때마다 사람이 더욱 많아지는 것은 이로써 귀천을 구별하고 은혜를 베푸는 것을 상징하는 것이다. 은혜를 베푸는 예가 종묘 안에서 정비되어 거행되면 은혜를 베푸는 정치가 반드시 나라 안에 두루 미치게 된다. 이 때문에 (준으로) 정치를 살펴볼 수 있다고 하는 것이다. '餕', 起也. 天子之祭八簋, 諸侯六簋. 此言'四簋'者, 留二簋爲陽厭之祭. 故以四簋餕也. 簋以盛黍稷, 擧黍則稷可知矣. 自君卿至百官, 每變而人益衆, 所以別貴賤, 象施惠也. 施惠之禮, 脩擧於廟中, 則施惠之政, 必遍及於境內. 此可以觀政之謂也.

權近 살피건대, 이 장은 준餕의 일을 자세하게 말함으로써 그것에 은혜를 베푸는 도가 있음을 나타낸 것이다. 近案, 此詳言餕之事, 以見其有施惠之道也.

1-13[제통 13]

제사라는 것은 은택이 큰 것이다. 그러므로 윗사람에게 큰 은택이 있으면 은혜가 반드시 아래에 미친다. 다만 윗사람에게 먼저 베풀어지고 아랫사람에게 나중에 베풀어지는 것뿐이다. 위에서 쌓인 것이 무거운데 아래에서는 얼고 굶주린 백성이 있는 것이 아니다. 그래서 윗사람에게 큰 은택이 있으면 백성들은 저마다 그것이 아래로 흐를 것을 기대한다. 혜택이 반드시 장차 이르게 될 것을 아는 것은 준으로 말미암아 보는 것이다. 그러므로 "이것으로 정치를 살펴볼 수 있다"고 한다. 제사의 예가 중요하니, 세물을 준비하여 갖춘다. 예를 따라서 갖추는 것이니, 그 가르침의 근본이다! 그러므로 군자의 가르침은 밖으로는 임금과 연장자를 존경할 것을 가르치고 안으로는 그 어버이에게 효도할 것을 가르친다. 그러므로 현명한 임금이 위에 있으면 모든 신하가 복종한다. 종묘와 사직을 높이고 섬기면 그 자손들이 순종하고 효도한다. 그 도道를 다하고 그 의義를 바르게 하면서 가르침이 생겨난다.

祭者, 澤之大者也. 是故上有大澤則惠必及下. 顧上先下後耳. 非上積重而下有凍餒之民也. 是故上有大澤, 則民夫人待于下流, 知惠之必將至也, 由餒見之矣. 故曰: "可以觀政矣." 夫祭之爲物大矣, 其興物備矣. 順以備者也, 其敎之本與! 是故君子之敎也, 外則敎之以尊其君長, 內則敎之以孝於其親. 是故, 明君在上, 則諸臣服從. 崇事宗廟社稷, 則子孫順孝. 盡其道, 端其義, 而敎生焉.

集說 '위물爲物'은 일로써 말한 것이고 '흥물興物'은 제물로써 말한 것이다. 희생과 제수를 준비해 올리는 것은 모두 예에 따라서 갖추어야 할 것을 다 이루는 것이다. 성인이 가르침을 세우는 것은 그 근본이 여기에 있다. '爲物', 以事言也, '興物', 以具言也. 興擧牲羞之具, 凡以順於禮而致其備焉耳. 聖人立敎, 其本在此.

權近 살피건대, 앞 장에서 제사지낼 때 처음부터 끝에 이르는 의리가 갖추어져 있음을 말했는데, 이 장에서 또 편 첫머리의 도리에 따라서 갖추는 의리를 거듭 말하여 제사가 사람을 가르치는 근본이 되는 이유를 드러냈다. 近案, 前旣言祭時始末之義備矣, 此又申言篇首順備之義, 以見祭所以爲敎人之本也.

그러므로 군자가 임금을 섬기는 데에는 반드시 몸소 행한다. 윗사람에게서 편안치 않은 것을 아랫사람에게 시키지 않으며, 아랫사람이 싫어하는 것으로 윗사람을 섬기지 않는다. 남에게 그르다고 한 것을 자신에게 행하는 것은 가르침의 도가 아니다. 그러므로 군자의 가르침은 반드시 그 근본으로부터 말미암으니 도리에 따르는 것이 지극하다. 제사가 바로 그러한 것이다. 그러므로 "제사는 가르침의 근본이다"라고 한다.

是故君子之事君也, 必身行之. 所不安於上, 則不以使下, 所惡於下, 則不以事上. 非諸人, 行諸己, 非敎之道也. 是故君子之敎也, 必由其本, 順之至也. 祭其是與. 故曰: "祭者, 敎之本也已."

集說 자기의 마음으로 남의 마음을 헤아리는 것은 바로 「대학」의 '혈구絜矩의 도道'이다. 이와 같이 한 뒤에야 그 도道를 다하고 그 의義를 바르게 할 수 있다. 가르침의 근본을 거듭 말함으로써 앞글의 뜻을 총결하였다.

以己之心, 度人之心, 卽「大學」'絜矩之道'. 如此而後能盡其道, 端其義也. 申言敎之本, 以結上文之意.

權近 살펴건대, 이 장은 가르침의 근본이 되는 뜻을 거듭 풀어 설명하여 총결하였다. 앞 편에서는 제사를 말하면서 효자가 부모를 섬기는 것을 가지고 말을 마쳤는데, 이 편에서는 또 제사를 말하면서 군자가 임금을 섬기는 것을 가지고 말을 마쳤으니, 그 뜻은 한 가지이다. ○ 편 머리에서 이 장까지는 제사의 내면과 외면, 시작과 끝에 관해서 논하고 미루어 정치와 가르침에까지 미쳤다. 글의 뜻이 서로 이어지니 마땅히 하나의 절이 되어

야 한다. 近案, 此申釋敎之本之義以結之. 前篇言祭而終言孝子之事親, 此篇亦言祭而終言君子之事君, 其義一也. ○ 自篇首至此, 論祭之內外始末, 而推及於政敎. 文義相承, 當爲一節.

2.

2-1[제통 15]

제사에는 열 가지 인륜(倫)이 있다. 귀신을 섬기는 도리를 나타내는
것이요, 군신君臣의 의리(義)를 나타내는 것이요, 부자父子의 윤서倫
序를 보이는 것이요, 귀천貴賤의 차등을 보이는 것이요, 친소親疏의
차이(殺)[12]를 보이는 것이요, 작위와 상을 베푸는 것을 보이는 것이
요, 부부夫婦의 구별을 보이는 것이요, 정사政事의 균등함을 보이는
것이요, 장유長幼의 순서를 보이는 것이요, 상하上下의 교제를 보이
는 것이다. 이것을 열 가지 인륜(倫)이라고 한다.

夫祭有十倫焉. 見事鬼神之道焉, 見君臣之義焉, 見父子之倫焉,
見貴賤之等焉, 見親疏之殺焉, 見爵賞之施焉, 見夫婦之別焉, 見
政事之均焉, 見長幼之序焉, 見上下之際焉. 此之謂十倫.

集說 정씨鄭氏(정현鄭玄)는 말한다. "'윤倫'은 의리(義)와 같다." 鄭氏曰: "倫,
猶義也."

權近 살피건대, 이 장 이하는 제사에서 큰 절목으로 열 가지 종류가 있음
을 미루어 설명해서 제사의 효과와 작용이 광대함을 드러냈다. 近案, 此下推
衍祭祀之大節其類有十, 以見其功用之廣也.

2-2[제통 16]

자리(筵)를 펴고 공동의 궤几를 진설하여 여기에 신이 의지하게 한

다. 축관이 묘실에서 시尸에게 일을 고하고, 팽祊에 나가서 제사를 지낸다. 이것은 신명神明과 교감하는 도이다.

鋪筵設同几, 爲依神也. 詔祝於室, 而出于祊. 此交神明之道也.

集說 '연筵'은 자리(席)다. '궤几'는 기대어 몸을 편안하게 하는 것이다. 사람이 살아서는 형체가 다르므로 부부의 윤리가 구별이 있는 것에 있지만, 죽어서는 정기精氣에 구별이 없기 때문에 하나의 궤를 공동으로 설치한다. 그러므로 축사祝辭에서 "아무개의 비妃를 배향한다"고 하는 것이다. '신이 의지하게 한다'(依神)는 것은 신으로 하여금 여기에 의지하게 한다는 것이다. '조詔'는 고한다는 뜻이다. '축祝'은 축관이다. 축관이 일로서 시尸에게 묘실 안에서 고하는 것을 말한다. '팽祊에 나가서 제사를 지낸다'는 것은 다음날 역제繹祭[13)를 지낼 때, 묘문廟門 밖의 옆으로 나가는 것이다. 「교특생」(4-41)에서 "신령을 찾아 축관이 팽祊에서 제사 드린다"고 한 것이 이것이다. 팽祊[14)은 앞 편에 설명이 보인다. '신이 계신 곳이 저기 방 안에 계신가? 여기 당에 계신가?'[15) 하므로 '이것은 신명神明과 교감하는 도이다'라고 하였다. '筵', 席也. '几', 所憑以爲安者. 人生則形體異, 故夫婦之倫在於有別, 死則精氣無間, 共設一几. 故祝辭云: "以某妃配也." '依神', 使神憑依乎此也. '詔', 告也. '祝', 祝也. 謂祝以事告尸於室中也. '出于祊'者, 謂明日繹祭, 出在廟門外之旁也. 「郊特牲」云: "索祭祝于祊"是也. '祊', 說見前篇. '神之所在, 於彼乎? 於此乎?', 故曰'此交神明之道也'.

權近 살피건대, 이 아래로는 열 가지 인륜(十倫)의 의미를 해석하였다. 近案, 此下釋十倫之義.

군주가 희생은 맞이하지만 시尸는 맞이하지 않는 것은 신분이 혼동
되는 혐의를 분별하기 위한 것이다. 시尸가 묘문廟門 밖에 있으면
신하로 의심하게 되고, 묘안에 있으면 선군의 시尸로서 존엄함을
온전히 하게 된다. 임금이 묘문廟門 밖으로 나오면 군주로 의심하
게 되고, 묘문 안으로 들어오면 신자臣子가 됨을 온전히 하게 된다.
그러므로 임금이 시尸를 맞이하러 나가지 않는 것은 '군주와 신하
사이의 의리'를 밝히려는 것이다.

君迎牲而不迎尸, 別嫌也. 尸在廟門外則疑於臣, 在廟中則全於
君. 君在廟門外則疑於君, 入廟門則全於臣, 全於子. 是故不出者,
明君臣之義也.

集說 시尸는 본래 신하이지만 시尸가 되어 신을 상징하게 되면 존엄함이
군부君父와 같아진다. 그러나 종묘 밖에서 들어가지 않고 있으면 여전히
신하로 의심하게 된다. 종묘에 들어가게 되면 군부의 존엄함을 상징하는
것을 온전히 가지게 된다. 군주의 제사는 본래 군부君父를 높이는 것을 위
주로 하여 신자臣子의 도리를 다한다. 그러나 종묘에 들어가지 않고 있으
면 여전히 군주로 의심하게 된다. 종묘에 들어가게 되면 신자臣子가 됨을
온전히 하여서 시尸를 섬기는 것에 아무 혐의가 없는 것이다. 만약 임금이
묘문廟門 밖으로 나와서 시尸를 맞이하면 존엄한 군주로서 신하를 맞이하
는 것으로 의심하게 된다. 그러므로 맞이하러 나가지 않는 것은 이러한 혐
의들을 분별하여 군주와 신하의 의리를 밝히려는 것이다. 尸本是臣, 爲尸而
象神, 則尊之如君父矣. 然在廟外未入, 則猶疑是臣也. 及旣入廟, 則全其象君父之尊矣.
君祭固主於尊君父而盡臣子之道. 然未入廟, 則猶疑是君也. 及旣入廟, 則全爲臣子而事

尸無嫌矣. 若君出門迎尸, 則疑以君而迎臣. 故不出者, 所以別此嫌而明君臣之義也.

2-4[제통 18]

제사의 도리에서는 손자가 조부의 시尸가 된다. 시尸가 되게 뽑히는 사람은 제사지내는 사람의 아들 항렬이다. 아버지가 북쪽을 보고 그를 섬기는 것은 아들이 아버지를 섬기는 도리를 밝히는 것이다. 이것이 '부자의 윤서倫序'이다.

夫祭之道, 孫爲王父尸. 所使爲尸者, 於祭者子行也. 父北面而事之, 所以明子事父之道也. 此父子之倫也.

集說 ○ '항行'은 항렬과 같다. 아버지가 북쪽을 보고 아들 항렬의 시尸를 섬기는 것은 아들이 아버지를 섬기는 도가 이와 같아야 함을 알게 하려는 것이다. ○ 방씨方氏(방각方慤)는 말한다. "'열 가지 인륜'(十倫) 모두 인륜인데 부자父子에 대해서만 인륜을 말한 것은 부자의 인륜이 있은 뒤에야 종묘의 제사가 있는 것이므로, 제사의 윤리는 부자 관계에 근본하기 때문일 뿐이다. 그래서 부자에 대해서만 '인륜'(倫)이라고 한 것이다." ○ '行', 猶列也. 父北面而事子行之尸者, 欲子知事父之道當如是也. ○ 方氏曰: "'十倫'皆倫也, 止於父子言倫者, 有父子之倫, 然後有宗廟之祭, 則祭之倫, 本於父子而已. 故止於父子爲'倫'焉."

2-5[제통 19]

시尸가 다섯 번째 헌주獻酒를 마시고 나면 임금이 옥작玉爵을 씻어서 경卿에게 헌주를 하고, 시尸가 일곱 번째 헌주를 마시고 나면 임금이 요작瑤爵으로 대부에게 헌주를 하며, 시尸가 아홉 번째 헌주를 마시고 나면 임금이 산작散爵으로 사士와 여러 유사有司들에게 헌주를 하는데, 모두 나이의 순서대로 한다. 이것은 '귀천貴賤의 차등'을 밝히는 것이다.

尸飮五, 君洗玉爵獻卿, 尸飮七, 以瑤爵獻大夫, 尸飮九, 以散爵獻士及群有司, 皆以齒. 明尊卑之等也.

集說 경卿에게 헌주하는 것으로부터 여러 유사有司들에게 헌주하는 것에 이르기까지 모두 작위가 같으면 연장자가 반드시 먼저 마신다. 그러므로 모두 '나이의 순서대로 한다'고 한 것이다. ○ 소疏에서 말한다. "이것은 구헌九獻의 예를 갖추는 경우에 근거하여 말한 것이다. 궤사 후에 시尸가 식사를 마치고 입가심을 하도록 주인이 시尸에게 헌주하는 때(酳尸)에 이르렀기 때문에 '다섯 번째 헌주를 마시는 것'이 된다. 무릇 제사에서, 두 번의 헌주로 관례祼禮를 하면서 울창주를 사용하는데 시尸는 올린 것을 흠향하기만 하고 마시지는 않는다. 조천朝薦에서 2번 헌주 한 것과 궤사饋食에서 2번 헌주를 한 것, 그리고 궤사를 마치고 주인이 시尸에게 입가심을 하도록 헌주를 한 것 등은 모두 시尸가 마신다. 그러므로 '시尸가 다섯 번째 헌주를 마신다'고 한 것이다. 이때에 경卿에게 헌주를 하는데, 경에게 헌주를 한 뒤에는 주부主婦가 시尸에게 헌주를 한다. 시尸에게 헌주하는 것을 마치면 빈賓의 우두머리가 시尸에게 헌주를 하는데 이것이 '시尸가 일곱 번째 헌주를 마신다'는 것이다. 요작瑤爵으로 대부에게 헌주를 하게 되면 이것이 비로 구헌九獻의 예가 끝나는 것인데, 처음에 관례祼禮에서 두 차례의 올린 잔은 마시지 않기 때문에 '일곱 번째 헌주를 마신다'고 한다. 이 이후로 장

빈長賓(빈의 연장자)과 장형제長兄弟(형제의 연장자)가 다시 술을 더 올리면 시
尸는 다시 두 번의 헌주를 마시게 되는데 이것이 앞의 헌주와 합해서 시尸
가 아홉 번의 헌주를 마시는 것이다. 주인은 이에 산작散爵으로 사와 여러
유사들에게 헌주를 한다. 이것은 상공上公이 행하는 구헌九獻의 예를 가리
킨다. 그러므로 시尸에게 궤사 후에 입가심을 하도록 한 번 술을 올린 것을
시尸가 다섯 번째 헌주를 마시는 것으로 삼는다. 만약 후侯·백伯의 칠헌七
獻의 예에서라면, 조천과 궤사에서 각각 1번씩 헌주를 하고, 식사가 끝나면
시尸에게 입가심을 하도록 술을 올리므로 단지 3번의 헌주를 마신다. 자
子·남男의 오헌五獻의 예에서라면 식사가 끝난 후에 시尸에게 입가심을 하
도록 술을 올리므로 시尸는 1번의 헌주를 마신다." 自獻卿以下至群有司, 凡同
爵, 則長者必先飮. 故云'皆以齒'. ○ 疏曰: "此據備九獻之禮者. 至主人酳尸, 故'尸飮五'
也. 凡祭, 二獻祼用鬱鬯, 尸祭奠而不飮. 朝踐二獻, 饋食二獻, 及食畢, 主人酳尸, 此皆
尸飮之. 故云'尸飮五'. 於此時以獻卿, 獻卿之後主婦酳尸. 酳尸畢, 賓長獻尸, 是'尸飮七'
也. 乃以瑤爵獻大夫, 是正九獻禮畢, 但初二祼不飮, 故云'飮七'. 自此以後, 長賓長兄弟
更爲加爵, 尸又飮二, 是幷前尸飮九. 主人乃以散爵獻士及群有司也. 此謂上公九獻. 故以
酳尸之一獻爲尸飮五也. 若侯·伯七獻, 朝踐饋食時各一獻, 食訖酳尸, 但飮三也. 子·
男五獻, 食訖酳尸, 尸飮一."

2-6[제통 20]

제사에는 소昭와 목穆의 구별이 있는데, 소목이라는 것은 부자父
子·원근遠近·장유長幼·친소親疏의 순서를 구별하여 문란하지 않
게 하는 것이다. 그러므로 태묘大廟에 제사가 있으면 여러 소와 목

이 다 그 자리에 있어서 그 윤서倫序를 잃지 않는다. 이것을 '친소親疏의 차이(殺)'라고 한다.

夫祭有昭穆, 昭穆者, 所以別父子·遠近·長幼·親疏之序而無亂也. 是故, 有事於大廟, 則群昭群穆咸在而不失其倫. 此之謂親疏之殺也.

集說 　소소疏에서 말한다. "'태묘에서 제사할 때 여러 소昭와 목穆이 다함께 있다'고 하였으므로, 나머지 묘제廟制의 경우에는 묘廟에 해당하는 시尸와 주인, 그리고 그가 낳은 자손들만 있고 여러 소와 목이 다 그 자리에 있을 수 없다." 疏曰: "祭大廟, 則群昭群穆咸在', 若餘廟之祭, 唯有當廟尸·主及所出之子孫, 不得群昭群穆咸在也."

2-7[제통 21]

옛날에 현명한 임금은 덕이 있는 사람에게 작위를 주고 공이 있는 사람에게 녹祿을 하사하였는데, 반드시 태묘大廟에서 작위와 녹을 하사한 것은 감히 마음대로 하지 않음을 보인 것이다. 그러므로 제사지내는 날 궤사 후에 시尸에게 한 번 헌주를 하고 나면, 임금은 내려와 조계阼階의 남쪽에 서서 남쪽을 향한다. 명命을 받을 사람은 북면北面을 한다. 사관은 임금의 오른쪽에서 책策을 잡고 명을 읽는다. 명을 받은 사람은 머리를 지면에 대고 두 번 배례를 한다. 책서策書를 받고 돌아가서는, 자기 집안의 묘廟에서 석전釋奠을 올린다.

이것이 '작록을 베푸는 것'이다.

古者, 明君爵有德而祿有功, 必賜爵祿於大廟, 示不敢專也. 故祭之日, 一獻, 君降立于阼階之南, 南鄕. 所命北面. 史由君右執策命之. 再拜稽首. 受書以歸, 而舍奠于其廟. 此爵賞之施也.

集說 疏에서 말한다. "시尸에게 궤사 후의 헌주를 올리기 전에는 다 귀신을 받들어 봉양하느라 책명策命을 내릴 겨를이 없다. 여기서의 '한 번 헌주를 한다'(一獻)는 것은 앞(2-5)에서 '시尸가 다섯 번째 헌주를 마시고 나면 임금이 경卿에게 헌주를 한다'고 한 때이다. 만약 천자가 여러 신하에게 명命을 내릴 경우에는 정기적인 제사를 지내는 날을 이용하지 않고 단지 묘廟에서 행한다. '석전釋奠'은 군주의 명령을 받았음을 고하는 것이다." 疏曰: "酳尸之前, 皆承奉鬼神, 未暇策命. 此一獻, 則上文尸飮五, 君獻卿之時也. 若天子命群臣, 則不因常祭之日, 特假於廟. '釋奠', 告以受君之命也."

2-8[제통 22]

제사에서 군주는 곤면袞冕의 복장으로 조계阼階에 서고, 부인은 부휘副褘의 복장으로 동쪽 방에 선다. 부인이 두豆를 올릴 때에는 두의 가운데 기둥을 잡고, 예주醴酒를 관장하는 자가 부인에게 두를 넘겨줄 때에는 두의 아래 받침을 잡는다. 시尸가 부인에게 술잔을 되돌릴 때(酢)에는 술잔의 자루를 잡고, 부인이 시尸가 주는 잔을 받을 때에는 잔의 발을 잡는다. 부부夫婦가 올리는 잔을 서로 주고받을 때에는 서로 손을 댄 자리에는 손을 대지 않고, 술잔을 되돌릴 때에 반드시 술잔을 바꾸는 것은 '부부의 구별'을 밝히는 것이다.

君卷冕立于阼, 夫人副褘立于東房. 夫人薦豆執校, 執醴授之執鐙. 尸酢夫人執柄, 夫人受尸執足. 夫婦相授受, 不相襲處, 酢必易爵, 明夫婦之別也.

集說 "권면卷冕"과 '부휘副褘'는 앞에 설명이 보인다.16) '효校'는 두豆의 가운데 곧은 기둥 부분이다. '집례執醴'는 예주醴酒를 들고 있는 사람이다. 이 사람이 두豆를 주는 것도 함께 관장한다. '등鐙'은 두의 아래 받침이다. 작爵은 모양이 참새와 같은데 손잡이는 꼬리 부분이다. '습처襲處'는 그 손댄 곳을 따라서 손대는 것을 말한다. '卷冕'·'副褘', 見前. '校', 豆中央直者. '執醴', 執醴齊之人也. 此人兼掌授豆. '鐙', 豆之下跗也. 爵形如雀, 柄則尾也. '襲處', 謂因其處,

2-9[제통 23]

조俎에 담는 것은 뼈骨를 위주로 삼는다. 뼈에는 귀하게 여기는 부분과 천하게 여기는 부분이 있다. 은殷나라 사람은 넓적다리뼈(髀)를 귀하게 여겼고 주周나라 사람은 어깨뼈(肩)를 귀하게 여겼다. 무릇 앞부분의 뼈를 뒤의 뼈보다 귀하게 여긴다. 조俎라는 것은 제사에 반드시 은혜를 베풀어줌이 있음을 밝히는 것이다. 이런 까닭에 귀한 사람은 귀하게 여기는 뼈를 취하고 천한 사람은 천하게 여기는 뼈를 취한다. 귀한 사람이 거듭 취하는 일이 없고, 천한 사람의 그릇이 비는 일이 없는 것은 귀천貴賤에 균등함을 보이는 것이다. 은혜를 베풀어주는 것이 균등하면 정사政事가 잘 시행된다. 정사가 잘 시행되면 계획한 일이 이루어진다. 계획한 일이 이루어지면 공功이 확립된다. 공이 확립되는 까닭을 잘 알아두지 않으면 안 되는 것이다. 조組는 은혜를 베풀어주는 것이 반드시 균등하다는 것을 밝히는 것이다. 정사政事를 잘 돌보는 자는 이와 같이 한다. 그러므로 '정사의 균등함을 보이는 것'[17]이라고 한 것이다.

凡爲組者, 以骨爲主. 骨有貴賤. 殷人貴髀, 周人貴肩. 凡前貴於後. 組者, 所以明祭之必有惠也. 是故貴者取貴骨, 賤者取賤骨. 貴者不重, 賤者不虛, 示均也. 惠均則政行. 政行則事成. 事成則功立. 功之所以立者, 不可不知也. 組者, 所以明惠之必均也. 善爲政者如此. 故曰'見政事之均焉'.

集說 소疏에서 말한다. "은殷나라는 질박함을 숭상하기 때문에 넓적다리뼈의 두터움을 귀하게 여기고 어깨뼈의 얇음을 천하게 여겼다. 주周나라는 문채를 숭상하기 때문에 어깨뼈의 잘 드러나는 점을 귀하게 여겼고 넓적다리뼈의 숨겨진 점을 천하게 여겼다. '앞부분의 뼈를 뒤의 뼈보다 귀하게 여겼다'는 것은 주周나라에 근거하여 말한 것이다." ○ 방씨方氏(방각方慤)는 말한다. "조組는 두豆와 짝하는 제기다. 조組가 뼈를 위주로 하므로, 두豆는 고기를 위주로 함을 알 수 있다. 뼈는 양陽에 속하고 고기는 음陰에 속한다. 조의 개수는 홀수로 하여 양을 따르고 두의 개수는 짝으로 하여 음을 따르는 것은 이러한 이유이다." 疏曰: "殷質, 貴髀之厚, 賤肩之薄. 周文, 貴肩之顯, 賤髀之隱. '前貴於後', 據周言之." ○ 方氏曰: "組者, 對豆之器. 組以骨爲主, 則豆以肉爲主可知. 骨, 陽也, 肉, 陰也. 組之數以奇而從陽, 豆之數以偶而從陰, 爲是故也."

2-10[제통 24]

임금이 술잔을 하사할 때에는 소昭가 한 무리가 되고 목穆이 한 무리가 된다. 소와 소가 나이 순서대로 하고, 목과 목이 나이 순서대로 한다. 대개 여러 유사有司들도 모두 나이 순서대로 한다. 이것을 '장유長幼의 순서가 있다'고 한다.

凡賜爵, 昭爲一, 穆爲一. 昭與昭齒, 穆與穆齒. 凡群有司皆以齒. 此之謂長幼有序.

集說 '작爵'은 술을 돌리는 잔이다. ○ 소疏에서 말한다. "이는 여수旅酬禮의 예를 행할 때 제사에 참여하여 돕는 자들에게 술을 하사하는 것이다. 여러 형제와 자손들은 소昭의 항렬에 있는 자들이 한 갈래가 되고 목穆의 항렬에 있는 자들이 한 갈래가 되어 각자 서로 무리를 이루는데 연장자는 앞에 있고 젊은이는 뒤에 있는 것, 이것이 '소와 소가 나이 순서대로 하고, 목과 목이 나이 순서대로 한다'는 것이다." ○ 방씨方氏(방각方慤)는 말한다. "종묘 안에서 일을 맡길 때에는 작위에 따라 시키는데, 술잔을 하사함에 이르러서는 나이 순서대로 하는 것은 무엇 때문인가? 대개 일을 맡기는 것은 의義를 위주로 하며 여수례 전에 행하고, 술잔을 하사하는 것은 은혜를 위주로 하며 여수례 이후에 행한다. 은혜를 주로 하므로 모두 나이 순서대로 하는 것이다. 『주례』「하관夏官·사사司士」에서 '제사에서 술잔을 하사할 때는 소목에 따라 불러서 나오게 한다'고 한 것이 이것을 가리킨다. 나이는 장유長幼의 순서를 세우는 것이므로, '이것을 장유長幼의 순서가 있다고 한다'라고 하였다." '爵', 行酒之器也. ○ 疏曰: "此, 旅酬時, 賜助祭者酒. 衆兄弟·子孫等, 在昭列者則爲一色, 在穆列者自爲一色, 各自相旅, 長者在前, 少者在後, 是 '昭與昭齒, 穆與穆齒'也." ○ 方氏曰: "宗廟之中, 授事則以爵, 至於賜爵則以齒, 何也?

蓋授事主義, 而行於旅酬之前, 賜爵主恩, 而行於旅酬之後. 以其主恩, 故皆以齒也. 「司士」所謂'祭祀賜爵, 呼昭穆而進之'是矣. 夫齒所以序長幼, 故曰'此之謂長幼有序'."

2-11[제통 25]

제사에서 운휘, 포포, 적적, 혼혼에게 (음식을) 나누어줌이 있는 것은 아랫사람에게 은혜를 베푸는 도리다. 오직 덕이 있는 임금이라야 이것을 실행할 수 있다. 밝음이 아랫사람들을 돌아보기에 충분하고, 어질기가 아랫사람들에게 베풀어주기에 충분한 것이다. 나누어준다(畀)는 말은 베풀어준다는 뜻이다. 자기가 가진 나머지를 아랫사람에게 나누어줄 수 있는 것이다. 운휘는 갑옷을 만드는 관리로 천한 자이다. 포포는 가축의 도살을 담당하는 관리로 천한 자이다. 적적은 악무樂舞를 맡은 관리로 천한 자이다. 혼혼은 문을 지키는 천한 자이다. 옛날에는 형벌을 받은 자는 문을 지키게 하지 않았다. 이 네 가지 직분을 담당하는 자들은 관리 중에서 지극히 천한 자이다. 시尸는 지극히 존귀한데도, 지극히 존귀한 자가 제사의 끝에 지극히 천한 사람을 잊지 않고, 나머지를 그들에게 주는 것이다. 그런 까닭에 현명한 임금이 위에 있으면 나라 안의 백성이 얼거나 굶주린 자가 없다. 이것을 '상하上下의 교제'라고 한다.

夫祭有畀煇胞翟閽者, 惠下之道也. 唯有德之君爲能行此. 明足以見之, 仁足以與之. 畀之爲言與也. 能以其餘畀其下者也. 煇者, 甲吏之賤者也. 胞者, 肉吏之賤者也. 翟者, 樂吏之賤者也.

592 | 예기천견록 4

閽者, 守門之賤者也. 古者不使刑人守門. 此四守者, 吏之至賤者
也. 尸又至尊, 以至尊旣祭之末, 而不忘至賤, 而以其餘畀之. 是
故明君在上, 則竟內之民無凍餒者矣. 此之謂上下之際.

集說 '옛날에는 형벌을 받은 자는 문을 지키게 하지 않았다'는 것은 아마
도 주周나라 이전에 그와 같았을 것이다. 주나라에서는 묵형墨刑을 받은 자
에게 문을 지키게 하였다.[18] '제際'는 접한다는 뜻으로, 존귀한 자가 천한
자와 함께 은혜를 베풀고자 하는 뜻에서 서로 접하는 것이다. '不使刑人守
門', 恐是周以前如此. 周則墨者使守門也. '際', 接也, 言尊者與賤者恩意相接也.

權近 살피건대, 이상은 열 가지 인륜의 의미를 해석하였다. 모두가 제사
가 가르침의 근본이 되는 뜻을 미루어 밝힌 것이므로 마땅히 하나의 절이
되어야 한다. 近案, 右釋十倫之義. 皆以推明祭所以爲敎本之義, 當爲一節.

3.

제사에는 사시四時에 지내는 것이 있다. 봄 제사는 약礿이라 하고,
여름 제사는 체禘라 하고, 가을 제사는 상嘗이라 하고, 겨울 제사는
증烝이라 한다.

凡祭有四時. 春祭曰礿, 夏祭曰禘, 秋祭曰嘗, 冬祭曰烝.

集說 『주례』에는 봄에는 사祠, 여름에는 약礿, 가을에는 상嘗, 겨울에는
증烝이라고 하였다. 정현은 이 경문의 내용이 하夏나라와 은殷나라 시대의
예를 가리킨다고 하였다. 『周禮』, 春祠, 夏礿, 秋嘗, 冬烝. 鄭氏謂此夏殷之禮.

權近 살펴건대, 이 장 이하는 사시의 제사에 저마다 각각의 다른 의미가
있음을 말하였다. 近案, 此下言四時之祭, 各有名義之不同.

약礿과 체禘에는 양陽의 뜻이 있고, 상嘗과 증烝에는 음陰의 뜻이 있
다. 체는 양이 성대한 것이고, 상은 음이 성대한 것이다. 그러므로
"체와 상보다 더 중요한 제사는 없다"고 한다.

礿·禘, 陽義也, 嘗·烝, 陰義也. 禘者陽之盛也, 嘗者陰之盛也.
故曰: "莫重於禘·嘗."

集說 방씨方氏는 말한다. "양陽의 도道는 항상 풍요롭고 음의 도는 항상

궁핍하다. 풍요롭기 때문에 여름이 되면 성대해지기 시작하고, 궁핍하기 때문에 가을이 되면 성대해지기를 그만둔다. 이것이 체가 양이 성대한 것이 되고, 상은 음이 성대한 것이 되는 이유일 것이다. 그 음과 양의 성대한 것을 가지고 하기 때문에 '체와 상보다 더 중요한 제사는 없다'고 말한 것이다." 方氏曰: "陽道常饒, 陰道常乏. 饒故及於夏始爲盛焉, 乏故及於秋已爲盛矣. 此禘所以爲陽之盛, 嘗所以爲陰之盛歟. 以其陰陽之盛, 故曰'莫重於禘·嘗'."

3-3[제통 28]

옛날에 체제禘祭에서 작위를 내리고 의복을 하사한 것은 양陽의 뜻에 따른 것이다. 상제嘗祭에서 전지와 읍을 내려주고 가을의 정령政令을 내린 것은 음陰의 뜻에 따른 것이다. 그러므로 옛 기록에서 "상제를 지내는 날에 공실公室의 재물을 내서 상賞을 준다"고 하였다. 풀이 벨 만해지면 묵형墨刑을 행하는데, 가을의 정령을 내리기 전에는 백성들이 감히 풀을 베지 못하였다.

古者於禘也, 發爵賜服, 順陽義也. 於嘗也, 出田邑, 發秋政, 順陰義也. 故記曰: "嘗之日, 發公室, 示賞也." 草艾則墨, 未發秋政, 則民弗敢草也.

集說 방씨方氏는 말한다. "'작위'는 명령을 하는 것이고 '의복'은 음기(陰)를 이기는 것이다. 그러므로 양의 뜻에 따르는 것이 된다. '녹'은 먹여주는 것이고 '전지와 읍'은 땅을 징해서 주는 것이다. 그리므로 음의 뜻에 따르는 것이 된다. '상제를 지내는 날에 공실公室의 재물을 내서 상賞을 준다'는 것은 만물이 이루어짐을 따라서 재물을 사용해서 상을 시행하는 것이다.

그러므로 '상을 준다'고 하였다. '풀이 벨 만해지면 묵형墨刑을 행한다'는 것
은 풀이 마를 무렵에 그것을 베어서 불 때는 데 공급하는 것이다. 풀을 베
는 것(刈草)을 '풀'(草)이라고 말한 것은 뽕잎을 따는 것(采桑)을 '뽕'(桑)이라고
말한 것과 같을 것이다. '묵형'(墨)은 다섯 가지 형벌 가운데 가벼운 것이다.
『춘추좌씨전』에 '봄과 여름에는 상을 주고, 가을과 겨울에는 형벌을 내린
다'[19]고 말했는데, 여기서 '상제를 지내는 날에 공실公室의 재물을 내서 상
을 준다'고 한 것은 무엇 때문인가? 아마도 상을 주는 것을 비록 봄, 여름에
주로 하지만, 형벌 역시 사용하지 않는 때가 없기 때문일 것이다. 「월령」(82)
에서 '맹하孟夏에 가벼운 형벌을 선고하여 집행하고 작은 죄를 처결한다'고
한 것이 이러한 뜻일 것이다." 형벌을 주는 것은 비록 가을, 겨울에 주로
하지만 상 역시 사용하지 않는 때가 없으니 여기에서 말하는 것이 그것이
다. ○ 응씨應氏는 말한다. "애초艾草라고 하지 않고 '초애草艾'라고 한 것은
풀이 스스로 벨 만해진다는 뜻이다." 方氏曰: "'爵', 命之者也, '服', 勝於陰者也.
故爲順陽義. '祿', 食之者也, '田邑', 制於地者也. 故爲順陰義. '嘗之日, 發公室', 因物之
成而用之以行賞也. 故曰'示賞'. '草刈則墨'者, 因其枯槁之時, 刈之以給爨. 刈草謂之'草',
猶采桑謂之'桑'歟. '墨', 五刑之輕者. 『左氏』言, '賞以春夏, 刑以秋冬', 而此言, '嘗之日
發公室', 何也? 蓋賞雖以春夏爲主, 而亦未始不用刑. 「月令」'孟夏斷薄刑, 決小罪'是也.
刑雖以秋冬爲主, 亦未始不行賞, 此所言是也." ○ 應氏曰: "不曰'艾草', 而曰'草艾'者, 草
自可艾也."

3-4[제통 29]

그러므로 "체禘와 상嘗의 의義(의리)가 크다. 나라를 다스리는 근본

이므로 알아두지 않으면 안 된다"고 하였다. 그 의義를 밝히는 사람은 임금이요, 그 일을 수행하는 사람은 신하이다. 그 의를 밝히지 못하면 사람들에게 임금 노릇 하는 것이 온전하지 못하고, 그 일을 잘 수행하지 못하면 신하 노릇하는 것이 온전하지 못하다. 의義라는 것은 그것으로 뜻을 이루는 것이며, 여러 덕들이 발하여 나오는 기틀이다. 그러므로 그 덕이 성대한 사람은 그 뜻이 두텁고, 그 뜻이 두터운 사람은 그 의가 밝게 드러난다. 그 의가 밝게 드러나는 사람은 그 제사지내는 것이 공경스럽다. 제사지내는 것이 공경스러우면, 나라 안의 자손이 감히 공경하지 않음이 없다. 그러므로 군자가 제사를 지낼 때 반드시 자신이 몸소 참석하며, 사고가 있는 경우에는 다른 사람을 시켜서 지내도 괜찮다. 비록 다른 사람을 시켜서 지내더라도 임금이 그 의를 잃지 않는 것은 임금이 그 의를 밝히기 때문이다. 그 덕이 천박한 사람은 그 뜻이 가벼워서 그 의義에 대하여 의혹을 가지고 있으면서 제사를 지내고자 구하니, 반드시 공경하게 하려 해도 불가능하다. 제사를 지내면서 공경하지 않는다면, 어떻게 백성의 부모가 될 수 있겠는가?

故曰, "禘嘗之義大矣. 治國之本也, 不可不知也." 明其義者君也, 能其事者臣也. 不明其義, 君人不全, 不能其事, 爲臣不全. 夫義者, 所以濟志也, 諸德之發也. 是故其德盛者, 其志厚, 其志厚者, 其義章. 其義章者, 其祭也敬. 祭敬, 則竟內之子孫, 莫敢不敬矣. 是故君子之祭也, 必身親莅之, 有故, 則使人可也. 雖使人也, 君不失其義者, 君明其義故也. 其德薄者, 其志輕, 疑於其義而求祭,

使之必敬也, 弗可得已. 祭而不敬, 何以爲民父母矣?

集說 「중용」(19-6)에서 "교郊·사社의 예와 체禘·상嘗의 의에 밝으면, 나라 다스리는 것을 마치 손바닥 위에 올려놓고 들여다보듯 할 것이다"라고 하였다. 이 경문은 앞글의 양의 의와 음의 의에 따라서 거듭 말한 것이다. '뜻을 이루는 것'(濟志)은 그 하고자 하는 것을 성취하는 것이다. '덕을 일으키는 것'(發德)은 그 당연히 해야 하는 것을 드러내는 것이다. ○ 방씨方氏(방각方愨)는 말한다. "『주례』「춘관春官·대종백大宗白」에 '만일 왕이 제사에 참여하지 못하면 섭행하도록 한다'고 한 것에 대하여 선유先儒[20]는 '왕이 사고가 있으면 대신해서 그 제사를 지내도록 한다'고 하였는데, 바로 이것을 말한다. 대신하는 것은 다른 사람에게 있지만, 시키는 것은 임금에게서 나온다. 대신하는 것은 비록 그 일을 행하는 것이지만, 시키는 것은 의義에 근본하는 것이다." 「中庸」言, "明乎郊祀之禮·禘嘗之義, 治國如視諸掌." 此因上文陽義·陰義而申言之. '濟志', 成其所欲爲也. '發德', 顯其所當爲也. ○ 方氏曰: "大宗伯'若王不與祭祀, 則攝位', 先儒謂王有故, 代之行其祭事', 正謂是矣. 代之雖在乎人, 使之則出乎君. 代之雖行其事, 使之則本乎義."

權近 살피건대, 이상은 체禘·상嘗의 의미를 미루어서 말한 것으로 마땅히 하나의 절이 되어야 한다. 近案, 右推言禘·嘗之義, 當爲一節.

4.

정鼎에 명銘이 있으니, 명이라는 것은 스스로 선조를 현양하는 효를 이루는 것이다.21) 스스로 선조를 현양하는 효를 이루어, 그로써 조상의 아름다운 점을 칭송하여 널리 알리고 후세에 밝게 드러내는 것이다. 조상이 되는 사람에게는 아름다운 점이 있지 않을 수 없고 나쁜 점이 있지 않을 수 없다. 명銘의 의義(의리)는 아름다운 것을 일컫고 나쁜 것을 일컫지 않는 것이다. 이것은 효자와 효손의 마음으로, 오직 현자賢者만이 할 수 있다.

夫鼎有銘, 銘者, 自名也. 自名以稱揚其先祖之美, 而明著之後世者也. 爲先祖者, 莫不有美焉, 莫不有惡焉. 銘之義, 稱美而不稱惡. 此孝子孝孫之心也, 唯賢者能之.

集說 '자명自名'은 아랫글에서 "스스로 이름을 이룬다"고 한 것이 그것이다. ○ 방씨方氏는 말한다. "'칭稱'은 말로써 칭찬하는 것이고, '양揚'은 그가 한 일을 널리 알리는 것이다. '명明'은 드러나게 해서 어둠 속에 묻히지 않게 하는 것이고, '저著'는 나타나게 하고 숨겨지지 않게 하는 것이다." '自名', 下文謂'自成其名'是也. ○ 方氏曰: "'稱'則稱之以言, '揚'則揚其所爲. '明'則使之顯而不晦, '著'則使之見而不隱."

權近 살피건대, 이 장은 자손이 조상에 대해서 시기마다 공경하여 제사를 바칠 뿐만 아니라, 또 마땅히 조상의 아름다운 점을 일길어 드러내서 정鼎·이彝에 명銘으로 새겨 후세에 보여주어야 함을 말하였다. 近案, 此言子孫之於先祖, 非時敬以致祭而已, 又當稱揚其美, 銘於鼎·彝, 以示後世也.

4-2[제통 31]

명銘이라는 것은 조상이 남긴 덕의 아름다움, 일에 대한 업적, 왕에 대한 공로, 포상, 명성을 논해서 기록하여, 천하에 드러내고, 제기祭器에다 짐작하여 새겨 넣어서, 스스로 선조를 현양하는 효를 이루고 조상에게 제사지내는 것이다. 조상을 드러내고 널리 알리는 것은 효를 높이는 것이다. 자신의 이름을 조상의 아래에 새겨두는 것은 따르는 것이다. 후세에 밝혀 보이는 것은 가르치는 것이다.

銘者, 論譔其先祖之有德善・功烈・勳勞・慶賞・聲名, 列於天下, 而酌之祭器, 自成其名焉, 以祀其先祖者也. 顯揚先祖, 所以崇孝也. 身比焉, 順也. 明示後世, 敎也.

集說 '논論'은 설명하는 것이다. '찬譔'은 기록하는 것이다. 왕을 도운 공로를 '훈勳'이라 하고, 일을 도운 공로를 '로勞'라고 한다. '작酌'은 그 경중과 크고 작음을 헤아리는 것이다. '제기祭器'는 정鼎이나 이彛 따위다. '스스로 그 이름을 이룬다'(自成其名)는 것은 스스로 조상을 드러내고 널리 알리는 효를 이루는 것이다. '비比'는 위치한다는 뜻이다. 자기 이름이 조상 밑에 위치하는 것이다. '순順'은 예에 어그러진 것이 없는 것이다. 후세에 보여서 자손들로 하여금 그 행한 바를 본받게 하는 것이 '가르친다'는 것이다. '論', 說. '譔', 錄也. 王功曰'勳', 事功曰'勞'. '酌', 斟酌其輕重大小也. '祭器', 鼎彛之屬. '自成其名'者, 自成其顯揚先祖之孝也. '比', 次也. 謂己名次於先祖之下也. '順', 無所違於禮也. 示後世而使子孫效其所爲, 則是'敎'也.

명銘이란 것은 한 번 일컬어서 위로 조상과 아래로 자신이 모두 제자리를 얻는 것이다. 이런 까닭에 군자는 명銘을 볼 때, 그 칭송된 선조를 아름답게 여기며 또 그 명을 만든 사람이 한 일을 아름답게 여긴다. 명을 만든 사람은, 현명하기가 선조의 훌륭한 점을 드러낼 만하고, 어질기는 군주가 그 명의 내용을 허락하게 할 만하고, 지혜롭기는 선조의 이름 아래 자신의 이름을 함께 넣는 것을 이롭게 여길 만한 것이다. 그러니 현명하다고 할 만하다. 현명하면서도 자랑하지 않는다면, 공손하다고 할 수 있다.

夫銘者, 壹稱而上下皆得焉耳矣. 是故君子之觀於銘也, 旣美其所稱, 又美其所爲. 爲之者, 明足以見之, 仁足以與之, 知足以利之. 可謂賢矣. 賢而勿伐, 可謂恭矣.

集說 '상上'은 조상을 말하고, '하下'는 자신을 말한다. '드러낸다'는 것은 선조의 훌륭함을 드러내는 것이니, 현명하지 않으면 할 수 없는 일이다. '허락한다'는 것은 임금이 자신에게 그 명銘의 내용을 허락하게 만드는 것이니, 어질지 않으면 그렇게 할 수 없는 일이다. '이롭게 여긴다'는 것은 자기가 선조의 아래에 이름을 쓸 수 있는 것을 이롭게 여기는 것이니, 지혜롭지 않다면 미칠 수 없는 일이다. '上', 謂先祖, '下', 謂己身也. '見之', 見其先祖之善也, 非明不能. '與之', 使君上與己銘也, 非仁莫致. '利之', 利己之得次名於下也, 非知莫及.

權近 살피건대, 이 장은 정鼎에 명銘을 새기는 뜻을 미루어 말하였다. 近案, 此推言銘鼎之義.

그러므로 위衛나라 공회孔悝의 정鼎에 새긴 명銘에서 말한다. "유월
정해일에 장공莊公이 태묘에 이르렀다. 장공은 '숙구叔舅여! 그대의
조상 장숙莊叔이 성공成公을 잘 보좌하였다'라고 하였다. 성공은 장
숙에게 명하여 한수漢水 북쪽에서 위난危難에 따르게 하였고, 성공
이 종주宗周에서 깊은 방에 갇혔으니, 바쁘게 힘쓰면서 고생스러움
에도 싫어하지 않았다."

故衛孔悝之鼎銘曰: "六月丁亥, 公假于大廟. 公曰: '叔舅! 乃祖
莊叔, 左右成公.' 成公乃命莊叔隨難于漢陽, 卽宮于宗周, 奔走
無射."

集說 '공회孔悝'는 위衛나라의 대부이다. 주周의 6월은 하夏의 4월이다.
'공公'은 위나라 장공莊公 괴외蒯聵이다. '격가假'은 이른다는 뜻으로, 종묘에
이르러 체제禘祭를 지내는 것이다. 제사를 지내면서 명銘을 하사한 것은 대
개 공회가 자기를 세워준 것을 은덕으로 여겨서 그 선조를 포상하고 현창
한 것이다. 이성異姓의 대부이면서 나이가 어리므로 '숙구叔舅'라고 칭하였
다. '장숙莊叔'은 공회의 7세조인 공달孔達이다. 성공成公이 진晉에게 정벌되
어 초楚나라로 도망하였다. 그러므로 '한수漢水 북쪽에서 위난危難을 따랐
다'고 한 것이다. 뒤에 비록 나라를 되찾았으나, 다시 아우인 숙무叔武를
살해한 것 때문에 진나라 사람들이 그를 잡아 경사京師로 보냈고, 깊은 방
에 가두었다. 그러므로 '종주宗周에서 깊은 방에 갇혔다'고 한 것이다. '역射'
은 싫어한다는 뜻이다. ○ 석량왕씨石梁王氏는 말한다. "공회는 바로 괴외
의 누이의 아들이므로 괴외는 공회의 외삼촌(舅)이고 공회는 생질이다. 이
제 도리어 '숙구叔舅'라고 한 것은 주나라의 예에서 동성同姓의 신하에 대해

서는 백부伯父나 숙부叔父라 칭하고, 이성異姓의 신하에 대해서는 백구伯舅나 숙구叔舅라고 칭한 것을 본뜬 것일 것이다." '孔悝', 衛大夫. 周六月, 夏四月也. '公', 衛莊公蒯聵也. '假', 至也, 至廟禘祭也. 因祭而賜之銘, 蓋德悝之立己, 故褒顯其先世也. 異姓大夫而年幼, 故稱'叔舅'. '莊叔', 悝七世祖孔達也. 成公爲晉所伐而奔楚. 故云'隨難于漢陽'. 後雖反國, 又以殺弟叔武, 晉人執之歸于京師, 寘諸深室. 故云'卽宮于宗周'也. 射, 厭也. ○ 石梁王氏曰: "悝, 乃蒯聵姊之子, 蒯聵, 悝之舅, 而悝則甥. 今反謂之'舅', 其放周禮同姓之臣稱伯叔父, 異姓之臣稱伯叔舅歟."

4-5[제통 34]

(위衛나라 공회孔悝의 정鼎에 새긴 명銘에서 말한다.) "또 헌공獻公을 인도하여 도와주었다. 헌공은 이에 성숙成叔에게 명하여 조부의 일을 잇게 하였다."

"啓右獻公. 獻公乃命成叔纂乃祖服."

集說 '헌공獻公'은 성공成公의 증손인데 이름은 간衎이다. '계啓'는 열어준다는 뜻이다. '우右'는 돕는다는 뜻이다. 노魯나라 양공襄公 14년에, 위衛나라의 손문자孫文子와 영혜자甯惠子가 위衛의 군주 헌공獻公을 몰아내자 위후헌공이 제齊나라로 도망갔다. 장숙莊叔의 공이 후세에까지 이어져서 헌공獻公을 도와 인도하여 역시 나라를 되찾을 수 있게 하였음을 말하는 것이다. '성숙成叔'은 장숙의 손자인 증서烝鉏이다. 그 당시에 성숙은 헌공을 섬겼으므로 헌공은 너의 조부가 옛날에 받들어 행하던 일을 이으라고 명하였던 것이다. ○ 소疏에서 말한다. "살펴보건대『춘추좌씨전』에는 공달孔達의 일이 없다. 헌공이 나라를 되찾은 것도 성숙의 공이 아니다." '獻公', 成公之

曾孫, 名術. '啓', 開. '右', 助也. 魯襄十四年, 衛孫文子䝿惠子逐衛侯, 衛侯奔齊. 言莊叔餘功流於後世, 能右助獻公, 使之亦得反國也. '成叔', 莊叔之孫烝鉏也. 其時成叔事獻公, 故公命其纂繼爾祖舊所服行之事也. ○ 疏曰: "按, 『左傳』無孔達之事. 獻公反國, 亦非成叔之功."

4-6[제통 35]

(위衛나라 공회孔悝의 정鼎에 새긴 명銘에서 말한다.) "이에 그대의 아버지인 문숙文叔이 선조들이 충성하던 심지를 진작하여, 떨쳐 일어나 경卿과 사士를 이끌고, 몸소 위나라를 구하려고 애썼으며, 공가公家를 위해 부지런히 힘써서 밤낮으로 게을리하지 않았으므로, 백성들이 모두 '아름답다!'고 하였다. 공은 '숙구여! 그대에게 명銘을 하사하니, 그대는 아버지의 일을 잇도록 하라'고 말하였다."

"乃考文叔, 興舊耆欲, 作率慶士, 躬恤衛國, 其勤公家, 夙夜不解, 民咸曰: '休哉!' 公曰: '叔舅! 予女銘, 若纂乃考服.'"

응씨應氏는 말한다. "'기욕嗜慾'이란 마음의 뜻에 가지고 있는 것이다. 그 선대에 충성하였던 이들은 모두 임금을 아끼고 나라를 걱정하는 것을 마음에 지니고 있었기 때문에 문숙文叔 공어孔圉가 흠모하고 숭상하여 떨쳐 일어날 수 있었던 것이다. '작솔作率'은 떨치고 일어나서 앞장서 이끄는 것이다. '경慶'은 경卿이다. 옛날에는 경卿과 경慶의 음이 같아서 글자도 함께 사용했다. 그러므로 '경운慶雲'을 '경운卿雲'이라고도 하는 것이다. 應氏曰: "嗜欲者, 心志之所存. 言其先世之忠, 皆以愛君憂國爲嗜欲, 文叔孔圉慕尙而能興起之也. '作率', 奮起而倡率之也. '慶', 卿也. 古卿慶同音, 字亦同用. 故'慶雲'亦言'卿雲'.

4-7[제통 36]

(위衛나라 공회孔悝의 정鼎에 새긴 명銘에서 말한다.) "공회는 머리를 지면에 대고 배례하며 말하기를, '대답하오니 우리 임금의 배려 깊은 위대한 명령을 높이 받들어 증제烝祭의 이준彝尊과 정鼎에 새기겠습니다'라고 하였다." 이것이 위나라 공회의 정鼎에 새긴 명銘이다.

"悝拜稽首曰: '對揚以辟之, 勤大命, 施于烝彝鼎.'" 此衛孔悝之鼎銘也.

集說 '대양對揚'에서 '이정彝鼎'까지 13개 글자는 단지 하나의 구절로 읽는다. '대답하오니 우리 임금의 배려 깊은 위대한 명령을 높이 받들어 증제烝祭의 이준彝尊과 정鼎에 새기겠습니다'라고 말한 것이다. '對揚'至'彝鼎'十三字, 止作一句讀. 言'對答揚擧用吾君殷勤之大命, 施勒于烝祭之彝尊及鼎'也.

權近 살피건대, 이 장은 공회孔悝의 정鼎에 관한 일을 인용하여 앞장의 뜻을 증명한 것이다. 近案, 此引孔悝之鼎以證前章之意.

4-8[제통 37]

날의 군자는 그 조상의 아름다운 점을 논하여 기록하여서 후세에 밝혀 드러내었던 것이니, 자신의 이름을 선조의 아래에 쓰고 그 국가國家를 존중하기를 그와 같이 하였다. 자손으로 종묘와 사직을 지키는 자가 자신의 조상에게 아름다운 점이 없는데도 그것을 일컫는다면 이것은 속이는 것이다. 훌륭한 점이 있는데도 알지 못한다면 현명하지 못한 것이고, 알면서도 전하지 않는다면 어질지 못한 것이다. 이 세 가지는 군자가 부끄럽게 여기는 것이다.

古之君子論譔其先祖之美, 而明著之後世者也, 以比其身, 以重其國家如此. 子孫之守宗廟社稷者, 其先祖無美而稱之, 是誣也. 有善而弗知, 不明也, 知而弗傳, 不仁也. 此三者, 君子之所恥也.

集說 공훈이 정鼎과 이彝에 새겨져 있음은 나라에 현명한 신하가 있는 것이다. 그러므로 나라와 집안의 소중한 것이 될 만하다. 勳在鼎彝, 是國有賢臣也. 故足爲國家之重.

權近 살피건대, 이 장은 또 정鼎에 명銘을 새기는 뜻을 거듭 말하여서 총결하였다. 近案, 此又申言銘鼎之義以結之.

4-9[제통 38]

예전에 주공周公 단旦이 천하에 공훈이 있었다. 주공이 죽고 나서, 성왕成王과 강왕康王은 주공이 세운 공훈을 추모하여 노魯나라를 높이고자 하였다. 그러므로 노나라에 높여서 지내는 제사(重祭)를 하사하였다. 외제外祭로는 교제郊祭와 사제社祭가 그것이다. 내제內祭로는 대상제大嘗祭와 대체제大禘祭가 이것이다. 대상제大嘗祭와 대체제大禘祭에서는 당堂에 올라 「청묘淸廟」를 부르고, 당 아래에서는 관管악기로 연주하여 「상象」을 행하는데, 붉은 방패와 큰 도끼를 들

고 「대무大武」를 춤추며, 팔일八佾로 서서 「대하大夏」를 춤춘다. 이
것들은 천자의 악樂이다. 주공을 포숭褒崇하기 때문에 노나라에 하
사한 것이다. 자손들이 이어서 지금에 이르도록 없어지 않았으니,
주공의 덕을 밝히고 또 그 나라를 존중하기 위함이다.

昔者, 周公旦有勳勞於天下. 周公旣沒, 成王康王追念周公之所
以勳勞者, 而欲尊魯. 故賜之以重祭. 外祭則郊·社是也. 內祭則
大嘗·禘是也. 夫大嘗·禘, 升歌「淸廟」, 下而管「象」, 朱干玉戚
以舞「大武」, 八佾以舞「大夏」. 此天子之樂也. 康周公, 故以賜魯
也. 子孫纂之, 至于今不廢, 所以明周公之德, 而又以重其國也.

『시詩』 「유청維淸」에 "「상象」의 춤을 연주한다"라고 하였다. 엄씨嚴
氏는 "문왕의 춤을 「상象」이라고 하는데 문무文舞이다. 대무大武는 무무武舞
이다"라고 하였다. '관管악기로 연주하면서 「상象」을 행한다'는 것은 관管악
기로 그 소리를 퍼뜨리는 것이다. 나머지는 앞에서 보인다. 『詩』 「維淸」 "奏
「象」舞." 嚴氏云: "文王之舞謂之 「象」, 文舞也. 大武, 武舞也." '管「象」', 以管播其聲也.
餘見前.

살펴건대, 이 경문은 위나라 제후가 공회를 기리고 총애한 일을 따
라서 또 성왕成王이 주공을 존중하게 된 일을 인용하고, 또 자손이 대대로
그 (주공에 대한) 제사를 지켜서 없애지 않았음을 밝힌 것이다. 그러나 성
왕이 노나라에 높여서 제사지내는 예를 하사한 것에 대해 기록한 자는 주
공을 크게 기리기 위해서라고 여겼다. 천자가 아닌데도 천자의 예로 제사
지내는 것을 하늘에 있는 주공周公의 영령인들 마음에 편안할 것인가? 성
왕이 하사한 것이 이미 잘못인데도 기록한 자가 인용하고 과장하였으니 역
시 잘못이다. 하물며 공회가 공公에 대해서 세상을 함께 할 수 없는 것인데

도 말하는 자가 이제 나란히 빗대어 말했으니 그 잘못도 또한 심하다. 近案,
此因衛侯襃寵孔悝之事, 而又引成王所以尊周公之事, 且明子孫世守其餘而不廢也. 然成
王賜魯重祭者, 記者以爲康周公. 夫非天子, 而祭以天子之禮, 周公在天之靈, 於心安乎?
成王之賜旣非, 而記者引而誇大之, 亦非也. 況悝之於公不可同世, 而語者今乃比儗而言
之, 其失抑又甚矣.

1 【분장】 : 본 편의 章 표시는 권근 按說의 분명한 언급에 따라 붙인 것이다.

2 (봄에 ~ 생긴다 : 이 말은 「祭義」(1-1)에 나온다.

3 제사를 ~ 않는다 : 이 말은 「禮器」(5-1)에 나온다.

4 마음으로 ~ 잊으리오 : 이 말은 『詩』 「小雅・隰桑」에 나온다.

5 살아 계실 ~ 지낸다 : 이 말은 『논어』 「爲政」에 나온다.

6 임금은 밖 : 君의 路寢이다. 『禮記正義』, 공영달의 소 참조.

7 부인은 안 : 夫人의 正寢이다. 『禮記正義』, 공영달의 소 참조.

8 조천 : 앞의 「禮運」(경-4-6) 진호집설의 '朝踐'에 대한 주 참조.

9 就 : 『예기집설대전』에는 '執'으로 되어 있다.

10 「무숙야」 : 공영달의 소에 皇氏의 설을 인용하여 武王이 紂를 정벌하고 商의 郊에 이르러 하루 묵었을 때, 병사들이 모두 즐거워하며 새벽까지 노래와 춤으로 지냈던 고사에서 '武宿夜'라는 명칭이 나왔다고 한다.

11 양염 : 尸가 없이 廟室의 밝은 곳에 간략하게 제수를 차려놓는 의절을 말한다. 吉祭에서는 尸가 묘실에서 나간 뒤에 西北 쪽 모퉁이에 음식을 차려놓는 것을 양염이라고 한다. 庶子의 殤에서도 양염을 한다.

12 친소의 차이 : '殺'는 줄어든다는 뜻이다. 혈연적으로 가깝고 먼 정도와 관계의 정도에 따라서 예를 표시하는 정도에 輕重의 차이를 두는 것을 말한다. 여기서 '殺'를 '等'의 의미와 마찬가지로 차이 또는 차등으로 번역하였다. 「中庸」(20-5)에 "가까운 이를 친하게 여기는 것의 차이와 현자를 높이는 차이에서 예가 생겨나는 바이다"(親親之殺, 尊賢之等, 禮之所生也)라고 하였다.

13 역제 : 천자와 제후가 제사를 지낸 다음날 또 제사를 지내면서 시를 접대(儐尸)하는 예를 행하는데, 이것을 繹이라고 부른다. 자세한 내용은 「檀弓下」(3-40) '繹祭' 주 참조.

14 팽 : 팽은 종묘의 문이다. 역제는 제사 음식을 종묘 문 밖의 서쪽 곁에 진설한다. 자세한 내용은 「郊特牲」(3-18) 등 참조.

15 신이 ~ 여기인가 : 이 말은 「郊特牲」(4-41)에 나온다.

16 '권면'과 ~ 보인다 : 「明堂位」(2-7) 참조.

17 정사의 균등함을 보이는 것 : 이 말은 十倫의 하나로 앞 15장에 나온다.

18 주나라에서는 ~ 하였다 : 墨者는 형벌의 표식을 먹물로 刺字하는 墨刑을 받은 자이다. 묵자로 하여금 문을 지키게 한다는 것은 『주례』 「秋官・掌戮」에 보인다.

19 봄과 ~ 내린다 : 이 말은 『춘추좌씨전』, 襄公 26년 조 傳에 나온다.

20 선유 : 鄭玄을 가리킨다. 인용문은 『주례』 해당 구절에 대한 정현의 주에 나온다.

21 스스로 선조를 ~ 것이다 : 정현은 이 '自名'에 대하여 '銘에다가 선조의 아름다운 점을 칭송하여 널리 알리고 그 아래에 자신의 이름을 새겨 넣는다'는 의미로 해석하였다.

경해
經解
양촌에 사는 후학 권근 지음

1.¹⁾

[경해 1]

공자가 말하였다. "그 나라에 들어가면 그 가르침을 알 수 있다. 그 사람됨이 온유하고 돈후한 것은 『시詩』의 가르침이다. 두루 통달하고 먼 옛일까지 알고 있는 것은 『서書』의 가르침이다. 넓게 통하고 쉽고 선량한 것은 『악樂』의 가르침이다. 정결하고 정미한 것은 『역易』의 가르침이다. 공손하고 검소하며 엄숙하고 공경한 것은 『예禮』의 가르침이다. 말을 이어 엮고 일을 비교하는 것은 『춘추』의 가르침이다. 그러므로 『시詩』의 잘못은 어리석은 것(愚)에 있고, 『서』의 잘못은 허탄한 것(誣)에 있고, 『악』의 잘못은 낭비하는 것(奢)에 있고, 『역』의 잘못은 해치는 것(賊)에 있고, 『예』의 잘못은 번잡한 것(煩)에 있고, 『춘추』의 잘못은 어지럽히는 것(亂)에 있다. 그 사람됨이 온유하고 돈후하면서도 어리석지 않다면, 『시詩』를 깊이 터득한 자이다. 두루 통달하고 먼 옛일까지 알면서도 허탄하지 않다면, 『서』를 깊이 터득한 자이다. 널리 통하고 쉽고 선량하면서도 낭비하지 않는다면, 『악』을 깊이 터득한 자이다. 정결하고 정미하면서도 (도를) 해치지 않는다면 『역』을 깊이 터득한 자이다. 공손하고 검소하며 엄숙하고 공경하면서도 번잡하지 않다면, 『예』를 깊이 터득한 자이다. 말을 이어 엮고 일을 비교하면서도 어지럽히지 않는다면 『춘추』를 깊이 터득한 자이다."

孔子曰: "入其國, 其敎可知也. 其爲人也, 溫柔敦厚, 『詩』敎也. 疏通知遠, 『書』敎也. 廣博易良, 『樂』敎也. 絜靜精微, 『易』敎也. 恭儉莊敬, 『禮』敎也. 屬辭比事, 『春秋』敎也. 故『詩』之失愚, 『書』之失誣, 『樂』之失奢, 『易』之失賊, 『禮』之失煩, 『春秋』之失亂. 其爲人也, 溫柔敦厚而不愚, 則深於『詩』者也. 疏通知遠而不誣, 則深於『書』者也. 廣博易良而不奢, 則深於『樂』者也. 絜靜精微而不賊, 則深於『易』者也. 恭儉莊敬而不煩, 則深於『禮』者也. 屬辭比事而不亂, 則深於『春秋』者也."

集說 방씨方氏(방각方愨)는 말한다. "육경의 가르침은 선한 것이다. 그러나 온유하고 돈후한 것에 힘쓰다가 자기 뜻에 빠지게 되면, 스스로 옳다고 생각한 것에 따라 행동하고 남의 의견을 받아들이지 않는 데에서 잘못을 하게 된다. 그러므로 '『시詩』의 잘못은 어리석은 것(愚)에 있다.' 정사에 두루 통달하고 먼 옛일까지 아는 데에 힘쓰면서도 일에 치중하면 실질이 없는 데에서 잘못을 하게 된다. 그러므로 '『서書』의 잘못은 허탄한 것(誣)에 있다.' 넓게 통하고 쉽고 선량한 것에 힘쓰면서 그 마음(情)에만 따르면 큰 것을 좋아하는 데에서 잘못을 하게 된다. 그러므로 '『악樂』의 잘못은 낭비

하는 것(箸)에 있다.' 정결하고 정미한 것에 힘쓰면서 도道에 가려지게 되면 훼손하는 데에서 잘못을 하게 된다. 그러므로 '『역易』의 잘못은 해치는 것(賊)에 있다.' 공손하고 절검하며 엄숙하고 공경하는 데 힘쓰면서 그 체體를 잊으면 너무 합당하게 하는 데에서 잘못을 하게 된다. 그러므로 '『예禮』의 잘못은 번잡한 것(煩)에 있다.' 말을 서로 잇고 일을 비교하는 것에 힘쓰면서 법을 세우면 윗사람을 침범하는 데에서 잘못을 하게 된다 그러므로 '『춘추春秋』의 잘못은 어지럽히는 것(亂)에 있다.' 무릇 육경의 가르침은 선왕이 도를 실어놓는 도구였다. 그 가르침에 어찌 잘못이 있겠는가? 그 터득한 바에 깊고 얕은 차이가 있는 데에서 말미암은 것이다." ○ 응씨應氏(응용應鏞)는 말한다. "순박하고 도타운 자는 진실과 거짓을 반드시 깊이 알고 있지는 않기 때문에 (자신처럼 상대도 그럴 것이라고 믿는) 어리석은 것에서 잘못을 한다. 두루 통달한 자는 반드시 확실하고 성실하지는 않기 때문에 (불명확한 지식을 사실인 것처럼 주장하는) 허탄한 것에서 잘못을 한다. 관대하고 도타운 자는 반드시 엄격하게 확립하고 법도에 맞게 검속하지는 않기 때문에 낭비하는 것에서 잘못을 한다. 사색에 깊이 침잠하여 자신을 소모하는 것이 많으면 또한 더러 도에 해가 되므로 해치는 것에서 잘못을 한다. 절도를 세우는 것을 밝게 알지 못하고 덕성이 확립되어 있지 못하면 용모를 문식하고 행동을 바르게 할 수가 없기 때문에 번잡한 것에서 잘못을 한다. 붓을 놀려 포폄을 하면서 시비를 문란시켜 놓으면, 또한 때로 난亂을 초래한다. 그러므로 어지럽히는 것에서 잘못을 한다. 오직 터득한 바가 깊으면 길러주는 바도 튼튼하여 천지의 순일하게 온전함과 옛사람의 커다란 본체를 볼 수 있게 된다. 그러고서 어찌 이른바 '잘못하는 것'(失)이 있겠는가?" ○ 석량왕씨石梁王氏는 말한다. "공자 때에 『춘추』의 필삭筆削이라는 것은 아직 출현하지 않았으며, 또 (공자는) '나에게 몇 년의 수명을 빌려주어 마침내 『역』을 배우게 해준다면'[2]이라고 하였고, (자공은 공자가) '성과 천도에 대해 말씀하시는 것을 들을 수 없었다[3)고 하였다. 어찌 갑자기 이 『춘추』와 『역易』을 가지고 사람들에게 가르쳤겠는가? 공자가 가르쳤던 것에는 『시詩』·『서書』·『예禮』·『악樂』에 대해 말한 것이 많다. 게다가 어리석은 것, 허탄한 것, 낭비하는 것, 해치는 것, 어지럽히는 것 등의 잘못이 어찌 『시』·『서』·『악』·『역』·『예』·『춘추』가 그렇게 하도록 시키는 것이겠는가? 이는 결코 공자의 말이 아니다." 方氏曰: "六經之敎, 善矣. 然務溫柔敦厚, 而溺其志, 則失於自用矣. 故『詩』之失愚'. 務疏通知遠, 而趨於事, 則失於無實矣. 故『書』之失誣'. 務廣博易良, 而徇其情, 則失於好大矣. 故『樂』之失奢'. 務絜靜精微, 而蔽於道, 則失於毁則矣. 故'『易』之失賊'. 務恭儉莊敬, 而亡其體, 則失於過當矣. 故『禮』之失煩'. 務屬辭比事, 而作其法, 則失於犯上矣. 故『春秋』之失亂'. 夫六經之敎, 先王所以載道也. 其敎豈有失哉? 由其所得, 有淺深之異耳." ○ 應氏曰: "淳厚者, 未必深察情僞, 故失之愚. 通達者, 未必篤確誠實, 故失之誣. 寬厚者, 未必嚴立繩檢, 故失之奢. 沈潛思索, 多自耗蠹, 且或害道, 故失之賊. 品節未明, 德性未定, 無以飾貌正行[4)], 故失之煩. 弄筆褒貶, 易紊是非, 且或召亂. 故失之亂. 惟得之深, 則養之固, 有以見天地之純全·古人之大體. 而安有所謂'失'哉?" ○ 石梁王氏曰: "孔子時, 『春秋』之筆削者未出, 又曰'加我數年, 卒以學『易』', '性與天道不可得聞.' 豈遽以此敎人哉? 所以敎者, 多言『詩』·『書』·『禮』·『樂』. 且有愚·誣·奢·賊·煩·亂之失, 豈『詩』·『書』·『樂』·『易』·『禮』·『春秋』使之然哉? 此決非孔子之言."

權近 살피건대, 육경 가르침이 잘못된 것에 대하여 방씨의 설명은 응씨의 설만큼 절실하지 못하다. 내가 생각건대, 육경의 가르침은 성인이 백왕에게 모법을 남겨서 후세의 잘못을 구하기 위한 것이다. 이제 그 잘못에 이와 같은 것이 있다고 말한 것은 무엇 때문인가? 육경의 잘못이 아니라 그것을 배운 자에게 잘못된 바가 있는 것이다. 한갓 그 장구章句·성음聲音·도수度數 등의 말단만 익히고 그 이치를 밝히지 못했기 때문이다. 『시』

의 잘못은 어리석게 하는 데에 있다'는 말은 예를 들면 함구몽咸丘蒙이 "온 땅의 안에 사는 사람이 왕의 신하가 아닌 자가 없다"는 (『시』를) 근거로 고수瞽瞍를 신하로 삼지 않은 것을 의심한 것5)과, 고수高叟가 『시』를 해석한 것6)이 그러한 경우이다. '『서』의 잘못은 거짓되게 하는 데에 있다'는 말은 예를 들면 『맹자』에서 이른바 "『서』를 모두 믿는다"7)는 것과 한漢에서 '관정觀政'을 관병觀兵(병사에게 위엄을 보이다)으로 해석한 것8)에 의거하여 '복자명벽復子明辟'을 환정還政(정사를 되돌려 주다)으로 해석한 경우9), 연燕나라 왕 쾌噲가 나라를 선양하여 요순을 흠모한 경우10), 왕망이 거섭할 때에 재형宰衡11)을 칭한 경우 같은 것이 그러한 것이다. '『악』의 잘못은 사치스럽게 하는 데에 있다'는 것은 예를 들면 '계씨가 뜰에서 팔일무八佾舞를 추게 한 것'12), '(노나라의 계손씨·숙손씨·맹손씨) 세 대부 집안에서 「옹雍」의 시를 연주하면서 제사상을 치운 것'13) 같은 경우가 이것이다. '『역』의 잘못은 해치게 하는 데에 있다'는 말은 예를 들면 경방京房이 재이와 변괴를 논하였고, 곽박郭璞이 길흉을 점쳤는데, 모두 스스로 자기 몸을 해친 것14) 같은 경우가 그것이다. '『예』의 잘못은 번잡하게 하는 데에 있다'는 말은 예를 들면 『서』의 이른바 "제사를 자주 지내어 설만하게 한다"15)는 것과 한나라 속담의 이른바 "예를 이해하는 집안을 취송聚訟이라고 이름한다"16)는 것이 그러한 경우이다. '『춘추』의 잘못은 난을 초래하는 데에 있다'는 말은 예를 들면 최호崔浩가 국사國史를 편찬하면서 국가의 악행을 폭로했다가 일족이 주멸당한 것17)이 그러한 경우이다. 이는 모두 사람들이 초래한 것이지 경전이 그렇게 만든 것이 아니다. 그 이치에 깊이 나아가 밝힐 수 있다면, 이러한 덕이 있고 이러한 잘못들이 없게 될 것이다. 近按, 六敎之失, 方氏之說, 不若應氏之切. 愚謂六經之敎, 聖人所以垂範百王, 以救後世之失者也. 今乃言其所失有如此者, 何哉? 蓋非六經之失, 而學之者, 有所失也. 徒習其章句·聲

音·度數之末, 而不能明其理故也. '『詩』之失愚'者, 如咸丘蒙以"率土莫非王臣", 而疑瞽瞍之不爲臣及高叟之爲『詩』, 是也. '『書』之失誣'者, 如『孟子』所謂"盡信『書』"者及漢仕以'觀政'爲觀兵, '復子明辟'爲還政·'燕噲讓國而慕堯舜'·'王莽居攝而稱辛衡'之類, 是也. '『樂』之失奢', 如'季氏八佾舞於庭'·'三家以「雍」徹'之類, 是也. '『易』之失賊'者, 如京房言災變, 郭璞占吉凶, 而皆自害其身之類, 是也. '『禮』之失煩'者, 如『書』所謂"黷于祭祀"及漢諺所謂"會禮之家, 名爲聚訟"之類, 是也. '『春秋』之失亂'者, 如崔浩作史暴揚國惡, 而致赤族, 是也. 是皆人之所致, 而非經之使然. 能深造而明其理, 則有其德而无是失矣.

2.

[경해 2]

천자는 천지와 더불어 셋이 된다. 그러므로 덕이 천지와 짝하고, 만물을 함께 이롭게 하고, 해와 달과 더불어 나란히 밝고, 밝음이 사해를 비추어 은미하고 작은 것까지도 빠뜨리지 않는다. 조정에 있을 때에는 인성仁聖과 예의禮義의 차서를 말하고, 집에 한가롭게 있을 때에는 「아雅」와 「송頌」의 음을 듣는다. 걸어 다닐 때에는 패환佩環과 패옥佩玉의 소리가 들리고, 수레에 타서는 난鸞과 화和의 방울소리가 울린다. 거처할 때에는 예禮가 있고, 나아가고 물러날 때에는 법도가 있다. 백관들이 그 마땅함을 얻고, 모든 일이 그 순서를 얻는다. 『시詩』에 "착하신 군자, 그 위의威儀가 어긋나지 않네! 그 위의가 어긋나지 않으니, 사방의 나라들 바로잡네!"라고 한 것은 이를 두고 하는 말이다.

天子者, 與天地參. 故德配天地, 兼利萬物, 與日月並明, 明照四海, 而不遺微小. 其在朝廷, 則道仁聖禮義之序, 燕處則聽「雅」・「頌」之音. 行步則有環佩之聲, 升車則有鸞和之音. 居處有禮, 進退有度. 百官得其宜, 萬事得其序. 『詩』云: "淑人君子, 其儀不忒! 其儀不忒, 正是四國!", 此之謂也.

集說 '난鸞과 화和'는 모두 방울(鈴)이다. 난은 멍에에 달려 있고, 화는 가름대의 앞에 달려 있다. 『시詩』는 「조풍曹風・시구鳲鳩」이다. ○ 석량왕씨石梁王氏는 말한다. "이 단락은 가장 순수하다." 鸞・和, 皆鈴也. 鸞在衡, 和在

軾前. 『詩』,「曹風‧鳲鳩」篇. ○ 石梁王氏曰: "此段最粹."

權近 살피건대, 이 장은 편 첫머리에서 경을 풀이한 말과 의미가 서로 이어지지 않는다. 이 장에서 편의 끝에 이르기까지는 별도로 하나의 뜻을 이룬다. 近按, 此與篇首解經之言, 意不相蒙. 自此以至篇終, 別是一意.

²⁻²[경해 3]

정치적 명령을 내렸을 때 백성이 기뻐하는 것을 화和라고 한다. 윗사람과 아랫사람이 서로 친애하는 것을 인仁이라고 한다. 백성이 하고자 하는 바를 요구하지 않아도 얻는 것을 신信이라고 한다. 천지의 해를 제거하는 것을 의義라고 한다. 의義와 신信, 화和‧인仁은 패자霸者와 왕자王者의 수단이다. 백성을 다스리고자 하는 뜻이 있더라도 그 수단이 없으면, 성취하지 못한다.

發號出令而民說, 謂之和. 上下相親, 謂之仁. 民不求其所欲而得之, 謂之信. 除去天地之害, 謂之義. 義與信, 和與仁, 霸‧王之器也. 有治民之意, 而無其器, 則不成.

集說 풍씨馮氏는 말한다. "의義, 신信, 화和, 인仁의 도를 논하면서 왕도와 패도를 함께 말하였으니, 어찌 공자의 말이겠는가?" 馮氏曰: "論義‧信‧和‧仁之道, 而以王‧霸並言之, 豈孔子之言?"

權近 살피건대, 앞 장에서 '덕이 천지에 짝한다'고 칭한 것은 제왕의 도(帝道)를 가지고 말한 것이고, 이 장은 낮추어 왕패王霸의 도에 대해서 말한 것이다. 그러나 의義‧신信‧화和‧인仁으로 왕도와 패도를 함께 말한 것에

대해 풍씨가 비난한 것은 옳다. 대개 진실함과 거짓됨의 다름을 알지 못한 것이다. 近按, 前章稱'德配天地', 以帝道言, 而此降言王霸之道. 然以義信和仁並言王霸者, 馮氏非之, 是矣. 蓋不知誠僞之不同也.

2-3[경해 4]

예로 나라를 바로잡는 것은 저울대로 무게를 다는 것과 같고, 먹줄로 굽고 곧게 하는 것과 같고, 그림쇠와 곱자로 네모와 원을 그리는 것과 같다. 그러므로 저울대에서 저울추를 자세하게 살피면 무게를 속일 수 없고, 먹줄에서 줄을 쏜 것을 자세하게 살피면 굽은 것과 곧은 것을 속일 수 없고, 그림쇠와 곱자에서 선을 그은 것을 자세하게 살피면 네모와 원을 속일 수 없다. 군자가 예를 자세히 살펴 파악하고 있으면, 간사하고 거짓된 것으로 속일 수 없다.

禮之於正國也, 猶衡之於輕重也, 繩墨之於曲直也, 規矩之於方圜也. 故衡誠縣, 不可欺以輕重, 繩墨誠陳, 不可欺以曲直, 規矩誠設, 不可欺以方圜. 君子審禮, 不可誣以姦詐.

集說 방씨方氏는 말한다. "'가볍다'(輕)는 것은 예의 작은 것이고, '무겁다'(重)는 것은 예의 큰 것이다. '큰 것에 대하여 줄여서도 옳지 않고 작은 것에 대하여 더하여도 옳지 않다'[18]는 것이 그것이다. '굽었다'(曲)는 것은 예의 번거로운 것이고, '곧다'(直)는 것은 예의 간소한 것이다. '신하가 오시어 그 예가 간소하면 신하의 간소한 예를 행하고, 임금께서 오시어 그 예가 광대하면 임금의 광대한 예를 행하였다'[19]는 것이 그것이다. '네모지다'(方)

는 것은 상례常禮이고, '둥글다'(圓)는 것은 변례變禮이다. 이를테면 예를 체體로 삼는 것은 상례이고, 의리에 근거하여 예를 새로 제정하는 것은 변례이다. 예의 쓰임이 이와 같기 때문에 군자가 예를 자세하게 살피고 있으면, 간사하고 거짓된 것으로 속일 수 없게 된다." 方氏曰: "輕者, 禮之小, '重者, 禮之大. 若大者不可損, 小者不可益', 是矣. '曲'者, 禮之煩, '直'者, 禮之簡. 若易則易, 于則于', 是矣. '方'者, 禮之常, '圓'者, 禮之變. 若以禮爲體者, 禮之常也, 以義起禮者, 禮之變也. 禮之用如是, 故君子審禮, 不可誣以姦詐也."

權近 살피건대, 이 장은 왕도와 패도를 말한 것을 이어서 군자가 예로 나라를 바로잡는 일을 말하였다. 近按, 此因王覇而言君子以禮正國之事.

2-4[경해 5]

그러므로 예禮를 높이고 예에서 말미암는 사람을 도(方)가 있는 선비라고 부르고, 예를 높이지 않고 예에서 말미암지 않는 사람을 도가 없는 백성이라고 부르니, 공경하고 겸양하는 도리를 말한다. 그러므로 예로써 종묘에서 제사를 받들면 사람들이 공경하고, 조종에 들어가면 귀한 사람과 천한 사람이 제자리를 얻고, 집에 거처하면 아버지와 아들이 친하고 형제가 화목하며, 향리에 머물면 어른과 젊은이 사이에 위계가 있다. 공자가 "윗사람을 편안하게 하고 백성을 다스리는 데에는 예보다 좋은 방법이 없다"[20]고 한 것은 이를 두고 한 말이다.

是故隆禮由禮, 謂之有方之士, 不隆禮不由禮, 謂之無方之民, 敬

讓之道也. 故以奉宗廟則敬, 以入朝廷則貴賤有位, 以處室家則
父子親, 兄弟和, 以處鄕里則長幼有序. 孔子曰: "安上治民, 莫善
於禮", 此之謂也.

集說 이 편의 앞머리에서 '공자왈孔子曰'이라고 한 것은 기록자가 공자의
말을 기술한 것이다. 이 장의 '그러므로'(是故) 이하는 아마도 기록자 자신
의 말일 것이다. 그러므로 『효경』의 공자 말을 인용해서 매듭지은 것이다.
○ 방씨方氏는 말한다. "'융隆'은 융성하게 하여 높인다는 뜻이고, '유由'는
그 가운데로부터 말미암는다는 뜻이다. 예를 융성하게 높이는 것은 '높고
밝음을 다하기 위한 것'이고, 예에서 말미암는 것은 '중용을 따르기 위한
것'21)이다. '높고 밝음을 다하는 것'은 근본을 세우기 위한 것이고, '중용을
따르는 것'은 때에 맞게 하기 위한 것이다. 근본을 세우는 것과 때에 맞게
하는 것은 비록 다른 것 같지만 요컨대 도에서 벗어나지 않는 것일 뿐이
다. 그러므로 그러한 사람을 도(方)를 지닌 선비(有方之士)라고 하는 것이다.
도道는 '일정한 방향'(方)이 없지만, 예에서 도를 체인하면 일정한 방향(方)을
가지게 된다. 이 경문은 예를 위주로 하기 때문에 도道를 '방方'이라고 한
것이다. 선비는 도에 뜻을 둔다. 그러므로 일정한 지향을 가졌다는 점에서
'선비'(士)라고 부른다. 백성은 항상된 마음이 없다. 그러므로 일정한 지향
을 가지고 있지 않다는 점에서 '백성'(民)이라고 부른다." 篇首孔子曰', 記者述
孔子之言也. '是故'以下疑是記者之言. 故引『孝經』孔子之言, 以結之也. ○ 方氏曰:
"隆', 言隆之而高, '由', 言由乎其中. 隆禮, 所以'極高明', 由禮, 所以'道中庸'. '極高明',
所以立本, '道中庸', 所以趨時. 立本·趨時, 雖若不同, 要之不離於道而已. 故謂之有方
之士也. 道, 無'方'也, 體之於禮則爲有方. 此以禮爲主, 故謂之'方'焉. 士志於道. 故於有
方曰'士'. 民無常心. 故於無方曰'民'."

　살펴건대, 이 장은 단지 군자가 나라를 바로잡는 것뿐 아니라 사와 백성 같은 천한 사람에 이르기까지 모두 예에서 말미암지 않음이 없음을 말하였다. 近按, 此言非特君子之正國, 至於士民之賤, 莫不皆由於禮也.

2-5[경해 6]

그러므로 조근朝覲의 예는 군신 사이의 의리를 밝히기 위한 것이다. 빙문聘問의 예는 제후가 서로 존경하도록 하기 위한 것이다. 상례와 제례는 신하나 아들에 대한 은혜를 밝히기 위한 것이다. 향음주례鄕飮酒禮는 어른과 젊은이 사이의 질서를 밝히기 위한 것이다. 혼인昏姻의 예는 남녀 사이의 구별을 밝히기 위한 것이다. 무릇 예는 난이 발생하게 되는 원인을 방지하는 것으로 제방으로 물이 흘러들어 오게 되는 근원을 막는 것과 같다. 그러므로 옛 제방을 쓸모없다고 생각하여 파괴하는 자는 반드시 수화를 당하게 되고, 옛 예를 쓸모없다고 생각하여 없애는 자는 반드시 화란을 겪게 된다. 故朝覲之禮, 所以明君臣之義也. 聘問之禮, 所以使諸侯相尊敬也. 喪祭之禮, 所以明臣子之恩也. 鄕飮酒之禮, 所以明長幼之序也. 昏姻之禮, 所以明男女之別也. 夫禮, 禁亂之所由生, 猶坊止水之所自來也. 故以舊坊爲無所用而壞之者, 必有水敗, 以舊禮爲無所用而去之者, 必有亂患.

集說　남편이 부인의 집안에 대해서는 '혼昏'이라고 하고, 부인이 남편의 집안에 대해서는 '인姻'이라고 한다. ○ 방씨方氏(방각方慤)는 말한다. "군주와 신하의 어지러움은 의義가 없는 데에서 생겨난다. 그러므로 조근朝覲의

예로 그것을 방지한다. 제후의 어지러움은 화목하지 못한 데에서 생겨난다. 그러므로 빙문聘問의 예로 그것을 방지한다. 신하와 자식의 어지러움은 은혜가 없는 데서 생겨난다. 그러므로 상례와 제례로 그것을 방지한다. 어른과 젊은 사람 사이에 향음주례를 시행하고 남녀 사이에 혼인을 하는 것도 그 뜻은 이와 같을 뿐이다." 壻於婦家曰'昏', 婦於壻家曰'姻'. ○ 方氏曰: "君臣之亂, 生於無義. 故以朝覲之禮禁之. 諸侯之亂, 生於不和. 故以聘問之禮禁之. 臣子之亂, 生於無恩. 故以喪祭之禮禁之. 以至鄕飮之施於長幼·昏姻之施於男女, 其義亦若是而已."

權近 살피건대, 이 장은 예의 효용이 지극히 커서 따르지 않을 수 없음을 말하였다. 近按, 此言禮之功用至大, 而不可不由之意.

2-6[경해 7]

그러므로 혼인의 예가 폐해지면 부부의 도리가 힘들어져 음행과 편벽의 죄가 많아진다. 향음주의 예가 폐해지면 어른과 젊은이의 질서가 상실되어 다투고 싸우는 옥송이 빈번해진다. 상례와 제례가 폐해지면 신하와 아들에 대한 은혜가 각박해져서 죽은 이를 배반하고 살아 있는 사람을 잊는 자가 많아진다. 빙문聘問과 조근朝覲의 예가 폐해지면 군주와 신하의 지위가 실추되고 제후의 행실이 악해져서 배반하고 침탈하는 패역이 발생한다. 그러므로 예로 교화시키는 것은 은미할 때이니 아직 모습을 갖추기 전에 사악함을 방지하여 사람들이 자신도 모르는 사이에 매일 선으로 옮기고 죄를 멀리하게 한다. 그러므로 선왕先王은 예를 성대하게 높였다. 『역

易』에서 "군자는 처음을 삼가니, 처음에는 빗나간 것이 털끝만한 것 같아도 나중에는 천리나 벌어진다"고 한 것은 이를 두고 하는 말이다.

故昏姻之禮廢, 則夫婦之道苦, 而淫辟之罪多矣. 鄉飲酒之禮廢, 則長幼之序失而爭鬪之獄繁矣. 喪祭之禮廢, 則臣子之恩薄而倍死忘生者衆矣. 聘覲之禮廢, 則君臣之位失, 諸侯之行惡, 而倍畔侵陵之敗起矣. 故禮之敎化也微, 其止邪也於未形, 使人日徙善遠罪而不自知也. 是以先王隆之也. 『易』曰: "君子愼始, 差若豪氂, 繆以千里", 此之謂也.

集說 이 경문은 또 '혼인昏姻'으로부터 '빙문聘問'과 '조근朝覲'까지 다시 반복해서 설명하여 위 문장의 뜻을 밝힌 것이다. 『역易』에서 이르기를'이라고 인용한 것은 위서緯書의 말이다. '약若'은 같다(如)는 뜻이다. ○ 정씨鄭氏(정현鄭玄)는 말한다. "'고苦'는 이르지 않는 것, 응답하지 않는 것 등을 가리킨다." 此又自'昏姻'覆說至'聘問'·'朝覲', 以明上文之義. 所引'『易』曰', 緯書之言也. '若', 如也. ○ 鄭氏曰: "苦謂不至·不答之屬."

權近 살피건대, '고苦'는 어렵고 쉽지 않다는 뜻이다. 혼인의 예가 폐해져서 행해지지 않으면 남녀가 부부의 도리를 이루기가 어렵고 힘들어서 이루지 못하게 된다. 반드시 때를 놓쳐 결혼하지 못하거나 담장을 넘어 구멍을 뚫고서 서로 따르는 자가 생기게 된다.[22] 그러므로 넘치고 편벽된 죄가 많게 된다. 이 장은 앞장의 뜻을 다시 해설하여 거듭 매듭지은 것이다. 近按, '苦', 謂艱苦而不易也. 昏姻之禮廢而不行, 則男女成夫婦之道艱苦而不得遂. 必有過時不嫁·踰墻鑽穴而相從者矣. 故淫辟之罪多也. 此覆解前章之意, 而申結之.

1 【분장】: 본 편의 章 표시는 권근 按說의 분명한 언급에 따라 붙인 것이다.

2 나에게 ~ 해준다면 : 이 말은 『논어』 「術而」에 나온다.

3 성과 ~ 없었다 : 『논어』 「公冶長」에 "자공이 말하였다. '선생의 문장은 들을 수 있지만, 선생께서 性과 天道에 대해 말씀하시는 것은 들을 수가 없었다'"(子貢曰: "夫子之文章, 可得而聞也, 夫子之言性與天道, 不可得而聞也")라고 하였다.

4 品節未明, 德性未定, 無以飾貌正行 : 『禮記淺見錄』과 『禮記集說大全』에는 이 부분이 缺文으로 되어 있는데, 사고전서본 『禮記集說大全』과 『陳氏禮記集說』에 따라 추가하고, 번역한다.

5 함구몽이 ~ 의심한 것 : 함구몽은 『시』의 시구를 근거로 순임금이 자기 아버지 고수를 신하로 삼지 않았다고 의심하였다. 『맹자』 「萬章上」, "함구몽이 말하였다. '『시』에 〈온 하늘의 아래가 왕의 땅이 아님이 없으며, 온 땅의 안에 사는 사람이 신하가 아닌 자가 없다〉고 하였습니다. 순이 천자가 되었습니다. 감히 묻겠습니다. (아버지) 고수를 신하로 삼지 않은 것은 무엇 때문입니까?' 맹자가 말하였다. '이 시는 그러한 뜻이 아니다. 나라 일에 수고로워 부모를 봉양할 수 없어서 〈이것은 나라 일이 아닌 것이 없거늘 나만 홀로 어질다고 하여 수고롭게 하네〉라고 한 것이다. 그러므로 시를 해석하는 자는 글자로써 말을 해치지 말고, 말로써 본래의 뜻을 해치지 말고, (읽는 자의) 뜻으로써 (작자의) 뜻에 맞추어야 시를 알 수 있는 것이다'"(咸丘蒙曰, '『詩』云, '普天之下, 莫非王土, 率土之濱, 莫非王臣', 而舜既爲天子矣, 敢問瞽瞍之非臣, 如何? 曰, '是『詩』也, 非是之謂也. 勞於王事, 而不得養父母也, 曰, '此莫非王事, 我獨賢勞也?'. 故說『詩』者不以文害辭, 不以辭害, 志志, 以意逆志)라고 하였다.

6 고수가 『시』를 해석한 것 : 고수의 잘못된 시 해석을 비판한 것이다. 『맹자』 「告子下」, "공손추가 말하였다. '고자가 〈「소변」은 소인의 시이다〉라고 하였습니다.' 맹자가 말하였다. '무엇을 근거로 그렇게 말하는가?' '(「소변」의 시는) 원망하는 시이기 때문이랍니다.' '고루하다, 고수(고자)의 『시』를 해석함이여! 여기에 사람이 있다고 치자. 월나라 사람이 활을 당겨 쏘려고 할 때, 자기가 말하고 웃으면서 타이르는 것은 다른 까닭이 아니라 그를 소원하게 여기기 때문이다. 자기 형이 활을 당겨 쏘려고 할 때, 자기가 눈물을 흘리면서 타이르는 것은 다른 까닭이 아니라 자기 형을 친하게 여기기 때문이다. 「소변」의 원망은 어버이를 친하게 여기는 것이다. 어버이를 친하게 여기는 것은 仁이다. 고루하다, 고수의 『시』를 해석함이여!"(公孫丑問曰, 高子曰, 「小弁」, 小人之詩也. 孟子曰, 何以言之? 曰, 怨. 曰, 固哉! 高叟之爲『詩』也! 有人於此, 越人關弓而射之, 則己談笑而道之, 無他, 疏之也. 其兄關弓而射之, 則己垂涕泣而道之, 無他, 戚之也. 「小弁」之怨, 親親也. 親親, 仁也. 固矣夫! 高叟之爲詩也!)라고 하였다.

7 『서』를 모두 믿는다 : 『맹자』 「盡心下」, "맹자가 말하였다. '『書』의 내용을 다 믿으면

『書』가 없는 것만 못하다. 나는 「무성편」에서 두 서너쪽만을 취한 뿐이다"(孟子曰, "盡信『書』, 則不如無『書』. 吾於「武成」取二三策而已矣)라고 하였다.

8 관정을 관병으로 ~ 해석한 것 : 『서』의 '觀政'(정사를 살펴보다)을 한대의 주석가들이 '觀兵'(병기로 위엄을 보인다)의 의미로 해석한 것을 말한다. 『書』「周書·泰誓上」에 "이러므로 나 소자 발이 너희 우방의 총군들을 데리고 상나라의 정사를 살펴보았다(觀政)"(肆予小子發, 以爾友邦冢君, 觀政于商)라고 한 것에 대해, 蔡沈의 『書經集傳』에는 한대의 유자들이 '觀兵'으로 해석한 것을 비판하였다.

9 복자명벽을 환정으로 해석한 경우 : 『書』「周書·洛誥」의 "周公拜手稽首曰, '朕復子明辟'"에 대해서 孔安國의 傳에는 "주공이 예를 다하고 공경함을 바쳐서 '내 다시 그대(성왕)에게 현명한 군주의 정사를 되돌려줍니다'라고 말한 것이다"(周公盡禮致敬, 言我復還明君之政於子)라고 해석하였다. 공안국은 '復'을 '정사를 되돌려준다' 즉 '還政'으로 해석하였다. 그러나 蔡沈은 "'復'은 逆復(상서하여 아뢴다)라고 할 때의 '復'과 같은 뜻이다. 성왕이 주공에게 명하여 성주로 가서 경영하게 하였는데, 주공이 점괘를 얻고 왕에게 復命한 것이다.…… 先儒들은 '성왕이 어려서 주공이 왕을 대신하여 군주가 되었는데, 이때에 이르러 정사를 성왕에게 되돌려 주었기 때문에 〈復子明辟〉(그대에게 밝은 군주의 정사를 되돌려줌)이라고 하였다. 잃음이 있은 뒤에 회복함이 있다. 무왕이 죽고 성왕이 즉위함에 일찍이 하루도 군주의 지위에 거처하지 않은 적이 없었다. 어떻게 회복함이 있겠는가?'(復, 如逆復之復. 成王命周公, 往營成周. 周公得卜, 復命于王也.…… 先儒謂成王幼, 周公代王爲辟, 至是反政成王, 故曰復子明辟.' 夫有失然後有復, 武王崩, 成王立, 未嘗一日不居君位, 何復之有哉?)라고 하였다. 즉 '復'을 '아뢰다' '복명하다'의 뜻으로 본 것이다.

10 연나라 왕 ~ 경우 : 연왕 쾌가 요순의 선양을 흉내 내어 재상 자지에게 나라를 선양했다가 화를 당한 것을 말한다. 『사기』권34, 「燕召公世家」에 "녹모수가 연왕에게 말하였다. '나라를 재상 자지에게 선양하는 것만 못합니다. 사람들이 요임금이 어질다고 말하는 것은 그가 허유에게 천하를 선양했기 때문입니다. 허유가 받지 않았습니다. 천하를 선양했다는 명분이 있었지만, 실질은 천하를 잃지 않았습니다. 이제 왕께서 자지에게 나라를 선양한다면, 자지는 반드시 받지 않을 것입니다. 이는 왕께서 요임금과 행동을 똑같이 하는 것입니다'라고 하였다. 연왕이 인하여서 나라를 자지에게 맡겼다. 자지는 크게 존귀해졌다"(鹿毛壽謂燕王, '不如以國讓相子之. 人之謂堯賢者, 以其讓天下於許由. 許由不受. 有讓天下之名而實不失天下. 今王以國讓於子之, 子必不敢受. 是王與堯同行也.' 燕王因屬國於子之, 子之大重)라고 하였다.

11 재형 : 주공이 太宰가 되었고, 은나라의 재상 伊尹은 阿衡이 되었는데, 왕망은 이윤과 주공의 존귀함을 취하여 '재형'을 존호로 사용하였다. 『漢書』「平帝紀」에 "(왕화후가 고묘에서 알현하고, 安漢公(왕망)에게 존호를 가하여 '宰衡'이라 하였다." 후에 재형은 宰相을 가리키는 말이 되었다.

12 계씨가 ~ 한 것 :『논어』「八佾」에 보인다. 팔일무는 천자의 춤인데, 대부가 참람되게 행한 것이다. 대부는 四佾舞를 춘다.

13 (노나라의 ~ 치운 것 :『논어』「八佾」에 보인다.「옹」은『시』「周頌」의 편명이다.

14 경방이 재이와 ~ 해친 것 : 京房(BC 77~BC 37)은 서한 시대 저명한 역학자로, 災變과 연관시켜 설명하는 이론에 밝았다. 경방은 魏郡太守 시절, 여러 차례 소를 올려 재이를 논하였다가 "정치를 비방하고 천자에게 악행을 돌렸다"는 죄목으로 棄市를 당하였다. 郭璞(276~324)은 晋의 저명한 훈고학자이자 문장가, 풍수학자이다. 晋元帝 때 著作佐郞이 되어 王隱과 함께『晋史』를 편찬하였다. 뒤에 大將軍 王敦의 記室參軍이 되었는데, 왕돈이 武昌에서 반란을 일으켰을 때 卜筮가 불길하다는 이유로 모반을 반대하였다가 살해당하였다.

15 제사를 ~ 한다 :『서』「說命中」, "제사를 자주하여 설만하게 하는 것, 이것을 공경하지 않는다고 한다. 예는 번거로우면 혼란하여 신을 섬기기 어렵다"(黷于祭祀, 時謂弗欽. 禮煩則亂, 事神則難)라고 하였다.

16 예를 ~ 이름한다 :『後漢書』권35,「曹褒列傳」, "(후한 章帝가) 조칙을 내려 현무사마 반고를 불러 예제를 개정하는 마땅함에 대해 물었다. 반고가 말하였다. '경사의 제 유자 가운데 예를 해설할 수 있는 자가 많으니 널리 초집하여 함께 득실을 의론하게 하소서' 라고 하였다. 장제가 말하였다. '속담에 〈길가에 집을 지으면 3년이 지나도 완성되지 않는다〉고 하였다. 예를 이해하는 집안을 취송이라고 하니, 서로 의문과 이의를 제기하 여 붓을 내려 쓸 수가 없다'고 하였다"(詔召玄武司馬班固, 問改定禮制之宜. 固曰, '京師 諸儒, 多能說禮, 宜廣招集, 共議得失.' 帝曰, '諺言〈作舍道邊, 三年不成〉, 會禮之家, 名爲 聚訟, 互生疑異, 筆不得下)라고 하였다.

17 최호가 국사를 ~ 주멸당한 것 :『魏書』열전 권23「崔浩傳」에 관련 내용이 나온다. 崔浩(381~450)는 字가 伯淵이고 淸河郡 東武城(현 河北 故城縣) 사람이다. 北魏의 뛰어 난 관료이자 군사전략가로 북위가 북방을 통일하는 데 크게 공헌하였다. 450년(太平眞 君11) 國史를 편찬하면서 북위의 통치자였던 拓跋氏의 굴욕적인 과거를 直書하였다가 일족이 주멸되는 화를 당하였다.

18 큰 것에 ~ 않다 : 이 말은「禮器」(5-2)에 나온다.

19 신하가 ~ 행하였다 : 이 말은「檀弓下」(3-69)에 나온다.

20 윗사람을 ~ 없다 : 이 말은『孝經』「廣要道章」에 나온다.

21 높고 밝음을 ~ 위한 것 : 이 말은『中庸』(27-6)에 나온다.

22 담장을 넘어 ~ 된다 : 이 말은『맹자』「滕文公下」에 보인다.

애공문
哀公問

양촌에 사는 후학 권근 지음

살피건대, 이 편은 질문과 답변을 통해서 예가 위대한 까닭을 밝힌 것이다. 편 머리부터 '아무도 예를 행하지 않는다'([애공문 6], '莫爲禮')까지는 그 사이에 빠진 문장과 잘못된 글자가 있는 듯하다.

近按, 此篇答問相承以明禮之所以大. 自篇首至'莫爲禮'以上, 其間恐有闕文誤字.

[애공문 1]1)

애공哀公이 공자에게 물었다. "중대한 예는 어떠한 것입니까? 군자가 예를 말할 때 어찌 그리도 높이는 것입니까?" 공자가 말하였다. "저는 소인이므로 예를 알기에 부족합니다." 애공이 말하였다. "사양하지 마시고, 그대는 말해주도록 하시오."

哀公問於孔子曰: "大禮何如? 君子之言禮, 何其尊也?" 孔子曰: "丘也小人, 不足以知禮." 君曰: "否, 吾子言之也."

 '애공哀公'은 노魯나라의 군주로서, 이름은 장蔣이다. '대례大禮'는 예

가운데 중대한 것을 가리킨다. '하기존何其尊'은 칭찬하여 드러냄이 심하다
는 뜻이다. '哀公', 魯君, 名, 蔣. '大禮', 謂禮之大者. '何其尊', 言稱揚之甚.

[애공문 2]

공자가 말하였다. "제가 듣건대, 백성들이 그것에 말미암아서 살아
가게 되니, 예는 중대한 것입니다. 예가 아니면 천지의 신을 절도
에 맞게 섬길 수가 없습니다. 예가 아니면 군주와 신하, 윗사람과
아랫사람, 어른과 어린사람의 지위를 변별할 수 없습니다. 예가 아
니면 남녀(부부)·부자·형제 사이의 친애와, 혼인昏姻2)을 통해 또
는 왕래往來를 통해 교제하는 것을 분별할 수 없습니다. 군자는 이
러한 이유 때문에 예를 그처럼 높이고 공경합니다.

孔子曰: "丘聞之, 民之所由生, 禮爲大. 非禮無以節事天地之神
也. 非禮無以辨君臣·上下·長幼之位也. 非禮無以別男女·父
子·兄弟之親, 昏姻·疏數之交也. 君子以此之爲尊敬然."

集說 이는 모두 예의 중대한 것이다. 그러므로 그것을 높이고 공경하지
않을 수 없다. 此皆禮之大者. 故不得不尊敬之也.

[애공문 3]

그렇게 한 후에 군자 자신이 예에 대하여 행할 수 있는 것을 가지
고 백성을 가르쳐서 그 시기와 절차를 폐하지 않도록 하였습니다.

> 然後以其所能教百姓, 不廢其會節.

集說 예는 하늘에서 주어진 질서에 근본하며, 성인이 인정人情에 따라 거기에 절도와 문식을 가하는 것이니, 너무 높아 행하기 어려운 일로 강제하는 것이 아니다. 그러므로 '자신이 예에 대하여 행할 수 있는 것을 가지고 백성을 가르친다'고 말한 것이다. '회절會節'은 예를 행하는 시기를 가리킨다. 예를 들면 장례와 제례에는 장례와 제사를 지내는 때가 있고, 관례와 혼례에는 관례와 혼례를 거행하는 때가 있어서 그때를 폐해서는 안 된다. 禮本天秩, 聖人因人情而爲之節文, 非强之以甚高難行之事也. 故曰'以其所能教百姓'. '會節', 謂行禮之期節. 如葬祭有葬祭之時, 冠昏, 有冠昏之時, 不可廢也.

[애공문 4]

> 일이 이루어질 수 있게 된 후에 조루雕鏤·문장文章·보불黼黻 등의 장식을 바로잡아 행하여 예가 끊어지지 않도록 하였습니다.
> 有成事, 然後治其雕鏤·文章·黼黻以嗣.

集說 '유성사有成事'는 날짜를 점쳐 점괘의 길함을 얻어서 일이 이루어질 수 있음을 말한다. '조루雕鏤'(조각하여 장식하는 것)는 제기의 장식이고, '문장文章'과 '보불黼黻'[3]은 제복의 문식이다. '사嗣'는 이어져서 끊어지지 않는다는 뜻이다. 이들 제기와 제복이 항상 보존되면 이들 예는 반드시 사라지거나 끊어지지 않을 것이다. '有成事', 謂諏日而得卜筮之吉, 事可成也. '雕鏤', 祭器之飾, '文章'·'黼黻', 祭服之飾也. '嗣者, 傳續不絶之義. 此器服常存, 則此禮必不泯絶矣.

[애공문 5]

윗사람과 아랫사람이 모두 어기는 마음이 없게 된 뒤에 그 상례喪禮의 기한과 시기를 밝혀주고, 그 정鼎과 조俎 등 제기를 갖추고, 돼지고기와 포 등 제물을 진설하고, 종묘를 정비하고, 시기에 맞추어 제사를 공경하게 올리면서, 종족의 질서를 세웁니다. 거처하는 곳에 따라 편안하게 여기고, 그 의복을 검소하게 하며, 그 궁실을 낮게 하고, 수레에는 화려하게 장식하지 않으며, 일상의 기물에는 아로새기는 등 문식을 가하지 않으며, 음식에는 맛있는 반찬을 곁들이지 않으면서, 그럼으로써 백성과 이익을 함께하였습니다. 옛날 군자가 예를 행하는 바가 이와 같았습니다."

其順之, 然後言其喪算, 備其鼎俎, 設其豕腊, 脩其宗廟, 歲時以敬祭祀, 以序宗族. 卽安其居, 節醜其衣服, 卑其宮室, 車不雕幾, 器不刻鏤, 食不貳味, 以與民同利. 昔之君子之行禮者如此.

集說 '순지順之'는 윗사람과 아랫사람이 모두 어기는 마음이 없다는 뜻이다. '언言'은 밝다(明)는 뜻과 같다. '상산喪算'은 상례에 입는 오복五服의 기간과 빈장殯葬의 시기를 말한다. '나아가 그 거처를 편안히 여긴다'(卽安其居)는 것은 거주하는 곳을 그대로 편안하게 여긴다는 뜻이다. '절節'은 검소하다는 뜻이다. '추醜'는 조악하다(惡)는 뜻과 같다. '조기雕幾[4]'는 설명이 「교특생郊特牲」(4-33)에 보인다. '기器'는 일상생활에서 사용하는 기물이다. 자신의 생활을 이와 같이 검박하게 하는 것은 재화를 손상시키지 않고 백성을 해치지 않아서 백성과 그 이익을 함께하고자 하는 것이다. '順之', 謂上下皆無違心也. '言', 猶明也. '喪算', 五服歲月之數·殯葬久近之期也. '卽安其居'者, 隨其

所處而安之也. '節', 儉也. '醜', 猶惡也. '雕幾', 見「郊特牲」. '器', 養器也, 自奉如此其
薄者, 蓋欲不傷財不害民, 而與民同其利也.

애공이 말하였다. "오늘날의 군자는 어째서 그것을 행하지 않습니
까?" 공자가 말하였다. "오늘날의 군자는 재화를 좋아하여 싫증을
내지 않고, 방탕한 행동을 질려 하지 않으며, 방일하고 오만하여
백성의 부를 남김없이 취하는데 전력합니다. 많은 사람들의 마음
을 어기며 도리를 따르는 사람들을 해치고, 자신의 사욕에 걸맞게
하기를 추구하여 이치의 소재는 따지지 않습니다. 과거 백성을 다
스리던 이들은 옛 도를 따라 행하였는데, 오늘날 백성을 다스리는
이들은 오늘날의 도를 따라 행하여 아무도 예를 행하지 않습니다."
公曰: "今之君子胡莫之行也?" 孔子曰: "今之君子好實無厭, 淫德
不倦, 荒怠敖慢, 固民是盡. 午其衆以伐有道, 求得當欲不以其
所. 昔之用民者由前, 今之用民者由後, 今之君子, 莫爲禮也."

集說 '실實'은 재화를 뜻한다. '음덕淫德'은 방탕한 행동을 뜻한다. '고固'는
'고획固獲'(단단히 잡는다)이라고 할 때의 '고固'와 같은 뜻으로, 취하는 데에
힘을 쏟는 것을 가리킨다. '진盡'은 가지고 있는 것을 다한다는 뜻이다. '오
午'는 오迕와 같은 뜻으로, '오기중午其衆'은 많은 사람들의 마음을 거스른다
는 뜻이다. '얻기를 추구할 때에는 욕망에 맞게 한다'(求得當欲)는 것은 자기
사사로운 욕망에 맞게 하는 것을 추구하는 데에 불과함을 말한다. '제 자리
로써 하지 않는다'(不以其所)는 것은 그 이치의 소재를 따지지 않음을 말한

애공문 | 633

다. '앞을 따른다'(由前)는 것은 옛날의 도를 따른다는 뜻이다. '뒤를 따른다'
(由後)는 것은 오늘날의 도를 따른다는 뜻이다. '實', 貨財也. '淫德', 放蕩之行
也. '固', 如固獲之'固', 言取之力也. '盡', 謂竭其所有也. '午', 與迕'同, '午其衆', 違逆
衆心也. '求得當欲', 言不過求以稱其私欲而已. '不以其所', 不問其理之所在也. '由前',
由古之道. '由後', 由今之道也.

[애공문 7]

공자가 애공을 모시고 앉아 있었다. 애공이 말하였다. "감히 묻겠
습니다. 사람의 도리 가운데 무엇이 가장 중대합니까?" 공자가 두
려워하며 얼굴빛을 바꾸고 대답하였다. "임금께서 이런 말씀을 하
시는 것은 백성의 행복입니다. 진실로 신이 어찌 감히 발언하여
대답하지 않을 수 있겠습니까? 사람의 도리 가운데 정치가 가장
중대합니다."

孔子侍坐於哀公. 哀公曰: "敢問. 人道誰爲大?" 孔子愀然作色
而對曰: "君之及此言也, 百姓之德也. 固臣敢無辭而對? 人道
政爲大."

集說 '초연愀然'은 두려워 떠는 모습이다. '작색作色'은 얼굴빛을 바꾼다는
뜻이다. '백성의 덕'(百姓之德)은 백성의 행복이라고 말하는 것과 같다. '감무
사敢無辭'는 '어찌 감히 말이 없겠습니까?'라고 말하는 것과 같다. '愀然, 悚
動之貌. '作色', 變色也. '百姓之德', 猶言百姓之幸也. '敢無辭', 猶言'豈敢無辭?'

애공이 말하였다. "감히 묻겠습니다. 정치를 한다는 것은 무슨 뜻입니까?" 공자가 대답하였다. "정政이란 올바르다正는 뜻입니다. 군주가 올바른 것을 행하면 백성이 정치를 따릅니다. 군주가 행하는 바를 백성은 쫓아서 합니다. 군주가 하지 않는 것을 백성이 어떻게 따라 하겠습니까?" 애공이 말하였다. "감히 묻겠습니다. 정치를 하는 것은 어떻게 하는 것입니까?" 공자가 대답하였다. "부부 사이에는 구별이 있고, 부자 사이에는 친애함이 있고, 군신 사이에는 엄격함이 있습니다. 이 세 가지가 올바르면 모든 일이 그에 따라 올바르게 됩니다." 애공이 말하였다. "과인이 비록 닮지 못해 덕이 없습니다만, 원컨대 세 가지 말씀을 행하는 방법을 듣고자 합니다. 들어볼 수 있겠습니까?"

公曰: "敢問. 何謂爲政?" 孔子對曰: "政者正也. 君爲正, 則百姓從政矣. 君之所爲, 百姓之所從也. 君所不爲, 百姓何從?" 公曰: "敢問. 爲政如之何?" 孔子對曰: "夫婦別, 父子親, 君臣嚴. 三者正, 則庶物從之矣." 公曰: "寡人雖無似也, 願聞所以行三言之道. 可得聞乎?"

集說 '부부'·'부자'·'군신'은 삼강三綱이다. '서물庶物'은 모든 일(衆事)이라는 뜻이다. '무사無似'는 닮거나 비슷한 바가 없다는 뜻으로, 덕이 없음을 말한다. '夫婦'·'父子'·'君臣', 三綱也. '庶物', 衆事也. '無似', 無所肖似, 言無德也.

공자가 대답하였다. "옛 시대의 정치에서는 사람을 친애하는 것이
중요하였습니다. 사람을 친애하도록 다스리는 방법에서는 예가 중
요하고, 예를 다스리는 데에는 공경함이 중요합니다. 공경함이 지
극한 것으로는 대혼大昏(천자와 제후의 혼례)이 큰일이니, 대혼은 지극
한 것입니다. 대혼이 이미 공경을 지극히 하는 것이므로 면복冕服
을 입고 부인을 직접 맞이하니, 몸소 직접 하는 것입니다. 몸소 직
접 한다고 하는 것은 친애함을 나타내는 것입니다. 이 때문에 군자
는 공경을 일으켜 친애하는 것이니, 공경함을 버리면 이는 친애함
을 버리는 것입니다. 친애하지 않으면 가까워지지 않고, 공경하지
않으면 바르지 못합니다. 친애하는 것과 공경하는 것은 정치의 근
본입니다."

孔子對曰: "古之爲政, 愛人爲大. 所以治愛人, 禮爲大, 所以治禮,
敬爲大. 敬之至矣, 大昏爲大, 大昏至矣. 大昏旣至, 冕而親迎,
親之也. 親之也者, 親之也. 是故君子興敬爲親, 舍敬是遺親也.
弗愛不親, 弗敬不正. 愛與敬, 其政之本與."

集說　방씨方氏는 말한다. "부부 사이에는 안과 밖의 자리가 있으므로 '구
별한다'(別)고 말한다. 부자 사이에는 자애하고 효도하는 은혜가 있으므로
'친애한다'(親)고 말한다. 군주와 신하 사이에는 상하의 분수가 있으므로 '엄
격하다'(嚴)고 말한다. 『주역』에 '부부가 있고 난 후에 부자가 있다. 부자가
있고 난 후에 군신이 있다'5)고 하였다. 그러므로 선후의 순서가 이와 같은
것이다. 세 가지의 올바름은 한결같이 부부를 그 근본으로 삼는다. 그러므

로 뒤에서 '대혼大昏은 중대하다'고 한 것이다. 정치는 사람을 길러주는 데에 있다. 그러므로 옛날에 정치를 할 때에는 사람을 친애하는 것을 중시하였다. 그렇지만 사랑하면서 절도가 없으면 그것은 묵자의 겸애兼愛(차별하지 않고 함께 친애함)이다. 어떻게 혼란이 없을 수 있겠는가? 그러므로 '사람을 친애하는 것을 다스리는 방법에 예가 중요하다'고 말한 것이다. 예는 공경함(敬)에 그칠 뿐이다. 그러므로 '예를 다스리는 데에는 공경함이 중요하다'고 한 것이다. 예는 공경을 위주로 하는데, 대혼大昏은 또 그 (공경) 가운데서도 지극한 것이다. 그러므로 '공경을 지극히 하는 것에는 대혼이 중요하다'고 한 것이다. 대혼이 이미 공경함을 지극히 하는 것이기 때문에 비록 천자·제후의 존귀한 신분이라도 또한 반드시 면복冕服을 하고 직접 부인을 맞이한다. 자기가 그 사람을 직접 맞이하는 것이 곧 남으로 하여금 자기를 친애하게 하는 방법이다. 그러므로 '몸소 직접 한다고 하는 것은 친애함을 나타내는 것이다'라고 말한 것이다. 면복을 하고 직접 부인을 맞이한다면, 공경한다고 말할 수 있다. 그러므로 '공경을 일으켜 친애하는 것이니, 공경함을 버리면 이는 친애함을 버리는 것이다'라고 한 것이다. 친애하지 않으면 서로 화합할 수가 없어서 그 정이 소원해진다. 그러므로 '친애하지 않으면 가까워지지 않는다'라고 한 것이다. 공경하지 않으면 서로 구별할 수 없어서 그 정이 설만褻慢해진다. 그러므로 '공경하지 않으면 바르지 못하다'고 한 것이다. 친애하고 공경하는 도는 그 시작이 규문閨門의 안에 뿌리를 두고 있다. 그것을 확충시키게 되면 그 친애함이 함부로 남을 미워하지 않는 데까지 이르고, 그 공경함은 함부로 남에게 오만하지 않는 데까지 이르며, 덕의 가르침이 백성에게 더해지고 사해에 모범이 된다. 그러므로 '친애하는 것과 공경하는 것은 정치의 근본이다'라고 말한 것이다." 方氏曰: "夫婦有內外之位, 故曰'別'. 父子有慈孝之恩, 故曰'親'. 君臣有上下之分, 故曰'嚴'. 『易』曰, '有夫婦然後有父子. 有父子然後有君臣.' 故先後之序如此. 三者之正, 一以夫婦

爲之本. 故後言'大昏爲大'也. 政在養人. 故古之爲政, 愛人爲大. 然而愛之無節, 則墨氏之兼愛矣. 安能無亂乎? 故曰'所以治愛人, 禮爲大'. 禮止於敬而已. 故曰'所以治禮, 敬爲大'. 禮以敬爲主, 而大昏又爲至焉. 故曰'敬之至矣, 大昏爲大'. 大昏旣爲敬之至, 故雖天子・諸侯之尊, 亦必冕而親迎也. 己親其人, 乃所以使人之親己而已. 故曰'親之也者, 親之也'. 冕而親迎, 可謂敬矣. 故曰'與敬爲親. 舍敬是遺親也'. 弗愛, 則無以相合, 而其情疏. 故曰'弗愛不親'. 弗敬則無以相別, 而其情褻. 故曰'弗敬不正'. 愛敬之道, 其始本於閨門之內. 及擴而充之, 其愛至於不敢惡於人, 其敬至於不敢慢於人, 而德敎加于百姓, 刑于四海. 故曰'愛與敬其政之本與'."

[애공문 10]

애공이 말하였다. "과인이 말을 하고 싶습니다. 면복冕服을 하고 친영을 하는 것은 지나치게 무거운 것이 아닙니까?" 공자가 (그 말의 잘못됨에) 두려워하면서 얼굴빛을 바꾸어 대답하였다. "두 집안의 우호를 맺어 선성先聖[6]의 뒤를 계승하고, 그로써 천지・종묘・사직의 주인으로 되는 것인데, 임금께서는 어째서 지나치게 무겁다고 말씀하십니까?" 애공이 말하였다. "과인이 고루하였습니다. 고루하지 않다면 어찌 이러한 말씀을 듣겠습니까? 과인이 묻고 싶은데, 적절한 말이 떠오르지 않습니다. 조금 더 말씀하여 가르쳐주기 바랍니다."

公曰: "寡人願有言然. 冕而親迎, 不已重乎?" 孔子愀然作色而對曰: "合二姓之好, 以繼先聖之後, 以爲天地・宗廟・社稷之主, 君何謂已重乎?" 公曰: "寡人固. 不固, 焉得聞此言也? 寡人欲問, 不得其辭. 請少進."

'이중已重'은 지나치게 무겁다는 뜻이다. '과인고寡人固'는 스스로 자신이 고루하다고 말한 것이다. '고루하지 않다면 어찌 이러한 말씀을 듣겠습니까'라는 것은 만약 고루하지 않다면 이러한 질문을 하지 않았을 것이니 어찌 이러한 말을 들을 수 있었겠는가? 라고 말한 것이다. '조금 더 말씀하여 가르쳐주기 바랍니다'라는 것은 공자가 다시 대략적으로 말하여 자신을 가르쳐주기를 바란 것이다. ○ 석량왕씨石梁王氏는 말한다. "천지를 아울러 말하였으니 제후의 예에 그치는 것이 아니다." '已重', 太重也. '寡人固', 自言其固陋也. '不固, 焉得聞此言'者, 言若不固陋, 則不以此爲問, 安得聞此言乎? '請少進'者, 幸孔子更略有以進敎我也. ○ 石梁王氏曰: "倂言天地, 非止諸侯之禮也."

[애공문 11]

공자가 말하였다. "천지가 합쳐지지 않으면 만물이 생장하지 못합니다. 대혼大昏은 만세의 후사를 잇는 일입니다. 임금께서는 어찌 지나치게 무겁다고 말씀하십니까!" 공자가 이어서 말하였다. "안으로 종묘의 예를 다스리면 천지의 신명과 충분히 짝할 수 있습니다. 밖으로 조정의 예를 다스리면 상하 사이에 공경하는 것을 충분히 확립할 수 있으며, 일의 부끄러움을 떨쳐낼 수 있고, 국가의 부끄러움을 부흥시킬 수 있습니다. 정치를 할 때에는 예를 먼저 힘써야 합니다. 예는 정치의 근본입니다!"

孔子曰: "天地不合, 萬物不生. 大昏, 萬世之嗣也. 君何謂已重焉!" 孔子遂言曰: "內以治宗廟之禮, 足以配天地之神明. 出以治直言之禮, 足以立上下之敬. 物恥足以振之, 國恥足以興之. 爲政先禮. 禮其政之本與!"

集說 '직언直言' 두 글자의 뜻은 자세하지 않다. 어떤 사람은 '조정朝廷'으로 되어야 한다고 하였다. ○ 육씨陸氏(육전陸佃)는 말한다. "사물은 떨치지 못하는 것으로 부끄러움을 삼고, 국가는 흥기하지 못하는 것으로 부끄러움을 삼는다." ○ 응씨應氏(응용應鏞)는 말한다. "'물치物恥'는 사물이 더럽고 누추한 것을 말하고, '국치國恥'는 국체가 낮고 욕된 것을 말한다. 안과 밖의 예가 서로 다스려지면 국가는 편안하고 부유하며 존귀하고 영화로울 것이니, 어찌 부끄러움을 털어내지 못하겠는가? 당시 노나라는 미약하였는데, 애공은 떨치고 일어나 부흥시키고자 하면서도 예가 힘써야 될 급무라는 것을 알지 못하였다. 그러므로 공자가 이것으로 알려준 것이다." '直言'二字, 未詳. 或云當作朝廷. ○ 陸氏曰: "物以不振爲恥, 國以不興爲恥." ○ 應氏曰: "'物恥', 謂事物之汚陋, '國恥', 謂國體之卑辱. 內外之禮交治, 則國家安富尊榮, 何恥之不伸? 是時魯微弱, 哀公欲振而興之, 而不知禮之爲急. 故夫子以是告之."

[애공문 12]

공자가 이어서 말하였다. "옛날 삼대三代의 현명한 왕들이 정치를 할 때에는 반드시 그 처와 아들을 공경하는 것에 방법이 있었습니다. 처는 친親을 맡은 주인이니, 감히 공경하지 않을 수 있겠습니까? 아들은 친親을 잇는 후사이니, 감히 공경하지 않을 수 있겠습니까? 군자는 공경하지 않는 바가 없지만, 자신을 공경하는 것이 중요합니다. 자신은 친의 가지이니, 감히 공경하지 않을 수 있겠습니까? 자신을 공경하지 않는 것은 그 친을 상하게 하는 것입니다. 그 친을 상하게 하는 것은 그 뿌리를 상하게 하는 것입니다. 그 뿌리를 상하게 하면 가지도 따라서 없어지게 됩니다. 세 가지는 백성의 상象이니, 나의 몸을 공경하여 백성의 몸에까지 미치고, 나의 아들을 공경하여 백성의 아들에까지 미치고, 나의 아내(妃)를 공경하여 백성의 아내에까지 미칩니다. 임금이 이 세 가지를 행하면 천하까지 미치게 되니 태왕大王이 행하였던 도입니다. 이렇게 한다면 국가는 순조로워질 것입니다."

孔子遂言曰: "昔三代明王之政, 必敬其妻·子也, 有道. 妻也者, 親之主也, 敢不敬與? 子也者, 親之後也, 敢不敬與? 君子無不敬也, 敬身爲大. 身也者, 親之枝也, 敢不敬與? 不能敬其身, 是傷其親. 傷其親, 是傷其本. 傷其本, 枝從而亡. 三者, 百姓之象也, 身以及身, 子以及子, 妃以及妃. 君行此三者, 則愷乎天下矣, 大王之道也. 如此, 則國家順矣."

集說 나의 몸을 공경하여 백성의 몸에까지 미치며, 나의 자식을 공경하여 백성의 자식에게까지 미치며, 나의 처를 공경하여 백성의 처에까지 미치는 것이다. '개愷'는 이른다(至)는 뜻이며, 미친다(暨)는 뜻이다. '북쪽과 남쪽에까지 이르는 풍성風聲과 교화敎化[7]'의 뜻과 같다. '태왕大王'은 백성을 사랑한 군주이다. 그가 일찍이 '사람을 길러주는 것을 가지고 사람을 해치지 않는다'[8]라고 말하였다. 그러므로 '태왕의 도이다'라고 말한 것이다.

○ 방씨方氏는 말한다. "면복을 하고 직접 부인을 맞이하는 것은 처를 공경하는 것이다. 조계阼階에서 관례를 거행하는 것은9) 아들을 공경하는 것이다. 집안에서 주인이 되는 것은 처이다. 그러므로 '친親을 맡은 주인'이라고한 것이다. 아래로 후사를 전하는 것은 아들이다. 그러므로 '친親을 잇는 후사'라고 한 것이다. 안으로 주인이 있지 않으면 밖으로 그 국가를 다스릴수 없으며, 아래로 후사가 있지 않으면 위로 그 조상을 승계할 수 없다. 이것이 감히 공경하지 않을 수 없는 까닭이다. 군자는 비록 공경하지 않는바가 없지만, 또한 자신을 공경하는 것을 중요하게 여긴다. 그저 자신을공경하는 것이 아니라 그 자신이 친親의 가지가 되기 때문이다. 자신은 부모에 대해서 나무에 가지가 있는 것과 같으며, 부모는 자신에 대해서 나무에 뿌리가 있는 것과 같다. 서로 의지하여 공동의 몸체를 이루니, 또한 주인이 되고 후사가 되는 것에 그칠 뿐이 아니다. 이 때문에 더욱 공경하지않을 수 없다." 敬吾身以及百姓之身, 敬吾子以及百姓之子, 敬吾妻以及百姓之妻. '愾', 猶至也, 暨也. 如朔南暨聲敎'之意. '大王', 愛民之君也. 嘗言'不以養人者害人'. 故曰'大王之道也'. ○ 方氏曰: "冕而親迎, 所以敬其妻也. 冠於阼階, 所以敬其子也. 爲主於內者, 妻也. 故曰'親之主'. 傳後於下者, 子也. 故曰'親之後'. 內非有主, 則外不足以治其國家矣, 下非有後, 則上不足以承其祖考矣. 此所以不敢不敬也. 君子雖無所不敬, 又以敬身爲大焉. 非苟敬身也, 以其爲親之枝故也. 身之於親, 猶木之有枝, 親之於身, 猶木之有本. 相須而共體, 又非特爲主爲後而已. 此尤不敢不敬也."

[애공문 13]

애공이 말하였다. "감히 묻겠습니다. '자신을 공경한다'(敬身)는 말은 무슨 뜻입니까?" 공자가 대답하였다. "군자가 말을 잘못되게 하더라도 백성들은 그 말을 변명의 구실로 삼고, 행동을 잘못되게 하더라도 백성들은 그 행동을 본보기로 삼습니다. 군자가 말을 할 때 잘못된 구실이 되지 않게 하고, 행동할 때 잘못된 본보기가 되지 않게 한다면, 백성들은 명령을 내리지 않아도 공경하고 공손하게 됩니다. 이렇게 하면 그 자신을 잘 공경하는 것이 됩니다. 그 자신을 잘 공경할 수 있으면, 그 부모의 명성을 이룰 수 있습니다."

公曰: "敢問. 何謂敬身?" 孔子對曰: "君子過言則民作辭, 過動則民作則. 君子言不過辭, 動不過則, 百姓不命而敬恭. 如是則能敬其身. 能敬其身, 則能成其親矣."

集說 '군자君子'는 지위를 가지고 말한 것이다. 위에 있는 사람의 말이 비록 잘못되었더라도 백성은 오히려 변명의 구실(辭)로 삼는다. '사辭'는 말이 문식文飾(변명)을 이룬 것이다. 행동이 비록 잘못되었더라도 백성은 오히려 본보기(則)로 삼는다. '칙則'은 행동이 본보기로 된 것이다. 이것이 군자가 말과 행동에 함부로 잘못을 하지 않는 이유이다. 말과 행동에 모두 잘못이 없다면, 백성은 명령이 이를 때까지 기다리지 않고 스스로 그 윗사람을 공경할 줄 안다. 백성이 모두 윗사람을 공경하면, 임금의 몸은 다른 사람들에게 욕을 당하지 않게 되고, 그제야 자신을 잘 공경한다고 말한다. '그 부모의 명성을 이룬다'는 것은 부모의 이름이 다른 사람에 의해 훼손되지 않게 하는 것이다. '君子', 以位言也. 在上者言雖過, 民猶以爲辭. '辭'者, 言之成文者也. 動雖過, 民猶以爲則. '則'者, 動之成法10)也. 此所以君子之言動不敢有過. 俱無過, 則民不待命令之及, 而自知敬其上矣. 民皆敬上, 則君之身不爲人所辱, 方謂之能敬身. '成其親'者, 不使親名爲人所毁也.

[애공문 14]

애공이 말하였다. "감히 묻겠습니다. '부모의 명성을 이룬다'(成親)는 말은 무슨 뜻입니까?" 공자가 대답하였다. "군자란 사람 가운데 이름을 이룬 자입니다. 백성들은 그에게 이름을 부여하여 '군자의 아들'이라고 부릅니다. 이는 그 부모로 하여금 군자가 되게 하는 것입니다. 이것이 그 부모의 명성을 이루는 것입니다." 공자는 이어서 말하였다. "옛날에 정치를 할 때 남을 친애하는 것이 중요하였습니다. 남을 친애하지 못하면, 그 자신을 보존할 수 없습니다. 그 자신을 보존하지 못하면, 땅에 편안히 안착할 수 없습니다. 땅에 편안히 안착하지 못하면, 하늘을 즐거워할 수 없습니다. 하늘을 즐거워하지 못하면, 그 자신을 이룰 수 없습니다."

公曰: "敢問. 何謂'成親'?" 孔子對曰: "君子也者, 人之成名也. 百姓歸之名, 謂之'君子之子'. 是使其親爲君子也. 是爲成其親之名也已." 孔子遂言曰: "古之爲政, 愛人爲大. 不能愛人, 不能有其身. 不能有其身, 不能安土. 不能安土, 不能樂天. 不能樂天, 不能成其身."

集說　방씨方氏는 말한다. "남을 친애할 수 있지 않으면 자신을 해치는 자가 이르게 된다. 그러므로 그 자신을 보존할 수가 없다. 그 자신을 보존할 수 없으면 한 몸을 둘 곳이 없다. 그러므로 땅에 편안히 안착하지 못한다. '땅에 편안히 안착한다'고 하면 거처하는 곳에 가려서 택하는 바가 없는 것이요, '하늘을 즐거워한다'고 하면 처한 상황에 대하여 원망하는 바가 없는 것이다. 아래로 땅에 대하여 가려서 택하는 바가 없다면, 위로 하늘에 대하여 원망하는 바도 또한 없다. 그러므로 '땅에 편안히 안착하지 못하면, 하

늘을 즐거워할 수 없다.' 하늘을 즐거워할 수 있으면, 이치에 순조롭지 않은 것이 없다. 자신을 이루는 방법은 또한 그 이치에 따르는 것일 뿐이다."

方氏曰: "不能愛人, 則傷之者至矣. 故不能有其身. 不能有其身, 則一身無所容矣. 故不能安土. '安土'則所居無所擇, '樂天'則所遭無所怨. 俯能無所擇, 則仰亦無所怨矣. 故不能安土, 不能樂天. 能樂天, 則於理無所不順. 成身之道, 亦順其理而已."

[애공문 15]

애공이 말하였다. "감히 묻겠습니다. '자신을 이룬다'(成身)는 말은 무슨 뜻입니까?" 공자가 대답하였다. "이치를 벗어나지 않는 것입니다."

公曰: "敢問何謂成身?" 孔子對曰: "不過乎物."

集說 응씨應氏(응용應鏞)는 말한다. "'물物'은 실제로 그러한 이치를 가리킨다. 성품 안에 만물이 모두 갖추어져 있다. 어진 사람(仁人)과 효성스러운 아들(孝子)은 이치에서 벗어나지 않는 사람이니, 곧 그 자신이 실천하는 바가 모두 의리의 안에 있고 벗어나지 않아, 「대학」에서 말한 '인에 머물고'·'효에 머문다'[11]는 것과 같다. 의리에서 어긋나면 벗어나게 되고, 머물면 벗어나지 않게 된다. 무릇 사물에는 정해진 이치가 있고, 이치에는 정해진 체體가 있다. 비록 성현이라 한들 어찌 여기에 털끝만큼이라도 더할 수 있겠는가? 또한 마땅히 그렇게 해야 하는 것을 다하고 그칠 뿐이다."

應氏曰: "物者, 實然之理也. 性分之內, 萬物皆備. 仁人孝子, 不過乎物者, 卽其身之所履, 皆在義理之內而不過焉, 猶「大學」之止於仁·止於孝也. 違則過之, 止則不過矣. 夫物有定理, 理有定體. 雖聖賢, 豈能加毫末於此哉? 亦盡其當然而止耳."

[애공문 16]

애공이 말하였다. "감히 묻겠습니다. 어째서 하늘의 도를 귀하게 여기는 것입니까?" 공자가 대답하였다. "그 그치지 않음을 귀하게 여기는 것입니다. 예를 들면 해와 달이 동쪽과 서쪽에서 서로 따르면서 그치지 않으니, 이것이 하늘의 도입니다. 닫히게 하지 않고 그 장구함을 지속하니, 이것이 하늘의 도입니다. 작위作爲를 행함이 없이 이루니, 이것이 하늘의 도입니다. 이미 이룬 뒤에도 밝으니, 이것이 하늘의 도입니다."

公曰: "敢問. 君子何貴乎天道也?" 孔子對曰: "貴其不已. 如日月東西相從而不已也, 是天道也. 不閉其久, 是天道也. 無爲而物成, 是天道也. 已成而明, 是天道也."

集說 '해와 달은 서로 따르면서 그치지 않는다'는 것은 계속해서 사방을 밝게 비춘다는 뜻이다. '닫히게 하지 않고 그 장구함을 지속한다'는 것은 '막히면 변하고, 변하면 통한다'12)는 뜻이다. '작위作爲를 행함이 없이 이룬다'는 것은 '말을 하지 않아도 믿고, 노하지 않아도 위엄이 있다'13)는 뜻이다. '이미 이룬 뒤에도 밝다'는 것은 천하에 법이 되어 후세에까지 전해질 수 있다는 뜻이다. ○ 유씨劉氏는 말한다. "하늘의 도는 지극히 성실하여 쉼이 없으니, 이른바 '하늘의 명은, 아 심원하여 그침이 없네!'(維天之命, 於穆不已)14)라는 것이다. 군자는 그것을 귀하게 여기는 것은 '순수함이 또한 그치지 않는'15) 것이다. 그러나 그것이 그치지 않는다는 것은 한 번 움직이고 한 번 고요하여 서로 그 뿌리가 된다는 것이다. 예를 들면 해가 가면 달이 오고, 달이 가면 해가 오는 것과 같은 것이다. 이 때문에 막히지 않고 영구히 지속하며, 궁리하고 영위함이 없지만 만물은 저절로 각기 그 이룸

을 획득하고, 이룸에 이르러서는 모두 찬란하여 볼 수 있다. 대개 그 기미가 봉해져 있어, 운행하여 그침이 없는 것을 (보이지 않아) 이름붙이기 어렵지만, 결과를 이룸에 이르면 밝게 드러난다. '작위作爲를 행함이 없이 이룬다'는 것은 그 이루는 자취는 보지 못하고, 단지 이루어진 것이 있음을 본다는 뜻이다. 이는 '오직 하늘만이 위대하거늘, 오직 요임금이 본받았다. 넓고 넓도다, 백성들이 무어라 이름 붙일 수가 없었도다! 높고 높도다, 그가 이룬 업적이여! 위대하도다, 그 문장이여!'16)를 두고 하는 말이다." '日月相從不已', 繼明照于四方也. '不閉其久', '窮則變, 變則通'也. '無爲而成', '不言而信, 不怒而威'也. '已成而明', 爲法於天下, 可傳於後世也. ○ 劉氏曰: "天道至誠無息, 所謂'維天之命, 於穆不已'也. 君子貴之, '純亦不已'焉. 然其不已者, 一動一靜, 互爲其根. 如日往則月來, 月往則日來. 是以不窮其久, 無思無營, 而萬物自然各得其成, 及其旣成, 皆粲然可見也. 蓋其機緘密, 運而不已者, 雖若難名, 而成功則昭著也. '無爲而成'者, 不見其爲之之迹, 而但見有成也. 此'唯天爲大, 唯堯則之. 蕩蕩乎, 民無能名焉! 巍巍乎, 其有成功也! 煥乎其有文章'之謂也."

[애공문 17]

애공이 말하였다. "과인은 기질에 가려 어리석고, 이치와 사물에 어둡습니다. 당신이 (간명하고 절실한 말로) 제 마음에 새겨주시기 바랍니다."17)

公曰: "寡人憃愚, 冥煩, 子志之心也."

集說 '송우憃愚'는 기질에 가려진 것이다. '명冥'은 이치에 어두운 것이다. '번煩'은 일에 얽매이는 것이다. '지志'(기억해둔다)는 글자 그대로 읽는다. 애

공이 공자가 가르쳐 준 바를 민첩하게 깨우칠 수 없음을 스스로 말하면서, 공자가 간명하고 절실한 말로 자신의 마음에 새겨주기를 바란 것이다. 그러므로 공자가 아래 문장에서 대답한 것은 그 요점을 들어 말한 것이다.

'憃愚', 蔽於氣質也. '冥'者, 暗於理. '煩'者, 累於事. '志', 讀如字. 哀公自言其不能敏悟所敎, 欲孔子以簡切之語, 志記於我心. 故孔子下文所對, 是擧其要者言之.

[애공문 18]

공자가 공경하는 모습으로 얼굴색이 변하며 자리를 피하면서 대답하였다. "어진 사람은 이치에서 벗어나지 않고, 효성스런 아들은 이치에서 벗어나지 않습니다. 이 때문에 어진 사람은 부모를 섬김에 하늘을 섬기듯 하고, 하늘을 섬김에 부모를 섬기듯 합니다. 그러므로 효성스런 아들은 자신을 이루는 것입니다." 애공이 말하였다. "과인이 이미 이 말씀을 들었습니다만, 후에 짓게 될 죄를 어찌해야 할지 모르겠습니다." 공자가 대답하였다. "임금께서 이런 말씀까지 하시니, 이는 신의 복입니다."

孔子蹴然辟席而對曰: "仁人不過乎物, 孝子不過乎物. 是故仁人之事親也, 如事天, 事天如事親. 是故孝子成身." 公曰: "寡人旣聞此言也, 無如後罪何." 孔子對曰: "君之及此言也, 是臣之福也."

集說 '축연蹴然'은 용모를 (감당하지 못하는 모양으로) 바꾸며 공경하는 모양이다. '후에 짓게 될 죄를 어찌해야 할지 모르겠습니다'라는 말은 비록 위와 같은 말씀을 들었지만, 후일 일을 잘못하는 죄가 있게 되는 것을 어떻게 할 도리가 없다고 말한 것이다. 이 말은 잘못을 적게 하려는 뜻이 있는

것이다. 그러므로 공자가 '이는 신의 복입니다'라고 말한 것이다. ○ 방씨方
氏(방각方慤)는 말한다. "'인인仁人'은 하늘 섬기는 것을 위주로 하여 말한 것
이다. '효자孝子'는 부모를 섬기는 것을 위주로 하여 말한 것이다. 부모는
가까워서 높지 않다고 의심하고, 하늘은 멀어서 이르기 어렵다고 의심한
다. 한갓 가깝다고 하여 높이지 않으면 부모와 자식 사이가 거의 끊어진다.
한갓 멀다고 하여 이르기 어렵다고 생각하면, 하늘과 사람의 관계는 거의
단절된다. 그러므로 부모를 섬김에 하늘을 섬기듯 하는 것은 그 존경을 다
하면서 설만하지 않고자 하는 것이다. 하늘을 섬김에 부모를 섬기듯 하는
것은 이르기를 추구하면서도 소원히 하지 않고자 하는 것이다." ○ 석량왕
씨石梁王氏는 말한다. "'인인仁人이 부모를 섬김에 하늘을 섬기듯 하고, 하늘
을 섬김에 부모를 섬기듯 한다'는 이 두 구절은 성인이 아니면 말할 수 없
는 것이다." '踧然', 變容爲肅敬貌. '無如後罪何', 言雖聞此言, 然無奈後日過乎物而有
罪何. 此言是有意於寡過矣. 故孔子以爲'是臣之福'. ○ 方氏曰: "'仁人'者, 主事天言之
也. '孝子'者, 主事親言之也. 親則近而疑其不尊, 天則遠而疑其難格. 徒以近而不尊, 則
父子之間, 或幾乎絕18)矣. 徒以遠而難格, 則天人之際, 或幾乎絕矣. 故事親如事天者, 所
以致其尊而不欲其褻也. 事天如事親者, 所以求其格而不欲其疏也." ○ 石梁王氏曰: "'仁
人之事親也如事天, 事天如事親', 此兩句, 非聖人不能言."

1 【분장】 : 본 편은 권근의 按說도 없고 경문을 재배치하지도 않아 장을 나누지 않았다.

2 혼인 : 婚族과 姻族을 가리킨다.

3 문장과 보불 : 옷에 문양을 넣어 장식하는 것을 말한다. 黼黻은 흑색과 백색을 사용하여 도끼모양과 亞자 형태의 문양을 하의에 장식하는 것이다.

4 조기 : 수레의 둘레를 조각하여 장식하는 것을 말한다.

5 부부가 ~ 있다 : 이 말은 『주역』 「序卦」에 나온다.

6 선성 : 정현은 周公이라고 해석하였다.

7 북쪽과 ~ 교화 : 『書』 「禹貢」에 "동쪽으로 바다에까지 적시고, 서쪽으로 사막까지 을 덮고, 북쪽과 남쪽에까지 미쳐서 聲教가 사해에 이르렀다"(東漸于海, 西被于流沙, 朔南曁, 聲教訖于四海)라고 하였다. 聲教는 소문을 듣고 감화되는 風聲과 먼 지역에서도 법으로 본받아 감화되는 教化의 두 방식을 말하는 것으로 해석한다.

8 사람을 ~ 않는다 : 『맹자』 「梁惠王下」에 보인다. 태왕 고공단보가 豳 땅에 거주할 때 狄人의 공격을 받아 빈 땅을 버리고 떠날 때 한 말이다.

9 조계에서 ~ 것은 : 「冠義」(3) 참조.

10 法 : 『예기집설대전』에는 '法者'로 되어 있다.

11 「대학」에서 말한 ~ 머문다' : 「大學」(18)에 "『詩』에 '심원하신 文王이여, 덕이 계속 빛나고 공경하여 머무르는 바를 편안하게 여기셨네'라고 하였다. 군주가 되어서는 인자함(仁)에 머물렀고, 신하가 되어서는 공경함(敬)에 머물렀고, 자식이 되어서는 효도함(孝)에 머물렀고, 부모가 되어서는 자애로움(慈)에 머물렀고, 나라 사람들과 교제할 때에는 신의가 있음(信)에 머물렀다"(詩云: "穆穆文王, 於緝熙敬止." 爲人君, 止於仁, 爲人臣, 止於敬, 爲人子, 止於孝, 爲人父, 止於慈, 與國人交, 止於信)라고 하였다.

12 막히면 ~ 통한다 : 『주역』 「繫辭下」에 "신농씨가 죽고 황제 · 요 · 순이 나왔다. 그 변을 통하여 백성으로 하여금 게으르지 않게 하고, 신묘하게 교화시켜 백성으로 하여금 마땅하게 하였다. 易은 궁하면 변하고 변하면 통하고 통하면 오래간다"(神農氏沒, 黃帝 · 堯 · 舜氏作, 通其變, 使民不倦, 神而化之, 使民宜之, 易, 窮則變, 變則通, 通則久)라고 하였다.

13 말을 ~ 있다 : 이 말은 「樂記」(전-7-1), 「祭義」(3-11) 등에 나온다.

14 하늘의 ~ 없네! : 이 말은 『시』 「周頌 · 維天之命」에 나온다.

15 순수함이 ~ 않는 : 이 말은 「中庸」(26-10)에 나온다.

16 오직 ~ 문장이여! : 이 말은 『논어』 「泰伯」에 나온다.

17 과인은 ~ 바랍니다 : 정현의 해석에 따르면 "과인이 어리석어 도리를 이해하지 못하니, 그것은 당신도 아는 바입니다"의 뜻이 된다.

18 絶 : 『예기집설대전』에는 '竊'로 되어 있다.

중니연거
仲尼燕居

양촌에 사는 후학 권근 지음

석량왕씨는 말한다. "글은 서로 이어지지만 글의 뜻이 산만한 곳이 많으니 반드시 공자의 말인 것은 아니다."

石梁王氏曰: "文雖有首尾, 然辭旨散漫處多, 未必孔子之言."

살피건대, 이 편 또한 대답과 질문이 이어져 있으나 이미 '공자가 말하였다'고 시작하고는 대답하는 말 중에 묻는 말도 없이 다시 '공자가 말하였다'고 기록하고 있고, 글의 뜻 또한 조리가 없는 곳이 많다. 같은 때 한 말을 기록한 것이 아닌 듯하고, 또한 모두 공자의 말인 것은 아닌 듯하다.

近按, 此篇亦答問相承, 然旣以'子曰'起, 答辭中間無復問辭, 而又加'子曰', 辭意亦多不倫. 似非一時之言, 亦非盡夫子之言也.

[중니연거 1][1)]

공자가 조정에서 물러나와 집에 있을 때 자장子張과 자공子貢 그리고 자유子游가 모시고 있었는데, 일들에 관해 두루 이야기를 하다가 예에 관해 언급하기에 이르렀다. 공자가 말하였다. "앉거라, 너희세 사람, 내가 너희에게 예에 관해 말하여 너희들이 예를 두루 행함에 절도에 맞지 않음이 없게 해주겠다." 자공이 자리에서 벗어나일어서서 대답하였다. "감히 여쭈건대 어떻게 하는 것인지요?" 공자가 대답하였다. "공경하면서 예에 맞지 않는 것을 야野(거칠음)라고하고, 공손하면서 예에 맞지 않는 것을 급給(말재주가 좋음)이라 하며, 용감하면서 예에 맞지 않는 것을 역逆(도리에 어긋남)이라고 한다." 공자가 말하였다. "급給은 자애로움(慈)과 어짊(仁)을 어지럽힌다."

仲尼燕居, 子張·子貢·言游侍, 縱言至於禮. 子曰: "居, 女三人者, 吾語女禮, 使女以禮周流無不徧也." 子貢越席而對曰: "敢問何如?" 子曰: "敬而不中禮謂之野, 恭而不中禮謂之給, 勇而不中禮謂之逆." 子曰: "給奪慈仁."

集說 '종언縱言'은 여러 일에 관해 두루 이야기 하는 것이다. '두루 행함에절도에 맞지 않음이 없게 해준다'는 것은 만나는 상황에 따라 행함에 절도에 맞지 않음이 없다는 뜻이다. '경敬'은 마음으로 말하는 것이고 '공恭'은용모로 말하는 것이다. 예가 비록 공경을 위주로 하지만 절도와 문식에 어긋나면 두 가지의 폐단이 있게 된다. '급給'이란 지나치게 공손하며 말만번지르르하게 하는 모양이고, '역逆'이란 도리에 어긋나고 다투어 싸우는것이다. 공자는 일찍이 "공손하기만 하고 예가 없으면 수고롭고, 용감하기만 하고 예가 없으면 어지럽다"[2]라고 하였다. 지나치게 공손하고 말만 번지르르하게 하면 수고롭고, 도리에 어긋나고 다투어 싸우기만 하면 혼란하게 된다. 공자가 세 가지의 폐단 가운데 '급給(말재주가 좋음)'의 폐해만을 언

급한 것은 왜인가? '야野'(거칠음)와 '역逆'(도리에 어긋남) 두 가지는 오히려 마음에 충직하고 급하게 행동해서 그런 것이어서 예를 익히게 하면 이러한 폐단은 없어진다. 오직 지나치게 공순하고 말만 번지르르하게 하는 사람은 자기의 생각을 굽혀 남의 의견에 따르고 외면만을 꾸미며 사람들을 기쁘게 하는 데만 힘을 쏟아, 겉으로는 자애롭고 어진 듯 해보이지만 본심의 덕은 없다. 그러므로 '자애로움(慈)과 어짐(仁)을 어지럽힌다'고 한 것이다. '말을 좋게 꾸미고 낯빛을 좋게 꾸미는 사람은 어진 사람이 드물다고 하면서 지나치게 공순한 것을 부끄러워한 것'[3]은 바로 이러한 뜻이다. '縱言', 泛言諸事也. '周流無不徧'者, 隨遇而施, 無不中節也. '敬'以心言, '恭'以容言. 禮雖以敬恭爲主, 然違於節文, 則有二者之弊. '給'者, 足恭便佞之貌, '逆'者, 悖戾爭鬪之事. 夫子嘗言, "恭而無禮則勞, 勇而無禮則亂." 給則勞, 逆則亂矣. 夫子於三者之弊, 獨言'給'之爲害, 何也? 蓋'野'與'逆'二者, 猶是直情徑行而然, 使習於禮, 則無此患矣. 惟足恭便給之人, 是曲意徇物, 致飾於外, 務以悅人, 貌雖類於慈仁, 而本心之德則亡矣. 故謂之'奪慈仁'. 謂'巧言令色, 鮮矣仁, 而恥乎足恭', 正此意也.

[중니연거 2]

공자가 말하였다. "사師야! 너는 지나치고 상商은 모자란다. 자산子産은 일반 사람에서 보이는 어머니와 같아, 백성들을 먹일 수는 있었지만 그들을 가르치지 못하였다." 자공이 자리에서 벗어나 일어서서 대답하였다. "감히 여쭈건대 무엇을 통해서 이 중中(절도에 맞음)을 이루는지요?" 공자가 대답하였다. "예禮이다, 예일 뿐이다. 대저 예는 중中을 수립하게 해주는 것이다."

子曰: "師! 爾過, 而商也不及. 子産猶衆人之母也, 能食之, 不能
敎也." 子貢越席而對, 曰: "敢問將何以爲此中者也?" 子曰: "禮乎
禮. 夫禮所以制中也."

먹이기는 하지만 가르치지 못하는 것 역시 모자라는 것이 되기 때문에
자공이 함께 '중中'으로 물은 것이다. 能食不能敎, 亦爲不及, 故子貢幷以'中'爲問.

[중니연거 3]

자공子貢이 물러나고 자유子游가 앞으로 나아가 물었다. "감히 여쭈
건대 예란 악을 다스려 거두고 선을 온전히 보존하는 것인지요?"
공자가 대답하였다. "그렇다." "그렇다면 어떻게 해야 합니까?" 공
자가 말하였다. "교제郊祭와 사제社祭의 취지는 귀신을 친애하는 것
이다. 상제嘗祭와 체제禘祭의 예는 소목昭穆의 친족을 친애하는 것이
다. 궤전饋奠의 예는 죽은 이를 친애하는 것이다. 향사례鄕射禮와 향
음주례鄕飮酒禮는 향당의 사람들을 친애하는 것이다. 사례食禮와 향
례饗禮4)는 빈객을 친애하는 것이다."

子貢退, 言游進曰: "敢問禮也者, 領惡而全好者與?" 子曰: "然."
"然則何如?" 子曰: "郊・社之義, 所以仁鬼神也. 嘗・禘之禮, 所
以仁昭・穆也. 饋・奠之禮, 所以仁死喪也. 射・鄕之禮, 所以仁
鄕黨也. 食・饗之禮, 所以仁賓客也."

앞에서 "예는 사사롭고 치우친 것을 풀어서 없애주며 아름다운 바
탕을 중대시킨다"5)고 하였는데, 여기서는 '악을 다스려 거두고 선을 온전

하게 보존하는 것'이라 말했는데 대의가 서로 같다. '소목昭穆의 친족을 친애하는 것이다'라는 것은 제사를 드릴 때는 소昭에 속하는 여러 친족들과 목穆에 속하는 친족들이 모두 함께 있음을 말한다. '궤전饋奠'은 상례喪禮 때의 전奠이지 길제吉祭가 아니다. '향사례鄕射禮'와 '향음주례鄕飮酒禮'는 모두 향당에서 시행하므로 '향당의 사람들을 친애하는 것이다'라고 한 것이다. 사람이 어질지 못하면 예가 무슨 소용인가? 이 다섯 가지 예는 모두 본심本心이 어진 데에서 나온다. ○ 응씨應氏(응용應鏞)는 말한다. "'영領'은 전체를 장악하여 거두어들이는 것이다. 선과 악은 대립하니 하나가 자라면 하나는 쇠퇴한다. 악惡이 거두어들여져 남은 것이 없으면, 선善은 혼연히 온전하여 어그러진 바가 없게 된다. '예가 중을 확립해주는 것'은 힘들여 악과 대적해서 제거하는 것이 아니다. 양심良心을 기르고 선한 단서를 열면 선하지 못한 것은 저절로 사라진다. '인仁'은 선의 도리다. 제사와 빙향聘享6)에서 두루 절도에 맞게 움직이고 행동하고 완곡하게 말하는 것들은 모두 인仁을 온전하게 하려는 것이다. 어진 마음이 속에서 발한 뒤에 예의 문식이 밖으로 드러난다. 예가 거행될 때에 이 마음이 실려 행해지면, 귀신과 인간(幽明) 사이에 모든 것이 그 질서에 따르고 기뻐하는 마음이 흘러넘쳐 모두 나의 인仁 가운데 있게 된다. 이것이 인仁이 두루 퍼져 널리 행해지는 것이다." ○ 유씨劉氏(유이劉彝)는 말한다. "'악을 다스린다'(領惡)는 것은 사욕을 이겨내는 것과 같은 말이다. '보고 듣고 말하고 움직임에 예가 아니면 일체 하지 않는 것'이 사욕이라는 악을 제거하고 천리의 선함을 온전히 보존하는 방법이다. '하루라도 사욕을 이기고 예로 돌아가면 천하 사람들이 인으로 돌아간다'7)는 것이 귀신鬼神과 소목昭穆, 사상死喪, 향당鄕黨, 빈객賓客의 예가 어디서나 인仁의 실천이 되는 이유이다." 前言"禮, 釋回, 增美質", 此言'領惡全好', 大意相類. '仁昭穆', 謂祭時則群昭群穆咸在也. '饋奠', 喪奠也, 非吉祭. '鄕射'·'鄕飮酒', 皆行之於鄕, 故曰'仁鄕黨'. 人而不仁, 如禮何? 此五者之禮, 皆

發於本心之仁也. ○ 應氏曰: "'領', 謂總攬收拾之也. 好惡對立, 一長一消. 惡者收斂而
無餘, 則善者渾全而無虧矣. '夫禮之制中', 非屑屑然與惡爲敵而去之也. 養其良心, 啓其
善端, 而不善者自消矣. '仁者, 善之道也. 祭祀·聘享, 周旋委曲焉者, 凡以全此而已.
仁心發於中[8], 而後禮文見於外. 及禮之旣擧, 而是心達焉, 則幽明之間, 咸順其序, 驩欣
浹洽, 皆在吾仁之中. 是仁之周流暢達也." ○ 劉氏曰: "'領惡', 猶言克己也. '視聽言動,
非禮則勿', 所以克去己私之惡, 而全天理之善也. '一日克己復禮, 則天下歸仁', 所以鬼
神·昭穆·死喪·鄕黨·賓客之禮, 無所往而不爲仁也."

[중니연거 4]

공자가 말하였다. "교제郊祭와 사제社祭의 의리, 상제嘗祭와 체제禘祭
의 예에 밝으면 나라를 다스리는 것은 손바닥을 가리키는 것과 같
을 것이다."
子曰: "明乎郊·社之義, 嘗·禘之禮, 治國其如指諸掌而已乎."

集說 교제郊祭와 사제社祭의 의리에 밝으면 하늘을 섬기는 것을 부모를
섬기는 것과 같이 하고, 상제嘗祭와 체제禘祭의 예에 밝으면 부모를 섬기는
것이 하늘을 섬기는 것과 같다. 어진 사람과 효자는 이에 밝으므로 백성들
은 나의 형제이고, 사물들은 내가 더불어 사는 짝이라는 마음을 미루어 확
대하니 천하국가도 어렵지 않게 다스리는 바가 있는 것이다. 明乎郊社之義,
則事天如事親, 明乎嘗禘之禮, 則事親如事天. 仁人孝子明於此, 故能推民胞物與之心, 而
天下國家有不難治者矣.

[중니연거 5]

(공자가 말하였다.) "그러므로 그것으로 거처하는 것에 예禮를 갖추므로 장유長幼가 분별되고, 그것으로 규문閨門 안에 예를 갖추므로 삼족三族이 화합하고, 그것으로 조정朝廷에 예를 갖추므로 관작官爵에 질서가 있고, 그것으로 사냥함에 예를 갖추므로 전쟁의 일(戎事)이 한가롭고9), 그것으로 군대에 예를 갖추므로 무공武功이 이루어진다.

"是故以之居處有禮, 故長幼辨也, 以之閨門之內有禮, 故三族和也, 以之朝廷有禮, 故官爵序也, 以之田獵有禮, 故戎事閑也, 以之軍旅有禮, 故武功成也."

集說 '삼족三族'은 아버지와 아들과 손자이다. 위 문장에서는 교사郊社 이하의 다섯 가지를 말했고 여기서는 거처居處 이하의 다섯 가지 일을 말하였다. 이는 모두 예가 없는 곳이 없음을 밝힌 것이다. '三族', 父·子·孫也. 上文言郊社以下五者, 此又言居處以下五事. 皆所以明禮之無乎不在也.

[중니연거 6]

(공자가 말하였다.) "그러므로 궁실宮室이 법도를 갖추고, 양量과 정鼎이 상象(격식)을 갖춘다. 음식의 맛이 때에 맞고, 음악(樂)이 절도에 맞는다. 수레가 법식에 맞고, 귀신이 제사를 흠향한다. 상사喪事가 슬퍼함의 법도에 맞고, 논의하는 것이 그 유형에 맞는다. 관官이 그 분

직의 체제에 맞고, 정사政事가 합당하게 시행됨을 얻는다. 예를 몸에 가하여 앞에서 시행하니, 모든 일의 움직임이 합당함을 획득한다."

"是故宮室得其度, 量鼎得其象. 味得其時, 樂得其節. 車得其式, 鬼神得其饗. 喪紀得其哀, 辨說得其黨. 官得其體, 政事得其施. 加於身而錯於前, 凡衆之動得其宜."

集說 방씨方氏(방각方慤)는 말한다. "오奧는 존자尊者가 거처하는 곳이다. 조阼는 주인이 머무는 곳이다. 침寢은 침侵이 없고 방房은 모서리가 있다. 이곳에 이르러 꼭대기이자 중앙이 되는 곳이 옥극屋極이다. 이곳으로부터 (양쪽으로) 줄어들어가는 곳이 서까래(榱)이다. 영楹(기둥)은 채우는 것으로 맡는 바가 있다. 처마(檐)는 바라보는 것으로 이르는 바가 있다. 두공(栭)은 두개골과 같고, 문미(楣)는 눈썹과 같다. 이와 같이 하면 '궁실이 법도를 갖춘다.' 노魯나라 장공莊公이 기둥에 붉은 칠 하고 서까래에 조각을 한 것[10]과 장문중臧文仲이 대들보에 마름 장식을 한 것[11] 등은 법도를 잃었기 때문이다. 도량형의 왼쪽이 승升이 되는데 이로써 양이 상승함을 상징하고, 오른쪽이 합合이 되는데 이로써 음이 합치되는 것을 상징한다. 아래에서 올려다보는 것이 곡斛이 되는데 드러냄을 상징하면서 받드는 바가 있다. 위에서 덮는 것이 두斗가 되는데 감추는 것을 상징하면서 덮는 바가 있다. 바깥으로 그 모양을 둥글게 하였으니 운동하는 하늘을 상징한 것이다. 안으로 그 모양을 네모지게 하였으니 정지해 있는 땅을 상징한 것이다. 정鼎의 아가리는 위에 있으니 위에서 편안함을 상징한다. 정의 다리는 아래에 있으니 아래에서 서 있는 것을 상징한다. 큰 정이 내鼐(가마솥)이니 기氣가 이어지는 것을 상징하고, 아가리를 오므리고 있는 정이 자鼒(옹달솥)이니 재주에 따라 담당하는 것을 상징한다. 정의 다리를 홀수로 하는 것은 하늘의

수가 3이기 때문이요 정의 귀를 짝수로 하는 것은 땅의 수가 2이기 때문이다. 이것뿐만이 아니다. 모욕하게 하는 것으로는 조疏가 있고 깎아서 미는 것으로는 개槪(평미레)가 있으니 도량이 상징하는 바에 또한 이와 같음이 있다. 꿸 때는 귀에 꿰고, 들 때는 선鉉(솥 귀)으로 하니, 정이 상징하는 바에 또한 이와 같음이 있다. 그 소리는 황종黃鐘에 들어맞기에 충분하니 양量에 또한 악樂의 상象이 있다. 삶는 것은 상제에게 바치기에 충분하니 정은 또한 예의 상象이 있다. 『주역周易』에 '기물을 제작하는 자는 그 상象을 숭상한다'[12]고 한 것이 대개 이를 말한다. 그러나 그 기물이 트여서 통창한 것은 봄을 상징하고, 높고 거친 것은 여름을 상징하고, 모나고 깊은 것은 가을을 상징하며, 막고 가리는 것은 겨울을 상징한다. 기물은 어디나 상象 아닌 것이 없다. 양量과 정鼎을 가지고 말해보면, 대개 양量은 기물 가운데 큰 것인데 큰 것이 그 상을 가지면 작은 것도 상을 가짐을 더불어 알 수 있다. 정鼎은 기물 가운데 무거운 것인데 무거운 것이 그 상을 가지면 가벼운 것도 상을 가짐을 더불어 알 수 있다. 봄에는 신 것이 많고, 여름에는 쓴 것이 많고, 가을에는 매운 것이 많고, 겨울에는 짠 것이 많으니 이른바 '맛이 때에 맞는다'는 것이다. 양의 소리가 흩어지지 않고, 음의 소리가 뭉치지 않으며, 강한 기가 노하지 않고 부드러운 기가 두려워하지 않으니, 이른바 '음악(樂)이 절도에 맞는다'는 것이다. '수레가 법식에 맞는다'는 것과 관련해서는 여섯 등급의 수가 수레를 만드는 법식이요, 다섯 종류의 수레(五路)가 쓰이는 용도는 수레를 타는 법식이다. '귀신이 제사를 흠향한다'는 것은 '천신天神이 모두 내려오고 지기地祇가 모두 나오고 인귀人鬼가 모두 이르러 제사의 예禮를 행할 수 있다'[13]는 것이 그것이다. '상사喪事가 슬퍼함의 법도에 맞는다'는 것은 혹은 용모에서 나오고, 혹은 소리로 나오고, 혹은 언어와 음식에서 나오고, 혹은 거처와 의복에서 나오는 것이 모두 그 슬퍼하는 법도에 맞는다는 것이다. '논의하는 것이 그 유형에 맞는다'는 것은 '군주의 명령이 관官에 관계된 일이면 관을 논의하고, 부府에 관계된 일이면 부를 논의하고, 고庫에 관계된 일이면 고를 논의하고, 조정(朝)에 관계된 일이면 조정을 논의한다'[14]는 것과 같은 부류이다. '관官이 그 분직의 체제에 맞는다'는 것은 천관天官은 나라의 정사政事를 관장하고 지관地官은 나라의 교화를 관장하는 것과 같은 부류이다. '정사政事가 합당하게 시행됨을 얻는다'는 것은 '방국邦國에 전전典을 시행하고, 도비都鄙에 칙칙則을 시행하고, 관부官府에 법을 시행하는 것과 같은 부류이다." ○ 유씨劉氏는 말한다. "예禮로서 중中을 확립하면 지나치거나 모자람이 없게 된다. (자신이) 사욕을 이기고 예로 돌아가 인이 되면, '넓고 광대하며 깊고 뿌리가 있어 때에 맞추어 나온다.'[15) 그러므로 모든 움직임이 시중時中(상황에 맞는 중도)으로서의 합당함을 획득하지 않음이 없다. 삼백 가지 경례經禮와 삼천 가지 곡례曲禮가 한 가지도 인仁이 아님이 없다." 方氏曰: "奧爲尊者所居. 阼爲主者所在. 寢則無侵, 房則有方. 至是極而中者爲極. 自是衰而殺者爲榱. 楹以盈而有所任也. 檐以瞻而有所至也. 櫨若顱然, 楣若眉然. 如是則'宮室得其度'矣. 若魯莊公丹楹刻桷, 臧文仲山節藻梲, 蓋失其度故也. 量左爲升以象陽之所升, 右爲合以象陰之所合. 仰者爲斛以象顯而有所承. 覆者爲斗以象隱而有所庇. 外圜其形, 動以天也. 內方其形, 靜以地也. 鼎口在上, 以象有所安乎上. 足在下以象有所立乎下. 大者爲鼏, 以象氣之所仍, 揥者爲鼏, 以象才之所任. 足奇其數, 參乎天也. 耳偶其數, 兩乎地也. 非特此而已. 以兆之則有庛, 以旣之則有槪, 而量之所象, 又有如此者. 以貫之則有耳, 以擧之則有鉉, 而鼎之所象又有如此者. 其音足以中黃鍾, 而量又有樂之象焉. 其亨足以享上帝, 而鼎又有禮之象焉. 『易』曰, '以制器者, 尙其象', 蓋謂是矣. 然其器疏以達者, 所以象春, 高以粗者, 所以象夏, 廉以深之象秋, 閎以奄之象冬. 器固無適而非象也. 止以量鼎爲言者, 蓋量爲器之大者, 大者得其象, 則小者從可知. 鼎爲器之重者, 重者得其象, 則輕者從可知. 若春多酸, 夏多苦, 秋多辛, 冬多鹹, 所謂'味得其時'也. 陽而不散, 陰而不密, 剛氣不怒, 柔氣不懾, 所謂'樂得其節'也. '車得其式'者, 六等之數, 作車之式也, 五路之用, 乘車之式也. '鬼神得其饗'者, 若

'天神皆降, 地祇皆出, 人鬼皆格, 可得而禮', 是矣. '喪紀得其哀'者, 或發於容體, 或發於聲音, 或發於言語飲食, 或發於居處衣服, 而各得其哀也. '辨說得其黨', 若在官言官, 在府言府, 在庫言庫, 在朝言朝'之類 '官得其體', 若天官掌邦治, 地官掌邦敎之類 '政事得其施', 若施典于邦國, 施則於都鄙, 施法于官府'之類."○ 劉氏曰: "禮以制中, 無過無不及. 克己復禮爲仁, 則'溥博淵泉而時出之'. 故凡衆之動, 無不得其時中之宜. 經禮三百, 曲禮三千, 無一事之非仁也."

[중니연거 7]

공자가 말하였다. "예란 무엇인가? 바로 일을 다스리는 것이다. 군자는 일이 있으면 반드시 그것을 다스림이 있다. 나라를 다스리면서 예가 없는 것은 비유하자면 소경에게 인도해줄 사람이 없는 것과 같으니, 방향을 못 잡아 방황하면서 어디로 가겠는가? 비유하자면 밤새도록 어두움 속에서 무엇인가를 찾으려는 것과 같으니, 촛불이 아니면 어떻게 찾겠는가? 예가 없으면 손발을 둘 곳이 없고, 눈과 귀를 쓸 곳이 없고, 나아가고 물러가며 읍揖하고 사양함에 제도가 없을 것이다. 그러므로 예가 없이 거처하면 어른과 젊은이 사이에 구별을 잃게 되고, 집안과 친족들 간에 화합을 잃게 되고, 조정에서 관작의 질서를 잃게 되고, 사냥을 통한 군사훈련은 책략을 잃게 되고, 군대의 무력사용은 승리를 잃게 되고, 궁실은 법도를 잃게 되고, 양量과 정鼎은 상象(격식)을 잃게 되고, 음식의 맛이 때에 맞지 않게 되고, 상사喪事가 슬퍼함의 법도를 잃고, 수레가 법식을 잃게 되고, 귀신이 흠향을 받지 않고, 논의가 그 유형에 맞지 않게 되고, 관직이 분직分職의 체제와 맞지 않게 되고, 정사가 시행의 합당함을 잃는다. 그것을 자신에게 가하여 앞에서 시행하니, 모든 일의 움직임이 합당함을 잃게 된다. 이와 같이 하면 솔선수범하면서 여러 사람을 화합시킬 수 없다."

子曰: "禮者何也? 卽事之治也. 君子有其事, 必有其治. 治國而無禮, 譬猶瞽之無相與, 倀倀乎其何之? 譬如終夜有求於幽室之中, 非燭何見? 若無禮, 則手足無所錯, 耳目無所加, 進退揖讓無所制. 是故以之居處, 長幼失其別, 閨門三族失其和, 朝廷官爵失其序, 田獵戎事失其策, 軍旅武功失其制, 宮室失其度, 量鼎失其象, 味失其時, 樂失其節, 車失其式, 鬼神失其饗, 喪紀失其哀, 辨說失其黨, 官失其體, 政事失其施. 加於身而錯於前, 凡衆之動失其宜. 如此則無以祖洽於衆也."

'창창倀倀'은 정해진 방향이 없는 모양이다. '조祖'는 시작이라는 뜻이다. '흡洽'은 합치한다는 뜻이다. 이는 천하 사람들의 앞에서 솔선수범하여 화합하도록 할 수 없다는 말이다. '倀倀', 無定向之貌. '祖', 始也. '洽', 合也. 言無以率先天下而使之協合也.

[중니연거 8]

공자가 말하였다. "삼가 들어라 너희 세 사람은! 내가 너희에게 예禮에 대하여 말해줄 것이 아직 아홉 가지가 남아 있으니, 대향大饗에 네 가지가 들어 있다. 이것을 알기만 한다면, 시골에서 농사짓는 가운데 그것을 익힌다 해도 성인의 도에 나아갈 수 있다. 두 군주가 서로 만나서 읍양揖讓을 하고 문으로 들어간다. 문으로 들어갈 때 악기 틀에 걸어놓은 악기(縣)가 연주된다. 읍양揖讓을 하고 당에 오르는데, 당에 오르고 음악이 종료된다. 당 아래에서 관악기로 「상象」과 「무武」를 연주하여 행하고, 「하약夏籥」이 차례에 따라 번갈아 행해진다. 올릴 제물을 진설하고, 예악을 질서 있게 진행하며, 백관을 갖춘다. 이와 같이 한 뒤에 군주는 인仁을 안다. 원을 그리며 가는 동작은 규規에 맞고, 직각을 이루며 도는 동작은 구矩에 맞고,16) 수레의 방울소리는 「채제采齊」에 들어맞는다. 객이 나갈 때는 「옹雍」을 연주하여 전송하고 기물을 거둘 때는 「진우振羽」를 연주한다. 그러므로 어떤 것이든 예에 따르지 않는 것이 없다. 문으로 들어 올 때 금석악기(金)를 연주하는 것은 정情을 보이는 것이고, (악공이) 당에 올라 「청묘清廟」를 노래하는 것은 덕德을 보이는 것이다. 당 아래서 관악기로 「상象」을 연주하여 행하는 것은 일을 보이는 것이다. 그러므로 옛날의 군자는 서로 직접 말할 필요가 없었으니, 예악으로 서로 보여줄 뿐이었다."

子曰: "愼聽之, 女三人者! 吾語女禮, 猶有九焉, 大饗有四焉. 苟知此矣, 雖在畎畝之中事之, 聖人已. 兩君相見, 揖讓而入門. 入門而縣興. 揖讓而升堂, 升堂而樂闋. 下管「象」·「武」, 「夏」·「籥」序興. 陳其薦俎, 序其禮樂, 備其百官. 如此而后君子知仁焉. 行中規, 還中矩, 和鸞中「采齊」. 客出以「雍」, 徹以「振羽」. 是故君子無物而不在禮矣. 入門而金作, 示情也, 升歌「清廟」, 示

德也. 下而管「象」, 示事也. 是故古之君子不必親相與言也, 以禮
樂相示而已."

集說　'안다'는 것은 그 이치를 안다는 말이다. '사事'는 그 의절儀節을 익힌
다는 것이다. '성인일 뿐이다'(聖人已)라는 것은 성인이 제작한 예악의 도에
나아갈 수 있다는 말이다. '두 군주가 서로 만나다'는 것은 제후가 서로 조
회朝會하는 것이다. '현縣'은 악기 틀에 매달아 설치하는 악기를 말한다. '흥
興'은 연주한다는 뜻이다. '당에 오르고 음악이 종료된다'는 것은 당에 오른
뒤 주인이 빈에게 술을 올리는데 빈이 다 마시면 음악이 그친다는 뜻이다.
이것이 향례饗禮의 첫 번째 의절이다. 빈이 주인에게 잔을 올리면 다시 음
악을 연주하고 주군主君이 다 마시면 음악이 멈추는데 이것이 향례의 두
번째 의절이다. '당 아래에서 관악기로 「상象」과 「무武」를 연주한다'의 위에
'당에 올라 「청묘淸廟」를 노래한다'는 한 구절이 빠졌다. 아마도 기록자가
생략한 것인 듯하다. 당에 올라 「청묘淸廟」의 시를 노래하는 것이 세 번째
의절이다. '당 아래서 관악기로 「상象」과 「무武」를 연주하여 행한다'는 것이
네 번째 의절이다. '「하약夏籥」'은 우禹왕 때 만들어진 대하大夏[17])의 한 악
곡으로 피리(籥)로 연주하여 행한다. 「상象」, 「무武」와 차례로 번갈아 연주
하여 행하므로 '「하약夏籥」'이 차례에 따라 번갈아 행해진다'고 한 것이다.
예를 말하면서 구태여 '군자가 인仁을 안다'고 한 것은 세 사람에게 천리
가운데에서 절문節文을 추구하도록 유도한 것이다. '원을 그리며 가는 동작
은 규規에 맞는다'는 것이 다섯 번째 의절이다. '직각을 이루며 도는 동작은
구矩에 맞는다'는 것이 여섯 번째 의절이다. '「채제采齊」'는 악장의 이름이
다. '화란和鸞'은 수레에 장식된 방울이다. 수레가 가지런하고 느리게 움직
이면 방울소리가 음악소리와 서로 들어맞는다. 문을 나가 손님을 맞이할

때가 일곱 번째 의절이다. 빈객이 나갈 때「옹雍」시를 노래하여 전송하는 것이 여덟 번째 의절이다. '「진우振羽」'는 곧「진로振鷺」이다. 예를 마치고 기물을 치울 때「진로」의 시를 노래하는 것이 아홉 번째 의절이다. 아홉 가지 예 가운데 대향大饗에 그 네 가지가 포함되어 있다. 첫째는 빈이 술을 다 마시면서 음악이 종료되는 것이고, 둘째는 빈이 주인에게 잔을 올리고 주인이 다 마시고 나면 음악이 다시 한 번 종료되는 것이고, 셋째는 당위에 올라「청묘淸廟」를 노래하는 것이며, 넷째는 당 아래에서「상象」과「무武」를 관악기로 연주하는 것이다. 나머지 다섯 의절은 향례饗禮에서만 하는 것이 아니다. ○ 방씨方氏(방각方慤)는 말한다. "「옹雍」은 태조太祖에게 체제 禘祭를 지낼 때 사용하는 시다. 그 용도가 크므로 그것을 노래하면서 손님 을 전송한다.「진로振鷺」는 제사를 도울 때 사용하는 시다. 그 용도가 작으 므로 그것을 노래하면서 기물을 거둔다. 두 시는 본디 태조에게 체제를 드 릴 때와 제사를 도울 때 사용하는 것에 중심이 있지만, 이와 같은 경우에도 사용하는 것은「녹명鹿鳴」이 본래 군신群臣에게 연회를 베풀 때 사용하는 시이기는 하지만 향음주례鄕飮酒禮에서도 사용되는 것과 같다. 그런데『논 어』에서 '옹雍을 연주하면서 기물을 거둔다'[18]고 하여 그 용도가 이곳의 말 과 다른 것은 또 왜인가? 대개『논어』에서는 천자가 신에게 흠향歆饗하는 일을 말하였고, 이곳에서는 제후가 빈객에게 연향燕饗하는 일을 말하였으 니, 그 경중의 차이가 있음을 알 수 있다. '정情을 보인다'는 것은 주인과 손님이 진심으로 서로 교제하기를 바라는 것이다. '덕德을 보인다'는 것은 주인과 손님이 덕으로 서로 양보하기를 바라는 것이다. '일을 보인다'는 것 은 주인과 손님이 일을 서로 이루기를 바라는 것이다." ○ 유씨劉氏는 말한 다. "인仁은 천하의 바른 이치다. 예禮가 질서 있고 악樂이 조화를 이루면, 천하의 바른 이치는 여기에서 벗어나지 않는다. 그러므로 '이와 같은 뒤에

군자는 인仁을 안다'라고 한 것이다." '知'者, 知其理也. '事'者, 習其儀也. '聖人
已'者, 言可以進於聖人禮樂之道也. '兩君相見', 諸侯相朝也. '縣', 樂器之懸於筍簴者也.
'興', 作也. '升堂而樂闋'者, 旣升堂, 主人獻賓酒, 賓卒爵而樂止也, 此饗禮之一節也. 賓
酢主君, 又作樂, 主君飮畢, 則樂止, 此饗禮之二節也. '下管「象」·「武」'之上, 缺'升歌
「淸廟」'一句. 或記者略耳. 升堂而歌「淸廟」之詩, 是三節也. '堂下以管吹「象」·「武」
之曲', 是四節也. '「夏篇」', 禹大夏之樂曲, 以篇吹之也. 與「象」·「武」次序更迭而作, 故
云'夏篇序興'. 言禮而必曰'君子知仁', 使三子求節文於天理之中也. '行中規', 第五節也.
'還中矩', 第六節也. '「采齊」', 樂章名. '和鸞', 車上之鈴也. 車行整緩, 則鈴聲與樂聲相
中. 蓋出門迎賓之時, 此第七節也. 客出之時, 歌「雍」詩以送之, 此第八節也. '「振羽」'卽
「振鷺」. 禮畢徹器, 則歌「振鷺19)」之詩, 九節也. 九者之禮, 大饗有其四. 一是賓卒爵而
樂闋, 二是賓酢主卒爵則樂又闋, 三是升歌「淸廟」, 四是下管「象」·「武」. 餘五者則非饗
禮所得專也. ○ 方氏曰: "「雍」, 禘太祖之詩也. 其用爲大, 故歌之以送客. 「振鷺」, 助祭之
詩. 其用爲小, 故歌之以徹器而已. 二詩本主於禘太祖與助祭, 而又用之於此者, 猶「鹿鳴」
本以燕群臣, 而又用於鄕飮也. 然『論語』言'以雍徹', 其用與此不同又何也? 蓋彼言天子饗
神之事, 此言諸侯饗賓之事, 重輕固可知矣. '示情'者, 欲賓·主以情相接也. '示德'者, 欲
賓·主以德相讓也. '示事'者, 欲賓·主以事相成也." ○ 劉氏曰: "仁者, 天下之正理. 禮
序樂和, 天下之正理不外是矣. 故曰'如此而後, 君子知仁'."

[중니연거 9]

공자가 말하였다. "예禮라는 것은 이치다. 악樂이라는 것은 절도이
다. 군자는 이치가 없으면 움직이지 않고 절도가 없으면 행하지
않는다. 시를 할 수 없으면 예에 잘못이 있게 된다. 악을 할 수

없으면 예가 질박하기만 하다. 덕에 박하면 예가 충실하지 못하게 된다."

子曰: "禮也者理也. 樂也者節也. 君子無理不動, 無節不作. 不能詩, 於禮繆. 不能樂, 於禮素. 薄於德, 於禮虛."

集說 「악기樂記」(경-1-7)에 "악이란 천지의 화합이고, 예란 천지의 질서이다"라고 하였다. 이곳에서는 '예는 이치고 악은 절도이다'라고 하였다. 대개 예가 그 이치를 얻으면 질서가 있고 어지럽지 않고, 음악이 절도에 맞으면 화합하면서도 지나치지 않기 때문이다. 군자가 이치에 맞지 않으면 행동하지 않는 것은 혼란을 방지하기 위한 것이고, 절도가 없으면 행하지 않는 것은 넘쳐 일탈함을 방지하기 위해서이다. "사람이 되어서 「주남周南」과 「소남邵南」을 배우지 않으면 담벼락을 마주하고 서 있는 것과 같으니"[20] 시를 할 수 없는 사람이 예를 행함에 잘못이 없을 수 있겠는가? "예를 행하는 것은 화합이 귀중한 것이 되니"[21] 악을 할 수 없으면 여유 있고 완곡한 절도가 없다. 이것이 '예에 통달하였으나 악에 통달하지 못한 것을 소素라고 하는[22]' 이유이다. '소素'는 질박함을 말한다. 충신忠信한 사람은 예를 배울 수 있지만, 덕이 박한 사람은 반드시 예에 충실할 수 없다. 「樂記」言: "樂者天地之和也. 禮者天地之序也." 此言'禮者理也. 樂者節也'. 蓋禮得其理, 則有序而不亂, 樂得其節, 則雖和而不流. 君子無理不動, 防其亂也, 無節不作, 防其流也. "人而不爲「周南」「召南」, 猶正墻面而立", 不能詩者, 能不繆於禮乎? "禮之用, 和爲貴", 不能樂, 則無從容委曲之度. 是'達於禮而不達於樂謂之素'也. '素', 謂質朴也. 忠信之人, 可以學禮, 薄於德者, 必不能充於禮也.

[중니연거 10]

공자가 말하였다. "제도도 예에 달려 있고, 문식文飾으로 나타내는 것도 예에 달려 있으나, 그것을 실행하는 것은 사람에게 달려 있는 것이다." 자공이 자리에서 벗어나 일어서서 이르기를 "감히 여쭈건대 기蘷는 예에 통달하지 못하였습니까?"라고 하였다. 공자가 말하였다. "옛사람을 말하는 것인가? 옛사람이다. 예에 통달하였지만 악에 통달하지 못한 것을 '소素'(완비하지 못함)라 하고, 악에 통달하였지만 예에 통달하지 못한 것은 '편偏(완비하지 못함)이라 한다. 저 기蘷는 악에 통달하였지만, 예에 통달하지 못하였기 때문에 이러한 평가를 후세에 전하게 된 것이지만, 그래도 옛 현인이다."

子曰: "制度在禮, 文爲在禮, 行之其在人乎." 子貢越席而對曰: "敢問蘷其窮與?" 子曰: "古之人與? 古之人也. 達於禮而不達於樂 謂之素, 達於樂而不達於禮謂之偏. 夫蘷達於樂, 而不達於禮, 是以傳於此名也, 古之人也."

集說 '문文'은 문장으로 드러내 사용하는 것이다. 그 사람이 아니면, 예禮는 거짓으로 행해지지 않는다.[23] 그러므로 실행하는 것이 사람에게 달려 있는 것이다. 자공子貢의 생각은 기蘷가 음악으로 명성이 높지만, 예를 안다고는 일컫지 않으므로 예에 통달하지 못한 것이라고 여긴 것이다. '궁窮'은 통달하지 못했다는 뜻이다. 공자가 거듭 '옛사람'이라고 언급한 것은 또한 폄하해 보아서는 안 된다는 생각을 간접적으로 보인 것이다. 즉 기蘷는 음악을 아는 것에 치우쳐 있어, 그 때문에 예에 통달하지 못했다는 평가를 후세에 전하게 되었음을 말한다. 그러나 궁극적으로는 옛날의 현인이기 때문에 '옛사람이다'라는 말로 맺은 것이다. 그러므로 예악의 도에 대하여 배

우는 이는 예와 악이 각각의 쓰임에 서로 근원이 된다는 것을 잘 이해하면 '질박하다'거나 '치우쳤다'거나 하는 잘못이 없게 될 것이다. '文', 謂文章之顯設者. 苟非其人, 則禮不虛道. 是以行之在人也. 子貢之意, 謂夔以樂稱, 而不言其知禮, 其不通於禮乎. '窮', 不通也. 夫子再言'古之人', 亦微示不可貶之意. 言夔以偏於知樂, 是以傳此不達禮之名於後世耳. 然而畢竟是古之賢者也, 故又終之以'古之人'也之言. 然則禮樂之道, 學者能知其相爲用之原, 則無'素'與'偏'之失矣.

[중니연거 11]

자장子張이 정치에 관해 물었다. 공자가 말하였다. "사師야, 이전에 내가 너에게 말해주었다. 군자는 예악을 밝혀, 그 도리를 가지고 정사에 시행할 뿐이다."

子張問政. 子曰: "師乎, 前吾語女乎. 君子明於禮樂, 擧而錯之而已."

集說 '이전에 내가 너에게 말해주었다'는 것은 예전에 이미 너에게 알려주었다는 뜻이다. '들어서 행한다'(擧而錯之)는 것은 예악의 도를 들어서 정사에 시행한다는 말이다. '前吾語女', 謂昔者已嘗告汝矣. '擧而錯之', 謂擧禮樂之道而施之政事也.

[중니연거 12]

자장子張이 다시 물었다. 공자가 말하였다. "사師야, 너는 반드시 궤연几筵을 펴고, 당에 오르고 내리며, 술잔을 따르고 올리고, 빈에게 권하고 주인에게 되돌려 권한 뒤에야 예라고 생각하는가? 너는 반드시 춤추는 자리에 열을 지어 서고, 우羽를 들고 약篇을 불고,[24] 종鐘과 북 등 악기를 연주한 뒤에 음악이라고 생각하는가? 말하고 그것을 실천하는 것이 예이다. 행하고 그것을 즐거워하는 것이 악이다. 군자는 이 두 가지를 힘써 행하여 천하를 다스린다. 그러므로 천하는 크게 평화로워진다. 제후들은 조회하며, 만물은 이치에 따르고, 백관들은 공경스럽게 일을 받들지 않는 이가 없다."

子張復問. 子曰: "師, 爾以爲必鋪几筵, 升降, 酌·獻·酬·酢, 然後謂之禮乎? 爾以爲必行綴兆, 興羽籥, 作鍾鼓, 然後謂之樂乎? 言而履之, 禮也. 行而樂之, 樂也. 君子力此二者, 以南面而立. 夫是以天下大平也. 諸侯朝, 萬物服體, 而百官莫敢不承事矣."

集說 '연筵'은 자리다. '철조綴兆'는 춤추는 사람들의 행렬이다. '만물이 몸을 굽힌다'(萬物服體)는 것은 만사가 모두 그 이치에 따름을 가리킨다. '筵, 席也. '綴兆', 舞者之行列也. '萬物服體', 謂萬事皆從其理.

[중니연거 13]

(공자가 말하였다.) "예가 흥기하는 곳에서는 대중(衆)이 잘 다스려지며, 예가 폐해진 곳에서는 대중이 어지러워진다. 눈으로 어림잡

아(目巧) 지은 집에도 '오奧'와 '조계阼階'가 있고, 자리에 상석과 하석의 구분이 있고, 수레에 왼쪽과 오른쪽의 구분이 있고, 동행할 때 뒤에서 따라가는 경우가 있고, 자리에 설 때 위계가 있으니, 이것이 옛 시대의 (성인이 예를 제정한) 의리다."

"禮之所興, 衆之所治也, 禮之所廢, 衆之所亂也. 目巧之室, 則有'奧'阼, 席則有上下, 車則有左右, 行則有隨, 立則有序, 古之義也."

集說 백성들의 치란은 예가 흥하느냐 폐해지느냐에 따라 결정된다. 이것이 정치를 할 때 예를 앞세우는 까닭이다. '목교目巧'는 규구와 먹줄을 사용하지 않고 빼어난 눈썰미에만 의존한다는 뜻이다. 이는 비록 매우 간결하게 하더라도 반드시 '오奧'와 '조阼' 같은 곳은 있다는 말이다. 방에 오奧가 있는 것은 존귀한 사람이 거처하도록 하려는 것이다. 당에 조계阼階가 있는 것은 주인이 설자리를 만들기 위해서이다. 자리는 남쪽을 상석으로 하기도 하고 서쪽을 상석으로 하기도 하는데, 자세한 내용은 「곡례상曲禮上」(6-3)에 나온다. 수레에서 높은 자리는 왼쪽이고, 아버지와 같은 연배의 어른과 동행할 때 뒤에서 따라가고, 신분과 연령의 차이에 따라 각각 서는 자리가 있다. 이것은 모두 옛 성인이 예를 제정한 의리다. 衆之治亂, 由禮之興廢. 此所以爲政先禮也. '目巧', 謂不用規矩繩墨, 但據目力相視之巧也. 言雖苟簡爲之, 亦必有奧'阼之處. 蓋室之有奧, 所以爲尊者所處. 堂之有阼, 所以爲主人之位也. 席或以南方爲上, 或以西方爲上, 詳見「曲禮」. 車之尊位在左, 父之齒隨行, 貴賤長幼各有所立之位. 此皆古聖人制禮之義也.

[중니연거 14]

(공자가 말하였다.) "집을 짓는데 오奧와 조계阼階가 없으면 집에 혼
란이 생긴다. 자리에 상하가 없으면 자리에서 혼란이 생긴다. 수레
에 좌우가 없으면 수레에 혼란이 생긴다. 동행할 때 뒤에서 따라가
는 것이 없으면 동행에 혼란이 생긴다. 설 때 위계가 없으면 자리
에서 혼란이 생긴다. 옛날 성제聖帝와 명왕明王과 제후諸侯는 귀천과
장유와 원근과 남녀와 내외를 변별하여 감히 서로 넘어서지 못하
도록 하였는데, 이는 모두 이러한 예약의 도리에 따른 것이다." 세
사람이 공자로부터 이 말을 듣고는 어두웠던 눈이 뜨이는 것같이
명확해졌다.

"室而無奧·阼, 則亂於堂室也. 席而無上下, 則亂於席上也. 車
而無左右, 則亂於車也. 行而無隨, 則亂於塗也. 立而無序, 則亂
於位也. 昔聖帝·明王·諸侯, 辨貴賤·長幼·遠近·男女·外
內, 莫敢相踰越, 皆由此塗出也." 三子者旣得聞此言也於夫子,
昭然若發矇矣.

集說 이 경문은 예의 쓰임새가 없는 곳이 없어서 예를 잃으면 일마다 혼
란해지니 정치를 하는 자가 예를 버려두고 다른 것에서 구할 수 있겠는가?
라는 말이다. 귀천貴賤은 작위를 가지고 말한 것이고, 장유長幼는 나이를
가지고 말한 것이고, 원근遠近은 친소를 가지고 말한 것이고, 남녀男女는 차
이를 가지고 말한 것이며, 외내外內는 지위의 서열을 가지고 말한 것이다.
○ 방씨方氏는 말한다. "'눈이 뜨인다'(發矇)는 것은 눈이 어두웠는데 다른 사
람이 눈을 뜨게 하여 보게 되는 경우와 같다." ○ 석량왕씨石梁王氏는 말한

다. "편 끝의 두 구절은 기록자가 스스로 결론을 지어 말한 것이다." 此言禮
之爲用無所不在, 失之則隨事致亂, 爲政者可舍之而他求乎? 貴賤以爵言, 長幼以齒言, 遠
近以親疎言, 男女以同異言, 外內以位序言也. ○ 方氏曰: "發矇者, 若目不明, 爲人所
發而有所見也." ○ 石梁王氏曰: "篇末二句, 是記者自作結語."

1 【분장】 : 본 편은 권근의 按說도 없고 경문을 재배치하지도 않아 장을 나누지 않았다.

2 공손하기만 ~ 어지럽다 : 이 말은 『논어』 「泰伯」에 나온다.

3 말을 ~ 부끄러워한 것 : 『논어』 「學而」에 "말을 좋게 꾸미고 낯빛을 좋게 꾸미는 사람은 어진 사람이 드물다"(巧言令色, 鮮矣仁)라고 하였고, 「公冶長」에 "말을 좋게 꾸미고 낯빛을 좋게 꾸미며 지나치게 공손한 것을 左丘明은 부끄러워하였는데, 丘도 또한 부끄럽게 여긴다"(巧言令色足恭, 左丘明恥之, 丘亦恥之)라고 하였다.

4 사례와 향례 : 養老의 예에서 음식을 대접하는 예나 公食大夫禮 등을 말한다. 「王制」(5-1~5-5) 참조.

5 예는 ~ 중대시킨다 : 이 말은 「禮器」(1-1)에 나온다.

6 빙향 : 聘禮와 享禮를 말한다. 정현의 『三禮目錄』에서는 聘禮에 대해서, "성대하게 예방하는 것을 '聘'이라고 한다. 제후들이 서로 돈독히 하는 의리로서, 오랫동안 회맹 등의 일이 없을 때 卿을 보내어 서로 예방하는 예이다. 小聘의 경우에는 大夫를 보낸다. 『주례』 「秋官·大行人」에서 '무릇 제후의 나라는 서로 왕래하는데, 매년 서로 問을 하고, 중간에 오래도록 일이 없을 때에 서로 聘을 하고, 새로운 군주가 즉위하면 서로 朝를 한다'고 하였다"(大問曰'聘'. 諸侯相於久無事, 使卿相問之禮. 小聘使大夫. 『周禮』曰, "凡諸侯之邦交, 歲相問, 殷相聘也, 世相朝也")라고 하였다. 빙례를 행한 뒤에 향례를 행한다. 그러므로 하나의 禮로 묶어서 표현한 것이다.

7 '보고 듣고 ~ 돌아간다' : 이 말들은 『논어』 「顏淵」에 나온다.

8 中 : 『예기천견록』에는 '心'으로 되어 있으나 『예기집설대전』에 따라 바꾼다.

9 전쟁의 일이 한가롭고 : 고대의 사냥은 군사훈련의 일종이다. 사냥에 예를 갖추면 군사훈련이 잘되어 전쟁의 대비를 위한 번잡한 노력을 기울이지 않아도 능숙하게 대응할 수 있다는 뜻에서 한가롭다(閑)고 한 것이다.

10 노나라 ~ 한 것 : 魯나라 莊公이 桓公의 廟 기둥에 붉은 칠을 하고 서까래에 조각한 것을 말한다. 관련 내용이 『국어』 「魯語」에 보인다.

11 장문중이 대들보에 ~ 한 것 : 『논어』 「公冶長」에 "臧文仲이 큰 거북을 간수하는데, 두 공에 山 모양을 조각하고 동자기둥에 마름 모양을 장식하였으니, 어찌 지혜롭다 하겠는가?"(臧文仲居蔡, 山節藻梲, 何如其知也?)라고 하였다.

12 기물을 ~ 숭상한다 : 이 말은 『주역』 「繫辭上」에 나온다.

13 천신이 ~ 있다 : 이 말은 『주례』 「春官·大師樂」에 나온다.

14 군주의 ~ 논의한다 : 이 말은 「曲禮下」(4-3)에 나온다.

15 넓고 ~ 나온다 : 이 말은 「中庸」(31-2)에 나온다.

16 원을 ~ 맞고 : 規는 원을 그리는 데 사용하는 컴퍼스이고, 矩는 직각을 그리는 데 사용

하는 직각자이다. 이 둘은 곧 정해진 법도를 뜻한다. 의례의 진행에서 당사자가 움직일 때 크게 원을 그리면서 움직이는 경우가 있고 직각으로 움직이는 경우가 있기 때문에 이와 같이 말한 것이다.

17 대하 : 周代에 사용된 6가지 주요 樂舞 중 하나로 夏禹시대 만들어진 樂舞라고 한다. 「祭統」(4-9)의 注와 集說 등에 설명이 보인다. 『三禮辭典』, 97쪽, '大夏' 참조.

18 옹을 ~ 거둔다 : 이 말은 『논어』 「八佾」에 나온다.

19 振鷺 : 『예기천견록』에는 '和鸞'으로 되어 있으나 『예기집설대전』에 따라 바로잡는다.

20 사람이 ~ 같으니 : 이 말은 『논어』 「陽貨」에 나온다.

21 예를 ~ 되니 : 이 말은 『논어』 「學而」에 나온다.

22 예에 ~ 하는 : 이 말은 「仲尼燕居」(10)에 나온다.

23 그 사람이 ~ 않는다 : 「禮器」(8-1)에 "충실하고 신실한 사람이 없으면, 禮는 거짓으로 행해지지 않는다"(苟無忠信之人, 則禮不虛道)라고 하였다.

24 우를 들고 약을 불고 : 羽는 춤을 출 때 드는 도구이고, 籥은 文舞를 연주할 때 부는 피리다. 곧 '羽籥'은 악무를 연주하고 춤추는 것을 말한다.

공자한거
孔子閒居

양촌에 사는 후학 권근 지음

살펴건대, 「애공문」·「중니연거」·「공자한거」 3편은 모두 같은 종류이
지만 「공자한거」의 문장만이 완비되어 있다.

近按, 「哀公問」·「燕居」·「閒居」三篇皆一類而「閒居」之文獨爲完備.

[공자한거 1][1]

공자가 한가로이 거처할 때 자하子夏가 모시고 있었다. 자하가 말
하였다. "『시詩』에 '즐겁고 화평한 군자여! 백성의 부모라네'라고
하였는데, 어떻게 하면 백성의 부모라 할 만합니까?" 공자가 말하
였다. "저 백성의 부모는 반드시 예악의 본원에 통달하여 '오지五
至'(다섯 가지 지극함에 이르는 일)를 이루고 '삼무三無'(세 가지 무형의 일)
를 행하여 천하에 널리 미친다. 사방에 재화災禍가 있으면 반드시
먼저 안다. 이것을 백성의 부모라고 하는 것이다."

孔子閒居, 子夏侍. 子夏曰: "敢問『詩』云: '凱弟君子! 民之父母',

何如斯可謂民之父母矣？" 孔子曰: "夫民之父母乎, 必達於禮樂之原, 以致'五至', 而行'三無', 以橫於天下. 四方有敗, 必先知之. 此之謂民之父母矣."

集說 『시詩』「대아大雅・형작泂酌」이다. '개凱'는 즐겁다는 뜻이다. '제弟'는 화평하다는 뜻이다. '횡橫'이란 널리 미친다는 뜻으로 삼무三無와 오지五至의 도가 세상에 널리 미침을 말한다. 사방에 장차 화란이 발생할 조짐이 있을 때 반드시 먼저 알 수 있는 것은 백성을 걱정하는 마음이 절실하기 때문이다. 그러므로 치란의 기미를 잘 알 수 있다. 『詩』,「大雅・泂酌」之篇. '凱', 樂也. '弟', 易也. '橫者, 廣被之意, 言三無五至之道, 廣被於天下也. 四方將有禍敗之釁, 而必能先知者, 以其切於憂民. 是以能審治亂之幾也.

[공자한거 2]

자하子夏가 말하였다. "백성들의 부모라는 것에 대해서는 이미 가르침을 받았습니다. 감히 여쭈건대, 무엇을 '오지五至'(다섯 가지 지극함에 이르는 일)라 하는지요?" 공자가 대답하였다. "뜻이 지극해지면 시詩 또한 지극해진다. 시詩가 지극해지면 예 또한 지극해진다. 예가 지극해지면 악樂 또한 지극해진다. 악樂이 지극해지면 슬픔 또한 지극해진다. 슬픔과 즐거움은 서로 낳는다. 그러므로 눈을 밝게 하여 보아도 볼 수가 없고, 귀를 기울여 들어도 들을 수가 없으나 지기志氣는 천지에 충만하다. 이것을 '오지五至'라고 한다."

子夏曰: "民之父母, 既得而聞之矣. 敢問何謂五至?" 孔子曰: "志之所至, 詩亦至焉. 詩之所至, 禮亦至焉. 禮之所至, 樂亦至焉.
樂之所至, 哀亦至焉. 哀樂相生. 是故正明目而視之, 不可得而見
也, 傾耳而聽之, 不可得而聞也, 志氣塞乎天地. 此之謂五至."

集說 '오지五至'와 '삼무三無'라는 것에서 '지至'는 지극히 융성해서 덧붙일
것이 없고, '무無'는 지극히 은미해서 형적에 나타나지 않음을 말한다. 마음
속에 있으면 뜻(志)이고, 말로 드러나면 시詩가 된다. 뜻이 성대해지면 말
또한 성대해지므로, '뜻이 지극해지면 시詩 또한 지극해진다'고 한 것이다.
시에는 찬미함과 풍자함이 있어서 선을 좋아하고 악을 미워하는 마음을 흥
기시킬 수 있다. 시를 통해 흥기되면 반드시 예로 세울 수 있기 때문에 '시
詩가 극진해지면 예 또한 지극해진다'고 한 것이다. 예禮는 질서를 귀하게
여기고 악樂은 조화를 귀하게 여긴다. 질서가 있으면 조화가 있으며, 질서
가 없으면 조화도 없다. 그러므로 '예가 지극해지면 악樂 또한 지극해진다'
고 한 것이다. 악이 지극하면 백성들이 살아남을 즐거워하고 백성들의 죽
음을 슬퍼하게 된다. 그러므로 '악樂이 지극해지면 슬픔 또한 지극해진다'
고 한다. 군주가 이와 같을 수 있으므로 백성들 또한 군주가 살아 있음을
기뻐하고 군주의 죽음을 슬퍼하니 이것이 '슬픔과 즐거움이 서로 낳는다'
는 것이다. "백성들의 즐거움을 즐거워하면 백성들도 그의 즐거움을 즐거
워하며, 백성들의 근심을 걱정해주면 백성들도 그의 근심을 걱정한다"[2]는
것은 바로 아래 문장의 '소리 없는 음악, 상복 없는 상'이 그것이다. 눈으로
바르게 보면 밝음이 온전해지고 귀를 기울여 들으면 들음이 깊어진다. 그
러나 이제 바로 보아도 보이지 않고 기울여 들어도 들리지 않으니, '오지五
至'는 형체도 소리도 없고 오직 그 지기志氣만이 천지에 충만하기 때문이
다. '천지에 충만하다'는 것은 곧 '천하에 두루 미친다'는 것이다. '五至'·'三

無者, '至'則極盛而無以復加, '無'則至微而不泥於迹之謂也. 在心爲志, 發言爲詩. 志盛則言亦盛, 故曰'志之所至, 詩亦至焉'. 詩有美刺, 可以興起好善惡惡之心. 興於詩者, 必能立於禮, 故曰'詩之所至, 禮亦至焉'. 禮貴於序, 樂貴於和. 有其序, 則有其和, 無其序則無其和. 故曰'禮之所至, 樂亦至焉'. 樂至則樂民之生而哀民之死. 故曰'樂之所至, 哀亦至焉'. 君能如此, 故民亦樂君之生而哀君之死, 是'哀樂相生'也. "樂民之樂者, 民亦樂其樂, 憂民之憂者, 民亦憂其憂", 卽下文'無聲之樂, 無服之喪', 是也. 目正視則明全, 耳傾聽則聽審. 今正視且不見, 傾聽且不聞, 是'五至'無體無聲, 而惟其志氣之充塞乎天地也. '塞乎天地'卽所謂'橫於天下'也.

[공자한거 3]

자하가 말하였다. "오지五至에 관해서는 이미 가르침을 받았습니다. 감히 여쭈건대 무엇을 '삼무三無(세 가지 무형의 일)라고 하는지요?" 공자가 대답하였다. "소리 없는 음악, 예 없는 예, 상복 없는 상복 이것을 삼무三無라고 한다." 자하가 말하였다. "삼무에 대해서는 대략 가르침을 받았습니다. 감히 여쭈건대 어떤 시가 그에 가까운지요?" 공자가 대답하였다. "'새벽부터 늦은 밤까지 근심하고 부지런히 수고하여 천명의 단초를 열고, 관대하고 안정된 정치에 힘써 백성들을 편안케 하였네'라고 하였으니 소리 없는 음악이다. '예에 맞는 몸가짐 성대하여 절로 일정한 법도 있으니 가려 택할 것 없네'라고 하였으니 형체 없는 예이다. '백성들에게 상사喪事가 있으면 서둘러 가서 구휼하네'라고 하였으니 상복喪服 없는 상이다."

子夏曰: "五至旣得而聞之矣. 敢問何謂三無?" 孔子曰: "無聲之

樂, 無體之禮, 無服之喪, 此之謂三無." 子夏曰: "三無旣得略而
聞之矣. 敢問何詩近之?" 孔子曰: "夙夜其命宥密, 無聲之樂也.
'威儀逮逮, 不可選也', 無體之禮也. '凡民有喪, 匍匐救之', 無服
之喪也."

集說 '숙夙'은 이른 아침이다. '기基'는 시작한다는 뜻이다. '유宥'는 관대하
다의 뜻이다. '밀密'은 편안하다는 뜻이다. 「주송周頌・호천유성명昊天有成命」
이다. '문왕과 무왕은 새벽부터 늦은 밤까지 백성들을 위해 근심하고 부지
런히 수고하여 천명天命의 단초를 열었고, 오직 관대하고 안정된 정치를 힘
써 행함으로써 백성들을 안정시켰다'고 하였다. 공자가 그러한 정치를 '소
리 없는 음악'에 비유한 것은 군주의 정치가 선하면 백성들이 자연스레 기
뻐하는 것이지 종과 북 관악기와 현악기 등 온갖 악기로 음악을 행해서
그런 것이 아님을 말한 것이다. '체체逮逮'가 『시詩』에는 '체체棣棣'로 되어
있는데, 성대하다는 뜻이다. '선選'은 택한다는 뜻이다. 시는 「패풍邶風・백
주柏舟」편이다. 어진 사람은 예에 맞는 행동거지가 성대하여 절로 일정한
법도가 있기에 가려서 택할 것이 없으니 사물을 따라 예를 행한 뒤에야
볼 수 있기를 애초에 기다릴 필요가 없음을 말한 것이다. 그러므로 이 시
로 '형체 없는 예'에 비유한 것이다. 손으로 가는 것이 '포匍'이고 땅에 엎드
리는 것이 '복匐'이다. 시는 「패풍邶風・곡풍谷風」이다. 사람들에게 상사喪事
의 재난이 있으면 반드시 서둘러 가서 구휼하고 돕는 것은 상복을 해야
하는 친족이기 때문이 아니라 다만 그 위급함을 먼저 구제하고자 하기 때
문이다. 그 때문에 '상복 없는 상'으로 비유한 것이다. '夙', 무也. '基', 始也.
'宥', 寬也. '密', 寧也. 「周頌・昊天有成命」篇. 言'文王・武王, 夙夜憂勤以肇基大命,
惟務行寬靜之政以安民'. 夫子以喻'無聲之樂'者, 言人君政善, 則民心自然喜悅, 不在於鐘

鼓管絃之聲也. '逮逮', 『詩』作'棣棣', 盛也. '選', 擇也. 「邶風·栢舟」之篇. 言仁人威儀
之盛, 自有常度, 不容有所選擇, 初不待因物以行禮而後可見. 故以喩'無體之禮'也. 手行
爲'匍', 伏地爲'匐'. 「邶風·谷風」之篇. 言凡人有死喪之禍, 必汲汲然往救助之, 此非爲
有服屬之親, 特周救其急耳. 故以喩'無服之喪'也.

[공자한거 4]

자하가 말하였다. "설명이 위대하고 아름다우며 성대합니다. 설명
이 이것으로 남김없이 된 것입니까?" 공자가 말하였다. "어찌 그렇
겠는가? 군자가 삼무三無를 익히는 것에 그 뜻을 일으키는 다섯 가
지 설명이 아직 더 있다."

子夏曰: "言則大矣, 美矣, 盛矣. 言盡於此而已乎?" 孔子曰: "何
爲其然也? 君子之服之也, 猶有五起焉."

集說 疏疏에서 말한다. "'복服'은 익힌다는 뜻이다. 군자가 이 '삼무三無'를
익히는 것에 그 뜻을 흥기시키는 다섯 가지 설명이 아직 더 있음을 말한
다." 疏曰: "'服', 習也. 言君子習此'三無', 猶有五種起發其義."

[공자한거 5]

자하가 여쭈었다. "어떤 것입니까?" 공자가 대답하였다. "소리 없는
음악은 지기志氣가 내면에서 어긋나지 않고, 형체 없는 예는 몸가
짐이 급박하지 않으며, 상복 없는 상은 내면의 미루어 느낌(恕)이

더욱 슬프다. 소리 없는 음악은 지기가 자신에게 이미 획득되어 있고, 형체 없는 예는 몸가짐이 공손하고 신중하며, 상복 없는 상은 뻗어서 사방의 나라에 미친다. 소리 없는 음악은 지기가 다른 사람에서도 이미 뒤따르고, 형체 없는 예는 위와 아래가 서로 화합하며, 상복 없는 상은 그로써 만방의 나라들을 기른다. 소리 없는 음악은 날마다 사방으로 소문이 퍼지고, 형체 없는 예는 날마다 나아가고 달마다 자라며, 상복 없는 상은 순일한 덕이 더욱 밝다. 소리 없는 음악은 지기志氣가 이미 흥기하고, 형체 없는 예는 뻗어서 사해까지 미치며, 상복 없는 상은 자손에게까지 미친다."

子夏曰: "何如?" 孔子曰: "無聲之樂, 氣志不違, 無體之禮, 威儀遲遲, 無服之喪, 內恕孔悲. 無聲之樂, 氣志旣得, 無體之禮, 威儀翼翼, 無服之喪, 施及四國. 無聲之樂, 氣志旣從, 無體之禮, 上下和同, 無服之喪, 以畜萬邦. 無聲之樂, 日聞四方, 無體之禮, 日就月將, 無服之喪, 純德孔明. 無聲之樂, 氣志旣起, 無體之禮, 施及四海, 無服之喪, 施于孫子."

集說 방씨方氏는 말한다. "소리 없는 음악은 지기志氣로 시작한다. '어긋나지 않는다'는 것은 내면에 어긋남이 없음을 말한다. 어긋남이 없으면 잃는 것이 없으므로 '지기가 자신에게 이미 획득되어 있다'는 말로 뒤이었다. 자신 속에 획득하게 되면 다른 사람도 함께하기 때문에 '지기가 다른 사람에서도 이미 뒤따른다'는 말로 뒤이었다. 다른 사람이 따른다면 명성이 밖으로 들리게 되므로 '날마다 사방으로 소문이 난다'는 말로 뒤이었다. 날마다 소문이 퍼져 그치지 않으면 바야흐로 흥기하고 줄어들지 않으므로 '지기志氣가 이미 흥기한다'는 말로 뒤이었다. 형체 없는 예는 예에 맞는 몸가

짐(威儀)으로부터 시작된다. '지지遲遲'는 느리고 급박하지 않음을 말한다. 느리게 되면 태만한 잘못이 있을 수 있으므로 '몸가짐이 공손하고 신중하다'는 말로 뒤이었다. 몸가짐이 절도에 맞으면 어기고 이반하는 마음이 없기 때문에 '위와 아래가 서로 화합한다'는 말로 뒤이었다. 화합해서 어긋나고 이반함이 없으면 오랠수록 더욱 커지므로 '날마다 나아가고 달마다 자란다'는 말로 이었다. 점점 커지면 가까운 곳만이 아니라 먼 곳까지 미칠 수 있으므로 '뻗어서 사해까지 미친다'는 말로 끝맺었다. 상복 없는 상은 내면의 미루어 느끼는 바(恕)로부터 시작된다. '더욱 슬프다'는 것은 인仁으로 마음을 보존함을 말한다. 어진 사람은 사람을 사랑하므로 '뻗어서 사방의 나라에 미친다'는 말로 뒤이었다. 인으로 다른 사람에게 미치면 양육되는 사람이 많으므로 '그로써 만방의 나라들을 기른다'는 말로 뒤이었다. 양육되는 사람이 많으면 그 덕이 밖으로 발양되기 때문에 '순일한 덕이 더욱 밝다'는 말로 뒤이었다. 덕이 밖으로 발양되면 은택이 후세에까지 미칠 수 있으므로 '자손에게까지 미친다'는 말로 맺었다. 그 순서가 이와 같아 그것을 오기五起(다섯 가지 흥기시키는 바)라고 부르니 또한 마땅하지 않은가?" ○ 응씨應氏는 말한다. "『시』의 구절을 인용하여 뜻을 발양하고 영탄한 것이니, 대개 끊임없이 찬미한 것이다." ○ 유씨劉氏가 말한다. "'지기志氣가 천지에 충만하다'는 것은 군주의 화락한 마음이 천지의 기운을 움직인 것이다. '지기가 어긋나지 않는다'고 한 이하는 군주의 마음이 화락하여 그 기운이 천하 백성들의 뜻(志)과 감응한 것이다." 方氏曰: "無聲之樂, 始之以氣志. '不違'[3], 言內無所戾也. 無所戾, 則無所失, 故繼之以'氣志旣得'. 得之於身, 則人亦與之, 故繼之以'氣志旣從'. 人從之矣, 則聲聞于外, 故繼之以'日聞四方'. 日聞不已, 則方興而未艾, 故繼之以'氣志旣起'. 無體之禮, 始之以威儀. '遲遲'者, 言緩而不迫也. 緩或失之於怠, 故繼之以'威儀翼翼'. 威儀得中, 則無乖離之心, 故繼之以'上下和同'. 和同而無乖離, 則久而愈大, 故繼之以'日就月將'. 愈大則不特施于近, 而可[4]以及乎遠, 故終之以'施及四海'. 無服

之喪, 始之以內恕. '孔悲'者, 言其以仁存心也. 仁者愛人[5], 故繼之以'施及四國'. 以仁及

人, 則所養者衆, 故繼之以'以畜萬邦'. 所養者衆, 則其德發揚於外, 故繼之以'純德孔明'.

德既發揚於外, 則澤足以被于後世, 故終之以'施于孫子'. 其序如此謂之五起, 不亦宜乎?"

○ 應氏曰: "大抵援『詩』句以發揚詠歎之, 蓋贊美之不已也." ○ 劉氏曰: "'志氣塞乎天

地', 則是君之志動天地之氣也. '氣志不違'以下, 則是君心和樂之氣, 感天下之志也."

[공자한거 6]

자하가 말하였다. "삼왕三王의 덕은 천지와 짝합니다. 감히 여쭈건

대, 어떻게 해야 천지에 짝한다고 할 수 있습니까?" 공자가 말하였

다. "세 가지 사사로움 없음(三無私)을 받들어 천하 사람들을 위로하

는 것이다." 자하가 말하였다. "세 가지 사사로움이 없다는 것은

무엇을 말합니까?" 공자가 말하였다. "하늘은 사사로이 덮어주지

않고, 땅은 사사로이 실어주지 않으며, 해와 달은 사사로이 비춰주

지 않는다. 이 세 가지를 받들어 천하 사람들을 위무하는 것 이것

을 세 가지 사사로움이 없는 것이라고 한다. 『시詩』에 '은나라는

상제上帝의 명을 어김이 없었으나, 탕湯에 이르러 그 정사가 하늘에

짝하게 되었네. 탕이 자신을 낮추는 덕정德政을 민첩하게 펴니 성

인聖人의 공경하는 덕이 날마다 높아졌네. 자신의 마음 하늘에 밝

게 이르게 하기를 더디더디 하고 오직 상제를 공경하였네. 그러나

상제께서는 명하여 천하의 모범으로 삼았네'라고 하였다. 이것이

탕의 덕이다."

子夏曰: "三王之德, 參於天地. 敢問何如斯可謂參天地矣?" 孔子曰: "奉三無私, 以勞天下." 子夏曰: "敢問何謂三無私?" 孔子曰: "天無私覆, 地無私載, 日月無私照. 奉斯三者以勞天下, 此之謂三無私. 其在『詩』曰: '帝命不違, 至於湯齊. 湯降不遲, 聖敬日齊. 昭假遲遲, 上帝是祗. 帝命式于九圍.' 是湯之德也."

集說 '삼왕三王의 덕은 천지와 짝하였다[6]'는 것은 대개 고어古語이다. 그래서 자하子夏가 이 말을 들어서 질문한 것이다. '『시詩』'는 「상송商頌·장발長發」이다. 공자가 이 시를 인용하여 탕의 사사로움 없는 덕을 증명하였다. ○ 엄씨嚴氏는 말한다. "상商나라는 설契이래로 천명天命이 향하는 바여서 한 번도 천명이 상을 떠난 적이 없었다. 그러나 탕湯에 이른 뒤 그 정치가 하늘의 마음과 같아졌다. 이는 왕업王業이 탕에 이르러 완성되고, 천명이 이때에 이르러 모였으며, 하늘과 사람이 서로 부합하게 되었음을 말한다. 탕이 겸손하게 억누르며 자신을 낮추는 다스림이 매우 민첩하고 느리지 않았으므로 성스럽고 공경하는 덕은 날마다 높아졌다. '공경한다'는 것은 성인의 공경함으로, 지극히 성실함(至誠)을 말한다. '날마다 높아졌다'는 것은 '지극히 성실함을 견지함에 있어 쉼이 없는 것'(至誠無息)을 말한다. 덕이 날마다 진보하고 진보하는 것 이것이 성인의 공경함이 날로 높아지는 성대한 모습으로, 곧 문왕의 '덕이 순일하고 그침이 없었다[7]'는 것이다. 자신의 마음이 하늘에 밝게 다다르게 하기를 서두르지 않아 매우 천천히 하였다는 것은 탕이 하늘의 마음을 얻는 것에 욕심이 없어 세월에 맡겨두었다는 말이다. 탕은 요행을 바라지 않았으므로 오직 상제를 공경하고 그 정성이 전일하였지만, 하늘이 스스로 그에게 명하여 천하의 모범으로 삼고 왕이 되게 한 것이다. '三王之德, 參於天地' 蓋古語. 故子夏擧以爲問. '『詩』', 「商頌·長發」之篇. 孔子引之以證湯無私之德. ○ 嚴氏曰: "商自契以來, 天命所嚮, 未嘗去

之. 然至湯而後與天齊. 謂王業至此而成, 天命至此而集, 天人適相符合也. 湯之謙抑, 所
以自降下者, 甚敏而不遲, 故聖敬之德, 日以躋升也. '敬'爲聖人之敬, 言至誠也. '日躋'言
'至誠無息'也. 德日新又日新, 是聖敬日躋之盛, 卽文王之'純亦不已'也. 其昭格於天, 遲遲
甚緩, 言湯無心於得天, 付之悠悠也. 湯無所覬倖, 故唯上帝是敬, 其誠專一, 然天自命之
以爲法於天下, 使爲王也."

(공자가 말하였다.) "하늘에는 네 계절이 있어 봄과 가을, 겨울과
여름, 바람과 비, 서리와 이슬, 그 어느 것 하나 가르침 아닌 것이
없다. 땅은 신령스런 기운을 싣고, 신묘한 기운의 변화는 바람과
우뢰를 내뿜고, 바람과 우뢰는 조화의 자취를 실어 나르고, 모든
생물은 그것을 맞아 생장하니, 가르침 아닌 것이 없다."
"天有四時, 春秋冬夏, 風雨霜露, 無非教也. 地載神氣, 神氣風霆,
風霆流形, 庶物露生, 無非教也."

集說 앞 장에서는 『시詩』를 인용하여 왕도가 사사로움이 없음을 밝혔고,
이 장에서는 천지가 사사로움이 없음을 말하였다. 봄과 여름에 열어주고
가을과 겨울에 닫으며, 바람과 비는 생명을 발양하고 서리와 이슬은 시들
게 하는 것이 천도의 지극히 공변된 가르침 아닌 것이 없다. '재載'는 이어
받는다는 뜻과 같다. 신기身氣의 변화로부터 바람과 천둥의 현저한 변화를
이루고, 땅의 순응함을 진설하고 하늘이 베푸는 바를 받들기 때문에 만물
을 발육할 수 있다. '형形'은 자취와 같은 뜻이다. '유형流形(자취를 나른다)'은
조화의 자취를 실어 나르는 것으로 모든 사물들이 그로 인해 살아가니 이

것은 지도地道의 매우 공변된 가르침이다. 성인의 지극한 덕과 도의 지극한 가르침은 함께 균평하며 사사로움이 없다. 上章引『詩』以明王道之無私, 此言天地之無私也. 春夏之啓, 秋冬之閉, 風雨之發生, 霜露之肅殺, 無非天道至公之敎也. '載', 猶承也. 由神氣之變化, 致風霆之顯, 設地順承天施, 故能發育群品. '形', 猶迹也. '流形', 所以運造化之迹, 而庶物因之以生, 此地道至公之敎也. 聖人之至德與天道之至敎, 均一無私而已.

[공자한거 8]

(공자가 말하였다) "청명한 덕이 몸에 있고, 지기志氣는 신령과 같다. 바라던 일이 장차 이르려 하면, 열어줌에 반드시 먼저 내려줌이 있다. 하늘이 때에 맞는 비를 내리려 하면, 산과 개울이 먼저 구름을 내는 것과 같다. 『시詩』에서는 '크고 높은 것은 사악四嶽이니, 높이 치솟아 하늘에 닿았네. 사악이 신령스런 기운을 내려 중산보仲山甫8)와 신백申伯9)을 낳았네. 신백과 중산보는 주나라의 간성이라, 사방의 나라를 지키고, 사방에서 덕을 펼치네'라고 하였는데, 이것이 문왕文王과 무왕武王의 덕이다."

"淸明在躬, 氣志如神. 耆欲將至, 有開必先. 天降時雨, 山川出雲. 其在『詩』曰: '崧高惟嶽, 峻極于天. 維嶽降神, 生甫及申. 維申及甫, 爲周之翰, 四國于蕃, 四方于宣', 此文武之德也."

集說 '청명한 덕이 몸에 있고, 지기志氣는 신령과 같다'는 말은 '지극히 성실하여 앞일을 미리 안다'는 말이다. '기욕耆欲'은 원하고 바라는 일이다. '열어줌에 반드시 먼저 내려줌이 있다'는 것은 그 조짐을 열어주는 것이 먼

저 있음이 국가가 장차 흥기하려 할 때 반드시 상스러운 조짐이 있는 것과 같이 함을 말한다. 그것은 때에 맞는 비가 내리려 할 때, 산천山川이 반드시 먼저 구름을 내는 것과 같다. 국가가 흥성하려 하면, 하늘이 반드시 미리 보필하는 현신賢臣을 내려준다. 그러므로 「대아大雅·숭고嵩高」의 시를 인용하여 문왕과 무왕은 사사로움이 없는 덕을 소유하였으므로 하늘이 그들에게 보필하는 현신을 내려주어 주나라를 흥기시키게 하였음을 말한 것이다. 문왕과 무왕에게는 이러한 시가 없으므로 선왕宣王의 시를 가져다 비유하면서 '이것은 문왕과 무왕의 덕이다'라고 읊은 것이다. ○ 엄씨嚴氏는 말한다. "우뚝이 높고 두려운 것이 큰 산이다. 그 산이 높고 커 하늘에까지 이른다. 이 큰 산이 신령을 내려주어 중산보와 신백을 낳았다. 신백과 산보는 모두 주나라 왕실의 기둥이 되어, 사방의 나라들에서는 그 환난을 막았고, 사방에서 덕의 은택을 펼쳐 베풀었다." '淸明在躬, 氣志如神', 卽至誠前知之謂'也. '耆欲', 所願欲之事也. '有開必先'言先有以開發其兆朕者, 如將興必有禎祥. 若時雨將降, 山川必先爲之出雲也. 國家將興, 天必爲之豫生賢佐. 故引「大雅·嵩高」之篇, 言文武有此無私之德, 故天爲之生賢佐以興周. 而文·武無此詩, 故取宣王詩爲喻, 而曰'此文武之德也'. ○ 嚴氏曰: "嵩然而高竦者, 嶽也. 其山峻大, 極至于天. 維此嶽降其神靈, 以生仲山甫及申伯. 此申伯及山甫, 皆爲周室之翰榦, 四國則于以蕃蔽其患難, 四方則于以宣布其德澤."

[공자한거 9]

(공자가 말하였다.) "삼대三代의 왕들에게는 반드시 먼저 아름다운 소문이 있었다. 『시詩』에 '밝고 밝으신 천자, 아름다운 소문 그침이

없네'라고 하였는데, 이는 삼대의 덕이다. '그 문덕을 베풀어, 사방의 나라를 화합시키네'라고 한 것은 태왕大王의 덕이다." 자하가 기쁨에 펄쩍뛰어 일어나 벽을 등지고 서서는 "제자가 어찌 받들지 않겠습니까?'라고 하였다.

"三代之王也, 必先其令聞. 『詩』云, '明明天子, 令聞不已', 三代之德也. '弛其文德, 協此四國, 大王之德也." 子夏蹶然而起, 負牆而立曰: "弟子敢不承乎?"

集說 '먼저 아름다운 소문이 있었다'는 것은 천하의 왕이 되기 전에 그의 조종祖宗이 덕을 쌓아 이미 훌륭하다는 소문이 있었다는 말이다. '『시詩』'는 「대아大雅·강한江漢」이다. '이弛'는 베푼다는 뜻이다. 『시詩』에는 '시矢'로 되어 있는데 진설한다는 뜻이다. '협恊'이 『시詩』에는 '흡洽'으로 되어 있다. 『시詩』는 선왕宣王을 찬미한 것이지만 여기서 또한 취하여 비유한 것이다. 자하子夏가 '삼왕三王의 덕'에 관해 물었는데, 공자가 은나라와 주나라의 경우만을 든 것은 우禹는 선양을 통해 집권하였기 때문에 의심할 여지가 없고, 은나라와 주나라는 방벌을 통해 집권하였으므로 사사로이 한 것이 아님을 특별히 밝힌 것이다. '궐연蹶然'은 기뻐 뛰는 모습이다. '벽을 등지고 선다'는 것은 질문이 끝나면 뒤로 물러나 벽을 등지고 섬으로써 나아가 질문하려는 사람을 피하는 것이다. '받든다'는 것은 받들어 따르고 실추시키지 않는다는 뜻이다. ○ 응씨應氏는 말한다. "높고 큰 사악四嶽이 현자를 낸 것은 문왕과 무왕의 덕에 뿌리가 있지만, 덕이 천하에 넘치게 된 것은 태왕大王에서 시작된 것이니 그 쌓아 온축함이 어찌 하루아침에 이룬 것이겠는가!" '先其令聞者, 未王之先, 其祖宗積德, 已有令善之聲聞也. 『詩』, 「大雅·江漢」之篇. '弛', 猶施也. 『詩』作'矢', 陳也. '協'『詩』作'洽'. 『詩』美宣王, 此亦取以爲喩. 子夏

問三王之德', 夫子但擧殷·周言之者, 禹以禪無可疑, 殷·周放伐, 故特明其非私也. '蹶然', 喜躍之貌. '負牆而立'者, 問竟則退後, 背壁而立, 以避進問之人也. '承'者, 奉順不失之意. ○ 應氏曰: "嵩高生賢, 本於文·武, 德洽四國, 始於大王, 其積累豈一日哉!"

1 【분장】: 본 편은 권근의 按說도 없고 경문을 재배치하지도 않아 장을 나누지 않았다.

2 백성들의 즐거움을 ~ 걱정한다 : 이 말은 『맹자』「梁惠王下」에 나오는 말이다.

3 不違 : 『예기집설대전』에는 '不違者'로 되어 있다.

4 可 : 『예기천견록』에는 '曰'로 되어 있으나 『예기집설대전』에 따라 바꾼다.

5 人 : 『예기천견록』에는 '之'로 되어 있으나 『예기집설대전』에 따라 바꾼다.

6 짝하였다 : 원문 參의 뜻에 대하여 『예기집설대전』 小註 石林葉氏의 말에 이른바 "參은 『주역』에서 이른바 '(그 덕이 천지의 덕과) 짝한다'고 하는 것이다. 덕이 천지에 짝하면 그 밝음은 日月(해와 달)과 짝한다"(所謂參者, 卽『易』之所謂合也. 德合於天地, 則其明必合於日月)라고 하였다. 『예기집설대전』에서는 '參'을 짝한다 또는 부합한다는 뜻으로 해석한 것이다.

7 덕이 ~ 없었다 : 이 말은 「中庸」(26-10)에 나온다.

8 중산보 : 周 宣王 때의 卿士이다. 姓은 姬, 시호는 穆이며, 중산보는 자이다. 魯 獻公의 둘째 아들로 선왕을 도와 中興을 이루었다

9 신백 : 周 宣王의 外叔으로 선왕을 도와 주나라를 안정시킨 명신이다.